U0048723

國家、
政黨、
社會運動

台灣媒介
一百年

馮建三 著

萬山不許一溪奔，攔得溪聲日夜喧。
到得前頭山腳盡，堂堂溪水出前村。*

初疑夜雨忽朝晴，乃是山泉終夜鳴。
流到前溪無半語，在山做得許多聲。

萬山不許一溪奔，攔得溪聲日夜喧。
到得前頭山腳盡，堂堂溪水出前村。

---

* 宋朝楊萬里的詩〈桂源鋪〉，我國解嚴以前，「黨外」雜誌經常引用。惟究其實，
並未出前村，當前狀態如楊萬里第二首詩〈宿靈鷲禪寺〉所示。第三首重複第一
首，表達這個境界，終會到來。

【簡目】

【詳目】

第六章　政治解嚴　倡議理念

第八章　**主管機關：新聞局、NCC與文化部**

自序

猿吟鶴唳本有意，不知下有行人行

　　歷代文人當中，可能以蘇東坡最接地氣，也最有人氣。「大江東去，浪淘盡，千古風流人物」，何等氣勢，今人琅琅上口，歷史感懷油然浮現。「河東獅吼、胸有成竹、水落石出」，還有更多的日常用語，都是出自蘇軾之筆。至於「東坡肉」，其實僅是數十種以他命名的日常佳餚之一。

　　這個人氣也反映在研究新聞史的人，經常引述他的詩作，藉此說明最晚從北宋起，政府出版的官報（邸報）與市井小報，已經是當時讀書識字人群，用以接觸時政與真假消息或意見的主要來源。

　　蘇軾以文字遭人羅織，貶居湖北黃州五載。在重返開封之路的1085年，他在夏日溪流寫下〈小飲公瑾舟中〉。這首詩文的兩句話，「坐觀邸報談迂叟，閒說滁山憶醉翁」，幾乎刊遍相關史書或文章。

　　由東往西看。工業革命之後，晚於中土數百年出現的歐洲報紙，後出轉精。黑格爾寫於19世紀的這段文字很「現代化」，不是蘇東坡詩文的閒談話舊與抒情。黑格爾在日誌鋪陳這個看法：「早上讀報紙，是求實主義者（realist）的晨禱。一個人對這個世界的定向與態度，要不是來自上帝，就是來自（譯按：報端所顯示的）世界。前者給予的安全感，完全如同後者，能夠讓人知道自己的安身之處。」

　　在台灣，根據朱傳譽教授的考察，最早在本島穩定流通的新聞紙，可能是1884年在廣州創辦的《述報》。當時，台灣的進出口生意已經相當繁榮，留日史學家戴國煇統計，台人年均出口金額，在甲午戰爭的前兩年，已是日人的兩倍多。這個實況，就是廣州《述報》在

基隆、台北、台南與高雄設有（兼差）通訊員，並有相當多的台灣商務報導的時代背景。不僅於商情，《述報法兵侵台紀事殘輯》至今仍在網路自由流通。

將近千年，三個地方三種對於新聞（報紙）的不同吐屬，與今日世人的新聞傳媒經驗，固然不可同日而語，卻也必有可以相通之處。人心藉由多種訊息、新聞及議論的流動，憶往而撫今追昔，在最好的情境下，循此而有同處一個空間的認知，再生休戚與共的心理，進而定位群己關係（現在，隨著對動物與環境生態的關注與重視，應該不再只是人與人，也要納入物我與所有生命），實在是無分古今中外，都是人之所以為人的需要。至於先前透過報紙，而後電視，今日則手機、網路與社交傳媒（或說科技）平台，只是載具技術形式的差別，即便他日另有其他載具出現取代手機，都無法不仰賴身在第一線，也就是記者趨前採訪，才能提供材料，滿足這個最重要的人文需要。

這個需要是否已經得到滿足，或者，曾經得到滿足嗎？如同顏色不是僅存黑白，陰陽之間會有消長，只能說滿足之日，為期尚遠，惟因傳媒與新聞制度的差異，以及各地可喜的傳播政策之有無，都會使人在其間所受的長期陶冶或約制，塑造不同的習慣，是以這個（不）滿足的水平，在不同的歷史階段與不同社會，自然也就存在大小有別的距離。

本書所談，廣及百年的台灣新聞傳播人與事，但主要是解嚴後而特別是本世紀在本地生發的傳媒文化及其政經現象，佐以對比海外的相似經驗。在深度方面，雖然有所不及，但除了報章雜誌評論為主的短篇幅文字，這本文集也蒐錄若干較長的文章，或可略微彌補時論短評的不足，也是希望在輕食之間，讀者或許願意在瞥見數千或上萬文字的論述之餘，依舊給予青睞。

「猿吟鶴唳本無意，不知下有行人行。」這是蘇東坡的詩句，林語堂說，這是指蘇軾行文出於自然，如同呼吸，意到筆到，文思泉湧而出，或抒情或評論，或詩詞或散文，都是不拘一格，直抒胸臆。我們無人是蘇東坡，只能借用，更動一字：「猿吟鶴唳本有意，不知下有行人行。」一字之差，可以還原在下的初衷：本書輯為八章、將近

兩百七十篇的長短文，其撰述實乃對當時情勢的回應，都是有所為而書寫，都在表明管窺蠡測之見，無不記錄時代。吳紫瑀協助整理初稿，麥田團隊善事其餘，在此留字致謝。

第一章

看電視、唱文化高調
很有必要

書輸給了電視？*

　　法國人讀書的風氣不同凡響。在法國，第一個罹患愛滋病而為眾所周知的名人是社會學家尚－保羅・阿宏（Jean Paul Aron）；在美國，第一位因為此症而廣為報端披露的聞人是明星洛赫遜（Rock Hudson）。如此的簡單對比，似乎相當能夠透露知識（分子）在這兩個社會所處的位置，存在著明顯的差異。

　　法國的年度書展 Salon du Livre，不同於德國的法蘭克福書展，並不是專供專業人士進行書籍交易的場所，而是提供對書本有興趣的社會公眾瀏覽及購買新書的地方，法國學童甚至在老師帶領下前往走逛。自 1988 年，也就是這個書展舉辦七年之後，5,000 平方公尺的展覽場已不敷使用，足見法國人閱讀書本的風氣著實不同凡響。

　　或許是因為讀者消費群眾多，藝文界及學術界生產知識的能力也跟著無比暢旺，從 1960 年代以來的時髦術語，有很大一部分，或說，與法國人口及國力不成比例的部分，都是從法國源源提供。最近的事例是，1980 年代初期以來，沙特、李維史陀、阿圖舍、傅科、拉康與德希達等人，雖然在法國本地已經不再領導風騷、已然退潮，但卻「外銷英語世界而形成例外」（George Ross 語）。這個英語世界尤其是指美國，以及轉口美國進口學風之胃納容量頗為驚人的台灣。促銷書的電視節目《猛浪譚》（*Apostrophes*）延續了 15 年。不過，美國這個社會所孕育的學院知識分子，雖然技不如人，但是不恥下問，從法蘭西請來遠洋教士；但代表資本商業文明最為圓熟之一的美國電視制度，卻為美國人扳回一城，在相當程度裡，修改了法國藝文性電視節目的風貌。換個方式說，美國的菁英文化遜人一等，但她的流行而麻思（mass）之文化足可睥睨寰宇（至於台灣以及同級的國家，似乎兩頭吃癟）。

　　旅法文人華昌明先生翻譯了《讀書，這一行：書、作家與電視節目》一書，提供了相當恰當的起點，剛好用來說明前段提到的觀察。

---

* 《聯合報》1993/3/18 第 31 版。

這本書以訪答的方式，介紹畢佛（Bernard Pivot）這位罕見的仁兄，如何在1975至1990年的15年之間，從無間斷、每週為之。他為法國製作了一個獨步全球、譽多於毀的促銷書籍的電視節目《猛浪譚》（我國在1993年2月間開始的《談笑書聲》，以及稍前的《當代書房》，似有東施效顰之嫌，可參考後文）。

這個節目的作用之一，雖然在於賣書，但內涵絕不簡單。不談畢佛為了主持這場每週75分鐘的節目，致而必須每天讀書十小時，《猛浪譚》事實上相當重視知識的刺激，但壓低錢財獎賞的味道。比如，畢佛利用節目發起了改進法國拼字，舉行聽寫競試，他在節目中唸，觀眾聽，歷經多次初賽與複賽之後，脫穎而出的觀眾來到巴黎參加決賽，畢佛唸出夾帶拼字技巧與文法漏洞的文章，而為了增添比賽的丰采與吸引力，電影台本身也支持主持人力邀名人參與。參加這種典型學校式競試（以及法國更為悠久的電視益智遊戲 *des Chiffres et des Lettres* 等等），其獎品很簡單，就是書本。

美國的電視猜謎節目完全迥異，它彰顯參賽足以獲取資財的觀念勝過對於智識展示的強調。比如，《難關》（*Jeopardy*）的答案藏在美金符號的硬板後面，猜對拿錢；《字謎》（*Word Play*）的每個單字有三個定義，通常，參加者並不真正認識這個字，但反正猜三中一，掀開定義取走現金，誰又不會呢？《價格正確》（*The Price is Right*）與《便宜就買》（*Bargain Hunters*）更足以反映美國這類節目的特色；觀眾或現場參加的人，愈是熟悉各類商品的市場價格，也就愈是能夠猜得八九不離十，可以把商品抱回家作「紀念品」。贏取財物的節目，收視率居高不下。

法國原本沒有私人電視頻道，直至1980年代中期。1987年，最受歡迎的公共電視第一頻道，也因朝野衝突而私有化。於是，美國電視節目的特色也開始襲擊法國，畢竟，觀眾人數與收看電視時間已達高原，難以增加。因此，引進更多私人電視搶錢，就是惡性而激烈的競爭開始，去年（1992）法國四個商業電視網之一LaCing倒閉，於是節目走向便宜、同質與麻思化，方式之一就是直接進口美國的節目（如《朱門恩怨》、《邁阿密風雲》等同樣走紅多國，包括台灣在內的

影集），再一個方式就是新製作或原有的法國節目，風格美國化。

　　1987年12月，《價格正確》轉成法國的 *Le Juste Prix*，所有能夠期之於美國的觀眾尖叫聲、喝采的模樣，鼓掌吹口哨，一應俱全。模仿美國《財富之輪》（*Wheel of Forture*）的 *La Roue de la fortune* 更是弄得維妙維肖，分毫不差，開始的時候，觀眾還覺得在電視上贏財取物不妥，有些排斥，過沒多久，法國人居然翻轉態度而甘之如飴，節目製作公司還盈握了50萬報名想要參加節目的名單，作為備用哩。這就難怪訪問這家公司的美國同業說，這個節目簡直就是在好萊塢攝製的嘛。*La Roue* 開播六個月之後（1987年6月），收視率就很輕易地超過了前面提及的傳統法國益智電視節目 *des Chiffres*，兩者的觀眾人數分別是10至12萬，以及8萬，而畢佛主持的《猛浪譚》則是400萬（1990年第一季再降至170萬）。文化雖受商業趨勢影響，有總比沒有好。此外，在《猛浪譚》開播六百集時，亦即1987年4月3日，或許是慶生，或許是因應商業趨勢的壓力，畢佛在邀請五位作家批評當代的流行文化一個小時以後，竟然推出了15分鐘的特別節目，仿效他們甫批評的麻思文化之作風，讓這些作家猜謎贏取洗衣機與電冰箱之類的獎品；也許是因為商營環境的影響，也許是因為畢佛長年大量閱讀而專注地製作這個節目太過勞累，1990年6月底，《猛浪譚》畫下了休止符，畢佛則繼續在電視台主持綜合性節目，兼談電影、戲劇、音樂、舞蹈與書籍，準備起來可以輕鬆一點，內容多樣以後，應該也比較能夠討好。

　　在商業走向的引導下，文化性節目固然尚具有「製造形象的功能，然而它並不能刺激大眾的思考能力，只是反射鏡花水月式的思考」，不過，畢佛緊接著說：「有總比沒有好」。

　　確實，以「有總比沒有好」的態度想想台灣的電視，也若合符節哩：第一，在官控商營的三家電視台之下，弄個不播廣告，美名「公共」而其實是「政府加政黨」的電視，去掉商業的掣肘，「總是比沒有好」。第二，新的行政院長上台以後，表示可以研議開放無線電視台，讓有財的人進場試試電視台印製鈔票的能力；在此之前，民進黨當紅立法委員及若干反對陣營人物，紛紛表示要集資創辦電視台，也

要求三台釋出官股全部充作民股。這些人把公產私有化，說成是民眾所有制，並且暗指國民黨有、民進黨也要有電視頻道，他們卻不肯瞧瞧政黨想要控制電視，絕對得不到善終的事實。對於這種先行排除國民黨，也就是政府勢力的作法，但留著「商業」的招牌，讓它一枝獨秀，我們也同樣只能說「總是比沒有」摺倒國民黨的官控「好」。至於好到什麼樣的程度呢？那就只有天曉得。

讀書，這一行：書、作家與電視節目 *

兩年前（1993），從報社朋友口中得知《讀書，這一行》已經出版，立刻想要介紹給學生看。原因是多重的。

其一，出版之前，已在報端披露的譯文，生動活潑地傳達了原書的神韻，早就讓人興起了購藏的意願。不過，這還不算。比較重要的是，它串連了少時的閱讀經驗，以及現時的專業觀察，從而值得，甚至必須至少促使傳播科系的學生接觸、閱讀及討論。

最早是在二十一年前（1974），經由散文及政論名家言曦翻譯的《羅素電視對話錄》這本小書，我們可以說，國人是約略認知了哲學家所代表的經院文化（文字洗練的羅素也是社會行動家），其實與代表當代科技的電視，並非絕對衝突。去年以九十餘高齡辭世的卡爾‧巴柏電視訪談集，也早在1970年代末期中譯成書。先在BBC播放影集，然後才出版成書的 *Ways of Seeing*，非但暢銷母國，而且在境外廣為流傳，單只看最近三、四年，中譯本就接連出版了三種，分別是林鎮國於《當代》月刊的連載、陳志梧的《看的方法》，以及大陸學人戴行鉞的《藝術觀賞之道》。

---

* 《聯合報》1995/6/3第37版／聯合副刊，原標題〈看電視、唱文化高調　很有必要：談《讀書，這一行》〉。亦收入瘂弦、陳義芝（編1996）《站在巨人肩上》，頁25-31，台北市：聯經。

　　透過影像及聲音的結合，電視成功地在典雅知識與思想的民主化過程助以一臂之力，而不見得全部是阻礙的例子，當然，這並不是英國的專利。蔡坤鴻譯述的《六大觀念：真、善、美、自由、平等、正義》，本源於哲學家阿德勒在美國公共電視網的講談稿件。至於法國，畢佛連續主持達15年的《猛浪譚》則是更為可貴的見證，說明了為特定人物或主題而偶一為之的企畫以外，又經常又規律，而且在電視黃金時段播放的文史哲節目，假以制度與人為努力的配合，仍然大有可為。

　　雖然無緣目睹，但透過華昌明生動的翻譯，《猛浪譚》的神采躍然紙上，讀者不難想像畢佛在節目中與眾作家的流暢對話，同時也領略到了畢佛為了《猛浪譚》付出的苦心與默默耕耘：謝絕應酬，平均每天以書為伴十小時，一年十一個月，十五年不間斷。

　　有了主持人的專注，《猛浪譚》的工作團隊努力「避免沉悶和例行公事」，「表達了公眾的好奇」。這批製作節目的人，從1975至1990年，逐週尋覓主題集中談論、圈選書籍交叉評析、擇定作家展開辯論，然後借用公營第二電視台的週五晚間九點半起75分鐘，向法蘭西國民「敘述一個時代的激情、疑問、興奮和荒誕」，於是如雷貫耳的一些響噹噹大名，如李維史陀、羅蘭‧巴特，乃至於今年初還在詞嚴色屬痛責電視記者、近年來蔚為社會學界顯學泰斗的布赫迪厄（Pierre Bourdieu），紛紛在螢光幕前先後登場。

　　對於《猛浪譚》這樣的節目及其靈魂人物，知道者莫不好奇，亟想多所聽聞。《讀書，這一行》這本書，記錄的正是幕前幕後的甘苦，由社會科學高等學院歷史學者諾亞訪問畢佛，傳神地以文字側錄了這個獨步全球的影像節目。

　　讀此書，滿足好奇之後，當然意猶未盡，但隨後興起的並不是學術與流行媒介之間，是否只能相互詆毀而無法相容的問題，歷來這方面的討論已經太多（本書頁118-130、152-155亦見提及），而只是很樸素的一個問題，譯序文所說的：「我們為什麼沒有這樣一個節目呢？」並且，更為謙卑地問，既然舉世只出一個畢佛，我們並不敢要求台灣有個《猛浪譚》，而是想要藉機再次反省，尤其是讓未來可能

從事廣電行業或擬定廣電政策的人，仔細先期演練想像的空間，考慮本地的電視環境與制度，尤其是到現今都還是主力要角的台視、中視與華視，究竟是怎麼看待電視這個媒介的？從而是怎麼看待生產影視文化的軟體工作人員的？這個根本的問題如果不先弄清楚，日後的影視工作條件就難能改善，讀書節目的質量能否提振，也就不必多問，電視所表徵的符號文化，是否足以讓人開機有益，也請一併不要提及。至於若是有人反質疑，認為電視純屬搞笑娛樂，多所要求徒然只是暴露菁英分子的自大狂想，那麼，請睜開眼睛，觀摩不把電視當作搖錢樹的例子，然後再想想，究竟是質疑者或是反質疑者，是不食人間煙火的菁英。

最近，在（1995年）5月號的《廣告雜誌》上，台視前節目部經理李光輝發表了回憶文字的下篇，提及《縱橫書海》的一些故事。他表示當初提供時段，已經必須承受公司內部的壓力，因此製作並主持節目的張大春，必須自己找人支持這個「賠錢節目」；不但如此，就連時段安排也要在一季作滿之後，另外再行尋找。另須注意，台視願意提撥時段作此節目，或許還因為李光輝這個算是勇敢的承諾，能夠附帶得到的效益是「凸顯文化的台視的企業形象」；最後，三台當中，台視這個表現竟然已屬難能可貴。假使畢佛在台灣，想來也無用武之地。

難道這就是我們電視台的文化觀？台視董事長陳重光今年3月公布數字，透露台視去年的稅前盈餘達9.2億，如此，三台總盈餘應在25至30億之間。追逐這麼大筆盈餘，錙銖必較，凡事以賺賠作為衡量標準，這證明了三台確實是唯利是問的商業公司，前些日子有一些社團發起黨政軍退出三台運動，還真是弄錯問題的本質哩。但是，另一方面，台視與華視最大股東都是政府（省府及國防部），中視是中央政府的執政黨，其餘小股大多也是根據政府的特權授予而得到，到頭來確實也還沒有脫離政府的左右範圍。所以，這似乎形成了非常詭譎的局面。我們的政府一邊提倡社區與本土建設、強調民俗文化的涵養，另一方面卻故意裝作無辜或裝聾作啞，聽任當今最重要而影響力更大的形象文化之代表——電視，繼續作為賺錢的工具，絲毫看不

到足以匹配於文化建設的努力。假使政府未能察覺其中的矛盾，其誰能信？假使政府明知故犯，而電子媒介不會拆自己的台，因此平面媒介的言論責任，也就不能不說非常之大。

　　良好的工作條件，不見得可以涵育讓人摩挲再三的文化產品，人盡皆知。但《猛浪譚》能夠一炮打響，高峰連綿十數載，必要條件卻是電視公司滿足於5-10%的收視份額，並且又肯投入成本，讓一組人得以依靠製作這個節目而衣食無缺，不但如此，還能心甘情願、無怨無悔地投身，甚至引以為傲。一個國家的政府，掌握了三家電視台，那怕只弄出一個類似的節目，即使只得3%的人看，也等於是每星期有十五萬人透過電視節目接觸了書本，長此以往，不必求多，只需多給這個節目一點耐心、空間與時間，總不怕沒有些微文化業績的出現吧？所謂電視傷害文化，純屬無稽，傷害文化的永遠是為了逐利不擇手段，非電視之過。

　　哀莫大於心死，浸淫台灣的電視文化日久，無從比較，國人當中也許不乏無意多求、不肯費力再去囉唆求變的人。果真如此，繼續唱些「高調」總還有些好處，甚至很有必要。

我看《公視主題之夜SHOW》*

　　18世紀的黑格爾說：「晨間讀報，是如實生活者的晨禱。」現在，晨禱之外，我多了一項，每週五晚間，卸下一週的工作，好整以暇，觀看《公視主題之夜SHOW》已經是近年來最常從事的週末活動之一。

　　究竟是什麼時候開始收看的？可能是平日常看電視，連帶就有較多機會，看到多年前公視的《風暴48小時》、《誹謗麥當勞》等等讓人印象深刻的紀錄片，然後，愛屋及烏，進而養成關注《主題之夜》

---

* 台灣媒體觀察教育基金會「大家看媒體」第10期（2014/3/29）。

發布的消息。

我國是海島，貿易活動頻繁，台商走遍四海，相較內陸型、更能自給自足的大國，台灣尤其是需要質量可觀的國際新聞與潮流走向的分析，才能讓國人在世界相互依賴的體系，得到自我定位的認知與能力，減少誤判以致慣性尾隨不肖國家的機率。

《主題之夜》若如荒漠甘泉

惟事與願違，我們的新聞台儘管林立，卻因欠缺公權力協調，演變成同質化競爭十多年，致使新聞為國人詬病已經許久，至若國際新聞，無論是編譯或是國人自行採編，質量比諸同樣是商業嚴重掛帥的美國與香港，竟還是讓人汗顏。

所幸，我們還有公共電視，算是貧瘠影視文化荒原沙漠的一片小小綠洲，尚能在藝文表演、影劇節目與（國際）新聞的供輸，扮演或許仍有廖化水平的角色。透過紀錄片而拓展國人對於國際議題與另類觀點的認知，《公視主題之夜》頗有貢獻，雖說不是五虎上將，惟若說這個節目已有姜維之能，仍屬合理，播放影片之後，另有主持人與來賓，專就節目再作解析與評論，對於觀眾掌握紀錄片的題旨，幫助匪淺。

當然，《主題之夜》如同任何節目，仍有改進的必要。比如，前年（2012）底所播出，由南韓與中國團隊製作的三集《漢江奇蹟》，對南韓電影、對韓流崛起過程的重要力量，也就是南韓的公營廣電體制、龐大的廣電基金，以及社會運動迫使政府必須嚴格執行海外影片配額（screen quota），很少觸及。這樣就使得大財閥坐享其成的事實無法凸顯，觀眾的認識為此少了很重要的一塊。假使公視有更豐富的研究人員，或許對於這類缺陷能產生補正的功能。

《誰餵新聞》談民主與媒介

即將播放（2014年3月21日）的《誰在餵我們新聞？》（*Shadows*

of Liberty）已有預告與網站解說，與去年的《天羅地網大革命》及
《維基反叛軍》相同，都談傳播議題。該片的英文介紹與評論顯示，
美國這個世人以為傳媒最自由的國度，其新聞備受商業壓力，加上政
府不肯作為等等原因，致使美利堅傳媒所受限制日益加深，所謂傳媒
規模擴大有利於新聞專業資源獲取的說法，變成無稽。

　　美國傳媒的告知、遂行監督與表彰良善的執掌，無不大為減弱，
戕害了民主政治。推薦該片的人，甚至用了：「你必須、必須，必須
觀看的紀錄片：五星」（You must, you must, you must see this
documentary - 5 Stars）的讚譽。究竟是否言過其實，看了才能窺知真
章，但同樣讓人好奇的是，根據美國麻省理工學院教授杭士基
（Noam Chomsky）與華頓商學院教授赫曼（Edward S. Herman）的準
經典著作《製造共識》，美國的重要傳媒如《紐約時報》、《華盛頓郵
報》、四大無線電視網與CNN，在報導外交新聞時，根本就是複製與
強化了美國政府的角度再報導與評論，呈現了一種「宣傳模式」的國
際新聞。這個批評會在這部紀錄片出現或澄清嗎？特別是，今年2月
以來，至今未歇的委內瑞拉中產與中上階級設置路障的街頭對峙與暴
力事件，這些傳媒也再次放大了美國政府扭曲事實的看法。

邵玉銘應積極爭取經費擴大

　　我們的公共廣播電視集團董事會必須改善治理，不分編制或派
遣，都宜透過合理的考核決定去留；繼之，應該敦促政府宣示擴大公
廣集團的規模，履行創台承諾（60億台幣，或即便減半也可以滿足
現階段的需求）。

　　邵玉銘博士現在是董事長，也是創台前階段的重要催生人之一，
理當以其黨政資歷向行政院與總統府說明擴大公廣集團的必要，不能
只是在文化部長表示要增加公廣集團預算之後，「直說這是『天大喜
訊』」。成敗勿論，董事長若有這個用心，已可激勵員工士氣，資源
增加之後，《公視主題之夜》等等各種節目在既有基礎之上，提升質
量也就是指日可待之事。

電視看得多　生男生女一樣好[*]

收看電視劇，好處很多。不但經濟實惠、怡情悅性、消遣娛樂、打發時間、逃離現實，甚至對於平衡人口性別還能產生正面作用。

人口學家說，非洲人每生產103位男嬰，會有100位女嬰。亞洲與歐洲的男女新生兒之「自然」比例是105對100。

二十年前（1997）的台灣，男嬰高達114人，近十年來降至106至107之間。對岸高些，達119人，但本世紀的男女出生差距沒有再擴大，印度還是有小幅度的增加，卻已放緩，大約是109位。

何以會有這些正面的進展？性別教育、經濟變化與都市化都有貢獻，但更有意思的原因，來自印度近日的研究所揭示，原來，電視的「肥皂劇」也幫了大忙。

在印度，不管經濟收入與居住地區的差別，單是看電視多了，就會減少性別偏見，從而對更多觀眾的認知與態度帶來潛移默化的影響，同意生男生女一樣好。

有兩個例子，一齣是《親愛的女兒，不要生在這個國家》，觀眾從中接觸家長對待女子的不公平，甚至殘忍的劇情，久而久之心生不忍，連帶檢視自身的性別態度。

研究者舉證，指女性收看該節目的比例高達51%；相形之下，僅有5%女性看過政府為提倡性別平等而製作的影片，傳統宗教會告誡這項議題的比例更低，是1%。

印度肥皂劇編劇人因此很自豪地說：「電視不僅只是娛樂，這還是教育的大大來源。」另有一部電視長壽劇《童養媳》，編劇說他的用意就是要藉由電視劇邀請觀眾感受童婚的危害與邪惡。他認為，透過這些劇情，印度人得到娛樂的同時，對於性別的議題會有更為平等的理解方式；這齣電視劇播了八年，去（2016）年7月才結束。

印度的研究者甚至認為，電視劇情老在婆媳衝突間打轉，可能會讓觀眾習慣，進而接受強勢女性（「強大男主角的劇情，在印度不怎

* 《人間福報》2017/2/20第5版。

麼受歡迎」），也能扭轉性別偏見。

　　印度之外，巴西也有類似的發現。該國最大的電視公司「全球」（Globo）至今仍占有巴西1/3的收視份額，每天觀眾超過9千萬。作為天主教國家，巴西政府壓制避孕措施，特別是在1964至1985年的軍事政權期間。

　　然而，每位巴西母親的子女數，在1960年是6.3人，到了這個世紀僅略多於兩位。相關研究說，電視跨越城鄉等因素，產生獨立的影響，因為不少進步人士刻意為「全球」電視台編寫劇本，使其電視劇鏡頭中，小家庭大多很快樂、1/5的主角是離婚或分居（比巴西實況高多了），致使單是經常收看這些節目，就有相當於兩年倡導性別教育的作用，包括避孕方式更為人熟悉，以及生育率因而減少等等。

　　男女應該要能平權，愈多人能有這個觀念與認知，社會愈是讓人心喜。在高生育率的國家，降低生育率應該也是對社會有功的現象。印度與巴西的研究都已顯示，以電視為工具「寓教於樂」，完全可行。聽說「國家通訊傳播委員會」（NCC）即將頒行辦法，規範無線（主要時段）與衛星電視頻道的本國自製節目比例。

　　比例若能適中，這是亡羊補牢的好事；來日，導引自製與外來影音節目，都有更高比例如同印度與巴西，以電視劇拉拔我們需要的價值，那是更大的挑戰。

噓，「自然頻道」要說話[*]

　　如果曾經親自體驗或聽聞，您可能知道，許多年前的收音機，初次進入華人社會的光景，與現在大為不同。

　　比如，在較少家庭能夠擁有收音機的年代，聽廣播可真是一件集體行為。家父母誕生那年，收音機剛引進台灣兩年，但他們遲至

[*] 《申齊雜誌》月刊1995/8，頁65-7。

1945年才對收音機產生留存至今的印象，當時日籍廠主召集員工，要大家肅穆，洗耳聆聽天皇下詔宣布戰敗投降。

還有，扭開收音機曾經是一件慎重其事，甚至要讓人全神收聽的過程。還記得去（1994）年底上映的《紅玫瑰白玫瑰》嗎？葉玉卿雙唇微張那一幕，她一邊解裝一邊走向沙發，好像是要休息的樣子。就在這個時候，她向站在一旁的女傭打了手勢，微微說道，「打開收音機聽聽」，然後整個人縮進去軟臥皮椅。

生活在20世紀末的您，有些什麼收音機經驗呢？看不見的隱形媒介，生活中好像察覺不出它的存在？再有，就是去年一整年闖蕩出來的地下收音機風潮，讓您有點悚懼？12月25日，不是有家報紙刊出一則漫畫，顯示一家人瑟縮於牆角狀甚恐慌，而窗外正是警民對峙，並有汽油彈打破窗戶扔了進來，而另一屋隅桌上的收音機播音則是「親愛的CALL IN聽友，我們把市區變成『殺戮戰場』了」。看到這樣的圖畫，在兩、三個月前的那個氣氛洗禮之後，您對今年元月分，政府八次取締地下電台的作法，會有什麼評價？對於2月初十家電台全省聯播，表示要發起抗議運動的作法，會有什麼評價？到了3月，據說將有新的電波頻道，要透過衛星向台灣傳送，並由最近開放經營的許多地方電台，聯合轉播它的音樂，賺取廣告收益，對於跨國公司如此快速地想到要利用政治異議分子爭取得到的頻道，您是不是讚嘆跨國公司的眼光如此銳利？還是，感覺到另一種詭異政經聯手的異樣氣氛？是福是禍躲不過？

無論作何感想，但似乎收音機的可能性，低成本的、方便聽眾參與的、營造都會生活最欠缺的氣氛的、不需要主持人的、不需要call in的、不需要議論時事政務的、不必牽扯政黨的、廣告沒有地方可以插手的……我們開發得還不夠。趁著這樣的時機，也許可以想，既然收音機有音無影的特色，索求於聽眾的感官並不多，不正可以好好運用，豐富我們的收音機經驗嗎？有音無影，只需動用耳朵與聽覺，而且是讓自然原音傾瀉，我們不必再費神想像節目主持人的形貌，就讓它純粹變成背景聲響，一種接近大自然的聲響，也就是薛福（R. Murray Schafer）說的，不要資訊、不要人工音樂、不要新聞、不要

氣象、不要教育、不要娛樂、不要一切人的話語與都市的聲響，我們可以要一種基進的收音機內涵，讓天然環境自己來說話。

走向山，走向海，是鳥叫蟲鳴或是百獸嘶吼，還有藍鯨的吟唱、海鷗的低鳴，錄起來；是狂風怒吼風雨雷電，是輕風徐來水波不興，錄起來。奔赴開闊曠野，鑽進密林草叢，攀登崇山峻嶺，潛入萬丈深淵……仔細讓這些原始情愫，春夏秋冬四季更替，恆定如星宿向我們發聲，讓眾聲的喧嘩退位，想像一種收音的經驗，在您不想要聽到任何關於人的聲氣鼻息時，您就扭到、按到自然頻道，只聽到源源不絕的風聲、水聲、植物聲、動物聲、礦物聲……

畫作看多就熟悉　也就喜歡[*]

畫家莫內120年前完成的畫作〈乾草堆〉，上週在紐約賣出，價款1.1億美元，是印象派作品當中，迄今最高的紀錄。

莫內畫作的價格這麼高，但莫內是怎麼出名的？卡耶博特（G. Caillebotte）居功厥偉，雖然他相對地默默無聞。

莫內等七位印象派畫家初出茅廬的時候，畫作乏人問津，生活困窘。是卡耶博特扮演了伯樂的角色。他擁有繪畫天分，法國知名作家左拉（É. Zola）稱讚他使用「顏色巧妙」，技冠群雄。

當年，眼見朋友阮囊羞澀，家境富裕的卡耶博特毫不猶豫，很快出錢買下了七位印象派朋友的70幅畫作。他預立遺囑，要求國家畫廊典藏並展覽這些作品，並且在展覽時必須排除其他印象派畫家。法國政府未免覺得這個遺囑流於傲慢，雙方僵持後妥協，畫廊同意接受半數，其中，莫內占了八幅最多。出於這次安排，莫內等七位印象派的作品，遂得以透過現場展覽以及畫作刊行，廣為世人認知。曾有人研究，美國康乃爾大學圖書館所蒐藏的印象派圖書達1,000冊，現身

---

[*]《人間福報》2019/5/20第11版。原標題是〈朋友力挺　莫內畫作創天價〉。

這些畫冊的作品，最為頻繁的來源，正是19世紀中後期，卡耶博特購進並捐出的30幾幅。

何以如此？心理學教授卡丁（James E. Cutting）心生好奇。他想知道，是這些作品具有其他作品所沒有的素質，致使人們投以更多的注意與欣賞嗎？

卡丁據此好奇，設計了兩次實驗。第一次有166位康乃爾大學生接受測驗。他們看了很多組印象派畫作，但每組的兩幅作品必有一幅相當知名。測驗的結果是，十次有六次，學生表示更喜歡知名的畫作。那麼，這是因為畫作本身好，還是因為學生更為熟悉（看過）這些畫而作此選擇？畢竟，由於各組僅有兩幅，且有一幅是莫內等七人的作品，那麼，是否因為學生自幼或者從大學藏書中，更有可能看過莫內等人的作品，因此表示喜歡？亦即因熟悉而欣賞，如同日久生情，但不一定是因作品素質與優劣而吸引人，或讓人喜歡與欣賞。

卡丁教授因此執行第二組實驗。這次是155位學生，刻意提供51組畫作，各組都有19世紀的不知名畫作，平均四幅，同時有一幅知名的印象派作品。這就是說，按理這組學生會有更多機會看到不知名畫作，約略是看四次這類畫作才有一次對知名畫作匆匆一瞥。實驗的結果是，在這51組畫作中，學生看過後，有41次（也就是八成以上）會選不知名畫作！這次實驗提供了證據，顯示人一熟悉某種場景、人物與畫面，予以圈選的機會，遠大於他對不熟悉的刺激之反應。

看來，莫內等人畫作得到重視與值錢的原因，出於眼熟的成分，多於其內在素質。這個道理不僅存在於畫作，當前臉書或Line能夠賺大錢，也是因為人們彼此熟識後，共同使用這些新媒介，才造就它們飽滿的荷包，與它們提供的服務品質關係較少。

天天說好話　偏見會減少　這是真的[*]

出人意表，英國電視ITV上週宣布，該公司晨間電視談話節目《傑瑞米‧凱爾秀》（*The Jeremy Kyle Show*）即日起停播，即便2005年以來，每週一至週五晨間9點多播出一小時（含廣告）的這個節目，在相同時段最受歡迎，經常有觀眾100萬人。

消息傳出，英美傳媒廣泛報導，莫不訝異。ITV停播這個節目，可能是其來有自，原因也許可以分成遠因及近因。

近因是這類節目以人們在螢幕前自我暴露或揭短，刺激收視。來賓現身說法，經常滿腔憤怒，在鏡頭前暴露自己的越軌、酗酒、嗑藥等等行為。事後，來賓為此衍生不幸事件的例子，時有所聞。如《紐約郵報》在2016年就曾統計，美國該類節目的參與者從2004年以迄今，已有21人自殺。在英國，ITV宣布停播前一週，《凱爾秀》也有一位參與者自殺！

遠因則是在外界檢視與批評，以及業界自省下，英國傳媒近年來對於精神健康的報導框架，有了變化，往進步的方向調整。甚至慈善機構Time to Change說，到了2016年，傳媒基本上不再對精神議題有汙名化的框架。與此呼應，表示願意與患有精神困難共同生活的英國人，從2009年的57%增加到了2016年的72%；願意與他們共同工作的人，比例從69%增加到了80%。

不過，為何能有這麼大的改變？還不是太清楚，但有一說法，應該值得參考：許許多多的公眾人物，從國會議員到皇室家族成員，都在公開場合述說他們自己在心智精神方面的狀態，也對自己所承受的經驗直言不諱。另一家慈善機構的理事長David Crepaz-Keay因此認為，最早，精神狀態出了問題，無人聞問，最好是掩飾不讓人知道，它是一種說不得的禁忌。如今，日積月累、滴水穿石的階段似乎到來，愈來愈多知名人物現身說法，已讓精神障礙的存在得到了平和的接受。回想一下，以前人們對於癌症、性別傾向、種族偏見，不都也

---

[*]　《人間福報》2019/5/21第11版。原標題是〈輿論呼籲有成　英美歧視減少〉。

歷經這個過程？如今，精神健康議題也排了進去。

　　道理日日說天天講所積累的成績，似乎也在美國找到另一個例子。川普當選後，不少人認為，公開有種族偏見的言論，應該會讓很多人覺得，總統可以，一般人何以不成？但實際上，美國人的態度似乎已有改善，兩位哈佛大學教授（T. Charlesworth與M. Banaji）針對2007至2016年間，總計440萬次線上民調，進行了檢視與研究。他們測量偏見的標準是：一個人將黑人、白人與好壞聯繫的速度與方向愈快，就是愈有偏見。偏見又分外顯與隱藏兩種，前者是，比如，人們直接說黑人比白人懶惰等，後者是個人不自覺但有非裔美國人比白人讓人害怕的印象。據此測量，兩位教授發現，十年來美國人外顯偏見的比例減少約37%，隱藏的偏見也下降了17%。

　　與英國傳媒不再汙名化人的精神失序，美國人的種族偏見十年來若真降低，是為什麼呢？這兩位研究者說，也許，傳媒與公開的討論扮演了重要的大角色。有識之士總是侃侃而談，直說我們應該努力，設法改變種族偏見的態度：「我們愈是經常說我們要改變自己的態度，我們就愈有可能真的改變了。」

　　假使英美的例子顯示公眾人物不斷表述正面的價值，真能讓個人乃至傳媒的認知與態度發生良性變化，那麼，要求減少經濟不平等的呼籲，只要不斷擴大，那麼，應該也有一天，總會成為物質力量，影響政府的施政。

沒有天線的電視台──走過半甲子的光啟社*

　　光啟社在台灣有許多稱號，足以從不同的面向彰顯它在台半世紀的特色。

---

* 《人籟論辨月刊》53期2008/10，頁20-2。原標題是〈沒有天線的電視台〉。刊登時，篇幅受限而部分刪減，現補回全文。

　　一是歷史最悠久的視聽影像製作機構，國共內戰後隨國府遷台的新聞或電影等片廠，雖然早於光啟社十年左右，如今卻都已經消逝不存。二是「沒有天線的電視台」，從頻道稀有僅由無線三台寡占的1970年代，至有線電視林立的1980年代，再到衛星電視滿天飛的現在，光啟社都以製作節目為主，不經營頻道。第三，天主教華人地區最大的傳播單位，正是光啟社。

　　這三個特色比較為人所知，除此之外，假使稍作考察，至少應該還能加入更具有啟發意義的兩項：光啟社是「慷慨的第一名」；以及，更值得一書的是，光啟社觀念新穎，最不像我們刻板印象中的「宗教」組織。

　　當然，第一是光榮的事蹟，惟慷慨的背後適巧反襯主流電視的不足。1961年雙十節，號稱帶領台灣進入電視年代的台視開播，居然沒有買「影片攝影機」，而是暫時由光啟社免費借出兩套，台視才順利完成相關作業。1968年，政治大學新聞系有了全台高校的第一座實習電視台；不是買的，也不是教育部或當時等同是國有電視台的台視之捐贈，而是來自台灣視聽教學先驅光啟社快「退休」的設備。台灣創作質量最大最知名的漫畫家之一蔡志忠的第一個全職工作、所有電視機構中擔任主播最久且至今仍在播報的沈春華當年初登螢光幕，都是在光啟社（製作的節目中）完成。

　　這些小小的故事之外，為了結合宗教義理與傳播實務，光啟社最突出的特色或許可以說是觀念新穎，不妨列舉幾個例子。

　　第一是動畫。1963年的台灣，如同現在的家長擔心電腦或網路接觸多了之後，會使子女投入於課業的時間減少，當年則是擔心漫畫的魔力耗損學子的光陰。在這個背景之下，光啟社已經投入於動畫的製作，不但時間早於台視，而且還一度發展為稍具規模的單位。據稱，雖然桂治洪兄弟的《武松打虎》（1954）可能是最早的台製動畫片，但至今還能看到的台人動畫作品，來自光啟社在1969年完成的《龜兔賽跑》。

　　第二個讓人格外好奇的是，光啟社似乎「兩不像」。很不像「宗教」影視機構，它經常「不畏人言」，領先同儕，富有寓教（義）於

樂的認知。三十一年前，鄉土文學家王禎和（1940-1990）訪問總幹事鮑立德神父。當時，《廣電法》已經執行兩年多，規定母語（方言）節目必須逐年減少，而許多衛道之士與知識界對於閩南語連續劇抱持偏見，認定鄉土路線「膚淺，較乏沉思」。王問，何以光啟社仍然製作閩南語電視連續劇，甚至還有《傻女婿》長達375集？加拿大出生、碩士主修電影電視的鮑神父說：

> 我們不否認。但這不是毛病。因為這是接近閩南語觀眾最具親和力和親切感的方法……我們一直沒有忘記告訴觀眾：台灣的社會結構雖然在變動……然而……非功利的價值觀，和公正、誠懇……都……不可拋棄……

鮑神父又說，光啟社採取的管理方式，如同一般企業，差別在於它將效率所得，投入於節目的製作而不是用於商業行號的利潤計算，更不用於送紅包。這個說法及實踐正是各國優質機構，從英國的BBC至台灣的公廣集團，至今都在奉行的準則，但當年光啟社已能準確作此表述，殊屬難得，正好是為主其事者的遠見，作一注腳。

後來曾經出任副社長的黑幼龍製作並主持《武器大觀園》，讓許多人很疑惑：「教會為什麼介紹會殺人的武器？」黑幼龍說，看這個節目可以「讓人體會武器的厲害，認識戰爭的可怕」。相比於許多宗教團體直接透過電視宣教，光啟社應該是很有意識地迴避這個作法，因此丁松筠神父說：「觀眾不喜歡說教，做節目最大挑戰就是如何『不說教』。」宗教要傳達的價值觀，例如「貧窮的人有福了」，直接說出的效果，不如以故事或議題帶動。對比台灣或海外許多人或團體以宗教為商品，類似丁神父的這個堅持與擔當值得一記。

光啟社的第二個不像是，從以前到現在，它經常為弱勢發言，或出淤泥而不染。

早在1963年，也就是在政治犯屢遭汙名，致使多數人避之惟恐不及的年代，光啟社就曾出版《春滿莉霧》，作者是政治犯，坐監十年後在台東墾荒完成的散文集，光啟社間接協助他們進入新聞界工

作。在本世紀電視環境更加不堪的背景，光啟社雖然也得在商業市場環境中求其生存，但激烈的競爭似乎沒有壓垮它，並且猶能持續製作不少相當進步，且主流電視機構還較少涉足的影視主題，比如2003年的銀髮族節目、紀錄片《亞洲放逐》（有關外籍勞工拿不到薪水，還要面對被遣送出境的遭遇）、《生活大作戰》，以及2007年參與《台灣人權腳步》的製作（身心障礙者人權、和平權等）等等。

然而，傾巢之下無完卵，或者，如果可以這麼說的話，光啟社即便想獨善其身，也愈來愈見困難。1990年代以來，傳媒環境變化激烈，特別是電視的表現更是慘不忍睹，對於這個眾所周知的遭遇，中國電視公司的前董事長鄭淑敏女士在1999年12月1日的半版發言，形容得最為傳神：

> 近年來，國內電視上充斥辛辣、重鹹與刺激的暴力與色情節目，就連電視新聞也經常以聳動、煽情、擴大矛盾的方式報導，攝影及文字記者穿梭於災難、犯罪現場，無視於救災及搜證的需要，甚至詳盡描述犯罪手法，引發多起模仿相關情節的犯罪案例，對兒童、青少年，甚至整體社會風氣造成負面影響，引起各界對電視媒介角色的質疑……所有的電視人變成「蛋白質」（笨蛋：相信節目排行榜有意義，白癡：去附和追逐節目排行榜的爛規則，神經質：成天為節目排行榜雞飛狗跳）的行徑……

這段話語傳達了新聞從業人員的哀號與憤怒，同時也表徵了社會大眾對於電視的不滿。至今，又已十年，當時還算是新興的電視「名嘴」行業又在政黨輪替後，再把原已烏煙瘴氣的影音環境，弄得更是昏天暗地，究竟伊於胡底？誰來為這些電視病灶肩負起最大責任，誰又領頭來突破這個悶局？

大約四百年前在北京，明朝禮部尚書徐光啟與義大利天主教士利瑪竇的數年（1603-1607）密集交往，開啟基督文明東傳中國的歷史。半世紀以來在台灣，光啟社先在台中後往台北，衍生自其本務，寫下彌足珍貴的一些紀錄。

半世紀以來,從來沒有電視政策的政府難辭其咎,若說是罪魁禍首也不為過。其次,從老三台、有線至衛星的電視頻道經營者在任何國家都是特許才能進入的行業,這些商業公司是欠缺電視政策的受害者,同時也是得到特權(特別是老三台)卻沒有好好使用電波資源,從而等於是加害民眾電視權益的人。光啟社等等作為在惡劣電視環境中的節目製作者,大多來來去去無法長期存在,或可說與觀眾同,受害成分居多。

就此來看,有人說光啟社已經隨年代積累既久而出現組織的不靈活現象,外人無從得知這是否為正確的觀察與評價,惟作為心繫(台灣)電視前景的人,更願意強調與學習光啟社五十年的表現,更願意社會有心之士共同敦促政府,推出合適的公共政策,改造電視的營運環境,庶幾能夠有更多廣電機構青出於藍,提供質量俱佳的音像節目,源源不斷讓台人浸淫其中。

欣賞電視,是真的 *

香港最近出版了一本有趣的書,談的是「電視節目欣賞指數」。乍看之下,很多人也許覺得,建構這樣的指數,如果不算是多此一舉,至少是疊床架屋。因為,自有電視以後,收視率測量技術也跟著發展,並且愈加精進,充分記錄並分析了人們收看電視的行為百態。

非也,電視欣賞指數的出現,大略標誌了傳統的收視率調查有所不足。習焉不察其粗糙的假設是,「使用」、觀看了電視,也就帶來了「滿足」,否則,人們何必把寶貴的光陰投入於這個潘朵拉方盒呢?誠然,有些類型的節目,通常只用來殺時間、讓人暫時虛幻地逃避朝九晚五的枯燥煩悶或尋找扯淡的話題等等,此時,使用與滿足的說法,也許沒有太大誤差。

---

* 香港《明報》2001/3。原標題是〈欣賞電視,愛說笑?〉。

不過，可能還另有一類節目，需要觀眾投入較多的心智及情感，並且就社會價值的判斷來說，可能這類節目也值得鼓勵，卻偏偏這個性質的節目力量薄弱，敵不過人們同時也存在的逃脫資本文明的惰性需要，以至於在資本支配關係下，它們得到的製播機會，遠比「使用與滿足」類型的節目少了許多。

如果不以數量論英雄，那麼，這類或許可以名之為「欣賞」導向的節目，理當得到一些肯定，願意收看的人，也應當有比現況更多的機會收看這類節目。如此思維之後，就有了「電視節目欣賞指數」的概念提出及實際測量了。

但是，誰願意提攜這樣的節目，尊重這樣的收視需要？根據蘇鑰機與鍾庭耀的研究，最早進行這類電視調查的單位是英國的BBC（1941年），該國至今亦在這方面領先全球。日本是NHK起了頭（1990年），香港是香港電台率先（1989年），台灣在1994年也由部分經費得自政府，如今已解體的電視文化研究會，出版了一本類似的書，該書主旨之一是要發展辨認「好節目」的標準，但類似的調查或討論活動，似乎並不頻繁（內湖公視好像是有一些研究）。

BBC、香港電台、NHK與台灣公視敢於並肯於率天下先，可能與它們的共同點不無關係：它們統統是非營利組織。由於不斤斤計較利潤，所以為了多元服務，進行了欣賞指數的調查。順此衍生的問題是，欣賞指數能夠「讓廣告業界加以利用」（頁197）嗎？不無可能，在市場區隔的動力下，商品的宣傳會有這樣的需求，但進展的速度與需求的廣度則較難判斷，電視畢竟不是雜誌或報紙，較難分化到類如金融等專業與菁英報紙與綜合／一般報紙。

如果這樣的推斷是正確的，接下來的領悟是，電視欣賞的研究若是真要有前途，比較大的希望還是放在商業電視的利潤動力要縮小，或者，非營利電視台的規模要再擴大。

全世界的公共電視，聯合起來 *

　　台灣的公共電視台舉辦了咨議會，廣邀關切民主電視前途的人，齊聚一堂，交換意見。其間，有個意見相當招搖，表面上背離公共精神，但內裡卻最符合時代需要。

　　這個意見是，為了存活、為了促進國際交流、為了發揚在地精神，從而讓全球化不離口的人，真正見識到什麼才是值得追求的全球化，全世界的公共電視，應該聯合起來，既學習又轉化私人電視台的營運動力。

　　截至目前為止，為了回應過去二十多年來，隨新技術變遷而來的政客及商業攻擊，全世界的公視大致採取防衛措施，援用消極理由，表示惟有她們的存在，才能讓本國獨特的歷史及文化得到立足之地。

　　現在，時候到了，公視要積極進取，大聲說出，為了不要孤芳自賞，為了不要淪落為文化保留區，如同遺址或動物園那般地純供遊客觀賞、弔唁，公視在數位化、頻道不虞匱乏的年代，要以擴大連結的作法，廣泛與本國及外國各種公共服務性質的機構（從電視台、圖書館、博物館、大學等等）交流。套句默多克（Graham Murdock）教授的話語，公視不能只是以孤零零的文化中流砥柱自居，而是要作為這些非營利公共機構網絡的接合點。

　　好，怎麼做？怎麼學習，怎麼轉化私人電視台的表現？學習私人電視台勇於對外擴張的聯合行為，轉化聯合與擴張的目的。

　　全世界的私人電視台，彼此股權滲透、交叉持有及策略聯盟的行為，每天都在進行。公視沒有私人股權，彼此之間自然不會有此現象。並且，各國公視也不宜複製私人電視台的目的，不宜採取賺錢與否作為決斷買賣節目的商業標準。因為，如果依此標準而得利，公部門會說，商業可維生，那何必撥足夠預算給公視？何必合理增加執照費的額度？假使依商業標準而擴張失利，那最多將維持現狀，更可能的情況則是公視人心渙散，經營更加不利。

---

* 香港《明報》2001/11。

　　所以，公視要彼此無償交換節目，情況若許可，甚至不必排除整個頻道無償供應給各國的作法（事實上有不少頻道已如此執行）。視聽等文化產品的特色，就在於生產成本特高，但幾乎沒有複製費用，特別是電視節目，更是適合作為以無償複製為機制，鼓勵各方使用。此外，一般認為，公視節目更能反映在地文化的可取面向，也更能持平與專業地反映新聞與意見，以此作為論壇。既然如此，這個作法除了有經濟的吸引力，更是建構健康的、進步的、在地全球化的電視資源，所必須採取的作法。

　　在此過程，語言或許是一大阻力，但也有應對的手段，此即不妨認可英語的交換地位，各地公視對外交換的節目，先自行轉成英語，接受此節目的公視則自行轉為本地語言（或者，加配字幕亦可，所費更低）。假使是語言相通的地方，無論是美加英澳紐南非，或是阿拉伯語區、西語區、葡語區、法語區及華語區，更可將語言的阻力減至最低。

　　各國公視以此作為自保及擴張的策略，時候也許未到，但既然有效策略來自理性認知，則認知之內涵理當先行多方研討，不言而喻。如果華語區能夠率先執行（特別是中國大陸，各省的競爭應適可而止，彼此協商，改良前制，若有所成，更可納入港澳及台灣），則是對人類電視文化的大貢獻。

第二章

新聞人與新聞

記者的勞動：誰知盤中飧，粒粒皆辛苦

大記者陸鏗在政大新聞系演講[*]

（左至右）張寶芳、彭家發、馮建三、陸鏗、崔蓉芝及徐佳士於政大大勇樓前（2004.09.24）。（李俊學攝）

---

[*]　本文寫於陸鏗2004/9/24演講日，刊於《自反縮不縮？新聞系七十年》（馮建三編，2005，台北市政大新聞學系），頁2。《財訊》月刊總編輯梁永煌在1998年邀約陸鏗先生至木柵貓空用餐品茗，我與時任《經濟日報》總主筆的盧世祥作陪。陸鏗說，他與卜少夫等人創辦的《新聞天地》，黃金時期是1940、50年代。雖然如此，仍有人（如筆者）到了1975年，還是因該刊而強化投入新聞事業的念頭。

　　2004年9月24日，曾在政大重慶時期研讀新聞的大記者、大學長陸鏗先生蒞臨講演前，系辦擔心人潮不足。

　　沒有想到，我們與徐佳士老師陪同陸先生進場時，大勇樓417教室已經布滿人群，後面還站了一排。約略一小時的講話，儘管語有重疊反覆，話多已見諸新舊著作，但年歲相去一甲子的大學生，仍然不減好奇，午後精神專注之處，不輸講者，鼓掌笑聲還是頻傳。特別是，陸先生介紹徐佳士老師出場，兩位年齡合計近170歲的先生，老當益壯、玉樹臨風就在眼前時，如今幾乎不再存在的歷史感，竟告復甦。

　　陸先生談及六十年前以初生之犢不畏虎的正色，面告蔣先生（總統）《中央日報》揭露孔宋家族誤國之正當有理，談及1947年派遣當時初任記者的徐佳士老師，隨海軍總司令桂永清的軍艦訪視高雄等地而有《海上峨眉》採訪文集之時，滿座之人應該是或多或少，浮現了自己的生命與歷史洪流有了一絲聯繫的感覺吧。難怪會後許多同學蜂擁而上，成群成組輪流與陸先生拍照，像是要抓住歷史，更有同學取出早就準備好的書，或是趕緊奔向書城，買來《大記者三章》，請陸先生簽名。

　　《自由時報》副社長俞國基說：「每個菩薩都有個廟，這個沒廟的菩薩，竟然到現在還能滿街跑！」確實是以感佩、讚嘆陸先生記者生涯的傳神話語。

記者的勞動：另一種「誰知盤中飧，粒粒皆辛苦」[*]

　　7月是考季，高中、大學本科入學考之外，碩博士準畢業生，同樣考得團團轉。單是7月中下旬，我就參加了九場碩士班口試。奇特的是，其中有六位的題目，居然不約而同以記者為主，撰寫傳媒人員

---

[*]　推薦序：何榮幸（2006）《媒體突圍》。台北市：商周。

的勞動條件與過程。

在以前,勞動屬於冷門的題目,搭理者不多。晚近,情況有些許變化。

這是指,過去十年,傳播工作者的勞動條件,不升反降,薪資相對減少、工作時數增加;傳媒用於編採與製作裨益人心的資訊及娛樂之空間,亦見萎縮。也許,出於這些背景因素,致而有更多的學子,選取了記者作為研究對象,記錄了、分析了他們的工作。學子可能自忖,來日是否要投入這個工作?或者,他們在想,怎麼做才能為改變這個環境盡一份心力?

但是,熟稔始於登堂入室,學子未入行之前,不見得理解傳媒工作的實際境遇,並且經常因為傳媒日夜與我們接觸,以致新聞傳播科系成為人文社會學科當中,具有相當明顯的職業導向。反映在大學本科或碩士班入學考試,新聞傳播科系的入學考試分數還是不低,報考人數還是相當多。入學之前,總是憧憬多,總是初生之犢不畏、不知畏虎(傳播業勞動條件的變化)。或者,應該這麼說,即便環境惡劣,新聞總讓人憧憬,而究其實,這也正是新聞事業永恆吸引力的重要原因之一。

還有哪一種行業,能夠讓勞動者在歷練後,有朝一日得到機會,真正演習不卑不亢的態度、試行說大人則藐之的經驗?還有哪一種行業,能夠讓勞動者,每天每日或至少定期都能看到自己與他人合作的集體勞動成果,呈現為宜家宜室的娛樂,乃至比例合適的促狹或「不入流」的娛樂?呈現為監督經濟與黨政權勢者的新聞資訊,以致傳媒事業的表現良窳,直接關係到了民主政治的品質與民主社會的內涵?呈現為具有潛移默化、移風易俗的影音與文字,如同陽光與空氣,人們可以不察覺或不理會傳媒的存在,卻已經、必然盡受傳媒所參與設定的環境之影響。

不過,憧憬只能是師父,引進門之後,各人有什麼發展,還得取決於兩個因素。一在個人的資質與機運,一在個人以外的傳媒環境。

先說傳媒環境。1949年以後的台灣國家機器,一般稱之為發展型國家,也就是經由政治手段導引市場經濟,取得相對的「均而富」

成績。但怪異的是，這個主導能力卻在傳媒領域失靈至今。曾與台灣並列，共有四小龍稱號的香港、新加坡，而特別是南韓，其傳媒表現比台灣好很多，至少，其傳媒出現光怪陸離的現象，遠遠不及台灣的荒唐。造成這個差異的原因，還待探索。但是，國家難辭其咎，由於欠缺有效與積極的傳播政策，造成了對於市場機制的誤解，表現為欠缺宏觀調節的政策工具，後果就是記者等從業人員工作條件的不合理，從而整體表現無法符合民主的要求。

考進新聞傳播科系的人，入門之後，有些人很快就察覺了環境的問題，打了退堂鼓。有些如同其他科系的人，不需或說也無法多想，於是就先跟定課程演進，時間一到，走出校門，另謀前程。有些不肯放棄，初衷不變，只是調整腳步與認知，總想來日仍然可以一伸拳腳；他們不可能以無冕王自居，卻還是願意如同冬日飲水，出校門入業界、自探冷暖。

新聞傳播教育即便無法催生有效的傳播政策，至少應該讓第三種人，包括並非相關科系但有志進入本行業的人，得到充分的滋潤。

於是，傳播教育的內涵，除了影音文字的編採寫作技藝，及相關機器的運用，還得強化俗稱的媒介素養或媒介識讀（前者是陳世敏、吳翠珍教授建議的用語；後者是成露茜、羅曉南教授的偏好），藉此，遍及所有人文與社會學科的知識，才能有效地結合於傳播環境的改良。從傳播法規，至具有前瞻意義的傳播政策；從消極的個人應對，至積極的理解從業人員專業工會的組織問題；從耳聰目明的閱聽人養成，至具備參與媒介變革之認知與能力。這些都是素養或識讀所應該納進的課題。

在這方面，學界做了一些，但當然遠不足夠，而榮幸這本書《媒體突圍》（2006），用另一種方式作了示範。

作者的寫作態度誠懇、立場中道，寓建言於批評之間，通篇都在展現，在惡劣傳播環境之中，個人可以做些什麼。筆者衷心希望，榮幸的認知與努力，既不諉過於結構，也不浮誇於個人，能夠成全一種效果，讓關注傳媒民主潛能的人（特別是前面提及的第三種人），從閱讀中，意會了一種培力、增勇的情境，堅持了勤於面對與承擔的執

著，領略了迂迴前進的游擊應對與來日終得正規達陣之間，如何智慧地隨遇而安，以及無畏地挺身而出。

假使放在記者的書寫，這本書具備了一個很大的特色。這是說，就我有限的閱讀範圍，記者總是報導別人居多，對於自己，記者似乎有三種反應。一是守口如瓶、絕筆不寫。二是退休後的回憶，如十年前的《陸鏗回憶與懺悔錄》。三是仍在職，但曝露本行業的黑暗面，從三十多年前的《醜陋的新聞界》，至兩年前的《無冕王8旦》。

相比於英語世界，本地記者的後兩類反應實在太少。榮幸這本書可能創下紀錄，為台灣新聞界扳回一城。作者選擇三個系列的調查報導，以及一個系列評論，從題目的發想規畫、與報社同儕及主管的協商、實際採訪的奔波勞頓與趣味、反覆修改至刊出後的反響與檢討，和盤詳細托出。在台灣、在世界新聞同業之間，榮幸可能已經自成一格，以第四種模式，記錄了在例行事務之外，記者的部分勞動過程與條件。

讀了之後，人們會發現，在有限時間裡，原來「外行人」努力後，也能成就動人的「體檢公共建設」、「休耕啟示錄」與「全台飆節慶」，成為外行中的內行，連結專業、喚起注意與敦促變革。

1995年，當時的主流傳媒還很穩健，惟邊陲已經事端頻仍。如自立報系產業工會袁孔琪常務理事，遭到不合理調職，榮幸當時是台灣新聞記者協會會長，讓我前往參加記者會，參與討論、表達意見。十一年已經流逝，徐佳士老師念茲在茲的跨傳媒記者專業工會，雖然曾經有個雛型（全國大眾傳播業工會聯合會），卻礙於各種因素，還不能有效運行。脈絡如此，榮幸這本書的經驗就有了更豐富的意義：假使沒有工會奧援，個人仍有空間，工會的意義何在？工會一定比較進步嗎？除了薪資與工時，工會對於編採題材、空間與言論政策的參與，會有什麼看法，等同看待，或當作是更重要的工作條件之一？簡而言之，上有政策下有對策的個別努力，相對於工會，各自的意義是些什麼？假使台灣的傳媒有一天得思考這些問題，那就表示，我們的社會又往前推進了一大步。

大步還得期待，但請容許筆者藉此篇幅，先向作者貢獻一小步。

書中，作者表示，他希望「在立法院每年兩個會期之間」的企畫編輯與深度採訪，能夠成為「慣例」。想必這也是所有讀者的希望。但採訪什麼題目呢？很多。惟去年底施行的《政府資訊公開法》可能值得作為下個目標。一來題材新；二是這向來是記協推動的重要工作項目，同時也攸關傳媒的工作；三是社會與政府都還不熟悉，這才出現榮幸書中提及的，國家文化藝術基金會竟然將單純的一份評鑑報告當作機密，不但不提供給傳媒，也不理會其前任主管的交代，硬是不肯示人。

期盼榮幸或其他記者朋友以此為題，帶動認知，促使相關人員體會責任，在最大範圍內，公開各色報告於網路，讓台灣朝向「開放的社會」，再進一步。

（馮建三 2006 年 8 月 12 日，明道公園啤酒節英仙座流星雨之夜）

記者志業的政治認知*

布赫迪厄的《學術人》法文版在 1984 年問世。開宗明義，布赫迪厄當時藉著引述他人之言，表明「歷史學家無意書寫歷史學者的歷史」。推而廣之，學術人研究人文社會與自然的萬象，卻往往獨缺一門，較少解剖本行本業。同理，記者忙碌內外，或有些牢騷，卻較少完整地自我省察，學界對於傳播者的研究，也是稀疏零落。

三十年已過，研究學者與記者的著作，質量已有變化。海外世界不說，就看台灣，相關研究的進展尚稱略有可觀。1984 年以前的大約四十年間，我國碩博士論文在題名出現「知識分子」的篇數僅得 6 篇，其後至今已見 54 篇；出現「記者」的篇數是 4 與 238 篇。論述兩類知識活動的人數躍增，部分因素是高教人口的成長，另有部分應該

---

* 推薦序：黃順星（2013）《記者的重量：台灣政治新聞記者的想像與實作 1980-2005》，頁 3-10。高雄：巨流。

是知識人自覺意識的強化,表現為相關論述的增加幅度明顯可見。

不過,同時關照學者與記者的學位論文,在台灣可能就只有黃順星博士這一篇。

《記者的重量》藉由歷史的對照與社會科學的考察,試圖描繪並分析海內外記者職業與志業的類型及其關係與變化,文獻的檢閱與耙梳之外,作者的研究選樣過程頗見新意,總計從五家性質有別的報紙,釐定了1948至1981年間出生的36位政治新聞組記者,進行深度訪談、整理與歸納。

撫今追昔,對於台灣記者之「知識分子的身影逐漸渺小,記者的重量日益消瘦」,作者感受深刻;對於大多數受訪記者對於新聞行業「自主專業社群」的創造,「不是嘲諷,就是不感興趣」,作者難以理解。專業組織,無論是否冠上工會之名,不是一種保障記者編採工作的合適途徑,甚至是不二法門嗎?「為何」我們的記者會比較熱衷或認同於「單打獨鬥的英雄」,而不是自助人助、眾志成城,透過結社的道路來保障或彰顯記者的工作?

原因無法在此細究,但可以先談兩種。

首先,記者(特別是採訪的工作)的勞動性質,可以容許單人作業,不一定是集體分工,其他行業(特別是製造業)則經常必須在相同的空間,相互搭配與協調。由於記者在相同的空間工作,孕育共有體驗的機會相對較短,彼此不容易交流情感及鍛鍊認知。至今,平面傳媒的記者隨通訊工具的發達之後,遠距工作使其不必,或是更少進入傳媒組織,同僚相見的次數只減不增,更加使得人透過人際互動形成的關係,以及結合商議的管道,逐漸遭致機械的中介接觸所取代。

新聞工作的性質之外,台灣資深記者對於專業組織的信心與興趣欠缺,另一個可能原因,應該與集體組織的性質有關。無論是新聞人或是其他行業,在創設集體組織(如工會)時,都得面臨集體組織是一種公共財,成立或生產之後對於所有人都有好處,但若要新設或要後續維持,成本相當高昂,致使乏人先行投入,也較少人願意主動承擔創設的風險(如,假使業主威嚇,成立工會就會更難),大多數人寧願搭個便車,等他人創造了公共財且證明能夠長期穩定存在之後,

再行加入。新聞人如同你我，同樣會有慵懶或搭便車的不良習慣。

　　不過，以上源自職業性質與催生公共財的困難，舉世皆然，所有國家的新聞人都需面對，不是台灣獨有。單舉近鄰南韓為例，根據楊虔豪的報導，2011、2012年的首爾仍有大型勞資衝突，傳媒人拒絕屈從，雙方對峙、傳媒人罷工數回，總和起來時間超過半年。假使不是「養兵千日」，平常就有集體組織籌集資源，哪裡能夠應對來自業主對於新聞人工作的不當侵入？相比之下，台灣是全球罕見，傳媒工會的組織極端不發達。不但各家衛星頻道公司與有線電視系統沒有工會，銷量最大的兩家報紙，《自由時報》迄今仍無工會，《蘋果日報》去年「因禍得福」方始得以成立工會。既然沒有以工作場所（公司）為主的工會，代表全國記者或新聞人的工會，從來無法存在，雖然1996年曾經有人努力過，一度擁有將近萬位會員的「全國大眾傳播業工會聯合會」留下了足跡，即便印痕不深。

　　記者與傳播人的有效組織無枝可棲，這是台灣特有的現象，必須從我們自己的歷史過程找尋可能的答案。這段歷史與韓國不同。韓人在韓半島居住與活動超過兩千年，漢人在台島400年；清朝在1895年割捨台灣，日本在1905年強制韓國成為其保護國。二戰以後，來台的國府統治者，即便內戰落敗，已有統治中國大陸的經驗，這與韓國南北分裂後，必須新創統治機器不同。這些差異在傳媒的顯現，同樣突出。《朝鮮日報》與《東亞日報》在1920年創辦，目前仍是南韓發行量最大的兩家報紙；《台灣民報》完全是另種光景。除了遲至1923年才由東京留學生以週刊形式創辦，1927年才能入台，又到了1932年才獲准轉作日刊，卻在運作5年後就因局勢變化，漢詩之外，不能再以漢文報導新聞或評論，接著被迫改名、合併而在1946年3月停刊。葉榮鐘之女葉芸芸為蘇新的文集撰寫了〈遠道不可思〉代序文，起始就說，「重複出現斷層，世代之間無法積疊歷史傳承，仍是台灣近代史的危機」，信然。

　　1920年代的台灣，已經進入日本殖民統治20餘年，武裝鬥爭因為犧牲慘重等因素已經退場（除了1930年的霧社事件），第一次世界大戰致使歐洲民生凋蔽，日本崛起順帶要使台灣經濟有所發展，包括

受教育人口顯著增長。這些背景還得加入一筆：蘇聯的社會主義革命讓日本與台灣在內的世人無不感應，遂有台灣的民權運動在近百年前開始勃興，「治警事件」並未消弭台人的反抗與追求，反而如同今日，我群的認知與覺悟因為鎮壓而勃興，遂有台灣文化協會、台灣工友總聯盟（至1929年初已有會員1.1446萬人）、台灣民眾黨、台灣共產黨，以及其他大小與持續時程長短不一的結社，前後修正、承繼或分裂，此起彼落並未止歇。惟在日本帝國擴張與軍國主義高漲之後，日本國內的左翼與民主政治的力量都已備受壓制，遑論台人？1937年日本侵略中國，戰爭全面開打後，本島的民權運動（包括漢文報刊的編採發行）更是為之中斷。

在那個年代，民權運動的主流匯聚在「工農組合的民族主義」之主張與組織運作。殖民最後八年，台人求進的反抗組織因戰爭而更難維繫。其後，隨日本戰敗，二二八事件致使報人、進步實業家王添灯……慘遭殺戮，但以文論政的活動在台灣仍在奮進。只是，再過了兩年多，國共內戰、韓戰爆發後的世局，已有差異，白色恐怖、國府領受在中國大陸失敗的經驗，所有組織工作而特別是各種自主工會，若非消失，就是落入國府掌控而不可能自治。

肇因於殖民統治與冷戰格局，國人的工會等結社經驗，以及其他社會所能積累的進步能量遭致腰斬，無從傳承，中斷了5、60年，即便解嚴也無法迅速回升，如同手足禁錮已久，鬆綁之後，安步當車都有困難，遑論健步如飛。何況，1980、1990年代的台灣，經濟號稱黃金時期，以後見之明看來，更多人收入中產化所造就的結社、特別是工作場所的結社（工會）之效能，遠遠少於中產化帶來的懷柔作用。主流廣電與報章媒介尤其是受經濟增長之賜，其高度寡占地位讓東主長年獲得暴利，部分用來分潤員工。何況，在高度管制的年代，當時的傳媒幾乎沒有國際競爭壓力，正可圈地而顧盼自雄，這就使得傳媒行業的安穩相比於其他必須競爭（含海外競爭）的產業，顯得更為安逸，傳媒人自我組織的想法，為之再弱一城。另一方面，傳媒作為重要的統治戰略之一環，國府並未忘卻，箝制的棍棒之外，另有蘿蔔。因此，1984年國府制訂《勞動基準法》時，就讓工作型態迥異

他業的「大眾傳播業」，與另六類行業平起平坐，同樣列入可以受到勞基法保障（勞保等）的七種行業之一。

本世紀以來，情勢已在轉變、仍在變化。經濟成長趨緩甚至下滑、經濟分配更為不公平，加上昔日的傳媒管制思維與能力不再，各級傳媒的競爭激烈，即便仍可獲利，較多的傳媒利潤不再豐厚，新聞傳播人的工作條件比起先前，已見差異。客觀的環境不利依舊，人們的主觀感受已在調整，因此，談記者的242篇學位論文，有194篇是在2000年（含）以後出現。新聞傳播人的工作條件日趨惡化的年代，出現了這麼多的論文，究竟怎麼解釋，又代表哪些可能的意義，這得分析。但是，若說近十餘年來，相比於接受黃博士訪談的記者（重要經歷是在所謂的經濟黃金時期，占了大約九成），這些新進本行的人對於記者的集體組織之印象、認知與期待，若說會有相當的差異，可能不讓人意外，即便他們對於記者組織的需要，不能立刻催生組織的成立。

但是，如同沒有人是孤島，也沒有任何記者單靠自己的努力，即便是記者的集體努力，就能夠讓記者本行得以在合理範圍內，發揮本行的志業願景：遂行公共服務，揭發黑暗，表彰光明。

這個公共服務的志業不會僅只是強調個人的成就。雖然，每當讀到這樣的事蹟，無論是調查報導記者史東（I. F. Stone），或是「有名的記者、主播和節目主持人艾德華‧莫洛（Edward R. Murrow）……正義凜然地教訓張牙舞爪的麥卡錫，振奮全美久蟄之人心，潮流轉向了……他對美國廣播新聞的影響是石破天驚的……」，誰人不振奮，有為者亦若是的心理自然浮現。然而，新聞傳播事業不能單靠明星記者，道理淺顯。否則，新聞自由的百餘國排名，美國不至於是第47名（巴黎組織的調查）或第22名（美國組織的調查）。否則，美國傳媒中，相對最受信任的電視，其比例也不會低到2012年僅存21%（1992年仍有46%）？這些，難道不是因為美國傳媒屬於資本體制的成分稠密，美國人能夠享用的公共廣電金額一年僅1.43美元，落後新聞自由名列第一的挪威（109.96美元）與第二的芬蘭（130.39美元）太多所致嗎？1990年代的美國，人口與經濟成長都很可觀，其報章

廣電也都高度獲利，但1992至2002年間，它們還是要裁減編採6千人，賺了大錢還是要裁員，那就更不用說虧損年代的2011年，美國新聞人的裁減量還要比2010年多30%。等而下之，美國「自動化啟示錄」公司每週透過電腦運算，生成一到兩萬篇報導，供應上百房地產及體育新聞網站；該公司居然預測，來日透過電腦運算所產生的新聞，將會愈來愈重要！

同理，英國的《太陽報》與BBC在其各自領域，都是讀者或者聽眾與觀眾最為青睞的龍頭。這就是說，《太陽報》在報業蕭條的現在，每日仍有225萬份銷售量，遙遙領先第二名的《每日鏡報》120萬份，BBC在2012年仍然占有英國收音機市場份額的55.9%，電視的33.3%。但這只是數量上的相同，二者的體質與認知差距很大。BBC的存在就是只服務閱聽人，不服務商品（資本）增殖，因此沒有廣告、不按片付費，所有英國人都定期出資作為BBC的主人，BBC的所有內容都是公共服務，都開放讓英國人盡情使用。《太陽報》不講公共服務，若講，就是將公共服務等同於股東的利潤，因為該報及其相同類型的媒介認為，股東「追逐個人的利益⋯⋯促進了社會利益⋯⋯比他真正想促進社會效益時所得到的效果為大」。不過，很明顯的是，對於這兩種公共服務觀，英國人給予不同的評價，《太陽報》與BBC記者的受信任度，不可同日而語。高達73%的受訪者相信BBC，但《太陽報》僅得9%！為什麼出現這個巨大落差？兩個傳媒機構的體質差異所致，BBC是人民責成政府所創造的非商業機構，《太陽報》是私人為求牟取利潤且將其歸入散戶極大股東的荷包，是私人為牟取私人的政經及社會影響力而造就的傳媒。

這樣看來，除了是職業之外，記者（與學者）即便只是為了得到職業尊嚴，也必須爭取更多的志業空間，使其定位往公共服務的方向移動。公共服務無法只是記者、也無法只是學者自己的事情，如同「台灣高等教育產業工會」已在2012年成軍，並且頗見積極介入高教的措施與政策，但假使政府稅收不足、投入高教的經費有限且不均，那麼高教的公共服務理念也就無法彰顯、物質基礎也就不能穩定，如此，高教工會的效能就會受到局限。高教工會反對教育商品化的加

深，理由在此。惟這裡的公共服務與本書提及的「公共新聞學」，並不相同。作者介紹了「公共新聞學」，但似乎仍有懷疑，因此文末贊同他人之見，指「當代新聞的問題不在新聞疏離於公眾，而是……資本限制」。

記者要怎麼樣才能重拾，或說另起爐灶打造時代需要的志業，雖然這不是本書所要回答。但黃順星博士既然在書末指認了問題，那麼，來日，讀者或許會很希望看到作者的追究，進而看到作者更多的詳細解惑。起腳點仍然可以是「公共新聞學」：美國的公共廣播電視相比於日、韓、歐、加、澳，非常之小，地方報紙的壟斷程度之高又不是前述國家所能望其項背，何以前幾年高唱，並且實踐了公共新聞學若干年的呼聲，來自美國的報紙而不是廣播電視？又何以近作《數位斷訊》的作者麥克切斯尼（Robert McChesney）當年會對公共新聞學之說，大表懷疑。

更值得一書的是，作為自由左翼激進派的麥克切斯尼，他與自由中間派、2004年4月應《天下雜誌》邀請而訪台、就任哥倫比亞大學校長後立即積極改革哥大新聞教育的包林傑（Leo Bollinger），兩人的立場有別，卻能在傳媒改革的內涵取得共識，難能可貴。

麥克切斯尼說，相當多的人認為，為了謀求私人利潤與政治影響力的各種媒介，在透過媒介競爭的過程，儘管存在一段時間讓人不快，甚至損害民主、傳媒內容同質化或極端化、嚴重失去平衡，但優勝劣敗的淘汰必定不能跳過，度過這段不平衡的階段，最終必然重回意見市場的均衡與豐富。真能這樣嗎？無論是前人的眾多舉證，或是麥克切斯尼的近日分析，無不指證歷歷，若是聽任傳媒自由競爭利潤，新聞事業服務民主的效能就在扭曲之同時，不能達到更為合理的層次。麥克切斯尼又說，慈善事業對於新聞事業的捐贈，或科技如網路的進展所帶來的好處，固然理當歡迎，但民主生活所需要的新聞事業，無法仰仗個別的善意或技術的變化。根本之道必須從政治認知開始，「體認（好的）新聞是公共之善（public good）」。站穩並鍛鍊這個政治認知，才能研擬「明明白白的公共政策，落實人們稱之為補助的公共投資」。麥氏認為，若要促進新聞事業，使其服務民主，這是

不二法門，公共投資的規模愈大，傳媒所能善盡的民主效能，就會跟隨提高。

包林傑作為美國公法學及傳播政策專家，應邀撰寫《不羈不絆、健全壯實、廣泛開放：論新世紀的自由傳媒》。他說，美國憲法第一修正案有三個柱石，當中，第三個柱石要求政府「為了改善傳媒表現而規範傳媒」，但這部分是「談及美國新聞自由與憲法傳統時，最被忽視的一個柱石」。包林傑說，學者與記者應該共享的理念是，「進入本行，必須為了服務公共之善而來」，而單靠市場秩序無法提供充分的公共之善，因此「最為重要的是，我們必須理出更好的系統，以公共基金興辦傳媒……情勢嚴峻……來日終將印證……挹注公共基金……這是維繫自由傳媒的唯一辦法。」

麥克切斯尼與包林傑的見解超越了美國民主黨與共和黨之見。在台灣，追求記者與學者是職業，更必須是志業的人，同樣必須超越民進黨與國民黨之識，在公共投資是必要條件的政治認知之後，早日共同提出超藍克綠的傳媒改革階段及其藍圖。

（馮建三2013/10/28猴山，首次與野猴相遇）

螢光幕後的幢幢黑影 [*]

最近幾年，60、70與80多歲的資深報業工作者（劉一民、葉建麗、耿修業、王惕吾等），現身說法，出版了若干本書籍，對於欠缺史料的當代台灣新聞事業史，雖然僅只是斷簡殘篇，卻仍然不失個人見證的價值。

對照之下，關於電視這個新媒介的第一人稱記述，應該是如盛竹如所說，「以前還沒有人寫過」（今年稍早，前台視節目部經理李光

---

[*] 《亞洲週刊》1995/11/19，頁97，本文評論盛竹如（1995）《螢光幕前：盛竹如電視生涯回憶錄》。台北市：新新聞。

輝與總經理石永貴曾先後在《廣告雜誌》發表回憶文字，但篇幅短了許多）。在前無古人的情況下，《螢光幕前》拔得頭籌的意義，至少可以分作兩個層面來看。

第一，對於一些人來說，它可以是趣聞遺事與名人瑣談，提供了茶餘飯後的資料，供作讚賞、恍然、莞爾或欷歔一番。第二，對於另一些「關心電視的人」來說，或許他們會引領企盼，期望從閱讀私人的經驗，知悉公共的歷史，從而收到鑑往知來的領悟，甚至預謀改變未來的策略。

細心讀完全書，得到的結論是，第一個層面的功能比較沒有疑問，儘管感受隨人而異。雖然如果出版社讓或要求作者多花點寫作時間（由於作者「記日記的習慣，四十年如一日」，本書只用了四個月即完成），則讀者或許可以得到更多的滿足感。

至於第二種功能（作者是否有此企圖，應屬另一回事），答案應該是很不容易，或者說，這些逐年編纂的記事，徒然只是加深似乎已經普遍瀰漫於知識階層的一些刻板印象，以為台灣電視生態的不合理與紊亂，最大根源只在於國民黨的政治權力，運作不當而難以制衡。讀者看完了書以後，實在無法得到啟發，很難看透當代媒介（包括台灣的三家電視）應該怎麼樣才能在物化的政商箝制環境裡，在較大可能範圍內，爭取扮演資訊與娛樂服務的公共空間。

這本358頁的回憶錄，至少在46個地方提及行政權力與電視節目的關係，其中17次涉及蔣家（絕大部分是蔣經國與蔣孝武），29次談到了新聞局等單位。當我們讀到為了無心的一句字幕「大哥！不好啦！」，致使總經理必須下台（頁153），當我們讀到居然為了當事人都不明白的理由（頁322），致而必須被皇太子禁播新聞的轉述，我們當然氣憤不已，當然倍覺荒謬。對於盛竹如用心製作的晚間新聞前的「小小回憶」，由於收視好，漸對國民黨營中視的「歷史上的今天」造成威脅，最終竟以成功賈禍，惹來新聞局的停播干預（頁278），頓時覺得這好像有黨壓政的味道，於是情緒也跟著起伏咒罵。

作者對於黨政的惡形惡狀雖肯諒解，但字裡行間，嘲弄、不服氣與鄙夷的反應，躍然可見。

　　與這些不滿的文氣相對，當盛竹如在14個地方（包括三次為政
治人物助選），數說他在採訪新聞與製作台視節目以外，非關記者本
行，但從記者身分得到助益的業餘活動時，他是雀躍而自滿的。比
如，作者自述與多位體育記者舉辦少棒賽「正正當當賺」些許錢（頁
80），製作一個節目且拉廣告賺到了三個多月的薪水，「何樂而不為」
（頁123），再到耗兩天拍廣告片得110萬元，而當時的月薪是5.5萬
（頁318），盛竹如也由喜愛而自製評介電影的電視節目，然後進口
《龍門客棧》放映，「淨賺……兩年」多的薪水（頁199），最後甚至
感嘆自己「哪還像個電視記者，簡直十足電影片商」（頁268）。

　　嫌厭黨國卻不能有效抗拒的心理狀態，應該是盛竹如類型的電視
從業人員的客觀寫照。於是，一顆不滿的心與旺盛的工作能量必須找
尋出路，而由前段文字所述，讀者知道了作者所輕許或擁抱的對象，
是商業活動與收視率（頁299）。

　　不過，即便在盛竹如所處的政治高壓年代，台灣電視弊端就只是
黨國而已嗎？訴求大眾品味就是進步嗎？這是大問題。就在蔣介石謝
世後全台娛樂場所停業的1975年，台視的專業副總經理何宜謀（現
為第四家特高頻電視台總經理）說：「為了爭取客戶……三家電視台
演一樣的節目，別人都在批評，我們明明知道不對，但還是這樣
做……本人……有點罪惡感……不過我要問究竟我們的電視事業的政
策是什麼？為了生存，廣告商變成了我們的衣食父母，我們的電視事
業究竟何去何從？」盛竹如從商業邏輯，找到了逃逸黨政暴力的個人
路線；但很諷刺，整個電視生態卻早就被商業邏輯制約而難以自拔，
差異只在以前的商業暴利為國民黨壟斷，現在則暴利漸減而多了國民
黨以外的財團要分食。

　　作者得有機緣，在新興社會現象的第一個三十年，為台灣留存了
一些觀察心得，比較可惜的是，這些文字的個人憶往舒懷，沒有能夠
達到更多的社會參照價值。

「幹掉工會」的總編輯　也被炒魷魚了[*]

看他春風得意的樣子，就讓人不舒服。倒不是見不得人好，而是安卓‧尼爾（Andrew Neil）真的有夠，怎麼說呢？有了，真的有夠噁心。

剛好在十一年前（1985），他與如今已經成為全世界權力最大的媒介財閥梅鐸（Rupert Murdoch）並肩共事。他說英國公營事業的工會已經完蛋，私營產業工會也欲振乏力，惟有倫敦艦隊街的各大報紙，仍然遭受氣焰高張的印務工會挾持，無法按照資方條件引進電腦化。接著，他赤裸裸喊出梅鐸的心聲，「我們不幹掉工會，誰來宰掉他們？」翌年，堪稱世界報業史少見的慘烈戰役登場，艦隊街近6,000人一夜之間失去工作，從此沉淪。

雖然立下汗馬功勞，梅鐸並不領情，兩年前照樣炒了尼爾魷魚。按照道理，主雇這種關係，只能說是翻臉不認人，不是什麼君子絕交，不出惡言。沒有想到，在上個月（1996年10月）出版的新書《全盤揭露》，尼爾以君子自居，「持平而同情地」為梅鐸裝扮。尼爾說，英國人總認為梅鐸「大權在握，控制了各媒介的每個運作細節」。但這是一種「迷思」，尼爾說：「並非如此，梅鐸的影響力遠比這種想法委婉多了。」

怎麼個委婉法？梅鐸討厭現任香港總督，因為他與北京政府對槓，不方便梅鐸與中國做生意，於是從《太陽報》到衛星電視，就只能照章辦事。兩年多前，梅鐸更為了BBC新聞經常開罪中共，硬是將BBC從衛星頻道拉下馬來。梅鐸素來以反共聞名，如今以商業上的「權宜措施」，犧牲了自己的「政治原則」，這很委婉。尼爾本人在擔任《週日泰晤士報》總編輯期間，是策畫了一些系列調查報告，不能說全無新聞專業素養，但諷刺的是，就在他報導柴契爾（M. Thatcher）政府「援助」馬來西亞的交換條件，是替英國軍火商招來500多億台幣的採購時，馬國總理馬哈地卻向梅鐸「要他的頭」。果

---

[*] 《聯合報》1996/11/19第37版／聯合副刊。原標題是〈瞧！這個人〉。

然，不久以後，尼爾真的下台，離開待了11、12年的總編輯桌，這當然也只能說是委婉。

尼爾的委婉觀不比尋常，他認為捲鋪蓋走路，不是媒介報導影響了梅鐸的生意經，而是因為他太出名，周旋醇酒美人之間，與王公貴族觥籌交錯，終至「功高震主」，不能見容屢次告誡他「編輯應該匿名隱身」的梅鐸，尼爾的想法雖然特異，但大概有其物質誘因。他非但沒有遭遇到狡兔死了以後，走狗必定要下鍋烹調的命運，反而去職之日，另在《週日泰晤士報》撰寫專欄（合約兩年至今年底），這是不是他善體「龍顏」換來的報酬，沒有人知道，但在這本大談特談他與梅鐸共事之經驗的所謂自傳出版以後，他與梅鐸的這點門面，可能很難再維持。

不過，尼爾並不擔心，他找到了更好的出路。巴克萊這對神祕兮兮的兄弟，10月底起，已經延請他出任《歐洲人報》、《蘇格蘭人報》與《週日蘇格蘭人報》三報合一的總編輯。接下來的好戲是，在自傳中聲稱「優秀新聞業者的箴言，就是報導強權人物不願意別人報導的新聞」的尼爾，如何面對這對大亨？

這對攣生子不願媒介報導他們新聞的作風，已經到達旁人難以理解的地步。去年BBC有家地方電台在訪談中提及兩人一些事情，他們不厭其煩地大動干戈。不但在英國法院提起口訴，一舉將電台、訪談者及BBC總監統統羅織進去，他們還到法國舉狀控告三者觸犯刑法誹謗罪。在這種只知（病態）隱私，卻一點沒有可受公評之雅量的東主手下任職，尼爾即便不會覺得伸展不出手腳，至少也會覺得這正好與自己剛剛出版的《全盤揭露》的那段話格格不入吧？天曉得，尼爾自傳還說了一句話，或許足以自保，他說，他的智識立場，「太過複雜」，不是純道德尺度所能測量。

大鯨魚對付小蝦米[*]

今（2004）年4月29日，《工商時報》記者曠文琪發了一則新聞，提及鴻海公司的連接器報價7美元。鴻海公司董事長郭台銘認為，這則報導「標題雖然正面」，但內文「暗指」其產品價高品質有問題，也損害了該公司行銷策略，使其競爭對手得以藉機發動耳語打擊，致令鴻海損失了3,000萬台幣。

郭台銘因此向法院聲請，並得核准，假扣押了曠文琪3,000萬元。至今曠無法工作，只能留職停薪，另有房舍遭到扣押。

這起台灣新聞記者協會（記協）稱之為「大鯨魚對付小蝦米」的事件，讓人有六點感想。

原來，有些資本家可以恃社會之寵愛而驕橫到如此地步，政治人物都還戒慎使用的手段，竟可以在鴻海手中操縱自如。如果「無冕王」平鋪直述的文字都會動輒得咎，我們的社會還能夠奢望新聞媒介伸張民瘼嗎？財團能夠，政治人物又有什麼不能比照辦理？

詭譎的是，這種足以傷害報社尊嚴與公信力的重大事情，居然在事發七個月、當事記者暫離職場後，才在記協抗議下始為外界所知。於情於理於法，《工商時報》提供其員工合理的工作環境，不是天經地義嗎？就記者而言，這個合理環境，不是應該包括免於恐懼的報導自由嗎？有權有勢者祭出的惡質3,000萬民事假扣押，不正是至今為止，台灣新聞史上最足以讓記者恐懼的威脅之一嗎？鴻海的誇張興訟對象不是報社或總編輯等高層，顯見該公司認定記者只是軟柿子，吃起來順口、打起來順手，欺凌起來得心應手。

再者，近幾年來，各新聞台與談話節目，加上有些平面媒介的黨派立場鮮明或專以聳動與黃黑為能事，造成傳媒的總體運作，不但無助於發揮監督功能，反而是配合了、裹助了、強化了黨政領導群帶頭的反溝通作風。這樣一來，社會形象本已不佳的傳播媒介，《工商時報》作為其中一員，雖然並無那些媒介的惹是生非，卻也還是覺得理

---

[*] 《中國時報》2004/12/4第A15版。

虧，或是因為廣告及新聞採訪受其牽制，於是遇到鴻海的財大氣粗，也就噤聲不語，略有啞巴吃黃連之苦，只好眼睜睜讓記者遭受池魚之殃、作為替罪羔羊。受害媒介的靜默，竟然多少反映了心虛？顯示媒介的不願聲張，原因也在於媒介判斷，若再大加聲討鴻海，社會大眾不見得會站在媒介這一邊，反而可能還會有人額手稱慶，認為總算有人出面，教訓經常侵犯升斗小民之人權的無冕王？

第四，記者自助人助的認知與力量太過薄弱。鴻海「舉事」後，據說記者「個人生活與精神壓力」遽增。無論是因為自認理虧或求助無門，這個反應反襯了兩種欠缺。一是記者養成或在職教育中，欠缺類似案例的模擬，以至於臨事手足無措，或是記者在並不一定需要自責的情況下苛責自己。二是記者欠缺工會或專業組織，無法以集體力量伸張自身的工作權利。似乎是在《今周刊》報導後，記協才意識到問題的存在並發為行動，雖然這是亡羊補牢，仍比沒有反擊來得恰當，但設想《工商時報》若有合理運作的記者工會，鴻海就不敢小覷記者，真要扣帽子也要付出更大的代價。

第五，我們歷來說傳播媒介是第四權，現在應該改口，傳媒至少應該是第五權，不僅要獨立於行政、立法與司法之外，更必須不受資本利益與財團的牽制，不如此無法獨立報導與評論。

最後，從學界到實務界，對於財經及產業新聞的報導、評論及其意義，都應該投入更多的注意力。本世紀初，安隆等一連串大規模的財團破產案件，敦促歐美媒介更加重視企業行號資訊的編採作業。世界銀行並在前（2002）年出版文集，就此發揮。英國近百社團連署，要求英政府立法，責成在開放政府資訊外，攸關公益的私部門資訊也必須開放。台灣的相關問題在今年博達、訊碟等公司的掏空案中也再次顯現。

與其控告特定記者，招惹來惡名，鴻海不如成立基金會，用來倡議與改進財經及產業資訊的編採和合理公開，這樣，不但增益社會形象，也能鼓勵傳媒，促使新聞報導與評論對公司治理的監督效能，有更多的貢獻。

媒介人的法律保護[*]

今（2006）年5月出版的《目擊者》雙月刊，封面最醒目的字眼，赫然是「媒體是台灣最大『黑幫集團』」。

讀到這樣的文字，多少讓人有些不忍，雖然也浮現了一點希望。

不忍之情的產生，可能是因為，學界與業界固然也經常齟齬或相輕，但或多或少，其實也互有「同根生」的連帶關係。社會的表現若是不好，學術界能夠袖手旁觀，或敢於宣稱與己無關嗎？好像不太能夠。同理，成立十多年、至少在特定格局中，代表了平面、廣電與網路記者的台灣新聞記者協會，在自家刊物毫不留情地說自己黑、最黑。那新聞傳播學界會或說應該作何感想呢？

這個自我揭露，形同自殘，但其實是知恥近乎勇，值得肯定，從而也就是人們的希望之源，傳媒日後若是能夠有良性的轉向，憑藉之一在此。

特別是，假使記者（與學者）的自我反省與（社會人士的）批評，既不是在檢討聲中，故作與人有別、比同行高明的樣子，也並無犬儒的袖手旁觀或冷言冷語；反之，假使有更多的記者、學者與社會人士，積極從事，愈是有更多的人，願意壓擠個人的有限資源，犧牲部分個人率性的悠閒或懶散，轉而試圖從結社中，試探集體的努力所可能產生的作用，也領會其局限，那麼，這樣的努力必將豐富周遭的色彩，而不是向壁於天邊彩虹的虛構。人而能夠如此努力以赴，少則豐富了自己的人生、留下了時代見證，多則可為日後與當前的台灣乃至於世界傳媒，預作良性興革的準備，乃至於啟動。

新聞人出版的類書，無論是前年楊兆景的《無冕王8旦》、去年由國際記者聯盟編寫而記協商請謝德謙翻譯的《衝進新聞第一線：帶著報導，活著出來》，或是今年入春後，先後由劉旭峰與林照真出版的《收視率萬歲！誰在看電視？》及《記者，你為什麼不反叛？》，在在顯示了記者的自省與努力，有其正面的貢獻。

---

[*]　推薦序：葉玟好（2006）《媒體人的法律保護》。台北市：商周。

葉玟妤律師這本書更是如此，尤有難能可貴之處。作者曾經供職報社，負笈英倫，取得傳播碩士，返國後成就本書，以貼近於傳媒人的工作實況，就近取例，可說來得正是時候。它很可能是第一本自國內具體案例取材的書籍，不但為媒介人、記者、未來傳播業生力軍而作，而且可望因其選材生活化、文字深入淺出、編排有秩，更能方便讀者翻閱，因此對於社會大眾認識傳播人的具體工作情境，會有很大的幫助。至於《政府資訊公開法》因去年12月上旬才通過施行，相關案例還待出現，其敘述與檢視也就無法出現於本書。再版時，作者也許會考慮加入這個部分，乃至於另成一書，彰顯政府作為，其實也可以推進新聞自由的道理。

傳媒是白是黑，是否在運用新聞與傳播自由的同時，善盡社會責任，並不只是記者、學者或社會人士的責任，政府也責無旁貸，政府自有權力、權利與責任，必須要提出合宜的、能夠回應傳媒人與社會所需要的傳播政策。

（馮建三2006年5月20日，遙望頂山石梯嶺）

大學推進媒介素養，業界培訓專業技能 *

這是媒介時代，媒介如同空氣與陽光，除非遺世獨立，否則無論是否願意，世人必然受制、受害或受益於媒介，無論是傳統的報章雜誌或是網際網路與手機媒介。媒介就是環境，人生活於環境，這是媒介時代的最大意義。

如何面對這個媒介時代？教育而特別是設置新聞傳播科系的高教機構，似乎還沒有完整認知，因應行動也就相對緩慢，這很糟糕，讓人著急。

我是說，媒介素養或媒介識讀早就應該是小學至大學的教育內

---

* 2007/7刊於《通識在線》第11期，頁8-10。

容。雖然新聞傳播學府的重點，是有若干其實可以歸為媒介素養的課程，但投入新聞傳播科系的學子、外界的觀感，乃至於側身學府的教學與研究人員，還是很容易或說傾向於將新聞傳播，當作是記者、公關等職業取向的科系。

不過，這不是說媒介素養與傳媒專業課程互有衝突；相反，假使欠缺媒介素養的廣泛知識，專業的編採才能其實也就無從發揮。但是，如同陳世敏教授再三強調，專業素養理當由業界承擔較大部分，大學應該致力者，在於推進媒介素養課程。這個觀點放在台灣，又更顯得重要。一是日本與歐洲大學很少設置新聞傳播科系，記者養成與訓練大多是業界之事。二是美中韓等廣泛設立這類學科的國家，業界投入於記者等實務人才培訓與素質提升的資源，遠大於台灣同業。

那麼，究竟媒介素養課程其內涵按理應該有哪些？這個問題的解答必將因人而異，可以提出實然的描述，也應該有個規範說法，同時不妨具體羅列媒介素養需要面對的提問。

信手捻來，國人一定想問，我們的全日電視新聞台，何以數量不但多於港韓新，而且多於美中印這些大國，事實上，是全世界第一。為什麼？量如此之多，又對我們的資訊環境有啥意義？其次，與此剛好相反，何以我們的電影產業如此衰弱，2006年各國國產電影，平均達其票房約1/3，台灣約在1-2%左右，這是怎麼搞的？然後是，俗稱兩報三台的《中國時報》與《聯合報》，台、中與華視，從1960至1996（或者至1990年代末），都還能夠寡占台灣報紙與電視市場，且有厚利，但為什麼過去七年來屢跌而未見回升？所有國家的傳統媒介都因為新技術的引進，無法如同有線或網路未發達的年代那般吃香，但也沒有任何國家如同台灣的兩報三台，有這麼大幅度的衰退。對比各國，台灣傳媒環境的突兀之處，至少還包括先前所提及的，為什麼台灣業界肩負新聞等實務人才培訓的意願及資源相對較少？早在1984年勞基法實施時，記者等傳媒工作者就已經是八大適用行業之一，但何以至今參加傳媒工會的人，比例如此低落，甚至新興廣播與衛星或有線電視公司，連個產業工會也不存在，記者又從何加入？當然，台灣的公視規模僅及南韓1/30或1/40，英日德的1/200，甚至比

美國與香港都來得小，並且成立最晚（1998年），原因又在哪裡？

　　除了這些特殊展現，台灣與他國傳媒當然還有更多共通的地方。比如，前面已經提及，媒介素養不是與傳媒專業無關，而是要讓公正客觀與多元文化的編採專業認知與倫理，得到更多落實的機會。這裡，當然就涉及了媒介批評、批判、改革與改造，但媒介素養如何在涵育耳聰目明的閱聽人之外，也能讓閱聽人理解，不同的傳媒制度設計攸關其利益，從而他們會有意願與能力，響應乃至於發動媒介的改革活動。又如，無論使用的術語是帝國主義或全球化，台灣在內的各國傳媒均得放置在以美國為首的世界意識及資訊環境中，求其定位，這是個健康的情況嗎？當然，站在傳媒的角度，也會希望媒介素養的教學內涵，包括教導人們，何以傳媒這個行業以及記者，是值得社會給予若干高於公民的權利？以及讓人們理解新聞採訪與呈現之間，必有落差，而不一定是出於傳媒機構的偏見或陰謀。

　　最後，只要是傳媒都有共相，此即傳媒「內容」具有兩種性質，致使主流經濟學也認為，市場的價格機制不能是依據，傳媒若透過市場而調節內容的生產分配質量，社會就會受害。這兩種性質分別是公共財，以及外部性。我們讀一份報紙、刊物或收看電視劇，不會減少別人同等使用的機會，這跟我們吃了巧克力，別人就吃不到，很不相同，傳媒內容因此是公共財。傳媒會帶給人們名聲，或是會侵犯隱私、造成誹謗，但這些人既不是傳媒記者，也不是使用該內容的閱聽人，也就不是傳媒交易雙方，而是其外的第三人眾，這跟一般商品的買賣僅涉及兩造，明顯有別，傳媒內容因此明顯具有外部性。傳媒依賴市場愈深，將妨害社會良性成長的內容（如當前的談話節目），由於其社會成本（社會分裂、民主素養不進反退）並不是由傳媒承擔，因此經常會生產太多。反之，有利於社會良性成長的內容（如深入淺出地討論公共議題），可能因為製作成本太高、可能因為其社會收穫無法由生產者取得，因此乏人問津而生產不足。

　　就規範角度來看，媒介素養的內涵至少應該包括這些共相與殊相的探討，大學新聞傳播科系應該正視，強化媒介素養課程。假使相關科系疏忽，未見於此，那麼，這幾年已經進行多回的高教評鑑，何不

從旁協助，引導新聞傳播科系的教研方向？

漫談新聞倫理及傳媒市場失靈[*]

　　2007年5月8至10日，《聯合報》連續三天，前後以五個要聞版面，報導與檢討六十八天前發生的傳媒現象，也就是三立電視台在2月26至28日首播，其後數次重播的《二二八走過一甲子》特別節目。

　　觀察《聯合報》的表現，以及其後各界反應，深深覺得左列兩點，值得一書。

　　首先浮現腦海的印象是，平面傳媒設定議題的能力，還是強大。雖然報紙哀鴻遍野，虧損裁員與編採水平日下之聲不絕於耳，惟假使稍作比對，不難發現所有電視新聞與談話節目，幾乎都依賴報紙作為取材的來源。《聯合報》揭發兩個月前的「舊」聞，仍然還可以舉足輕重，捲動輿論，並迫使有司不得不回應，足見財務的虛弱只能是平面傳媒的表象，內裡，還是強勁。如果有人做個小型研究[1]，應該能夠發現，電視新聞題材與當天報紙新聞的雷同度，若不是百分之百，恐怕也在九成以上。這麼看來，報紙不啻可以說是廣電機構的題材開發部門，逐日免費提供服務。所以，設若有個報紙公會突然感知這個事實，於是代表整體報紙利益，向各電視新聞台表示，報紙不是公益事業，得向各台收取研發費用，此時，電視台會有什麼反應？荷蘭有個作法，取廣電傳媒收入的固定百分比用於報紙，不知是否至今仍在施行，也無從得知當初的設計是否肇因於報紙與電視的這類關係。

　　可能的答案，不再表述，下文得趕緊進入重點，也就是《聯合報》引發輿論效應後，通訊傳播委員會（通傳會）在18日發布的處

---

* 2007/7刊於《目擊者》雙月刊，頁8-12。

1　後來，是有這類研究：諸葛俊（2017）。〈台灣電視新聞的「跟風」與「重覆」，2014-2015：一個外部性探討〉。《傳播、文化與政治》，5:177-208。

置方式。通傳會說，三立台應繳交100萬元罰鍰，然後「15日內彙整過去兩年接受委託製播新聞的所有紀錄函送通傳會；修正新聞編審制度，防範錯誤再度發生」。

對於通傳會的罰金，有人質疑太輕、有人說不當購買新聞是問題、有人呼籲廢置廣電基金會。不過，引發更大更持久、也有人為此而發噱的話題，是通傳會對三立的第三個要求，三立電視台「應於二個月內聘任傳播學領域……專家學者，進行至少8小時以上……新聞倫理規範之教育訓練課程，總經理、副總經理及相關部門主管等均應全程參與」。

對於這個規定，張錦華教授慨歎的是相關專才不多，「誰來教」呢？胡元輝總經理說「教什麼」更重要，他表示講授內涵應該是「具體情境的倫理課題」，不是「抽象層次的倫理學說」。陳世敏教授重申表述已經多年的意見，他說二者根本不能分離，並且，學校教育固然務求盡心，但更重要的是新聞業界自己，傳媒本身更是應該透過日常的例行操演，以及提供在機構內進修的機會，養成記者與時俱進的習慣與能力。日本與歐洲大學很少設置新聞傳播科系，記者養成與訓練固然大多是業界之事，美中韓等廣泛設有這類學科的國家，業界投入於記者等實務人才培訓與素質提升的資源，也遠大於台灣同業。

台灣何以如此？本文無法探討，但贊成挪用陳教授的角度，使之轉為經濟因素，從兩個方面討論新聞倫理。第一，新聞倫理與傳媒經濟，具有連動關係。第二，新聞人員接受在職倫理教育，是傳媒機構經營成本的一部分。

由於傳媒的經濟基礎發生轉變，記者的專業內涵經常跟隨位移，清楚表現在職業意識形態的變化。在廣告成為報紙的主要財源之前，不管是資產階級的不同政黨流派，或是勞工階級取向的報紙，其記者毫不掩飾，公然以自己持有的立場為豪。其後，廣告客戶的需要成為結構力量，滲透乃至於支配許多新聞人員的世界觀，為利潤而利潤、為商業而商業的思考與慣性，成為自然存在，無須或少見質疑，遑論有效挑戰。去（2006）年，紅軍圍城次日，四家主要綜合報紙的第一落版面，生動地為這個事實作了注腳。

　　如〈表1〉所載，報導遊城的篇幅，大致也就交代了這些刊物的性質或立場。然而，廣告無非是付費的言論。我們看到了廣告，特別是醒目的房地產廣告，跨越或說統一了報紙的顏色差異，它以君臨天下的姿態，讓所有報紙城門洞開。傳媒揖讓延請，廣告登堂入室，成為入幕之賓。

表1：2006年9月16日四家主要報紙第一落分析

報紙	版數	廣告				非廣告[*1]		
		遠雄*	其他房地產	非房地產	合計	遊城	非遊城	合計
《中國時報》	20	5	4.5	0+[*2]	9.5+	7.1	3.4	10.5
《聯合報》	20	4.5	3.5	1+	9+	9	2	11
《自由時報》	24	3	9.5	0+	12.5+	4+	7[*3]	11+
《蘋果日報》	24	2	6.5	5	13.5	4.4	6.1[*4]	10.5

資料來源：本研究。

* 遠雄在取得台北市政府授權，於2006年10月3日雙方簽約當天，在多報（頭版下方）刊登半版廣告，「全體恭賀」的名單，除金融產業、工商產業，第三個就是「媒介產業」，除四家綜合與兩家財經報紙，《聯晚》與《民生》，以及四家無線、東森之外，也有「公共電視」。遠雄也贊助了公視嗎？

*1，新聞、社論與其他內稿評論、讀者投書；

*2，表示比左列數字多一些，但面積小，不予計算；

*3，含3版體育；

*4，含一版股市行情表。

　　另一方面，特殊與普世並存。記者的價值認知固然受制於經濟基礎，但不因時空變化而損益的成分也在所多有。新聞內容不能造假，無論是封建時代的邸報、革命時期的政論報刊，直到當前的商業傳媒，莫不如此。依賴廣告的當代傳媒，也不乏秀異的表現，結合了鮮明立場與客觀表述。19世紀中葉被馬克思指為金融資產階級代言人的《經濟學人》，雖然不掩飾立場，卻也並不文過飾非，並且採訪寫作還是可圈可點，言必有據。掌舵英國《衛報》（*The Guardian*）57年

（1872-1929）的史考特（C.P. Scott）在1921年發表知名文章，其中「評論可自由為之、廉價而免費，但事實神聖而不可侵犯」（comment is free, but facts are sacred；另一個譯法：在言論自由的年代，真相神聖）至今仍然導引《衛報》這家中間偏左刊物的採寫。《經濟學人》與《衛報》對於「國家與市場」的關係，認知大異其趣，但二者的新聞寫作都很精采，平實而力求客觀，卻又自有見解，並且不憚於直陳立場。在雙方筆下，新聞與意見有了很好的結合。究竟是客觀平衡的報導，還是僅止於有聞必錄的便宜編採，其間的分際，清楚明白。究竟是邏輯井然而事實俱在的評論，還是顛三倒四且信口開河的胡說，彼此的界線從不含糊。

通傳會要求三立幹部接受倫理教育，其實如同違反交通規則，當事人得上課若干小時。有用無用是另一回事，但假使從經濟角度審視，倒是別有意義。如同陳世敏教授多年來再三強調，新聞媒介把養成記者的責任全部推給學院，既不合宜也不可行，但偏偏許多年來，本地傳媒對於記者的在職培訓與教育少有從事。劉昌德等人在2003年1月接受勞委會委託，調查新聞工作者的勞動條件，他們發現，採取最寬鬆定義之下，提供在職訓練的傳媒機構，還是低於三成。

在職教育可以提升人力素質，從而傳媒內容作為一種產品，對於閱聽人的吸引力就會增加。但傳媒機構何以卻步，望在職培訓而裹足不前？原因眾多，其中最淺顯者，路人皆知：經濟考量。在勞動力自由流動的市場，即便不考慮培訓後，長期以還，人才可能見異思遷，造成本機構的投入，形同為競爭者作嫁；僅看眼前，無論是資深者對於新人的日常示範或耳提面命，或是定期設計課程讓人員進修，都得花費，也就是（略微）增加營運的時間與金錢成本。

然而，傳媒因為成本考量而減少在職訓練，只是市場環境中的特殊行為，還不能說是市場失靈的極致表現。最慘烈而令人不忍卒睹的表現在於，傳媒假使經由市場機制而決定生產與分配哪些內容，就會失靈，仰仗市場愈多的社會與傳媒，其失靈的幅度也就愈深廣。

什麼是市場機制，無非是任何產品都會有個價格，而生產者願意以此價格為準，投入生產，消費者則願意依此價格，付費購買。計算

價格得先核算成本。以傳媒「硬體」來說，電視機可以成千，也能數萬，但電視「軟體」，也就是電視節目的成本怎麼核算？表面上很容易。比如，假使製片機構在生產一小時電視劇時，投入1千萬，生產一小時談話節目，投入10萬。然後，該機構分別以1千5百萬與15萬，將這些內容賣給頻道商。因此，製片商賺了500萬與5萬。到這裡為止，交易很單純，成本、價格與效益都有很清楚的界定。

但是，傳媒「內容」（以這裡來說，是電視節目）的生產、分配與交易，沒有那麼簡單。電視不是美國聯邦通訊傳播委員會（Federal Communications Commission, FCC）前主席佛樂（M.S. Fowler）的俏皮話：「電視也者，跳出圖像的烤麵包機，如此而已。」（Television is just another appliance...a toaster with pictures.）假使這部電視劇生動感人地刻畫了人們百年來的悲欣歷史經驗，使得住民在理智論述之外，得到更為生活化的情感抒發與共鳴，真正超克了當前的認同困境，既本地又跨界，連帶襄助人們相互理解與尊重。那麼，這樣的內容對於社會的貢獻是非常可觀的。不過，這些貢獻最多是轉為聲譽，讓製片機構揚名，但是否能夠在「未來」轉為經濟所得，顯然並不明確。換句話說，這部電視劇生產了深遠的社會效益，可是生產者並不能夠因此得到「即時」且「等量」的經濟報酬。這種巨大的社會效益，非關生產者也不是個別觀眾之得，這是社會關係的可喜改善，是一種我們稱之為正面「外部性」的效果。

在市場情境之中，正外部性無法由生產者即時且等量取得，所以生產者誘因不足，因此投入於生產正外部性的規模，低於人們需要的真正水平。與此對照，帶有負外部性的節目，剛好相反，它導致社會關係必須為之付出龐大成本，但生產者因為無須承擔，所以就肆無忌憚地生產，數量之大，遠遠超過人們的需求水平。貽害社會？那是節目生產者與個別觀眾以外的社會在承擔。當前的談話節目充斥氾濫，原因在此。如果我們將社會為此而傷殘的「醫療」成本列為百億，且內化而轉由節目生產單位承擔，一小時談話節目也許應該攤提5百萬，如此，談話節目還能這麼囂張嗎？不言可知。

還不只是因為外部性，傳媒「內容」還因為具有公共財性質，以

致價格機制不容易運行。《聯合報》發現三立節目移花接木，其他傳媒跟進報導，因為該「事實」是一種公共財，該報不能說別人不能報導。反過來說，即便別人一窩風搶報，對於《聯合報》繼續報導的權利，其實並沒有影響。這就是傳媒「內容」不能或很難排除他人使用，一人之使用也不影響他人使用的機會或權益，具有這些性質的產品，我們稱之為公共財，迥異於我吃一口，你就少一口的私人產品（如巧克力）。這種使用而不使產品耗損、也很難排除任何人使用的性質，又因為傳媒內容的第一份生產成本通常很高，但複製與分配成本接近於零（特別是上網之後），這就使得內容的定價，更難準確。假使舉發三立花了《聯合報》1百萬，或是，假設《聯合報》投入1千萬調查內線交易現象，該報都不能在報導後阻卻他人模仿，該報也無法只印製200份，然後希望每份販售10萬元而獲利。

　　簡單一句話，愈是接近於資本主義的市場機制（這就是說，社會主義也可能運用市場機制，1990年代以前的英國電視，與此接近），愈有可能因為傳媒內容具有公共財及外部性，以至於出現一種結果：有礙社會良性成長的內容（如當前的談話節目），生產太多，等於是重複投資，造成浪費；有利於社會良性成長的內容，乏人問津而生產不足。台灣的電視生態，正是這種現象的最佳寫造，這次通傳會對於三立的處置，剛好提供戲劇化機會，讓我們見微知著，從另一個角度，審視潰爛的傷口。

　　台灣電視的未來，不外三種局面。一是現況持續，二是出現超級金主，在觀眾日趨零散下，整併系統業者，甚至於整併上百個私有頻道。假使第二種整併是資本「自由競爭」後形成，那麼第三種就是政治力結合社會力，共同催生的資源整合，從而有效使用資源的格局。

　　前兩種及其變形，若非災難，也都不是好事情。第三種及其變形，是烏托邦。但想像烏托邦，總比心死、犬儒、懷憂喪志，或成天說抱歉但不採取行動，可取一些。假使陳水扁總統在這樣的身分及任期所剩無幾的2007年5月，都還敢於說要二次金改，併合金融機構，我們又有什麼不敢於烏托邦呢？

　　遠景如後：現有第四台有線系統業者以合作社方式，合組單一集

團，各自依據現有資產轉換成合作社的董事席次，並由消費者、員工、政府各派代表，合組董事會，並設計機制，使後列代表得以在重要項目，享有複決或否決的權力。系統業者是否許可兼營節目，也就是業者是否能夠從事於水平與垂直的整合，端視電視市場的動態變化，另做安排。然後，真正尊重消費者的選擇，公視與另四家無線台及其數位台，依不同設計，使其頻道各自必載若干，各種衛星頻道原則上均不應搭售。再者，頻道業者亦循此合作原則經營。比如，六個新聞頻道合併為兩或三個，頻道業者依系統業者的整併邏輯，各自取得對應的董事席次。記者及其他人力不裁併為原則，以記者來說，將人力重組為二或三組，由於現有新聞大同小異，是人力的浪費，改組後他們可輪流採訪新聞，按理就有較佳的採訪品質與題材開發。記者若能作此安排，工程及其他行政人員亦可有類同的配置。新聞頻道的廣告收益統合支配，其中一部分均分於各業者，另一部分依據各頻道收視率高低，或另依設計分配於各頻道，激勵工作的積極性，但不是使其無限發揮，而是能夠知道適可而止於至善即可。如果新聞頻道可作此整併，其餘戲劇、綜藝、談話節目或他類型頻道，亦可依相同準則，逐步或同時比照辦理。

　　最後，我們有個但是。我們怎麼知道這樣的合作，不致淪落為狼狽為奸的肆虐？確實。答案是，美好的人生沒有保證。美好的人生也不應該有保證，不斷地努力構思、修正與實踐，人生況味盡在其中。

評論「公民記者」事件[*]

　　某女士胡言亂語、口出惡言而挑釁，老人家受害，社會義憤。本文不指名道姓，避免添材加火致使其人「坐大」。但是，觀察與評論仍有必要，先說四點。

---

[*]　《人間福報》2016/6/16第5版。

　　第一，此事似乎意外地讓國人的共識得以浮現。不分性別、年齡、職業、黨派與居住地區，似乎所有人都對這種舉止與言論非常反感。至少，主流報章與電視不分顏色，大致非議其人其事，無人為其說項。

　　去年有個跨國民調，詢問受訪者是否同意「政府應該阻止人們以言語冒犯少數派」，回答「應該」的德法或日韓人數，超過一半或多達八成，英美加僅在三至四成。透過這項比對，國人還能看到與反省，我們所說的西方，其實很不相同，英語系國家與歐陸國家，略有涇渭。

　　其次，激發不忍的影片早就完成，三個多月以後放上網路，竟然還能成為喧騰一時的事件，個中原因耐人尋味。另一方面，維基百科很快在三、四天之內，已就此事完成整理與寫作，篇幅將近9,000字、84個注解，志工的努力及付出讓人感謝。

　　第三，有些新聞標題說，此人「滿嘴歧視言論！公視董事長還曾頒獎給她」、「惹議公民記者……曾獲公視表揚」、「狂罵榮民……竟曾獲PeoPo公民新聞表揚」。公視數年前表揚她，是因為渠當時勤於參與，報導小人物的勵志故事，與這次觸怒眾人完全無關。然而，這些標題對於公民新聞、公民記者與公共媒介的形象，都是不公正的負面減損。

　　公視對自己的池魚之殃，不必只是將當事人停權，而是可以有更積極的作為，包括說明與論述公民記者如同維基百科，都是希望善用新科技條件，鼓勵人們勤於參與文化及公共事務而不居功。公視更可以說明，公民記者的「功能」雖然得到大法官釋憲會議的肯定，但與全職記者是兩種角色，二者最多是互補分工，無法彼此競逐而相互取代等等。

　　最後，這起事件再次提醒國人，有一種政治主張的理由已經退化。至少在1989年以前，許多國人主張，作為主權國家的中華民國在台灣，可以與中華人民共和國相同，都是大中國的一個部分，但前提是，雙方而不能只是一方在聯合國等國際組織有一席之地。作此主張的重要理由，在於兩岸政權分離百年，那麼，源頭相同的民族仍可

如同英美加澳紐等國，各自另立「國家機器」（state）。至於漢族與原住民不同，同樣也並不妨礙住在相同地理區的不同民族，共用相同的「國家機器」；日韓等國或許接近單一民族，但有更多國家機器，由不同民族共同建造。

那個時候，主張要有國際承認的國家機器之人，並不認為需要從民族、血統或文化的同異，找尋自立門戶的依據，想要依附美日的心思，可能也不是那麼活絡。因此，作為民進黨創黨人之一的朱高正，在1987年邀請黃信介等人入黨時，身在紐約的黃信介等人「仍然不置可否」。原因是什麼呢？康寧祥在回憶錄中推論，彼時美麗島政團的政治人「遲遲不願」加入民進黨，可能是因為他們當時準備「要見鄧小平」。現在呢？惹起事端的女士是所謂「台灣民政府」的成員，它自稱「美國軍政府」所承認，又說台灣仍然屬於日本。該組織與說法的存在，以及，會見對岸領導人變成特定人的「專利或禁區」，應該就是這種退化現象的反映。

記者這一行　見「美」「思齊」

記者這一行　見「美」「思齊」*

　　記者這一行，搖筆桿、敲鍵盤之前，先要訪問。但訪問何所似呢？在這本19位美國知名、資深（接受訪問時仍然從事新聞業，平均年齡60上下）而主要是電視記者的訪談錄當中，生動、逗趣的比喻很多。

　　「訪問好比性愛」，急不得，要先讓受訪者寬心舒暢，有如撫慰（頁211）；「像釣魚」，不能拉得太重，否則魚溜走了，事情全豹也就看不到（頁227）；「記者就是淘金者」，不斷挖掘，直到發現整個金礦（頁240）；採訪者要能具備海綿的功能，不斷接受各種資訊，保持警覺與消息靈通（頁272）。

　　不過，訪問有兩種，一類是本書集錄的故事，專指頂尖好手，盤整良久以後，從容以數個小時所作的訪談。這種情形比較少見，因為花錢費時，一心一意想賺銀子的媒介，無意多作。第二類訪問才是媒介新聞的骨幹，是例行公事；而弄得不好，變成消息來源口述，記者筆錄而無訪問，也是屢見不鮮。無冕王每天要交千字新聞，本領再高強，哪裡就有辦法弄好訪問而壓低筆錄的色彩？規模愈小、知名度愈低的媒介，在這方面吃的虧愈大。

　　從這個觀點看，本書提供給本地新聞業的幫助，可能不是很大，因為本地媒介（尤其是電視）記者，從事前述第一類訪問的次數，如

---

* 《中國時報》1993/12/16第42版／開卷周報，評論Killenberg, G. M. & Anderson, R.（李子新譯1993）《套出真相：問與被訪問的攻防術》。台北：卓越。

果有,也是非常有限。當然,換個方式說,正因為有限,所以本書值得借鏡之處也就可觀。中視與台視高層及中階主管都提筆為這本訪問集作序,表示這些美國同行,正值得吾輩學習。真能學習嗎?他們說大人則藐之[1],三台卻見大人則立正,怎麼學呢?真讓人好奇。

本書原名如果直譯,應該是《訪問美國頂尖訪問人》,這個平實的稱謂,也許是在出版公司但求驚人、聳動的企圖心下,變成了「套出真相、攻防術」,這對譯筆流暢的中文本來說,應該是一個缺點。

為什麼我們沒有老記者?[*]

今年,開播進入第26年的美國新聞雜誌節目《六十分鐘》,最資深的記者Wallace已有75歲,工作量仍然龐大,沒有年老而尸位素餐,最資淺的記者,年資亦有13年。

以反資本主義聞名,在實務界工作30年後,A. Kent MacDougall九年前才轉往加州大學柏克萊分校新聞學院任教,巧的是,他的父親Curtis也是左翼記者,並曾出版採寫教科書。

英國廣播協會BBC新聞雜誌節目《廣角鏡》(*Panorama*)的主持人David Dimbleby從事這個行業超過了20多年,他的父親1965年去世時,英國大眾為這位替他們採寫報導、評論時事的老記者哀悼良久。David的弟弟也在BBC工作,主持另一個知名的新聞雜誌節目,經常單刀狠問政客,很是精采,從事筆刀利嘴的行業,也有20多年。

英美的新聞事業,抗衡立法、司法與行政,為普羅階級之喉舌而發揮第四權的色彩,雖然還很淡薄,但他們居然也出現了這麼些讓人嘖嘖稱奇的事蹟,老而彌堅、父子相傳反建制,以及一門三傑都是記者。顯然,英美大眾傳播的表現,儘管不如人意,卻還是吸引主動投

---

1 這句話無法適用於所有記者,筆者2023年按。

* 《自立早報》1994年2月副刊。

效之士，並且投效之後，無怨無悔，不但終老於斯，身教更是招進來者，記者儼然成為「世襲」。

台灣的新聞界，過去、現在，以迄於未來，有沒有、會不會有這樣的情形？

輩分與Curtis相當的卜少夫曾任台灣立委，他及同僚在香港創辦的《新聞天地》，他的記者文集《受想行識》等等，當年大概為新聞界引來了不少新手？龔選舞的歲數與Wallace接近；趙慕嵩大概與Kent同世代；司馬文武、殷允芃算是與David同在50年齡層。但台灣這些曾經是線上記者的先生，如今大多已晉身高層管理、退休，或是專寫評論，很少還在跑新聞。

是因為進入新聞界的人，不夠專業，滾來滾去待不久？是這個行業提供的物質與精神誘因不足，留不住人？記者與外界關係良好，容易假借關係，方便彼此轉任，如公關與廣告？這些原因，英美應該都有，所以不是台灣的特色。那麼，是台灣大傳界實力懸殊所造成的嗎？以報界來說，大規模者可以養士，其實，也就是囤積「商品」，讓一些資深的人閒著，無所用其才，因此看不到老記者跑新聞；小規模者留不住人，自然毫無老記者可言。電視更不用說，霸占電波坐地拿錢，三台記者為誰辛苦為誰忙？何必戀眷採訪？

政界不缺乏「老賊」位傾權重，商界更有第一代還在打拚，新聞界的老記者，翹腳捲鬍鬚。年輕力壯的記者，有時候還真覺得薑是老的辣哩。

《紐約時報》的風格 *

《紐約時報》是個傳奇、是個讚嘆，是個謎。

---

* 《中國時報》1998/9/24第43版／開卷周報。評介李子堅（1998）《紐約時報的風格》台北市：聯經。

創刊於1851年的《紐時》，上世紀末轉入家族經營，戰戰兢兢、步步為營，穩健前進，逐漸從紐約的地方性報紙，拓展為美國全國性報紙（發行量約110萬份），再隨美國勢力擴張，晉身為全球知名報紙之首。

一個半世紀的歷史太長，單看1960年代至今，掌握時報動向的董事長大小阿瑟，就已驚人。

大阿瑟時期的蘇利文（Sullivan）案（1964），時報贏得勝訴，使媒介誹謗公共人物或官員的罪責是否成立，需由後者舉證媒介所述不實且有惡意。再來是1971年，《紐時》投入三十多位人力，以近三個月時間，濃縮250萬為30萬字，無畏政府強烈的行政及法庭相見的壓力，刊載「越戰報告書」，如實向讀者鋪陳，美國如何捲入中南半島的戰爭。1978年，為保護消息來源，《紐時》記者坐牢40天、報社付出相當於4千多萬台幣訴訟費及罰金。這就是本書作者所說，所謂新聞自由必須「不斷地爭取，不斷地抗爭，否則政府……會騎到頭上」（p.303）。

1992年任發行人、去（1997）年10月升董事長的小阿瑟，初試啼聲，「作風和……父親完全不同」，當然，不是向權勢輸誠，而是主張「編輯部必須民主化……性別平權化……提升黑人及婦女出任高級主管」（p.48），他更注意到了報紙的經濟基礎，應從廣告收入為主（約80%），走向發行與廣告並重（各半）（p.73）。

惟出身《紐時》，並曾獲普立茲獎的哈伯斯坦（David Halberstam），卻在著作中說，統治階級喜歡有份像《紐約時報》這樣的報紙；而1919年創刊的《紐約日報》，訂戶以勞工階級為主，自稱「以不是《紐約時報》為榮」。這究竟是怎麼一回事呢？曾任《自立晚報》駐美特派員，並供職時報31年的李子堅先生，也許在這本讀來引人入勝的文集之外，將另行撰論，就此發揮以饗讀者？

但無論如何，隔大西洋相望，《紐約時報》好太多了。倫敦《泰晤士報》（The Time）從跨國媒介大亨梅鐸入主以後，股票上市自由買賣，致使報紙完全與一般貨物沒有兩樣，並且不妨害梅鐸先親保守黨的柴契爾夫人，現親工黨的布萊爾（Tony Blair）。反觀《紐約時

報》，至今擁有選任董事的股權，70%仍為家族持有，表面上有專斷統治之虞，實際上非但相反，已如前述，更阻卻了上市公司必須逐利以對所謂「全民」股東負責的經營壓力之凌虐：在梅鐸的主持之下，《泰晤士報》總編輯因不肯屈從其意，平均任期只得2.2年，先前是11年。可見編採是否自主，與股票上市與否，最多是無關，糟一些則是上市增漲了商業壓力，於是老闆更需貫徹錢的意志，開除不聽錢令的記者。

貓爪子下的夜鷹 [*]

「在貓爪子下的夜鷹，有誰能唱出好聽的歌？」

確實，國家機器與資本集團如同兩大貓爪，媒介運作其間，又如何吟唱悅耳動聽的曲調，讓公民真正能游於樂呢？

不過，兩大貓爪的銳利度，倒有些差別。

先是小資本的萎縮，以及大資本的變本加厲，造成總體來說，資本爪牙舞動之處，寒光四射，森嚴於昔。與此相對，國家或因內部衝突與制衡，或因社會運動的施壓，年來爪牙收斂，甚至翻轉習氣，提供了媒介稍可恣意歌唱的空間（但國家作為媒介最重要的消息來源，仍對媒介的民主運作具有可觀的共生、牽制或壓制能力）。

路易士《蘇利文案與言論自由》這本書，為國家的變臉提供了很好的紀錄與分析。

蘇利文是美國阿拉巴馬州蒙哥馬利市警察局長，1960年4月19日在蒙市控告《紐約時報》公司等，指該報月前所登的全版募款廣告，涉嫌誹謗。

這則募款廣告挑戰了美國南方的種族隔離觀念，它雖提及蒙市與

---

[*]　推薦序：Anthony Lewis／蘇希亞譯（1999）《不得立法侵犯：蘇利文案與言論自由》，頁VII-X。台北市：商周。蘇希亞本名廖素霞。

南方暴力人士等字眼，但未指名道姓。

　　同年11月初，黑人被剔除後，陪審團由十二位白人組成，歷經兩小時二十分的討論，判決原告（蘇利文）勝訴，被告（《紐約時報》等）必須支付原告50萬美元的損害賠償，是阿拉巴馬州一般誹謗賠償的一千倍，創下紀錄，這也是當年的「天文數字」。

　　1961年8月30日，阿州最高法院確認這項判決，不但如此，法院還擴充解釋，致使全美媒介對種族議題的報導有動輒得咎之虞。若是此案成立，或許將使美國的政府公職人員就此得有護身金鐘罩，媒介批評不得。《紐約時報》委請律師勤力鑽研，說服聯邦最高法院，論稱本案不純是誹謗問題，為此，律師必須使本案的爭辯核心，進入憲法第一修正案（不如此，則美國聯邦最高法院無權覆審阿州法院依據州法而定讞的案件）。

　　1963年10月聯邦最高法院開庭審理，次年元月庭辯，3月9日，也就是引起訴訟案的全版廣告見報將近四年之際，聯邦最高法院駁回阿州判決，《紐約時報》公司等被告無罪。聯邦判決有如後結論：「有關公共事務之辯論應該是不受限制、充滿活力、完全開放的……包括對公職人員的激烈、尖銳，甚至令人不悅的批評。」此後，美國憲法第一修正案才給予任何意見相同的保障（先前，主張無政府或社會主義者曾被起訴），誹謗案的舉證責任，也從被告（媒介）需舉證所言為真，轉至原告需舉證被告所言具有惡意等過失，且言論為不實（英國的媒介仍需舉證，因此至今不乏惡吏惡人以此要脅，惟倫敦《衛報》1996年連續兩度勝訴，官員落荒而逃）。

　　作者將此判決放在美國言論司法史上，說明美國媒介得能公開批評、監督其政府，除了歷史或有其進步性格，以及本案被告精勤努力，爬梳法條、公案，出以雄辯以外，更重要的因素應該還是60年代民權運動的推波助瀾，而其間甚至還夾雜著一絲意外、偶然。（《紐約時報》在20週年紀念研討會上說，如果蘇利文只求償5萬而不是50萬美元，「我們絕對進不去聯邦最高法院。」）就美國來說，越此界線後，媒介真是「堂堂溪水出前村」：既容許媒介報導的事實有若干正當的錯誤空間，新聞界自1960年代起，挖掘官員自肥內幕

與政策問題的勢頭（最知名的當然就是越戰與水門兩案），也就更為精猛、前仆後繼了。（至於90年代末的總統柯林頓緋聞，似應理解為商業競爭的必然惡質表現，非關公評與否。）

蘇利文案後四年，美國又通過並施行《資訊自由法》，國家在社會運動的壓力下，再讓願意自比夜鷹的媒介，得到制度性協助，開懷高歌。接下來，若我們的目標還不只是消極地免除媒介的評論與報導的刑責、不只是略微公開政府的資訊，而是要使各階級、團體都能在媒介的再現中，同等的發現自己的聲音，那麼，社會運動、學院乃至政府有識之士，似可參考、援用Owen M. Fiss教授的主張，提振「國家積極任事之風」（state activism），使之轉化為財稅等手段，提供媒介正面闡述美國憲法第一修正案之精神以動力，如此，才能落實Jay Rosen教授念茲在茲的公共新聞學之理念，祈使美國媒介能不受制於廣告競爭，而是轉為對公共事務的扒糞之爭。至於台灣，既然輿論稱之為威脅言論自由的《出版法》至千禧年將屆的現在，先是沒有排入立法院議程，後經報端提醒而重新躋登廟堂，最終在翻騰喧鬧下，不乾淨也不俐落地，始告廢止（元月12日），那麼，更能彰顯媒介進步價值的公共新聞學，其實現也就遙不可及，於是，我們有很大的進步空間，生活於是充滿希望。

記者的消息來源[*]

據說，這段期間密集、並且反覆的政府人事新聞，很多媒介工作者早就不以為然；他們也知道，閱聽大眾不見得喜歡聽聞。雖然如此，從電視、收音機到報紙，畢竟周而復始，夙夜匪懈地跟著這些人事動靜打轉。

為什麼會有這種奇怪的現象？重要原因之一，可能是記者與消息

---

[*]《聯合報》1996/6/11第37版／聯合副刊，原標題是〈內閣新聞再見〉。

來源的關係並不對等。若是新聞來自政府來源，這個不對等，就更為清楚；其中，近日行政內閣人選的消息，又更嚴重一些。因為，此時能夠確認新聞虛實的消息來源，只有一個，但記者來自多家媒介。以供需關係來看，賣方（提供新聞的行政首長）占盡優勢。個別記者如果對內閣的人事動態不予報導，行政首長最多是損失形象，或者，失去造勢或無法放出風向球以探測輿論反應；但是，如果消息來源不說，所有記者即使都成巧婦，若不是沒有新聞可寫，就是只能臆測或推論。

在政界與媒介既有不對等關係，雙方也就偶見衝突；多數時候媒介吃虧，但是，扳回一城的紀錄也是有的。

比如，今（民85）年元月30日，李登輝與連戰赴中央選舉委員會，登記為正副總統候選人，李在談話時遭兩家晚報寫為「媽的」。結果李連競選總部發函報導這件新聞的三位記者，表示他們在處理相關新聞時「沒有善意、雞蛋裡挑骨頭」。因此，李連要對三人「停止新聞服務」，也就是在他們前去採訪時，競選總部提供給記者，方便其採訪的交通器材等等服務，不再供應這三位記者。此事引起媒介反擊，認為當權政治人物不該侵害記者的新聞採訪權。

84年6月14日，省議員邱創良認為記者鄭懿瀛的報導，傷害其關係企業的聲譽。他藉省議會質詢的機會，要求鄭退出記者席。對此，鄭與其他省議會記者聯合行動，集體退席表示抗議，抨擊邱侵犯採訪自由。83年4月9日，國民黨祕書處主任黃鏡峰對記者透露，該黨中央黨部舊址[1]在「四月底之前不會拆」，兩天後該棟建築仍然應聲倒地。若干黨政記者認為，黃利用記者報導此事，等於是讓新聞界以第三者立場，誤導反對拆除者的判斷，致使他們鬆懈，未能阻止拆樓。這已造成媒介公信力受損，記者們於是散發抗議書，「譴責」黃鏡峰。82年6月2日，國民黨國大代表郭柏村等人認為，記者指稱他們口開黃腔，純屬抹黑、莫須有、顛倒是非，是一種製造恐怖的作

1　台北市中山南路11號，原址最近一次改建在1998年完成，2006年3月以後是「張榮發基金會」。

法，國民黨國大黨團並且建議，次（3）日起，不再讓記者進入會場採訪，「以免干擾國代開會」。對此，採訪國民代表大會臨時會的記者，同樣起身而聯合抗議，他們狀告國民黨國大工作會，認為國大黨團惱羞成怒而諉過卸責。

以上四個例子，說明了側身相同路線的記者，在面對政府新聞來源時，領會了彼此關係的不對等，他們於是發為行動，成立協作團體，合作而不是惡性競爭，藉此，記者向作為單一消息來源的政府，討回一點公道。

讓人扼腕的是，記者組織發揮這類正面作用的實例似乎較少。與此相反，無論是日本與南韓的記者俱樂部、台灣的記者聯誼會，或是美國的「圈內」（inner circle）記者，他們在實際運作時，不見得聯手回應政府未必準確或避重就輕的發言，而是在較多時候，基於便利或因為需要維持友善關係，於是口徑一致的頻率，反而高了許多。

記者節　防政府如防賊 *

台灣有個記者節。不知道為什麼有這樣的節日，也不知道從什麼時候開始，每年的9月1日被舉為記者節，記者自己不怎麼在意，外界也少有感應。

從六年前（1994）起，情況有了轉變的跡象。當時，戰後台灣報業繼《公論報》之後，執政黨陰影最淡的《自立晚報》，轉手到了執政黨台北市議員手中。霎時間，晚報及姊妹報《自立早報》記者譁然，稍早已透過讀書會等方式串連的另一些記者，趁此運勢而起，共同發起了媒體改造運動，1994年九一當日，共有數百名記者在颱風天頂著風雨在台北街頭遊行。事後，「台灣新聞記者協會」成立，雖然徘徊在專業主義與社會運動模式的媒體改革之間，卻已經是半世紀

---

* 香港《明報》2000/8。

以來，台灣唯一作此訴求的記者社團。

記協成立以後，從反黑道對採訪的干擾威脅，到去年刊登半版廣告，要求制定資訊自由法，並以輿論大肆抨擊政府，縱容調查單位進入記者家中搜查記者是否涉及洩露國家機密等情事，六年以來，幾乎到了九一記者節的時候，年年有事。

今（2000）年，由於8月中下旬，新政府任命舊政府總統李登輝的女婿，作為台灣第一家無線電視台（台視）董事長，記協今日以記者會形式，再度要求政治人物退出媒體。

但是，放在當下，這是合理的訴求嗎？或者，這是有效的訴求嗎？早在今年2月，「台灣媒體觀察教育基金會」舉辦座談會，提出相類要求時，有位《金融時報》、《經濟學人》等歐美知名媒體的在台撰稿人就說，這是什麼意思？政治人物怎麼退？為什麼要退？他的意思可能是說，如果財團不必退，要求政治人物退，也就沒有太多正當性。再積極一些，假使媒體的目標是專業自主，提振本身的工作條件，那麼，政治人物退出媒體的說法，輕則流於空洞，重則危險，使得藉由社會壓力，要求政治人物提出合宜政策、改善媒體生態的途徑，為之堵塞。

放眼西方國家，記者或社會運動團體很少提出政治人物退出媒體的說法，或說，很少只提出這個主張。但華人社會很不相同。中國大陸雖然根本無法公然如此主張，但許多有識之士，內心當然如此吶喊。香港在回歸以前，就對北京祿山之爪的陰影「心領神會」，也就不可能不對政治人物防範有加。電視媒體的競爭，有如無政府狀態的台灣，卻在高喊政治人物之餘，未能同時呼喊，政府應該進場。就此來說，兩岸三地的有心人，防政府如防賊的消極作風，差別也許不是那麼大。

調查報導的臨淵羨魚與退而結網*

讀這本書（《別對我撒謊── 24篇撼動世界的調查報導》），階級鬥爭、帝國肆虐、發死人財、州長公然協助兄長「竊據總統」，而號稱敵視政府如虎的美國傳媒不動聲色……的故事，統統生動地浮現人們的眼前。

作為一種新聞文類，「調查報導」在西方世界行有多年，儼然自成傳統。從事調查報導已經40多年的約翰‧皮爾格（John Pilger）以其鷹眼，蒐集了過去60年來的部分秀異作品，成就本書。在各篇之前，皮爾格還加入了導讀，對於讀者掌握作品的來龍去脈，幫助相當的大。

根據流行的說法，這是輕薄短小的年代，這是所謂公民新聞學盛行的年代，這是業餘的使用者創生內容（user-generated content）的年代，這是愈來愈多的專業的、全職的記者可棲之樹已然愈來愈少的年代。簡單一句話，在六年前（2001）的泡沫後，網際網路如今不但早就已經捲土重來，更是召喚出了科技決定論的老生常談，於是從報紙至電視等固有傳媒的減色或消失，紛紛找到了諉過的對象，彷彿一切都是網路造成。

但是，實際的情況遠比表面的現象更為複雜。調查報導以其存在與生機盎然，對於決定論的說法提出了有力的反證。調查報導需要記者投入更多的時間、力氣與金錢，調查報導需要讀者、聽眾與觀眾投入更多的時間與其互動。假使網際網路致令人們遠離報紙或電視，我們就很難想像，何以21世紀以來，花費更多資源的「調查報導的記者隊伍在擴大」（如，英國公營第四頻道在美英入侵伊拉克之後，增加了1億多台幣於調查）；何以調查報導還能有所進展，以至於它的「語言和形式愈來愈新穎，更傾向於寓教於樂」；何以官方仍然認定傳媒是其喉舌的中國大陸，會有論者認為，「你簡直不能想像一家沒有

* 推薦序：約翰‧皮爾格（John Pilger編／閻紀宇譯，2007）《別對我撒謊── 24篇撼動世界的調查報導》，頁13-8。台北市：商周。

調查性報導的媒介」；何以北京中國青年政治學院自2001年起每年舉辦的輿論監督（其中必涉及調查報導）會議，吸引眾多目光；何以南方的汕頭大學不讓北青專美於前，也在2004年舉辦「紀實報導國際電視節」。

論者觀察到的這些發展，原因為何仍待考察。確知的是，科技是死的，人是活的；科技靜止無語，人力轉動社會。假使有人認定，調查報導的前述發展，只是西方傳媒的迴光返照、只是西方傳媒對於重大事件的短期反應、只是西方傳媒取悅閱聽人所作的改變，那麼，與其說這些說法是洞見，不如說它們是失敗論者或犬儒分子的臆測。假使有人認定，許多中國大陸傳媒從事於調查報導，只是這些傳媒苟延於喉舌與商業底下僅存的殘喘空間，不如說這些事例顯示，追求公正平等與真相的普遍意志，也存在於中國傳媒記者的認知與行動之中。

調查報導與例行的路線新聞，可說是支撐傳媒的兩大支柱，缺一不可。兩種文體的差異，除了篇幅、規模不一與所受時間約制不同，其根源是從事於斯的兩種記者，得到傳媒機構的制度支持，兩不相同；雖然兩種記者的日常工作不一定涇渭分明，而有可能交叉從事。

更重要的是，例行新聞與評論及調查報導，另有相通之處。本書〈洛克比空難〉一文的作者福特（Paul Foot）於2004年夏日辭世後，《經濟學人》（例行新聞與評論居多，調查報導較少）寫了訃文，給予極高評價，從中透露了兩種文類的共同要求。

福特與《經濟學人》的世界觀，南轅北轍，但兩者的新聞寫作都很精采；平實而力求客觀，卻又自有見解，並且不憚於直陳看法。在雙方筆下，新聞與意見有了很好的結合。究竟是客觀平衡地報導，還是僅止於有聞必錄的便宜編採，二者的分際，在《經濟學人》的筆下清楚明白；究竟是邏輯井然而言必有據的評論，還是顛三倒四且信口開河的胡說，二者的界線從不含糊，福特知前不知後。

《經濟學人》不吝讚賞福特，來自惺惺相惜，並無人死為大的場面話。《經濟學人》轉述，「福特一人的努力遠多於其他人，許許多多英國的販夫走卒，得以免除冤獄，重獲自由」。福特寫各種文章也出版書籍，但他最持久的動力，在於「調查報導」專欄的日夜以繼，

長年進行。福特「找、再辛苦地找與研究，而不是出諸偏見，也不徒託義憤或論戰的發動」。

確實如此，但讓人擊節者，又豈只是福特？本書沒有一篇不是佳作，沒有一位作者不激動人心。不妨再以本書編者皮爾格為例。他彷彿是以一人的頑強，成為他的同胞傳媒大亨梅鐸的對立面（《經濟學人》1999年的報導：梅鐸召集跨國律師於紐約密謀大計，而在1985年全面擊潰倫敦報業工會，技巧地在十一年間賺進600多億卻逃稅100多億台幣）。

兩人都出生於1930年代的澳洲。梅鐸是豪門世家，祖業傳媒，於1960年代從澳洲再往英格蘭，買下英國總工會的《每日前鋒報》（當時該報日銷量百萬份，廣告仍不足，無法存活），轉為煽情的《太陽報》，梅鐸從此發跡至今，並在2005年夏投入約200億台幣，蒐購MySpace網站。皮爾格不滿20歲就在雪梨開始了編採工作，從事約五年後，他於1963年來到了倫敦，成為特派員，透過英國發行量超過100萬份的報紙當中，唯一稍傾向勞工的《每日鏡報》，經年累月地投入調查，曝露西方外交政策的不仁。

到了本（21）世紀，70多歲的梅鐸繼續站在美國總統小布希、英國首相布萊爾所代表的立場，布署他的產業；將近70的皮爾格也是奮鬥不懈，經由網路Znet作為媒材，頻繁發布觀察報告，企圖鬆動資本的統治。

從西方至中國大陸，都有調查報導的表現園地。我們的台灣，又將如何？

自從四年前有家刊物說台灣的傳媒是「弱智媒體」以來，更多更多的記者彷彿對號入座，以親身的行為提供了證據，坐實了這個「稱號」。但是，這是事實嗎？若是事實，是在什麼情境下形成的？假使傳媒弱智，民主淪喪、公民無權、消費者受害，歡呼者權力集團而已。如同從事調查報導的記者，若真能有丁點成就，除了個人的勤勞，更重要的支持必須來自機構；因此，記者若真弱智，除個人有些責任（包括不能有效連結其他記者，集體互保或彼此提攜），更大的困境還是機構無法給予經常的、具有積累意義的支持。假使機構並未

支持，這是機構不肯擔當，還是傳播環境出了問題，或者，兩者各有不同比例的責任？假使記者與傳媒無法突圍這些困境，傳播政策與記者的養成教育機構，是不是也有一部分的責任？

藉由這些層層的檢視與反省，我們再來閱讀韋伯（Max Weber）將近90年前所發表的講演，應該就更有收穫。

1919年3月，韋伯對德國大學生演說，講題是「政治作為一種志業」。其中，韋伯以相當篇幅談及了記者的處境與救贖之道。韋伯說，記者「每天或者每週都必隨『市場』的需求，對任何一件事、對生活中任何可以想像到的問題，迅速（回應）……這是會有不堪卒睹的後果的。因此，許多新聞工作者，到頭來在人性方面完全失敗，喪失一切價值，也就不足為異」。韋伯接著還說，面對影響力的旁落、社會地位的尷尬與工作情境的不堪，「值得吃驚的，是在這些情況之下，這個階層中居然還有許多可貴的、道地的人存在……這條路不是每一個人都能走的。性格薄弱的人，絕對不能走這條路，特別是那些只有在安定的地位才能維持心靈平衡的人」（錢永祥譯文）。

這個觀察入裡的見識，一方面透露了新聞事業的艱難，相當弔詭地照亮了當代記者的情境，另一方面，韋伯的說法也是不足的。這是因為，與其論說相符，韋伯既然將衝破科層牢籠的希望，寄託在某種具有奇里斯馬（charisma）的人之身上，他也將記者這個行業的救贖重擔，安置在某種擁抱、試煉存在主義新聞倫理的英雄之肩膀（「可貴的、道地的人」）。

英雄固然讓人引領企盼，台灣當然也有許多優秀的記者，林照真的近作（副標題是「調查報導的構想與實現」）是一盞明燈，書中提及了不少本地的記者（包括調查報導的從事者），可作佐證。事實上，許多年來，本地各種或大或小的新聞獎項，無非也是希望藉由肯定優秀的記者，激勵更多現在的與未來的從業人員，戮力投入於民主社會所不能缺少的新聞事業。

但個人之外，新聞機構呢？假使沒有機構的支持，個別記者的努力就有了限制，優秀的傳統就難以形成，新聞事業就不容易與社會一起成長。在相當長一段時間，台灣傳媒曾有「兩報三台」之說。長達

二十或三十餘年期間，這些傳媒擁有超高利潤，假使兩報三台尾隨已在西方發端的新聞文類，撥定部分盈餘與編制人手，從事於調查報導，從中提高其傳媒形象之餘，必然也能產生培育讀者群眾的效果。1970年代中後期以降，報導文學假借《中國時報》的「人間副刊」而勃興，如果當年的報業主及其經營管理階層更進一步，調撥本身充裕的人力於調查報導，固定從事，而不是守株待兔般等候一年一度的作品，那麼，另一家報紙基於競爭，應當也會開設這個欄目；彼時若已如此，則十多年後的1990年代，讀者習慣或許多能養成，於是進入報業市場的新單位也就更可能跟進，從而閱讀調查報導這種新聞文類的讀者群，穩健擴大的機會不能不大了許多。

歷史畢竟無法「假使」，臨淵羨慕西方的調查報導也於事無補，如今只能退而結網，先行想像與寄望，紙上談兵台灣的調查報導。

試從記者說起。前文所引述的林照真之書籍，書名就是《記者，你為什麼不反叛？》她的反叛，是指在例行新聞之外從事調查報導。林用心建構台灣的相關傳承，她特別提醒我們，〈送報伕〉、〈壓不扁的玫瑰〉與〈鵝媽媽出嫁〉的作家楊逵（1949年因寫「和平宣言」而入獄，一生監禁十二回），早在日殖民晚期於台中《大眾時報》擔任記者時，就開始探討雖然有別於調查報導，但仍有精神同盟關係的報導文學之定義。

楊逵與林照真之間，另有許許多多的有心人（中間最知名者，當然就是陳映真等人於1985年底創辦、經營四年的《人間》雜誌），投身於報導文學或調查報導，並且隨技術變化從文字進展至影音，其間，匱乏的是新聞機構的支持，學院也少見開設相關課程以作奧援。

如今，新聞傳媒的厚利年代不再復返，學院的主流似乎更為主動或被動地遠離了社會。所以，既然從前不曾或少見，那麼，情境更不利之下，未來的新聞機構與學院，更難有助於調查報導的扎根了？

絕處逢生的機會從來不至於消失，總是有些機運等待創造。雖然主流的想像可能志不在此，但學院仍有空間或餘裕，能夠容納有心的記者可以到學院講演或授課，也可以彼此結合、激盪與共同建構有心的新世代。再者，例行新聞既然相去無幾，其內容也大致相同（特別

是電視新聞），那麼，不妨抽調若干人出來，讓部分人採寫、部分人分享，但分享者就有責任將節省自例行採訪的時間，轉而投入於明察暗訪，然後經由網際網路流通查訪得來的報導。更好一點的作法是，新聞機構何不勻撥適當的篇幅或時段，分享與共用這些調查報導，特別是，多少年來傳媒的形象並不是很理想，假使業界聯合實驗（比如三年），將這些據說因為比較有益社會，以至於居然較少商業價值的內容，放入版面與螢幕輪番印行與播放，不也等於投入不多，卻能使用精湛的調查報導材料，這樣不是很好嗎？既能開始養成喜讀樂見調查報導的閱聽人，也能共同提升傳媒行業的社會形象以及地位。

創意的漏洞經常多於新穎，創意的執行從來也不是那麼容易。既有人的認知有待溝通，也有權力關係必須疏理，更有具體及細部的方案還得討論與擬定。但是，真誠關注新聞事業與民主社會前途的人，無論是記者、傳媒、學院人或是任何願意捐輸想法與資源於斯的人或工商行號，別無選擇，只能不斷地發想與實驗，為推進調查報導的萌芽、生根與茁壯而奮進。

（馮建三2006年12月23日政治大學新聞館）

電視記者，捷克最夠力 *

在兩岸三地，這種事都不可能發生。但詩人總統的國度，就是不同。東歐1989年變革以來最大的抗議集結，最近發生於捷克，為了電視。是的，為了電視，10多萬人齊集街頭，以行動支持記者，對抗捷克電視台新任執行長隱然要執行電視台私有化的政策。

大約三週以前，也就是去（2000）年聖誕節快要降臨之時，任職未久的執行長Hodac延聘最大反對黨黨魁（也是前總理，並可能是下任總統）的顧問擔任新聞部主任。派任令一出，早就對Hodac不滿的

---

* 香港《明報》2001/1。

記者立刻發難，群眾也冒著冷風挺身支持記者。雙方僵持，Hodac控制無線的發送設備，記者於是自行運用衛星與線纜對外傳遞新聞。

國際記者聯盟祕書長白艾登（Aidan White）致函罷工記者，要求一百多個會員國的記協積極支持捷克同儕。他說：「爭取媒體自由與民主之戰，無分國界。」歐洲聯盟雖稱此事是捷克內部事務，但指出歐盟理事會於1996年通過的規範，已確立了原則，盟員國及有意入盟的國家（如捷克），均應以明確法律保障公共電視的獨立性格及價值。

無論勇敢的、有尊嚴的捷克記者與人民最後是否勝利，但至少對於華人社會來說，特別是台灣，啟發很大。

第一，「蘇東波」變化十多年來，這些社會飽嘗舊有官僚體系的牽制之外，也對私人集團財閥的肆虐感受深刻，其中自然也包括了媒體。這次事件的起源，來自於不當政治壓力，但也蘊藏著公營電視的私有化危機。台灣的台、中與華視也有類似境遇，惟恰成強烈對比的是，無論是個別或集體，台灣記者從來沒有這種直接對抗的行動。再則，捷克記者固然厭惡政治勢力的非分之舉，但他們並沒有因此就轉而擁抱必然更是難以回頭的私有化之改革路。

到了福爾摩沙，釋放官股的說法，直到現在很可能都還是多數記者的主要訴求，雖然「無線電視民主化聯盟」提出的轉官股為公營的方案，近來似已開始發生積極作用，提供了另一個有效的對應策略。官方電視的產權與經營權改革問題，遲早要在中國大陸上演，及早就此構思、辯論，顯然必要。

其次，千餘萬人口的捷克，居然有這麼多民眾有此熱情，顯見電視在其生活中的價值位階不算太低。台灣最大規模的抗議廣電媒體之活動，對於三台，1995年的遊行只得數千人，1994年抗議查抄地下電台，造成街頭流血事件，論人數則更少。如今剩下對個別節目或廣告的抗議，仍時有所聞。兩相對照，提供了許多值得追究的問題。

記者與炸彈 *

　　（2001年）3月第一個星期天凌晨，好夢方酣。停放在倫敦BBC電視中心外圍的汽車爆炸了，大紅火球捲向天邊，把近旁的器械拋到了二、三十公尺之外。BBC的數幢電視大樓也大受干擾，門窗毀損，新聞節目部門為之東挪西移，多達1,000位記者的工作遭到打亂。

　　過去一年多以來，BBC的新聞工作人員災難不少。前年5月，BBC新聞節目主持人Jill Dando遇刺身亡，到了9月，又見一名男士逕自闖入新聞部，揮舞木棍，騷動了當時正在播報新聞的記者及在場的近百位員工。

　　警方猜測，這次事件的起因，可能是三年前另一起造成31人（包括兩名胎兒）死亡的爆炸案。該案發生後，BBC為此製作了一部紀錄片，在其最具有代表性的新聞雜誌《廣角鏡》中播放。這部紀錄片雖然因製作品質優秀而得獎，但製作人John Ware反倒因節目招風，警方至今仍然提供額外保護。

　　BBC管理單位則說，此事純屬意外，只有大樓門面受損。他們又表示，電視與廣播機構本來就是要讓人們自由來去，這可展現BBC這個真正是眾人所有的媒體之形象。BBC的存在與茁壯，有賴於社會大眾的親近與支持。所以，這樣的需要與安全的考慮，「必須有所平衡」。

　　BBC主事者的說法，雖然應該給予肯定；二十多年前，台灣也有些報紙被放了炸彈，結果是報社從此門禁森嚴。但是，問題並不能就此終結，站在第一線的人終究是記者，不是管理階層。行政單位固然要照顧社會的觀感與需要，但這與滿足記者的當下要求並不衝突。英國記者工會（National Union of Journalist）就表示，它將與BBC高層「緊急會商」，它建議稍事調整大樓的設計與門禁管理，多加確保其會員的工作安全。這顯然不是非分的提議。

　　總之，究竟月初倫敦BBC的爆炸案是不是因為特定節目遭忌，

＊　香港《明報》2001/3。

是不是愛爾蘭與英國之間的歷史宿怨之扭曲延伸，我們無須再作臆測。但事實總是事實，爆炸案是發生了。如果說，這還不至於直接地、實質地影響新聞報導及評論的方向與內涵，那麼，假使沒有善事處理，長期下來，新聞工作者感受到的潛在的、心理的威脅，以及隨之而產生的言論折扣與寒蟬效應，實在低估不得。[1]

1　根據「保護記者委員會」（Committee to Protec Journalists）開始記錄與推估的1992年，記者因採訪或調查而遇害，全球是63人，最高是113人（2007年），2023年從巴勒斯坦（哈瑪斯，Hamas）在10月7日奇襲以色列至12月1日，以色列死1,200人（部分是以色列軍隊射殺），巴勒斯坦人死15,000，大多是平民且係兒童與婦女。57名記者遇害（50巴勒斯坦人，以色列4與黎巴嫩3），受傷與失蹤及被捕記者分別是11、3與19人。另有多起攻擊、威脅、網攻、新聞檢察與殺害記者家屬。

有錢有自由，有新聞自由

誰的國家，誰的安全，誰的媒介[*]

一、新聞事件摘要

中華民國政府播遷來台的很長一段時間，「誰的媒介，誰的國家，誰的安全？」並不成為問題。從1949年起的51年之間，擁有媒介與治理國家的主要人士（或集團），重疊程度很高，他們對於什麼是國家、什麼是國家安全的認知大致相同。因此，雙方也許偶有齟齬，但不及於衝突，若有則最多也只是異議的、小眾的媒介對國家權力機關的挑戰或無意間的「冒犯」。

2000年10月之後，情況有了變化。先有《中時晚報》、後有《中國時報》及《壹週刊》，「不約而同」遭到相關單位以其披露將危害國家安全為由，提出控告，特別是後者，引發更大風波。2002年3月20日，台灣版《壹週刊》未上市，先遭查扣，並遭檢查官控以外患罪。隔兩日，《中國時報》總編輯亦以相同罪名，名列被告。這起涉及國家安全與媒介自由的事件，與2000及2001年的駱志豪及《中時晚報》遭檢調單位搜查的情況，可能有些不同，以下先建構、推理《壹週刊》事件的簡歷。

[*]　李茂生主編（2003）。《2002年台灣人權報告》，頁451-4。台北：前衛。

二、新聞事件評論

據悉，情治機關原本「不知道」機密已經外流，是《壹週刊》記者向其查證時，有司才察覺不妙，於是與《壹週刊》協商，惟後者最後仍決定刊印。在兩造協商的過程，放出機密的人，眼見經過多日新聞仍未出來，便再選擇《中國時報》作為釋放文件的對象。在兩家媒介互不知對方得有文件的情況下，《中時》在《壹週刊》被查禁日，刊登了密件當中的奉天專案部分，主軸是台灣曾以美金千萬作為助力之一，使台灣與南非的外交關係得以展延了三年。被查扣的《壹週刊》則刊登了更詳細的材料，標語出現「買通美日」等語，重點內容之一是明德專案。事發後，《中時》與《台灣日報》等媒介訪問了前陸委會主委、總統府副祕書長，現任國民黨智庫委員蘇起教授，蘇稱該案具有正面功能，蘇起並表示，該案涉及「國家安全機密」，所有參與明德小組的人，「都應『將機密保護到進墳墓為止』」。

依此推斷，媒介處於被動地位，也就是前述兩個專案若屬機密，並非媒介以調查之能，主動發掘而公開於世。實情很可能是，情治機關在運用祕密經費時，由於經年累月不為人知，缺乏內部的有效監督，致使內部有心人有機可乘，先已種下洩露機密的遠因。到了政黨輪替，復因各種因素，造成內部的忠誠及認同危機日甚一日，遠因也就在此近因的引爆下，使人有機可乘，假借或甚至設計劉冠軍一案，使其展現為新聞自由與國家安全之爭。

假使以上推理無誤，至少就有兩個問題必須檢討。第一，情治機關不能以國家安全之名，既掩飾了本身的嚴重缺失，又再以壓制言論與新聞自由之實，汙名化了國家安全之說。洩露機密的人不是媒介，而很有可能是情治機構內部的人，現在這個機關的人，反而要求檢調單位以外患罪名控告新聞媒介，這合理嗎？即便這些機密不經媒介批露，也已經流通至對岸之手，情治人員受難及情報網受損，早已形成，不待媒介之報導。媒介雖然擴大了洩密的效應，但非元凶，若擴大效應確屬違法，處罰的方式理當符合比例原則，不宜是近乎或形同事前檢查的扣押十多萬冊雜誌。

　　何況，機密既出，則對岸可知，國民卻無法聽聞，或需由境外媒介再傳入本土，寧非怪哉？媒介報導這類新聞時，是否刻意以聳動的標題吸引讀者，或將法治規範的不足導引成對個別人物的妒恨，或是否新聞處理手法粗糙，沒在必要地方姑隱當事人等之真實姓名或代號，固然必定引發爭議，但媒介在這些方面的缺失是一回事，媒介所發揮的告知功能又是另一回事，不能抹煞。

　　目前立法院已有委員從法制觀點著手，準備從《國家機密法》、《資訊自由法》、立院內部特設相關委員會等方式，強化立院對情治機關的監督，並釐清國家安全與新聞自由的界線。這些因應之道值得肯定，但成效是否可長可遠，仍待觀察法律的制定遲速與其內容，以及立院的運作效能。

　　第二，此次報導是否危害了國家安全，雖然也是新聞媒介可檢討的部分，但更值得新聞界自身檢討，也更值得外力注意的是：媒介真有意願自主行使新聞自由的意志嗎？媒介真正主張本身是第四權，因此值得社會之託付，遂即要求、迫使行政權承認媒介總有值得特殊對待之處嗎？恐怕很有疑問。原因還不單是媒介業主經常通好權貴，也在於台灣媒介從業人員的自主意識及集體能力匱乏。若再考察媒介的運作耙糞，耙政治權力誤用與濫用之糞、耙經濟權力誤用與濫用之糞，又更已隨媒介成為財閥的一部分，或自身就變成了財閥，日漸失去存在空間。近幾年來，媒介在民眾心目中的地位，不但無法合理上升，反倒有下降之勢，這與媒介近於權勢而非弱者應有關聯。在台灣，諸如新聞自由應當如何善加運用的問題，雖然不是整體新聞界的關懷，但有能力作此檢視的媒介，晉身新聞界的領導地位，機會也就愈大。

　　「君失其密則亡其政」。作為社會集合體之象徵的國家，存在其機密，雖可容忍，但其範圍及運作，總應隨民主化的進程，日漸縮小並可受監督。新聞媒介若就國家祕密的範圍及行使，不斷提問、試探，乃至挑戰，就愈加能夠彰顯新聞及言論自由的價值，也愈加能夠贏得社會的尊敬。

評述「非常光碟」事件*

　　「非常光碟」事件從2003年11月4日首次大幅見報，最後一則相關新聞可能是在12月2日於《聯合報》台中綜合版刊出，指它「買氣退燒，四集只賣199」。

　　前後一個月不到，「非常」風波的「流程」大致如後。

　　7月，台灣媒體革命工作室負責人盧統隆等人不滿電視談話節目，想要反制，次月20日起開拍影音節目。完成後，盧於9月開始找播送管道，吳錦發建議以光碟上市，旋即在高雄等地有不錯的銷量。

　　一個多月後，也就是11月3日，名為〈非常報導〉的光碟一、二集的流通更見廣大，長近3小時的節目，內容包括暗諷親民黨主席宋楚瑜得了「肝癌」，引起宋抨擊為「低級、下流」。4日，親民黨稱，將控告製作及出資單位誹謗，親民黨立委邱毅另控告陳水扁、李登輝、張俊雄，求償一億元（數日後察覺無實據，道歉了事）。在政治人物加入、事涉許多電視談話節目知名人物後，相關（反）指控此起彼落，一時蔚為熱門新聞。

　　其間，台北市政府引用廣電法，6日起查扣光碟。新聞局長黃輝珍與行政院長游錫堃均指查扣有理，但不是內容違法，而是光碟沒有登記。黃輝珍於13日補充，如果有人認為光碟造成其名譽受損，應循司法途徑請求民法賠償。但17日，黃又依行政權限，增列「公共議題論述類」及「平面出版品輔助類」錄影節目帶為公告免送審項目，且溯及2003月7月1日生效。據此，〈非常報導〉光碟屬免送審範圍，不必因未依廣電法送審遭到取締。

　　增補說提及的「公共議題」，再次引起爭議。台北市長馬英九指這個說法徒增紛擾：「如果出版探討世界色情A片集大成的光碟，內容曝露猥褻畫面，也屬公共議題論述免查嗎？」立委朱鳳芝問，如果她說陳水扁與吳淑珍是狗男女，在澳門嫖妓，那算公共論述嗎？台北市府法規會主委陳清秀表示，即便內容免送審，由於光碟還需發行廠

---

* 吳豪人編（2004）《2003年台灣人權報告書》，頁413-7。台北：前衛出版社。

商辦理許可,且需標示出版廠商和核准字號許可證等二要件,而「非常光碟」並未有這些標示,因此仍屬違法,必需查扣。

但支持該光碟免送審的人,仍然認定台北市雖然並無違法,惟既然候選人或政黨發行的影音光碟片,以及台北市府的「健康操」光碟等,同樣也沒有登記與註冊,卻不曾遭到取締,那麼,台北市府若是認定「非常光碟」必須送審,已是黨派立場的表現,因為光碟對已方不利,因此致選擇性執法。是以,23日,北社、台教會、外獨會、基督教長老教會、李登輝之友會、水噹噹姊妹聯盟等十三個社團組成「台灣街頭大隊」,以路口舉標語的「非常行動」,聲援光碟訴求的言論自由。

至此,真相大白。「非常光碟」之所以引爆風潮,實因它是台灣狹義黨派爭鬥的延長或流變,其本質很難說是因言論自由,更不是因新聞自由而起。

總結整起事件,我們得到兩個教訓。第一,假使言論自由與新聞自由並不相同。新聞自由的工具性格強,其意義在於服務公共利益;言論自由更多是基本人權的性質,無須滿足公益才值得存在。其次,兩者之別又表現在言論自由可以是面對面的傳播形式,新聞自由則必然涉及組織的中介與機器的傳輸;惟在器械發達的當代,二者固然有概念的差異,及其運作則經常合一。在最理想的情境,兩種自由的宗旨都在溝通社會,而不能只是宣洩不平,則光碟提供管道,宣洩主流電視媒介較少出現的聲音,多於溝通的達成。比如,11月16日,有電視公司的民調指出,20歲以上的民眾,雖有5%看過光碟,但82%不想「看批宋楚瑜的這片光碟」;並且,政黨傾向中立的民眾中,三成認為是人身攻擊的比例高於認為是言論自由的二成三。(當然,可能很多人不相信這項調查。)

第二,我國傳播行政權力的顢頇依舊。原本,這起事件的肇因之一,就在於欠缺積極的傳播政策,以致公部門廣電投資太少,使得全世界別無分號的七個全天候新聞頻道能夠存活。這就給予機會,讓電視談話性節目大為興盛,使得不重專業或公開言論之責任的部分政治人物、記者與主持人,每天每日大逞口舌之能。有一類人,不喜歡或

甚至已達厭惡前述節目的人，日積月累其情緒，於是催生其中的部分，起而製作不透過電波傳送，但同樣得使用螢幕，才能顯現其諷刺與抨擊這類節目的光碟片。對於他們來說，這是一種言論自由，他們認為，既然受他們批評的人或其支持者能夠在電視上大放厥詞，他們為什麼不能行使自己的言論自由？雙方都還沒有善體言論與新聞自由的差別，已經因機器（電視、光碟）的中介而合一，以致不再完全只是人權之一，而另有其社會效應的面向。台北市府查扣光碟，但不是指其內容違法，而是以行政程序理由（登記字號與否）取締，惟它放過沒有依程序取得字號的其他光碟，一抓一放，已經透露了台北市府的黨派立場。中央政府雖支持光碟製作單位的言論自由，也知悉其遭取締的行政理由確實俱在，稍後卻又徒增困擾，把爭議導向了光碟的「內容」，自亂手腳地增列了兩項免受審查的內容類目。

　　無分中央與地方（北市）政府，至今仍然僅從政府管制媒介的角度出發看待光碟事件，並沒有任何積極的認知，以政府亦可興利的抱負，從改善我國整體廣電環境入手，跳脫原地跑馬的困境、超克藍綠的漩渦，不再浪擲公眾的注意力，提出具有前瞻的（廣電）媒介視野與改造藍圖。當然，由於我國的廣電權限大部分在中央政府，則行政院團隊若沒有或說不肯有這個認知與抱負，則中央政府必須為台灣媒介不能上升，而有繼續沉淪之危險的局面，擔負最大責任。

言論自由與援助交際 *

　　正名不一定能夠言順，相反的情況反而經常發生。最近法務部長陳定南建議另以法律為國父正名，結果是訕笑者有之、質疑與辱罵者有之，卻沒有人體會部長的善意。

　　陳定南其實意在「沛公」。他認為，既然《憲法》第1條規定

* 《今周刊》2002/5/30，頁106。

「中華民國基於三民主義，為民有民治民享之民主共和國」，但目前在台灣的中華民國，各色各樣的政策措施是否能與三民主義相符，實不無探討與確認的空間。部長同時領悟，經由人物來彰顯議題，遠比直指議題來得容易引起時下媒介的注意，於是聲東擊西，搬出國父。惟事後引發的連鎖反應顯示，沒有人注意到三民主義這個議題，至此，部長有若啞巴吃黃連，國父的正名事件，只好不了了之。

　　稍早於陳定南，中央大學教授何春蕤也因正名的努力，惹來不白之冤。何春蕤等人多年來勤力創作與推廣，藉由文字、講演與網路，試圖培力從青少年到老年的性／別認同的自主意識與能力，從中開拓社會自由度。近幾個月來，她們察覺，援助交際這個日本「文化」用語已被簡化，並且變成了「法律」名詞：網路一出現「援助交際」字樣，當事人就深陷危險，警察布局設下的危險。某實例是，有學生心情不佳，見網路有援交之請，也就依約前往，結果是立刻被抓，接下來是警方的誘騙，表示只要承認就從輕發落。面對國家右手化身的這種警察暴力，全無性交易打算的這位「良家婦女」也只能嚇得六神無主，因恐家人朋友同學知道，她只能任人宰割，成就了警方的業績，留下了窩囊的烙印。

　　顯然，《兒童及青少年性交易防治條例》第29條已遭濫用。不但司法機關不循正當的蒐證和調查程序，侵犯了人權，他們並且任意根據網路文字就抓人，業已嚴重侵犯了言論自由。有感於此，何春蕤等人經由設置於中央大學的性／別研究室網站，撰述諷刺文字，指出援助交際的多種含意，例如台灣的援助交際其他國家、耶穌的「施比受有福」就是主張援助別人等等。（她們其實忘了指出更有力的一點，援助交際，特別是「聯合世界上同等待我之弱小民族」的濟弱扶傾行為，本來就是三民主義很重要的一個主張。）

　　諸如此類的文字，觸犯了國家機器當中，只知限制自由、誘人入罪那隻右手的大忌。於是，執行這隻右手任務的人員，散播不是新聞（早在去年10月，各媒介已炒作了一次）的資料給特定記者，然後「靜觀其變」。果然，立刻有《聯合報》在（2002年5月）22日以七版近半，報導相關事件，其中頭條則指何春蕤以援交「不等同性交易」為由，

「建議發給青少年援交費」。這則獨家新聞產生了引爆作用,當晚幾乎所有電視頻道都跟隨這個主軸,強化了性交易的面向。大多數的報導說,何主張「政府發錢給青少年去『嫖妓』」,少數善意的人則猜測說,若發放援助年金,「青少年就不會因為缺錢而下海從事性交易」。

兩天之後,另有團體召開座談,邀集立委參加,又以何春蕤等人為敵,說何「應先放棄高尚職位成為沒有資源的人,再談是否提倡兒童青少女援助交際」。至此,最先要被檢討的國家右手入人於罪,國家黑手違法亂紀、侵害人身且危害言論自由的不當作為,竟兔脫於受監督與糾正的範圍,造成了挑戰這隻右手的人,反倒成為人身攻擊的對象,形同右手隱身事後,操縱自如!

正名很困難,但歪名很容易。日本人弄歪了「援助交際」,是一例。台灣政府把具有賭博性質的彩券稱作是「公益」彩券,也是一例。至於最近要將所得重分配效果差了許多的個人儲蓄保險制,宣傳成為社會保險A制,那更是魚目混珠了。

不滿。不過,百失當中,總算還有一得:長達一、兩個月的猜謎遊戲,天天在頭版到三版,耗費大量文字的部會首長點將、除名錄,終於結束。

新聞自由的兩帖祕方 *

解嚴以後,侵害新聞自由的事件,照常發生。從總統候選人抵制,不給特定記者消息、記者被無端調職,到報社突然關閉,以至於記者失去工作,再也無法自由地報導與評論新聞,統統都有。

但像七二七那般,檢調單位偵辦駱志豪涉嫌洩密之時,「順便」登堂入室,搜索並帶走記者資料,再與記者「長談」,然後引發軒然大波,各報排除門戶之見,不獨彼此聲援,更是大幅報導(國民黨黨

---

* 《中國時報》1999/8/16第27版。人間副刊。

報《中央日報》也用了三版的3/4），連綿數日，並以社論撐腰，痛擊執法人員處事不周、對於新聞自由不夠尊重，將有造成寒蟬效應之虞，那可是絕無僅有，創世紀末之奇了。

更奇的是，事隔多日，新聞將冷未冷之際，法務部表示，「不符規定監聽，全部撤線停監」。這真的很奇，監聽惹人厭，不符規定的監聽，那就是不合法，竟然還需要藉七二七大案，才能再被重新提醒一次，那麼，事發後台灣新聞記者協會等單位的要求，無論是籲請法務部尊重新聞自由，或是催促《資訊自由法》加快立法腳步，趕緊排上議程，也就很不容易兌現了，除非運用以下兩個「祕方」。

第一，要擴張人權的觀念。台灣人權促進會會長黃文雄說得好，新聞自由是傳播媒介從業員工作權的重要基礎，爭來不易，維護匪易，擁有合法（但經常不免胡亂）使用暴力手段的國家，「隨侍在側」，虎視眈眈地想伸展祿山之爪，橫加淫暴，不能輕易說新聞自由只是特定階級所有。但若把新聞自由與更具有普世意義的人權理念分開，不恰當之餘，反可能啟人疑竇，懷疑新聞業只享權力，沒有盡到伸張人權的責任。

比如說，事發次日，就有報紙在抨擊檢調機關之前，先表明了「國民有接受檢調單位傳訊的義務」。惟既然認定新聞自由已因記者被搜查而至遭受侵害，既然事起於國家認定的機密過分嚴苛，以致國民動輒得咎，被控洩露機密，則向國家如此交心，不也等於說，國民有此義務，但記者身分特殊，義務須略打折扣？報紙何不說，國民有向國家求取資訊的權利，記者作為監督權勢者（包括政府）的人，自然也須擁有這項權利，國家怎麼可以在國民（記者）行使權利之時，加以恫嚇？或者，報紙也可以說，國家有向國民公開資訊的義務，記者是國民，且工作正是在採擷資訊，對外發布，國家既然不盡義務，提供資訊，則記者（國民）在協助國家，替國家盡其未盡之義務，提供資訊給其他國民時，國家不思銘謝，反倒恩將仇報，成何體統？最低限度，報紙不用在這個時候強調國民接受傳訊的義務。

其次，蔣渭水說的「同胞需團結，團結真有力」對於新聞界應該是很大的啟發。新聞界無分老闆與記者，已在七二七事發後，理直氣

壯地展現了同仇敵愾的意思，但為什麼只換來不痛不癢的保證，甚至只換來豈有此理的不合理監聽要撤銷的說法呢？可能這次的同仇敵愾，純屬烏合之舉，不是團結的表現，原因是平日沒有好的組織，不能構思有哪些手段更能產生積極的效果，也就只能率由舊章，座談、連署、面見首長宣達抗議，溫良恭儉讓，如此而已。

　　但難道沒有更「有趣生動」，所以可能更有效的辦法嗎？七二七過了兩天，向來惟政府（國民黨）之命是從，常常被譏諷為閹雞工會的全國總工會（注意，不是勞陣、工委會等自主工運團體推動的全國產業總工會），號召三萬多人遊行，爭取權益。以此反觀新聞界，其組織的健全程度，相較全總，竟然猶有不如，記者等媒介從業人員參與、支持記協或全國大眾傳播業工會聯合會的程度，無疑地需要大幅提高。如果這類組織壯大了，平日的團結共事經驗也就跟著豐富了，靜態消極地抗議國家不當舉動之外，新聞界也就更能鞏固新聞自由的陣地了，於是，停止播音、播放影像若干時間，開天窗，乃至於有益身心健康地上街走走等反擊行動，就有較大的舒展空間了，一箭雙鵰的效應手到擒來：一方面逼使國家投鼠忌器，再要放肆就要付出更大代價之外，也等於是以留白的對比突兀等方式，向公民宣達新聞自由的被不當干擾、侵犯，號召輿論共同聲討施暴機關。

新聞局委外研究　不會侵犯新聞自由 *

　　新聞局兩種委外研究或調查案，近日引發滿城風雨，值得評述。因受篇幅限制，這裡不談理論，只提供英國實例，作為檢討之資。

　　上個月（2003年3月），英國的國會媒介暨文化委員會又開始了新一輪的報紙自律調查，邀請四位報社主編陳述其經營理念。業者反對立法規範媒介，但無奈地表示，假使名人控告媒介成風，致使法院

---

* 《聯合晚報》2003/4/16第3版。原標題〈新聞局小兒科〉。

以判例形成管制媒介之實，則「由國會為之，總比由法官為之，來得無限之好」。

這次調查並無新意。二戰之後，已有四次前例，其中1946、1964、1977年的皇家調查，規模尤其巨大，特別是第三次，竟然投入了超過新台幣兩億元的資源。《金融時報》主司媒介事務之報導及評論的記者史努地（Snoddy）說，對於這些調查，業界「若能置之不理，則置之不理……若不能則能拖就拖……只在政治人物似乎有了不尋常的決心要立法威脅時，才會採取自律行動」。

到了1980年代末，第四次的政界威脅，讓英國報業評議會走入黃昏，改設「報業訴願委員會」。現在也許這個委員會的功能又到了極限，才有國會的老調重彈，能否有新意，恐怕也未必見得。

準此，台灣的政府想要委外評價電視、報紙，相比於英國，反倒是遲到之舉。另一方面，業界現在的大肆抨擊，可說恰如其分，本來就是媒介會有的反應。我們應該可以預見，就如同英國那種雷聲大雨點小的政府要調查媒介之歷史所顯示，最後台灣新聞局的隨便亂動，也不可能產生實質作用。何況，台灣的行政權與立法權之分裂，遠不是英國那種內閣專權可比，新聞局的小兒科作風，撼動不了新聞自由的啦！

不自由的日本　竟與台灣平起平坐*

月前，聯合國調查員、加州大學法學教授凱伊（David Kaye）在實地訪查七天後，發表報告，指責日本首相的「安倍政府，威脅日本新聞自由」。

雖然讓人有一點「石破天驚」的怪異感覺，但日本最近三年以來的真實狀態，確實反映在這則新聞。

---

*　香港東網2016/5/15。

　　事實，但也出人意表，很大的原因是，聯合國與英美歐的大眾傳媒，即便不是所有、至少大多數時候，都在說、都在報導東南亞、非洲、拉丁美洲，特別是中國、北韓與古巴的新聞自由度太低，或是沒有。沒有想到，這次聯合國說的是日本，是西方以外，第一個採取（君主）立憲的自由民主體制的國家，並且是全世界第三富強的國家。不過，即便是強烈對比，或者，正是因為強烈對比，違反「常識」，挑戰傳媒人的刻板印象，台灣幾乎沒有報紙披露這則新聞。

　　對於台灣，也許還有一個額外的刺激。就在凱伊發布考察報告的時候，沒隔多久，紐約的「自由之家」也發布了年度的「新聞自由」評比，結果是台灣與日本的得分相同，兩國同樣都是亞洲最自由的國家，得分不分軒輊，是26（順帶一提，挪威得9分，數字愈低表示愈自由，0分最低，100分最高）。

　　日本媒介有台灣這麼自由嗎？國人假使知道日本的新聞自由現況，應該不會覺得這是與有榮焉、並駕齊驅，而是感覺，日本怎麼能與我們平起平坐？

　　媒介恣意批評政府的台灣，怎麼會與記者即便批評政府、也是和風細雨的日本，都是26分？若有牛驥同一皁的時候，這就是了。「自由之家」的評比看來也不是那麼準確。

　　日本的傳媒生態有個很大的特色，致使大媒介與政府的關係大致和睦。這就是日本的「記者俱樂部」，明治維新以後逐漸成形，在1890至1910年間，幾乎所有日本政府的機構以及相關的採訪記者，都已合作而有了這個設置，會員記者可以從中得到新聞等服務，外人難以進入。這個凝聚力強大的組織，多少能有正面功能，能自律並可節制會員，不會胡亂報導；但是，這也同時是個限制，它不向政府爭取開放更多報導的題材、評論的尺度，反而，它往往遷就政府的安排，得到便利與好處，少對政府有「非分」的批評。

　　除了這個固有的框架，安倍上台以來的強勢作風，單看今年，就有好幾件侵犯傳媒自由的紀錄。

　　（2016年）元月，全球發行量最大的報紙《讀賣新聞》的最高主管，正與安倍晚餐，沒多久，傳媒人古館伊知郎被迫去職。兩件事情

雖然沒有因果關係，但政界交好支持者壓制特定節目的批評，兩件事一經相提並論，不但顯得安倍風度很差，也會形象大損。古館在朝日電視台主持深夜論談節目《報導站》已有十二年，很受歡迎，現在僅是為了質疑安倍大力推動的安保法案，就得離職。2月，日本內政與傳播部長高市早苗警告，電子傳媒若再違反「不偏不黨」、「絕對中立」的要求，就要考慮予以關閉！

到了3月，另有兩位也是人氣節目的主持人再被拉下。一位是NHK專題報導《聚焦現代》節目的主播國谷裕子，在工作二十三年後，NHK片面不再與她續約；她曾強烈指責安倍，認為安倍不能只是以內閣會議的決定，就改變日本集體自衛權的憲法解釋。東京電視台的《新聞23》，主持人岸井成格同樣強烈批判政府，也認為安保法違憲，並指國民大多強力反對《特定祕密保護法》和《安保法》，安倍政權不應該強行過關。

日本大媒介監督政府的力道，是不是從此就要鬆手？以及，對於商業資本的運作，是不是因為比較沒有來自黨政的壓力，因此就會放手報導與監督，讓人好奇。確定的是，日本的大媒介與小媒介的關係，在台灣，或說在任何情境類似的地方，也都存在。

這裡是說，19世紀中後期，江戶時代快要結束、大約也是記者俱樂部開始成形的時候，日本的漫畫書也有了新的流行，出現了不少政治諷刺畫作與圖文。這個傳統在二戰後復甦，在日本大媒介龜毛、不敢暢所欲言的脈絡下，這類週刊誌得到了發揮的空間（每週約有200萬份發行量），特別是不搞女性裸體的雜誌，如《週刊文春》與《週刊新潮》，主流政界的人也經常閱讀。誰是撰稿人呢？很多時候，就是大媒介的記者！因為他們無法在自家媒介暢所欲言，只好使用筆名，到週刊誌塗鴉。

在台灣，1970年代中後期以後的黨外雜誌，不也是這樣嗎？差別是，台灣現在沒有黨外雜誌了，也許，這都是新聞自由「惹的禍」。大媒介既然有了自由，就沒有小媒介鑽空檔的餘地。日本還有週刊誌，顯然是大媒介不敢自由所致。所以，紐約的「自由之家」不無胡亂評比的嫌疑，台灣分明更自由，怎麼可能與日本一樣呢？

南韓政府封鎖英國記者網站[*]

　　兩岸關係即將啟動新頁，外界很多聲音都說蔡英文就任，對岸會上緊發條。是或不是，都無法否認，真正緊張的關係在兩韓。南北韓的政府雖有接觸，民間則不能（自由）來往。兩岸剛好相反，民間與商務熱絡，政府冰冷。

　　台韓新聞自由的對比，也反映了這個差異。馬英九執政的八年期間，台灣在這方面的得分稍有減少，但仍然是亞洲最自由的國家。南韓在相同的八年中，有六年僅得「部分自由」的評價，從2012年底的大選期間起，跌幅更是擴大，選後第一位女總統朴槿惠就職以來，發生了幾起重大事件。

　　第一年，就有119人遭到指控，說是他們違反了《國家安全法》。被捕入獄的人，赫然包括國會議員李石基；國家情報院指控他召集了100多人，假裝是在爬山，實際是在山區及都會組織「革命團隊」。

　　第二年（2014）10月，南韓檢察官起訴日本《產經新聞》的首爾記者加藤達也，指他轉述《朝鮮日報》，懷疑朴槿惠在該年春天學生遊船事件致死304人之時，「謠傳正在與離婚男人幽會」，實有誹謗之嫌。起訴後一週，就有一百萬韓國人刪除聊天室的相關材料，避免因轉述謠言而入罪。12月，南韓憲法法院的9位法官有8位（另有報導指是13人的10人），認定李石基所屬的「統合進步黨」過度親近北韓，已經違憲。統進黨的所有財產遭沒收，五位國會議員喪失民代資格。對此，南韓人權團體批評政府限縮言論自由，但大法官的判決文堅稱：「統進黨的理念和活動，危害我國的民主秩序。」

　　然後，更為戲劇化的事情發生了。申恩美是韓裔美國人，她前往北韓，在曾經叱吒一時的網站Ohmynews發表見聞，成書《美籍韓裔阿姨的朝鮮之旅》，並在2013年獲得韓政府推薦。後來，她在一些講演場合，提及八、九成「脫北者」希望回故鄉、北韓國民對政府很有信心，又說那裡的「啤酒美味、河流清澈」。對於這些言談，一些南

* 《人間福報》2016/5/18 第5版。

韓人很不滿，竟有高中生對準申恩美向講台投擲可燃物和煙霧彈。

　　申沒有受傷，但有兩名聽眾遭到燙傷，兩百多人緊急逃避。於是，到了第三年，也就是去年初，政府下達驅逐令，表示申的言論危及國安，列她為不受歡迎人物，限期離境，五年內也不能再入境。對此，輿論反應再次極化，有人叫好，表示申目睽耳聾，對北韓人權沒有聞問，還予美化，早該走人。《韓民族新聞》代表的立場則有不同，社論說：「驅逐她的決定明顯侵犯人權，政府正帶頭踐踏人權。」

　　今年，阿里郎的國安法延伸到了海外，這次遭殃的是英國記者設置的網站。

　　南韓「傳播標準委員會」認為，這個英國網站2010年運作以來，每個月的兩萬次點擊，包括來自公營的《韓國聯合通訊社》都有引用，致使該站禮讚北韓的行為在南韓與國際間遭致放大，因此便在3月下令予以封鎖。

　　但即便北韓一無是處，韓聯社引用這個英國網站，又怎麼會有害處？說不定剛好相反，能夠混淆視聽。比如，英國網站遭封殺後，南韓的國會選舉在4月登場。選前，韓聯社引述四家民調公司的看法，指執政黨應該可以取得150到170席，最大在野黨低於100席。沒有想到，朴黨僅122席，最大反對黨123席，加入另兩個在野黨就是167席，過半了；剛好與韓聯社的預測相反。

真正有價值的新聞自由：捍衛阿桑奇　捍衛吹哨人 *

　　紐約「自由之家」（FH）年初公布政治權利與公民自由的排名，指台灣與日本幾乎並列，是「亞洲第二高」。5月，總部在巴黎的「無國界記者組織」（RSF）公布今（2022）年的「世界新聞自由指

* 《海峽評論》第380期2022/8，頁38-41。原標題是〈捍衛阿桑奇　捍衛吹哨人：從華府不如莫斯科尊重調查記者說起〉，使用的是筆名敦誠。

數」，台灣在亞洲居首！

　　但是，我們的新聞界真的很自由嗎？如果自由，新聞界善盡了相應的責任嗎？真誠自省，可能心虛。

阿桑奇的故事

　　澳洲人阿桑奇（Julian Assange）的故事，提供了一些有用的參考。阿桑奇是真正有價值的新聞自由實踐者，卻在瑞典、英國與美國的共謀，以及母國澳洲政府的不作為之下，業已失去自由十年多。這段期間，他處於軟禁狀態，最近這五年多，他的體能與精神備受虐待，近日又可能遭從倫敦引渡至美國，面臨最高175年刑期。以美國為主，已有很多組織與個人（包括三位前任總統，及墨西哥現任總統AMLO），挺身捍衛阿桑奇的正當權利與自由，要求美國政府停止迫害。FH與RSF都從美國「民主基金會」得到財政支援，但RSF名列22家捍衛阿桑奇的組織之一，FH不見蹤影。

　　阿桑奇是出版人，亦可稱是記者，即便與傳統記者不同，不是自己從事第一線調查與報導。不過，他與同志共同創辦於2006年底的「維基解密」（Wikileaks, WL），透過「吹哨者」的供輸，以及偶爾與主流報紙的合作，暴露不少不良政府與不良企業的弊端，大快人心之餘，多少已經對這些權勢者產生警惕作用。

　　至2009年末，已有很多見義勇為的吹哨者，因工作過程看到所屬機構的不正當行為，以忠於雇主但更忠於社會的認知，逕行將所屬機構不願意對外暴露的檔案，上傳WL對外公開周知。由於上傳機制經過特殊設計，WL也無法知道上傳者身分，確保了吹哨者的安全，如同新聞記者必須保護消息來源。透過這些機制，WL揭發了很多金融機構的弊端，至於財團逃稅、非洲有毒汙染物、氣候變遷電郵事件等等二十餘起大案，也在暴露之列；初試啼聲的WL，短暫三年已經得到英國與奧地利的三個組織以「表意自由」年度獎章給予肯定。

　　不過，WL的「一鳴驚人」是在2010年。紙版與電子版的《紐約時報》標題出現WL的篇數，在2009年只有1篇，2010年竟達178篇。

關鍵是2010年4月3日，將近18分鐘的影片《附帶謀殺》（*Collateral Murder*），由WL上傳YouTube，三年前發生的慘案世人這才知曉。鏡頭所見，伊拉克的美軍戰鬥直升機人員如同在打電玩，他們按鈕掃射，獵殺平民，包括幼童與兩位路透社記者，共有18人因為走在路上，不明不白命喪黃泉。報導這起慘案，《紐約時報》的標題是〈維基解密自認有理　釋出記者在伊拉克遇害的影帶〉；台灣的報紙則是〈影帶曝光　駐伊美軍冷血濫射　記者孩童遭殃〉。WL在2010年也披露了美軍的「阿富汗」與「伊拉克」日誌，另有美、英、法、德、西五國菁英報紙或週刊同步刊登；歐美這些主流報刊最多曾經投入120位記者分工與協作，從海量資料，篩選值得報導與評論的題材。它們與WL聯合曝光了美國聯邦政府的愚蠢及美軍的惡行。

「要槍砲還是要奶油」

經由這些曝光內容，就有機會刺激更多美國人反省，也讓「美」國的「惡」質面向為世人所知。不是嗎？本世紀以來，美國聯邦政府以「反恐戰爭」為名，每年投入納稅人稅金平均超過3,000億美元，竟然是在損人不利己。所有經濟學教科書都知道，軍事預算多，就會損及民生預算，因此有「要槍砲還是要奶油」之說；槍砲泛指軍備，奶油泛指民生。然而，根據美國布朗（Brown）大學的調查，美國以暴制暴的反恐，從非洲到亞洲（菲律賓）發動或從事「無止盡的戰爭」，從2001至2020年累計投入8兆美元，不是建設社會，是讓軍火商荷包豐厚，是美國在85個國家殺死92.9萬人（含美軍7,050人），並使3,800萬人流離失所、家園破碎。虛耗美國納稅人這些資源，襲奪美國國內建設與民生所需的資源，就只是為了殺外國人，使外國人流離失所，其中部分人再往歐洲移動而成為移民或難民，不又是部分原因，致使歐洲排外之聲浪及極右派壯大嗎？

然而，於人民有功卻得罪當道的荒謬事情接著發生。先是在美國政府介入後，各家金融機構斷絕外界給予WL的捐款，致使WL一度暫停運作；與此同時，擒「賊」擒王的魔爪開始伸向阿桑奇。

　　瑞典最早動手，在2010年夏秋之交，警方宣稱他性侵（幾年後查無實證）而發出國際通緝令，這使得人在英國的阿桑奇擔心遭引渡至瑞典而後再被送到美國，於是，他申請並得到厄瓜多倫敦大使館庇護（2012年）。親美政權2017年在厄瓜多上台，阿桑奇在使館的處境日漸艱難，兩年後，他的庇護遭取消；在這段期間，阿桑奇承受監聽、監視與其他限制的對待，致使後來美英醫學人員及聯合國報告員在探視後，都認為這些是對他的不人道虐待，已經讓他心神耗損。即便沒有證據，瑞典政府卻沒有取消根本無理的通緝令，這就給予英國藉口，形同代為執行違法的「任意拘禁」。這兩個國家的作法讓人不禁猜測，難道瑞、英兩國示好或甚至諂媚美國，不惜犧牲阿桑奇的人權？新聞自由不是保障眾口一聲，是在異端出現時，言論與新聞自由才有意義；同理，循規蹈矩的人也有人權，也要保障，但異端的人權是不是也得到保障，才是人權是否得到彰顯的珍貴判準。

　　在美國這邊，歐巴馬總統年代的白宮固然以多種行政措施壓制WL，也有或明或暗的行動，要讓阿桑奇籠罩在引渡至美國的憂慮之中。同時，美國也起訴並定罪釋出《附帶謀殺》檔案的吹哨者，二等兵情報分析師布曼寧（Bradley Manning，後變性並改名切爾西Chelsea）。但是，歐巴馬在2017年卸任前夕，至少為布曼寧等兩百多位受刑人減刑，並且，其司法（行政）部在2013年就已經表示，無法控訴WL或阿桑奇，因為他們的所作所為與記者相同，是言論與新聞自由的行使，得到美國憲法第一修正案的保障。

　　但是，到了川普執政時期已經不同。先是傳出中央情報局（CIA）在2017年要綁架或暗殺阿桑奇的報導；西班牙法院在今（2022）年6月還發出傳票，要當時是美國CIA局長的龐培奧出庭說明。然後，美國檢察官在2019年4月以駭客入侵國防部的電腦及網路等「輕罪」起訴之外，5月加碼而祭出新的罪名，援用更為嚴重的1917年之《間諜法》起訴阿桑奇。消息一出，輿情譁然，《紐約時報》與《華盛頓郵報》對這個史無前例的控訴都是嚴厲抨擊。然而，白宮不動如山，兩報雖有聲援，卻是時有時無，糟糕的是，兩報更多時候是另行撇清，轉而強調阿桑奇與WL不同於傳統記者與媒介之

處。兩報這種作法等於落井下石，不是在阿桑奇有難的當前，凸顯自己與阿桑奇都是為了公共利益而行使新聞自由。

英國不是美國的貴賓犬

杭士基（Noam Chomsky）說，英國不是美國的貴賓犬，是攻擊犬。果然，英國行政團隊在2019年4月從使館將阿桑奇抓出之後，立刻把他投入大牢，開始處理將他引渡至美國的司法與行政程序。法院在2021年1月說，阿桑奇若引渡至美國條件不佳的監獄，可能自殺，以此為由，不准引渡；但是，支持阿桑奇的跨國民間組織認為，拒絕的理由不應該是美國監獄的條件及美國是否會公平斷案，應該要以WL與吹哨人合作所伸張的新聞自由完全無罪，並且已經增進公共利益為主要訴求。另一方面，美國也不服英國法院的判決，在上訴並經過多回折衝，白宮最後還是得到了英國法院的支持，英國內政大臣巴特爾（Priti Patel）已經在今年6月17日簽署了引渡令。此時，根據美國《華爾街日報》，有件讓人不解的插曲，英國官員對美國駐倫敦大使表示，大使或美國司法部是否可以有個聲明歡迎內政大臣的裁定，並說如果有此聲明，大臣會挺受用。6月最後一天，支持團體的律師團再次上訴，阿桑奇的命運，從而他及WL與各吹哨人聯合實踐，真正提升了公共利益的新聞自由，能否得到英國司法部門的理解與接受，答案還得再等一段時間。

這裡，最為關鍵的問題其實是，阿桑奇與WL犯了什麼罪？假使無罪，又怎麼能夠起訴？如果與WL同步刊登美國國防部密文的《紐約時報》等報刊無罪，阿桑奇怎麼會有罪？如果明知無罪，卻要由檢察系統先予以羅織罪名，把人引渡，折磨當事人在先，定讞與否在後，即便歷經漫長時光而最後無罪開釋，屆時的阿桑奇早就已經有「擔綱」殺雞儆猴祭品十多年的「歷練」。那麼，與其說白宮使壞，更準確的說法，是有權有勢者經常使用這個古老手段，在以阿桑奇作為警示，嚇阻記者、WL或其他想要揭露不正義情事的吹哨者之過程，已經做了更壞的示範，產生了更大範圍的負面影響，從而關注自

由與民主的人，也就應該用更大力氣予以譴責與唾棄。

英國格拉斯哥大學國際法教授梅爾澤（Nils Melzer）以專業表現獲聘為聯合國特別報告員，他深入調查了兩年多，出版了《阿桑奇的審判》。最早，他因受傳媒負面報導的影響，心中認定阿桑奇是性侵犯、偷竊電腦資料或自大自戀也不知保護消息來源的人，也就對其律師提出的救援案不予理會。是歷經律師團親身會面，提供詳細資料讓他閱讀並消化後，梅爾澤才有新的認識，並介入與深訪後，轉而確認瑞典、英國及美國都沒有遵守自己的法律，長期任意拘禁也任由阿桑奇遭受殘忍、不人道也有辱人格的處罰，三個國家的政府，對於他就阿桑奇案的提問與建議，也都不理不睬。梅爾澤說，他寫作這本書，固然是為阿桑奇說公道話，但比較重要的是希望讀者「知道自由民主體系的問題，眾多犯錯的官員沒有被罰，反而是吹哨者、記者，或類似阿桑奇與維基解密者有了危險，已被監禁10年，甚至終身監禁至死，但他們揭露的事實，是貨真價實的政府犯罪！對於民主政治與社會，這是極端危險之事」。

跌破新聞界眼鏡的個案

倫敦外交記者俱樂部邀請梅爾澤線上講演，對他提問，新聞界怎麼做，會對阿桑奇有所幫助？在這裡，世人可能跌破眼鏡。梅爾澤表示，就這個案來說，美國政府不如俄羅斯尊重調查記者，西方新聞界不如莫斯科傳媒那麼捍衛自己的新聞自由。

梅爾澤舉伊萬・格魯諾夫（Ivan Golunov）作為例子，說明如後。格魯諾夫是調查報導記者，以揭露俄羅斯最高權力機構的貪腐醜聞而名聞俄羅斯，卻在2019年遭誣陷。新聞爆發，眾多莫斯科記者予以聲援，另有三家重要報紙聯合刊登社論，標題是《我——我們是伊萬・格魯諾夫》。新聞界藉由這場輿論動員，正當說出自己的工作條件，不僅薪資要能合理，自由報導而不能遭羅織與迫害，更是不可或缺。最後，總統普京出面，下令釋放格魯諾夫並開除兩位內政部高階官員。「毫無疑問，《衛報》、BBC、《紐約時報》與《華盛頓郵報》

假使適時行動,以比擬(莫斯科同業)的休戚與共之表意,應該就能讓對阿桑奇的迫害立刻停止。」新聞自由若是出於這個動機,那麼,「這就展現了媒介的價值,不是讓我們娛樂,是要培力我們」。

美國、英國與瑞典,以及阿桑奇的母國澳洲,在FH或RSF的年度評比,自由或新聞自由的排名都在我們前面。網路及手機發達之處,新聞界的廣告及發行收入備受衝擊,但我們更嚴重,表現在傳統報業記者而特別是地方記者的人數萎縮嚴重,主要報紙無一盈利,也就短缺資源提升新聞質量,反觀他國如英倫,除了《衛報》虧損,其他報團各年獲利仍在10%以上。台灣的24小時電視新聞頻道,密度全球第一已有二十餘年,使我們的電視自由變成皮毛報導遠多於增廣見聞;沒有法律規範與分配,僅是聽任行政職權的分配,使得電視在內很多媒介的重要財源,來自政府的廣告與專案,這樣還能有效監督施政嗎?

台灣幾位吹哨人的待遇

再看前引四個國家,她們早就制訂並頒行保障吹哨人的專法,我們的《揭弊者保護法》在2013年開始研擬,至今在執政黨握有國會2/3席次之下仍然沒有完成立法,致使員工舉報立法院祕書長林錫山貪汙,但身分竟遭曝光而考績連續三年乙等。這還是受害程度「較低」的例子,更嚴重的例子,就舉兩個。新竹縣家畜疾病防治所技士戴立紳,因為舉報上司作假帳、用公款不法,竟然喪失公務員資格;高雄市消防員徐國堯吹哨要求改革消防制度,兩年後42天得43支申誠後遭解僱。

主流媒介資源萎縮,受制於廣告及政府專案甚於從前。新聞與傳播環境不良,「自由之家」與「無國界記者組織」舉台灣的新聞自由是亞洲數一數二,若非諷刺,就是兩個機構定義的新聞自由出了問題。真正的,實事求是的,更為值得肯定的新聞自由,尚待來日。

請白宮停止迫害新聞自由[*]

　　《紐約時報》、《衛報》、《世界日報》、《鏡報週刊》與《國家報》，是美英法德及西班牙的領銜報刊。上月（2022年11月）底，它們聯合發布「出版無罪」信函，呼籲美國政府停止起訴維基解密創辦人阿桑奇。

　　阿桑奇在2006年與人創生「維基解密」，結合吹哨人，伸張公共利益，揭穿政府殺人、金融弊端、毒汙染物、氣候變遷電郵事件、財團逃稅……屢獲新聞獎項。前述五家報刊曾聯合投入120位記者協作，篩選維基解密提供的海量資料，暴露美軍惡行，2010年釋出的駐伊美軍濫射影帶曝光，震驚世界。

　　當時，美國總統歐巴馬表示，無法控訴維基解密或阿桑奇，因為他們行使新聞自由與記者相同，依法得到保障。川普總統翻臉，在2019年以《間諜法》起訴並要求引渡人在英國的阿桑奇；川普若得逞，日後海外報導美國密聞的記者，都有遭羅織入獄的危險。

　　見此，歐美、拉美等國包括台灣的聲援團體四起，呼籲美國停止訴訟，英國理當拒絕引渡、要讓阿桑奇自由。一因阿桑奇在英國失去自由已十年，身心俱疲瀕臨生命危險並有自殺之虞。二是美國中情局2017年試圖綁架乃至暗殺阿桑奇，在美國他將面臨175年的刑期，審判無法公平，引渡之日可能就是生命終結之時。這是阿桑奇的志工醫護團、律師團，以及聯合國酷刑特別報告員、國際法教授梅爾澤近三年多次訪視阿桑奇後，共同得到的專業判斷。

　　救援阿桑奇，不是僅關係他一人，是要伸張維護民主與符合公共利益的新聞自由。相關活動高潮，今年10月15日來到第一波，義大利主辦24小時環球呼籲，有30餘個城市參加，包括台北；英國更有許多人以手相扣包圍國會後，再添35國300多位醫生聯合籲請美國放棄起訴。

　　11月19日起是第二波高潮，「維基解密」主編與律師前往拉美，

---

* 《聯合報》2022/12/9 A12版。

先後拜會並得到阿根廷、巴西、智利、哥倫比亞等國（準）總統支持；此前，墨西哥總統早就是美國阿桑奇救援團的發起人之一。

第三波高潮則在一週前起步，律師已向同情阿桑奇的歐洲人權法庭提訴，要阻止英國引渡阿桑奇至美國。然後是推特發起網路投票，一日間有將近332萬人投票，挺阿桑奇的占了80.5%。最後是世界人權日（12月10日）當天，在雪梨、紐約、漢堡、曼徹斯特、倫敦、巴黎、巴塞隆納、米蘭、羅馬、布魯塞爾、科隆、維也納、里斯本、墨西哥等地都有聲援團體自辦活動，台灣也會有傳播科系師生在美國在台協會前宣講倡議。

教宗方濟說新聞自由[*]

天主教方濟教宗說，如果有人侮辱他的母親，他會老拳相向。這位一千三百多年來，第一位不是歐洲出身的教宗，已有多回讓人眼神一亮。先前，他沒有排斥同性戀與墮胎，也指演化論與大爆炸論應該存在。這次，在前往菲律賓途中，針對《查理週刊》凶案，方濟表示新聞自由不能汙辱他人信仰，但「以上帝之名」殺人，更是不行。

不過，有家發行量超過百萬的英文週刊不能同意，它在本期社論說：「篤信言論自由的權利應該近乎絕對。」

怎麼看待這個立場？認真不得，同時，也要很認真。

先說不必認真。根據紐約「自由之家」的資料，美國傳媒積極服務公共利益的自由不如歐盟國家，但消極不受政府侵犯（不是不受資本邏輯的掣肘或壓制）的自由則很可觀。即便如此，最近四、五年來，美利堅訴諸國家安全的大帽子，並透過外交手段，致使「維基解密」的阿桑奇在倫敦厄瓜多大使館尋求政治庇護，至今已經兩年半，人身失去自由。前（2013）年6月，史諾登（Edward Snowden）揭露

---

[*] 《人間福報》2015/1/30第5版。原標題〈「新聞自由」教宗方濟這樣說〉。

「稜鏡計畫」的監聽專案，各國輿情震動，但下場是遭美國通緝，至今只能棲身俄羅斯。誰要膽敢吹哨，揭露「山姆大叔」想要遮掩的資訊，就會淪為白宮殺雞儆猴的對象。

美國的重要盟邦南韓青出於藍。朴槿惠總統執政第一年（2013），就以違反《國安法》為由逮捕了119人，包括國會議員李石基；韓情報院指控他召集一百多人偽裝登山，實際是組織「革命團隊」。去年底，李所屬的「統合進步黨」遭判違憲，五位國會議員喪失資格。1月22日李石基的九年徒刑定讞，次日就有報紙跟進評論，指李的「終審罪名成立，使統合進步黨的解散正當化」。

大約與此同時，韓裔美國人申恩美被驅除出境，五年不准訪南韓，理由是她稱讚北韓的「啤酒美味、河流清澈」。南韓文化部2013年推薦她的旅遊書，現在，通令圖書館下架其著作。

要很認真的原因是，近日有部電影引發爭議，但上映十天就有兩億美元票房，使人懷疑其主角的心態與認知，不僅滲透，而且是一些美國人意識的反映？「我每次殺（伊拉克）人，都救了美國人的性命。」這很狂妄也很駭人，自以為替天行道，卻是殘傷眾生。但很不幸，類似思維可能也表現在「言論自由應該近乎絕對」這類修辭。

譬如，很多國家都禁止仇恨言論，因此穆斯林會抗議，何以詆毀或甚至仇視宗教的漫畫能夠公然不受法律處罰？對此，前引刊物固然認知這是雙重標準，因此必然招致怨懟，但它接著說：「宗教信仰不同，這與種族具有生物根源並不相同，宗教是一個選擇的問題。」

如果依照這個說法，仇恨種族是仇視自然狀態，因此不能接受，但宗教信仰是後天習得，那麼，信眾若認為他人對自己的信仰之嘲諷或汙衊傷害感情，更無道理，卻又不能理性辯駁，也不能忍受，當事人改宗教即可？

如果不是狡辯，這就是傲慢的自信。2005年丹麥漫畫事件造成海外將近200人殞命，法國之外，《查理週刊》已在尼日造成10人喪生。就算法律容許，創作者在前事之師的教訓下，理當已能預知，不幸的悲慘凶案很可能再次發生。創作者若有了這個意識，真要用「站著死，不要跪著活」來理解自由嗎？若要諷刺與挖苦，應該還有其他

創意可供運用。

關於「內部新聞自由」的兩點感想[*]

《新聞學研究》第52期討論的「內部新聞自由」課題，相當重要。有心想要追求新聞專業，使這個行業除養家活口以外，再添幾許職業尊嚴與社會論壇內涵的人，都可能從中得到若干省思。

現在將讀了該期以後的兩點感想，淺述如後，對於有心人的討論，未必全無參考價值。

第一，內部新聞自由是手段、形式，不是目的、內容。新聞行業的時代重要性，日漸明顯，無須贅言。但與此相對，突兀的是，它的社會尊嚴沒有等同提高。在英國，1995年英國王儲查爾斯與王妃黛安娜傳出離婚事件後，尚有調查指出，記者地位仍然低於皇室與政治人物。在美國，民眾對於新聞界的信任感，逐年下降，從1966年的29%，到了1994年只剩下13%，與此相比，大企業的聲望雖然也陡降，但仍有55%與19%。英美這兩個老牌工業先進而代議政治發達的國家，在我們的標準看來，新聞不能說是不自由，但顯然沒有替這個行業帶來可資尊敬的社會位置。

為什麼如此？這裡提出的假設是：英美媒介的新聞自由，並沒有被用來完成民眾期望於媒介的社會角色；也就是他們的新聞自由，無論是內部或外部，距離公眾所期望的價值內涵之完成，如果不是背道而馳，至少為期尚遠。

相應於此，馬克思主編的《新萊茵報》提供另一個有趣的例子。恩格斯說，他與馬克思等人並肩創辦的《新萊茵報》，抓緊1848、1849年的德國時勢，深刻報導而無畏批判當時刻正逐漸成形的德國資產階級政權之動靜，重要關鍵之一，正是馬克思這位「大家都樂於

---

[*]《新聞學研究》第53期1996/7，頁1-4。

服從的第一流」、「一人獨裁」的主編，充分掌握了時代脈搏。《新萊茵報》發行將近一年，301期，銷量達6,000份，而彼時同一地區發行的《科倫日報》，對外自稱的銷售量也只有9,000份；《新萊茵報》最後因為廣得民心，遭致查禁，馬克思與恩格斯也因而出亡祖國。

這裡當然不是說台灣的媒介不需要內部新聞自由，也並不主張主編應行獨裁，而只是希望提供另一個觀察角度，說明新聞自由無分內外，它本身並非完全與價值標的重疊。台灣以前的《自由中國》半月刊、《公論報》，以及1970年代中期尚未商業氾濫的黨外雜誌，都沒有太多新聞自由，但都發揮了頗具意義的新聞監督功能。

第二，內部新聞自由的取得，是否一定是媒介事業主的善意或社會責任感較強，是很有疑問的。上一期的《新聞學研究》第43及110頁（類似想法亦見於113與115頁），分別有以下兩段文字：

> 「台灣……企業界普遍缺乏『社會責任意識』……。綜觀各國先例，有制定編輯室公約之媒體……多是媒體企業家自願配合……。在資本主義社會中，若非資方善意，勞方確實難有參與經營的機會。」

> 「編輯室公約……外國有成功的實例，都是因為媒體老闆有社會公器概念，也願善意回應。」

按照如此的說法，可能會讓讀者產生誤會，以為國外若存在編輯室公約或較尊重記者專業自主的要求，出於業主善意的，多過於透過其他手段而來。英國的《衛報》業主史考特在七十多年前將股份四等分，並以公共託付（public trust）等方式，使《衛報》至今仍然是現今英國四家同型質報當中，最具有社會意識及自由批判之精神者，《衛報》也並不是我國近年所說之內部新聞自由的實行者。或許《衛報》仍然可以稱作是託業主善意之福而使記者有其自由的例子，但除此之外，如果還有更好的例子，數目可能也不是很多。跨國媒介巨人梅鐸的作法，才是傳播界的通則。

　　梅鐸於1981年買進倫敦《泰晤士報》時，為安撫記者群，曾再三宣稱不干預編輯方針，但實際上總編輯更換頻繁。《泰晤士報》1785年創刊至1981年轉手給梅鐸的近200年間，總共聘用了17位總編輯，平均一任11.5年；但此後至1992年，共有五位總編輯就任，平均一任只幹2.2年。總編輯與業主意見不合、利益衝突，應該是造成編輯快速流動的原因之一。

　　國外報業主比台灣報業主尊重專業，似乎是本地頗常見的迷思，除前引文外，前年自立事件期間的相關評論也如此說，例如民國83年8月21日，《自立早報》三版的〈人有人格，報有報格〉，以及83年9月2日，《中國時報》十一版的〈新聞專業團體該做什麼？〉。

　　如果業主的善意不可依靠，那麼，內部新聞自由如何取得？可能需要兩方面的配合：一、記者的自覺；二、媒介產權的規範。

　　記者有了業主善意不足依恃的認知以後，接下來就是要透過結社之學習以及在爭議當中培養團體協約的實力。而由於記者與業主的關係與一般勞雇傭並無兩樣，因此跨媒介的工會組織也就不能少。今（1996）年1月，兩報三台等媒介成立了「全國大眾傳播業工會聯合會」，記者參與者仍少，顯見專業自主路途仍遙遠。

　　我們與近鄰南韓的差距，還是很大。1988年，以參與工運後被迫離職的記者為主，集合六萬多民眾資金創辦的《韓民族新聞》，運作至今已漸穩定；而同年7月《釜山日報》記者罷工，不止於要求增加薪資，而且要求參與若干經營權，亦即這些記者希望資方同意他們有權參加總編輯的選任，以此增加記者的編採自主空間，最後資方同意記者工會可以推薦三位總編輯人選供社方選派，結束了罷工事件。

　　記者如果不認為這個行業可以當作專業，如果不認為這個行業是要服務公眾，那就算了；但如果真要標榜專業，那就不能不正視存在於業主口袋中，隨時可能拿出使用的1/10、1/100或1/1,000的言論管制。今年4月還都發生《中國時報》副總編輯因為報導工程弊案，不見諒於業主而去職。只有在記者願意正視之後，尼采所說弱者沒有悲觀的權利，也就是劣勢者需要奮鬥的惕勵之言，才約略可以說是孫文的革命民權說，總算有了玩味的價值、時代的意義。

　　就媒介產權來說，公共媒介如BBC、ARD、ZDF等，原本接受國家強力規範。如果國家公權力不介入管制私人部門，聽任財閥繼續或放縱財團進入媒介遂行壟斷或寡占，則亦無法有新聞自由。二次大戰前夕，由於多數位居寡占之英國報紙，執意支持首相張伯倫與希特勒維持綏靖關係的誤國政策，戰後頗遭指摘，其中英國記者工會（National Union of Journalist）對於報老闆的政治利益及廣告客戶的利益之不良影響，更是痛心。他們說：「我們說的，還不只是報老闆代替了主編，我們更認為，報紙的商業利益代替了主編。」在此背景下，英國政府曾經進行三次規模頗大的調查，並提出報告及改進建議，時間分別是1947至49年，1961至62年，以及1974至77年，後者規模尤其龐大。但調查歸調查，英國政府並沒有絲毫積極政策以因應，它提出的建議，與前段所說台灣自立事件發生時祈靈於業主的善意，如出一轍，可以說形同是「希望報紙老闆為了維護出版自由，繼續經營不賺錢的報紙，不讓它們停刊或被兼併」。

　　自立事件當中，法國菁英報紙《世界報》（*Le Monde*）的內部自由，頗見引用、稱道。但似乎較少人注意到，這份「主要由其男男女女的員工擁有，且完全由他們經營」的報紙，能夠如此高程度的運行其內部民主，很重要的一個原因，可能是法國政府提供大量津貼，共10種，在十六個西方資本主義國家中，僅次於瑞典的11種。而瑞典在1966年實行公費補助以前，擁有兩家以上立場不同之報紙的城鎮從50個減少到20個，實施以後，情況未再惡化，至1980年代末期，仍有19個城鎮有兩家以上立場不同的報紙存在。

　　再舉人口比台灣少的荷蘭及奧地利為例，當可反襯我國政府介入的不足。荷蘭1967年起，從電視與廣播電台抽取廣告收入5%，作為救濟任何瀕臨關閉的報社。接受援助的報社，以三年為期，財政必須重新自立；同時，報方必須切結說明，日後產權如有轉讓，新業主不得違背該報歷來的政治立場與編輯政策。奧國則設置有「確保報紙多元性特定基金」，1990年共提供了近三億台幣。是政府的管理，而非業主的善意，為內部新聞自由所欲達成的「公共託付」提供了基本的動力。

新聞自由是需要成本的[*]

NCC日前召開記者會，公布《衛星廣播電視法》草案。其中，因增加所謂的「名嘴條款」、廣告分級與禁止新聞及兒童節目置入行銷（第20至22條），以及補強衛星節目的「內容事實所涉之當事人或利害關係人」之權益（第34條），引發物議，許多評論都說這些規定可能引發寒蟬效應，侵犯國人得之不易的新聞與傳播自由。

NCC是否有這個意圖、是否沒有意圖但會造成未曾預期的後果，以及相關反應是否合理持平，都值得討論。NCC草案能夠激起輿論關注新聞自由，理當有功。同時，這些引發新聞自由爭議的條文，其實還有更豐富的內涵，值得發掘，否則我們的新聞自由會是半調子，會是一種二分之一的新聞自由。

試想，如果名嘴能有合理的製作團隊與經費、能有不受短線市場競爭壓力的自由，他們難道一定願意道聽塗說、「鐵口直斷」或信口雌黃嗎？換個方向說，有了前述經費與自由之後，即便還有名嘴樂此不疲，總不至於全部吧？不是全部，那麼就讓兩類名嘴各盡所能、服務各自的觀眾，難道不行？

次談廣告分級。其實，分級涉及問題不一定是侵犯自由，而可以是規則清楚，反倒對特定群體（如兒童）有合理屏障、不會讓創作者動輒得咎而更能自由創作。中國大陸近年來迭有節目與廣告分級的公民呼籲，其政府並不首肯，原因就在不分級、沒有標準，可以讓主管單位更有空間上下其手，恣意認定。

分級真正問題在它需要有相對應「管制成本」，誰來付費？誰來依據哪些比較寬容或不合理的標準，作篩選與分級？換句話說，透過分級給予創作者更清楚的自由範疇，除標準何在，同樣須正視的是，有沒有充分的分級及其認定與處理爭議的「經費」？南韓設有獨立的分級委員會統整廣電、廣告、遊戲（含線上與單機）、舞台表演等內容的分級，經費不知凡幾。

---

[*] 《中國時報》2009/2/10 A10版。刊登標題是〈二分之一的新聞自由〉。

　　最後是置入行銷問題，這誠然是商品銷售的自由，卻違反新聞傳播的專業，但何以這個現象層出不窮，近年為烈？

　　置入行銷有兩大原型，一種是人心不足蛇吞象的問題，一種是飢寒起盜心的表現。前者是資本增殖的本能衝動，如好萊塢賺大錢之餘，在其電影與電視節目中，還要拚命欺騙觀眾，甚至由全職公司與人員，安排合適的商品嵌鑲於相應的場景。後者恐怕是今日若干台灣傳媒因營收短缺，致而不得不壓迫或誘惑其某些部門的人，鋌而走險或競相從事的根源。雖然，到頭來因為廠商的廣告與行銷總額不變，致使傳媒即便從事這些不誠實行為，可能也無法增加收入。於是，置入行銷如同飲鴆止渴，起初有用，最終無濟於事，在此過程卻已經折損傳媒的專業，長期以往，必將使得其最重要的衣食父母，也就是社會大眾減少對於傳媒的信任與接觸。

　　張佛泉的古典著作《自由與人權》說得很清楚，「諸自由即諸人權」，而任何權利的滿足都需要資源投入，即便是所謂免於被搶被偷等人身安全的消極自由，也得政府投入相當的教養與安全維護之成本。上個月（2009年1月），美國總統歐巴馬任命的法規與管制改革首長、對於新聞自由與經濟關係頗有鑽研的孫思坦（Cass Sunstein）教授，數年前更有專著，正是說明自由與權利何以倚賴稅收與公共政策的調節。

　　「一朝被蛇咬，十年怕草繩」的心境，應該尊重，隨時警覺與偵測政府的不當干預，很有必要。但是，我們同時得擺脫陰影的糾纏，至少不能因噎廢食；那麼，眼前必須面對的題目是，如何責成政府的作為，不再是新聞自由的「鬆緊帶」、「管制的鐵鍊」，而是救荒脫困的繩索、是指引新聞自由之康莊大道的路標。

電波費　改善「地方與國際」新聞*

　　經過40天、392回合的競標，4G電波拍賣在（2013年）10月30日完成，七家參與廠商差不多皆大歡喜，計有六家得標，總金額是1,186.5億元的「天價」。更加喜出望外的是財政部，張盛和表示「年底財務大減壓」，並進而呼應立委盧秀燕與費鴻泰等人的意見。

　　政務委員張善政主張，要以部分標金協助業者建立基地台，張部長與立委統統反對，認為投標時並無這個承諾，那麼業者不能就此提出要求，政府更是不必、也不應該主動提出。

　　NCC另做補充，表示業者已經提繳的359億元標金將立刻存入國庫，其餘標金業者可以短期內繳納，也可以在十年內繳清。這就是說，假使業者不會完全提前繳納，並且我們假設明年底以前，業者會納繳的金額是總標金約1/3，也就是400億，那麼還有800億在2016年（含）以後才會（陸續）進入國庫。

　　這筆錢怎麼用？關注台灣新聞及各種傳媒內容的人，可以就此構想，推敲這個問題。這個標金也可以是一種示範：假使有朝一日，我們政府的財政好轉，有錢了，那麼應該怎麼使用，用在哪些項目？就此來說，即便沒有標金，我們其實也能鍛鍊腦力，有事無事都可做此推敲。現在，只是因為有了進入國庫之外的兩種說法，這就使得我們不妨也推出第三種說法，以供比較及參考，看看我們的第二種建議是不是更為可取，是不是更有效益。

　　標金全部進入國庫之外，第一個意見就是如政委張善政所說，以部分作為建設基地台等。由於NCC的競標條件沒有協助業者的文字，不給予並無不可，又由於六家是高度競爭，即便沒有政府投入，殘酷或說具有鞭策效果的競爭，應該會使業者不致不投資。作此考量後，假設政府還要協助業者，那麼就得將相關條件與權利義務訂定清楚。

　　第二個意見認為，4G競爭這麼激烈，標金這麼高，必將致使業者抬高費率，而如今使用行動通訊已經是基本需求，價格調整若高，

---

* 《人間福報》2013/11/12第5版。原標題是〈搭乘4G電波飛傳國際新聞〉。

消費者也會別無選擇，只能使用。因此，他們主張標金要有更大部分用來發給所有人作「電信消費券」，可以用於購買手機、抵用電信費，另有部分用以建設4G的偏鄉基礎建設，「刺激4G發展」。

電信消費券真能刺激4G建設嗎？2009年，政府曾舉債858億，每人3,600元消費券，但我們的經濟不佳至今。如此，電信券的功能恐有疑問。

第三方案是改善通訊傳播的「內容」。有待改善的內容「種類」太多，若從「國際新聞」與「地方新聞」開始，並無不可。國際新聞可以讓人大開眼界，但我們空有七家全天候電視新聞，供應質量嚴重不足。解嚴近三十年來，在地呼聲高漲，惟從廣電到平面媒介的地方記者人數銳減。無論是否補助業者或發放電信消費券，在4G標金繳費期限十年之內，若能一年提撥3億（或更多）標金，在地得一、國際得二，並為此成立新組織，或是委託中央社、公廣集團、上下游新聞市集、優質新聞發展協會、苦勞網等已有公認事蹟的組織執行，都可考慮。它們製作的內容則應及時提供外界使用。

有錢有自由，有新聞自由：從科技巨頭的廣告稅說起[*]

谷歌（Google）、亞馬遜（Amazon）、臉書（Facebook）與蘋果（Apple），通稱GAFA，在台灣，可能還要加入其他平台，它們都是「科技巨頭／平台」，重要收入都包括廣告。這就是說，科技平台的重要收入，與商業新聞傳媒的重要經濟來源，重疊。

先說外界較少注意的蘋果與亞馬遜。美國司法部以16個月完成的調查報告指出，蘋果在2020年有廣告收入80至120億美元。今（2021）年4月蘋果以維護用戶的隱私為名，至10月，已使谷歌以外的四家平台，廣告收入比去年同期少了將近100億美元，自己則增

---

* 2021/11/24刊於「新聞民主與平台議價論壇」。

加。亞馬遜的廣告進帳在2016年是42億，2020年已達203億美元。

　　再看重頭戲，谷歌與臉書的全球廣告占比在2020年是35%，在台灣的廣告收入可能約在320億，占比是43%；相當明顯，台灣新聞界而特別是報業，因為兩大平台的興旺，損失的收入比他國更多。

　　於是，我國新聞界，特別是報業的能量萎縮，投入新聞的編採經費銳減，記者人數減少，記者工作條件含薪資也在降低。這就造成我國空有亞洲最自由的新聞環境，但是欠缺資源讓自由發揮得更好，於是，新聞的民主功能減弱，監督權勢的績效不振，值得表彰的價值更少為人周知，難以得到討論、發揚與學習。

　　怎麼辦？增加新聞界的能量，提升民主的質量，新聞界與記者固然必須努力，好的作為要保持，不好的作為要革除。但是，政府不能袖手旁觀，政府不是沒有責任。政府的責任，簡而言之，就是要依照兩人權公約，增加新聞界的自由，也就是有充分自由、有經濟能力聘用人數足夠、工作條件合理的記者的自由。

　　我們的政府與新聞界不能誤會，不能以為補助會造成新聞自由萎縮，補助早就存在。真正會折損新聞自由的是沒有法律規範、由行政權裁量的補助方式，如政府下單買新聞界的廣告。

　　不說理論，只看實際，高度新聞自由與民主功能比較健全的國家，特別是北歐與法國，都有來自公權力的經費補助。再看美國，很多人以為美國沒有報業補助，這是誤會。依據設置在牛津大學的「路透社新聞研究所」的調查，美國人口多，因此報紙發行量大於歐洲任何國家，其報紙發行因減稅而得到的補助總額也就世界第一。德國報業主不會遊說政府直接補助，但你若要讓報紙發行繳交一般商品的稅率，老闆會跟政府拚命，他們說報紙「發行稅減免不能取消」，減稅，就不是補助？英國晚於歐陸，從2020年5月17日起，才免徵電子報紙內容的訂費（發行收入）之消費稅，英國傳媒一年等於是從國庫拿了5千萬英鎊的補助，不說數量更大的紙版發行免稅之補助。

　　我們同樣也是以報紙發行免稅，作為補助報業的方法，行之多年。現在要努力的是，協助新聞界取回應有的廣告收入，以及開拓其他財源，作為補助之用。政府要在比較大的範圍善盡促進（新聞）自

由的責任，必然涉及資源的配置，以庸俗的話語來說，也就是需要金錢，這是政府善盡責任無法迴避之事。英國教授阿特金森（A. Atkinson）的《扭轉貧富不均》，引述19世紀美國參議員漢納（M. Hanna）的名言：「政治上有兩件事很重要，第一是錢，我不記得第二件是什麼。」就是這個意思。

政府促進（新聞）自由的錢，哪裡來？兩個來源。

第一，科技平台／巨頭要給錢。在海外，有很多國家，新聞界聯合遊說後，使政府透過行政、司法與立法手段，已經讓科技平台／巨頭，回吐部分金錢；但更好的手段，是直接對其廣告收入課徵特別捐。

第二，政府如果看齊本世紀的南韓，或是從善，在2014年中央研究院建言的基礎上，逐漸改進，應該會有足夠的金錢，改善社會安全網之外，也會有餘力，以金錢振興新聞自由的民主貢獻。

一、先說科技平台／巨頭

科技平台吐錢的「行政型」，僅說法國。法蘭西業者在2012年遊說政府立法，政府說，請先跟谷歌商議，若不成，政府再出馬。結果是谷歌三年提6千萬歐元成立數位出版基金。幾個月前，法國競爭管理局處罰谷歌5億歐元。

科技平台吐錢的「司法型」，前述法國的處罰，谷歌已上訴，定讞內容尚待確認。但新聞界個別或集體自救的例子，早在2005年，就有法新社在美國控告谷歌，求償1,750萬美元，兩年後雙方達成祕密協議。

科技平台吐錢的「立法型」，前（2019）年，歐盟的《數位單一市場著作權指令》在6月生效，各會員國據此修法的進度不一。今（2021）年的澳洲《新聞媒介與數位平台強制議價法》與歐盟的差異，一是法律規範對象更明確與直接，二是以法律授權，讓行政權可以直接介入，未必需要透過司法訴訟。

這三個方向，都可以讓科技平台拿錢出來，但拿出多少，外界未必知道。我國除了可以引用，亦可創新：直接對「超額」廣告，課徵

稅捐。

　　除了對廣告收入課徵一般公司稅之外，很多國家（曾）對廣告另收特別捐。比較著名的是瑞典從1970年代就拿廣告稅支持新聞界，荷蘭1970年代、南韓1980年代都取部分廣電的廣告收入，也移轉部分支持新聞界。雖然這些國家似乎還沒有直接對科技巨頭／平台動手，台灣先做，誰曰不可？何況，國際動向對這個主張的提出與執行，有利。這是指，各國稅收短缺，因此已有136國同意，要對全球企業課徵最低稅率15%，2023年應該就會執行。台灣雖不是136國之一，但顯然應該好風憑藉力，GAFA必定是合適的課徵對象。

　　再者，專門針對GAFA課徵新的稅捐，主張已經出現。

　　前年，《金融時報》的財經與科技記者拉娜・福洛荷（Rana Foroohar）有書《切莫為惡：科技巨頭如何背叛創建初衷和人民》，列舉了GAFA的眾多罪狀，她進而建議對GAFA而特別是谷歌與臉書課徵「營收一定比率……」。課徵多少呢？記者提出很驚人的額度：「……徵收50%數位營收……很公平。」

　　最近，諾貝爾經濟學獎2018年得主之一保羅・羅默（Paul Romer）在「2021世界投資者週聯合論壇」講演，表示美國政府聽任臉書、谷歌坐大，影響輿論及政治愈來愈嚴重，他認為，重要解方，是對它們課徵廣告收入的累進稅。他沒有說的是，拿了這筆錢，怎麼用？我們的政府何不創新，必定能夠引領世界看齊：取之於新聞界的部分，就用以補助新聞界。

　　眼前，我國傳媒廣告收入不足，自然可以階段性僅對GAFA等科技平台課徵，這個階段多長，就看市場競爭何時恢復正常，廣告何時脫離平台大廠壟斷或寡占。等到這個新的階段來到，不再有寡占平台的「超額」廣告可以課徵，就是恢復常態的時候。此時，所有廣告收入都是潛在的課捐對象，但如同所得稅，廣告捐應該設定起徵額度，不是所有廣告收入都要納捐，傳媒在內的企業行號，僅在廣告收入超過一定數額以上，才需納捐。

二、再說政府的稅收

政府的稅收因為公正的程度不足，比如，放縱資本與土地的利得，課徵很少，對於高所得之收入，同樣也沒有讓其盡情貢獻。再者，政府用錢的必要程度（比如真需要額外花2,400億軍火嗎？）與效能，可能還沒有讓人心服。徵稅不公平且用錢有浪費，反而遮掩了我國政府本世紀的稅收嚴重不足，不但影響社會安全網的建設，對於文化含新聞與傳播媒介的建設，同樣落後。

因此，中央研究院在2014年提出不增加稅收占GDP比重的前提下，仍然表示，「賦稅收入為政府施政的重要財源，若無充裕之稅收，不但公共建設及一般政務無法有效執行，科技研發及教育文化也難以推展，而社會福利、社區發展、環境保護及退休撫卹亦無法支應」。

一般來說，反對增稅的理由，經常沒有事實根據，因此，就有增稅使得企業經營誘因減少，不利經濟成長的說法。但是，南韓在1990年代的年均經濟成長是6.3%，低於台灣的9.3%，而在那十年，我們年均稅收的GDP占比是16.8%，高於南韓的16.6%。本世紀至去（2020）年，我們的年均經濟成長比南韓低了0.7%，我們的年均稅收GDP占比低至12.5%，阿里郎卻爬升到了19.3%，幾乎比我們多出一半。

這就是說，不要比歐洲，只看自己的上個世紀末，或者，單說南韓的本世紀之稅收，我們的政府每年應該都會多出好幾千億，甚至上兆的經費可以運用，即便打個五折，都還是幾千億。這樣一來，資源多了，可以讓社會安全網走向比較合理之路，豐富文化與新聞的民主貢獻也會遠比現在來得充裕。

政府不做這些正當的事情，不肯充實稅收而服務人民，原因是個謎。一旦我們努力到了一個水平，解開政府當為而不為的原因，然後予以排除，不但新聞界缺金少銀，致使新聞界的民主貢獻難以拓展的宿疾，可望改善。多年來，我們對劣勢者的協助不足，致使「單親媽勒死兒」、「婦殺病夫尋短獲救」、「兒女身障 妻癌末 尋短一家4死」、「在野齊轟 社會安全破網遲不補」等等控訴政府與社會不仁的新聞，也會減少。

政府的任務　創造最自由最受信任的媒介 *

　　本世紀以來，無論是陳水扁、馬英九或蔡英文主政，不管是根據紐約的「自由之家」，或是巴黎的「無國界記者組織」，我們的新聞自由排序都很前面。最近幾年，相比於日本遭聯合國專員非議、南韓封鎖英國網站，台灣的媒介自由更是可以稱冠亞洲。

　　但是，我們的媒介自由，特別是電視，並沒有帶給國人們饗宴，表現在「台灣社會信任調查……記者吊車尾」這則報導。雖然引述這個說法讓人不忍。

　　為什麼吊車尾？跨國比較可以提供線索。

　　瑞典、挪威、芬蘭與丹麥等國從1994年至今，新聞自由的排名也是歐美第一，如同台灣雄霸亞洲；與此同時，「歐洲廣電聯盟」上個月（2017年5月）發布的調查顯示，它所調查的28個國家，收音機、電視機、報紙與網路所得到的社會信任度，同樣也以北歐國家最高，若以電視為例，北歐的得分平均是65，遠高於德國的42，以及28國平均的25。

　　台灣與北歐的傳媒都很自由，但內涵與表現並不相同，造成差異的原因應該很多，先說一個：政府是不是關心媒介，有沒有提出傳播政策。

　　北歐四國的傳播政策粲然，從平面到電子與網路媒介，他們的政府都有想法與作法，包括近年來領先各國，提出符合數位匯流年代所需要的財政措施，充實其公共服務媒介（public service media, PSM）的荷包，從而讓PSM繼續是媒介市場的領頭羊，維持了整體傳媒的平均表現。

　　我們很不同。1967至1973年，教育部文化局曾經積極立法，對傳播政策很有想像。但它的存在僅有六年，其後，接收文化局業務的新聞局，與其說它負責傳播政策，不如說是以國內外宣傳為更重要的職掌，2012年成立的文化部還在復甦，沒有讓人感受到它對媒介文

---

*　《人間福報》2017/6/20。原標題〈最自由　最受信任　關鍵在政府　也在媒介〉。

化的關注。

一年多前文化部長鄭麗君就任,未久就宣布要有大公共廣電集團,偏偏不肯提出《公視法》,即便該草案早就完成多時,僅需微調。公視董事長陳郁秀同樣讓人納悶,既稱歷史大河劇、也說大公廣,曾任文建會主委、也是公視董事數年,卻未將壓箱多載的版本,潤飾後迅速送進文化部。

新聞媒介肩負眾多執掌,監督政府提出好的政策並予以落實,是媒介服務民主最為重要的一項工作。

但是,我們的媒介對於傳播政策的監督,質量不足。最近的例子是,行政院會上週修正了《客家基本法》、本週五(2017年6月23日)「講客廣播電台」將有開播活動。然而似乎僅有U報顯著報導並評論這則新聞。U報值得肯定,但「為德不卒」。U報擔心,即便客家台「未來擬與公視整合」,但「我國公廣集團獨立性飽受質疑;多一個納入……多一個被質疑」;U報又指控「政治綠手伸向媒介」。

永遠質疑政治力與媒介的不正當關係,雖然合理、也是盡責媒介理當保有的認知,但卻不足,也流於消極,特別是在台灣傳媒的自由度領先亞洲,但傳媒表現疲憊的當下。

合適與積極的認知是,媒介收入依靠市場與廣告愈多、依賴志願購買或捐贈愈多,媒介失靈的範圍愈大;政府必需介入傳媒市場,但無法保證成功,敦促有效傳播政策的制訂,減少公權力失靈,必須是媒介自己的職責。U報不妨鼓勵與敦促文化部和公視亡羊補牢,既然改善台灣影音環境,從而豐潤整體文化的進度已經落後,那麼,後出的相關法規,應該轉精。

第三章

新聞評論

節慶假日的新聞評論

「地上」雜誌這麼說 *

不知道哪位古聖先賢曾經這麼說:「任何時代,統治階級的意識形態,就是那個時代的統治意識形態。」幼小的時候,按照慣例,讀書只求強記,背誦應付考試而已,不知道這句話是個什麼意思。直到最近,從電視新聞聽到、也從報紙的第二版讀到一份叫作「地上雜誌」的調查,這才恍然大悟,哲理果然亙古常新,當年不能領略的,如今只消新聞這麼一提醒,立刻頓悟。

這份知名的月刊說,根據它郵寄給一千大企業、三百大服務業及一百大金融業的問卷,這些資本家當中,有很大一部分認為,過去五年來,妨害他們投資意願的重要因素,包括了勞工運動的勃興與環境保育條件的高升。該月刊又說,這些企業體認為,A政黨是他們的主要認同對象,而B政黨比C政黨值得他們支持,因為C黨要嘛沒有財經政策,要嘛這些政策讓他們看得很不順眼,無法託付信心。

雜誌進行調查,而電視與報紙代為傳播,到底什麼意思?第一,這樣的調查,理當讓人懷疑。幾乎在地上雜誌公布其調查發現的同時,國際馳名的「經濟學人智庫」也發布了它在全球24個國家所作的評估,結果是:台灣是投資風險最低的國家,香港、南韓、馬來西亞、中共和泰國等等與台灣競爭外銷市場與投資機會的國家,都被我們捧在後面。台灣的企業家不好好反省自己,國家機器不檢討財經政策是不是弄對了,卻一骨腦兒要找勞工與環境出氣,成何體統?這不

---

* 《中國時報》1993/9/6第27版。人間副刊。

是三種強勢媒體聯手製造假象，誤導輿論的認知，因而散布了統治階級的意識形態，又是什麼？

第二，為什麼接受調查的主體，只有資本家？地上雜誌號稱最具有客觀精神，相當重視商業體系之下的平衡報導。那麼，為什麼不問一問勞工，找出阻礙他們權益的因素是哪些？提供清楚的資訊以後，問一問他們對老闆的觀感又是如何？相同的道理，為什麼不問一問環保團體，讓他們評分哪一種產業對於台灣的環境，汙染最大？是哪些因素汙染了福爾摩沙？有了這些調查結果以後，報紙與電視，當然，也應該在重要版位與時段加以大幅報導，那才真叫公平。

節慶假日的政治經濟隨想[*]

生活在台灣的人，每週工作6日，歐美人士則是5日。不過，我們並不因此而每年比他們多上班52天。其間原因是我們的民俗文化節慶（比如年節、中秋與端午）不但比較多，國府遷台以後，更是另行添增了饒富政治意義的假日，孫中山與蔣介石的生日誕辰，堪稱個中代表。10月之所以光輝，除了國家機器可以圖個方便，以雙十、台灣光復與蔣氏生日作為政治教化的符號以外，一般民眾顯然是為了可以多放3天假，因此樂得普天同慶一番。

孔老夫子對其學生子貢說：「爾愛其羊，我重其禮。」其實，非但物質足以讓心有別抱的人，操持相異的觀感。時間符號更是如此，相同的節慶假日，對於不同使用的人，其所能代表、開發的使用價值，顯然不同。最好的例子是12月25日，國府念茲在茲，每年此時一到，總需要緬懷那一頁說來不甚高明的行憲史。但商人並不這麼想，開發賺錢的礦苗才是重要，於是聖誕卡、禮物滿天飛，而下至販夫走卒、上至達官貴人，莫不行禮如儀，花些銀兩打點公情私誼的交

[*]　《廣告月刊》1992/12，頁20-21。

際需要。如果說商業具有致命的強制力，足以壓過政治力量的意圖，還有比行憲紀念日更具象徵意義的嗎？是好是壞，暫且勿論。我們不妨客觀地觀察，除了行憲耶誕節以外，還有哪些節日具有潛在的商業價值？又有哪些節日尚是小姑獨處，還沒有脫離官方文化及政治教化的寒宮，約略只是作為「慎終追遠，民德歸厚」的施力點？也許，過去四十多年來的報紙相關新聞或評論，正可以提供若干線索。

　　依照時間先後的順序，以職業作為標準而制定的節日，排在最前面的是「勞動節」。按理，除了老闆之外，每個人都具有勞動者的身分，這個日子應該是做生意的大好良機。只不過，這個節慶已被縮小了定義，專指工廠黑手勞工。因此，非但勞動節的慶祝人數大減，藍領階級也因購買力稍弱、生活上無情緒無暇消受小資產階級的換禮習慣，致使商賈無意花資本將它塑造成為消費符號。對比之下，政府單位積極了許多，四十年來都是貫徹始終，從要求「勞工同胞消滅共匪」到「支持大陸工人成立自主工會」（分見《中央日報》1952、1992年5月1日標題），每年總不忘要求我國勞工擒對岸之王（「消滅共匪」），也不忘呼籲我國勞工擒王（支持對岸工人）。奇怪的是，國民黨怎麼敢號召受盡其欺負的工人，打倒號稱工農結合的不法政權呢？上個月（1992年11月）12日工人鬥陣的反對三法一案遊行，對官方口號不啻是明明晃晃的當頭棒喝，再次揭穿統治者的虛妄。道貌岸然的政府，總是嚴以責人。煞有介事的新聞界也向來沒有忘記「我們的責任」，信誓旦旦地惦念著「新聞記者應該承擔的責任」（分見1962、1992年9月1日「記者節」的《中央日報》社論）。新聞人員都要擔當這個責任、那個責任，則鞏固政權基礎的武力，即便到了如今這個一片求和的時代，哪裡還敢不矢志「鑄造國軍不朽軍魂，完成復國建國大業」？（1992年《中央日報》9月3日「軍人節」標題。）

　　薪水高低是衡量職業尊卑的尺度，但並不十分準確。然而，如果以報紙報導其節日的篇幅大小作為標準，那麼，教師無疑相當崇高。拿《中國時報》作為例子，從1962至今年，以每十年為間隔，我們發現，關於教師節的新聞共有39則，佔了5,564平方公分的篇幅，反觀軍人節（9則、780平方公分）、記者節（1則、50平方公分）與勞

動節（8則、882平方公分），簡直就是不成比例而大小懸殊。這也就是說，舉二至三倍的軍人、記者與工人之總合，尚且不足以抗衡教師這個職業類項的醒目程度！側身杏壇的人，何其有幸，得到輿論如此密集的注目。另一方面，教育界的朋友可能又要心驚肉跳：小至幼稚園（想想火焚的幼娃）大至高等學府（教授人頭戶），如果我們面臨的問題可以求出平均數，則教育圈的平均問題值，難道少於全體社會的平均？而其嚴重程度難道輕於社會整體？答案似乎是否定的。

　　果真如此，教師應該算是虧負了社會理想與公義的期待與託付。但為了什麼報紙仍要樂此不疲，迄今仍要作盡儀式性的報導（《中國時報》標題：「李總統向所有的老師們表示敬佩與感謝」、「郝揆表揚服務滿四十年資深優良教師」）？

　　第一個原因是人心不死，表現於儀式行為，就是媒介仍然認定教師應該是社會良心，因此對其節日特別置語。比如，1982年《中國時報》在三版右上方，以14×21公分的標題大書：「默默奉獻、百年樹人　悠悠歲月、誨之不倦　老師：『十八般武藝』皆精　突破傳統教學、啟發智慧、身兼保母職務」。雖然這是報導離島教育的實施情況，但報社將它凸顯在如此重要的篇幅，或許是希望，同是教師的人，能夠見賢思齊，而社會人士能夠產生移情心理，愛屋及烏，由尊敬這些偏遠地區的先生，至而推揚全天下的師表。

　　第二個原因來自於官方慶祝教師節的活動，層次極高，使得媒介不可能不加重報導。比如，每一年的9月28日，總統幾乎都有祭孔揚師的儀式活動，次日則總統或夫人經常宴請教師。既然如此，歷年來，《中央日報》第一版幾乎必定有他們的新聞報導也就無足為奇。然則政府又何必如此看重教師？原因無他，所有意識形態國家機器的組成單元之中，最為重要的就是學校，從小到大，我們必須花多少時間，至少假裝成聚精會神的模樣，傾聽夫子之自道？眾多夫子所能成就的集體教化（意識形態）而讓人「心悅誠服」的作用，勝過教堂宗廟，甚至大眾媒介的總合。

　　國家機器想要借助想像中的孔夫子誕辰，作為宣示教師重要性之資，並進而達到政治及文化的意識形態作用，此外，相較於五一勞動

節、九一記者節與九三軍人節，教師節也顯然是比較具有商業價值的日子。進入黌宮，因為九二八這個節日，收到了不少校方致贈的禮物與學生的卡片，這些純純的意念，即便沒有商業活動的推波助瀾，已經十分可觀，足以消化上億的物資。如果這些符號意念再為商賈相重，化作商品，情況會是如何？「尊師重道，敬請消費。買買買。」

　　陽剛世界之中，除了男性琅琅上口，說句「女士優先」的嘴皮服務以外，在特定節日方面，女士倒也真的占了幾分便宜。比如，我們有3月8日的婦女節，但好像沒有男子節。不但如此，同樣是感念、慶祝親職的日子，母親節顯然也比父親節響亮了許多。乍看之下，男性沙豬的社會，倒好像是以節日符號作為懺悔的象徵，盡心地向普天女性聊表歉意。不過，如果再仔細分析，可能還會發現大謬不然。請看過去三十多年來，報紙對於母親節與父親節的報導，以及這些報導可能隱含的文化，甚至商業意義。

　　早在1962年，5月第二個週日當天，關於母親節的新聞已經占有不少篇幅。當天的報紙，扣除廣告之後，可能僅有三個版面，而《中央日報》用作相關報導的文字面積是597平方公分，大約是1/3版位。另一方面，一直要到1982年，該報才首次於8月8日刊登了相關的新聞，因為省議會通過明定該日為父親節。不過，沒有消息就是好消息，報紙慶祝女性的日子，竟然「居心不良」，從最早有母親節的新聞，就是透過其模範形象，強化社會的女主內、推動搖籃的手等刻板印象，在今（1992）年母親節評論的內文，仍然出現「灑掃、應對、進退，入則孝出則悌」的字樣。現代社會，雖然尚不至於以所謂的貞節牌坊，冷酷而不人道地表揚喪偶不嫁的女子，但現有人倫秩序，利用母親節創造母儀天下的符號，每年舉行儀式一般的慶祝，相較於傳統作法的企圖，不也等於是五十步與百步的差別？如此看來，報紙晚二十年出現關於父親節的新聞，反而是男性形象遭蹂躪的時間少了二十載，雖然現行體制自擬為父權，要求天下人「教忠教孝任勞任怨」、「謹記親恩　不忘父訓」，同樣是對於男性的箝制（以上引文，分別是《中央日報》1982與1992年父親節的新聞標題）。

　　教化與政治用途之外，符號帶動消費的能力，隨著商業文明的擴

張，也滲透到了人父人母。在這方面，《中國時報》的處理手法，恰巧應合了它的性格。三十與二十年前，該報用在母親節的篇幅，遠遠落在《中央日報》的後面，但十年前已然超越五成，今年則更是將近多了一倍的文字（3,878對1,943平方公分）。非但如此，該報呈現父母的遣詞用字，如果不是軟多於硬，至少總是「軟硬兼施」，完成若干父權與母儀的教育任務之外，經常會有一些輕鬆之舉，藉機鼓勵點公益性的消費，如「為母親認養樹木、歌手雨中勸募　你也可以當媽媽」（當然，買禮品送媽媽，更是不可少的應景行為）。今年8月8日的《中國時報》，不但在六個不同版面出現了父親節的文圖，更是用整版篇幅，以玩笑的筆觸，強調溫馨與趣味，孝順就是親子花錢，一起外出休閒及娛樂。

教師節新聞、英語與教改[*]

台灣有史以來最大型的、沒有政黨偏好、沒有政黨動員、超越地域省籍與統獨的遊行，已經在今（2002）年教師節落幕，旁觀者與中途離席者不計，至少有10萬人走完全程。

有趣的是，次日各報對此歷史事件卻似乎仍有黨派之見。以數量論，總計報導與評論及讀者投書，《聯合報》投入了將近三整版，居各報之冠。《中央日報》、《中國時報》、《自由時報》與《台灣日報》統統超過一版半，但不到兩版。五報頭版都出現了照片，其餘新聞不是二就是三版，只有《自由時報》將928遊行打到了第五版。

以親身的參與見聞對比五報，則各報的再現品質亦見高下。準確將全國教師會遊行口號顯著放入頭版標題的有二，分別是《聯合報》的〈要繳稅、要工會、要尊嚴、不要抹黑〉，以及《中央日報》的〈要繳稅、要工會、要團結、要尊嚴〉。《中國時報》在三版標題則說

---

[*]　《今周刊》2002/10/3，頁104。原標題是〈九二八新聞、英語與教改〉。

〈不抗稅、要工會〉，氣勢削弱了一些，《自由時報》與《台灣日報》的標題，則從頭到尾沒有看到這些字眼或字義。

　　五報都出現的另一個主角，家長，呈現也各有差別。依照文義，對於教師遊行正當性的挑戰程度，最輕微者可能是《聯合報》，在二版最右下一小角的〈家長團體明訪游錫堃，不滿教師要求組工會〉，《中央日報》在三版以副標說〈部分家長團體不以為然，反彈聲不斷〉，再來是《自由時報》的〈家長憂心，教師權過大，排擠另兩權〉，比起《中國時報》所稱〈教師組工會，家長憂心罷教〉，不相上下。對於教師最不利的標題用語，可能是《台灣日報》的〈家長團體：無法支持自利遊行〉。（該報甚至在「民意最前線」出現了職銜是「一位彰化縣的國小教師」的評論，標題指「閒閒沒事做，領的錢卻更多。教師享受不納稅特權不算弱勢族群，此次為抗稅不當動機上街頭，違反公平正義」。）

　　在此大不同之外，五報是有兩處相同，一小一大。小的是，教師會搭起的舞台布幕，上書UNION五個字母，不是漢語的「工會」二字。五報都沒有採訪，為什麼捨中文就英文？可見英文出現在台灣各種場合，業已司空見慣，不但不以為怪，且已成為膜拜對象。日前行政院長不但沒有糾正立法委員以英語質詢，反而有自慚之色（為什麼不是驕傲地說，學歷不佳、英語不靈光，仍可統領全國呢？），教育部為了提升所謂的國際競爭力，撥款若干大學，獎勵以英語教學者，一學期5萬。英語的超霸權，讓行政院、教師會與媒介各自以不同方式積極擁抱，彌平了彼此的歧異立場，厲害、犀利。

　　大相同的是，既然教師會不說，五報也跟著統統忘了說，究竟不滿十多年來的教改方向之外，教師會是不是另有更高明的教改主張？教師會未就此說明，藉由全台有史以來最大的非黨派化遊行，設定議題的機會就此失之交臂，有點可惜。同時，這也曝露了教師會的力量，至目前來說，發洩龐大不滿的能量，超越了打造其共識內涵。

　　是否有朝一日，教師會將開始質疑，教改是不是把原先經由教育而可能產生的有限階級流動空間，弄得更加狹小，甚至堵塞？是不是教改提出的進步意識形態、價值觀、世界觀與人生觀作用，太過有

限，甚至遜色於昔？還是教師會關注的問題，不在這裡，而是在程序正義，要求協商與尊重，如此而已？《台灣日報》說：「如果布爾喬亞的小資產階級的教師階級，能積極為公益眾利站出來，那才是真正喚回教師『尊嚴』的法門。」雖然很不合宜，也未能認清此次遊行的意義，但教師會在凝聚共識提出問題之前，那就將《台灣日報》的刻薄，當作是愛之深責之切的言語好了。

反省與評論天災人禍新聞

國家過失殺人？從黛安娜之死談起[*]

記者節前一天，七位狗仔隊攝影記者打了新聞業一記大巴掌。他們在巴黎追逐英國已離婚的王妃黛安娜座車，造成車毀人亡，王妃、男友與司機命喪黃泉。第二天，也就是記者節當日，幾乎全世界的「自由」媒介無不以此作為要聞，大幅報導（若說是炒作，那也可以），台灣媒介並不例外。

其中也有同情狗仔隊的人說，何必跑呢？就大方讓他照個夠，不也沒事？王妃既然善用媒介，有時讓媒介用一下，即使是濫用一下，何苦如此緊張？這是明星人物操弄媒介的代價嘛。這種說法在狗仔隊如過街老鼠，人人喊打的節骨眼，雖然是少數，不過，事過境遷，第三天以後，就有記者「義正辭嚴」，說「他們絕對是真正的『專業人士』……可以大聲說：『我無罪』」。[1]

更多數的是負面批評。大概分作三種。第一種說，這是男性偷窺欲的狂妄、可恨的極致表現。[2]第二種說，追究誰害死黛安娜，不比讀者、聽眾與觀眾的再自我反省更重要，[3]言下之意是說，若沒有這麼多嗜血的八卦新聞追逐者，狗仔隊為誰辛苦為誰忙？以前，買了狗仔隊圖片的報紙，第二天銷數大增，證明民眾嘴巴不敢講，買來看是

---

* 《當代》月刊1997/10，縮節版刊登在政大傳院《傳播研究簡訊》11期1997/10/15，頁1-3。

1　楊人凱（1997/9/3）〈會拍照的狗不會咬人〉《中國時報》第11版。

2　林芳玫（1997/9/1）〈女性形象　媒體絞肉機的最佳素材？〉《聯合報》第11版。

3　平路（1997/9/1）〈喪鐘為誰而響〉《中國時報》第11版。

要的。第三種說，這是商業競爭，而且是惡性競爭所必然造成的。

　　這些批評都有道理，但也有不足。比如，第一種說法若是完全成立，那就等於是說，閱讀英國銷量4、5百萬份，刊載王室消息不遺餘力的《太陽報》，讀者全部是男人，但其實《太陽報》的讀者，固然男多於女，卻也只占53%，只比女讀者多6%。第二種說法不分性別，男女各打一百大板，但它等於是說，除非人不再有此習性，否則這些事件無法避免，也就是它認定人性如此，不能改觀。

　　第三種批評稍微具體，但有三點值得檢討。首先，它指出了這是競爭所造成，但往往就此打住，沒有從自己的意見推論，建議我們可以採取什麼作法，以求降低不豫的結果，以至於我們好像只能束手無策，眼睜睜看著讓人不快的事件繼續發生。其次，有此認知的人，若是建議了，又經常只能感嘆「媒介自律真的那麼難嗎？」[4]，也就是他們還是隱含，媒介自律以外，無法可想。不過，既然自律的訴求最符合媒介業者的口味，一不小心，這個說法也就成為業者的擋箭牌。最後，等到超出了自律的觀點，我們所看到的建議是，國家應該加強隱私法律的制定與執行，尤其是英國，欠缺大多數歐洲大陸國家都有的隱私法，致使公共人物更是容易遭受不當侵犯。然而，持此說法的人疏忽了，發生黛安娜事件的法國是有隱私法[5]，何況，雖然就具體例案來說，隱私權與調查權孰輕孰重，不難判斷，但就法律形式而言，權勢人物是很有可能以隱私權為口實，阻礙了知的權利、傳播的權利及調查報導的進行。隱私與調查之間存在緊張關係，如何能夠不致使前者礙及後者（或者，如何使後者不致危及前者的防護），是有困難。

　　這樣說來，王妃之殞命，無從批評，不能帶給我們任何啟示？倒也不是這麼說。筆者並未說以上三類負面批評（甚至為狗仔隊說項的

4　彭芸（1997/9/1）〈媒體惡性競爭本質若不變〉《聯合報》第4版。

5　法國隱私法規定，攝取任何人在其私有地的照片，必須取得事先同意；若是在公共場合攝取其人的顏面，亦需先得同意。德國規定任何私人生活的詳細過程，若不是與公共事務有絕對相干，不得攝取。義大利更是嚴苛，即便涉及明顯的公共利益，某些事務亦不能報導，如新法規定，關於個人性活動、宗教、種族或健康等材料，若無當事人同意，不能報導。

正面批評）一無可取，而只是說，這些批評固然言之成理，但至少還可以另加一點，而且是很重要的一點：既然商業競爭帶動了市場機能，致使狗仔隊攝影記者必須追逐更私密刺激的圖片，期望以此吸引更多的讀者、聽眾與觀眾，滿足他們某種窺密的心理（雖然人們想要、需要被滿足的心理應該不是只有窺密），作為媒介招徠廣告與最大利潤的手段，在這過程中必然導致許多我們理性所不願意看到的惡果（黛妃之死，以及前幾個月白曉燕命案，都只是其中一種；而且，雖然它們眾所矚目，卻可能只是眾惡之中較為支節者），那麼，難道除了要求媒介自律、提高媒介從業人員的職業倫理，或者制定隱私法以外，我們不能質疑商業競爭與市場機能嗎？若是我們的質疑有理，也能使人心浸淫於此，久而久之，轉化為集體意志，採取策略行動，行以長遠，那麼，我們真正會對商業競爭與市場機能束手無策嗎？

英國的媒介生態可以說是雙元對立，一方面有西歐最煽情聳動、最講求圖片火辣刺激、銷路最廣、最賺錢，也最對民眾性格的涵養，有最不利影響的小型報。另一方面，英國卻有相對說來，比德國、法國與義大利更有秩序、具有經濟效率與符合公共服務精神的廣電機構。[6]為什麼如此？這是很值得研究、了解的問題。若是容許筆者簡化答案，則可以說是因為英國的國家權力，放縱市場力量貫穿報業經濟，幾近毫無規範（尤其是相較於義、法），但英國對廣電生態（注意，不是日常營運）的規範卻有條不紊，近乎嚴苛（英國今年3月增設無線電視台，在開播前，政府責成它先斥資70餘億台幣改善英國民眾的收視情況；我們的民視開播後，要民眾自行改善收視），因此得到較好的表現。

正是國家權力的介入市場競爭與否，導致英國的報紙與廣電生態與表現迥異其趣，也是在這樣的認知下，我們才在較高層次，但也是

---

6 請注意這裡說的是「相對」，畢竟四個國家目前都受很大的商業競爭（但仍在變化）。筆者曾比較1994年度，德國、法國、義大利與英國公營電視頻道的經濟效益，發現英國觀眾繳交的執照費若是1單位，則德法義分別繳交了1.164、1.357與1.637單位；並且，英國1單位的執照費，換取了43.0%觀眾的支持（收看），德法義則分別只有33.3%、42.0%與34.7%。

較為根本的層次，可以正當地懷疑，王妃之死（與其他商業媒介的惡質表現），是否多少因國家權力的不介入市場運作所造成，因此是「國家過失殺人」？「國家」不殺王妃，王妃間接因國家不良善規範報業經濟市場而死？[7]

　　然而，一方面，在高唱國際化的年代，國家好像變成了不再擁有任何的自主空間；文化研究或後現代研究的論述，使得國家介入似乎成為不相干的概念。另一方面，美國的保守主義者，尤其是澈底放任的保守主義者，對於國家介入社會事務嗤之以鼻；西歐的社會民主表現雖然優於北美，卻仍讓具有批判精神的人，慷慨於抨擊其福利官僚自我肥大的傾向，吝筆於表彰國家介入的正面意涵。至於東歐、前蘇聯與所謂的中國特色之社會主義的實際經驗，顯示國家管制帶來的箝制高壓遠遠超過解放；台灣等半邊陲的威權資本體制，國家規範的負面形象只略低於東歐。風氣如此，本文猶在指控國家因放縱市場機能、因介入不足，指控國家因為沒有合理規範媒介生態而過失殺人，則筆者所擔待的不識時務，甚至時代錯誤之名，實在不能說小哩。[8]

7　去年11月，北縣李姓媽媽因「沒錢送幼兒就醫，也不敢回娘家借錢」，造成幼兒不治身亡，後被判三個月有期徒刑（《自由時報》1997.7.10: 11）。筆者轉述此新聞，任教警官學校的朋友黃國盛說：「國家應該判刑，不是媽媽！」不是嗎？若是全民醫療保險具有更濃厚的照管生老病死的功能，更有財富重新分配的功能，方便地讓人有病就找醫生，視為理所當然，而不是繁瑣地要拿單、自付額等，哪裡會發生這種殘酷的事？哪裡會有原住民還有5萬多人（全部原住民的15%左右）在全民（注意，是「全」民）健保實施兩年多之後，還沒有任何健保的醫療服務（《中國時報》1997.9.17: 7）！1997年6月19日，彰化廖政順火燒三稚子（《中國時報》6.20: 6），9月2日關廟洪德惠悶死妻兒（9.3: 8），背景因素都是當事人自覺已無生路而造成，筆者懷疑，這類案件會發生在法、德等社會福利尚可的國度嗎？

8　筆者沒有說國家機器是中性的仲裁者（因此所有的國家，其父權多於兩性平權色彩，資本工具多於勞方權益的推進者等），亦沒有說國家是惡或是善。如同勞資、性別、種族、情欲等，國家是一個抗爭場域，並且是一個擁有合法暴力的場域，任何一方不進入抗爭，往往只能聽任其他力量入內盤踞資源，形同自己的損失。筆者當然也沒有一切指向國家，不是唯國家主義或國家優先的主張者，事實上，如同在草就本文之時，台北國際電台轉播美國社運人士對黛妃之死的談話時所說，他們要捉住王妃之死所引發的議題，以運動畜積力量，試求「杯葛現制以推進變遷」（boycott for change）。

社會殺人？殺妻殺子新聞的分析[*]

張大裕、陳宏達、馮建三

　　解嚴前夕，消費者文教基金會設立「消費者傳播權益委員會」。此後，台灣民眾可以說是前仆後繼，努力想要經由集體協作，從各層面推進媒介的改革。其中，檢視媒介的表現是很吃力的工作，並且不見得討好。回顧過去十多年來媒介內容的紀錄與檢討，大多集中在兩種類型：一個是新聞時事或相關節目的報導與評論是否公正，最近兩三年的焦點特別集中在電視的談話節目。另一個是暴力犯罪色情的處理手法是否不當，相關畫面是否太多，是否誘發犯罪的後果，是否太過於羶色腥。

　　除了以上兩大傳統受人矚目的領域，最近幾年隨著人權意識的逐漸浮現與加強，侵犯隱私權等等有關新聞報導也引起了重視，不妨將之歸類為第三類最受注意的內容。

　　媒介內容或其新聞類型很顯然遠比前述三種來得廣泛，檢視媒介內容的用意，不僅在於負面的針砭批評，也希望能夠正面表述：媒介再現值得肯定的部分給予鼓勵，不足的則另作建議。

　　本於這個認識，「台灣媒體觀察教育基金會」（以下簡稱媒觀）因此立意開拓檢視的對象，選擇至今較少得到檢視的犯罪新聞及其意義，作為記錄、分析與建言的依據。

　　今（2003）年2月25日，《聯合報》以頭版將近2/3篇幅，透過兩則新聞、兩幅圖說，報導「人倫慘劇　失業漢殺妻刺子　自盡獲救」。第二天，《聯合報》及其姊妹報相繼又在第二版，分別以「黑白集」小社論及相當於社評的文字，再對這起事件發表看法。

　　如〈表2〉至〈表3〉的資料顯示，《聯合報》處理這則新聞的方式，無論就再現的篇幅、醒目度或周延度，都超過了《中國時報》等七家報紙。

---

[*] 《當代》月刊2003/4第187期，頁4-8。原標題是〈社會新聞報導的檢視〉。

表2：鄭文通事件八家日報再現版次、篇幅及標題，2003.2.25

報名	版別	類別	字數／篇幅	標題用詞／圖說
《聯合報》	頭版	報導	933／252 cm²	人倫慘劇　失業漢殺妻刺子自盡獲救
	頭版	報導	596／90 cm²	「我也想做好丈夫、好父親」
	頭版	圖片	----／660 cm²	絕望的丈夫
	頭版	圖片	----／46.65 cm²	太太的點滴
《中國時報》	八版	報導	733／151.5 cm²	失業男子　酒後殺死妻兒
《台灣日報》	六版	報導	597／188 cm²	失業漢殺妻弒子　吞藥欲自盡
	六版	報導	438／100 cm²	鄭文通選擇錯誤不歸路
《中央日報》	五版	報導	593／195 cm²	失業男殺兒　自裁獲救
	五版	圖片	----／78.75 cm²	疑似殺死妻兒後自殺未遂的男子
《台灣時報》	六版	報導	621／149.5 cm²	失業漢刺死妻兒　割腕獲救
《中華日報》	六版	報導	667／233.8 cm²	失業男砍死妻兒
	六版	圖片	----／46.8 cm²	疑似殺死妻兒後自殺未遂的男子

＊《自由時報》與《民生報》當日都未報導這起事件。

　　綜合這些報紙的再現，得知2月24日發生在基隆市的家庭悲劇，過程大致如下。基隆市消防局119勤務中心當天中午接獲報案，指稱正信路某處有人自殺，消防人員趕往現場破門而入，發現失業男子鄭文通倒臥客廳，而其妻、兒則氣絕多時。鄭某向警方表明，他在凌晨酒後返家，長年臥病的妻子莊瑞美吵著要尋死，鄭某遂以安眠藥餵食六歲兒子，再以尖刀接連刺殺妻、兒多刀致死，然後割腕自殺未遂。

　　雖然這些媒介（包括24、25兩天的電視）對此犯罪事件均有報導，但是態度並不相同。以25日早報的處理來說，大致可以分為三類。第一種是將此新聞視為「太陽底下無新鮮事」的例行公事來看待，舉凡《中國時報》、《中央日報》、《台灣時報》或《中華日報》都是這樣。第二種在基本上與第一種近似，亦以例行公事視之，但說明較為詳細，比如《台灣日報》。第三種則如前所說，是《聯合報》，它與前述兩種明顯不同，不僅字數較多，在編排方面亦迥異其

他各報。

以上差異，可進一步由形式與內容兩方面來加以說明。

首先，以形式來說，《中國時報》以一則不附照片，約733字的新聞稿加以處理，並將其刊載於「社會新聞」版面（第八版）；《中央日報》則有一則配上一張照片的新聞報導（約593字），刊登於「財經、綜合新聞」版面（第五版）；而《台灣時報》與《中華日報》亦以類似方式加以處理：前者以一篇約621字的純文字稿加以報導，並刊載於「社會新聞」版面（第六版）；後者則以一則約667字的報導，搭配一張照片的方式處理，並將其歸類於「社會脈動」新聞。

至於代表第二種處理類型的《台灣日報》則以兩則不附照片、共逾1,000字的報導（一則597字；一則438字）處理，雖說字數明顯超出前述四家報紙，但就新聞的分類方式則是相去不遠，《台灣日報》亦將此新聞刊登於「社會新聞」版面（第六版）。反觀代表第三種處理類型的《聯合報》，其對此新聞的報導方式則明顯不同：相關新聞全部集中在頭版，有兩則共逾1,500字的報導（一則933字；另一則596字）與兩張照片。

其次，就內容而言，乍看之下，各報所下之標題皆以「失業男子」為主題（見〈表2〉），似乎顯示各報之間並未存在如「形式」上的明顯差異。但仔細深究後，仍可發現三類處理方式其實各有不同著重之處。

代表第一種類型的《中時》、《中央》等報，都以常見的純淨新聞報導寫作形式處理「鄭文通事件」。在此寫作形式之下，警方成為主要，甚至唯一的消息來源；而在事件的描述、鋪陳上，則堅持壁上觀，強調誰（Who：鄭文通）、何時（When：24日凌晨）、於何處（Where：基隆自宅）、發生了什麼（What：殺害妻子與幼子），以及如何（How：殺害的手法與過程）發生的；至於為什麼（Why：來由與原因）的部分，不是停留於「一時起意行凶，或蓄意殺人致死」的動機論（《中時》），就是輕描淡寫地以「經濟不景氣、日前遭到解僱，賦閒在家，終日為龐大的家計及負債煩憂」作為報導背景（《中央》）。

　　代表第二種類型的《台灣日報》，雖在純淨新聞寫作形式的主要報導之外，另附上一則較為深入的次要報導，但相較於第一種類型，只是描述的時間較長、面向較廣，「這兩年景氣不佳，鄭文通工作量減少，最後淪為失業的一群，在失業及欠醫療費雙重的壓迫下，鄭文通頓萌全家共赴黃泉偏念⋯⋯」，在「為什麼」（Why）的部分，亦是將此歸為大環境不景氣之下的悲劇。

　　而代表第三種類型的《聯合報》，除在主要新聞之外，也另加一則次要報導，而其最特別之處，則在它引述鄭文通的說法，指**「這不是我的問題，這是社會問題」**。緊接著，26日的《聯合報》放大了這句指控的分量，在二版「黑白集」小社論中，以「鄭文通事件」為題兩度加以引述。因此，在「為什麼」（Why）這個部分，《聯合報》多了一個面向，也就是把犯罪的原因歸咎於「社會」的不仁。我們據此可以說，《聯合報》的再現周延度勝於其他報紙。

表3：八家報紙報導鄭文通事件的周延度[*]，2003.2.25-26

報紙	《聯合報》	《中國時報》、《自由時報》、《台灣日報》、《中華日報》、《中央日報》、《民生報》、《台灣時報》等七報
周延度*	3次	0次
說明	25日在新聞內文，26日於「黑白集」小社論2次	---

[*]指是否引用鄭文通這句話：「這不是我的問題，這是社會問題」。

　　上文以「這不是我的問題，這是社會問題」作為報導周延與否的理由，考量有二。這是當事人的重點發言，因此有無引用，顯然足以作為「周延」的判準之一。其次，即使當事人沒有明言，媒介亦有空間，甚至有必要代言。這就是說，造成犯罪的因素不會僅止於個人背景，媒介必須從「社會歸因」的角度，切入新聞的報導及評論。

　　特別是鄭文通因失業，先弒至親再自戕的犯罪類型，若是苛責個人，於心何忍？1999年6月，台中陳運壽夫婦因無錢償債，毒殺三子

後自殺獲救，遭判刑15年。法官的宣判詞指「子女屬於國家社會共同的資源，父母僅有培育子女的職責，不能予以殺害」，固然是有道理（惟這麼說也有語病，任何人、包括身為子女都有生命權，無須因為是國家或社會的資源才不能殺害），但在社會福利層次過於低落，父母還不能免於幼無所養的恐懼，深恐自己戕害自己生命之後，失怙且無其他家族或社會庇蔭的稚子無所依靠，以致長大成人之路不免更添坎坷，於是「貽害」社會而非增益社會的機會或許就多了一分。在此心理的壓迫下，人父因此奪去妻兒們的生命，竟然又是一種變態的「仁慈」！陷落這個境遇而自戕，卻不是鋌而走險作姦犯科，竟然是社會弱勢者、無依者、犧牲者、絕望者對慘酷社會的最後溫情。

　　從這個反省角度來說，《聯合報》這次將此新聞如此醒目處理，並先引述鄭犯的悲鳴，隨即再予評論，產生了輿論的示警功能，應當是可以肯定的。這個將這類型犯罪作社會歸因的新聞處理角度，雖然在檢討、反省的廣度與深度不及於二十六年前《夏潮》雜誌的一篇評論[1]，但說不定已經是近十年來見諸報端的同類新聞當中所僅見的例子[2]，或許日後將證明它具有某種標竿的意義。

　　其他並沒有從社會更應負責的角度來報導或評論這則悲慘事件的媒介，固然可以見賢思齊，師法《聯合報》的周延視野，《聯合報》本身也另有改進，或說可待持續努力之處。第一是，《聯合報》應以一致的新聞處理標準，祛除外界頗有人以為，這是一種應對某報即將

1　「有趣」的是，1977年8月19日，《聯合報》七版報導了相類的新聞，標題是「親推兩女下河，寡婦亦自投水。夫死神經失常，三重郭家悲劇」。當時報紙的報導模式，大致與本文所引的第一與第二類報導類型沒有差別，都未將這類新聞歸因於社會安全網的層次。與此對照，署名「曾台生」的作者，卻在1977年8月於《夏潮》雜誌，以〈誰之過？關於三重市民郭家悲劇的報導〉為題，發表三千餘言的批評，屬於本文所稱之《聯合報》第三類報導方式。

2　過去十年這類故事時有所聞，但全部是本文所說的第一或第二種報導方式。依媒觀所能掌握的剪報，因失業、貧困而殺死罹患病症已久的至親，然後自殺的新聞，依序是「打死嬰兒棄屍，父親服毒獲救」（《聯合報》1993.6.12）、「勒斃智障么子，失業老爸自焚」（《中國時報》1998.4.2）、「妻離又逢失業，攜子共赴黃泉」（《中國時報》2001.2.22）。

創刊的手法，甚至有人又不當地暗指，這只是針對特定政府而來的另一種借題發揮式的廉價批評。第二是，《聯合報》問，對於舒緩鄭文通類型的悲劇，「政府及社會是否也盡了力」？怎麼盡力？藉由稅收來建立社會安全網顯然是具有普遍意義的作法。因此，媒介可以就此努力，鍥而不捨地針對稅賦的兩大問題廣為暴露與探討。第一是稅收來源的公正問題，勞動所得必須課稅，但資本利得如何？過去十年來，台灣的稅制是不是對於資本所得，對於富人愈來愈仁慈、討好？第二，在國營事業日愈萎縮之際，透過稅收來建立社會安全網的重要性愈來愈高，但稅收占國民生產毛額的比例十年來一直下降，到了去年僅及 12.2%，創歷史新低（這個比例僅有美國的四成、瑞典德國等歐洲國家的二成五），這個走勢不予逆反，哪裡談得上以集體手段建立社會安全制度？

當台灣受了媒介刺激以後 *

　　（1997年11月）19日11時50多分，侯友宜抱著七個月大的嬰兒人質走出南非武官的官邸。就在許多人緊盯著螢幕，心情稍釋重負的這一分秒，廣告廠商也鬆了一口氣。差別在於，一般人放下繃緊的心弦，大抵出於人性之善，電視主與廣告主的紓解愁眉，則大抵是因為可以趕緊趁著這個「天賜良機」，插播嬰兒尿布的廣告。

　　當天徹夜看電視至天明的人，見此突兀畫面的迅速交換，不知是不是會有異樣的感覺，或者對於電視在「自然斷點」時，必定推出廣告已很習慣，因此對此換幕毫無特別的印象？

　　答案勿論，但人命關天、社會哀矜之際，廣告猶然「專業地」不忘為商業利益服務，道盡了現代媒介報導犯罪等類新聞時，非常重要

---

* 《中國時報》1997/11/29第47版。原標題是〈當台灣受了媒體刺激以後：在商業競爭與社會功能間開闢犯罪報導的可能〉。

的性質之一：刺激收視（聽）率、銷售份數，以此吸引業主青睞，託付廣告。雖然在彰顯這個性質的同時，若干重要的社會功能也可能同時完成。

若是從這個角度來看，則事發以後，許多從新聞自由、社會責任或專業水準等角度檢討媒介的報導，或甚至有報紙記者說，「台灣電視……瘋狂競爭的狂態」使「社會正義蕩然無存」的指控，不免顯得未能完全命中問題核心。

這當然不是說我們的媒介無須檢討，而只是說，媒介在此事件中的表現，較諸美國同業固然還有許多改進的空間，但較大的原因，好像不在於台灣的記者素質差勁，而可能是商業媒介在歐美等國發達早了許多，他們歷經教訓，已從錯誤中學習，調整報導模式與分寸？

美國商業走向的報紙起於1830年代，照例是謀殺、小盜都不放過，演變到了上世紀末，各報競爭的激烈程度，已讓史家質疑報紙鼓動了戰爭。當時，美、西為爭奪殖民地古巴，已經摩拳擦掌，盛傳赴古巴採訪的記者回電總社：「此地平靜，不會打戰，我將回國。」未料報老闆說：「供應圖片，他事莫管，我將製造戰爭。」然後歷經1930年代霍普曼（Hauptmann）綁架、撕票名航空家林白之子的事件，媒介遭外界大肆批評而終有記者倫理規範的簽訂。即便已有業界同意的規範，但是，三年前的辛普森被控殺妻案之報導，還是媒介的最愛。

相形之下，台灣的犯罪新聞史起步得晚。在官黨營報紙銷數還占優勢的年代，基於鼓勵光明面報導的理由，姦淫擄掠的新聞不可能太多，1960年代時，也就是民營報紙躍躍欲出的前夕（到了1970年代之後，台灣的民營報紙銷數才超過黨官營），曾有研究指出，《中央日報》的犯罪新聞只居總新聞量的3%，一般民營報紙卻達20%。三台還在高枕無憂的年代，上星期那種電視場景絕對不可能發生，等到新興衛星電視新聞競相追求聳動，對三台造成威脅後，它們還敢不使出渾身解數，比賽誰最會以犯罪新聞刺激觀眾嗎？更何況還額外有百萬工作獎金與數百萬廣告的進帳。

媒介在本案的功過是該檢討，但最要檢討的部分，倒不一定要放

在媒介是否超過本分，是否助長了罪犯的聲勢，而更可以檢討，即便是在資本文明，是不是有些什麼辦法足能減緩媒介的商業競爭，是否可使媒介的競爭轉向競相打擊不當的政商權力行使？如同倫敦《衛報》，可以連續數個月大幅要聞抨擊閣員說謊，逼其下台。

　　若是媒介不願意就此盡力，至少，我們還應該問，媒介對於犯罪的原因，是否充分而正確地報導、分析與評論。比如，若是新聞將暴戾、犯罪的現象歸因於個人的色貪惡狠，會不會因此鼓動政府，或說使政府得到口實，以不當手段強化法規與警政預算，回應民眾的恐慌，最終造成警察國家？換個方向說，若是歸因於社會結構（如貧窮問題、高隱藏性失業、合理的兒童至老年福利一應欠缺等等），那麼媒介是不是願意進一步地誠實討論，是否當今的政策走向（如公營事業私營化）又將惡化這個結構問題，媒介是否能夠集思廣益，找出改進之道，如賦稅若不增加、若公平性不提高，也就無法舒緩這個問題等等？

九二一地震（1）

　　921大地震發生以來，國人感受到了許多外國人的溫馨與效率，俄羅斯、土耳其、墨西哥、南韓、日本……等等國家，雖然與台灣沒有邦交，卻仍迅速地在一夜之間飛臨這塊土地，進入災區協助救援。

　　此情此景讓人難忘。媒介擴大了人們團結互助的氣氛。

　　但是，大地震當日晚間亦有一些新聞台，重複播放畫面，說是有南投外勞三兩成群，開著車子搜括災區物資。往後數日，若干報紙也有語焉不詳的類似報導。於是，同樣是外國人，同樣是在地震新聞中出現，同樣是來協助台灣，搜救隊為了地震，最近幾天方才來到台灣，外勞為了本地的經濟與社會建設，早就來到了台灣，卻得到了相

---

* 《勁報》1999/9/27。

左的媒介對待。媒介這個時候的角色有了變化,阻礙了團結互助,它鼓動了原來可能就已經存在的種族偏見,或對於外勞的刻板印象,使人們的團結互助不但不能存在,反而是刺激國人嫌惡,甚至憎恨外勞,也就是經濟能力不如我們的東南亞諸國國民。

不過,人生地不熟、語言不通的外勞,同樣也受到地震驚嚇,也是頃刻間流離失所,他們真有那麼邪惡而趁火打劫?他們真有那麼大膽而行搶本地人?按照常理推測,外勞遠渡重洋,來到異邦出賣勞動力,換取所得,以求養家活口的壓力只能比本地人大,只能更願意奉公守法,怎麼會去惹事生非?果然,希望職工中心、苦勞工作站聞訊後,差人至埔里、草屯等災區調查,發現實際的情況是外勞求援無門,在領取救援物資時因語言溝通問題等,引發居民誤解所致。

媒介不能是有聞必錄,尤其是有關種族的消息。像這種外勞趁火打劫的傳聞,媒介也許因為無暇查證而報導,但也可能是我們本來就心存偏見,碰到機會就不自覺地表現出來。即便是前者,媒介也不能就說沒有責任,事後的更正永遠無法彌補已經造成的損傷,如果是後者,我們更是必須深自警惕、改過。

九二一地震(2)[*]

《聯合報》說《2100全民開講》是專業與公正的論壇,《自由時報》痛責它不該挑撥,尤其災難當頭,離間國民與政府的關係,更不恰當。

兩報各擁其志,各為其主,在號稱媒介應該不偏不倚的年代,實在特殊。如果暫時不論兩報志氣的優劣高下,這種誠實告白的態度,倒也可以肯定。

只是,公然再次宣示立場,並沒有能夠釐清,在發生了類似921

---

* 《勁報》1999/10/6。

地震的事件時，政府與媒介，或者，縮小範圍，政府與電子媒介，應當如何彼此看待？

說來簡單：齊心協力，卻又彼此監督，以求齊心協力。

稍早，總統在媒介在內的許多力量簇擁之下，發布了緊急命令。媒介監督政府，協同了緊急命令的下達。接下來，政府卻沒有依據緊急命令，監督媒介。這幾十天來，我們只能看到媒介在聯合募款時略有合作的樣子，但是，平日搶題材、搶人物、搶時間、搶新聞、重複到相同災區、採訪播報同質新聞，形同資源的浪費，乃至於炒作、煽情的情況，並不比往常好多少。

但媒介這段期間的運作，應該是不求盈利吧？假使如此，所有記者與流通新聞的管道，不也可以相對地統籌運用嗎？劃定災區現場，使各區各有若干（如一至三組）記者，而不是有些地方記者一堆，另有些地方媒介全無理睬。經此配置，記者所得的資訊，仍各自傳回原單位，如此，整體媒介所記錄、所反映的民情，一定既廣且深。也許有人說，這樣一來，媒介之間豈不沒有競爭，欠缺競爭怎麼會有進步？正好，這次地震新聞適足以提供機會，使人正視競爭不一定帶來進步，卻可能混亂、造成遺漏與偏頗。媒介不見得不知道這層道理，卻又不能自拔，而果真如此，政府就宜出面協調，把道理說清楚，難道緊急命令只是用來徵調民夫民車？劃定災區，不管制媒介言論，只需規定各區放行的記者人數，由媒介自行或抽籤決定前往的區域，如此才能發揮媒介的總體告知、監督與批評的功能，卻又不至於產生侵害新聞自由之虞。

可惜，媒介仍然彼此競爭，而歷來政府的信用不怎麼高明，此刻又擔心自己先前鎮壓新聞自由的不良紀錄，又將因介入協調而落人口實，於是就另有媒介趁虛而入，從中利用了。

從地震新聞談觀眾、媒介與政府的連環性 *

　　幾乎是無可避免的？媒介在報導新聞時，尤其是報導刑事或災難新聞，在發揮告知、監督與聯繫社會之同時，總要變成惡棍，成為交相指責的對象？而既然人們屢次批評媒介，也屢次不但沒有遠離，反倒欲罷不能，讀看聽更多媒介的相關報導，以致有人甚至說，「消費（媒介）已然成為許多人無可救藥的心理危機處理模式」，那麼，人們也就注定必須被迫戴上媒介惡棍之從犯的帽子？

　　921地震以來，媒介重複，或說擴大地重複了承平時期就已存在的問題。妨害救災與醫護工作的進行。受災者身心俱疲、生活步調大受干擾之外，媒介的輪番上陣，攝影機及鎂光燈齊下，隱私及受創的心靈，再受媒介暴力的傷害。

　　儘管報紙不同，電視頻道有別，但畫面、聲音與文字仍然雷同，一而再、再而三，無分日夜川流不息、源源不絕地對外傳送，超過為了凸顯重點所須有的重複程度。雖然媒介數量這麼龐大，卻有許多災區災民沒有得到即時的報導，彷彿他們的困難可以延後被知道、協助。幾乎所有記者暫停本身的採訪路線，轉而投入地震新聞的報導，卻仍有眾多意見還沒有引起更多更深刻的曝光，或甚至還沒有進入社會的意識之中，好像地震「只」震出災民救助、災區重建、經濟成長、政府財政等等問題。或者，等而下之，災區民眾因不滿各級政府協調不力、效率不彰，乃至作業蹣跚官僚，是以北上請願的活動，媒介也要加以醜化，說是外力介入，好像災民理不直氣不壯，索求不當，反觀中央政府分化受災民眾，力阻他們北上的不當作為，免脫於媒介的檢討之列。

　　但是，我們一定會倍覺奇怪，記者也好，媒介老闆也好，難道就不如我們，他們怎麼就沒有想到類似的問題？

　　也許他們本來就與一般人不同，因此真的是沒有想到。但記者也是血肉之軀，媒介也不想招徠罵名，理當不會不在意人們的反應，要

---

* 《人本月刊》1999/11，頁84-5。

說他們完全昧於人情，很難讓人置信。可是，如果他們知道這些事理，為什麼他們的理智不能指導他們的採訪行為與媒介資源的配置？

唯一的答案是，個別的總合無法等同於全部，因為每家媒介、每個記者都必須與所有其他的媒介與記者，相互競爭，競爭一種具體的、可以化約比較的標準，以當前社會來說，這個標準就是利潤，就是發行量、收視率與收聽率。走筆至此，讀者會覺得百思不得其解：媒介為了利潤，於是討好觀眾，追求收視率，於是接著有了特定的災害新聞處理手法，於是再接著引起了觀眾指責，如此，繞了一圈，觀眾不是在批評媒介的同時，也批評了自己？

觀眾自然無法免於被批評，就好像每個人都會自我批評。但同樣的道理，具有自我批評意識的個別觀眾之總合，也無法等同於全部觀眾，並且觀眾行為與媒介行為的準則，還有很大的不同。

作為觀眾的人，有七情六欲，時而理智地覺得應該看比較有深度的節目，時而因為工作後身心疲乏，只想或只能想不動腦筋，把看電視當作是維持與外界接觸的純粹消費動作，而不是當成是探查、了解及參與社會建構的一部分，於是，有人這樣，有人那樣，舉止不一。與此相對，媒介遵循利潤原則，動機完全「理性化」，不會像單一個人那般前後矛盾或左右搖擺，時而昇華，時而下墜，時而善念盈胸，時而邪惡滿懷。

在觀眾與媒介行為準繩必然有別的情況下，試想，當比較多觀眾、比較多時候傾向的是消費符號，不是參與吸收，或者，當觀眾個人在比較多的時候遵循的是輕鬆原則，不是腦力互動的時候，具有利潤「理性」作為指導原則的媒介，以及受其指揮的記者，又如何能夠不去迎合或遷就前者，背離或捨棄後者？而等到不肯遷就利潤理性的觀眾，看到電視充滿了不符合他們需要的新聞呈現方式或題材，或是，具有雙重動機的觀眾，從媒介只看到逸樂動機的自己，因此覺得也被損害低貶之時，所有他們對電視的不滿也就傾巢而出，從而電視就必須承受這些批評。

這裡並不是說，媒介與閱聽人各應打五十大板，理由淺顯。這正如同，當政府亂政或財團貪財時，合理的批評不會說，選出這種政府

的人，在此財團工作的人，也要承擔同等的責任。站在公民的立場，面對這種情形，會再自我期許，努力進行更多的自我改造，並結社以集體力量，迫使政府與財團改造。

　　因此，有關媒介血腥、侵害隱私、浪擲資源等引發不快的情況，具有閱聽人身分，同時也是社會公民的我們，需要以層次有別，但互有關聯的反應，改造媒介。擁有自覺並指出媒介不良表現的知識與能力，並推廣這種智能，固然重要，但不可依恃，否則再好也只是修身。所以，要對媒介施加壓力，但因媒介眾多，公民再有自覺、能力再大，也無法長期有效地或同時杯葛所有媒介，於是造成媒介利潤原則不變的情況下，公民成功施壓某特定媒介，只是換來稍後其他媒介得以趁虛而入，瓜分此特定媒介利潤的結果。至此，我們已經達到一個結論，亦即不滿媒介的表現，最後還是要回歸至對所有的媒介同時施加壓力，而能夠同時對所有媒介施壓的力量，來自於國家，也就是國家必須制定媒介政策，不是要檢查媒介的言論，而是要以政策牽制、規範媒介競爭利潤的動力，而國家如果不肯自動制定這種媒介政策，公民就必須動員起來，遊說或向政府施壓。

第四章

新聞界

報禁解除　資本自由　傳媒洗牌

報禁簡史：1960-1987[*]

　　第二次大戰結束至1950年間，台灣定期發行的報紙有40家。國民黨撤退至台以後，從1951至59年，另有7家報紙創刊。但1960至1987年期間，在台灣發行的日報都是31家。

　　造成戰後初期的台灣報紙家數先是銳減，然後維持近三十年不變的原因，不是經濟上的兼併，而是政治力量使然。國府以1942年的出版法施行細則為根據，指戰時政府基於節約原則及中央政府的命令，可計畫供應新聞紙張及印刷原料，得不核發經營報紙的新證照。當時輿論多認為，此細則違背母法，亦牴觸《憲法》，當屬無效。

　　除了「限證」以外，另有限制報紙只能在發行地印刷，以及印刷張數上限3張（從1977年起）的「限印」與「限張」，論者一般以「報禁」稱此「一報三禁」的情況（另有人認為，報禁還應該包括報紙販售價格的限制，也就是「限價」）。

　　通說以為，實施報禁坐大了報團的成長，也就是王惕吾的《聯合報》與余紀忠的《中國時報》關係企業得以在保護下擴充。但應注意，這個政策既然不發新照，以致使得任何人（包括大報）均需另外花費鉅款購買執照，這也就等於迫使經營者進入或增資報業市場的門檻為之提高。據王麗美的紀錄，王惕吾創辦《經濟日報》（1967年）與《民生報》（1978年），就分別以當時的120萬及2,500萬元購買了

* 刊登在林礽乾、莊萬壽、陳憲明、張瑞津、溫振華（2004編）《台灣文化事典》。頁780-1。台北市：國立台灣師範大學人文教育研究中心出版。原標題〈報禁〉。

《公論報》與《華報》的執照（《公論報》另有數百萬的債務）。余紀忠在1978年創辦《工商時報》，執照購自1951年開始發行的《工人報》（1964改為《農工日報》，1968年再易名為《大眾日報》，1971年停刊）。

　　此外，報禁當中的價格與張數的限制，加上報紙均需由發行地往外運送，等於是以政治力量牽制了資本的運作彈性及其競爭，可能也使得私人資本所經營的報業較晚形成集團。至1970年代初期，台灣的國民黨及各級政府經營的報紙發行量，可能都還超過私管報紙的發行總量。反觀歐美，商業掛帥的報紙早在18、19世紀之交就已取得支配地位，則報禁所代表的意義，似乎不能說是獨厚特定私人集團，而主要應該說是延長了黨官媒介的生存年限。

　　1987年2月，政府表示將開放報紙登記及增張，次年元月實施。據賴光臨統計，報禁解除前，台灣31家報紙的銷數是390萬，至1990年底，新登記的報紙有275家，實際出報約50家，銷數450萬。新創刊報紙當中，較知名的《首都早報》與《環球日報》相繼在4個月內倒閉，報禁解除後率先取得執照創刊的《自立早報》於1999年1月走出舞台，《中時》與《聯合》兩大報團屹立如昔。

有報紙，大家看*

　　汐止鎮長掀起的風波，扯出案外案。同樣出身台大法律系的廖學廣，是不是會像前新竹市長施性忠那般，落得「獨立蒼茫自詠詩」的困境，甚至琅璫入獄，還待觀察。不過，本週四（1994年5月12日）廖向公平會檢舉，指稱《自由時報》的「五億元連環大贈獎」是利誘行為，違反《公平交易法》，對其他報紙不公平，倒是「可受公評之事」，相當值得討論。

---

* 《自立早報》1994/5/14第4版。

　　本地報紙的集中壟斷生態，比之西洋，毫不遜色，1990年英國的梅鐸、法國的赫桑（Hersant）、德國的斯普林格（Springer），以及義大利的Rizzoli-Corriere，分別「只」擁有該國報紙銷數的百分之34.7、25、23.9，與17.8。台灣呢？冠亞軍兩個報團總共拿走了七、八成，黨政軍系再取餘額的一大部分，剩下的才是為數五、六家的「獨立」報紙。

　　現況已經如此嚴重，趨勢是不是會出現轉機？冒著妄談的危險，答案只能是個「不」字。《自由時報》說得沒有錯，該報舉辦的贈獎活動，只是其他報紙也在經常從事的促銷行為，談不上獨特，而這種大報社自行掌握發行通道與資料，就如郭良文教授所說，其實正透露了資本主義走向理性化經營過程，必須把原先依賴非正式小販派報系統的積習重作調整。

　　但是，《自由時報》忘了說，所謂其他報紙也在進行類似促銷的「其他」，該報不算，其實全國不出兩家。因此，假使這種規模的促銷違法，三報以外，想要犯法都很困難。

　　還有，目前各家報紙的張數，差距懸殊，售價卻完全相同，算不算是大報低價傾銷，利誘讀者購買他們的產品？當然囉，自由市場之下，難道要干涉賣主「回饋讀者」的善意，要求他們減張或是提高售價，多摳讀者的荷包嗎？真真豈有此理。

　　啊，有了，公平會說不定可以辦個「有報紙，大家看」的活動。第一，情商各報公布近年的促銷金額，明年繳交同等數額給公平會。第二，公平會蒐集現階段在市面流通的報紙名單，向社會大眾介紹，由讀者自行決定訂閱的報紙，只要訂閱，不分報別獎品一律相同。這件事辦妥當了，再就報紙張數與售價另作計議。太過異想天開嗎？那就當作腦筋急轉彎，遊戲一番了事。

金融、土地資本入主　媒介有業外利益 *

　　解禁十年，進步的地方很大，報紙內容擴充、新聞增多、讀者投書成為常設版面，這些都是大家看得到的部分，不必細談。不過，進步之餘，另有一些現象，值得大家留意。

　　第一是政府權力與傳播媒介的關係，好像已經逆轉。在一黨專政的威權時代，政府的規範或作為往往被等同於對新聞自由的箝制。然而，回顧過去十年來的報紙發展軌跡，卻讓人覺得，新聞自由不能得到更進一步的發展，甚至可能使得新聞自由空間萎縮的隱憂，很弔詭地，很大一部分原因，正好來自於政府的幾近沒有規範與作為。

　　比如，我們至今都還沒有《資訊自由法》，在很多時候，國家政務不但是當時的機密，更難堪的是，事過境遷的數十年後，外界還是無法周知，這對據說已經進入資訊社會的台灣豈不諷刺？英語世界中，唯一還沒有實行資訊自由法的英國，在工黨入主以後，已經宣布將就此提出白皮書，我國有關單位對此法案研議已有多年，應該是正式推出檯面，徵詢各界意見，然後立法施行的時候了。

　　再者，報紙等媒介財團化的趨勢，以及在此過程中出現的惡性競爭，論者怵目驚心，偏偏政府泰然自若，不以為意。資金雄厚者先以黃金與豪宅為誘餌，再以低廉的報價「回饋」讀者，對手只好跟進，用贈品促銷報份，以旗下媒介彼此交互抬舉，但公平交易委員會除了頒行〈贈品贈獎促銷案件處理原則〉之外，別無其他計較。民主國家對於跨媒介產權及市場占有率上限的規範，斤斤計較，歐洲許多國家刻意設計，公權力介入廣告市場，在合理範圍內調節競爭，藉此促進報業的多元表現，我國政府毫無感應。

　　第二是媒介股權的開放上市，與媒介的進步表現並不相關，但外界對國民黨中視、中廣與《中華日報》將釋股的決定，全盤正面肯定，甚至揄揚，則讓人擔心我們是否將兩者畫上等號？英國鼎鼎大名的《泰晤士報》是公開上市的，但仍然完全受到財閥梅鐸的控制，並

---

* 《聯合報》1998/1/4第11版。原標題是〈財團化，媒體喪失獨立色彩〉。

在他的促銷戰下，格調轉低，威脅到《獨立報》的生存。反之，廣受好評、屢獲新聞獎項的英國《衛報》、法國的《世界日報》，以及美國的《密爾瓦基日報》，股權無一上市，而是混合由創辦人的家族與員工所有，以及由公共信託的法人所持有，密報員工並曾拒絕財團以兩倍於產值的價格蒐購，為美國的獨立報業創造了典範。因此，關於報紙等媒介股權的上市，我們非但沒有慶賀的理由，反而應該擔心，現階段產權獨立，沒有媒介以外事業的報紙，會不會因為財團報紙的競爭壓力，以致被迫透過銀行借貸或股權上市等手段來集資因應，而終至於逐漸喪失其獨立色彩？

　　過去十年來，報業大事中，最值得留意的是相關工會陸續成立，雖然媒介工會對於新聞多元表現的促進，是否能夠產生積極功能，還待觀察。比如，「台灣新聞記者協會」與「全國大眾傳播業工會聯合會」，至今並無法令依據，不能更有效地提升媒介從業員的工作條件（健康的作業環境、專業自主等）；再如，固有的大報，工會組織比較受到資方的肯定，有些報紙甚至領先其他私人產業，勞資簽訂了團體協約，也準備實施每月二次週休二日。但很詭異地，報禁解除後易手或崛起的報紙，或許因為資方認知偏差，或許因為其員工尚未組織，至今反而沒有工會，以致這些報紙屢屢出現違逆新聞專業的怪象，突兀地報導或刊登業主的長篇大論。

「兩報三台」曾經是專有名詞[*]

　　兩報指《中國時報》（中時）與《聯合報》（聯合），三台指台灣電視公司（台視）、中國電視公司（中視）與中華電視公司（華

---

[*]　刊登在林礽乾、莊萬壽、陳憲明、張瑞津、溫振華（2004編）《台灣文化事典》。頁428-9。台北市：國立台灣師範大學人文教育研究中心出版。原標題〈兩報三台〉。

視），「兩報三台」並稱可能起自1970年代中期，也就是前後者此時已分別取得印刷與電子媒介的主導權。《替聯合報看病》與《給中國時報把脈》相隔一年，先後出版於1978與1979年，可為旁證。

《中時》由余紀忠（1909-2002）創辦於1950年10月，名「徵信新聞」，1960年元旦易名「徵信新聞報」，1968年記者節再更為現名。《聯合》起自1951年9月，《民族報》、《全民日報》與《經濟時報》發行聯合版，1957年6月定為今名，創辦人是王惕吾（1913-1996）。至1971年，兩報報份約50萬份，占全國報紙總銷數40%左右，未超越半數，到了1979年，兩報都宣稱發行100萬份，占全國報紙總份數六成上下，同年兩報創辦人均出任國民黨中央常務委員（1976年起已被延攬為中央委員）至1990年代初期。兩報雖然都屬私人產業，但除在發行量躍升後晉身政治權力中樞外，余氏及王氏在開創報業前，均曾短期擔任國民黨政府的軍事要職。

台、中與華視分別在1962、1969與1972年開播。台視初創時，日資占40%，台灣省政府透過合庫等公營金融單位，握有稍低於50%的產權，與省府關係良好的私人台資起先擁有約11%股份，1960年代中期起，經由增資而使私人台資占有了31%股份，日資下降為20%。華視主要股東為國防部（30%）及其相關單位（46%），其次是教育部（10%），特定私人占有約14%。中視大約有70%股權為國民黨持有，餘屬特定私人。

華視創台時，台灣的電視普及率估計是65%，至1977年時已達95%，幾乎家家戶戶有電視。三台除台視開播前兩年，華視創台第一年，以及台、中視1972年虧損外，均有盈餘，額度頗豐。以中視為例，在電視台林立，競爭激烈的1999年，單（4）月的稅後利潤仍達7,000萬。據中視首任新聞部經理、知名音樂及文化評論人張繼高的資料，1974年至1990年代初、中期，三台盈餘「長年高出一向賺錢的台電2.6倍，高出銀行利率的3.4倍」，他並認為，「這種駭人的高利潤，也埋下了日後腐化……的病因」，因為這個利潤基於獨占電波，卻並沒有給付電波使用費而來，並不是三台主事者的經營績效。三台在商業上因競爭激烈，致使電視文化表現不只是平庸，並有保

守、墮落之譏，但它們在政治言論方面頗稱一致，幾無競爭。

1990年代中期始，也就是政治解嚴五、六年後，兩報三台的媒介主導結構，開始遭受較大挑戰。1992年底，台灣教授協會等十五個社團發起退《聯合報》運動，同年稍前（7月），出身土地建築業、曾任監察院副院長的林榮三投入鉅資所興革的《自由時報》，開始在電視上密集廣告，並以黃金促銷，1992年底它在頭版宣布發行量逾50萬份，自稱已打破報業壟斷局面。此後數年，《自由時報》繼續以多種促銷（包括較低報價）方法，使報業競爭更見激烈，兩報無法不受影響。

三台方面，1997年開播的民間全民電視台，以及澄社等八個社團於1995年初發動的黨政軍退出三台運動，並未對其造成明顯威脅，但超過六、七十個有線及衛星電視頻道瓜分其收益，為不爭事實。中視為因應此變局，1996年起已逐步將黨股出售給特定人，並在1998年申請，1999年8月9日掛牌上市，成為台灣第一家股票上市的媒介，並可能牽動台、華視的股權變更。

兩報三台真是媒介民主化的希望？*

今（1997）年的縣市長選舉，特別，有夠特別。特別之處，不是選舉層級低，不是總統李登輝的老人年金話題，引發眾官唯唯諾諾的效應。11月選舉的特別，在於媒介表現讓人耳目一新，至投票日前三週，都沒有任何政黨或個人抱怨媒介的報導不公正。尤其是三台，以前每逢選舉，無分大選小選，從投票日前幾個月開始，必然連番遭指控為國民黨造勢、輔選，如今非但沒有看到外界的交相抨擊，就連在野人士的嘀咕，豎起耳朵竟然也還聽不到，這真不能說不是奇特了，士別三日，真正必須刮目相看，三台不復吳下阿蒙。

---

* 《申齊月刊》1997/12，頁74-5。

　　媒介的這番進步表現，可以肯定。肯定之餘，這種「公平」報導的「異象」，倒是另外引起了兩個相關的問題。

　　首先，為什麼媒介在不到一年多裡（上次選舉是去年3月的總統大選），就能脫胎換骨？有人說這是因為國民黨與民進黨的差異減少，媒介只是加以反映，如總統直選這個政見，最早由後者提出，最後被前者收割，老人與國民年金等政見，可能也會如此。再如民進黨主席許信良，居然招惹同黨的前總統候選人彭明敏之指控，承受了「通匪」這種以前是國民黨或新黨的專利罪名，那三黨還能有什麼差別嗎？政策無所區別，媒介報導也就顯得較為公允。

　　這麼說是有些道理，但政黨之爭，不全在政策上較量高低，而是更有執掌政治權柄與囊括經濟利益的競逐，因此，政策不妨無所差別，但由誰來獲得權柄與利益，對於不同政黨來說衝擊仍然重大（國民黨若成為在野黨，說不定竊自國產的中廣等將被充公？或者，國民黨黨營的中央社與中廣海外部，既然在去年初由黨營轉為財團法人，則新政府說不定會比照辦理，將中視等黨營公司亦轉為財團法人），三台也就不易只因為兩黨無所別，遂就此相對客觀而不黨同伐異。

　　又有人認為，這是因為國民黨內部鬧分裂，黨中央與省黨部，行政院、總統府與省政府，為了李登輝與宋楚瑜的齟齬，也就出現明暗不一的較勁。大老闆如此，屬下難為，於是8月中旬出現台視董事長難產的局面，台視開播三十餘年，這事從來未曾發生。上面鬆動，台視記者編採空間跟著放大，中視與華視在相同於台視的環境中運作，一個變，其餘兩個不可能沒有感應。

　　此說可信，但應放在更大、更長的脈絡中來理解。過去大約十年，反對廣電媒介由國民黨財團壟斷的運動此起彼落，選舉期間對三台的報導攻擊更是強烈，這些力量可以說是催生劑，持之久遠後發揮了若干效果，一來使三台感受壓力，不再赤裸裸地護航，再則也讓三台部分記者愈發不平，輕則怠工，重則離職他去加入新興的衛星頻道，反過來挑戰早先他們棲息的三台，張雅琴、李四端、林達、葉樹姍、胡婉玲……等人，只是比較為人知道的例子。

　　然而，雖然往常最引人詬病，也就是選舉的新聞報導不公平，已

隨外界的施壓與政治民主化，有了可觀的改變（作者並沒有說三台與其他媒介的報導已極盡公平之能事），這就提醒我們，威脅台灣廣電媒介走向健全之路的禍害，顯然不再是政府或政黨對於媒介的日常干涉，而是媒介「受財團控制，走向商業化」的危險（《聯合報》11月5日社論）。

敏感的人立刻會說，我國媒介的商業化與受財團控制，哪裡只是危險，這根本是上演了很久的事實嘛。筆者則補充，很弔詭，歷史已經走到了一個關鍵的詭譎局面：台灣的媒介幾乎沒有不商業化與財團化的例子，但台灣的主要媒介，也就是解嚴以前最被有識之士唾棄的《中國時報》與《聯合報》，以及台視、中視與華視，亦即兩報三台，卻只是商業化而還沒有全盤財團化。在此認知底下，兩報三台竟然在產權方面，搖身一變，從以前那種最阻礙進步，甚至流於反動的地位，晉身為台灣媒介不財團化的希望，成為台灣民主繼續向前推動的可供冀望之力量。

兩報雖然是私有產權，但除報業等媒介產業以外，似無其他經濟利益瓜葛，不若某些報紙擁有土地與金融等利益，以致後者在報導這些事務時，哪裡只是保守，反動言論亦不時可見。三台當中，台視與華視都有很大官股，非官股部分則屬特權，中視則為黨股及特權股。總之，三台產權的形成，是政治特權過程，非關經濟，因此也就完全不是私有的財團產權性質。

不過，現在兩報三台商業化但未財團化的情況，是有走向財團化的傾向。兩報受到其他媒介等的惡性競爭壓力，若是招架不住，則增資、股票上市，甚至產權讓渡而導致財團入主，並非全不可能。三台當中，國民黨的中視已定明年9月申請股票上市，也就是許介麟教授所說，透過稀釋黨股來分贓，化解壓力與保持對中視的控制權。中視若得逞，又無他力阻擋，則台視與華視跟進只是遲速而已。等到此時，兩報三台亦全盤（準）財團化，台灣媒介再要得到生機，費勁可就更大了。

在這個轉捩點，兩報是否能如同英國的《衛報》或法國的《世界報》，走向準公共報紙以求發展，較大部分決定在兩報產權人的認

知；三台究竟是由政治特權產權轉向財團化或準公共產權，較大部分取決於外在的求變壓力其方向是否正確。壓錯方向，我們就成了歷史的嘲弄對象，日後翻身，難度將要加高；壓對方向，歷史的辯證業績，就要由我們見證。

《自立晚報》與公共電視 *

（2001年）10月2日，台灣歷史最悠久的晚報印出「明月高掛，淒美熄燈」，同時宣布停刊，這是壞消息。

10月4日，立法院三讀修正《公視法》第2條等條文，不再逐年刪減公視年度預算的1/10，從今以後，政府每年可望至少編列9億新台幣給公視使用，這是好消息。

好壞消息，都與《自立晚報》有關。但往者已矣，來者可追。《自立晚報》雖不是麥子，落地之前，卻已孕育眾多生機。《自立晚報》停刊當晚，曾經在此擔任要職的許多人士，包括傳播政策制定機關的首長，台灣創立最早的電視機構及唯一的公有電視台的經營主管，統統到了現場致意。

現在，這裡有個稍縱即逝的機會，諸位前自立主管如果善加把握，可以為台灣的電視環境挹注清泉活水。

據說，新聞局已經準備在適當時機，隆重公布第一階段的電視改革計畫。消極內涵是，為了協助台視與華視，目前公部門在兩台擁有的股份將不出售，言下之意，這也就是向兩台董事會發出訊號，表示其他的私人持股（包括某政黨的11%台視股份）不能轉讓，除非第三者自願承擔代價，干冒未來這些股份再度回流公部門的風險。

積極內涵是，新聞局可能會評估，是否理當擬定辦法，或鼓勵公視、台視與華視自行擬定符合專業標準的辦法，劃分公私股的權力界

---

* 香港《明報》2001/10。

限，讓三台還沒有合併以前，先進行穩定的營運聯盟，一來流通彼此的資源，二來增進員工的合作能力，三來在此過程培養三台互信的基礎。若能如此，在最好的情況下，除能藉著規模的擴大而達成較高效率的經營，也等於是替未來的三合一電視集團開始奠定根基。

新聞局的計畫，幾時能夠克服內部的障礙而付諸實施，仍待揭曉。但有三個理由，公視理當率先綢繆。第一，預算已經無虞，根基穩固，這正是回饋社會，宣告自我提升，也提升他人的時候。其次，藉此可向協助修法成功的立委表明，公視不是從此要安逸過日，而是有更深切的進取心與責任意識。第三，公視若只求獨善其身，最終必將難以自保。情境接近台灣的美國公視總裁杜根（Ervin S. Duggan）說：「民主亂成一團、趑趄不前，雜亂無章。吾人理當放言共謀，重新占領高地。」我們的公視至少亦得有此氣魄。

特別是公視董事長與另兩台的高階層主管，分別曾經是《自立晚報》的發行人、社長、總編輯與主筆，相互之間總比其他機構更有默契、更能互信。這樣的機會，放眼古今天下，再難重複出現，若不掌握，他日再無亡羊補牢的可能。因此，不待新聞局的發動，公視就可以承擔火車頭的角色，就聯合兩台成立公集團的議題預作討論及規畫，特別是涉及媒體的事務，若由民間先準備，再有政府公權力的參與，外界比較容易支持，也較能杜絕特定人、政黨或政府想要染指媒體的指控。

日前來台訪問的華勒斯坦（Immanuel Wallerstein）說，資本主義世界體系必然崩潰，其後的美國可能走向法西斯，也可能翻轉今日的格局，率先成為舉世第一個「準社會主義國家」。他相信前者不可能，後者反而有望，但前提是不滿當前體制的人，要多管齊下、多層次「抓住機會，奮鬥求救」。台灣電視的前途也是這樣，外有新聞局首長的意願、立委的協助、無線電視民主化聯盟在內的社會力量積極奧援，欠缺者就是電視界本身的意志與行動之表達，擊發第一響者，捨公視其誰？

《更生日報》，全球地方化 *

　　創刊快要滿半個世紀的《聯合報》，（2001年）6月上旬在雅加達再創辦一份印尼《世界日報》，據稱它又準備花3,000萬新台幣，整修報系總部的門面。另一家報紙《中國時報》，去年剛過五十週年，最近則「忍痛」裁撤了中部與南部編輯部，工會表示願意減薪，換取上百位員工的工作機會，沒有得到資方的首肯。

　　1995年，《中國時報》資方認為，台灣中部與南部的商機已經成熟，因此揮軍進入，招兵買馬，並且調派總社大員進駐，分別在台中與高雄擴大編採業務。六年下來，原本在這些地區尚可立足的《台灣日報》、《民眾日報》、《台灣時報》與《新聞報》，經營情況更見敗壞，搖搖欲墜，紛紛轉手。至於《中時》本身顯然並沒有討到便宜，反而是因為錯誤的判斷及市場競爭的不可確定性，也告不支。

　　這不禁讓人想到，假使當年《中時》除了南下，也發兵東部，那當今台灣最老的報紙，比《中時》、《聯合》都要悠久，總社設在花蓮的《更生日報》，也能長青至今嗎？

　　這實在讓人好奇。花蓮人口35萬，即使鄰近的台東25萬居民也是其潛在讀者，兩縣總和大約60萬的市場，就一家日報來說，也還是很小。何況，兩縣面積高居台灣的前兩位，總加起來，將近是市民約280萬的台北市的30倍，這就使得它的發行成本要比人口稠密的西部更為昂貴許多。

　　但五十二年來，《更生日報》從來沒有傳出財務危機（或者，即使有也很少人聞問）。台灣長達三十多年的報禁時期，報紙執照非常值錢，在1970年代末期，可以賣到的價位相當於現值港幣1,000萬以上。即使這樣，《更生日報》從來也沒有轉過手，一直到現在，發行人都是謝膺毅。

　　所以，究竟這是怎麼樣的一家報紙？是怎麼存活、茁壯至今的？它的新聞內容與廣告，是有濃厚的花蓮色彩。比如，在最近入學考試

---

* 香港《明報》2001/6。

放榜這段時期,《更生日報》的頭版有大約一半赫然是恭賀某人及某人,高中花蓮唯一國立的東華大學研究所之廣告,二至六版則是花蓮焦點與要聞,台東新聞再占一版多,接下來是半版稍微花俏的「性不性由你」,然後是不到半版的兩岸港澳新聞,最後才是兩版的中央政府新聞,以及半版的國際消息。

另外,據說《更生》的生產成本比較低,原因之一是記者薪資不高,兼職也多,廣告時而必須自己招攬。只是,報紙的地方內涵,或是老闆壓低工作條件,其實也說不上特殊,其他報紙只要願意,同樣可以採行。

所以,為什麼在高唱全球化的年代,這份報紙猶然能夠好端端地固守東部?《更生日報》既不像前面提及的那些西部報紙,沒有一心想要或被迫要攻進台北都會區,也就沒有迷途亡失。反過來說,《中時》、《聯合》與《自由》這些大型報紙,到如今也懶得東移叩關,卻成全了《更生日報》的年壽。也許,最重要的原因,在於台灣東部沒有提供誘因,外資無意進入,以致成全了《更生日報》,這可以算「是不材之木也,無所可用,故能若是之壽」的一個例證。在網際網路、全球地方化高唱入雲的當代,《更生日報》是有趣、值得了解的個案。

報紙的藍綠問題,新聞商品結合了政治立場[*]

(2003年)4月17日,幾乎是絕無僅有,四家報紙不約而同地針對相同事件(新聞局兩項委外研究案)發表社論。

《台灣日報》的標題是,「社會的評鑑與司法的評斷,是媒介無可迴避的社會責任——在媒介競相炒作,引進中資之際,為了國家安全與社會安定,政府與社會能束手不管嗎?」。《自由時報》則是

---

[*]《目擊者》雙月刊2003/5,頁23-5。

「新聞自由不是向中國傾斜的擋箭牌」。

《聯合報》是「葉國興為政治當局量身製裁的第五權」,《中國時報》是「新聞局不要陷民進黨政府於不義」。

兩項委外案,一件行之有年,預算94萬,已在進行。另一件是新的,預算300萬,尚待招標。前者是媒介內容的分析,以2000至2002這三年來說,新聞局並未招標,而是直接委託中華民國新聞評議會(新評會)分四季執行,並發布總題是「淨化新聞　迎向新世紀:電視新聞色情、暴力及血腥新聞內容之研究」的報告(分作電視與報紙兩部分,當時一年預算是80萬,到了去年最後二季,可能是因為經費不足,富邦文教基金會也加入了贊助行列)。

後者是「報紙及雜誌產業調查」,以前並未進行。筆者在得悉有此調查,而各報還沒有炒作時,不但樂觀其成,而且希望早日看到成果。畢竟,媒介產業資料的欠缺或雞零狗碎,對於任何從事傳播政治經濟研究的人來說都是缺憾,對於專研媒介政策的人,無論在政界或學界,這個缺憾將使得政策的消極規範與積極興利的空間大幅萎縮。

這就是說,引發軒然大波的新聞局研究案,一個是因循舊章,一個是可望增益社會對自己認識的調查。既然一個了無新意,號稱求新而厭舊的媒介,為什麼認為這會具有新聞價值、為什麼反應這麼激烈?既然另一項調查具有正面意義,又為什麼如同前面引述的標題所顯示,四家報紙分裂成為兩種對立的陣營?

回答第一個問題的報紙,應該是《中時》與《聯合》兩報,它們尾隨《聯合晚報》,在早報當中,率先於15日以顯著篇幅(特別是《中時》,幾乎是投入了二版的全部),報導及評論這兩項研究案,《台日》及《自由》則是被動跟進(但這也很不尋常,各家媒介通常相敬如賓,彼此並不過問對方的新聞處理手法。台、自直指中、聯而評論的原因,與第二個問題的答案相同,稍後再談)。中、聯也許認為,新聞局這次沒有逕自委託,而是公開招標,因此就新鮮了。第二個新鮮則是,在招標評比過程,贏了世新大學、新評會的新聞公害防治基金會,其人馬的黨政想法浮泛綠光。第三也是更為新鮮的是,得標者竟然不再討論羶色腥,而是要分析六家報紙(前述四家,加上

《聯合晚報》與《中時晚報》)的頭四版,也就是要分析主要是黨政要聞的版面,是否「公正、客觀、精確與適合」,因此就很特別而值得大書特書了。

在這三個或許還算具有新聞價值的新鮮要素裡,第一個新鮮是可以替新聞局加分的(評比而不是直接委託特定單位)(當然,也許不必嘉許新聞局,這可能只是新的政府採購法所要求?)。第二個新鮮則怨不得人,因是公開評審。若是基於這兩個新鮮而大幅報導,似乎是應該肯定多於指摘新聞局。但兩報砲轟新聞局,畢竟不但表現在標題,而且在大、小社論及記者評論(《聯合報》又添加了言論版的十篇左右的讀者投書與邀稿,以及報社元老的副刊專欄),連續三日都是大聲抨擊,甚至出現這樣的字句,「某些學者反而加入為新聞界製造腳鐐手銬工匠的行列」。兩報的負面反應,至此不能不說是很不尋常了,而如果前兩個新鮮不可能造成這樣的迴響,那必然就得從第三個新鮮找原因了。這就是說,在兩報看來,扁政府找來白手套,穿上了學術的外裝,想要箝制他們的論政立場(台、自針對中、聯的反應,更可坐實後二者的認定),於是構成了對於新聞自由的侵犯。

不過,中、聯五十餘年的辦報歷史,形象及政治立場是有定論的。無論是兩報自己的定位、旗下記者的了解,報界同業與外界的評價,或是解嚴以前國科會所資助的學術研究,在在已經清楚,而且再三標誌與複述了兩報的色彩,舉凡是保守或激進、泛藍泛綠、左中右正派,以及兩岸關懷的傾向,半世紀以來兩報是始終如一的。這樣說來,難道還有任何必要,再次透過明目張膽或遮遮掩掩的調查、研究,就只為了確認月落日出、日落月昇?並不合理。退一步說,即使受託單位真是再次就此作文章,又要透過什麼手段來箝制中、聯的言論自由?立法嗎?民進黨立委在弄不清楚狀況之前,就開始指責新聞局,同黨都因誤解而要操戈了,說立法未免高邈。透過發布研究的成果,號召公道人心來討伐兩報嗎?台、自也許會刊登,但它們的讀者原本就對中、聯有成見,類似本文第二段所引的社論及其他評論,頻次及用語「生動」挑釁之處,遠超過一年最多六次且文字硬邦邦的報告,來得容易讓他們「同仇敵愾」,台、自並沒有太大誘因老調重

彈。至於中、聯兩報，以前新評會無傷大雅的報告都不刊載了，若是這次新的研究成果，真對兩報不公平也並不有利，難道兩報反而會吹鑼打鼓、大肆報導？

或許，當局者迷，中、聯受制於新聞的快速轉動，誤判情勢而將不需要過度防微杜漸、預警的事件，以不成比例的誇張手法，放大到讓人咋舌的地步（中、聯連續三天計投入了約十個要聞版面）。最後，還有一種可能，我們也不能排除，這是兩報的新聞商品化之需要，完美結合於兩報政治立場的一次表現。台灣的報業競爭，今日遠烈於往昔，特別是最近三年以來，更是如此，黎智英的《壹週刊》及《蘋果日報》只是這個總體趨勢之中，吸引更多目光的一環。客觀局勢雖是這樣，市場競爭的壓力下，各報不得不知所選擇，以作因應。怎麼選擇呢？似乎不是軟化論政的立場來拓展讀者的來源，而是堅持甚至強化狹隘政治的色彩，企圖藉此來鞏固原有讀者群。另一方面，各報相同的是，它們都透過其他版面的輕鬆化，以此爭取不那麼政治化的受眾。就此來說，台、自與聯、中是遵循相同邏輯的，除了走軟來討好讀者，它們也各自以政治立場區隔彼此的市場，而藍綠就成為雙方各自選取的標籤。這樣，等而下之的，這次新聞局研究案風波的報導，竟然就只能具有政治鬥爭的性質，竟然只能是立場差異的眾多顯現之一個大插曲，竟然只能是總統選舉的前哨戰而已。這樣，我們也就回答了本文第六段所提的第二個問題。

四報看似有別，其實服膺相同邏輯的事實，也可以從四報都沒有正面回應，或說大都排斥或淡化新聞局所提的第二份研究案（2003年報業及雜誌產業調查），透露了出來。新聞自由不是四報的共同利益，中、聯把研究案上綱到了政府將要箝制媒介自由的層次，固然讓人錯愕，台、自主動擁抱國家而奉上新聞自由，同樣讓人稱奇。但四報卻有共同的行為，就是它們吹捧自己不遺餘力。1970年代末，中、聯競相宣稱自己有了百萬發行量。大約1996年左右起，《自由》加入叫陣，三報都引用相同的調查來源，各自誇口第一。最近，《台灣日報》說自己是台灣菁英最愛看的報紙。業界彼此僵持，那麼，由第三者出面查訪資料，公開周知，真正分出高下或區辨讀者屬性，不

是一種沒有辦法的辦法嗎？若說廣告主心知肚明，無勞政府出資，那也可以。只是，我們若能有政治人物的財產申報陽光法案，也有政府的行政公開法與檔案公開法，而機密法及資訊公開法也都等著準備立法了，則重要性固然仍不能與政府相提並論，但並不能小覷、且自詡是第四權的媒介，難道可以繼續「有權無責」，難道可以繼續連最起碼的一些產業資訊，都僅能由廣告主聽聞嗎？難道我們不能模仿德國，或逕自創造，制定相關的報業統計等等法令嗎？僅只是一年的調查資料，即便有成，都是不夠的。即使現在我們還不需要這些法令，難道來點討論，都嫌太早嗎？媒介若澈底監督權勢有所困難，則自我透明、展現社會公器的真正風範，應該並不困難。是為與不為，不是能與不能的問題。媒介自己這樣做了，政府自然也就無須出資，贊助這種若無業界合作，則其實很難有成的產業調查。

新聞局是需要檢討的。新聞局是不是在提升新聞自由，還是僅在敷衍行事或鎮壓新聞自由，是要追究的。但如果自由有消極與積極兩種，新聞自由同樣也是有消極與積極兩種。國家鎮壓消極的新聞自由，不讓媒介盡情說話，是要遭受譴責，也有賴媒介與公民的聯手抵抗。相同的是，國家不肯營造環境，或國家不肯制定傳播政策，不肯藉此提供公民合適的資源，不肯藉由創辦或擴大公共媒介來積極行使積極的新聞自由，這也同樣有賴媒介與公民的聯手爭取。就此，公民社團的努力，遠遠超過媒介。若以促進積極的新聞自由作為標準，檢視中、聯、台、自，那麼，四家報紙都是不及格的，它們干擾或反對積極新聞自由的實現有餘，促成不足。

《中國時報》五十歲 *

《中國時報》創刊50週年了，過去一個禮拜的周知慶祝活動，

* 香港《明報》世紀版2000/10/2。原標題〈我五十歲，生日快樂〉。

（2000年）10月2日到了最高潮。除了在台北市海拔最高、最高貴、最有象徵意味的圓山飯店舉行創刊盛大酒會，《中時》頭版也撥付最顯要的位置，刊登了總統陳水扁的書面賀詞。

總計7天，在《中時》頭版、二版、三版，以及第一落其他版面出現的祝賀文章，大約超過了40篇，作者從美國政界、台灣宗教界、知識界，一直到政界的總統，所有還能活動的曾任與現任行政院長，主要政黨黨魁，三大工商巨頭，統統出場。

這樣的排場與氣魄、這樣的不計月旦，這樣的在海內外獨樹一幟，大張旗鼓為自己壽，必定有其原因。這個原因可能是某些台灣媒體特有的情況，逢迎東主與自吹自擂的惡習，遇有機會就要發作，徒然只是風騷亂彈的延伸。這也可能是榮譽及個人意志還沒有完全被利潤至上的資本主義精神壓倒之又一個例證。

《中時》竟是為了哪個因素，以致有此空前，也應該是絕後的大鳴大放之表現？

二者都有。如果2日《中時》沒有以四、五兩整版，較大字體刊印該報創辦人董事長余紀忠的專文，〈惟有大決大斷，才能開創和平尊嚴的新局：我對大陸政策的觀察與期待〉，那麼，所有的紀念賀時文字，最多終究也許只能是酬酢取暖，或甚至自暴《中時》之短。如今，內容勿論，形式規模已然驚人，92高齡老人正以老驥伏櫪、去日無多的歷史感，為自己也為他念茲在茲的台灣與中國之前景，重新表明立場與勸說。在這篇長文，余先生記錄了他去年當面向中國國家主席江澤民說，即便如同他這麼具有中國情懷的人，亦不能昧於道理與事實而接受一國兩制或中華聯邦制，他同時提出丘宏達等人所曾主張的中華邦聯制，也就是類如俄羅斯與烏克蘭的關係，彼此協同外交與國防，但國際上各自擁有法定地位。

在這篇萬言長文之下，所有先前出籠的感懷或捧場之作，即便正面觀之，畢竟也只能有如錦上添花，眾星拱月；如果負面看去，則也許只是陪襯，也許可有可無，也許只是附麗。

總而言之，若是《中時》已如月如日，已可傲然獨步，何必又一定要呼朋引伴。《中時》50週年的慶祝活動，廣結善緣及各界交相示

好是表象，曝露自己的弱點是真，顯示《中時》仍然如同其他媒體，在進行報導臧否之時，還不能夠自外於政權與經濟權，並且不能之餘，還是存在壓抑不住的衝動，要結合主流政經勢力，炫耀於讀者。

《中國時報》的明天 *

　　二十二年前起，《中國時報》與《聯合報》競相宣稱，自己是台灣第一大報。就主張台灣理當先獨立，然後再與中國談以什麼方式融合的讀者來說，這兩家報紙誰大誰小，不是重點。因為在他們眼中，《中時》的邦聯統一制，雖然比《聯合》的彷彿是三民主義統一論，來得有道理，但都不太可信任。

　　在此背景之下，隨著台灣的民主化，1992年底起，情況有了大的變化。土地資本起家的《自由時報》，由林榮三先聘專才，後再自己披掛上陣、戮力投入資金與時間，闖蕩出了天地。《自由時報》硬是突破了兩大寡占的局面，雖然論述水平較弱，但先獨再論是否融合之立場，讓它贏得不少讀者，並漸次與兩報鼎足而三。

　　《自由時報》在1996年兩報零售漲價為15元新台幣時，仍維持10元。兩報自此陷入苦戰，具體表現在1997至1999三年期間，《自由時報》只促銷19次，《中時》則是162次，而《聯合報》是175次。

　　過去一年，情況更慘淡。就在林榮三接受（2001年）本（8）月《財訊》專訪，表示年終獎金照發之時，《聯合》維持不裁員、不減薪但安排員工優退的作法，被比了下去。《中時》更糟，以事後諸葛之見，它的許多投資案（中南部設編輯中心、內湖建國印刷廠、電子報等）都是錯誤的決策，至2038年到期的債務是50億元。

　　更嚴重的是，《中時》先裁撤中、南部中心，上百人抗議聲未歇之際，它又宣布將至少裁員五百人，並且拒絕工會減薪保工作之請。

---

* 香港《明報》世紀版2001/8/17，亦在《立報》2001/8/22第2版刊登。

但中時工會豈是省油的燈？1988年它誕生於勞資對立的嚴重衝突，成長於濃郁的對抗意識及實作，又在1996年設置全台第一個罷工團結基金。中時工會不但是台灣媒介工會最自主、最具有勞工主體意識的工會，放在全台所有工會中，亦可說是數一數二。於是，工會連番出擊。若干電視乃至於《聯合報》，也都正確地報導了他們的周知、施壓活動。

《中時》面臨的困境，又豈只是「外患」，更有內憂。創辦人余紀忠雖然廉頗之意志仍然旺盛，畢竟已經高齡92。相比之下，林榮三的六旬之年，優勢立見。《聯合》王惕吾五年前辭世，卻因管理手法有別，至今色彩與立場，若不是更加鮮明，至少是維持不變。

《中時》呢？它的未來，它的相對寬容、相對自由、相對統獨之間的邦聯立場，會有什麼變化？簡單一句，它的余紀忠特徵，將要如何？也許有四種可能。

第一，如果《中時》股票上市，如同現時工會在饑不擇食的情況下所要求。除了員工的整體工作條件不見得更好，《中時》性格可能也難以維持。張圭陽說，儘管金庸在1991年3月將其報紙上市時，表明是要延續他的言論風格與辦報作風，但事不過兩年多，至1993年4月，一切都「化為泡影」。

第二，美國《洛杉磯時報》的例子。1970年代後期該報晉身為全美大報之林，與《紐約時報》、《華盛頓郵報》等齊名。但是在Otis Chandler這位轉化《洛杉磯時報》地位的辦報高手離開之後，Chandler家族在去（2000）年3月將報紙以65億美元賣給了《芝加哥時報》集團。

第三，美國《紐約時報》的例子，至今仍可維持家族色彩。特別是1997年升任董事長的小阿瑟，受命於媒介大變局之中，表現似乎頗受肯定。他試圖將報紙的經濟基礎從廣告收入為主（約80%），走向發行與廣告並重（各半），贏得了更多編輯部同仁的肯定與敬重。

第四是英國《衛報》的作法。六十多年前，業主史考特將《衛報》信託化。除了自己的後人維持若干決策的參與權，史考特另擇他所可以信託之人（包括員工），共同主持報社。這個託付方式讓《衛

報》至今仍然是英國四家綜合質報當中,最被尊崇與信任的報紙。

如果《中國時報》走向前兩種模式,對於台灣報業或許是損失。第三條路是否可行,端賴余家是否後繼有人。第四條路則取決於余紀忠的意念。何者出線,再過不久,也就揭曉。

《中國時報》的未來:誰僱用誰,這是問題*

台灣的傳媒特別是報業,尤其是《中國時報》出了大問題,但誰來負責,一直欠缺討論。先釐清問題的責任歸屬,接下來綢繆獻策,討論以求解決的手段。

科技無言,但經常成為諉過的對象或救贖的英雄。不時有人說,網際網路太發達,人們免費讀報更方便,因此不買報紙。但是,如果這個說法是對的,同樣在台灣,《蘋果日報》與《自由時報》何以「脫穎而出」?或說,至少它們另有門路,因此宣稱自己活得很好。同樣在亞洲,新加坡、香港、南韓與日本都還不差,更不用說,中國與印度在2003至2007年之間,報紙發行量增加了35%與20%,巴西、巴基斯坦等開發中國家,也是如此。在美國,報量是下跌,是在裁員,但大致報紙都還賺錢,有些是因為賺10%幾都嫌太少,因此出賣報團或減少員工。科技變遷當然會讓報業在內的各種商品市場產生變化,但台灣的情況太離奇,《中時》是最近的例子。

怪罪科技不成,那麼是讀者所致,但聽來奇怪,報老闆也不敢這麼說。所以,可能是報老闆?特別是《中國時報》的工會刊物《工輿》對於余家的經營管理常有批評。可能是員工?包括編採、行政管理與其他部門的報紙第一線勞動者?假使怪罪科技與責備讀者都不可信。那麼必須負責任的主體,就是報老闆與員工。假使過去經營《中國時報》的主體是老闆而不是員工,那麼,員工責任遠少於業主,其

---

* 《目擊者》雙月刊2008/9,頁8-10。

理至明。

　　所以，目前的難局如何解決？就讓員工掌握經營權力，如何？資方經營假使不力，何不讓員工組織管理委員會，負責編採及肩負其他報務。員工哪裡有這個錢？不難。不說《中時》資方仍有餘錢，台灣乃至於全球的游資氾濫、政府掌握基金何其多，到處都是資金。假使資方可以僱用勞方辦理企業，有什麼道理不能讓員工自組委員會，集體向資方借貸，變成是勞方僱用資本來經營企業。若以眼前關注的對象來看，就是由員工僱用資本，經營與管理《中國時報》？

　　這個作法可能實現嗎？取決於兩大要件。一是員工有沒有意願？二是資金的來源，包括借貸成本及借貸期間如何設定。這裡先假設員工有意願。接下來是資金，政府應該創新與實驗，行政院理當出面擔保後，邀請《中時》資方、形象優良的企業及金融機構，提供融資。借貸成本則以台灣金融機構的平均利率為準，上下浮動合理的比例，逐年隨資金市場的供需而調整。借貸期間以1996年至計畫啟始日的間隔為準，比如，若2010年開始由員工委員會負責經營，則借貸期限14年。何以是1996年？眾所周知，該年度是台灣報業大轉變的一年，《中時》在內的傳統報紙其後江河日下。如果資方弄壞了報紙已經十四年，那麼讓恢復《中時》的時間也設定是十四年，應該不是不合理。當然，借貸成本與期限只是舉例，還得詳細規畫。

　　勞動者僱用資本，這件事情本身並無創新可言，特別是如果這是指其中最低層次的一種，也就是政治力介入私人公司的營運，責成員工分紅入股（employees share ownership, ESOP）。最早在美國提倡這個作法的人是財經律師凱梭（Louis Kelso），更有趣的是，1956年，他曾鼓勵賓州報業公司的雇員向業主買下該報，達陣成功。更出乎意料之外的是，倡導ESOP的人包括今日舉為新自由主義的標誌人物之一，前美國總統雷根（Ronald Reagan）。至1990年代末，美國國會通過20種法案，鼓勵一萬多家公司依此實行ESOP。2003年9月17日，美國參議院財政委員會全體無異議通過《美國雇員儲蓄暨信託股份保證法》（National Employee Savings and Trust Equty Guarantee Act），可說是ESOP的最近發展。

　　《中時》若要轉型，可以比ESOP模式更進一步，走入完全由員工自己經營，資金則向資方或其他來源借貸，也就是真正的勞工僱用資本。這類公司遍布全世界各地，而規模最大且聲譽最為卓著者，就是西班牙的「猛龍」（Mondragon）集團。它創辦於1956年，其後陸續擴張並自有銀行，1990年代中期是西班牙第10大企業，至2001再前進為第8大，由75個獨立的公司以及55個子公司組成，僱用了西班牙巴斯卡茶拔（Deba）河谷7萬勞動力的近半數，另有海外3萬員工，在2002至2005的四年間，猛龍再向全球投資20億美元，僱用1.6萬人。猛龍在2000年的營業額是43億英鎊，利潤2.5億，惟其總裁的薪資一年是6萬英鎊，僅為最低薪資者的7倍。1991至1992年的衰退期，猛龍未裁員而是暫時減薪（最高減30%）。至2000年初，世界經濟不景氣，據報猛龍仍表示不裁員，惟為因應市場供需變動，有1/5勞動力是兼差，或為臨時短期契約工。

　　傳媒部分，員工參與或自營的例子也有一些。如，美國的《密爾瓦基報》（*Milwaukee Journal Sentinel*）98%股權為員工持有，多次拒絕財團以超過股票面值蒐購該報，最近是1996年拒絕10億美元的併購案。又如法國的《世界報》，《世界報》由創辦人持股40%、記者等基層員工49%，管理階層11%，1982年曾減薪共渡時艱，今年以來又有新困難，或許也會採取類似作法？另一類是英國的《衛報》，它的產權為公共信託，員工雖然未持有股票，但與西德若干報紙相同，亦能透過工會代表參與總編輯的遴選作業。

　　我們的近鄰阿里郎也有不錯的例子，《韓民族新聞》（韓國人）日報。該報由2,000多位新聞從業者，加上關注民主發展的人總計3,342位，在1987年10月30日刊登廣告募款，得6萬人響應後，集資50億韓圜創刊於1988年5月。至1997年該報雖有虧損，但數額不大（一年約8,400萬至32億韓圜，約台幣300餘萬至1億多），並且，其後轉有盈餘，現在業已晉身為南韓第四大報，讀者構成以「20到39歲」、「具有進步傾向的白領中產階層」為主。

　　《中國時報》能否轉型、轉型是否成功，不只是《中時》及其員工的事情，對於台灣社會不會沒有重要的意義與啟發。《中時》資方

如果讓員工一試，可以坐得合理收益與令名。政府假使願意出面撮合與擔保，對於傳播與新聞自由的內涵是巨大增進，同時享受士林的敬重眼光。中時工會原本相當具有自主意識，過去未曾與聞其間的《中時》員工，正可以藉此機會向工會致謝與致敬，攜手共進之際，伸張勞動者的自尊與能力。社會有心、有志之士苟能從旁推敲，則厚植與豐富本地進步志業的成績，已在其中。[1]

媒介工會曾經有「黃金年代」[*]

從無到有，台灣各大媒介在短暫一年之內，也就是1988年，成立了11家工會。然後，在1996年初，它們再聯合另四家媒介，成立了全國大眾傳播業工會聯合會（大傳聯），1998及1999年成立的民間全民電視台與公共電視台工會加入後，大傳聯團體會員數增加至17，會員則超過萬人（並出版大傳聯季刊），兩報三台員工占55%以上。至1999年，廣播電台、第四台與衛星電視台，以及《自由時報》、《台灣時報》、《台灣日報》、《民眾日報》等媒介則尚未成立工會。

17家工會當中，自立（早晚報）工會具有較強自主意識，在1994年間曾因資方易手，進行較大規模抗議活動，催生了「901事件」。若以會員數來說，則聯合規模最大，中時次之。1997年，聯合會員2,782人，各部門員工入會比率雖以印務部最高，但編輯部亦達81%（665人入會）。中時會員1,239人，但集中在印製等生產及業務

1　本文出版的同一個月，美國第四大銀行雷曼兄弟（Lehman Brothers）在2008年9月15日宣告破產，《中國時報》集團主要持有人余建新宣稱自己受該案影響，擬出售旗下各家媒介。消息傳出，金融業主與多家傳媒都有意購買，但同年底，卻由先前無人洩料的旺旺集團蔡衍明入主。

*　林祈乾、莊萬壽、陳憲明、張瑞津、溫振華（2004編）《台灣文化事典》。頁783-5。台北市：國立台灣師範大學人文教育研究中心出版。原標題是〈媒介工會〉。

部門，編輯部門（包括《中國時報》、《中時晚報》、《工商時報》、《時報週刊》）只占144人。以會費而論，中時最多，月交300元，聯合100元。

中時工會於1997年9月成立「團結基金」千萬，為日後發生勞資爭議，需以罷工作為最後自保手段時，未雨綢繆，預作準備。這個創舉，加上較高的會費額度，以及編採記者參與率較低，顯見中時工會草創初期，因資方壓制（主導創會的三位記者鄭村祺、吳永毅與張曉琴均被開除）所形成的自主及警惕性格，似乎持續不墜，並展現在工會刊物的名稱及內容。

聯合工會發行《聯工月刊》，強調勞資和諧，常為其董事長慶生賀節。中時工會發行《工輿月刊》，除宣示「工輿是工語，發出工人心聲。工輿是公輿，工人群眾的公共論壇。工輿是公語，言論公開，追求公平、公道。工輿是公餘的工娛，勞動者工作之餘暇要表現自己的文化、休閒娛樂」之外，據稱該二字亦蘊涵「攻」打中時創辦人「余」紀忠之意。

《工輿》亦多次展現較強的勞工自主意識，指出報業自動化衍生的問題，「不是自動化的問題，而是人與人之間的問題」，因此要求節制競爭，然後進而透過國家規範來導引、計畫新科技之使用。《工輿》甚至站在整體報業勞動者的立場，呼籲「兩大報舉行『彌兵會議』……籲請兩大報放慢競爭腳步，阻止報業間惡質對峙……並保障第三勢力（《中央》、《自立》、《新生》等）的生存空間」。

總的來說，媒介工會在台灣仍有很大進展空間，尚未成立工會的媒介，如果能夠自主地創立工會，已屬進步。對於已有工會的媒介來說，除了保障會員的工時工資等權益，亦可師法歐洲同儕，爭取參與部分媒介經營（含議定言論取向）的權力，並進而獨自或與其他社團合作，提出傳播產業政策與媒介改造藍圖，使工會利益與社會利益結合，擴大訴求。

賣《蘋果》，何不給員工優先權[*]

　　《聯合報》日昨顯著報導，王文淵首度證實要買壹傳媒，並在被詢及大陸方面的態度時表示大陸應會歡迎。另三家日報未曾報導，只是稍見提及這則新聞。

　　黎智英入台十餘年，風風雨雨，不用多談，但從年初傳出離台新聞，到了（2012年）9月似有實質進展，其後卻是幾度戲劇性變化，不甘不脆。

　　四年前，原已即將轉入其手的中時傳媒集團，朝夕間易手，不是黎氏所能掌握。這次，雖已遲到，黎智英仍然可以震動視聽，如果他能積極主動，宣布已經成立工會的《蘋果日報》等傳媒員工，可以有合理期限，優先決定是不是要出頭，自行集資，接手他創辦的全部或部分傳媒。

　　黎智英說，他對員工「深感歉疚」。既然如此，聽任員工聽命於背離既有的政治框架，就是強迫員工洗腦，顯然殘忍。據說黎「批判中共但不反中國」，新來的業主若一味迎合中共的某些派系，這對中國大陸、對於台灣都不合適。員工若能得到優先選擇權，但最後決定不接手經營，不但黎的道歉真誠，改變《蘋果》立場的最大責任，就不在自己。

　　兩年多前，《聯合報》曾經報導動人的新聞：一家曾經在全國設有將近30家分店，年營業額曾有12億元的餅店，在倒閉後經由員工的努力東山再起（〈員工集資救老店，丹比喜餅回來了〉）。

　　虧錢的公司猶能如此，不是在台不賺錢而要離開的黎智英更能比照。說是政治或中共打壓而離台，多少是推卸責任的說詞，投資失利事所常有，自己想要抽身，先問立下汗馬功勞的員工是否願意承接，不是很恰當嗎？

---

[*]　《聯合報》2012/11/13，A15版。

新聞頻道氾濫　國會頻道孤單

「真相」新聞的真相*

　　打著「真相」的旗號，立法委員周荃等人推動的有線電視新聞網，前天（1994年3月1日）晚間開播。或許有人認為，與這家新機構簽約的有線電台，只及全省登記在案家數的1/8左右，並且無法如同三台那般同步傳輸節目，因此稱為新聞「網」可能有些誇大。

　　不過，真相新聞開播的意義，倒還不在它是不是能夠稱為「網」，或是能不能同步，也不在於它「只」有北基地區51家有線簽約台。事實上，真相新聞所透露的真相，毋寧說是它再次凸顯了迄今仍然支配影視資源的三台，顢頇自大的事實！

　　換句話說，真相重新提醒我們：（1）三台新聞性節目只有全國而無地方的荒謬：「真相」之前，台北、台中與高雄等若干地區，已有若干規模較大的有線台，自行製播地方新聞，原因出在三台每天只有少數幾分鐘的中南部新聞，全台聯播，並且完全以黨國喉舌自居。（2）報導與評論品質（包括政治立場）的低落：《邊緣對話》、《李濤廣場》等透過衛星播放的文化與時事節目，引人注目的因素，製作優良的成分低，尺度寬於三台的成分高。（3）非新聞性節目的競爭仍難以存在：「真相」製作的畢竟只有「新聞」，卻沒有想到製作更能賺錢的戲劇節目，或許是新聞節目尚有政治賣點，並且成本相對低廉，但商業考量之下的連續劇，其水準三台已發揮得差不多，真相本錢不足也無法走出三台窠臼，所以有自知之明，碰都不碰。

---

* 《聯合晚報》1994/3/3第2版。

　　「真相」又把黨國資本主義的電視結構，脫了一次衣服，接下來的問題是如何善了。單憑真相，改善或補強三台新聞表現的功用，收效較弱，更重要的是民意代表、報紙媒介與關心電視的人士，如何齊心協力，督導並策動三台產權與經營權的改變。假使不此之圖，三台恐怕高高在上笑真相哩。

第四台與新聞頻道

　　1970年代末，由於錄放影技術漸發達，基隆等地開始有家電維修業者，透過線纜，對年付約千元的訂戶播放日、美片為主的視訊，規模遠超出1972年起閉路電視所播放的日本摔角節目，亦與為了解決視訊不良而產生的共同天線業者兩不相同。

　　由於當時僅有台、中與華視等三家電視台，一般就將這類新興的電視業者稱作「第四台」，意指前述三台以外的「第四家電視台」，惟此業者供應的頻道數超出一個，其正式名稱是有線或線纜電視。

　　政府曾企圖強力主導有線網路的鋪設，以此作為推動資訊科技產業的局部動力，但1984年初行政院長孫運璿因病去職，負責本案的政務委員費驊車禍身故，倡導有線業的嘗試就此中洛。代之而取的是，原本就在壓制、取締第四台的主張，也就是有線電視的經濟考量，至此完全屈居防範政治「犯罪」（以及防堵色情暴力節目）的動機之下。

　　但三台的商控官營表現，持續不如人意，於是無法從電視賺錢的小資本，無視查禁，繼續（擴大）經營第四台，有餘錢的觀眾則自力救濟，成為第四台訂戶。從1984年日本發射櫻花衛星，其後數年間，陸續有香港及美國衛星電視升空，台灣諳外語與中上階級開始裝設衛星電視接收器（俗稱「小耳朵」）觀看日英語（及少數漢語）節目，第四台與衛星電視並存，彼此競爭關係不大，可說河水井水互不相干。

1993年9月，香港聯意公司（TVBS）以台灣為市場，透過衛星販售3（稍後擴充至5）個頻道，第四台進入衛星時代，地域色彩逐漸消失，第四台與衛星電視的共生與競爭關係，日漸明顯。共生是指前者有賴後者供應節目，後者有賴前者傳輸；競爭是指雙方都想取得訂戶費及廣告費的較大部分。

這個緊張關係必然導致雙方衝突，其首次似起於1994年4月，陳錦池等第四台業者表示衛星頻道索價過高、搭售不合理、離間第四台業者。1996年底至次年初，兩造糾紛再起，第四台停播衛星節目；1997年底舊戲重演，規模並且擴大。

到了1998年春夏間，第四台與衛星電視的衝突性質已見轉變，主要原因是同時擁有第四台及衛星電視的和信與力霸（東森）兩大集團，不但彼此似已攜手，並且亦與衛星電視最大代理商木喬，達成三合一的協議。在此情況下，TVBS、HBO等衛星電視公司，由於獨自銷售其節目仍可能與第四台發生衝突。不過，更大糾紛是第四台與收視戶的拉鋸戰，訂戶往往在民意代表支持下，要求月費降低至6百元以下，業者則提出私接戶多及節目成本高等理由，不願降價。如有線電視發展協進會宣稱，至1999年6月，第四台雖有訂戶450萬，但其中約有33%係私接。惟這兩個數字都可能高估，因為估高訂戶數，可向廣告商收取較高費用，估高私接戶則可付給節目供應商較少的節目費。

香港有線電視獨家壟斷[*]

台灣公平交易委員會最近再創紀錄，處罰七家有線電視業者4,800萬新台幣。理由是他們觸犯法規，分別有聯合行為、搭售產品、隱藏交易資訊及統購行為。

---

[*] 香港《明報》2000/6。原標題〈自由港市的香港　有線電視獨家壟斷〉。

這種事在香港不會發生，港府政策只核准一家線纜系統。在德國，由於線纜鋪設是前國營電信公司（現在仍有很大國有股份）獨攬，因此也不成問題。英國在1996年還有十家左右，如今剩下兩大對決，兼併過程順利多於衝突。美國接近於英國。

台灣有線電視的發展歷程，與經常並列亞洲四虎的南韓、新加坡與香港，差異好像很大，反倒是與土耳其、印度等地相類，國家機器無力面對新科技所出現的機會。小資本卻應運而起，並在前進路途中，為大資本的進入鋪設了道路。台灣七、八年前還有400多家有線系統，現在下降到不足100，頻道數量則超過6、70，居間主導的力量是和信與力霸集團。

說實話，台灣有線頻道數量太多，系統業者也太多。表面上看，這很符合觀眾利益，節目多，收費低。但再細察，倒也未必。頻道是很多，自製節目經常粗製濫造，其他絕大多數是進口節目，等於是台灣成為境外節目的傾銷場。觀眾花錢，補助外商回收節目的成本或賺取利潤，卻對自己的視聽休閒乃至於新知生活，沒有什麼改善。

有線電視如今已不能分隔於電信事業，而且傾向於寡占或壟斷。政治權力的應對可以有兩種主要模式：一種是台灣公平會現在的作法，試圖以各種力量，不願業界走上港英德的方向。但這不太可能成功，反而坐實了右翼經濟學家對政府規範的抨擊，他們認為，所有的管制行為，根本就是官僚在收取政治租金，除了讓官員自肥之外，對於業界與消費者都沒有好處。

另一種是承認線纜與電信趨向「自然壟斷」，然後限制進入市場的家數，並對取得經營權利的公司徵收特許費，並把所得專款專用，改善公民的通訊及視聽品質；或者，國家乾脆自己承辦相關業務。

前面的特許取租作法，英美都有。英國線纜業的經營執照15年，前五年除公司稅之外，無須繳交營業額的百分比作為特許費，但第二個五年必須年繳2%，最後五年則提高至6%。美國地方政府可向有線業者徵收特許費的上限，如今是年營業額5%，未作上限規定之前，曾高達36%。這個作法若沒有費率管制等配套措施，可能造成業者提高訂費，轉嫁特許費於觀眾。

最後，還有中國大陸採取的手段，獨家由政府承攬。理論上這可能不錯，但1992年9月，江西某縣連續關閉江西台四個多月、中央台三個多月，以此逼迫縣民安裝有線電視，則顯然是政府濫權了。

台灣電視新聞的輓歌？ *

名噪一時的美國「有線新聞網」（CNN）上個月底改組高層人事，美國總部總裁掛冠求去。CNN在1984年問世，虧損多年以後，因1991年波斯灣戰爭而快速崛起，抓住了世人目光。從此以後，每在世界各地出現危機之時，CNN憑藉它的人員布建，遍及全球，往往成為即時新聞的最快、最佳來源。

但天下哪來這麼多危機？承平時候，CNN不見得討好，特別是媒體自由競爭的真諦之一，就在於創新之後，跟風不斷。CNN之所長，自然為其他頻道跟進，終至演變為炒作及同質化，淹沒了CNN的特色。另一方面，資本追求投資縫隙的動力，卻又反向分化了新聞類型，美國境內主攻保守人士、年輕人及財經觀眾的衛星頻道，在過去幾年，先後升空，又瓜食了一些市場。大約從1997年起，CNN就倍覺艱辛，收視率滑落至今，尚未歇息。

台灣的電視新聞從1993年底開始有了可觀改變。在飽受國民黨箝制的三台無法發揮應有的新聞報導功能之際，主要來自香港資本的TVB凌空而降，透過從香港上鏈的衛星電波，向不滿台灣三台新聞的觀眾招手。由於成績不惡，相同的跟風邏輯，一樣上演。1994年就有同樣是港資的「中天新聞頻道」攻進寶島，台北的「真相新聞網」也在該年稍早以跑帶方式，企圖搶食電視新聞的市場。1995年再有港資的「超視」參了一腳，而TVB也另外開播了新聞頻道。接著又有華人衛星頻道，以及1996年開播的「環球衛星台」，然後是

「民間全民電視的新聞台」、「東森」及「三立」各自在這兩三年內，加入電視新聞的混戰。

這裡，台灣有了個新奇蹟。每天有5、60部衛星新聞採訪車穿梭各大都市。到了7至8點，有11個以上頻道播放新聞。9至10點，6個談話扣應節目，七嘴八舌；外加觀眾打入電話，有時支持特定發言者的立場，有時叫罵，有時純粹發洩。假使存在上帝，俯視地球，必然發現台灣上空的電波最為忙碌，雷火交加，日復一日，年復一年，烤焦了寶島大地。

然而，如同美國CNN有從絢爛漸漸走向沉寂的樣子，台灣電視新聞的此情此景，可能將要轉變。不但「超視」9月1日起裁撤新聞部，更大的風暴還在於，半年多前已在流傳的「東森」及TVBS與台灣土地開發公司的糾葛疑雲，最近隨新政府掃除黑金的動力，正式引爆。「東森」集團實際負責人，也是國民黨不分區立法委員王令麟一度遭收押禁見，緣此引發的檢查官及法官的不同處置手法，至今還在發酵。無論「東森」及「年代」最後是否被判有罪，台灣電視新聞的超量供應現象，有可能以此事件作為分界，走向收縮之路。[1]

獨立媒介可以改造台灣的新聞頻道 *

「獨立媒體工作者協會」上個月（2013年12月1日）成立，德國之聲中文網說，「獨立媒介正在改造台灣社會」，因為他們資源雖少，但具有「批判精神，容易打破政商勢力的箝制」。下個月，籌辦多時的《民報》即將成立公司，3月出網路版，實體報紙據說最慢在一年內啟動。

兩起事件都呼應了熊瑞梅教授去年發表的調查結果。她說，六成

1　2023/12/1按：事實上，未萎縮，反而收視份額增加，見後文。

*　《人間福報》2014/1/9第5版。

國人自認「對政府作為沒有影響」，但有七成七「希望貢獻社會」。兩個比例都比對岸、日本與南韓高，形成某種台灣特徵。國人自認無法影響政府，卻又對社會念茲在茲，那麼，只能自力救濟，表現在傳媒領域，就是獨立媒介或俗稱公民新聞的崛起與備受期待。

　　自力救濟的另一種展現，就在壹電視新聞台風風雨雨三年半的變化。香港媒介人黎智英辦雜誌、辦報紙，捲動風潮，2009年再入電視，次年試播網路新聞，前年入中華電信系統並取得衛星頻道執照，後因無法在有線系統上架，去年4月出售。在此之前，「公民參與媒體改造聯盟」的評比顯示，它是11家電視台之中，「最優、唯一及格」。該頻道另一殊榮是，據說許多人認為，台灣的電視新聞是「壹電視、公視跟其他」，及至出售後，論者指其「品質大幅下降」，台灣新聞變成是「公視跟其他」。

　　黎智英是否因為政治立場，致使壹電視進不了有線平台，不得而知。同樣無法確認的是，若仍由黎氏經營，即便持續與眾不同，又有多深多廣的意義？他的平面傳媒不作置入廣告，應予肯定，但鼓動消費主義與迷信某種市場教條都過了頭，勢將阻礙其他觀點進入其報章。渠所經營的報紙都已如此，電視新聞能為此得到可喜的改變嗎？很難，根本的原因眾所周知，台灣24小時播放的電視新聞頻道，數量驚人，加上元旦進入九成以上有線電視訂戶家庭的壹電視，至少8家。反觀中日韓英美法，最多4家。假使考量人口的差異，又假使各國人均使用於電視新聞的經費相同，那麼，我們的電視記者所能使用的資源，只有南韓的1/8至1/16，英國的1/15或1/30。格局如此，記者再神通廣大，資本家再怎麼有能力，最終都會於事無補。十一年前，某形象溫和的財經雜誌懷疑「弱智媒體」如電視正在帶著「大家一起誤國」，現在應該說，這早就是一語成讖許多年。

　　怎麼辦？德國之聲的報導也許指出了線索，它提及的獨立媒介分作兩類。「關鍵評論網、上下游新聞市集、苦勞網」與政府無關。「PNN公視新聞議題中心，以及PeoPo公民新聞平台」是政府回應人民所創辦的公視所經營。

　　現在，政府必須更進一步，讓身陷泥沼多年的台灣電視新聞起死

回生。方法很多，僅提一種。政府在一定年限內，每年捐贈數億，吸引8家新聞台將所有記者納入相同組織分享新聞，由勞資雙方、社會（亦可考慮政府）代表共籌管理委員會，重新劃分採訪路線與各台新聞類型及其分工與協作方式，並依照8台都能接受的辦法分配廣告收入與捐贈，這樣一來，現有的輕薄短小之新聞儘管持續存在，卻只是眾多新聞的一小部分，有利民生、增廣見聞與趣聞的本國與地方或國際新聞及評論，終日源源不絕。台灣的知識與民主水平一年僅需區區數億，就能大舉改善，不為者不智。

在倫敦談「24/7電視新聞頻道」*

闊別五年，上週（2015年6月）受惠於中央研究院與倫敦大學亞非學院，重返倫敦，參加第二屆「台灣研究世界人會」。三十年來，受邀使用外語宣讀自己的蟹行文四次，此番另有意外收穫。

會議為期3天，70多位海內外受邀者，發表60多篇論文、介紹5本台灣研究英文新書，每一場次自始至終都能維持一、兩百人在場。在校園已放暑假、中國風壓過台灣風的西方社會，這個規模應該說是難能可貴。

在十七個子題中，「傳媒與教育」占了一角。由於希望也以中文發表，因此，我的初稿是兩萬多字的中文，再逐次裁減至英文七千言，試圖以「澄清中國因素、澄清新聞自由」作為手段，論證「台灣傳媒的出路」，希望是以日韓歐澳為師，大舉擴大公共傳媒的規模。

但是，談何容易？蔡明燁博士說，大舉擴大非商業部門的傳媒，固然必要，但台灣龐大的商業傳媒特別是「電視新聞」，能夠只是因為非商業部門，也就是公共服務傳媒的增長，就可以藉由競爭，淘汰或改進讓人難以消受的電視新聞表現嗎？

---

* 香港東網2015/6/26，原標題是〈在倫敦談「中國因素」〉。

　　答案不明。確定的是，台灣電視新聞「受歡迎」的程度，已到驚人地步。

　　2003年，台灣七、八個24小時播放的新聞頻道，其總和收視率是1.23%，到了去（2014）年已達2.60%。十年之間，人們收看電視新聞的時間占了所有電視收視時間的份額，從10%倍增到了20%。[1]

　　家中電視機轉至新聞頻道的時間很長，並不代表人們認可其品質。如同英國人最暢銷的報紙是《太陽報》，日銷186萬份，但只有9%的人認可，在英國所有報紙中敬陪末座。導演王正方甚至說：「實在無法忍受……那些挨著一排的新聞電視台……經常每台都在同時播放同一則所謂的新聞，有時候用詞都一模一樣；某女明星是否懷孕了？街角監視器拍到某處出了車禍、有人偷機車，就將模糊閃爍的監視器畫面一再重播……看了半個鐘頭的電視新聞，通常是一無所得，沮喪之餘，很多人就自此不聞不問了，長此以往台灣人將昧於時事，普遍變得愚蠢。」

　　確實，喜歡與否，接受與否，這與新聞頻道所造成的影響，是兩回事。

　　人的時間是固定的，人的認知是會被侵蝕消融，會被「潛移默化」的。人們收看這些號稱新聞、惟很多時候算不上是新聞的新聞，時間既多，則用在收看其他類型電視內容的時間，是會跟著減少的。這類龐大的、川流不息、日夜以繼的影音視聽，在台灣已經存在將近二十年，不只是衝擊電視，還有可能對於報紙以及整體新聞文化，產生負面但難以實證的惡質效應。

　　早在1999年，中視公司董事長鄭淑敏[2]已經慨嘆，電視人變成了

1　2023/7/10按：2020年第三季的24小時綜合或財經新聞頻道占了所有收視時間，約是20.6-28.9%；「中天衛星電視新聞頻道」在2020/12/12因NCC未准予換發執照而轉至網路串流直播。到了2023年第一季，前述占比數字約是18.3-26.5%。以上數字計算自《公共電視2020年第三季收視季報告》（頁7-9）與《公共電視2023年第一季收視季報告》（頁7-9），可下載自https://info.pts.org.tw//數據公開資訊／節目相關數據。

2　2023年7月辭世。

「蛋白質」，笨蛋、白癡與神經質。大前年，在台灣成長、20多年前移民香江，評論享譽兩岸三地，廣受華文讀者與觀眾信賴的梁文道說：「大陸、台灣和香港的電視都在比爛，但要真排座次，抱歉，恐怕還是台灣敬陪末座。」

　　如果電視新聞必須改進，那麼，怎麼改進？英國的例子無法直接對台灣有參考價值，但英國電視新聞的運作，對於活絡我們的思路可能有用。

　　約翰牛播出電視新聞的頻道超過10個，但真正製作新聞的只有3個。其公共傳媒BBC是一個，梅鐸的「天空新聞」（Sky News）是一個，第三個是「獨立電視新聞」（Independent TV News, ITN）。1955年創辦時，ITN就由電視主管機關監督成立，不是「獨立電視台」（ITV）的專屬部門。到了1980與1990年代英國開辦無線第四與第五頻道時，它們所需要的新聞也不是自製，而是統籌由ITN供應，其產權人歷經變化，現在是ITV控股40%，另60%由《每日郵報》、路透社與另一家平面傳媒出身的集團各持有20%。[3]

　　英國人這個作法行有多年，沒人指為違反新聞自由，反而是資源相對集中使用，電視新聞的質量因此相對可取。十年前，也就是衛星電視頻道換發執照時，「媒體改造學社」的魏玓與羅慧雯等人就曾呼籲，「新聞頻道減半，電視環境復活」。改進電視環境是目標，減半是方法，並且不是一成不變，若參考英國作法，公視、華視、客家台、宏觀台，乃至於原民台，新聞編採可以合而為一。台視、中視與民視的新聞，亦可組團供應。其餘24小時新聞台也採相同模式，頻道可以不減，但編採人員組團供應不同長度與性質的新聞。

　　政府有權有資源（核可電波使用與執照），若能邀集電視公司，給予誘因，佐以其他設計與規畫，英國模式的台灣版本並非不可能，此時，由於特定產權人的特殊性格所引發的「中國因素」隱憂，理當能夠舒緩，或者消除。因為到了這個時候，供應電視新聞的業主不再

3　2023/7/10按：2021年6月英國增加GB News電視新聞頻道，兩年後，它的潛在收視群約720萬，BBC、Sky與ITV依序是3,830、1,790與1,470萬。

是一言堂，而是多方業主折衝下，顯現為多種利益與觀點的綜合。

「日久他鄉即故鄉，年深外境猶吾境。」這次的英倫行走，不是初來乍到，英國仍然是他鄉，遂從境外往回看，再次有旁觀者清的領會。

不能「讓全台灣新聞台閉嘴」[*]

「公民反媒體壟斷聯盟」口袋應該相當飽滿。

上週（2016年12月14日），它在台灣兩家發行量最大的報紙，以及一家發行量不多、但其新聞能在對岸經由網路看到的報紙，買了頭版下半面，說明它「反對台數科買東森電視」的原因。

這是第二次灑錢，上個月23日，它已經買過兩家報紙，同樣是第一版的半版，抨擊「中部第一大系統台，讓全台灣新聞台閉嘴」。

假使真有人能讓新聞台閉嘴，在多大範圍是壞事？

《看》雜誌近日有個監看報告，很難得。該刊記錄10月下旬某個週六與週一的五家無線台的新聞時段，以及六家新聞頻道，發現平均有43.42%的所謂「新聞」，取自網路瀏覽器、行車紀錄器和街道監視器。扣除沒有這類新聞的公視，以及仍有4.65%的民視，那麼國人收看該九台新聞的時候，超過一半（將近53%）是俗稱「三器新聞」的內容。

造成這個現象的原因很多。一是隨便製作新聞就有人看，成本低，又能撈些銀兩，那麼為何還要改變？二是系統台的分區「壟斷」，以及部分代理商與系統的局部「垂直」整合，致使新聞台不能公平進入不同的系統，包括進不了中華電信。但是，新聞台入中華電信就能讓新聞品質更好？不可能。並且，幾乎沒有一個國家的系統不是分區獨占，香港與英格蘭甚至是全國一家，局部垂直整合的例子在

---

* 《人間福報》2016/12/19第5版。

其他國家也在所多有，卻只有我們出現特怪的現象，因此究竟是我們的公權力放任這類廠商，還是市場結構的性質使然，會有爭論。

第三個原因是新聞台的競爭激烈，各電視台收入相應減少，因此不願意選擇，或說無法選擇增加投資來培養觀眾收看品質較高的新聞之習慣。第四及更多的原因還待推敲。

現在只說第三個原因，若要讓看電視新聞成為有益身心的影音活動，就得增加「新聞」的有效投資，從中新聞質量就能改善。若「有效」，至少必須滿足三個條件：投資規模要足夠；其次要「長期穩定」投資；最後是這些投資的相當部分必須「集中」使用。

三個條件怎麼一起報到？所有新聞頻道的老闆突然不約而同，齊步向政府權責機關申請，表示將在現有法律許可的前提下或在修法後，讓所有人力在內的所有資源統籌使用，頻道數量將變成現在的若干分之一，除了業者，也會讓各頻道從業人員及觀眾代表，聯合成立管理委員會，分階段逐步讓新聞走向兼容並蓄，三器新聞仍然有，但數量大幅降低；其他類型新聞根據管委會規畫，分門別類由對應的記者人數進行編採後，編輯成兩或三個頻道以新聞為主的內容播送。

要讓所有老闆共襄盛舉，天方夜譚。若參照香港有線電視，可以增加想像空間。香港只有一家系統，反而好管，如同中華電信。香港訂戶95.1萬（2016）、虧損1.39億港幣（2014），但一年銜命必須至少投資20多億台幣於節目，若考量訂費、訂戶數與盈虧等情況，台灣可讓所有業者各依規模，取得併為全台一家有線系統的股份，一年並要投資至少100億在節目；接著，這個系統要說，只願放入兩或三個新聞頻道，於是各新聞頻道也得換股而自行整併，達成前段所說的目標。

於是，電視新聞從業人員的工作條件必然改善，電視新聞的編採與製播質量也就同步提升。這個時候，再要有人說要新聞台閉嘴，觀眾就不答應了。

台灣的國際形象　看電視就知道[*]

　　一家週刊日前發布調查，指出中華電信採取新的制度後，Discovery、CNN、BBC等海外電視頻道因為在台灣的「收入銳減」而「打算撤出」。到此為止，完全是在商言商，不賺錢就走人。但記者筆鋒一轉，表示「假使這些頻道都跑光……不利台灣的國際形象。」這個奇怪的說法究竟是記者的判斷，還是記者引述「學者」或「NCC官員」的意見，無從準確知悉。但無論誰在說，假使這篇報導訪談的人所說屬實，那麼，我們從中再次領悟一個道理，另生一個「感嘆」。

　　道理是，電視節目與頻道的生產與消費，如同其他產品，統統存在交叉補貼。以前，是不看Discovery、CNN、BBC……的人，補貼看的人；不看日舞影展電影或兒童節目的人，補貼影迷與家有幼小的家庭。新制完全採取「收視率」，等於看數字分錢，不再補貼，致使知性頻道一個月收入可能減半，難怪Discovery等台灣分公司跳腳。

　　但是，「失之東隅，收之桑榆」，難道BBC這些頻道不能提高單位售價，直接向收看的人多收一些費用，彌補因為收視率低、也就是收視的人較少所減少的收入嗎？

　　邏輯與算數可行，實踐的過程卻很複雜，不一定成功。節目好、頻道好，值得收看，但假使不看，短期之間，對於當事人可能沒有明顯損失的感覺，雖然久而久之，人們的喜怒哀樂與心情，人們對環境的認識與理解，乃至於人們的氣質與品行，很有可能大生變化。「一日不讀書言語乏味，三日不讀書面目可憎」應該是誇張的古話，但把讀書換成「看電視」，一日三日換成「一年三年」、「十年三十年」，那麼，電視構成的環境不同，觀眾對於哪些事情重要、哪些無關宏旨，觀眾對於不同美學、嗜好與品味的敏感程度，必有差異。

　　因此，不交叉補貼，完全看收視率，是可能如同記者所說，會造成「腥色聳動頻道遍地開花，優質小眾頻道靠邊站」。這裡，就是

---

[*]《人間福報》2017/9/20 第5版。

「感嘆」的開始。中華電信的MOD開播13年，據說虧損315億元，部分原因是交叉補貼的成本由它吸收，若是純粹私人公司，應該無法容忍。偏偏中華電信的最大股東是我們自己，但由政府代表國人管理，結果變成「懷璧其罪」，致使這個在數位匯流年代，理當加碼投資影音製作並經營頻道，藉此才能利己並有利本地文化的中華電信，動輒得咎，既有過時的黨政軍條款之掣肘，可能也有競爭者遊說當局所施加的不當壓力。

現在，再因不肯慷國人之慨補貼外商，居然還得背負有損台灣國際形象的批評，豈有此理。

其實，如果看電視會損害我們的國際形象，我們早就自損多時。《看》雜誌有調查，發現公視沒有之外，其他頻道的新聞平均竟有43.42%的「新聞」取自網路瀏覽器、行車紀錄器和街道監視器！英國人也從網路找新聞，BBC由22人負責，但重點在核實與評估其是否有新聞價值，不是加油添醋或照播。

英國人一年看電視新聞110小時，76%看BBC，另有16%收看另三家無線台的新聞，而其品質與BBC相同，都要遵守專業的法規。我們一年可能看180小時新聞，但我們的政府不肯協調，坐令電視公司無法讓我們的記者發揮，致使新聞品質長年不佳，「三器」新聞占了可觀比例，這些事實才真正傷害了台灣的國際形象。[1]

消除偏頗報導　成立新聞大廚房[*]

台灣大學與政治大學的學生會發起「拒看偏頗造神報導，抵制不實假新聞」的網路串連活動，一兩日之間，已有二十多個大學社團及

---

[1] 2023/11/21按：曾來台灣採訪總統大選的BBC記者隋樂安，十多年前離職後，在2023年8月3日攜家人遊台。我們在指南宮純陽殿後側茶亭品茗閒話家常。其間，仍可聽說中文的樂安次女說，昨晚看台灣的新聞節目，讓她頗有「娛樂」的收穫。

[*] 《人間福報》2019/4/8第11版。

眾多教師及政治人物響應。

　　我們的電視新聞表現很不理想，有些更是行走偏鋒，外界物議多年。若從1999年，中國電視公司董事長鄭淑敏在多家報紙購買半版廣告，刊登〈我的呼籲〉，指出新聞頻道林立而商業競爭激烈的電視環境，已經讓我們的記者變成「蛋白質」（笨蛋、白癡與神經質），至今已經二十年。近日觀眾矚目的電視劇《我們與惡的距離》，如藍祖蔚所說，也是再次凸顯在劇情中呈現商業「競爭壓垮媒介」，然後，他也說，「批判易、幫助少」。

　　批判本身可以是目的，但經常也是手段，是要找到方法，幫助被批判的對象。怎麼幫我們的電視新聞，從而也就是改造我們自己的資訊與民主環境？發起抵制運動的學生呼籲拒絕收看。更積極的作法是釜底抽薪，從「錢」下手。19世紀的美國參議員漢納有句名言：「政治上有兩件事很重要，第一是錢，我不記得第二件是什麼。」

　　發起抵制的現象，在很多國家不會出現，比如，英國人看電視新聞，七成以上看花大錢投入新聞編採的BBC，商業惡性競爭的亂象降至較低或可以包容的水平。我們不能拷貝英國與BBC，但可以採取兩個方向，大聲疾呼業者、記者、社會與政府認真考量，假以數年，或許可以打造雛形。

　　一是治標。二是治本。治標是責成各新聞台依據收視率，提撥相應的足夠基金，作為監督與要求並落實改善不良新聞的川資，至於何謂不良新聞，假使假手政府機關讓人不放心，可以由業者、記者、觀眾與社會人士為主，政府代表為次，籌組常設但有任期的委員會，自行認定與執行。治本的一個可能作法，是成立電視新聞大廚房，同樣依據前述原則成立管理委員會，所有新聞台收入歸由它統籌支用，也由它規畫，有些新聞如同現在的主流，另有些分門別類（老人、幼兒、地方與國際等），也長短不同（三或五分鐘等），依照類型差異所需資金的高低及收入總量，並讓各新聞頻道與管理委員會協議，定期（比如每季）輪替不同類型新聞的播報數量，彼此權益就能相當；或者不輪替而固定新聞類型也可以，此時管委會就需介入，重新分配因新聞類型長期不同，而可能有的高低收視率與廣告收入的多寡，這

是讓不同頻道不會因為改變新聞內容而可能遭受損失的辦法。

驅除府院干預　NCC應改革新聞頻道 *

　　三年多前，行政院長蘇貞昌批評NCC「處理假訊息不力」。當時，前主委詹婷怡沒有因為四年任期的保障而據理申述乃至說服院長，反而屈服請辭。現在，立委依據吹哨人提供的錄音帶，陸續質詢鏡電視取得新聞台執照的過程，府院是否不當介入，蘇院長說「不必查」。這是變種的前倨後恭，並不妥當。

　　十七年前，新聞局依據《衛星廣播電視法》首次審查換照的衛星電視台，當時，新聞台在內，共有7家頻道未獲通過，尚未從政的現任NCC主委陳耀祥在報端撰述，呼籲〈政治黑手　別碰NCC〉。然而，NCC近年來的表現，可能讓外界合理地懷疑，NCC並未有效站穩腳跟，沒有充分發揮法律授予的「獨立機關」地位，未能有效行使專業職能。

　　只說電視新聞，府院對於NCC是否已有不專業，並且不利民主的干擾，已經必須嚴正以待。同樣或更值得正視而輿論較少鋪陳的問題是，NCC並沒有依據自己所掌握的電視新聞實況材料，去蕪存菁，指認乃至導引新聞頻道的改革路徑。

　　我國24小時電視新聞頻道的數量世界第一，人口兩、三倍至十多倍於我國的南韓與英美，在本世紀才有一至四、五家。我們是上世紀中後期起，就已超過這個數字，現在更多。這就意味用於電視新聞的資源更分散，記者的工作條件惡化。因此，1999年，中視董事長鄭淑敏已經不忍，她購買報紙版面，以廣告的方式表示激烈的競爭使電視人變成「蛋白質」（笨蛋、白癡、神經質）。廿年後，依據電視記者出版的書籍，顯示一則新聞投入的資源平均僅1,000多元，三器

---

* 《聯合報》2022/10/3 A12版。

等相對容易取得的新聞，時常超過可接受的比例。

　　近日NCC因〈節目未查證就評論，開罰四十萬〉的新聞，沒有說的是，就算查證，我們對查證的要求不高，形式平衡或加個問號，經常就能過關，並且談話與評論節目同樣因為量多，致使品質不精，題材受限且重複而很少深入。這對民主的提升，若不是有反面作用，至少經常讓人無法滿意。

　　由於電視新聞太容易取得，並且已經存在將近三十年，也許對於國人就新聞質量的認知與想像及要求，早就產生了規馴作用。輕則難以想像在不少國家，僅看電視，對世界的認識可能寬廣深入於僅看報紙；重則還在網路年代之前，太多內容相同或接近的電視新聞，連帶也開始挫傷國人接觸紙媒新聞的習慣與頻率。

　　鏡電視申請成立時，已有兩位NCC委員提出不同意見書，應該也是看到了相同或類似的問題。現在，吹哨人提出新事證，輿論已在關注，NCC應該轉危險為機會，真正一本專業認知，明確指認問題，爭取社會了解與響應，呼籲府院支持NCC就此提出改善的短中長程方案。

國會頻道的故事 *

　　「國會頻道」開始試播了。蔡英文說，「現在，台灣人民不只選出國會議員，還可以看著國會議員的問政」，但這「只是一小步……未來的改革還會做更多」。

　　不過，什麼是「國會頻道」？不妨白頭宮女話當年，順便看看海外，看看有什麼辦法，可以對這個頻道，有更多、更好的改革。

　　藉由報紙，國人在解嚴之後三年開始知道「國會頻道」這個新觀念，起因於立委建議政府「向三家電視台購買時段，轉播立法院院會

實況」。見此提議，記者拉高層次，訪問了多位學者，談及美國「公共事務衛星電視網」（C-SPAN），表示這是完整的現場錄製與播放，並且不是商業性質；又說，若政府只是借用商業電視，且日播僅有一兩小時，恐將因為「內容的選擇」而生爭議；果真如此，則不妨在影響商業電視的「白天時段，全程播放」。

這個看法相當前瞻，但其後兩年多，「國會頻道」的消息銷聲匿跡。1993年，這四個字才又相對密集地見報，但也僅有一年，其後包括近日國會頻道的試播，很少媒介予以報導。

在那個年代，老三台（台視、中視與華視）壟斷全國性質的各種視訊，政治新聞的管制與偏頗依舊盛行，即便國會才剛完成國府渡台後第一次全面改選。人們對「公正的」政治新聞需求殷切，偏偏華語的衛星電視才剛冒頭、新聞頻道不見蹤影，因此，若在三台之外，播放立法委員的問政現場，是有可能成為熱門賣點，而不是「承平時期」的乏人收視。

當時一舉存在三種「國會頻道」道理在此，雖說其播送範圍較小，僅在特定縣市或城鎮。最早的是，立場接近民進黨的「民主台」，約有60家，在1991年，也就是國會全面改選前就已開播。兩年後的春天，近新（國民）黨（連線）的系統也出台了，「導火線」是稍前立法委員對行政院長連戰提名人的審查與同意之過程，三台不予製播，這就「意外燒起」了國會頻道「熱」。這個「熱」的程度，可以從下列數字看出：該系統的183家會員台，每個月支付1萬元「工本費」、日播6小時，若有重大情事，另在最短時間內上帶轉播。

沒有想到，該系統開播的次日，就因「內容選擇」引發爭議，遂有第四台業者出資成立新公司，自稱是「超黨派國會頻道」，並在不到一個星期就開始供應國會問政影片，又十多天之後，竟再新增日片、國片、港片和綜藝四類節目。

當然，往昔與現在的「國會頻道」有不少差異。其一，今日是衛星或網路傳送，全國觀眾同步收看。以前只能錄影跑帶，拷貝後分送各地，多少會有收視時間的落差。其次，立法院因為承受較多注意，以及隨之而來的壓力，因此「被迫」接受影音的「監督」，地方議會

反而置身事外，雅不願入鏡，當時就有記者長篇評論，表示有線電視是地區性質很強的傳媒，卻不能播放地方議會的問政，頗有矛盾。正是因為中央有人監督，地方跑得光光，那一年另生創舉，由《新新聞週刊》出面，結合學界，募集1,600萬元（候選人500萬、政黨300萬、企業界700萬、其他100萬），聯合成立21個「縣市長選舉有線電視製播委員會」，監製節目《選情大家看》，在選前連續七天、每晚九點起半小時，無償提供全台150家有線系統的國會頻道播放。第三個差異是，這些影像是立法院側錄後，由個別立委提供給業者，日前開始的試播，則是立法院透過制度的安排而為之，是「公民監督國會聯盟」成立以來就已開始呼籲，經過九年才有的成績。

未來，怎麼前進？「公督盟」說，若只是停留在消極的資訊揭露，顯然不夠，另需積極提供相關事件與政策的分析與評論。確實應該如此，蔡英文也說，「未來的改革還會做更多」。輿論應該確保蔡認真，提出改進的作法。

若要改進，有兩個模式。一個是歐洲模式，不妨以英國作為代表。約翰牛的公共服務媒介BBC龐大，年收入2,000多億台幣，因此除了設置電視的國會頻道之外，平日就有很多的國會新聞、事件與政策的分析，經由其所有的電視與收音機頻道播出，包括BBC另設專業頻道及網路電台，主要內容就是時事與公共議題的新聞與評論。

第二個模式是美國，由於公共服務媒介太小，因此美國的直播衛星系統及有線系統業者在1979年成立C-SPAN，財政完全不依靠廣告，而是每個訂戶都得付錢。以2012年為準，業者一個訂戶的一美元必須支付6美分，全年得到6,000萬美元，僱用了282位全職員工（含編採記者），提供三個電視頻道（現場轉播參眾兩院，另製播公共事務等等資訊及教育性質的節目），另有一個收音機電台，C-SPAN同時也提供影音的串流服務。

無論採取那個模式，都是蔡英文所說的「更多的改革」。假使是歐洲模式，低標可以恢復1990年創建公視時的承諾，當年原本設定公視的規模是一年60億。如果得到這個規模，就可以讓公視負責，除本身全程轉播，也可以無償提供所有內容給願意轉播的傳媒，這次

試播，就有十多家媒介參與。

如果是美國模式，NCC可以扮演重要的角色。NCC是電波資源的分配者，也是電信與有線電視（及直播衛星系統）特許經營的核准機關，更是時人琅琅上口的OTT背後所涉及的系統平台或影音服務的主管機關（之一），NCC只要聯合文化部，就能更新核配與監理傳播資源的規則，以合理的時程，完成台灣版本的C-SPAN之創建，敦促台灣業者聯合起來，善盡社會責任。

確保多元節目　政府要有擔當[*]

幸有資深媒介人李若松（2017年2月）7日投書民意論壇〈無線電視頻道別在「國會」打混〉一文，讀者這才驚覺，目前我們的22個無線電視頻道，竟有3個在播出國會的議事。

轉播國會議事，好事一樁，惟即便合理投入合適規模的資源而加入相關報導、討論與分析，一個可能也就夠用，多了就有重複與浪費之嫌。不過，三頻道說國會，僅只是台灣電視怪異局面之一，不是全部，它的形成，不是一朝一日，羅馬不能一天造成，荒誕的根源同樣由來已久。

三個頻道播放國會議事，其來有自。這是因為，原本應該是黃金地段的無線波段，在政府消極放縱之下，業者的投資裹足不前，致使幾十年下來，原本人來人往、生意盎然的街道，竟成門可羅雀、榮景不再，遂有眼前的「暴殄天物」。

現在必須亡羊補牢，要能回歸常態，就在體會與落實大法官第613號解釋文，政府要有擔當，要能「積極」善盡「義務，經由各種組織、程序與實體規範之設計……確保社會多元意見得經由通訊傳播媒體之平台表達與散布，形成公共討論之自由領域。」

---

[*] 《聯合報》2017/2/8 A13版。

政府的積極作為，其局部目標與方法，〈無〉文已經指認：更多樣與更深入的「在地新聞、國際新聞……年輕族群、銀髮族、兒童電視台」，以及資源聯合使用的「一頻道多電視台共同經營」。

〈無〉文在報紙刊登，只能言簡意賅，周延與詳細而能符合實況的想像與本地情境的具體作法，就請政府有司抓緊時間，盡快斟酌與推敲。

製播國會頻道　順勢壯大公視[*]

據悉談論多年、從（2016年）4月起實驗國會影音頻道的立法院，要將轉播國會議事過程，佐以製播若干相關新聞與評論權利與責任，委由台灣公共廣播電視集團（TBS）執行。

立法院的決定很正確，TBS理當順勢進取，欣然接受委託，理由至少有三。

就TBS自身定位來說，原汁原味將議事過程的重要部分，予以實況記錄並適量增添其他內容，本來就是「公共」傳媒應有的擔當。TBS若是沒有捨我其誰的認知，反而奇怪，輕則自曝己短，重則自毀長城，致使爭取茁壯TBS、使其成為台灣的「文化航空母艦」時，徒增不必要的阻力。

其次，不少商業電視台早就示意，很想「承攬」。國會頻道無法吸納足夠觀眾支持，商業台心知肚明，卻仍然願意轉播，必有外人尚未推知的理由。反過來說，這也是本屆立法院難得的地方，它克服了撥款「示惠」商業台的誘惑，可能還得推卻相關遊說，並進而願意一年「至少」編列3,000萬預算，協助公視製播國會頻道。除了美國，日韓歐澳紐都是委由非私人的傳播機構肩負，立法院的意向符合國際常規。

* 《聯合報》2016/11/21 A13版。

　　第三，多年來，TBS的建設與擴充遇到瓶頸，其中之一是政治系統對TBS很少關注，遑論提出可喜願景與可行作法。此困境已有很多紀錄與論述，特別是媒改社與劉昌德編纂《豐盛中的匱乏：傳播政策的反思與重構》收錄，由魏玓、林麗雲聯合撰寫〈三十年崎嶇路：我國公視的演進、困境與前進〉，更有翔實可靠的分析。

　　現在，立法院不願意招惹誤會，沒有通過法律強制TBS作為，而是透過協商想要玉成其事；TBS應該接過橄欖枝，以行動肯定立法院的善意，順此，來日更能百尺竿頭而翻轉認知，讓觀眾明白，政治力可以不干預傳媒內容，而是會善盡代表人民提供資源的責任，藉由TBS，為國人提供更多樣的影音服務，協助我們走出短視近利的窠臼，進入積小眾成大眾的大道。

　　「好風憑藉力，送我上青雲。」立院國會頻道及其預算，無法讓TBS登天，但TBS須接受，順勢而為才能緩慢徐升，終能壯大，遨翔青天。3,000萬不夠，TBS營運計畫有待調整，相關技術環節還得克服，但本屆NCC及文化部，乃至政院文化會報機制，都在釋放對TBS前途、從而國人文化養分有利訊號，TBS若能接受國會頻道，要求增加預算及其他配套作法，或更能結合政治系統，共造壯大TBS，以及豐富台灣影音文化的契機。

改良新聞界：坐在書齋、走上街頭

春遊史丹佛，創新新聞學 *

　　2006年2月5至10日，我與鍾蔚文、趙雅麗兩位教授，以及時報資訊公司姚頌伯總經理應國科會邀請，前往史丹佛大學參加「創新新聞學」kick-off會議及參訪，以下是活動簡述。

　　創新新聞學（Innovation Journalism，以下簡稱IJ）學程的主任David Nordfors係物理博士，工作多年後因對人生另有領悟，萌生尋覓新軌道的念頭，是以轉入瑞典最大的IT雜誌服務，平均每兩週撰寫6至8頁相關文稿。

　　如是工作兩年後，Nordfors開始有了結合科技與新聞事業於一爐的念頭。其後，他取得瑞典創新署（Swedish Government Agency for Innovation Systems, VINNOVA）的支持，也得到曾經擔任瑞典高等教育大學校長、同時也是Stanford Center For Innovations in Learning創辦人的Stig Hagstrom資深教授的協助，投入他名之為IJ的推敲，並在推敲過程中，求其推廣。

　　開始的時候，IJ於2003年先在瑞典經由VINNOVA拋出了點子。到了2004年，第一屆IJ移轉至史大舉行，同年稍後，芬蘭與德國並有大學開設了IJ或「創新傳播」（innovation communication）的課程。

　　然後是2005年，部分得力於Stig教授的穿針引線，本世紀初捐了3,000萬美元（另一說是5,000萬）的瑞典銀行業Wallenburg家族

*　政大傳院《傳播研究簡訊》45期2006/3，頁14-7。本文由筆者代表與會三人撰述，也是提交國科會的報告。

（史大創新中心四層樓房以此命名），再從本年度起，連續三年、一年提供100萬美元研究經費，捐助該中心之科研，其中一部分作為IJ之用。第二屆IJ於2005年4月舉行，共發表18篇論文，各種行政、觀摩及參與人員將近60位。第三屆（今年4月即將舉辦）至2月22日，已經預報有22篇文章將發表（8篇來自甫於2月參加五日會的人，見後；美國之外，另有作者來自德國、芬蘭與斯洛伐尼亞）。這些論文及相關資訊均可從以下網址取得：www.innovationjournalism.org

　　Nordfors博士的設計是，大約在2月時，先有繳1.8萬美元費用的一些傢伙（fellows）開始進駐史大創新中心，以五天左右相聚、討論及參訪，從中商定這些fellows在4月舉辦的IJ研討會所要寫作、以及發表的論文題目。史大則透過其連結，安排fellows在2月這次的五天聚會、討論與參訪後，前往美國傳媒機構見習或工作4至6個月。今年八位fellows，七位得到瑞典政府資助前來，一位芬蘭頂尖記者似乎是自費。我們這次未繳費，以觀察員身分參與五日行程的前三天活動，後兩日與楊博士（見後）討論，並與舊金山華文傳媒記者座談，另與矽谷台灣籍的五位創投基金中介人餐敘並請教。

　　我們這次前往史大，起於國科會舊金山科技組楊啟航博士的積極任事。在敦請國科會安排後，1月5日，他從舊金山發出信件。從中（當然，至舊金山後與楊博士相處數日後，更能掌握他的用心），我們得悉他如同Nordfors，與其說是關注科技本身，倒不如說是關注新聞事業如何更為能夠在技術創新的過程中，扮演較為有效的角色，而這也是他希望邀請新聞教育工作者前來，而暫時繞過科技教育人員的原因。楊博士信中說：「今天在台灣，媒介已淪為民眾最不信任的一環，或許，有機會與矽谷及北歐之媒介學者及業者交流，有助於國內新視界的開展吧！」楊博士希望我們參與後，評估「台灣應如何參與……（使）能有助於國內的新聞體系更健康，更創新」。

　　參與並閱讀若干第二屆創新會的文章後，簡述我（們）的摘要、看法與建議如後。

1.a　IJ是否值得，若值得，又怎麼引進台灣，都需要一些想像與創新。

1.b　IJ是一種綜合體，可以包括至少四種傳統新聞路線：科學與技術、產業、公共政策，以及社會政策等等。但IJ又需超越傳統以「路線」理解新聞事業的視野。

1.c　「創新」並非僅涉及技術層面，它必然還另有相應的社會安排及文化氛圍的支持。

1.d　雖遠遠不是全部，但新聞傳媒仍然是此「社會安排及文化氛圍」的一部分，它（們）提供的資訊愈是多元、流通愈是快速暢通，也就愈是有利於周知新資訊的功能，也就更為能夠有效地營造活潑的資訊與文化氛圍。

1.e　台灣需要IJ，庶幾台灣得到更多養料，使創新文化及資訊氛圍更能滋長茁壯。

2.a　然而，社會雖然有此需要，但是否能夠透過傳媒系統得到滿足，仍有疑問。

2.b　就各國的共同條件而言，IJ涉及的領域，或可稱之為hard news，這方面的題材在商業競逐的環境中，雖仍有生產及流通，但比較有限。

2.c　就本地的特殊情境來說，台灣從廣電至報紙等傳媒的營運環境，比諸歐美同業似乎更為惡質，這會使得前述IJ所需要的持平與理性之報導文風及題材，更難以在台灣立足。

2.d　簡單言之，這可以說是市場失靈的典型例子，要在商業環境中，單靠私人（公司）依據其應有的經營原則投入於IJ，規模不可能太理想，而這個失靈的程度，在台灣比歐美來得大很多。

2.e　市場失靈是構成政府介入的一個必要原因，但政府介入（如提供資源）卻不是成功的充分理由，也就是說，政府也可能失靈。

2.f　因此，政府在投入資源，擴大IJ在台灣的推廣之過程，也必須有些創新的作法，這就如同IJ不只關注技術的創新，它也關注相應的社會系統如何創新，才能使技術的創新果實，能夠合理且均勻落實分配於各階層。

3.a　政府介入傳媒市場，動機在於使社會獲利，但與此同時，也要讓傳媒業者得到誘因，這是三贏的局面。

3.b 政府提供適度資源，並分離生產及流通IJ內容的機制；政府主要是提供生產IJ內容的資源，傳媒業者是否提供、提供多少資源，可以依據業者的需要及認知，另作評估與規畫。

3.c 流通前述IJ內容的管道，如今眾多，從傳統的平面與電子傳媒，至網際網路，乃至於使之製作為各級學校所需使用的教材等方式，均可為之。

3.d 政府可以考慮三種方式，授權業者無償使用這些IJ內容；但應注意，這些內容必須不是文宣作品，也不能招徠文宣形象，也就是它要具有一定的可讀與實用性，使傳媒樂意流通之。

3.e 一是製作完成後，告知業者，邀請業者自由刊登、報導或播放這些內容。

3.f 二是行政協調，請原先互有競爭關係的業者，不在IJ這個類目進行競爭，也就是彼此舒緩相關的競爭，然後採取各業者多能或都能接受的作法，刊登、報導或播放這些內容。

3.g 三是立法規範，但同樣得在該法不至於損及業者利益的前提下，責成業者刊登、報導或播放這些內容。

3.h 「3.e」最可行，但成效較小、較難預測；「3.f」雖有難度，但由於IJ並不是能夠帶來市場利潤的新聞類目，也就是它並非業者想據此展開逐利的標的，那麼，這個從商業視之是缺點的事實，可以搖身一變，成為利基，從而也就是業界願意接受行政協調的原因之一。

3.i 「3.g」是比較不妥當的作法，但假使是有利於業者的法規，則業界應該會樂意接受。比如，美國設有報業存續法賦予業者權利，使美國報紙能夠從事某些聯合行為而沒有觸法（如公平交易法等）之虞。

3.j 若能如此，政府扮演的是授權某些單位（可能包括民間傳媒機構）透過穩定且可積累的方式，製作符合IJ的內容，然後由政府設計可行的機制，免費邀請傳媒加以流通。

4.a 前述無償提供IJ內容的作法，表面觀之，雖然與政府的若干現行作法有幾分相似，甚至可被誤解為一種政府文宣，卻假傳媒而

進行，從而招惹批評。

4.b 因此，政府應該在推動本案的同時，藉由開誠布公以求建立公信，使其實質在於從事IJ，並且也是在創新一種社會安排（政府、社會與傳媒三贏），能夠得到傳媒的認知、理解與支持。

4.c 建立公信的一個可能途徑是，先檢討並聚合與IJ相近的工作項目（計畫）後，以合宜且有效方式對外展開說明系列活動，此時，由於相近工作的聯合，陣容可望壯大、輿論注意可望增強，從而達到社會告知、以昭公信的訴求。

4.d 「4.c」所稱之相近工作項目（計畫），至少可以包括中研院資訊所受國科會等單位委託而刻正執行的 Creative Commons 方案、教育部正在規畫的「數位革命與人文教育革新四年中程計畫」、教育部補助而國內已經有若干研究成員的STS（science, technology, society）整合型研究計畫等等。在國科會透過內部調查等等方式，應該還可以找出更多這類性質接近的工作項目。

附錄：2006年2月8日週三（美國時間）隨史丹佛大學 IJ fellows 參訪舊金山五家傳媒機構紀要：

0930-1030 *CNET News.com*：執行主編 Harry Fuller 一人出面接待與主講為主，佐以一位記者助講，這個單位有18位左右記者。他說 Google 對於他們是機會也是威脅，後者特別是指 Google 本身不生產新聞，只是寄生。擺設採開放式，站立後可看見彼此的工作情況。

1100-1200 *Business 2.0*：主編 Josh Quitner 有關 McDonald.com 的故事，聲稱以想創業的 entrepreneur 心向的人為主要讀者群，聲稱過去賠了1,200萬美元，但改組而由目前這個團隊掌舵後，今年可望打平。擺設比較傳統，一間一間編輯個人工作室。一人接待與介紹為主，搭配兩人。

1230-1330 *PC World*：瑞典 IDG 集團的一個雜誌，在美國有540萬份發行量，午餐超乎原本預計，不是簡單的三明治，而是還算豐盛的自助（略有中式）餐點。八人出面接待與介紹，並招待自助

餐。似乎有最多管制,各空間進出管制算是嚴格,外人入內若無key,無法自由走動或如廁。

1400-1500 *San Francisco Chronicle*:1865年創刊,外觀還可,內部也不錯,但入門大廳沒有《中時》、《自由》等「氣派」,樓梯卻有古意、木門厚重,果然老味。

1600-1700 *Red Herring*:專訴諸「風險資本」(venture capital)的刊物,曾於2002年停刊,風險基金買入後於2003復刊,含主編Tom Murphy外,共有10多位記者出場,其中僅一位男性,白人連同前一位也只有兩人,其餘以印度裔為多,華裔好像居次;僅有兩人理工背景,餘多知名學府新聞碩士畢業生。

分享取代市場　傳播事業作前鋒[*]

　　驚呼或警示傳播研究的危機與轉機,並不新鮮。更早一些,行為科學家貝勒森(Bernard Berelson)審視當時的學界動態,曾在1959年認定傳播研究形將凋謝。

　　十三年之後,《雅俗之間》、《新聞是什麼?》的作者甘斯(Herbert Gans)說:「大眾傳播一度活躍於學院的社會學研究,特別是1930與1940年代,其後卻急遽進入貧瘠狀態,至今尚未看到回春的跡象。」到了1983年,美國主要傳播期刊之一的*Journal of Communication*(JOC)推出專刊「這個領域的騷動」(Ferment in the Field),顯示即便當年甘斯所言為真,到了此時,顯然業已翻轉了甘斯十年前的觀察。

　　更重要的,社會學之外,更多其他領域的人手都進軍傳播課題。千軍萬馬奔赴傳播,各色各樣的期刊書籍發刊,肥大了出版商家,到了JOC在2004年底再次推出專號「傳播理論與研究最前沿」(The

*　政大傳播學院《傳播研究簡訊》第49期2007/3/15,頁1-4。

State of the Art in Communication Theory and Research）時，當然也無法盡窺傳播理論與研究領域的全豹。

相應於知識界的動靜，傳播實務界的變化更是驚天動地，而這一回，好像無紙世界真要來臨了。2007年2月8日，《紐約時報》發行人沙茲伯格接受以色列《國土報》訪問的談話，在記者引述時，重點變成，假使「《紐約時報》（印刷版）五年內停掉」，他「根本不在乎」。到了13日，沙氏澄清他的原意，惟如同任何後發的更正新聞，注意到的人都比較少[1]。

但重點在於，不管報紙是不是會消失，一種「感覺」已經成形許久。隨著部落格的發達、隨著所謂市民記者的興起、隨著使用者創生的內容由文字拓展到了影音，我們所熟悉的報紙、廣播、電視與所有形式的「大眾」傳播，已經到了一個關卡，不得不徹底地轉型。講了多年的窄播、零散化、區隔化，如今都到眼前來了。在網際網路等技術條件的推波助瀾之下，總是懷舊感懷、習慣撫今追昔的人沒有機會了，這一次，一百六十年前的早熟預言，成為真實的情境：「一切固定的古老的關係以及與之相適應的素被尊崇的觀念和見解都被消除了，一切新形成的關係等不到固定下來就陳舊了。一切固定的東西都煙消雲散了，一切神聖的東西都被褻瀆了。」

時代在變、傳播研究與教育在變，不變的是資本主義的生產模式，以及其下的豐裕與貧乏共存，不變的是這個模式展現於世界體系之不同成員，面貌有別。在台灣，即便有新興報紙耀武揚威，惟更讓

---

1 這則新聞首發於《聯合報》2007年2月9日A16版，許多人或單位均轉載（包括中國社科院新聞傳播所退休教授閔大宏）或轉寄。筆者多日後另見更正的中文新聞，惟寫就本文時已無法找到，但花了十多分鐘後，查知沙茲伯格以書面對員工的澄清文，已先在13日交給 New York Observer 發布，他表示「我們將繼續投資報紙，因為我們深知報紙還會存在許久。我們不是懷舊、也不是厚愛印刷紙，我們根本只是在商言商：我們這份強大有力且受信任的印刷品牌，繼續吸引著高教育及富裕的讀者。傳統印刷報紙的讀者還是比網路讀者，多得太多」。2007年3月1日讀取自 http://themediamob.observer.com/2007/02/timessulzberger-newspaper-will-be-around-for-a-longtime.html。2023/11/21按，《紐時》在2023年11月的電子版與紙版訂戶分別是900多萬與67萬。

人怵目驚心的是昔日所謂的大報團，4、5千就業大員在短暫五、六年內不見身影，哀鴻遍野、士氣低迷卻猶然兀自執迷於窠臼。在美國，報業自2000年至2005年，固然也解僱了3,500位記者，相當於7%總編採記者量，惟新興新聞的表現形式（如網絡）多少也提供了新的編採職缺。更重要的是，美國報紙才真正彰顯了資本主義精神的神髓：根據高盛（Goldman Sachs）投資銀行估計，這些報紙與美國無線、有線電視相同，或說，更勝於後者，以2004年為例，美國12家最大報團的平均利潤高達21%，也就是《財星》500大公司平均利潤的一倍。

　　賺錢但仍然拚命節縮編採人事費用（最大的「節約」，裁員也）、仍然浪擲資源於主播的搔首弄姿（2006年9月5日，CBS以年薪1,500萬美元挖角NBC的Katie Couric），而不是將利潤或資源投入於更好的新聞調查與採訪及編排，這就是資本主義更高階段的展現。台灣果然「技」遜一籌，虧損連年的報紙、無秩序無厘頭之電視競爭，致使其內容表現更是無法與時俱進，不升只降，這實在是良有以也，合當如此。

　　面對此情此景，新聞傳播教育如何因應？這個老問題於今為烈。側身於斯的同仁，各顯神通或各自束手，方式與途徑不一，而我覺得，無論是治標或治本，新聞傳播的規範價值之標舉、澄清、捍衛與推進，以及相應的現象記錄與分析，更見必要了。

　　向這個目標邁進之時，除了固有的傳播研究者之探索與建言，很幸運地，我們還有其他奧援，這裡簡單介紹兩位美國學者的作品，結束這篇短文。一位是貝克（Edwin Baker），另一位是班克拉（Yochai Benkler）。

　　國人當中，最早較大量引述或傳授這兩位先生作品者，是大法官林子儀與台大教授劉靜怡。貝克的《傳媒、市場與民主》（2002）的中文譯本，年內即將出版，該書與貝克甫於去年底出版的《傳媒集中與民主：產權何以重要》都結合了法學、經濟學與政治理論，寫作清晰。前書應該是第一部具備了能力，有效統合三大研究領域，並使之運用於傳媒的著作。貝克採取「內部」而不是外部批評，他從主流經

濟學也不得不討論的「公共財」與「外部性」出發，檢討何以市場機制不能提供人們（消費者、閱聽人、公民）所真正想要的傳媒內容。藉此鋪陳，作者接著就對政府應該如何宏觀調節傳媒市場開展論述，此時，政治理論於焉介入。「民主」是西方所認可的價值，但何謂「民主」則立論不一，作者檢視菁英、共和、自由多元及複合民主理論對於傳媒政策的不同意涵，從中表明複合理論何以更接近公民所需，對於建構多重的傳媒介系何以幫助最大。難能可貴的是，貝克不停留於一國的分析，而是將前述論據，應用於世界體系，也就是檢視「自由貿易」是否應該作為規範跨國（影視）文化交流的依據。貝克力言，即便美國從影視「自由貿易」體制獲利，該體制其實已經貶抑了美國（影視）文化的多元面貌，同時對於海外國家造成了不民主的（影視）後果。本書另具前瞻的理論視野，反映於作者最後以20餘頁篇幅，檢視新傳播科技（特別是網際網路）普及之過程。作者的分析何以仍能適用？在貝克看來，網路讓「發行、分配」更有效進行，因此對於某些傳媒內容的生產有其襄助之功，但優秀的、多樣的、品質良好而有助於民主內涵的新聞及其他內容的生產，必須專人與合理的資源投入，不會因此改變；簡單言之，貨暢其「流」固然很好，但好「貨」怎麼來，一直都會是我們必須面對的問題。

相較於貝克，班克拉對於技術條件變化的研究，顯得更為敏感與投入，多年的相關作品，在去年春結晶為《網絡之富：社會生產轉變了市場與自由》（*The Wealth of Networks: How Social Production Transforms Markets and Freedom*，作者授權，全書內容可從網路自由下載）。

在班克拉看來，主流經濟學者不解或說未曾認真分析的現象是，何以人們願意分享自己擁有的財產，「分享」其實可以是一種新的生產模式，並且技術條件愈來愈成熟，賦予其擴大實踐的機會愈來愈清楚明白。舉個例子，世界最大的電腦並非IBM或NEC持有，而是SETI@home這個由數百萬個人電腦連結成的網絡計算器，擁有電腦的人在不使用但開機時，可以透過下載某種程式後加入網絡這個行列，貢獻自己的資源。至於開放軟體、林林總總的P2P行為，更是見

證了分享的普遍存在。班克拉歸納這些分享財的性質，有三：一是加入分享的人彼此社會聯繫微弱，或根本互為陌生人；二是分享的財貨均屬個人擁有的私有財產，不一定是公共財；三是雖分享，但該財貨是存在藉由價格、也就是市場機制來流通的機會。

但分享雖然常見，卻是一個未受足夠重視的生產樣態，人們還是習慣於透過國家提供或市場機制，作為生產與分配資源的模式，雖然技術條件已經迫使人們必須面對這個新興的分享趨勢。特別是無線通訊傳播（或一般稱之為頻譜的經營管理）、資訊知識及文化生產（或一般稱之為智慧財產權），以及電腦運算及有線傳輸傳播網絡。科技設定了有效分享的「門檻」，但科技不能片面決定該分享實作在該社會的規模，究竟社會分享模式能不能擴充乃至於置換市場模式，仍然取決於其歷史與文化的條件。所以，作為研究者，既然看到了，或說自認看到了這個趨勢，班克拉會怎麼回應？分享模式不會主動茁壯，而是需要公共政策的匹配，駕馭科技趨勢，班克拉是這麼說的：「早先的那些安排也許曾經是最有效率的，或也許是當時生產體系所絕對必須的。然而，在新出現的這些科技條件下，早先的那些安排可能就折損了、破壞了，而不是改進了新科技條件所能生產並提供的財貨、資源或功能，社會政策應該以此作為分析對象。」

這段話與馬克思在1859年〈政治經濟學批判序言〉的話語，不無神似之處：[1]社會的物質生產力發展到一定階段，便同它們一直在其中活動的現存生產關係或財產關係……發生矛盾。於是這些關係便由生產力的發展形式變成生產力的桎梏。那時社會革命的時代就到來了。」但是班克拉與馬克思前引這一段話，也有很大的差異，此即班克拉將人的動能、政策的動能，召喚了進來，從而提供了更為值得讚賞與提倡的立論基礎：革命太辛苦，政策就好。

活絡新聞業　事在人為[*]

日昨（2009年5月11日）貴版的宏論「救新聞業更重於救報業」，可說一針見血。從過去到現在，台灣的報紙與電視之關係迥異於西歐日韓。歐日韓電視還有能力設定議程，但台灣的電視超高度依附報紙，日報是電視新聞與時論節目的最重要線索，看電視新聞與政論，等於是看報紙的影像版。

短期之內，假使報業經營持續惡化而其他條件不變，整體新聞生態跟著腐敗的範圍也隨之擴大。在網路發達的年代，俗稱的公民新聞不虞沒有發揮場域，惟業餘者的消息傳輸，不能取代全職的採編作業，二者相輔相成，互不替代。

業餘愈是有成為主流的樣子，就約略有「復古」的跡象，等於是往街談巷議的年代靠近一步。假使我們的資訊環境朝此移動，雖非關好壞，但有錢有勢而不負責的權力行使及其弊端，就更可能兔脫於輿論的注意目光之外；正面激勵人心的行為、事蹟與現象，就愈是不容易示範於眾而引領學習；社會整體就愈來愈會像是迷失於山林、航行於汪洋，不知來自何方去向何處。

這樣說來，假使我們決定「救」新聞事業，不如換個用語，我們是要「活絡」新聞事業，而其實也就是活絡社會神經與血液輸送系統，就是活絡我們自己。

怎麼做？雖非充分，但意識的不受束縛，顯有必要。（2009年）1月24日，「法國救媒體　滿十八歲免費看報一年」；本版2月3日討論「政府應否對報紙紓困？」；溝通美國學院與業界的旗艦刊物《哥倫比亞新聞評論》4月1日啟動「給予新聞事業稅賦補貼」的討論；美利堅士林仰重的《國家》（Nation）週刊4月6日明確主張，「只有政府能夠落實政策與補助，提供制度架構，讓新聞事業的品質得以確保」。這些構想與實作，再到近日美參議員的提議，表示地方報業可轉型為非營利公益組織，都是良性的思想解放，不再將政府作為等同

---

* 《中國時報》2009/5/12 A15版。

於箝制新聞自由。

　　這些是好的起步，此外，半年來，因應這一波危機的各界反應，還有其他提議與實作。先是去年10月，舊金山「媒介革命中心」提「新聞合作社」的點子，先請社區居民投票，選出重要的話題並集資，然後交給記者著手調查與分析，透過網路等管道發表。3月，加拿大《新共和》雜誌逆勢操作，總編輯找來投資人向資方買下所有權。接著是《舊金山紀事報》員工呼籲資方，與其關閉，不如讓出經營權，由他們向金融單位貸款，配合部分自行集資，肩負辦報權責。BBC在4月底與許多英國媒介達成合作協議，本於傳媒內容是「共善」、「公共財」，也本於BBC是公共機構，是以BBC願意分享自己的資源，讓地方報紙，以及直接與BBC競爭的獨立電視網，都能在這個困難的時刻，無償使用BBC的檔案內容及部分設施。

　　事在人為，前提是我們不能是特定意識與習慣的囚徒。究竟怎麼因應新聞產製與流通的當前困境，各個社會都得因地制宜，研商契合本地需要的不同階段之作法，政府不是、無法、也不適宜萬能，但作為權錢在手的民選機構與制度，政府在振興民主與新聞事業的過程，應該也不能袖手旁觀。

「走上街頭」之時[*]

　　《大媒體的金權遊戲》是學術書，但行文流暢易懂，作者從媒介集中化的趨勢談起，最後一章〈媒體與民主：走上街頭〉，則考察社會與媒介改革的前景。

　　走上街頭，不是結束，而是開始提出改革訴求。美國欠缺BBC、NHK等等不播廣告的大型公共媒介，誠如作者所說，美國的

---

* 推薦序之一：《大媒體的金權遊戲：為什麼有權力的人都想要搞媒體？》（Ronald V. Bettig & Jeanne Lynn Hall／鄭百雅譯2013），頁7-10。台北市：漫遊者。

報章雜誌與私人廣播電視的大部分收入來自廣告。美利堅的電影與音樂工業的收入，儘管完全從聽眾或觀眾的荷包取得，但作者提醒我們，影音產品往往依賴巨量的行銷與廣告才會流行，個中又以好萊塢最為誇張；以大片為例，其製作成本暫不計算，單是看其廣告與行銷的平均成本，就已超過5,000萬美元！反觀台灣，有史以來耗資最多的《賽德克·巴萊》，製作與行銷合計還不到2,500萬美元。

錢：傳媒多元性的根源

廣告具有決定傳媒面貌的能力，在台灣也不例外。1990年代初崛起的地下電台，只是最為晚近的例子，國人可能還不至於完全淡忘。早先，無論是前礁溪鄉長張金策，或是民主運動前輩史明（施朝暉），乃至於新黨的新思維電台，其創辦動機主要就是論政、提供公共事務，與相關價值觀的抒發及交流園地。它們的差異，在於有些電台是要凸顯受薪勞動階級、農民與女性的聲音，有些是為了不滿李登輝路線，各自遂有不同的訴求；它們的相同點在於，興辦電台的宗旨不是求利，當然就不會有商業廣告。

現在呢？天光雲影還是共徘徊，消失的是有別於主流的各色異端聲音，在後收割的，則是傳媒自由化過程中，出力少而坐享其成多的另一些人。

怎麼辦？健康的社會需要多樣的傳媒，而多樣的傳媒需要多樣的財源。

從依靠廣告到對廣告收入課稅

在台灣，傳媒依靠廣告的比重非常之大，致使報章及廣播電視內容無法不受其牽引與限制。國府來台之後，有一短暫時間，台灣收音機用戶需交一次性的消費稅，但當時可能沒有回饋到節目製作。在美國，1967年卡內基委員會在為其公視構思財源時，曾建議收取所有電視機銷售額5%，沒能成功。晚近，《新聞業的危機與重建：全球

經驗與台灣省思》（2010）整理了詳細的資料，其中，美國學人不但重提四十多年前的建議，他們還另提想法，要求對廣告收入課徵2%稅收，轉作傳媒的新聞與非新聞內容產製的財源。該文集也羅列了歐陸及南韓的例子，顯示有不少國家已對電信廠商、硬體與3C產品周邊產品及廣告，課徵了不等的捐，亦即使其補助各種傳媒新聞與非新聞內容生產者。南韓更早在1981年，就已對所有廣電（含衛星）頻道的廣告「收入」，徵收6%作為廣播電視基金，並使之作為各種新聞與非新聞製播、人員培訓及推廣教育之用，運作至今。反觀台灣，我們「遲到早退」，在1985年有了廣電基金，但課徵的基準是廣電機構的「盈餘」，不是其所有廣告收入，並且，這項作法於2008年廢除後，迄未重建。

我們還有機會見賢思齊，透過傳媒改革活動，落實傳媒財源的多樣化嗎？動力怎麼來？

傳媒改革攻守並進

本書最後一章勾勒了晚近十多年來，歐美為主的眾多抗議、找尋出路的知識與街頭行動。台灣何獨不然？除了海外這些活動，在台灣也有在地反響，我們另有本地的社會與傳媒改革訴求，分作「攻勢」與「守勢」兩類。

地下電台、擴大公共廣播電視規模，屬於攻勢，是積極要求公權力介入傳媒市場，分配或移轉更多資源給予社會欠缺的聲音及表意形式。很可惜的是，地下電台運動已經失敗，擴大公視運動還在進行，不很樂觀，但是假使公共電視的規模不能擴大到相當規模（政府在1990年著手創建公視時，原本預定一年編列60億台幣，但現在公視一年只有15億左右，其中政府僅提供9億，即便加上客家、原民頻道，以及在海外對華僑播出的宏觀衛視，政府一年編列也不到20億），國人資訊、娛樂及大眾教育的日常環境，就會更趨惡化，無法改善。

相對於「攻勢」的傳媒改革活動，「守勢」傳媒運動的聲勢比較

浩大，特別是 2011 年以來的反媒介併購與反壟斷運動，激發相對龐大的青年學子及校園教師的熱情，除至行政院、NCC 及立法院遊說與抗議，其守夜與街頭集結最多逼近萬人，以傳媒議題作為動員張力而有此群眾，允稱台灣罕見。這是一個必須思考的問題：我們走上街頭，就只是為了已經壟斷的現狀，不要更加壟斷嗎？無論如何，維持現狀似乎變成我們的訴求，迫使我們挺身而出。

「攻勢」的傳媒改革，是要長期穩定地增加新的、可喜的、動人的、讓人難忘的、聽看之後想對人推薦的、怡情悅性的內容；無論是增廣見聞的新知或紀錄片，或是虛構的但足以抒情、撫慰、動心或警示的廣播劇、電視劇與電視電影，或是音樂及綜藝的陽春白雪或下里巴人的節目。攻勢的傳媒改革怎麼樣才能以更具有張力的方式推動，這是很大的挑戰。

魯迅曾在 1923 年講演〈娜拉走後怎樣〉，他說，娜拉走出家庭後，無法迴避「經濟權……（這個）平凡的事……比要求……參政權更煩難」。同理，我們走上街頭要求傳媒改革之時，亦得心理建設，無論是反壟斷反併購的守勢，或是擴大公共傳媒規模的攻勢，要與台灣總體傳媒財政的多樣化，建立哪些關係？作為真正改變傳媒秩序的「攻勢」運動，走上街頭時，必須同步思考與辯論，擴大公共傳媒、維護獨立媒介，乃至於創辦真正的民報，要有哪些傳媒財政，又要與既存的主流傳媒財政產生哪些關係。

（馮建三 2013/9/6 台北木柵猴山）

好新聞與好報紙　是做出來的[*]

好新聞與好報紙不是說出來的，是做出來的。人生需要趣味、希望與光明，能夠反映這個需要的報紙，就是好報紙。《人間福報》經

---

[*]《人間福報》2019/4/1 第 11 版。

常有〈33年沒公車　台東達仁鄉民　等到幸福巴士〉、〈感覺不到痛　特殊基因　止痛新希望〉與〈崇尚自然　高材生隱居當野人〉等等報導，符合這個需要，並且放在顯著版位。民國73年起，台北市新聞記者公會開始辦理社會光明面新聞獎甄選，假使不是以記者，而是取報紙作為頒獎對象，那麼，《人間福報》可能雀屏中選。

　　「報紙」與「個別記者」之外，若有報紙每日固定能有特定類型的「版面」，應該就會是好報紙。

　　哪些類型？想像可以無限，實踐就得考慮先後，假使篩選的標準是讀者的需要，或者業已證實很受歡迎但本地尚未推出的版面作為衡量，那麼，有兩種版面的新聞與評論，值得優先考量，它們的名稱，前者以需要為準，不妨暫時說是「工作勞動版」，後者則是西方行有百年，但在三十多年前，更是搖身進階，「成為讀者每日著迷與興味的來源」。

　　讀者同時具有很多身分，但目前幾乎所有報紙僅凸顯「消費者」這個面向，因此各種廣告、影劇與消費⋯⋯版面，無不具備。《人間福報》等類型的刊物沒有之外，至今從綜合到財經報紙，依舊在上班日，每天都有股市匯兌期貨、行情等版面，服務有「財產」而在誘惑、擔心貶值或其他考量下進場自行或委託第三人操持金融活動的人，即便該類分秒變更的訊息因科技變化而移向網路傳輸為主。但是，「勞動是財富之父」，人不工作無從消費，人不勞動並無「財富」，大經濟學者如凱因斯，無不認定金融活動雖有功能，但不能生產價值，報紙若能每日設版，將各種就業與失業的統計及工作安全與傷害，以及相關的大小故事，逐日放入，就是每天都在提醒也激勵讀者，讓人複習與精進「勤勞資有生」的道理之餘，減少無益的金錢遊戲。

　　「訃聞版」不是離世之人的家屬或親友付費購買的公告，也不是時有時無，更不是僅說好話不談其餘的內容，它是報社專職編採人員結合社外工作者，在每天決定撰寫對象與角度，以及發布其作品後所測知的社會接受與否的過程，穩定且有效地參與了社會與文化價值的因革損益，從報社寫誰、寫些什麼以及肯定與月旦臧否的遣詞用字，

讀者既有繼承也能領會不同的價值判準。這樣的訃聞寫作與版面，是文化更替的良好媒介，又是人情趣味的故事，必能吸引閱讀，又因不為賢者諱也不死者為大，將有移風易俗之用。

端正政治認知　開創傳媒趨勢 稀釋假新聞

鄰里報：報紙津貼一世紀 *

　　鄰里報是指國民黨撤退至台灣以後，透過國庫所編列的預算，替全國各鄰里長訂閱報紙，但訂閱對象以《中央日報》等黨官營報紙為限。運行於市場經濟之下，卻又同時必須違反市場追求利潤的原則，肩負政治與道德教化的使命，在此矛盾格局裡，《中央日報》等黨官報紙的發行總量，至1970年代初、中期（參見「兩報三台」）仍得以領先私營報紙，與鄰里報的存在可能不無關係。

　　經濟之外，報紙等媒介另外具有政治及文化重要性，因此，它們也就受到比較多的國家規範。比如，利潤原則曾經在抗衡官僚壓制言論的歷史過程，扮演重要角色，但晚近它已不再具有突破威權統治的作用，反倒已經使媒介多元表現的空間受到戕傷。因此，許多國家都提供補助，協助報紙營運，也就是形成了「國家津貼媒介」的局面，祈使輿論能更加活潑，反映不同意見光譜。瑞典等北歐國家，以及法義等地中海沿岸國家，都是國家補助報紙而得到較佳效果的例子。比如，瑞典自1965年起提供資助，至1995年仍有20個城鎮有兩家以上報紙，工會擁有的報紙，發行量仍占了將近22%；再看法國《世界報》其各種收入當中，約有20%可說是政府的津貼，因此法國報紙集中度遠低於美德英，而這三個國家對報紙的直接資助，少於法國許多。

---

*　林衫乾、莊萬壽、陳憲明、張瑞津、溫振華（2004編）《台灣文化事典》。頁1008-9。台北市：國立台灣師範大學人文教育研究中心出版。原標題是〈鄰里報〉。

　　表面上，台灣的鄰里報也是國家對媒介的津貼，但實質意義天南地北，它與日據時期，殖民政府以公費為保甲（相當於日後的鄰里長）訂閱日人三報（《臺灣日日新報》、台中的《臺灣新聞》、《臺南新報》，發行均達40餘年），方便統治者進行文宣，如出一轍，不但沒有廣開多元文化的作用，卻有使一言堂延長苟延殘喘的效果，可能也因為這個性質並不光明磊落，以致至今無從得知鄰里報或日人三報，在不同歷史階段，每年從國庫得到的津貼額度究竟多少。

　　在津貼未能普遍，而是依據施政者的私利，選擇性地以特定報紙作為補助對象的情況下，獲助與未獲助雙方所表徵的力量，也就偶現摩擦，發為在野民意代表與「黨外雜誌」的批評，及至遇有政黨輪替時，衝突亦告盤旋升高，1994年底民進黨籍市長陳水扁上任以後，要求市府所屬機關學校，1996年7月起不得統一訂閱《中央日報》，也不再補該報海外版郵費，是其中較受矚目的事例。

　　台北市長柯文哲在2019年仍然按月津貼鄰里長三百元，但不限於訂閱紙版報紙，2000年起，因要求若訂紙版要「檢附理由」，曾引發質疑。至2023年10月，全部或大多數縣市對142,522位鄰長，應該都還維持報紙津貼，一年約3600元。[1]

　　國家津貼媒介不必一定是壞事，事實上，津貼至頂就是國家擁有媒介，而如果再使國家出資，卻使經營權分離於產權，獨立自主地專業營運，如歐洲許多國家的公共廣電頻道，則歐人經驗來說，反而對其文化的多元豐富有很大助益。

開創報業與傳媒趨勢　端正政治認知是第一步[*]

　　這篇文章將依序說明：（1）過去十多年來至去（2009）年的報

1　2023/11/28按：本段新加入。

*　新聞局《出版年鑑2010》，頁155-67。

業趨勢不是只有一種，而是至少四或五種；（2）台灣表面上與英國及美國相近，但較諸於約翰牛與山姆大叔，各有一點重要的歧異；（3）台灣的特色在2009年有相當戲劇化的展現；（4）2009年的美國已經出現可觀的力量，試圖扭轉相沿成習的認知。

透過這些說明，筆者的主張是，如果我們要開創台灣的傳媒趨勢，第一步工作就是「端正政治認知」，我們必須正確認識公共政策與報業（傳媒）的實然與應然的關係。接下來的第二步工作才是在這些趨勢中學習，最少得如同美國，業界、學界與政府要能群策群力，找出合適的政策，並參考包括北歐、南歐乃至於日本的作法，健全產業，從中就能對民主政治的內涵有所提升。

五種報業走向　台灣獨樹一幟

趨勢一，大多數國家報紙的發行量還在增加，且網路的發達未必一定造成報業式微。以下國家的報紙發行量呈現逆勢成長：巴西2007年成長12%、2003至2007年累計成長22%；中國1997到2002年累計成長30.3%、2003至2007年間也累計成長20%以上，在日售報份數量上，2007與2008年分別為1.07與1.21億份；印度2007年成長11%、2003至2007年累計成長35%，在2008年增長約10%，依顧問公司預測，印度報業收入將從2007年的1,490億盧布（36億美元）增加至2012年的2,810億盧布。以上數據說明，金磚四國當中，人口最多的三國其報紙產業基本上是欣欣向榮的（2009年統計資料尚未取得，巴基斯坦、印尼、越南等國報業估計也在成長）。

除了報業的成長，中國的網民數量也是一路急速上升，中國網路使用人數從2000年的2,250萬、2003年的8,630萬、到2007年的2.1億、2008年的2.98億，至2009年6月上網人數已有3.36億，超過美國總人口；這個成長速度固然快於報紙數倍，但卻未阻礙報紙本身的增長量。也許未來的中國即將進入臨界點，報業在經濟與科技因素影響下不會再成長，但至少現階段所顯示的趨勢，是與許多人將報業式微歸因於科技（網路）因素相反的。

　　趨勢二，由政府提供資助。北歐的芬蘭、挪威與瑞典，西歐的荷蘭、法國，以及南歐的義大利、西班牙，除了有公共廣播電視，許多年來政府也（曾經）對其平面傳媒提供相當多資助。比方說，荷蘭是取自廣電傳媒收入的一小部分，專門用以補助報紙；瑞典政府從所有平面傳媒的廣告收入抽取特定比例（以前是6%，近年改為3%），納入政府預算項目，用以支持包括最大規模的所有報紙（但不包括免費報），其中，各大城市與地區的第二大報紙得到的實質協助，經常遠大於最大報。挪威的補助則不給予最大報，而是讓許多城市的第二大報取得政府資助。再有些國家，其政府總預算對所有報紙一視同仁，譬如，2009年1月24日《聯合報》披露，法國除了在原來已經寬厚的報業補助外，還要繼續加強力度，亦即法國人凡是滿18歲，就能「免費看報一年」、報紙郵資一年不調漲、為報社員工支付社會福利金、培訓記者等，預計分3年投入6億歐元（約台幣280億）。

　　趨勢三，以日本為代表，其報紙總發行量從1999至2009年的下跌幅度還算低微，只有6.3%，雖然其報紙廣告量跌幅較大（1998年是8,584億日元，2009年是5,650億），但桃太郎的報紙廣告收入只占其總收入的30-40%（美國報業通常占80%以上）。日本報紙的紙張成本低於發行費，比如，以《讀賣新聞》與《朝日新聞》為例（2006年），一般是上午40版，下午20版，零售一份賣180日元（月訂是3,925日元），但印60版的成本只需約75日元；很明顯，桃太郎的報紙憑藉發行就能取回紙張的成本，發行多一份，多賺一份發行費，等於是發行愈多愈有可能賺錢。歐美（包括台灣）等國報紙的紙張成本，經常高於零售價格，發行量到了特定數量後，廣告收入不會增加（比如發行量70萬份的廣告收入，很可能與發行80萬份相同，或增加有限，低於每日加印10萬份報紙的紙張與派報成本），因此反而必須控制發行量在最合適的水平，而不是追求最大銷量，這個情況在日本並不存在。另外，日本的報紙在1955年以後，出於業界的要求，由政府立法禁止進行耗費成本的促銷或其他不當競爭，因此大多可以節約這些無謂的支出。

　　第四種是美國與英國，這兩國人口雖然都只有3億6千萬，相較

於印度、中國等國家不算多，但因台灣傳媒引述與報導報業的相關新聞時，經常受制於語言等原因而集中在英美，致使彷彿「世界」報業的趨勢業已由這兩國代表。英美挾其19與20世紀帝國之威力，軟實力堅強，由此可見。但英國2008年元月至2009年6月，約有80家報紙關門，大多是各地市場的第二或第三報；而2009年7月10日停刊的 *Bedworth Echo* 則是當地最大報紙。美國的災情同樣慘重，記者人數從2008年底的52,600人，至2009年4月左右只存46,700人，依照人口比例，裁員數量與英國（約1千人）相去無幾。

福爾摩沙近英美　但有重要差異

趨勢五是台灣，表面上我國報紙的經濟走向與美國很像：政府很少制訂報業補助政策、受到網路影響而讀報人口銳減，以及報業收入急遽下降致使從業人員工作條件愈來愈不理想，甚至裁員頻繁。比如，根據劉昌德的統計，2003年台灣報業的記者人數還有3,576人，到了最近一次的統計（2006年），人數只剩下2,251人。又如，台灣尼爾森公司說，2009年報紙、雜誌、無線電視、有線電視與廣播等五大傳統媒介的廣告量是394億、五種傳媒平均負成長7%，其中報紙跌幅最大，從2008年的108.99億跌至87.19億，達負20%。不過，根據《動腦雜誌》統計，假使加上網路等12項廣告方式，2009年的廣告量是993.44億，平均只跌了1.92%，並且有6項仍在成長，其中網路從59.7億成長至69.8億（16.95%），增加幅度僅次於戶外交通廣告從88.2億成長至105.84億（20%）。

2009年的美國總廣告額是1,253億美元，較前一年下跌8%（另一估計是跌12.3%），其中報紙廣告收入是276億美元，相較於2008年的378億元，滑落27%。但大量運用社交傳媒的企業公關，其廣告支出反而逆勢成長3%，美國社交傳媒的廣告收入在2008年8月是4,900萬美元，到2009年8月就成長至1.08億美元。而這廣告版圖的移動，當然就與網路當中的社交傳媒，包括「臉書」（Facebook）等等的使用時間息息相關，2008年12月是平均一個人一週183分鐘，2009年

12月已是369分鐘。

　　然而，英美報紙是賺不夠多，或只稍稍不賺錢，就抓起經濟蕭條與網路作為理由猛力砍人，上市的公司尤其如此。這是因為其經理人面對眾多散戶或機構股東，必須追求利潤的極大化，滿足各個大小股東為拉抬短期股價所給予的壓力；另外還得減少開支，而裁員就是減少開支的最「好」方式，否則經理人不但無法分紅，還得減薪，甚至將遭致撤換的命運。以英國來說，2007年以前，多數報紙的年獲利率都在30%以上，但稍一虧損，很快就裁減記者等職工人數；但一直維持家族經營、擁有200家地方報刊的「聽多」報團（Tindle Newspapers）以及《田比觀察報》（Tenby Observer），創辦家族持續投入編採政策與本地事務，裁員的情況反而較不嚴峻。這是因為其盈虧大小完全由自己享受或承擔，他們願意降低利潤或耗用先前的獲利，而不是透過裁員與壓制工作條件來維持其獲利水平。

　　美國的大型報業集團利潤豐厚，獲利在15-20%之間，而獲利第二名的行業（藥品）「只」有9%。投資銀行高盛說，美國12家最大報團2004年的平均利潤達21%，是《財星》500大公司的一倍。報業集團中的偉達（Knight Ridder Inc.）硬性要求其報紙獲利率需在20%以上，2005年其利潤是16.4%、低於20%，於是在2006年3月，偉達報團以45億美元轉售給麥克萊契（McClatchy）報團；經理人大力推動易手的原因之一，在於交易成功後，其紅利可望是年薪（170萬美元）的3倍。

　　2006年，美國上市報業公司的稅前利潤達17.6%，但儘管賺錢、儘管報團財務良好，美國報業自2000年至2005年，還是解僱了3,500位記者，相當於所有編採記者人數的7%。到了金融風暴從美國引燃，儘管麥克萊契2008年平均利潤是21%（報團的某些報紙獲利甚至達42.5%），但整個集團照樣裁員3,000人，並強迫許多員工無薪休假，與此同時，其高層管理人員卻仍獲得6位數字紅利；2009年初，《芝加哥論壇報》（Chicago Tribune）所屬的集團仍有許多報紙獲得高額利潤，該集團整體在2008年前三季也都獲利5%，卻在2008年12月提出破產宣告之請，因為集團的其他投機產業連累了傳統傳媒，使得

報業遭致池魚之殃。環視這個奇異景象，難怪美國論者憤恨不平，直說一手賺錢、一手裁員是美利堅「報業的骯髒祕密」（dirty secret）。

台灣報業版圖的大翻轉，如〈表4〉所示，是另一番光景。報禁解除不到十年，兩大報團與《自由時報》的讀者數量已經相去無幾；至2000年，三報廣告收入已在伯仲之間。2003年新報紙《蘋果》問世以前，《自由》在2002年的廣告收入是40.8億元，已經超過《中國時報》的38.9億元，也超過《聯合報》的34億元，而《中時》與《聯合》在1990年的廣告收入是43億元與39.3億元。很長一段時間，《中國時報》與《聯合報》在台灣報業市場上不分軒輊，互爭龍頭，但到了本世紀，廣告量陡降，2004年兩報廣告額再比2002年又少了9.1億，《蘋果》2004年的廣告收入是18億元，若說《蘋果》廣告量的半數來自兩報，應屬持平之論。

台灣與英美報業均曾大量裁員，但這裁員至少有兩點差異：一是台灣裁員始於1990年代後期，早於英美將近十年；二是台灣主流報紙裁員，確實是因為虧損而不是賺得少，雖然其獲利能力在1990年代中期之前，應該超過英美同業。

台灣與英美報業還有第三個差別。英國有強大的公共廣電體制（特別是個中的BBC），在網路年代，其文字編採透過電子化作業、或影音新聞以文字透過網路流通後，就等於是線上報紙，致使傳統廣電機構與報業的差異少了很多。2009年4月，在英國政府穿針引線下，BBC與許多英國地方平面傳媒達成合作協議，本於傳媒內容是「共善」、「公共財」，也本於BBC是公共機構，因此肯讓地方報紙分享公共資源（甚至與BBC直接競爭的商業無線電視網，都可以在這個經營險惡的時機，無償使用BBC的檔案內容及部分設施）。

2009年，為了改善民主政治，美國人提出了近七、八十年來最大規模的報業與傳媒改革芻議。反觀我國，報業在內的傳媒雖然困頓多年，但迄今社會或政府的反應相較於其他先進國家少了許多；2009年的報業似乎還變本加厲，仇視肩負改革重責大任的政府，到了讓人駭異的地步。以下先說台灣，後談美國在2009年所發生的報業大事。

表4：台灣四家主要綜合報紙的廣告收入、發行量與政經定向（及報業人數與薪資），1992-2009

政經定向	綠 主張台灣獨立	藍 主張台灣與中國合組邦聯☆	藍 統一需台人公投／邦聯	經濟自由主義、消費至上的民粹訴求、全彩聲動圖文	所有報紙新聞工作者人數與薪資
年／報紙	《自由時報》	《中國時報》	《聯合報》	《蘋果日報》	
1992 昨日讀該報比率%	5.1	21.9	21.8		據劉昌德的轉引及計算，1999到2004年新聞工作者人數減少1,600位，2003至2006年，文字與攝影記者人數再分別減少37.1%與46.0%。《中時》與《聯合》兩報團員工數從4千多位減至1千位上下。
1992 廣告收入（億台幣）	3.6	57	54.5		
1996 昨日讀該報比率%	16.1	18.2	17.4	2003年5月創刊	
1996 廣告收入（億台幣）	18.6	62.0	56.5		
2000 昨日讀該報比率%	22.3	17.2	17.5		
2000 廣告收入（億台幣）	42.0	45.0	44.2		
2002 昨日讀該報比率%	19.7	14.1	12.7		
2002 廣告收入（億台幣）	40.8	38.9	34.0		

2004	昨日讀該報比率%	17.6	11.3	12.6	11.9	1994年新聞工作者平均月薪約新台幣5.1萬元，至2004年僅有3成較十年前高，2001年到2006年間，記者的平均月薪降低約8.9%，2007-2009年記者人數與薪資無法取得。
	廣告收入（億台幣）	41	34.3	29.5	18.0	
2007	昨日讀該報比率%	16.0	8.3	9.8	15.7	
	廣告收入（億台幣）	38.0	17.0	18.5	33.0	
2008	昨日讀該報比率%	16.0	7.1	8.5	16.3	
	廣告收入（億台幣）	31.6	22.1*	23.4**	28.2	
2009	四報團在內的各報廣告收入87.2億，比2008年衰退20%。					

* 包括《工商時報》；** 包括《聯合晚報》與《經濟日報》。

☆ 2009年以後，《中國時報》的兩岸立場或已不同（馮建三2023按）。

資料來源：孫秀蕙、劉昌德提供；《動腦雜誌》與《廣告雜誌》（1993-2008）相關刊期之統計（顧佳欣、馮建三整理）、《中華民國廣告年鑑》（2009：52, 58）、2009取自《動腦雜誌》2010年2月。

2009年台北報紙槍口對準公權力

〈表4〉顯示台灣的四家主要報紙，性質互有差別。由於來自香港的《蘋果日報》在2003年5月才創刊，〈表5〉記載的事件（發生在3月與4月）只統計《中時》、《聯合》與《自由》三家報紙。這三起「芝麻」小事，剛好可以具體說明，三報經營者的政治立場已經強烈地危及其經濟收入。一方面，這些報紙先前的專業表現雖然有其缺陷，卻還有節制，但到了〈表5〉這三個例子時，報紙不重視社會責任、不顧慮讀者的觀感、不理會平衡公正的專業要求，以及完全聽任自己的政治好惡，作為選擇、凸顯或淡化新聞題材的依據，到了過度誇張的規模。在各報這種作風長期不改，且不時變本加厲的狀態下，

又怎麼可能培植與擴充忠誠的讀者群，再藉此吸引廣告廠商？

再一方面，稍後我們將看到，2009年這四家報紙反而統一了立場，與2003年的分裂迥然有別。只是，四報相同的這個立場，剛好又完全不利於報業經營環境的改善，由於他們不分青紅皂白，不肯仔細辨認合適與不合適的政府作為之區分，致使改良報業所需的相關傳播政策，完全得不到討論的機會。

表5：2003年三起事件發生後7日的三報新聞與評論數量

	《聯合報》		《中國時報》		《自由時報》	
	評論（篇）	新聞＋評論（平方公分）	評論	新聞＋評論	評論	新聞＋評論
陳文茜事件	1	2,380	0	500	0	1,900
置入行銷	5	5,200	1	3,500	0	100
媒介評鑑	8	12,200	14	12,600	1	5,700

（資料搜集與統計：陳可涵、馮建三）

陳文茜曾任立法委員，同時主持衛星頻道談話節目，2003年4月7日，前舉節目的時段傳出可能異動後，《聯合報》認定是總統府作祟，除有社論抨擊，7日內另投入近2,400平方公分報導，將近《中國時報》的5倍，《自由時報》的1倍多（惟其內容多在回擊《聯合》）。

置入性行銷則是新聞局把歷來分散由各單位自行購買的媒介廣告費用，集中使用與議價，並循商業手法將所要傳達的訊息編入劇情等，新聞於3月曝光，《中國時報》及《聯合報》亦大加撻伐，但《財訊》指兩報得到最多政府廣告。

新聞評鑑事件於4月中旬傳出，該案歷年來均由新聞局直接委託「新聞評議會」執行。2003年，該案由被歸類為親執政黨的社團取得，並有意將分析重心由社會新聞轉至黨政要聞。兩報反應極大，七天內合計撰寫22篇評論，指媒介將感受寒蟬效應，對新聞自由是極大妨害。《自由》則說兩報濫用新聞自由。

　　濫用與否是個問題，但台灣傳媒確實相當自由。巴黎的「無國界記者組織」說，2003 至 2007 年，台灣的新聞自由評比位居第 61、60、51、43 與 32；紐約的「自由之家」則指出，從 2004 至 2008 年，台北的新聞自由排名是 49、45、35、33 與 32，其中，2006 至 2008 年，台灣是亞洲當中新聞自由度最高的國家。

　　新聞自由高度發達值得國人肯定與自豪，但傳媒自由是否必得敵視政府，不能一概而論。2009 年 2 月 5 日，NCC 公布《衛星廣播電視法》草案後，《聯合報》說傳媒內容的缺陷「應讓媒介經由市場回饋機制自行修正其走向」，《自由時報》雖承認台灣電視顯現「市場機能失靈」，卻仍然說前草案會箝制「新聞言論」，《中國時報》先說「NCC 頭殼壞掉」，再以社論嚴厲地問「通傳會真要扮演箝制新聞自由的幫凶？」《蘋果日報》指「NCC……荒謬……最重要的是由市場收視率來制約……媒介『亂象』帶來……民主自由活力和多元文化價值」。

　　輿論批評《草案》並無不可，但近年來相互攻訐、色彩各異的報紙卻在此立論統一，堪稱罕見。

　　至 2009 年 5 月 27 日至 6 月 6 日，中時報系及中天衛星電視大量報導與評論 NCC 就其股權轉移案的處置。電視約 50 則，大多數係對 NCC 的負面抨擊或嘲諷；另依林奐怡的統計，《中國時報》及《工商時報》還以 69 則文字抨擊 NCC，只有 3 則報導 NCC 的立場。中時集團負責人並在報端刊登半版廣告，認為 NCC 委員「違法妄為」，並對在這段期間曾批評其舉止作為的許多人寄出存證信函，指將「追究誹謗、侮辱等刑事責任，並請求侵權行為損害賠償」。這起事件最後雖在文化界、記者協會及傳播學界強力反彈後，以中時集團發布公開信函與社論而結束，但原本形象與能力就很困窘的政府，至此受創更深，而有無必要制訂傳媒的結構政策，循此促進與豐富人民的傳播權利，也就更難進入公共論壇。

美利堅 2009 年重構傳媒與政府關係？

　　美國呈現另一番風景。突破美國人「忌談」政府補助傳媒的刊物

是1865年就已經創辦的《國家》週刊；它在2009年春季刊登文章，主張「只有政府能夠落實政策與補助，提供制度架構，讓新聞事業的品質得以確保」。溝通美國學院與業界的旗艦雙月刊《哥倫比亞新聞評論》（*Columbia Journalism Review*）將這個主張轉化為公共議題，「政府是否應該及如何給予新聞事業稅賦補貼」，並隨即力邀讀者加入討論。

其後，相關議題此起彼落，「自由傳媒學社」（Free Press）在調查數個月之後，提出報告與建議書〈手援新聞：論全國新聞事業興革策略〉（*Saving The News: Toward a National Journalism Strategy*）。他們指出，在美國談傳媒（特別是報紙）政策時，常有四種反應：（1）很多人因對傳媒表現生厭，覺得死就死，傳媒生死與我有何關係？（2）以為傳媒危機是網路造成，那麼有朝一日還是會有網路的解救方案，一定會有創新的「生意模式」（business model）出現，畢竟人們還是要看、要讀、要聽新聞等各種內容，差別只在於未來多在線上為之；（3）市場過程本來就是汰舊換新，是先毀滅後創新；（4）政治人與媒介人經常淪為意識形態或現實利害的囚徒，加諸從來就不會有簡單易行的方案可以迅速提升傳媒的質量，因此，他們就更明白地，或者，在潛意識下不肯構思哪些政策組合與作為，可以舒緩或者解決困境。

在眾多學院與市民社團交相提議的時代氛圍下，美國參議員在4月提議，希望將條件合適的地方報業轉型為非營利公益組織。9月，美國聯邦交易委員會罕見地宣布，將在12月以傳媒為題，召開兩日研討會，表示在「網路對報章雜誌、廣播電視與收音機及有線（衛星）電視的衝擊」下，將檢視公共政策的回應方式；聯邦政府機關在會議時，傳遞了「傳媒改革不是自由主義政體的禁區」的重要訊息。

10月中下旬，在哥倫比亞與亞利桑納等大學支持下，兩位教授與資深記者走訪美國許多地方，以〈重建美國新聞事業〉（*The Reconstruction of American Journalism*）為題，提出內容與「自由傳媒學社」相互呼應、共鳴的興革主張：

一、美國聯邦國稅局或國會應該清楚明白授權，凡是主旨在於報

導公共事務的地方報紙可以轉型為非營利或低營利有限公司，使其服務公共利益，至於轉型後其收入來源是商業贊助或廣告，不在所問。

二、各慈善單位與社區基金應該大量增加對公益新聞事業的支持。美國稅賦低於歐洲，其個人或機構捐贈額因此較高；2007年最大的25個社區基金捐款額達24億美元，但捐款很少用於傳媒，假使其中有1%投入新聞報導，就可以讓美國各地投入於地方新聞的捐款金額倍增。

三、公共電台與電視應該大幅投入地方新聞報導，國會目前一年提供的預算僅4億美元，等於是一個美國人一年只有1.35美元，而加拿大、澳洲、德國、日本、英國、丹麥與芬蘭則分別是25至100美元以上不等。國會應該改組「公共廣電協會」，使其擴張成為「公共傳媒協會」，如此才能與時俱進，反映數位傳媒匯流的事實。

四、公私立大學傳播院系的教育目標，應該包括經營自己的新聞組織，將院校的傳播設備與師生資源，結合相關教學與研究項目，投入本地、本州及特定題材的報導與追蹤分析；同時，傳播院校也可以積極承擔平台的架設工作，如提供部落格網站等等，並開放相關設施供各方使用，協調本地其他非營利社團的新聞與調查工作。

五、創設地方新聞的全國基金，可對電信設施用戶課徵經費，也可向電視或廣播執照持有者或提供網路服務業者課捐，並透過各州的「地方新聞基金委員會」以公開方式管理之。聯邦政府在19世紀時，投入在郵政等通訊體系的支出，僅次於國防預算，目前仍對郵政有大筆投資。對於人文藝術、科學與公共衛生，聯邦政府也都提供經濟協助，一年總金額達340億美元以上；對於電信業，聯邦通訊傳播委員會一年也有70億美元以上的經費可服務鄉村地區，以及串連各級學校與圖書館之用。那麼，新聞難道不是值得支持的「公共之善」嗎？

六、記者、非營利組織與政府應該更加努力，確保原本就由聯邦、州及地方政府持有或取得的公共資訊，能夠有更好的流通；如此，市民即可從中透過網路串連，乃至周知或報導社區關注與應該知悉之事。

結語：台灣的抉擇

　　台灣與美國在許多方面的差異相當明顯。不過，台美有兩點相近：一是兩地對置入行銷的規範都比歐洲寬鬆，由於置入行銷刻意不讓讀者、聽眾或觀眾知道他們所接觸的文字、聲音或影像，其實是廠商付費的廣告。很明顯，這是傳媒的欺瞞行為，等於是自損形象，也降低了自己的可信度，但長期來說，卻只能損害閱聽人權益，對於傳媒的廣告收入不會有實質幫助。因為廠商廣告支出是常數，不會因置入行銷盛行而增加，得之於置入的廣告收入，終究要抵銷於一般廣告的進帳。第二個相近的地方是，台灣在亞洲、美國在西方，同樣被歸為最不信任、也最少構思公部門，是不是應該以其權力推出短、中、長期政策，「規畫」、而不只是消極地「管理」各種傳媒的運行，包括重新分配或者調撥資源，讓平面傳媒至廣電網路，都能因為有合適的資源，而更能提供民主所需要的資訊及娛樂，乃至教育內容。

　　如今，美國在2009年有了廣泛與深層的調查報告與討論，聯邦交易委員會也在年底舉辦兩日對策研討，其後，各州與聯邦政府是不是會更進一步，為其傳媒公共政策有所綢繆，仍待檢視。台灣究竟會如何？業界是繼續置入性行銷與壓低工作條件？還是看齊美利堅，以報業與傳媒的公共政策充作論壇，籲請政府負起重責大任，提出因應，祈使業界與傳播人自己的利益與前程不但不逆反，而且還結合了社會的民主需要？拭目以待。

西洋十年小成　台灣快跟進[*]

　　最早在2005年，法新社就在美國控告谷歌侵權，求償1,750萬美元，雙方兩年後達成祕密協議。比利時報業公會在2006年也對谷歌

* 《蘋果日報》2021/2/26 A13版。

發難，五年後彼此也密約了事。2012至2014年間，法國報業遊說政府立法，谷歌掏出6,000萬歐元結案。德國修著作權法讓業者個別與谷歌談授權條件，西班牙採集體措施，強制谷歌拿錢，德、西兩國都不算成功。

但輿論的壓力不減，谷歌於是在2015年提1.5億歐元，說是協助歐盟國家的新聞事業（同年僅在美國資助18名記者，谷歌要到2018年才在壓力下比照歐盟，表示也要分三年提3億美元協助美國編採優質新聞）。歐盟政治力沒有停歇，2019年春修正法律，授予各國權利，可對平台業者課以必要的財政貢獻。法國當年10月率先上路，谷歌說要命一條，孔方兄免談，但次年4月在反托拉斯部下令付費後，谷歌改口，說已在協商新聞界，雙方七個月後簽約，谷歌「支付新聞內容版權費」。

英國也沒閒著，《新聞公報》（*Press Gazette*）從2017年起，強力推動「終止谷歌與臉書摧毀新聞專業」的跨界運動；次年春，英國文化部長下令成立調查委員會，2019年初提出「永續新聞事業」的建議方案供內閣參考。

美國報業公會在2016年更名為「新聞媒體聯盟」（News Media Alliance），並在2017年訴請國會認定，它代表兩千家會員與谷歌及臉書協商廣告分配議題，不應受反壟斷法限制；2019年，它提研究報告，指其前一年會員的線上廣告收入51億美元，但聲稱單是谷歌，同年的廣告收入就有47億來自其會員的貢獻，若再加入臉書，額度更高。然後，美國聯邦司法部與很多州檢察官也聯合起來，對谷歌與臉書先後興訟。

外有抨擊，谷歌在去（2020）年10月宣布，三年將提10億美元給新聞業者。臉書先是小額（數百萬美元）在英美贊助記者聘僱，今年起在英國跟進美國已早一年推出的「臉書新聞」，與新聞界合作。

澳洲政府從去年4月放出風聲，近日完成《新聞媒介交易法》，谷歌配合，臉書先拒絕後轉進，雙方達成協議。

十餘年來，西方報業為主的新聞界，因谷歌與臉書等平台的「寄生」而受創巨大，致使業者不能不討回公道，也有各國政府呼應新聞

界並背書，起而以行政力量或立法承擔責任。《新聞公報》彙整的資料顯示，若說管制擁有寡占或獨占能力的這些平台，美國及日本達到五分嚴峻，則歐盟及英法德是七分，澳洲與加拿大是八分，似乎是人口規模愈小，愈是需要政府強而有力且有效的進場，公平處置業界的營收分配，不能聽任市場優勢者予取予求。果真如此，台灣人口又要略少於澳洲及加拿大100多萬與1,000多萬，豈不應該也要有個八分或九分，如果不是十分嚴峻。然而，澳洲眾議院完成法案之日，我們的「政院官員（竟然說：谷歌與臉書在與報業）公平競爭（，）不會限制」。

這很駭人聽聞，如果該則標題傳達了受訪官員的真正意思。新聞界的表現如同任何人，都有不如人意之時，但業者若不聯合取回自己當有的資源，政府假使放縱谷歌與臉書襲奪新聞業的廣告收入，勢將讓新聞表現距離民主所需更是遙遠。

澳洲保守黨領銜的這次政府作為，是十多年來新聞本業與網路平台衝突（很難說是共生關係）的最近爆發，國內亦有人提醒政府，政府合理介入，重新分配兩造的廣告營收，是「國際趨勢，我可搭順風車」。跟風若有正面的意義，這是一個例子，就請政府從善如流。

課數位廣告稅　阻新聞崩壞*

《新聞崩壞，何以民主？》（*Democracy without Journalism?*）2021年11月出版，列有17項經驗研究，顯示新聞存在，民主伸張。比如，因科技平台襲奪廣告後，政府公債利息就增加，不是經濟不好，是報紙沒了廣告後，收入減少，記者跟著減少，監督政府的效能從而減弱，無法為納稅人省錢。

數位科技出現，各國新聞界都受衝擊，但程度不同。在2000

年，台灣報紙廣告逾187億新台幣，至前年跌至14億！南韓也跌，但小得多，2.1兆至1.8兆韓圜。根據王天濱的統計，我們的地方新聞在2000年仍屬活躍，不說《中華日報》有九個台南新聞版，《民眾日報》與《台灣時報》各有六個與五個高雄版，單是《聯合報》就有五十個以上地方版。

去年澳洲立法，形同強制平台付費使用新聞之後，加拿大也在今年2月跟進。近日谷歌簽署協議，將向三百多間歐盟新聞出版業者付費，《聯合報》則質疑〈數位巨頭暴利　台灣還要忍多久〉。確實，再忍、或說再繼續聽任政府不拿出有效作為，新聞與民主還會往下沉淪。

不過，政府責成數位巨頭與新聞界簽約，是一個作法。另一個方式，不妨考慮諾貝爾經濟學獎得主保羅·羅默的建議；大前年他在《紐約時報》撰文，建議對科技巨頭課徵廣告稅，去年他在「世界投資者聯合論壇」講演，再次提出。

雖然未必得自羅默的意見，美國馬里蘭州倒是率全球之先，歷經波折，已在今年開始課徵數位廣告稅，業者告上法庭，指這個新的州稅違法，在3月被地區法院駁回。依法，該州數位廣告收入超過1億美元以上就需繳納，依據收入高低分作2.5%、5%、7.5%與10%四個級距，估計第一年可望取得2.5億美元。

媒介議價　政府很消極[*]

「政治上有兩件事很重要，第一是錢，我不記得第二件是什麼。」同理，新聞界與學界倡議將近一年，要求政府不能「知而不為」，就是指行政院應該負責，必須主持公道，要為新聞界的民主功能，找回失之於臉書、谷歌、LINE等社交媒介的錢。

---

[*] 《聯合報》2022/9/3 A11版。原標題〈媒介議價　政府別擺爛〉。

　　許多年來，這些科技平台無償使用新聞，有違市場有取有給的交易原則。歐盟在三年前修訂著作權法，去年澳洲創制新聞議價專法，而加拿大今年跟進，英國、印尼、南非等國也在準備，美國在上個月也提出了《新聞競爭與保存法》草案。以上法案都有相同原則，先讓新舊媒介自行議定補償額度，彼此若無法合意，政府的相關機構就可強制仲裁。

　　今（2022）年3月，公平會提出白皮書，外界批評是「擺爛」，認為該會無心仿效澳洲。目前，另有文化部與NCC就此議題，執行委託研究案，惟尚未結案，也就不知建議內容。不過，「後出轉精」是努力的目標，跟著澳洲走，最多是杯水車薪，只能是有比沒有好，對新聞界的幫助不會太明顯，從而襄助新聞自由，讓記者監督權勢的績效、表彰值得為人知悉的正面人事，距離合理的水平會比較遙遠。

　　澳洲的媒介議價法施行第一年，據不同報導，該國傳媒得到1.4或2億美元，這是澳洲2021年數位廣告總額130億美元的1.077%或1.538%。我們的數位廣告總額在2020年約483億台幣，假設使其連續三年成長5%，則明年會有559億，若立法快速而明年施行，比照澳洲，我國新聞界可望得到6.4或8.6億。這筆錢多嗎？若比十三年前我國報紙的廣告收入120億，少很多；若考慮我國傳媒壟斷水平遠低於澳洲而議價能力減弱，加上新聞界投資內容編採可能遠少於澳洲，那麼，前述金額還要低於澳洲。

　　怎麼辦？出路之一是《金融時報》財經與科技記者拉娜‧福洛荷（Rana Foroohar）的看法，她著有《切莫為惡：科技巨頭如何背叛創建初衷和人民》，建議對谷歌與臉書課徵「50%數位營收……很公平。」

　　第二個可能的出路，來自陳國樑教授在《聯合報》就「全球稅改」的三篇提醒與建言。在OECD、歐盟與美國先後推進與協議二十餘年之後，明年起，谷歌、臉書等跨國企業在各簽約國，無法再逃稅，必須至少提交當地營收的最低企業稅率15%。誠如陳教授所言，政府應該「藉由外交斡旋」，直接或間接參與這個已有141個成員（包括如同我國是以「關稅領域」加入者）的組織，「我國不是沒有機會」。

說說「假新聞」[*]

早從 2001 年開始，中國的《新聞記者》月刊就開始注意、蒐集並評論年度「十大假新聞」，至今已有 16 年。到了去（2016）年 7 月，國家網際網路信息辦公室發布了《關於進一步加強管理制止虛假新聞的通知》，顯示假新聞經由網路的流傳對中國社會造成的困擾愈來愈大。

依照常見的看法，中國政府威權強大，誰還敢杜撰、編造或流傳「假新聞」？「嚴官府，出厚賊」是一個重要原因。在生產工具私有、甚至法律上由黨官持有的商業社會，無論怎麼管制，都有人試圖以假亂真，從中牟利。因此張濤甫教授發現，刊登這些假新聞的中國報紙，66.7% 來自競爭激烈的商業報紙（在中國一般稱作「都市報」），但只有 3.3% 出自並無牟利壓力的刊物（「機關報」）。

中國早就盡力想要糾正假新聞，但外界毫無所悉。一直要等到去年 11 月川普當選美國總統，而特別是今年 2 月，他說，「一切不利他的報導都是假新聞」之後，亞洲也有了川普的假新聞效應。

2 月中下旬，南韓有關朴槿惠總統彈劾審判的攻防戰，繞著「假新聞」的指控團團轉。到了 3 月，馬來西亞政府開通「事實在此」（Sebenarnya）網站，有人認為，馬國政府的用意接近川普，表面上要「打擊假新聞」，但其實是要「糾正」對馬國政府不利的報導或評論。不久之後，又有報導說，印尼政府可能也會跟進。巴黎的「無國界記者組織」更是擔心已有不少國家的政要以川普為師，以「假新聞」為藉口，不當限制新聞自由。

台灣也在這個節骨眼進場湊熱鬧。蔡英文總統說，她很「感慨」網路上有很多不實的消息、假新聞。其後，總統府發言人表示，不當的、不正確的網路謠言與假新聞「造成社會恐慌與彼此仇恨對立」，政府將研究是否能有技術上與法律上的因應方式。接著是執政黨的民意代表登場，立法委員陳明文說，由於「中國資金發起成立假新聞網

---

* 《風傳媒》2017/4/8。

站群，不斷對台灣發動假新聞攻擊」，他認為應該立法予以規範。

　　總統府與行政院聽到自家人的立委說出這種話，嚇出一身冷汗，擔心遭致誤解，以為政府要以法律限制新聞自由，於是私下跟記者說，這是「不懂又愛亂講」。其後，行政院很快宣布，原來，台灣的做不是要立法，而是要藉由特定技術的演算，以關鍵字作為篩選機制，協調網路平台業者自律，建立「真實查核機制」，防堵假新聞的負面衝擊。

　　但防堵太消極。何況，假新聞如同髒空氣，假新聞一旦出現，並且又被看到聽到，就如同髒空氣進入了肺部，還能怎麼防堵呢？因此，如同因應空氣汙染的最有效作法，不是戴上口罩，不是減少吸入髒空氣，最好是要杜絕空汙來源；次佳作法是挹注充分的清新空氣，稀釋汙染，減少髒空氣被人吸入的機會。用在假新聞，若是如同先前所引的中國情況，就得藉由降低商業競爭而減少假新聞。假新聞的出現，若是記者倫理或素質的問題、工作條件的不合理，或是特定人或團體的政治算計所造成，就得另作因應。但無論是起源於哪一種原因，減少假新聞或沖淡其影響力的重要手段，就是擴大公共服務媒介的規模：閱聽人愈是能夠更大規模地使用公信力較高的公共媒介，假新聞的呼吸空間自然就會減少。

　　英國國會的「文化、媒介與體育」委員會月前提案調查「假新聞」並徵求外界建言時，就特別說明要「深究公營媒介BBC可以做些什麼事情，扼抑假新聞的擴散」。聯合國等四個國際組織就「假新聞」發表聯合宣言，建議各方都有相應角色與責任要擔當，其中，對公權力的六點意見之一是，「國家應該確保強大、獨立與資源充分的公共服務媒介之存在，公共服務媒介有其清楚的職掌，就在服務所有公共利益，就在設定與維持高標準的新聞事業。」顯然，這些都是相當切題與高明的思考方向。

提高主流傳媒公信力　稀釋假新聞*

　　最近，民進黨邱志偉、蘇震清等十餘位立委擬修改《社會秩序維護法》處罰「假新聞」，表示若其散播影響公共安全秩序，最高將拘留三日或罰鍰3萬元。

　　四家綜合日報的回應創下紀錄，這是兩年以來，因美國總統選舉掀起的假新聞風波，本地最為密集的評論。扣除報導，A報4篇、C報8篇含1篇社論、U報7篇含2篇社論。四報發行量最大、網路流量第三的L報僅有1篇（但報導4篇與C報並列第一）。

　　刊登在四報的20則假新聞評論，可以歸納為兩種意見。

　　獨樹一幟的是L報，它為執政黨打抱不平，認為在野黨與對岸「製造散播假新聞……圍、困住、攻倒、打癱蔡英文政府……形成政府……無能……無人相信……處處難行……好政策……被唱衰……最終……台灣……沒希望了……被中國統一」。L報的四則新聞有一則透過受訪者反對修法，另有一則與評論同調，它說「縱容中國控制的媒介，每天發表危害台灣社會安定的假新聞，卻說這是新聞自由」。

　　A與C與U報的19篇評論無一例外，都是旗幟鮮明地抨擊。它們說，誰能否認假新聞有害民生、阻礙民主？但是，早就有相關法律，規範由誰來透過哪些程序與條件，認定散播假新聞的人，理當接受多大的處罰。如今再要立新法或修法，若非多此一舉，就是司馬昭之心，是立委秉持黨意的明示與暗示，對外放風向球。不過，執政黨祕書長在新聞爆發後第五天，「率先反對」修法之議。他應該是已經同意，《社維法》第63條本身，或是其他法律如《刑法》（310條第1項）、《選罷法》（104條）、《證交法》、《氣象法》、《傳染病防治法》、《兒童及少年福利與權益保障法》，或是NCC依據其他傳播法規對於謠言與不實報導（也就是假新聞）及其散播，對新興但其實由來已久的假新聞，已有足夠的法律條文相繩？

　　這樣看來，L報恣意上綱，過度從兩岸關係看待假新聞，並無必

* 《人間福報》2018/6/19第5版。

要。除了是放棄監督政府的職責,有虧傳媒的職守,它也無從敦促政府進步。台灣爆發這次假新聞事件後,剛好路透社支持的研究單位發布調查,表示高達61%英國人希望「政府做更多事來處理假新聞議題」。英國不是老牌的自由民主體制國家嗎?何以其傳媒與人民會有相當比例支持政府出手?

原因之一是政府出手讓人寬心,不是尚未研究,就談立法。原來,朝野對峙不亞於台灣的英國,除了有跨黨派國會議員組成委員會進行相關調查,約翰牛的「數位、文化、傳媒與體育部」處理假新聞的態度「非常嚴肅」,它要從「研究、教育、研擬是否有科技的解決方案,以及據此評估是否需要進一步加以規範」等四個領域進入。相形之下,執政黨立委的任意隨便而想當然爾,無法取信於人,難以爭取輿論響應,也會傷害自身形象。

英國人的另一個啟發是,其國人收看電視新聞有95%來自無線,上網瀏覽新聞的人,有60%以上直接前往無線廣電機構的網站(另有相當人數先取報章雜誌的網站),這些來源散播假新聞的比例較低,而臉書、推特與谷歌轉出的新聞有很高比例來自這些主流傳媒。19篇評論拒絕假新聞、反對立委修法之後,若能參考英國例子,設法從供應面,舒緩假新聞之害,也就是設法讓我們的無線廣電機構向其看齊,成為傳媒主流,則公信力較高的新聞量就能增加,如同髒空氣在新鮮空氣稀釋之下,對於人體的傷害就會減少。

第五章

台灣媒介一百年：
國家、政黨、社會運動

台灣媒介一百年

1921-2002：台灣媒介改革運動八十年[*]

前言

媒介改革或媒介社會運動在台灣的發展，相比於近八十年歐美的媒介改革活動，至少有三項特徵。第一，出場的時間比較慢。第二，在很長一段時間裡，媒介改革與政治選舉關係密切。第三，歐美已爭議超過半世紀的媒介產權問題，直到1990年代才成為媒介改革運動的目標。

許多曾被殖民，脫離殖民後又長時間受一黨威權統治，並在其間發展工業的國家，都有這些特徵，只是特徵的色彩及具體的過程有所差異。

就台灣來說，1915年台南的西來庵事件，死傷逾萬人後，台灣人的抗日行動由武鬥轉至文鬥，開啟了透過媒介改革（創辦新媒介）作為向統治者爭取發言權的歷史。

政論雜誌與「地下」電台的沉淪與辯證

1921年成立的文化協會雖曾運用影片啟蒙民眾，但就延續及效

---

[*] 香港《二十一世紀》雙月刊第74期2002/12，頁119-26。原標題〈台灣媒體改革運動八十年，1921-2002〉。

果來說，日據時期最主要的媒介改革活動，應該是《臺灣（新）民報》系統（1920-1944）的創辦與經營。這個系列的報紙除了是台灣本地資本家、地主、青年學者與社會運動領袖向殖民統治者爭權的工具以外，亦帶有農工階級成分。

　　第二次世界大戰之後，承續《民報》色彩的刊物，應該是李萬居創辦的《公論報》（1947-61），其次是1975年開啟（黨外）政論雜誌時代（維持了十年多）的《臺灣政論》（只出版5期）。這些雜誌的農工成分雖然有，但淡薄了許多；明白站在勞工等階級位置，並有明顯反（美）帝國霸權的刊物，最主要的是《夏潮》月刊（1976-78）、《夏潮論壇》（1983-84）與《人間》（1985-89）等。這些政論雜誌遭受龐大的查禁壓力（值得注意的是，《夏潮》等左傾的雜誌反而得以發行不墜，甚至得到大學圖書館的庋藏）。以1985年為例，出刊的黨外政論雜誌346期當中，有58.7%（203期）被禁，財務損失3千萬新台幣（當年約折合100萬美元）。其次，這些媒介的創辦經常與選舉有關，內中又以《美麗島月刊》（1979.8-12）達到最高峰，據說銷數曾達10萬份；它在全省多處設立據點進行串連，為選舉作準備時，引爆「高雄事件」，主事者盡數琅璫入獄。

　　1986年11月30日，許信良未獲國民黨政府許可，搭機從日本返台，警民發生衝突，其過程由「綠色小組」以影像記錄並對外發售，在當時部分第四台（尚未取得合法地位的有線電視）的頻道廣為播放，標誌台灣媒介的改革觸角延伸到了電子媒介。從1990至1993年，部分是為了版權問題，但也出於鎮壓媒介興革活動的意圖，政府編列了2,601萬元取締第四台。

　　1993年初，收音機登場，成為新一波的媒介改革活動，由於收音機頻道的開辦並沒有得到政府核可，因此一般稱之為「地下」電台。但也有人稱之為「民主」電台，表示它們固然沒有得到政府的認可，惟它們的聲音傳達了很多主流的、建制的媒介所沒有長期而穩定表達的內容。雖然有些電台仍沒有脫離政治選舉的短線目標，但有關政治議題、性別、階級、環保、國家機器的認同等等社運新聞及言論，似乎有了更多的、長期的現身機會。

1993年11月，地下電台在選舉背景中，因許榮棋主持節目的風格，蔚為風潮，一年多內，這個作法廣達全國，數量增加至60餘家，播音形式以現場扣應（call-in）為大宗，但各電台內容參差，較難化約比較。惟在政論雜誌時期就已經頗為活躍的張金策，他也創辦「群眾之聲」，呈現了較強烈的左獨的普羅色彩。

針對這波媒介改革活動，國民黨政府採取棍子加蘿蔔的對策。

棍子是加緊取締地下電台，並修改《電信法》加重罰則，如1994年4月21日由台北市地檢署首次抄台，7月底擴大，出動直升機配合地面作業，同時包抄北縣市14家，至1995年初共進行12次抄台行動。1996年8月，新《電信法》生效，地下電台面臨徒刑、拘役與罰金的處罰。1997年電信總局責成中華電信公司以其違反《電信法》第8條第2項為由，將124家地下電台斷話。1999年5月「寶島新聲電台」台長張素華因前年參與反抄台遊行，違反《集會遊行法》，入獄50天。

蘿蔔是從1993至2000年共分9梯次「開放」電波，共發出中、小功率（電波範圍在5及20公里）執照一百多家。其中第9梯次的申請結果在2001年2月公布，地下電台當中，歷史最悠久之一的「寶島新聲電台」也在更換申請地區之後取得了執照，2001年9月重新起步營運。地下電台所爭取的標的，也就是電波頻譜資源，雖然為各種大型及小型商業利益所分食，但社會追求自我解放的力量，已經並且仍在透過地下電台及其他媒介與議題，尋找更新及向上的出路。

「退報」運動與讀者投書專版的出現

台灣教授協會（台教會）等十五個社團，於1992年11月23日發起「退報救台灣運動」。這些社團認為，《聯合報》在報導中共中央政治局常委李瑞環談話時，猶如「中共傳聲筒、中共《人民日報》台灣版」。

該運動透過大型演講、研討會、文宣品發送，在報端廣泛發表文章（日後結集為《退報！退報！就是退聯合報》二冊，及《法律人會

診退報案》）等方式，宣揚其主張，並遊說廣告主不登廣告、民眾不買報。

　　《聯合報》在11月26日要求退報運動停止活動，並促各報停止報導。27日再以社論呼籲讀者「起而維護知的權利」，並將此事件定位為台灣教授協會等對新聞自由的侵害，一直到1999年8月，《聯合報》發表專文論述政府與新聞界關係時，仍然舊事重提，反覆闡述該事件對於新聞自由的妨害。

　　《聯合報》又分批宴請廣告主、首度以閩南語在電視上打形象廣告，推出促銷活動（包括在南部以10元搭售早晚報）。然後在1992年12月29日，《聯合報》以罕見的三個版面，說明「李瑞環談話新聞風波始末」。《聯合報》並控告運動主要發起人林山田、李鎮源、楊啟壽與林逢慶等四人。1993年7月底法官鄭麗燕判林山田有期徒刑5個月，另三人拘役50日。至1994年8月24日，高等法院改判四人無罪。

　　退報案肇始於李瑞環談話。不過，報導該新聞的媒介，不只是《聯合報》。為什麼台灣教授協會等十五個社團抨擊《聯合報》，而不是其他報紙？或許有兩個原因。

　　第一，《聯合報》主張台灣與中國應統一的立場，鮮明穩定。並且，長期以來，該報的形象偏向保守，不滿此一立場的社會力量蓄積已久，終至在總統李登輝藉機指責《聯合報》恫嚇台灣人之後，決堤爆發。

　　第二，但接近於《聯合報》而遠離台教會立場的媒介，比比皆是，捨其他媒介（如當時的三家無線電視台）而鎖定《聯合報》，可能也不無策略可量，也就是全面發起抵制運動，力有未逮，難度必然更高。

　　事件發生之後，《聯合報》的固定立場並未轉變。就此說來，退報運動企圖鬆動《聯合報》對於兩岸關係的立場並未成功。但另從其他層面觀察，退報運動卻另有可觀之處，它創立了先例，可能也對台灣報紙的新形式產生了催化的作用。

　　首先是1993年3月起，《聯合報》率台灣報紙之先，出現了歐美報紙行有百多年的言論及讀者投書專版。接著，《中國時報》在同一

年10月也開始有了這個版面，往後再有《自由時報》等報亦跟進設置。雖然讀者投書在台灣的報紙存在已經很久，特別是在1998年元旦報紙張數從三大張增加為六大張之後，投書的次數尤為常見。惟須注意的是，在《聯合報》設置專版並啟動連環效應之前，這些投書的版面最多是半版（特別是《中國時報》），更多時候則是少數幾則投書的拼湊，並且位置不一，完全取決於當日報紙版面的調配。

其次，放在世界傳播史上加以觀察，退報運動有其普遍面向，但也有其特殊表現。普遍是指公民以非暴力手段抵制、杯葛媒介，不但見於歐美文獻，近鄰南韓亦多見，如1987年的拒繳電視執照費運動，1999年5月教徒包圍電視台。特殊則指其動力似乎尚未見於其他國家，出於退報聯盟的國家認同與《聯合報》迥然有別，就此而言，退報運動的特殊性，也就可以說是台灣處境特殊性的延伸，反映了台灣與中國關係的歷史格局。

901遊行與台灣新聞記者協會的誕生

創刊於1947年的《自立晚報》，在1959年增資改組以前，即以被政府停刊4次而聞名。改組後，吳三連出任發行人，一般將這個時期以後的《自立晚報》稱為台南幫所屬。在《公論報》於1961年關閉後，《自立晚報》相對獨立的色彩愈發確立。

報禁解除後，台南幫於1988年增辦《自立早報》，不多時陷入困境，至1994年7月，確定早晚兩報將易手由國民黨籍台北市議員陳政忠蒐購。新聞傳出，報社員工、文化及社運界譁然。7月19日中央研究院士李鎮源等七百餘人，在《中時晚報》發表全版「關切自立聲明──請維護自立報業自主風格」。

8月中旬工人立法行動委員會發起「搶救自立、生產民主、工投典範：工運及社運團體呼籲自立資方尊重新聞自由、落實生產民主連署書」及「推動成立『緊急尋金小組』」。8月16日《自立晚報》頭版半版以幾近留白方式，向讀者「表達深深的歉意」。

稍後在記者節當天（9月1日），以自立記者為主的團體主辦

「901為新聞自主而走」的街頭活動，在颱風襲擊台灣的台北市，繞行仁愛路、新生南路與濟南路。包括記者在內，共有4百餘人參加，是為台灣記者遊行示威的第一次，熱鬧氣氛多於對抗，訴求「爭取內部新聞自由」、「推動編輯部公約」，並宣布將「成立自主性新聞專業組織」。次（1995）年3月29日台灣新聞記者協會（Association of Taiwan Journalists，記協）成立，是第一個跨媒介的記者自主社團。1997年9月記協創辦《目擊者》（*Media Watch*）雙月刊。

記協成立之初，曾有該會應該是專業、工會或既專業又工會組織的討論，為期短不深入。惟截至1999年夏季，記協會員數增加有限，似不足五百，也就是無法從會員所繳納會費維持本身的運作，實亦談不上究竟是專業或工會組織，以及此兩種型態是否衝突或可調和的問題。除了會員少，需依賴外界捐贈之外，就第一年《目擊者》所刊登的文章比例來看，記協另呈現以下特徵。

一是較少談工作權（34%），談及工作權的部分又以新聞自由與專業為主（占51%）。反觀全英國記者工會的雙月刊《記者》（*Journalist*），情況大不相同，前兩個數字分別是50%與19%。台英兩地的這個差異，可以有兩種解釋。一個是《目擊者》的宗旨是對外發言，不是聯絡會員、反映與解決其問題，而英國的《記者》是工會刊物，自然傾向於反映本身問題。這個現象可以代表記協理想性較高，擺脫了會員短期利益的限制，惟果真如此，則因記協會員少且分散在不同媒介，其集體力量不足，這些言論變成只是個人的意見，並不具備召喚行動的基礎，形同記協懸空發言，欠缺對抗性，更多的卻是自我反省。另一個解釋是，台灣記者的兼作公關、廣告收受紅包、不重受訪者的隱私、欠缺自律等等情況，堪稱嚴重，而黨政機器欠缺良法（如沒有資訊自由法），新聞自由的發揮空間有限，顯示台灣媒介殷切需要新聞自由及專業的程度超過西方同業，《目擊者》聚焦於此，事出有因。媒介工會聯合組織的刊物《大傳聯季刊》曾指責記協，說它無視媒介工作環境日漸惡化，卻高談資訊自由、票選總編輯等，未盡公平與厚道，但林佳和研究德國新聞史，指「要真正落實內部新聞自由的憲法要求，最終只有透過運動及抗爭」，仍然值得記協參考。

黨政軍三退運動與民視的誕生

　　1994年末，台灣省長及台北市與高雄市長的選舉，同時登場，是台灣自有選舉以來的第一次。在此背景中，11月21日，民進黨在報紙頭版購買半個版，呼籲「拒看三台，突破壟斷」。

　　事實上，對於俗稱三台的台視、中視與華視，不但在野黨（如民進黨）有所怨言，特別表現在選舉時對於三台的抨擊，如前段所引政治文宣的用語。究其實，由於三台長期浸淫在國民黨（以及受其主導的中央政府及國防部）的掌控，社會清議對於三台的批評也是相當頻繁的。

　　以解嚴後為例，1989至1994年的選舉期間，《自立晚報》針對三台不公平的報導或評論則數，1989年是9則，1991年增加至13則，1992至94年分別是12、16與13則，並且，其中有半數以上放在最重要的頭版與二版，每年積累的篇幅經常在2千平方公分左右（約1萬字）。其中並有若干次由平面媒介（如《中時晚報》與《中國時報》）先後與政治大學傳播學院合作（後者執行監看，前者刊登監看結果）。至1994年12月12日選舉結束後，陳興正與陳仁達醫師於華視大樓附近「禁食呼籲媒體改造」，他們指控「三台是民主的殺手」。

　　這些來自輿論的反省及市民的抗議，約略可以讓我們掌握並重構當年的實況，明白有關三台的改造，既是在野黨所關注，也是社會力量所垂詢，因此三台也就同時是政治與媒介問題。

　　1994年大選過後，民進黨在台北市主政，提供了新的動力，讓政黨及人們對於三台的不滿，得到另一個階段的宣洩及施壓管道。首先是1995年2月18日，澄社等八個社團成立「黨政軍退出三台運動聯盟」（三退），要求以股權大眾化（也就是將所有官股及國民黨持有的股份全部賣出）的方式，希望藉此迫使國民黨不能再影響三台的運作。

　　當時，澄社內外部均曾出現質疑的聲音，認為如果採取這個改革方案，也就是使得三台變成澈底的私有財產，那麼，無論使用名詞是股權大眾化或個人持股不能超過1或2%，終究只能是股權及經營權財團化的意識形態化妝師。在政治人物方面，民進黨籍立法委員謝長

廷在北美台灣人教授協會舉辦的會議中（1995年5月）則表示：「將三台納入公共電視體系……才能澈底改革電視體制。」約略在同時出版的《給台灣一個機會》這本標示是「民進黨1995/96競選綱領」的文件中，亦提出了幾乎完全相同的主張，它說：「現存的三家無線電視台，由於多屬官股或長期壟斷國家利益，並使用大量公共資源……應朝『公共化』發展……『媒體改造』必須處理……資本主義經濟體系階級劃分，與民主政治體系平等要素之間的固有衝突。」

三退成立後不久（2月21日），台北市政府表示，省府所擁有的台視49%股權，應釋給北高兩市各15%。接著，3月20日三退人員拜訪台北市政府尋求支持。三退隨後陸續在敦化國中舉行演講並發行本運動問答手冊與貼紙、拜會民進黨與新黨立院黨團得到支持。到了5月14至19日，活動漸漸進入高潮，三退在台視大門口舉辦「看三台、批三台」活動。至5月20日，三退發起遊行，估計有4、5千人參加。25日立法院聯席審查廣電法修正案，有關股權修正案（使三台澈底私有化）的提案被否決。

三退受阻於立法院之後，台北市政府持續成為三退施力的槓桿。5月24日，北市新聞處長羅文嘉表示，台視若對三退運動無善意回應，則在7月31日租期屆滿時，北市府將不再續租竹子湖給台視，到時候台視電波將無法發射。其後，北市府籌碼有限，慢慢讓步，三退發起人亦逐漸淡出運動，至2000年3月18日總統大選之後數個月，三退又短暫在報端出現了幾次，惟此時的主導者是前國民黨員的立法委員。

政黨與社會對三台的壓力，除了展現為三退運動之外，也展現在第四個特高頻（VHF，76至88兆赫）電波的配用過程。

最早是在1993年5月，交通部宣布將開放該電波作為「地區」電視頻道。7月，民進黨立委蔡同榮取得經濟部核發執照，准予經營無線電視，但此時新聞局的政策仍不明朗。但到了1994年1月底，新聞局已經宣布，該電波將給私人使用，作為「全國」範圍的電視頻道。消息確立之後，許多在野黨人紛紛叫好，認為這是近幾年來他們向國民黨施壓已經奏效的證明。

　　1994年6月，蔡同榮與民進黨一些政治人物合組民間全民公司，加入另兩家公司行列，準備申請該段電波的使用權。在新聞局審議本案期間，張俊宏與蔡同榮等人於1995年3月5日在紐約舉行記者會，表示若民進黨再爭取不到第四家無線台，不排除以非和平手段激烈抗爭，可能率眾「砸毀台視、中視、華視中的一台」，張並說這不是「告洋狀」。6月16日，蔡、張的民間全民公司取得執照，並展開籌設，新電視台民視則於1997年6月11日開播。

　　我們可以說，三退所凝聚對於三台不滿的社會力量，被蔡同榮與張俊宏主導而使用民進黨名義的公司所利用了。

公視正名運動的局限及現況

　　1990年6月，新聞局成立「公共電視台籌備委員會」，此後八年之內，歷經兩個高潮兩個階段，最後公共電視終告在1998年7月開播。

　　第一階段，公視的籌備由政府行政部門主導。到了1990年11月，有半數以上籌備委員因為憂心自己成為行政部門的橡皮圖章，表達辭意。1992年9月行政院大幅修正後，通過《公視法》草案，並在10月移送立法院審議。

　　第二階段，由於社會干預增強，公視籌備工作出現重大轉向。從1992年底，但特別是1993年起，進步公民力量的集結領域，總算爬行到了電視，準備藉由籌建公視，牽動官控商營（或者說是「商控官營」可能更正確些）的台視、中視與華視不得不改革的能量。

　　由於三台基本上是商業控制，但經營權力掌握在國民黨政府，於是，三台獨攬的電視廣告收益，就分作了兩個部分。其一充作私人特權、國民黨與國庫所有，表現為暴利，亦即至1990年代初期，三台利潤長年超過平均利潤甚多，其中一小部分用來分潤三台員工。其二是三台付給國民黨政府（特別是在選舉期間）的政治租金，表現為政治新聞的偏頗，以及九點等若干時段的播放文宣教化節目。二者狼狽為奸。

　　按照道理，公民應該取得電視收益的部分，電視的政治租金不應

該存在，而私人特權及黨國的部分，若以三台資本報酬率計算，最高以不超過銀行利率為宜。

因此，接下來的問題就是，有沒有什麼辦法可以打破這種電視不正義的局面？1992年秋季，機會來了。

行政院將《公視法》草案送進了立法院。未幾（1992年10月26日），政治大學傳播學院18位專任教師發表公開信，主張未來公視經費之一，應該是徵收自無線電視的電波費。1993年3月18日，跨校傳播科系學生組成傳播學生鬥陣組織，接著串連發聲，他們組成公視立法觀察團至立院陳情，要求「把公視還給老百姓」，抗議「黨政山盟海誓，人民被騙不知」。6月，文化及學術界百餘人成立公共電視民間籌備會（民籌會），明確主張以無線電視年營業額10%作為公視經費來源之一。10月民籌會約50人至立院請願，戴君芳等人的身體原點劇場表演「大風吹、吹我的錢在哪裡？」行動劇，呼喊「三台不繳錢，公視被K死」、「三台賺太多，拿到公視來」。

假使這個主張得以實現，三台總收益不變，卻已分作三份。最大部分，也就是其年營業額的10%，回返社會，而由公視代表運用。剩下的部分則由三台本身及政治租金分配，後者多則前者少，前者多則後者少，是一種競爭關係。由於三台作為事業體的存續，是其員工作為勞動者得以再生產自己的前提，員工的集體組織不能不面對這個新的情勢，也就比較可能或是不得不發為壓力，責成改善三台經營效率，同時減少甚至取消向國民黨政府給付政治租金的額度。

更進一步，假使這個主張實現，領受到意義的不只是三台，它還樹立了原則，日後使用公有電波的電視，也更有可能被要求向三台看齊，量力而按比例繳交電波費，作為改善電視節目品質的專款。就此來說，公視的創建提供了牽動三台表現的線索。三台的財務改變，加上1993年7月底通過的《有線電視法》對系統業者開徵的特許費，將有潛力為台灣的整體電視生態注入活水，為更健康、更有秩序的電視市場奠定合宜的競爭基礎。這樣，現今我們所看到的台灣媒介之紊亂現象，台人每年支出數百億新台幣，無益於台灣影視生產力的培育，反倒是倒貼美國與日本媒介巨賈的奇怪景觀，或許不至於形成。

　　到了1993年11月8日，這個經費建議在立法院教育等委員會的聯席審查會，以8票對6票通過了。11月18日，由三台組成的電視學會在多家報紙購買半版廣告，聲明前項條文「不僅損及所有股東、員工權益，且勢必影響商業電視台服務大眾之品質，使廣大觀眾權益受損。」此後民籌會與三台及其背景政黨勢力，持續爭鬥。

　　最為戲劇化的第一個高潮則是，1994年6月17日，三台發動員工約三百人至立院要求刪除經費條款，措詞「公視是扶不起的阿斗，三台不做諸葛亮」、「公視吸血！三台流血」。[1]公視民間籌備會除在現場散發〈針對三台員工至立院遊說的立場與說明〉，以致與三台部分員工衝突之外，並得到工人立法行動委員會（工委會）的支持。工委會指三台工會「自私自利，淪為資方馬前卒……應受工人和社會大眾嚴厲的譴責」。至6月21日，民籌會再結合十多個社團至立院遊說並至新聞局抗議，散發九家報紙在18至21日四天之內所刊載的20篇公視報導及評論的彙編，籲「請國民黨立委尊重輿論！請新聞局官員從善如流！」

　　此後，有關公視的活動及新聞，轉趨沉寂。兩年多之後，1996年12月13日，立法院院會又刪除向商業無線電視台徵收部分經費的條文，公視前景更呈低迷。始料未及的是，到了次（1997）年4月16日，由於國民黨中央政策會以30分鐘倉促決定廢台，反倒再讓社會不滿的力量得到集結施壓的機會。相關評論在此後兩星期之內高達102篇，立法院前也一度簍集學生、教師等抗議人潮，可說是公視建台過程的第二次高潮。至5月31日，《公視法》在5小時內歷經了48次表決，完成了三讀的立法程序。

無線電視民主化與公集團電視的推動

　　無線電視民主化的推動，是社會追求民主化的一環、是社會追求

1　2023/11/22按：稍前（6月8日），67位傳播學者具名共同在《聯合報》發表〈別讓公視法　淪為政治交易籌碼〉，支持每年向三台取部分收入作為公視年度經費之一。

整體媒介民主化的一環，是追求所有電視民主化的一環。它在2000年成為社會運動者的訴求目標，既有偶然的因素，也有承繼先前媒介改革活動的性質。

說偶然，是因為運動的發起緣起於1999年夏秋之時，多位發起者參與了陳水扁競選總統媒介藍圖的寫作。2000年3月18日，陳當選總統，參與寫作者判斷，不能坐等陳主動落實主張。接下來的課題是，藉由什麼方式才能設法漸次往前推進，讓特定政治人物的選舉文宣，特別是其中有關電視改革的議題，轉變成多數政治人物能夠接受的共識與政策，以求落實。

說是承繼，那就更為明顯。如前所述，戰後至1980年代，媒介改革／社會運動經常與選舉有密切關聯，到了1990年代才有所改變，無論是退報、地下電台、901遊行、三退，或是成立於1999年的「台灣媒體觀察教育基金會」，選舉色彩均已下降，特別是公視正名運動更是非關選舉。在此基礎之上，無線電視民主化運動才得到了空間，亟思開拓選舉之後的情勢，有所作為。

走出選舉的格局，意義是媒介改革／社會運動的相對自主及獨立性格已經強化。

這一波的無線電視民主化改革活動，主要由傳播學術界結合學生與記者，從2000年3月底起，綢繆發動。他們對內提出「運動是生活‧運動是健康‧運動是趣味‧運動是知識」的訴求，凝聚共識，導引認知。對外則他們提出「反對澈底私有化‧台視華視公共化‧中視民視專業化‧無線電視民主化」的主張。

歷經七個多月的籌備與擴大之後，該社團於2000年11月19日成立，共有117人共同發起，名稱定為「無線電視民主化聯盟」（無盟）。從2000年3月至2002年10月，無盟從籌組階段至正式運作，總計召開內部會議近30次，拜會立法院主要政黨及個別立委超過50次，無盟成員並有多人參與新聞局相關研究案，運用各種可能機會在報章雜誌或電台說明無盟的主張，也力求與改革對象的台視與華視之工會與主管階層，展開對話，寄望從溝通中尋求支持。

另外，從2001年4月起，連續兩個月，無盟在台灣從南到北，與

主要大學社團聯合舉辦「十萬青年救電視」的校園座談，總計有15場。從2001年5月23日起則每週發行電子短訊與短評。

無盟的主張承繼籌備期間的主軸，也就是焦點目標鎖定台視與華視的「公共」化。藉由改造台視與華視，使直接與它們競爭的中視與民視，不能不跟隨調整而走向「專業化」，最終再賦予改革有線電視，也就是整體電視生態的契機。

鎖定台視與華視，主要是基於必要性與可行性的雙重考量。

就必要性來說，很多人認為，當前（1990年中後期以來）的電視頻道有7、80個，無線電視還有那麼重要嗎？如果不那麼重要，僅占有無線電視之半的台視與華視，那就更不重要了。

然而，至2000年，有線電視的廣告收入（176億）才首度超過無線四台（130億）。有線頻道平均一家收入在2至3億，無線則平均一家30多億，就此來說，無線電視的影響力顯然仍舊可觀。

就可行性來說，有線電視業界與立法部門的利益糾結深刻，展現在兩大層面。第一，至2001的八年多以來，《有線電視法》所要求它繳交的有線電視特種基金，業者仍然有辦法讓法律暫時失效，自己也就分文未繳。第二，1999年元月與2001年元月，業者力量均有效動員立法委員，以奇襲方式修正《有線電視法》，使其對本身更為有利。在此格局下，即便政府有意從結構層面改造有線電視，遭受阻力將極大而難以推動，何況政府受其利益團體遊說，很可能根本就無意作此調整。

無線電視方面，台視與華視的主要股份，仍然為財政部及國防部與教育部持有，「只要」行政部門恪守陳水扁媒介藍圖的精神，「只要」社會力量集中就此要求，那麼，相對於對其他電視資源的改造可行性就增加。

調整兩台產權及經營權之後，無盟的訴求是兩台藉由聯合而朝向與公視合併的改革方向前進。藉由公集團電視的組成，發揮規模經濟的作用，增厚實力，以在未來變化多端的電視環境中，維持一定的表現水平。至2002年10月，公集團電視運動的前景仍不明確。

結語

　　在歐美，箝制傳媒自由的壓力，從大約19世紀中葉前後，慢慢從國家轉到了資本積累的動能。初版於1981年，至2002年增修至第七版二十多印次，有關英國傳媒歷史的著作《有權無責》（作者是James Curran與Jean Seaton，魏玓、劉昌德譯）說「19世紀中期並沒有開創報業獨立自由的新紀元……〔而是〕出現了一個新的報業檢查系統」，正是這個意思。

　　雖然較晚進入此一軌道達一百餘年，但台灣傳媒的歷史格局並未脫離這個命運，特別是1990年代以來，傳播權的運作實際上受到了國家及市場的雙重壓抑。弔詭的是，糾正傳播權之扭曲，又得依賴國家以更積極的認知，對市場秩序展開更有效的調節。其間涉及了國家的雙重性，或者，套用法國社會學家布赫狄厄的生動用語，這是國家的左手與右手之交鋒。追求媒介自由的人（包括社會運動者），對此宜有體認，群聚而起，溝通社會，發為壓力，責成國家之左手進場，提出「適當的干預手段……以帶來……自由和解放」。

1970年代：國家機器與傳播媒介 *

　　1975年，台灣的報紙增加了張數，從1958年的兩大張，一舉多了四個版面而成為三大張。

　　這一個小小的動作，如果不仔細再作深究，或許也看不出什麼門道。但表面上平淡無奇的增張，其實可以看作一個象徵，牽扯出國家機器與新聞媒介及傳播環境的大關係。是誰准許增張？誰又得到最大的好處？這就跟1988年的報禁全面解除一樣，需要政府出面宣布報

---

* 《中國時報》1993/8/2第27版。人間副刊。原標題〈假面的告白：七〇年代的國家機器、傳播媒介〉。

紙政策，而現存的優勢媒介則從中占到了最多的便宜。1978年《民生報》與《工商時報》相繼創刊，報團的雛形已然出現，而主要報紙的負責人也都在次年首度成為重要的政黨核心人物。

1978年全線通車的高速公路，雖然著眼於交通建設，但其實對於本地報紙的市場應該也有相當程度的影響。在還只有台鐵與省道的日子，跑一趟台北市到高雄市，需要的時間總在7、8小時，總社在台北的報紙，相對來說，比較沒有能力與當地報紙競爭南部的市場，因為北報南運已經日上三竿，還讓誰去看？加拿大的因尼斯（Harold Innis）說交通運輸是帝國的延伸，一點也沒錯，高速公路是襄助大報往外發展的利器，十年之後電信局鋪設的光纖網路，只是當年辦報助力的延伸。

相對於報紙，國家機器與電子媒介的興衰，以及其節目內容的關係，更是巨大。

先是電影的由盛而衰。1960年代末期至1970年代初期，台灣的電影事業最為風光，每年出廠300餘部，據說僅次於日本和印度，在香港與東南亞華僑市場擁有大量觀眾。但就在這個期間，退出聯合國、與日本斷交等等對外關係的挫敗，使得原本製片空間的意識形態箝制更加一層；與此同時，香港作為一個地域性影片輸出重心的地位，挾著邵氏影城的建立而趨向以更為圓熟的商業手法拍片，兼且沒有政治束縛，趁虛而入。先是李小龍的功夫電影而掀起旋風，繼之，「香港新電影」從1978年興起，一步一步慢慢地抹去了台灣電影的角色。國府在1973與1979年兩度修訂獎勵優良國語影片辦法，都沒有能夠挽回已經失去的優勢；不必等到新媒介，如影帶影碟、第四台的出現與「普及」，本地政策的無力，先行宣告了電影走入末路。啟用於1979年元月的電影事業發展基金會的電影圖書館，立意良好，但所得到的經費不足以支應它原本可以發揮的角色，這也好比是國家機器「為德不卒」，在憂柔寡斷之間斷送了改良電影環境的契機。

再來是電視。在黨等於國家等於電視的年代，沒有人會管電視的營運是不是於法有據，事實上，國家機器第一次大規模注意到電視的問題，還是因為政權抵不住商權，立法委員會按捺不住，才在1970

年6月連續三次針對電視節目，批評它太過重視娛樂、靡靡之音太多而水準低劣有礙文化水準的提振云云。有批評也就稍有收斂，但最晚到了1972年2月21日，已有《台灣日報》刊載，由於電視停止播放日本摔角節目，「閉路電視正大發利市」，而它受歡迎的程度甚至讓報紙在未及一個月之內，已用標題大剌剌表示「財局欲課稅　警局要取締」。但埋怨歸埋怨，官僚的作業還是緩慢如蝸牛，沒有人真正試圖探尋解決問題的方案。到了1975年，也就是台灣有了無線電視之後的十三年，現今的《廣播電視法》才立法完成並於次年公告施行。於法有據之後，新聞局的眼睛也就愈放愈亮，需要的時候就毫不客氣地責成三家電視台配合國家政策，播出宣導或是威嚇性的節目。1976年元月，三台開始了「聯播時代」節目，其內容類型與我們現今看到的《國際瞭望》、〈時事論壇〉或文藝風光等所謂公視的節目，本質上並沒有太大的差異，這樣的聯播作業，每天晚間九時至九時三十分，前後達8年5個月，其中最有名、最具有政治教化與恐嚇意味的聯播電視劇，應該是反共影片《寒流》，1979年3月，國府在第三度放演該劇的時候，除了使用國語以外，為了達成教化與宣傳效果，甚至特別使用了閩南語及客語。這些硬邦邦的政教節目，自然不是電視內容的全部，但軟調的影劇同樣可以維持大中華與傳統文化的形象，等於是從另一個方向強化政制的穩固，其間最知名的一齣連續劇也許是儀銘主演而蔣光超主唱的《包青天》，直到現在都還成為華視大敗台視與中視八點檔的強打。

　　也許正是在這種節目爛，但民眾又需要電視作為最便宜之娛樂方式的情況下，現時已然氾濫成災的第四台開始有了存在的空間。最遲在1979年初，報紙上已經刊載了這樣的新聞：「基隆、瑞芳……乃至台南、新竹相繼出現有線電視，年付一千。」也是同一年，政府頒布了《社區共同天線電視設備設立辦法》。今（1993）年7月16日通過的《有線電視法》，引發爭議的規範之一，正是政黨能不能經營有線系統，國府當年經營無線電視，全憑壟斷作為賺錢與控制的張本，卻種下了第四台興起的原因，大概是執政黨始料未及的吧？真是早知今日，何必當初。

　　1970年代的國家機器勢力，雖然籠罩住了當時的新聞傳播環境，但它並不能夠鎮壓全部，控制永遠難以密不透風。政論雜誌是一個風口。《大學雜誌》還算是在執政黨的掌握之中，但1975年及次年創刊的《臺灣政論》與《夏潮》，一直演變到《美麗島》的全省發行而後釀成政治事件的爆發，顯露了文鬥輸場的國家文宣媒介，必然將會搬出赤裸裸的暴力，強行鎮壓。社區週刊是另外一個風口，但還沒有來得及形成氣候之前，先已夭折。1974年，《美濃週刊》創刊（發行8期後停刊，2年後重新發行），自此以後許多地方也出現了這類型的週報，到了1970年代末期，社區刊物「發達」的程度甚至引發了新聞局的非分之想，打算自行創辦社區報紙「作為溝通政府與民眾的橋梁」。見縫插針，國家機器固然不是省油的燈，有決心、薄有物力的人群總是存在，是壓不扁的玫瑰，伺機反擊。

　　1970年代的台灣，傳播環境非常的單純，電視電影以外，也就只有報紙與雜誌，地下跑的第四台還在努力往上鑽，天上飛的衛星電波還沒有見到影跡；當時的社會建制，控制媒介的方式是直接而赤裸裸的，文工會下令新聞局插手，這個播那個不能播，這個刊登那個不能登，進廠將還在裝訂、甚至印刷的雜誌整個搬走，管它法律規定印刷品是事後審查。在這種社會形構下，建制權勢單位對於媒介的控制，必定讓受到控制的人感到渾身不自在，根本談不上讓他們主動同意、參與這樣的控制過程，因此這些建制單位也就沒有文化媒介的霸權（hegemony，另譯「意識領導」）可言，遭其壓制的人與聲音，不會積極同意建制單位。時至今日，社會條件經由少量的變，日積月累，很可能即將要達到質變的臨界點。報紙家數增加、張數可以高達十張以上，雜誌五花八門，除了少數非常高階層人事、言論幾乎是了無禁忌，影視頻道多達數十個，多到讓許多人目不暇給之餘，慷慨禮讚多就是美，而不可能是浪費之詞，於是主動掏錢大加消費。這些，也許就是消費社會殺人於無形、人們心悅誠服而共造霸權管理自身的時代，已經在掌聲中揭開了序幕？

1990年代：失去制衡的巨獸　電視萎縮前夕[*]

從國家兩廳院的高雅藝文活動，文建會、中華文化復興總會推動的一連串計畫，以及地方性質的文化建設中心，乃至大型休閒娛樂暨購物中心的籌設，我們可以說，政府似乎相當關心民眾在「家庭之外」所從事的文化及休閒活動。

不過，我們的政府卻忘了一件事實：當今民眾最重要的休閒及文化活動，都是在「門內」進行，而不是在「門外」從事的。主計處從民國76年開始進行的調查顯示，歷年來我國人民在工作之外的時間，大多花費在收看電視，平均每人每日看2小時10幾分鐘。今（1992）年3月台北市政府公布了一項報告，指出市民每週所擁有的休閒活動時間共約24小時，其中用於電視的時間高達15小時。這些實際資料，應和了我們的日常經驗；對於上班族或一般工人而言，由於下班後不再有太多時間可供使用，看電視已成為我們最重要的「文化」活動。此外，相較於所費不貲的旅遊或藝文音樂等等活動，看電視的成本低廉許多，因此也就更能吸引民眾。

奇怪的是，雖然收看電視才是耗去國民最多時間的「文化休閒」活動，政府的電視政策卻偏偏是所有文化政策中成效最差勁的一種。在這種情形之下，即便前舉「門外」政策都能收到十成效果，恐怕也抵擋不住惡劣電視制度的影響。

事實上，政府官員並不是毫無知覺。5月1日，行政院長郝柏村在文復會發言，表示對於「電視低俗化感到相當憂心」；文復會會長，也就是現任總統李登輝先生隨即指示專案研究。次日，三台高層主管也都信誓旦旦表示將研究改善。霎時之間，我們的電視好像興革有望。但真能如此嗎？很讓人懷疑。我國最高首長發表類似的談話，早從蔣故總統開始，已經不是新聞，而每次三台也都保證必將洗心革面云云，實際情況卻沒有看到太多的改善。

為什麼會這樣？到底是官員及業者口是心非，以例行地埋怨一番

---

[*] 《聯合晚報》1992/6/4 第15版。原標題〈電視　失去制衡的巨獸〉。

這種儀式般的行為向民眾定期致歉，但口惠實不至？或是電視真的變成了宛若科幻小說的科學怪物，以致最後創造它的人已無法控制了？更讓人擔心的是，從目前電視台的表現得到好處的一群人，也許正是掌握、改革電視的政商權勢人物，因此使得我們這些升斗小民也無可奈何？真實的答案，不可能由電視台本身的反省得知。在這種情況下，作為社會公器的報紙，正應該擔負責任，長期地就此展開報導與評論，以讓更多的民眾認清問題的關鍵。

走向綠色原野大自然，固然是彌足珍惜的休閒方式；走出客廳參加通俗或高雅的活動，也是值得提倡之舉。但如果欠缺良好的電視制度，這些良法美意都尚不能讓民眾有一個健康的休閒文化空間。

析讀強將的弱兵　電視週刊[*]

我國三台黨控商營，世界稱奇，很多人都知道。我們電視週刊的銷路不算很廣，放在電視普及的國度中，應該可以讓眾人咋舌，這一點，知道的人可能少些。

至今為止，台灣還沒有可靠的雜誌銷數統計資料，電視週刊流傳不廣是一個相對的意思，主要從以下三方面，間接推知。

不容易在書報攤或書店買到電視週刊，這是第一。其次，據廣告公會統計，電視週刊的年度廣告收入，經常只排名第十左右，落後於閱讀人數較少的《財訊》月刊。還有，1986年政大新聞系的全國性調查發現，《天下》這家經濟月刊，竟然也比電視週刊還要來得好賣，果真如此，則電視週刊的銷數一定在10萬本以下。

這個現象相當值得注意，耐人尋味。在美國，電視週刊是賣得最好的一份雜誌；英國在1991年3月以前，只有英國廣播協會BBC與

---

[*] 《中國時報》1994/04/28第43版／開卷周報。原標題〈強將麾下存弱兵？──析讀電子媒介獨占體制下的電視周刊〉。

獨立電視公司ITV能夠印售，每週銷量達600萬份；同年度，法國人口只約略多於英國，但電視週刊共有5種，顧客800萬；西德的情況比較驚人，8種電視週刊吸引了1,600萬電視迷；荷蘭只有1,400萬人口，不及台灣的七成，倒有6種，其中一本每週賣出100萬冊。

　　為什麼看電視的觀眾不比他國少，看電視時數（每天3小時左右）也與別人相當，但偏偏看電視刊物的讀者硬是比別人少，而且少那麼多？

　　價格是一個原因。我們的電視週刊一本58元，美國與日本的同類刊物，不但篇幅較多，價格折合新台幣分別也只有25與50多元，並且，不要忘了，美日國民所得都比台灣高一倍以上。

　　刊物內容或許也是一個因素。廣告就有很大差異。台灣的電視週刊廣告，約有七成胸、洗眉、化妝、潔膚……無所不包，難怪不少大學女生在美容院看過這個刊物，男生則明顯偏少。英美日的電視雜誌廣告，似乎很少有此性別區分。假使這真是台灣的特色，則等於是讀者人口少了一半，這就怪不得銷數低落爬不高。非廣告的部分也是明顯不同，內文很大一部分與節目資訊無關（也就是說，這些內文欠缺時間性，幾乎任何禮拜刊登均可，明星介紹是其中最主要的部分），日本則與此迥異，整本內容扣緊了當期節目，不但按照日期時段排列節目表，使用七十餘種符號引導觀眾辨別節目性質，更是將節目分門別類（通俗劇、新聞時事、音樂、製作演員索引、電影又依類型畫分……），方便觀眾查閱，又在適當地方加上輔助該節目的文字說明。美英的形態則介於台日之間。此外，日本電視週刊另有一項特色，值得介紹。日本的電視週刊通常夾頁贈送電影條碼，有意錄影的觀眾只需使用光筆掃瞄，就完成了預錄等指令，而觀眾也不必另行書寫片名，因為週刊社已經提供印妥貼紙，觀眾只需撕下貼於影帶側邊即可。

　　當然，本地電視週刊沒有能夠針對節目提供資訊，除了編輯因素以外，更重要的因素或許是我們只有三台節目，比不得美日那麼多，所以根本沒有辦法做到節目導向的電視週刊。電視頻道的數量與電視週刊是否發達確實有關，1985至1991年間，東歐除外的歐洲，電視

頻道（包括衛星與有線）的數量增加了兩倍以上。同一期間，電視雜誌則從45本增加至80本，其中週刊的銷數從4,500萬增加至6,500萬。近兩、三年來，本地第四台收視人口成長相對可觀，坊間也出現了規模大小不一的有線電視月刊，內文大多與節目有關，或許也可以作為另一個旁證。但值得推敲的是，我國電視商很少投資在製作節目，只打算拉線作（外國）節目的流通生意，在這種情況下，週刊最多也只能充斥外國節目資訊，應該比較無法吸引本地電視迷購買，於是銷路還是有限？

刊物本身與電視節目的性質之外，最後一個影響週刊銷售數量的原因，也許還得從觀眾（讀者）身上找起。

比如，台灣民眾每年使用在書報產品的支出比較少，電視週刊的普及程度低落，是否只是這個事實的側面之一？另外，若是從主動與被動收看電視的態度看來，歐美日人士捨得銀兩，額外買入子商品（週刊）緊跟母商品（電視），大概是偏向主動。我們的觀眾逆來順受，被動至極，反正人癱在電視機前隨意收看，因此也就不用費神提前計畫本週收視大要。但且慢，我國官控商管的電視環境，值此新衛星與有線頻道飛來鑽去的時候，沒有清新的改變，因此節目無可期待，何必多花錢買週刊作啥看電視的計畫？果真如此，我們倒要說，台灣觀眾眼睛雪亮，主動非凡而善惡分明，硬是不買週刊，每天隨意收看電視，頂多再看報紙當日的節目表，儘已足夠。

衛星電視兩黨無策 *

四年前（1988年）報禁解除之後，形式上箝制報紙營運的政治壓力已經消除。因此，有關傳播方面的兩黨公共政策，很自然地轉向了電子媒介。執政黨部分，行政院今（1992）年元月與9月，分別將

---

* 《聯合報》1992/11/23第4版。

《有線電視法》草案與《公共電視法》草案函送立法院審議，新聞局並且在10月中旬宣布，明年初將開放地方性收音機電台的申請。民進黨方面，除了繼續抗議政府壟斷的收音機與電視對其報導不公允，並由其內部的正義連線民意代表，聯合於今年2月成立「打破電子媒介壟斷行動策略研討會」以外，該黨已在10月提出「傳播政策綱領」。

地方廣播電台究竟如何開放，由於明年才能夠看到辦法，尚難論斷以外，執政黨的電視政策，可以說是「能管的，不但管，並且打著公眾利益的旗幟，顯露公器私用的企圖」，「管不動的，視情況而定，逕行宣布為任法，或是睜一隻眼閉一隻眼，網開一面」。衛星電視屬於後面這一種類型。

今年8月1日，政府宣布開放中耳朵，台灣已經擁有100萬收視戶的亞衛變成合法。但亞衛不同樣是以空中的電波傳送視訊的電視嗎？為什麼境外電視頻道合法，卻不肯開放國人經營電視頻道？屬於前面類型的廣電政策，可以舉有線電視與公共電視作為例子，我國有線電視（第四台）的普及率冠絕亞洲，日本尚有不如。但這並不是什麼值得誇耀的事實，而徒然暴露了我們已經成為外片淘金的大戶，暴露了我們現有電視節目的不如人意。

面對這種局面，政府只是想收編現有的第四台，讓大財團併購各個散戶，以此作為這些有線電台少談公共政治事務的代價。就公共電視而言，去年由專家提出的《公視法》草案，雖不是盡善盡美，在行政院修訂以後，卻更是慘不忍睹。公視的最高權力單位，也就是董事會，其成員居然只需由新聞局長提名，行政院長任命，而不必經過立法院的同意，公視的年度營運經費，仍然取自納稅人荷包，而既然是政府預算，政院也就順理成章地要求，公視每年的預算一如轄下任何單位，必須列管刪減。人是政院請的，錢是政院給的，還能夠公正嗎？近年來政府想要編列預算，將中廣變為國家廣播電台，那麼，同樣的編列預算與聘請人事，政府為什麼不甘脆也將這個新的電視台，叫作政府電視？

民進黨尚未擁有廣電權力，因此可以大膽放言，表示這些媒介的經營必須「超越政府、政黨及各種形式之利益，不以營利為目的」。

問題是，諸如此類的政策宣示，如果沒有落實於財政制度的設計，一定成為空談。比如，公視的人事與設計是相連的，民進黨徒然反對政府掌控公視的人事，卻不肯或忽略了對於公視財源，提出對等的法案。事實上，無分執政與在野，學界人士也無分立場，都已同意「電波頻道是公有資源」，既然如此，為什麼不徵收台、中、華視的電波使用費，使其成為公視的主要營運財源？若能如此，公視財政及人事才能獨立。其次，民進黨主張應及早研擬反托拉斯法，防堵有線電視成為財團鯨吞的對象。這個主張固然正確，但是，對於有線電視確有地區自然壟斷的傾向，民進黨似乎認識不足。若真心知肚明，重點就不是防止獨占，而是課以合理的稅率，其收入則轉為改善我國的影視製作體質，這個政策選擇必須強調。相同地，民進黨對於衛星電視也沒有提出妥當的政策說明。如果亞衛中文台盈利了，而且是因為台灣廣告的提供而盈利，如何將它納入整體廣電傳播政策的考量呢？對此，執政黨與在野黨都靜默無語。如何以公共政策讓新的公視台具有名實相副的可能，顯然更是朝野必須努力的目標。

不再抗拒媒介帝國主義[*]

李金銓教授在出版於 1980 年的博士論文指出：「事實擺在眼前，雖然身陷重重的政治與經濟的依附情境，台灣抗拒『媒體帝國主義』現象的成效，頗有可觀之處。美國媒體的影響能力，刻意地被約制壓低了，而日本媒體的影響力則是微不足道。維持這個傳媒自主的必要條件，主要是由台灣的大陸型政治與傳統中華文化的自尊所提供……。」

台灣在 1970 年代的電視景觀，確實如前書所描述。到了 1980 年代以後，出於民眾的爭取民主，也因為執政黨當時兼有大財團及傳媒

---

[*] 本單元的前三段，是為這本文集而增加的。

大戶的身分，於是以擴大言論與新聞自由為掩護，同步放寬管制而讓資本「自由」競爭，執政黨應該是認定，以自己的大資本身分並執政，必將勝出。日後我國與南韓的傳媒產權及資本自由的規範鬆緊有了巨大對比，根源在此。

南韓準總統盧泰愚在1987年6月29日提出政治「民主化宣言」而進入維新；7月15日我國總統蔣經國宣布解除戒嚴而邁向政治民主化。表面上，兩國民主化進程接近。然而，貼近觀察，金恩美教授提醒，從1980年至1990年代初期，對於電視等媒介，這是「韓國管制最嚴格的時期，（卻）是台灣管制最削弱的時期」。因此，南韓直至1990年代才再次出現私人無線電視台，有線電視嚴格管制，所有廣電廣告必須先讓國營廣告代理公司抽取廣電廣告6%的收入（不是利潤），作為廣電基金，我國則有線電視大量播放來自美日節目，無線電視台的豐厚利潤，引來曾任中視經理的張繼高說，這反而「埋下腐化……和社會對電視不滿……的病因」，不是利高而節目質量改善。於是，影視媒介帝國主義的影響，在解嚴後十多年，於台灣已經相當明顯。

因此，1990年代以降的台灣影視文化，恐怕花了錢，卻是忙著為人作嫁裳。[1]

台灣的生意，愈做愈大。尤其是民國70年以來，幾乎每年的國際貿易盈餘都要超過美金100億，號稱經濟奇蹟。

不過，很多人也許沒有注意到，我們的廣播電視節目，同樣足以「輝映」工商業界的表現，在所有第三世界國家之中，台灣的影視文化表現同樣是一個異數。中南美洲到非洲，他們的廣電節目如果不是九成來自歐洲與美國，至少也有五成、六成，反觀台灣，卻在《廣播電視法》的規範下，七成以上的節目在國內自製。

然而，我們的經濟成長有其畸形的一面，環境破壞勞工不堪之外，工業難以升級，技術生根的空話喊了幾十年，致令前景堪慮。我

1　本段起，以〈（雞年看台灣的氣色──影視文化）為他人作嫁衣裳（花大錢，看別人的節目？）〉為標題，刊登在《聯合報》1993/1/22第41版。

國相對高比率的電視文化的影響，反倒是弊端叢生，未見其利而百害俱現。

台灣第四台的普及率超越日本及歐洲大多數國家，台灣的亞衛收視戶逼近120萬，密度之高冠絕全亞洲，讓亞視公司垂涎不已，這些現象可以輕易說明，正是因為我們的台視、中視與華視的節目類型與內涵太遜色，這才使得其他影視媒介有機可乘，大發利市。

再者，相關的學院或商業行銷的調查，都發現這些新媒介的觀眾，偏好的是西洋片或是日本劇場。台灣人花了錢，看別人的節目，也就是提供他國賺錢的機會，卻對自己影視文化的更新沒有幫忙，豈不是白忙一場，空為他人作嫁裳？更讓人擔心的是，如果現況沒有改變，在技術條件已經泯除電影、電視、第四台、衛星電視、錄放影帶及影碟之區別的情況下，海外商業性影視節目，恐怕更要長驅直入，大筆在台灣淘金。賠的不僅只是衣裳，整套嫁妝都得一併倒貼。台灣電影跌入谷底，本來就不是新聞。但若說台灣投資在電影製作的錢幾年來並沒有減少，很多人可能覺得是新聞。但這卻是事實，只是這些錢並不是花在台灣本地找人製作節目，而是請大陸演員或是使用香港明星及技術，然後回銷，於是我們等於出了兩種錢（廠商的製片費及觀眾的戲票款），電影是看了，電影硬體軟體等相關人才的養育，若不是沒有，也應當有限。

年營收40億的第四台也一樣，全國數十個有線頻道播映的節目，美國第一、日本第二，香港第三，除了近一年來少數伴唱帶及音樂風景帶的製作以外，本島自行製作的節目（扣除重播三台及國片電影）與零蛋相去不遠。至於衛星電視，那更是不用談，只有亞衛已經開播的六個頻道之一，購買了三台的若干節目，其他的都是東西洋一起來。至於錄影帶與影碟，既然它們都是從現有影視節目轉製，那更是不可能對台灣本土製作有什麼好處。

最近幾年，我國忙著申請加入關稅暨貿易總協定（GATT），但很少人談到加入之後，對於我國已經是巨額入超的影視文化會有什麼影響。美國與歐洲的緊張關係，可以作為一個參考。在歐洲，由於《朝代》、《朱門恩怨》等影集廣受歡迎，引起了歐市恐慌，遂以影視

文化帝國主義稱呼美國，並要求設限。但美國祭出GATT自由貿易的法寶，串連歐市進口美片的人士，裡應外合，美國片仍然在歐洲大放光芒。台灣外交實力不及歐市百分之一，情況只能更糟。

外來力量如此強大，因應的處方只有強化體質一途。怎麼強化呢？先要弄清楚影視文化是整體的問題，如前所說，技術條件已經泯除電影至影帶的區別，因此，如何把今年將修定或立法的《廣播電視法》、《有線電視法》、《公共電視法》、《錄放影帶管理法》，甚至《衛星電視法》，配合新聞局辦理電影年，擴大振興電影業等種種考量，一併處理，這才可能得到強化本地影視文化的契機。否則，影視入超的情況，恐怕年甚一年。

九〇年代的電信談判　外資是大贏家[＊]

台灣與美國的電信諮商會議，為期4天，雖然已在（1996年7月）19日落幕，但曲終事未了，懸案有很多。

比如，這場會議，究竟是公開資訊、講道理而對等，或者根本是隱蔽實情、靠拳頭而扭曲？根據前往採訪的記者說，會議期間，雙方都沒有提供書面資料，增加了他們寫稿與分析的負擔，從而落筆撰稿的訊息品質，也就較難達到理想。然而，既然此次諮商事關緊要，雙方就談判項目的主張及理由，怎麼可能沒有預先準備？怎麼會不約而同沒有提供詳細的談判資料？彼此備而不提供給記者，不是民主的作風，說不定是內有隱情，不願意讓輿論適時或提前反應。

舉個例子，6月28日，也就是早在本會召開的半個月前，國際電信聯盟（International TeleIcommunication Union, ITU）就已經通過決議案，明定各國政府有權取消「折扣‧回呼」電話。由於這種逆向呼叫的電話業務，使海外電話用戶得以利用美國電話線往美國國內打電

＊　《聯合報》1996/7/23 第37版／聯合副刊。原標題是〈電信談判　外資是大贏家〉。

話，致使相關國家經濟遭受頗大損失（每年5億美金以上），ITU這個決議形同代表了泰國、中國等國家，成功地以集體力量抗衡美國假科技優勢，蠶食他們的市場。台灣雖然已經不是ITU的會員國，但這樣的精神與國際通行的作法，我們按照道理是應該擁有的，但奇怪的是，根據《聯合報》，我們的交通部還決定要在會中與美國商議此事。四天諮商會中，雙方是否曾經就這件事協商，不得而知，但既然有了ITU的決議案，我們自己執行就可以了，再求他國同意，等於是弱了本國一部分的議價籌碼，並不明智。

再如，我方對於電信投資報酬率設有上限，也就是經營電信單位的公司，盈餘不能超過11.5%，對於這個規定，美國卻要求行政部門代替立法部門承諾，在一年內改成價格管制。表面上，這兩種作法沒有什麼差別，都可以保障消費者權益，但實況卻不是如此。首先，我們的現行作法比較能夠達到交叉補貼的目的，也就是對於國內電話服務的使用者比較有保障（如果不交叉補貼，市內通話費將是現在的3倍左右）；其次，設定投資報酬率的上限，對於電信員工的勞動條件或許會有較好的保障，比如，私營企業集團經常在科技進步以後，以機器取代人工，擴大失業，而企業在兼併的時候，通用的辦法之一，正也是用裁員的方式來達到賺取更多利潤的目標，如果只是設定通話的價格管制，也就不能對於這些現象產生制衡的功能，而消費者、使用者的權益，難道就與生產者、勞動者的權益，完全背離嗎？我們每一個人都是消費者，我們每一個人也都是生產者。

最後，這次電信諮商會議中，最「趣味」的是關於「國籍」認定的魔術遊戲。我國《電信法》寫道，外國人持有的股權，不能超過20%。美國做生意的心，溢於言表，對此當然不滿，但法有明文，若要求台灣修法，談何容易。怎麼辦呢？咱們的官員竟然對著鏡頭說，我們還是堅持20%，但對於什麼是外國人的公司，可以另做彈性解釋，也就是我們不必讓步，同樣可以讓美國人高興。然後，亂七八糟的認定國籍的方式與計算方式，應運出籠，什麼控股比例，本國與外國合營比率，術語滿天飛，等到大家都聽糊塗了，最重要的結論這才登場，它是：經過我們的創意、彈性界定，外國人可以在不違反20%

的股權下，最高擁有近60%的電信股份！您看看，很有彈性吧，彈到外太空，有聽沒有懂。果然，過了兩天，經建會也不懂了，於是彈指再算一次，國籍的認定，又有了新的標準，七折八扣，這次的結論是，外國人持有的股權，最高可以加到46.6%。

官員耍魔術，自己不懂，別人也不懂，大可不必。政府也許可以自行宣布，資本流動無國界，本國與外國資本的差異，實質意義有限，於是官員只消修改《電信法》，要求「沒有錢的人，不能擁有股權」，不但能夠得到相同的魔術趣味，更可以讓美國人豎起大拇指說「讚」，稱揚我們國際化，確實澈澈底底。

2001：《飛龍在天》的誘惑 [*]

過去一年，台灣的新政府灰頭土臉，國際經濟情勢不利之外，內政經營亦有經驗欠缺、漏洞百出的破綻，這就使得舊政黨下台的歷史意義幾乎盡數蒙塵，不太有人提起。

與此呈現強烈對比，民進黨中央常委蔡同榮立法委員擔任董事長的民間全民電視公司（民視），卻是意氣風發，器宇昂揚。

民視得以顧盼自雄，有它的道理。1997年，開播7個月的民視虧損了7億新台幣，接下來的兩年分別虧損5億與4,000萬，但到了去年居然有了稅前盈餘，並且是超過老字號的台視，而與中視打平的3億。對於任何一個新興公司來說，這樣的成績是很亮麗。

這份成績的由來，部分得自於老三台的歷史包袱，部分來自於民視的員工人事成本低了許多，它的員工年輕，平均薪資較低，又以少於三台員額約一成的人力，經營了兩個頻道。民視日漸出頭的另一個重要原因，也在於它的節目「創新」。

其中最「膾炙人口」的是民視的重連續劇、輕綜藝劇的策略。開

---

[*]　香港《明報》2001/5。

台伊始,它就在晚間7點播放連續劇,威脅了在相同時段播放新聞的三台之固有習慣。到了1998年9月,《春天後母心》則採用從7點半播出至9點半的怪招,然後是「鋸齒狀」節目的安排,延長黃金檔連續劇的時間,時而提前時而後延,有時75分鐘,有時90分鐘。1999年底開播的《親戚不計較》更是盛況空前。民視晚間黃金檔期連續劇在1999年,有108天收視稱冠,至2000年則達263天。

親劇至今還在放,而民視則利用其熱度,帶出了《飛龍在天》,果然又使飛劇一飛沖天,再創新形式,每星期播放7天(常規是5天),到了週日再加上60分鐘的飛劇特別節目。

民視的成功引來競爭對手的焦慮,亟思模仿。問題在於,它的戲劇節目值得模仿嗎?《飛龍在天》好像是清朝古裝劇,但古意欠缺,倒是現在的流行染髮樣色,時而現身於劇中要角,讓人有好像是現代肥皂劇的錯覺。至於常見的拖泥帶水、欺負民眾的特定口味,飛劇如同其他連續劇,諸如此類的毛病,一樣不缺。

但不值得模仿是一回事,在商言商,不得不跟進是另一回事。惟若真要模仿,模仿得來嗎?這就只有時間能檢驗了。只是,隨著時間前移,無論是因為老三台或有線台的模仿,或是觀眾的厭煩,民視的連續劇優勢無法長青,應該可以確定,這就是奧地利學派都不能不承認的,「創新」的獎賞不可能久長。

2003:衝撞過後的媒介生態*

2003年,由於疲軟的國際及台灣經濟,回春緩慢,台灣各大媒介的營運情況也就大致如同2002年。

2002年,台灣的媒介生態是這樣的:電影製片業仍未從谷底反彈,本國影片產量21部,占票房2.21%(但2003年前8個月又跌至

---

* 《中央社世界年鑑》(2004年版),頁389-90。原標題是〈衝撞過後的媒體生態〉。

0.12%，與2001年同）。有線電視播送系統62家，分作3或4大集團，400多萬訂戶收入250至300億，經由這些系統播放的衛星頻道至2002年底是123個，總廣告量224億，50%集中在前15個頻道。5家無線電視當中，公視直接由政府取得9億，外加影帶銷售及募款等3億餘，台、中、華與民視廣告收入依序是22、26、25與25億。收音機廣告是25億，中廣近10億多，飛碟得6億。報紙廣告收入122億，鼎足而立的三家報紙占86億，即《中國時報》、《聯合報》與《自由時報》各約30、28與28億。

　　數位媒介可說是雷聲大雨點小。一方面，業者結合各黨派的立法委員（立委竟然捐棄死纏爛鬥的惡習！是讓人欣慰，還是讓人害怕財團的能力快要一統立委？值得深思），想要讓攸關數位前景的廣電三法趕緊過關。至2003年底，因機上盒的價格問題，有線數位電視的商業運轉還沒有全面啟動，台北市數位分級訂戶數（以東森為例，至9月約5,000），少於其他縣市（23,000）。中華電信免費送機上盒，宣稱將在11月底在台北縣市及基隆市開播數位電視。台灣的行政權歷來執迷科技，並且在有立院多數委員強力護衛下，卻仍然暫時不能成全其羽翼數位產品的用心，理當記上一筆。

　　其他資本的動向包括，台塑投資八大電視25%股權、富邦入主三立25%，國喬石化占緯來頻道股份75%以上。邱復生辭卸港資TVBS董事長（但仍持股30%），東森有線電視集團的小股東聯合逼宮，新加坡人入主王令麟的董事長職位，未幾並開始裁員。港人黎智英在2001年創辦《壹週刊》後，2003年5月2日起再以《蘋果日報》衝向台灣報業。由於台報預期《蘋果》的到臨已久，三報早已展開因應。首先是版面的變化，其中較明顯的是《自由時報》，它把體育版調到第一落，並將其版面從16版擴張到20版。其次是三報廣告新聞化的次數增加了。第三是各報的政治新聞更趨商品化，也就是以強化本身已經存在的藍綠傾向，作為鞏固讀者群的策略之一，其中最誇張的表現是，2003年4月中旬，《中時》、《聯合》在七天內合計寫了約十篇社論，指控新聞局將以評鑑方式侵犯新聞自由。與此對立，《自由》及《台灣日報》二報則說，「統派」媒介不要濫用新聞自由。

在此之外,《中時》稍後似乎又採取了一種未見於《聯合》、《自由》的策略。《中時》在《蘋果》創刊的同時,也就是 5 月初起,開始強化其評論的分量。作法是,《中時》每天固定邀請兩篇署名的外稿,於要聞四版及財經頭版發表。看來,《中時》刻意以此使自己更能區隔於《蘋果》的軟調報性。《蘋果》問世後,一般認為對三大影響很有限,惟對《民生》、《大成》等性質與《蘋果》較近的報刊,可能產生較大威脅。

私部門之外,政治力也施加於媒介。首先是藍陣營炒作黨政軍三退,雖然這個議題早就已經過時。因為,如果說 1949 至 2000 年,台灣的媒介弊端七成來自於黨政軍的作梗,三成來自於私有商營的肆虐,則晚近三年多的媒介亂象,黨政軍的為非作歹最多僅居其一、二,而澈底私有且商營才真正是棘手難題。有趣的是,綠營顯然未就此著力,反而跟進藍營的炒作不遺餘力,這就形同藍綠共同聚焦於黨政軍的泥沼。這個議題的熱門程度展現在蔡同榮。他於 1996 年說,民進黨中央常委不是重要黨職。到了 2003 年初、6 月與 9 月,他是否辭去民視董事長的新聞熱炒了三次。藍綠共同瞎扯黨政軍,有破無立,迴避了更重要的媒介政策方向與內涵(應不應該、要不要成立公廣電集團等等),這樣一來,表面上的對立,實質上卻是兩造共謀,致使媒介公共化的議題難以浮現。

在主要政黨或是故意糊塗,或是沒有認識真相的能力,或根本只是黨名有別,卻同等擁護大資本利益的情況下,由這些政黨支使的公部門,遂爾僅能成為資本風險的分攤者。政府對數位媒介有所投資,其實是補助硬體廠商(最明顯的是有關數位電影院的補助),非關節目質量的提升,也對數位化之後廣電頻道量可能增加,致使製片資源相對縮水的問題全無因應,遑論引導或透過產業政策來舒緩或導引科技的正途。

另一方面,在各界不看好的狐疑眼光中,政府推出文化創意產業之說,但對該產業產值最大的廣電,仍無有效的統整政策善加規畫,甚至再以狹隘選票考量,出以尊重多元文化的外裝,推出一年預算各 3 億多台幣的客語電視台(已在 7 月 1 日開播)與原住民電視台,割

裂了公部門的廣電資源。

在私部門爾虞我詐而紛亂競爭、公部門能力與意願兩缺以致等於是惡意缺席之下，台灣的傳媒表現只能繼續不合格，而如同過往，社會對此表現的抨擊當然未嘗間歇，甚至，不滿傳媒（特別是電視）及政府無力且食媒介改革之言而肥的聲浪，至2002年10月10日上漲至最高潮。

當天是雙十國慶，由協助陳水扁總統於競選期間，撰寫「媒介藍圖」的成員組成之「無線電視民主化聯盟」（無盟）召開了記者會。[1]他們指出：「台灣電視文化四十年來的發展，不堪聞問。先是國民黨對老三台的政治箝制與利益寡占；媒體開放後，則是政治分贓與財團瓜分的局面，這是造成台灣民主化過程粗糙，甚至倒退的一個主因。」無盟並譴責陳總統及行政院延宕媒介改造而未能實現競選諾

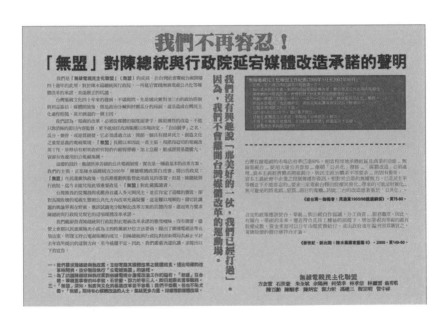

1　2023/11/22按：同日，無盟自費以15萬元在《中國時報》第五版刊登半版篇幅的〈我們不再容忍！〉聲明，該圖文檔隨文附上。

言，他們要求執政黨實踐媒介改革之競選政見，提出明確的改革時間表，分階段執行「公電視集團」的進程。無盟召開記者會後宣布解散，並開始籌組新社團「媒體改造學社」，於2003年5月4日成立。

展望未來，若有更多的國人有兩個認知，就更能打造較為符合我們需要的電視環境。第一，環顧世局，西歐（特別是英國）廣播與電視市場的相對效率遠高於台灣及美國，原因在於其政府規範廣電市場的能力，而此一能力的憑藉，則在於西歐大多數國家仍然擁有龐大的公營廣電機構。第二，是以，改革台灣廣電的未來，重點不在於是否創設所謂的傳播委員會，而在於確認，台灣需要有更大規模的公部門廣電資源，平衡私有廣電的散、濫、亂。

2008：台灣政治需要文化願景　大選開鑼　文化開場*

國民黨總統參選人馬英九發表文化白皮書，這是很正面的競選政策。民進黨總統參選人謝長廷，長年以來對於文化而特別是廣播與電視文化的關注也是相當深刻。假使謝馬的競爭能夠集中在文化而特別是影視文化的環節，一定是國人之福。

馬英九在1998年競選台北市長的時候，即已經提過行動白皮書文化篇，主張「成立台北公共電台」、「強化弱勢與社區的媒介機會」與「強化民間媒介的公益內涵」。這些都是至今台灣還非常需要，但還沒有落實的主張。

謝長廷的文化主張與成績似乎還要多一些。早在1990年代初期，謝辦理了新文化月刊。然後在審議《有線廣播電視法》及《公共電視法》時，謝針對有線電視作為特許事業所應該肩負的財政特別稅捐，參贊了至今仍然具有相當重要意義的發言。就有關公共電視的董監事組成及財源，謝也領銜提出進步的規範，雖然後來在立法院全院

---

* 《自由時報》2008/1/26 A15版。

審查的時候，他所主張的版本沒有得到支持。在擔任高雄市長階段，謝的成績亦稱不惡，對此，馬英九也不以人廢言，他推崇作為競爭對手的謝長廷，表示將借鏡謝的電影政策。其後，謝主持行政院一年，對於公視曾提特別預算及法律修正案，雖然繼任者沒有繼續推動。

未來主持政局的人或政黨，對於台灣文化究竟會提出與落實哪些政策，值得國人拭目以待，特別是廣電政策方面，目前在行政院的法案，還有三項很重要。除了行政院去年8與9月通過的《文化創意產業發展法》及《數位內容產業發展條例》兩種草案，還有通訊傳播委員會上個月甫通過，但仍待行政院審議，整合了電信法與廣電三法（無線、有線與衛星廣電法）的《通訊傳播管理法》草案。

當然，稍前所指，謝曾提出的新公廣法是更為緊要，它可以因應兩個新的情勢。一是僑委會、客委會、原民會的電視預算與資源，以及中華電視公司依法已經在去年移由公視基金會經營。二是廣播電台與電視的資源可以互作流通，行政院及北高兩市掌握的一些電台，長期來看是可以考慮公共化並納入公視基金會經營。可惜的是，這個務實與前瞻內涵兼具的法律案，因為行政的怠惰至今還是只聞樓梯響。

無論是馬英九或謝長廷當選，既然兩人長期以來對於文化事務與政策都有至今為止比較清楚的眼界與投入，希望我們能夠看到更能感動人心的文化願景與政策之討論，進入政治領域。

2010：節節敗退的國家機器高唱凱旋[*]

在去（2010）年傳播業界的各種事件當中，愈來愈重要的網路與影音視頻，其所受青睞持續增溫，但最多目光仍然集中在傳統的視聽部門。

---

[*] 《時代評論》創刊號2011/5，頁53-8，以及《共誌》第1期2011/3，頁2-5。原標題〈節節敗退的國家機器高唱凱旋：觀察2010年傳媒現象〉。

公廣集團，無線、有線電視與衛星頻道及數位化議題，再至地下
電台，以及台灣電影製片業的前程，無不輪番上陣，有些盤據整年，
有些定時現身，藕斷絲連。平面傳媒當中的報紙，似乎少見外界聞
問，與此對比，中正大學師生年底聯合推出的《新聞業的危機與重
建：全球經驗與台灣省思》，集中探討報紙（及其衍生各種傳播內容
的生產）與民主社會的連動關係，彌足珍貴。前書出版未久，適巧另
有報紙記者承受（政府）置入行銷折磨許多年以後，不再雌伏而辭職
抗議，報紙（與電視）這才又被動地曝光在輿論的探照之下。

《文化創意產業發展法》在元月7日完成三讀。這是少見由民進
黨啟動，八年後在國民黨手中通過的法案。個中最大意義應該是：蕭
規曹隨顯示的不是從善如流，而是真正有個主導卻誤事的意識與行政
惰性，足以穿透藍綠；雖然昧於實情，該法卻兀自認定，台灣文化產
業在「自由自在」的環境羽翼下大有可為，甚至能以對岸龐大市場為
背靠。文建會、經建會與經濟部宣稱，推動文創，將在數年之間讓影
音產業平均投資報酬率達6.4倍，並在中國取得3倍於今的銷售額。
業界或學界不一定接受這個宣稱，有人批評文創只是囈語；有人逕自
申請項目、分取資源；有人奢望「大陸當腹地　台灣坎城不是夢」、
「台灣電影夢　聚焦大陸海西」；再有讓人咋舌，駭人聽聞之語，如
後，「台灣的文化、創意、技術對……大陸電影絕對有正面影響，大
陸也是台灣產業有生機的唯一希望」。

虛浮文創　紊亂公廣

文建會擁抱文創，陸委會卻有保留。在兩岸談判經貿架構的過
程，中國多次希望洽談「媒介在內的文化交流協議」。對此，我方表
明：「台灣還沒有準備好，目前無法討論。」

這是我方心知肚明，了然我們的傳媒介質不佳，對外商務交流很
難取得經濟收穫，反而會讓中方以利誘惑，進而相繩台灣媒介，形成
另一種以商逼政的不民主效應，或是政府另有考量？無論是哪一種，
陸委會等於是對文創法的願景提出某種「務實」的否定。

　　文創法昧於現實的另一個指標，就在盱衡海外成例，影音部門若要在所謂文創產業取得佳績，除美國、香港以大型商業影視財團取勝，其餘無一例外，都有強大的公共廣電機構。惟行政院不此之圖，不但未曾就此綢繆，更是糟蹋手中公廣集團的資源。文創法制訂後次（8）日，公視董事長鄭同僚聲請假處分[1]獲法院裁定書，公廣經營團隊形同癱瘓，史無前例，其後多種法院與輿論行動交叉踐踏，再三將公視負面形象裸裎社會之前。當事各方，從新聞局到董事（長）及總經理，統統自認本身作為是為捍衛或維護公廣自主與專業，外界則對公廣不解，公廣整體形象與社會支持度不能不下降。誰要為此負責？

　　追本溯源，就在國家機器的怠惰與無心。依照現制，公廣集團各種收入總在40億上下，員工約在1,500人，比起歐日韓澳固然仍舊瘦小，放在台灣已然蜀中無大將，這個規模不算小。這就是說，政府依照現制，不需額外編列經費，就能坐擁相對有效的政策工具，可以改善觀眾的收視權益，也能加速數位化進程，從而對於遲不投資或只是少量投資的線纜業者，形成比較有效的市場競爭壓力，迫使其改善軟硬體投入。但從2006年入春公視與華視結合，2007年元旦，公視華視連同客家、原住民與宏觀三個頻道，聯合成立公廣集團以來，政府所作何事？少，不但少，還有原地跑馬，逆向退縮的衝動。

　　在延聘經營人才方面，行政院遲至現任團隊任期即將屆滿前夕，才從11月開始提名繼起人選，並且爭議依舊很大，究竟公視未來三年的管理者是誰，迄2011年初還是懸而未決。執政黨掌握行政與立法兩權，新聞局文官也有提名作業多次的歷練，卻依然漏洞百出、到處破綻，著實不可思議。12月起，對於前幾任早已完成修訂，並對外承諾的新《公視法》草案，新聞局長將之束諸高閣。另起爐灶之後，新聞局卻又形式化、虛應故事、不辯論而是各自表述，只對《公視法》修正案舉辦一、兩次所謂公聽會。不但如此，行政院完全沒有

1　鄭同僚等人提民事訴訟後，台北地方法院2015年4月宣判，成立於2012年、承繼新聞局擔任公視主管機關的文化部，應賠償董事長鄭同僚新台幣390萬795元，5位前董事各6萬9千元後，雙方都再次上訴，至2017年6月，《自由時報》刊出：「文化部止訟和解　賠鄭同僚390萬」結案。

全盤規畫、一體行政的認知，對於有限資源，更當統合管理運用，藉
收分工相互支援與規模經濟的效益，居然懵懂。行政院放縱原民會與
僑委會以其本位主義囂張地想要自立門戶，不肯承認公廣集團已經太
過迷你，若再分家，原民與宏觀兩頻道的運作只能更不符合規模經濟
的要求。

國家退縮　資本躍動

公權力欠缺企圖心，與此相對，企業主躍躍欲試。黎智英申設衛
星新聞頻道未獲核可，轉戰網路電視並誇海口，表示「我砸錢做好的
節目，肯定有機會！」蔡明忠、蔡衍明與民視及三立合資製作節目，
蔡並購買119萬有線電視系統用戶（占總戶數22.3%），自稱他「砸
640億發動數位革命　政府應該付我錢」。兩人都說要砸錢，但是，
沒錢固然萬萬不能，有錢不一定萬能。何況，《壹週刊》與《蘋果日
報》在2009年的廣告收入分別減少19.4%與4.9%，黎智英還有多少
錢能夠砸多久？蔡明忠承諾加速數位化，但《工商時報》社論表示，
既然法無明文規定，相關承諾「法律基礎是薄弱而有爭議」。

退一步說，即便蔡如期數位化，這也只是製造更多頻道與節目需
求量，卻如同當年無線三個頻道轉為數十、近百個有線頻道後，得到
最多好處的是海外節目供應商，本國視聽人才不一定得利，反而可能
在政府欠缺影視規畫下繼續遭殃。英國在1990年代中後期以後，電
視頻道數量暴增，2009年約有460個頻道。其間，英國電視節目從出
超變為入超，但也有幾年例外，如最新可得資料（2008年）顯示，
出入相減，盈餘達9,800萬英鎊，主要原因是，約翰牛以法律調節市
場結構，責成五大無線機構必須投資製作公共服務節目，品質得到比
較穩定的保障，偶爾就能展現為出口佳績。

要到哪個時候，台灣政治人物才能看到公共服務視聽制度與節目
的價值，總是先不求經濟回報，卻在一段時間的培育後，就能不但在
文化上滋潤，也能從經濟上反哺？這是困境，政治系統缺乏認知與抱
負。我們的主流意識對於自由的理解，擁抱消極自由，不能一起擁抱

積極自由，致使突破這個窘迫形勢的難度居高不下。我們擔心「馬英九政府正加強箝制台灣媒介」，卻未能反過來追問，政府對於改善傳媒環境，建構傳媒人能夠發揮專業的工作環境，難道沒有責任？難道不應該如同歐洲日韓澳等國家，提供更充分資源與規畫，讓我們擁有更為強大的公共傳媒，進而也督促台灣的商業傳媒，善盡社會責任？

2010年底，這個認知的局限與傷害，再次出現。12月13日記者黃哲斌辭職，賦予動能，台灣新聞記者協會等20個社團籌組「反政府收買新聞聯盟」。推動聯盟的人「一直思考『媒介公共性』問題……就算官方收手……商業置入仍然使記者處境更困頓」。傳播人對於新聞界處境的理解雖然深入骨髓，但聯盟對外公告的訴求，還是停留在「修法禁止政府、朝野政黨規範黨員不得置入行銷，再加上媒介自律」。除此之外，不見其他。何以如此？這只是階段的、策略的考量嗎？是便宜行事，撿柿子吃，猛烈抨擊政府這個真小人公然為非作歹，非常容易，但要將商業這個偽君子暗地偷龍轉鳳的、更大規模與水銀瀉地無孔不入的行銷置入繩之以法，力有未逮嗎？無論傳媒人怎麼想或有哪些顧慮，立法院既然已經在1月12日增修預算法，禁止政府機構置入行銷；民進黨黨主席蔡英文既然已經表示「民進黨應檢討，支持禁絕商業置入」，那麼，有心改革傳媒與社會的人與團體，正可百尺竿頭，不但禁止任何欺騙，不再姑息商業置入，也要正視商業傳媒的偏心垷象：商業傳媒及其廣告總是補助甲類，但壓制乙類傳媒內容。這種偏心現象無法透過法令禁止，卻可以另有合適的政策予以導正。

國家機器的應然與實然

綜觀2010年的傳媒事件，讓人目不暇給。回顧此起彼落，連環相隨的這些新聞，有一領悟。假使以國家機器作為中心，這些事件顯示這部機器是「大智若愚」。

人有兩眼兩耳雙手雙足，國家機器也有兩個面貌，實然與應然。行政院的文建會、新聞局、NCC對於許多傳媒事件的反應與作為，

顯得笨拙、無心、無力、無能的成分，遠多於明智與有權有能；顯得想要治標多於治本，顯得關注特定的傳媒行為之管制，多於對傳播環境生態的結構導引。政府這種「實際」表現，對於業界不一定有利，對於服務民眾，以及營造傳媒人安身立命的工作環境，必定是傷害，我們因此可以說，國家機器的實質表現陷入「節節敗退」的格局。

問題同樣出在這裡，表現不佳發揮了掩飾作用。國家不肯明白向社會說明，民眾並無充分資訊可以理解，世界各國從來沒有傳媒市場長期在低度規範下，能有更多新聞自由與編採素質的發揮園地。這樣一來，政府免除自身的責任，不肯秉持長遠眼光及部署，重構傳媒願景的步伐無從跨出；反之，國家更願意解構自己，表示自己不該對於傳媒有太多想法，最多，政府只能與相關社團共管傳媒，其實是以民間社團作為推諉責任的口實。於是，國家機器的應然面，更是難以見人提及，對此若有主張，很容易就遭致指控，這是危險的「國家主義」，這是開門揖盜入自由於奴役之舉，智者不為。

國家機器願意藉由長期的政府失靈，換取社會放棄對於國家應然作為的要求，排除了這個要求之後，具有積極思維的文官無法得到鼓勵、遑論出頭，走馬換將的政務官難以開創新的格局，良性循環的契機遍尋不得、無從啟動。國家機器既然斧底抽薪，止息想像，不讓人思及政府對於傳媒的民主及有效運作必須負有責任，我們是以能夠說，節節敗退的國家機器樂不思蜀，既然沒有人對於經常失靈的政府會有期待，政府就可以沒有責任、沒有擔當，就是無事一身輕，詭計得逞的國家機器至此就是「高唱凱旋」了。

2012：評論三黨的「新聞傳播政策」[*]

緣起

「媒體改造學社」（媒改社）在2011年入秋後，聯合「台灣媒體觀察教育基金會」、「台灣新聞記者協會」及「傳播學生鬥陣」，一起參與「我要好總統連線」，針對參選中華民國第十三屆總統的三組主要候選人，準備了四套傳媒議題。「連線」主要由簡錫堦等人發起，2011年10月23日於立法院召開記者會成立，共有近20個社團參與，對三組候選人提出青年、兩岸、稅改、媒改、勞動、貧困、公民權等議題。

「連線」媒改組在11月11日召開記者會，要求候選人回覆這些議題。2012年1月6日，各組針對回覆評論後，推出選舉指南及理由書。

其後，媒改社再以「公共電視」為題，參與「開啟文化元年：文化界提問總統候選人」活動。在前述兩項活動之間，另有「傳播政策的反思與重構——媒體改造學社校園巡迴座談系列」八場。

媒改社得以順利參與活動及辦理座談，得力於劉昌德2010年的籌畫及各篇作者的響應。

媒改社／媒觀／記協／傳學鬥參加「我要好總統」連線對三黨回覆「新聞傳播政策」提問的評論

國民黨沒有回覆，原因不明。可能是傲慢，可能是沒有政策思維，也就無法回覆。若是傲慢，犯了為政大忌，選前輕視選民，選後若會重視選民，那是意外。

親民黨回覆4,044字，有三項主張值得肯定：

---

[*]　媒改社、劉昌德（2012）《豐盛中的匱乏：傳播政策的反思與重構》。台北市：巨流。文中引述文字，依序出於頁253-4、313-5、323-5、327。

（1）「委由專業經理人經營。但政府必須訂立更嚴謹審查遴聘標準，避免淪為政黨利用工具」。

（2）媒體兼併「每新增一個頻道或媒體，則累進必須釋放多少時間給予公共使用，或釋放多少廣告，供公益團體免費託播」。

（3）「協助推動建立觀眾特質更為完整、可靠與公信力的收視（聽）率評等系統」。

親民黨最嚴重的認知偏差是，「主張公視每年須提升自籌款項比例，上限為50%」，因為「公視其自籌經費來源僅占約14%。相較美國，仍屬偏低」。事實上，（以2006年為例）台灣民眾一年只享受39元公視服務，美國是70元。其他國家更多，香港都有269元，南韓是389元，日本達1,417元，英國是3,376元，挪威是3,925元。

民進黨回覆1,852字，以下兩項主張值得肯定：

（1）「有線電視經營者的資本結構，嚴格規定舉債上限不能超過自有資本的一定比率，以杜絕槓桿併購之金錢遊戲。」

（2）「政府應整合教育電台等現有公營頻道資源，將其轉型為多頻道、多語、服務的公共廣播系統。」

民進黨以下兩項主張具有進步潛能，是否值得肯定，仍然必須觀察：

（3）「公共廣電系統應帶頭重建台灣公民長久喪失的電視文化自信。政府不可干預公廣內容……政府應協助公共電視成立節目發展基金，以長期規畫製作優質戲劇、紀錄片、文化藝術與兒童節目等內容，以引導本國電視產業提升文化教育水平。」

但是，長期投入以建立文化信心，必須要有更大「規模」的公共廣電，才能建功。南韓的公廣規模是台灣的10至15倍左右，西北歐、日則在10至90倍，我們希望台灣的公共廣電也能扮演這些國家的角色，協助建立公民文化信心，但民進黨尚未就此表述與說明，不免讓人擔心，這些主張是不是只是華麗的修辭與空頭的支票？

（4）「公視南部建台案應恢復執行，以創造南部媒體新文化並呈現地方特色。」

公視規模太小，只有香港電台的一半，如果在南部建台，所能提

供資源一定相當有限，變成點綴，反而不是尊重南部民眾的作為。民視在1997年開播時，信誓旦旦定位在高雄，但沒有多久就以北部為重。南部當然應該建台，不只南部，中部與東部都應該要有。其次，建台的內涵不一定是完整一個或數個頻道，北中南部各製作多寡不一的節目，然後共用，既有全國範圍的播放，也有因地制宜的相應節目。但不論是完整或局部建台，不變的是要有製作節目的經費與資源。這些經費的來源與規模只要沒有明白闡述，所謂建台的說法就是空中樓閣，不是對民眾負責的作法。

傳播政策的反思與重構：媒體改造學社校園巡迴座談系列八場 2011年11-12月

「台灣公共廣播電視集團」在2006年7月1日成軍，是台灣員工人數最多的傳媒機構，但因相關政策欠缺與人謀不臧，致使表現雖有可觀，距離應有的水平相去依舊遙遠。2010年迄今，有線電視進入新的整併階段，大富在前已償夙願，旺中在後亟思比照，對此，社會疑慮雖在，招架之餘，似乎已無能力再對政治系統提出要求。反之，從NCC、政黨傳媒政策白皮書，再到輿論，似將解救有線與衛星電視的沉痾，寄望在數位化及分級付費，卻對新聞及影音工作條件敗壞，製作資源長期挹注不足與不穩定，致使節目類型窄化、同質化與品質低落，未曾給予應有的綢繆。我們對此深表憂心，不得不發為行動，尋求舒緩困境之道，媒體改造學社從2010年以集體之力，為期一年撰寫《豐盛中的匱乏：傳播政策的反思與重構》凡八章。依據《豐》書，媒改社再與媒體觀察教育基金會、台灣新聞記者協會與傳播學生鬥陣，聯合參與「我要好總統」公民連線，摘要向各總統候選人提出四問題並簡述我們的看法。歲末期末在即，我們再依《豐》書，另在東西南北大學校園，辦理系列座談八場，再為媒體改造盡一棉薄之力。

2016：文化與媒體政策的回顧與前瞻*

　　食品安全人人重視。近幾年來，從2011年的塑化劑事件開始，大規模的食安問題年年出現，直到近日，新政府入主還沒滿月，關於美國豬的瘦肉精與日本輻射食品的爭論，都是鑼鼓喧天。

　　重視口腹的健康，人理之常，合當如此。文化與精神狀態的健康，同等重要，但在「衣食足而後知榮辱，倉廩實而後知禮義」的用語及其意涵下，身與心的需要似乎分了家，二者的滿足儼然有了先後次序。

　　在特定時空下，這個次序並非全無道理，卻也不是完整的道理，表現之一，就是台灣的政治系統對於「文化與媒介政策」的重視，並沒有隨經濟增長而水漲船高。

　　回顧國府來台以後，第一次積極要以公權力帶動廣電體制的正面變革，而不僅只是遷就商控官營的局面，始自1970年代初期的文化局。該局位階不高，設在教育部之下，但規範與管理的範圍，與今日的文化部幾乎完全相同。就在文化局制訂廣電法，試圖引入歐洲的公共服務制度的精神之際，該局突遭裁撤。當年若能引入，是否流於東施效顰之譏；或是，它與南韓模式會有可以比擬之處？1980年，南韓有光州事件，卻可能意外地在殘暴中強化了日後阿里郎影音文化的工業基礎。台韓的這個對比，如今早成明日黃花，無須另作想像與申論。

　　第二次積極的回應，是在1979年基隆首傳違法的有線電視後，1983年行政院「成立工作小組，評估有線電視可行性」。次年2、3月，慣以國家帶動與管理市場的行政院長孫運璿，以及負責有線政策的政務委員費驊，先後中風與車禍身亡。這兩起意外事故，也許，還得加上當時新聞局長與國民黨文工會主任所倚重的人認為，「目前不宜發展有線電視」，致使該年11月，行政院已轉消極。《有線廣播電視法》因此在1993年方始制訂，原徵收營業額3%作為特種基金，也

---

* 《傳播、文化與政治》半年刊第三期（2016/6），頁I-V。原標題是〈編輯室報告：「文化與媒體政策」的回顧與前瞻〉。

在1998年5月大財團投資的基隆市吉隆有線電視取得「有線視全字第001號」許可證後，1999年1月即遭修訂，額度降為1%。由積極轉消極的後果，就是公權力挽救市場失靈的空間減少，公職人員來日必須投注更多努力，才能彌補。

到了第一次民選總統前夕，當時執政黨的媒介政策，就是在1995年初由行政院核定，要以建立「媒介園區」的方式取代香港，希望將台灣建設成為華人的電視電影製作中心。同年11月，隨著選戰進入倒數計時，兩個主要反對黨的選戰訴求，相繼出版為《新黨政策白皮書：勤修內政愛台灣》與民進黨的《給台灣一個機會：完全勝選手冊》。

新黨提出20項政策，第8項是「傳播綱領與新聞政策」，認同「國父　孫中山先生『天下為公』之理念……主張傳播媒介應為社會公器」，但沒有「公共化」的文字或主張。民進黨列出43項議題，其中【議題19】的標題「媒介解嚴」平淡無奇，但內容千餘言的高度讓人驚豔；它說，「在『媒介改造』的運動……追求『平衡報導』和『民營化』……不夠……我們需要將媒介當成重新建構政治經濟的社會運動的一部分。」因此，它提出的「四項政策」是「三台公共化」、「成立傳播委員會」、「三台提撥定額利潤，回饋社會」，加上「新興電子媒介，尤其是所謂『地下電台』……應盡量朝『專業化』及『公共化』發展。」

其後，在1998年競選台北市長時，《馬英九行動白皮書文化篇》的12項承諾，出現了陳水扁在市長任內已經著手的「推動成立台北公共電台」。陳水扁則在第一次參選總統選舉時，在2000年初提出《新世紀新出路：陳水扁國家藍圖6教育文化傳播》，雖然涵蓋更為廣泛、分析較為多樣，但就有關電視的政策主張，相較於民進黨1995年的宣示未見超越。

2002年，民進黨執政後提出，國民黨跟進在後的文化創意產業「政策」，其失敗可從文創不但變成「大樓」，且「已成權貴辦喜宴、開派對地方」的新聞標題，窺見一斑。及至2004與2008年，兩次大選的媒介政策似乎都告缺席。蔡英文稍有不同，參選總統後，她在

2011年提出《廣電政策白皮書》；2015年，她以「文化政策」為題，發表近4,000字的講稿，表示「重振影音產業」是其五項計畫之一。這就是說，蔡英文在文化與媒介政策方面，雖然沒有卻步，但相較於該黨在1996與2000年兩次總統大選提出的內容與規模，似見猶豫遲疑。

相對於政治選舉的系統，來自社會的媒介改造與政策的倡議行動，可以有兩種理解。一種是行動者自己創辦小媒介，或挑戰、或與各個階段盤據支配位置的大媒介，競爭與共生，從1974年的《臺灣政論》及其後的政論雜誌，到了1986年的綠色小組、1990年代的民主有線電視台與地下電台，再到1990年代中後期至今的網路媒介，皆可作此理解。

另一種是行動者結社，成立組織並且運作至今。較早的是1999年9月成立的「台灣媒體觀察教育基金會」。其次就是2000年11月「無線電視民主化聯盟」的創設，它在2002年10月10日發布〈我們不再容忍！「無盟」對陳總統與行政院延宕媒體改造承諾的聲明〉[1]後，另於2003年5月4日擴大與改組，是為本刊（《傳播、文化與政治》）的發行機構「媒體改造學社」。

除了在不同場合，透過講演與文字等形式，獨立或聯合多方力量，（斷續）從事媒介素養（識讀）及媒介政策的推廣，本社幹部與本刊編輯亦多努力，或者自創小媒介；或有魏玓等人勉力維持《共誌》的出版；或者另創論述，推動新聞事業的更新。各自拓展之外，媒改社、劉昌德（2012）不忘聯合撰述，出版《豐盛中的匱乏：傳播政策的反思與重構》；並在今年，再以這些研究與出版品作為基礎，提煉並精修後，提出「2016年文化與媒介政策倡議書」四種，在本期刊登。

這些努力無法個人為之，都是眾人相互支援才能完成，它們是台灣當前媒介景觀的一部分。來日，這個景觀的變化風貌，不是自然生成，是有待人力的塑造。

環顧世局，各國因歷史進程不同，媒介政策與改造的內涵與方向

1　該聲明以付費廣告形式，刊登在《中國時報》第五版下半版，收於本書頁283。

並不相同。台灣沒有歐洲、加拿大與日韓澳的歷史遺產，亦即沒有這些地方所擁有的強大公共服務媒介（PSM）作為媒介市場的領頭羊。

因此，在當前資本增殖的邏輯仍然還在主宰，服務民眾的文化與媒介的需要備受壓抑的環境，媒介政策的攻防，在這些社會是在捍衛其先祖創設的PSM之規模的過程，同時進行媒介改造。在台灣，則是在喚起民眾與政治系統的認知，要求政府看齊國際水平，也正視自己的歷史承諾（台灣在1990年代創設時，設定PSM的規模是60億台幣，放在今日，理當更多），要以創設更大規模的PSM組織作為核心的媒介政策，藉此迫使私部門在PSM的競爭下，不得不增加投資與改善營運，終可使整個媒介市場的水平得以提升，並在過程中拓展與涵蓋其他媒介改造的訴求。

在新科技日新月異的年代，兼取文化研究與政治經濟學的威廉斯（Raymond Williams）提醒執迷科技的人：「在我看來，科技在最壞的情況下也只是無關宏旨……在最好的情況下，新科技充其量是改變社會行為……而非……革命性的影響。」

信哉斯言，媒介改造必須面對科技決定論，必須破解將希望單只是寄託在從網路到各種電子載具的迷思。媒介改造的後盾，仍然是教育。《娛樂致死》的作者波茲曼（Neil Postman）在書末引用赫胥黎（Aldous Huxley），再次強調教育的重要，表示我們需要學習「媒介政治和媒介知識論」，才能明白「自己為什麼發笑、為什麼自己不再思考。」若是讓波茲曼與赫胥黎現在拿起麥克風，他們應該也會將「媒介政策」引入教育的內涵，順此進境，人們可以明白，何以阿多諾（Theodor Adorno）在試圖於「法蘭克福學派及『接受世界現狀的』美國傳播社會學家『之間』，刻畫自己的位置時」，曾經在1960年代對艾科（Umberto Eco）說，若在戰後的德國寫作《啟蒙的辯證》而不是在1940年代的美國，並且是「分析電視，那麼，他的判斷就會比較不是那麼悲觀，也不會那麼激進」（Gripsrud, 1995, p.7）。

最後，媒體改造學社的成員林孝信教授（1944年－2015年12月20日）及支持者徐佳士教授（1921年5月22日－2015年12月22日）去（2015）年底辭世，我們在此留字追念，並繼續向兩位前輩學習。

「媒體改造學社」脫胎自2000年11月19日成立的「無線電視民主化聯盟」，八位名譽發起人包括徐佳士教授（上圖）與林孝信教授（左圖）（攝影：程宗明，117位發起人名單見〈成立，是為了朝目標邁進〉）。

參考書目

〈成立，是為了朝目標邁進〉（2000）。《當代》月刊，12月，160期，封底裡。

媒體改造學社、劉昌德（編）（2012）。《豐盛中的匱乏：傳播政策的反思與重構》，台北：巨流。

Gripsrud, J.（1995）*The Dynasty Years: Hollywood Television and Critical Media Studies*, London: Routledge.

蔡英文的文化與傳播政策 [*]

蔡英文在美國與英國讀書，分別住了兩年與四年。英美兩國的語言及選舉制度相同，歷史淵源深厚，但是，約翰牛與山姆大叔對於「人體」與「人心」的認知，差距很大。

英國在二戰以後，就是公醫制度，認為「人體」的健康與維護是基本人權，不是商品。因此，英國保守黨人口中的醫護「改革」，就是引進更多商業機制。在美國，剛好相反，醫護的商品成分濃厚，舉國生產100元，就有16元投入，但迄今仍有上千萬人未能進入醫療保護傘。英國全民都受照顧，100元國民所得，僅約用了10塊錢。

若要撫育「人心」，教育之外，很重要的一個管道，就是各種媒介，它們負載影音文化，同時也傳輸圖文，它們是環境，人們生活其間。在這方面，美國是有逆反商品準則而從人權角度定義「人心」的時候，但是，這樣的時候相當少。因此，美國人得到公共媒介1元的服務，英國人得到2、30元。

對於蔡英文，留學國的經驗也許仍有影響或啟發。若是已成明日黃花也不稀奇，畢竟世事變化，人的閱歷會有增減。所以，蔡英文的文化與傳播政策是些什麼，還不明朗。

第一次競選總統時，蔡英文提出《廣電政策白皮書》。她說：「解嚴後開放的有線電視惡性競爭，內容重複、品質不佳等新問題，又久為觀眾詬病，致使國民對本國電視文化喪失信心。有線新聞台內容大量抄襲報紙、週刊與網路，且被政府或企業收買製造假新聞，政論節目大肆放送政治偏見，缺乏對公共政策的專業分析與不同意見的對話。不真實、不公正、不專業的新聞時事節目，嚴重傷害公民知的權利……台灣公民長久喪失的電視文化自信，應由公共廣電系統帶頭重建。」

第二次競選總統時，蔡英文沒有專就廣電發言，而是在競選期間，於去（2015）年10月，提出了「文化政策」。外界對於該政策的

---

[*]　兩岸公評網 2016/5。

解讀各異其趣，有的平鋪直敘、沒有重點：「文化政策　蔡英文提7目標5計畫」；另有媒介擇要凸顯，因此說「蔡：重振影視音榮景」。至於蔡英文自己的講演，用語如後：「第四個計畫……重振影視音產業的政策」、「透過公廣集團的專業機制，擴大本土戲劇、紀錄片、動畫的製作」。不過，怎麼重振？「擴大」要到什麼規模，講詞中沒有提及。倒是在這次演講，蔡說「台灣電影、電視與音樂創作的能量，在亞洲地區一直都有很重要的地位」。這句話言過其實，但確定的是，台灣的影視文化及產業確實每下愈況，特別是1990年代末期以來、至今將近二十年的狀態，個中最重要的原因，確實很有可能是蔡所說，是台灣政府之「政策的偏差」所造成。

對於這個政策偏差，蔡英文最近再次提及，並且比較具體。4月中旬，《今周刊》邀請蔡英文對高中生講演後，回答聽眾的詢問。其中，新竹女中劉懿旋表示，「我曾在上海念書，以前上海同學總與我討論台灣節目或藝人；但近幾年情況逆轉，許多台灣民眾看中國節目，潛移默化比船堅炮利更可怕，有何對策改善台灣的娛樂產業？」蔡英文的回覆是，「台灣現行法規體系，對文化優先性的考量相對不足；幾個強勢流行文化輸出國，主要時段都限制一定比率的國產內容播放，我們卻沒有。」

準行政院長林全任命的準文化部長鄭麗君，NCC準主委詹婷怡（與其他委員），會怎麼樣理解蔡英文？文化部負責確認（包括透過傳播媒介而擴大的）文化目標並提供資源，NCC雖是監督管理傳播秩序為主，卻因規畫與主管電波資源，也負責電信及有線系統等行業「特許經營執照」的核發，等於也是擁有權限，可以藉由政策而形同調動有無，完整或局部供應文化部所需要的資源。那麼，文化部與NCC是不是會有施政內容及進度，呼應蔡英文至今已經顯露的傾向？她說「公廣集團」要擴大本地的影音節目之製作、要重建本地的文化自信；蔡英文也似乎是說，要讓台灣的法規體系強化文化的優先性，也要如同國際流行文化輸出國，讓本國的影音內容得到一定的黃金時段播出比率。

這些原則性的陳述，會有哪些具體的內涵？有些人說，蔡英文是

「空心菜」；另有人說，她是「虛懷若谷」，見好就能吸納。究竟是前者，還是後者？眼前有一個檢驗的機會。

時代力量立法院黨團4月6日已經在立法院提出《媒體壟斷防止暨多元維護法》草案。據悉，蔡英文的民進黨也在研擬法案。兩部法案都有一個條文，表示要設置「媒體多元發展基金」。

兩個政黨以實際行動，是不是呼應蔡英文隱而不明的意見，不得而知。確定的是，這是對業者的憤怒，有了回應，遲到總比沒有好。1998年的《中國時報》吶喊〈痛心疾首：關掉電視才能救孩子〉、1999年的中國電視公司董事長說「所有的電視人變成……笨蛋……白癡……神經質」；到了2016年，有線電視系統業者控訴「台灣的電視節目很難看，幾乎已成為全民共識」。

影音節目無分海內外，都是人們最常接觸的流行文化形式，無論是在傳統電視機收看，或是在（平板）電腦或手機螢幕接觸。時代力量及民進黨提出「媒體多元發展基金」，若能通過，會是台灣遲到的實踐，希望後出轉精的期待不是水中月。兩黨都表示，設置的目標與宗旨就是「為健全媒體環境多元文化均衡發展、提升新聞與節目製播質量、促進媒體科學技術研究與人才培育、協助推動媒體產業發展」。

宗旨相當周延，但完成目標的手段，也就是「媒體多元發展基金」的規模要有多大？1985年開始運作，2008年遭立法院廢除的「廣播電視事業發展基金」，規模最多2億，走出舞台前僅存數千萬一年。「有線廣播電視事業發展基金」從2002年開始執行以來，一年最多是略超過3億。

因此，目前台灣一年以3億多元，用在符合「媒體多元發展基金」的宗旨，如果再加上文化部補助電視節目製作經費2億，就是5、6億。這是多，還是少？可以比較南韓。

大家都知道，本世紀以來，阿里郎的影音產業日趨發達，台灣剛好相反。2014年，南韓的「廣播電視發展基金」是5,367.47億韓圜，大約是台幣159.57億台幣，由於該國人口是台灣的兩倍多、名目所得（及物價）比台灣高，假使折合台灣的人口規模及名目所得的水平，約是57.94億。不過，這個規模尚未包括其他影音圖文基金（南韓還

有電影、動畫、文化、報業等等發展基金），該國主要公共服務媒介
（KBS）在2014年的執照費收入（不受廣告影響，也很穩定），另有
6,080億韓圜，也未計入。

　　這就是說，如果我們自我限縮，僅以韓國的廣電基金作為現階段
重新建立「媒體多元發展基金」的標準規模，那麼，一年若有60億
台幣並不算多。

　　現在的問題是，這筆錢哪裡來？不一定要用「稅」，可以要
「捐」。稅多捐就少，捐多稅就少。

　　「稅」是政府收入，但流入「大水庫」，各個部會的業務都可能
用到；「捐」是專款專用，如同台灣一年有60多億菸捐，用於健保相
關項目。或者，也可以援用準閣揆林全的解釋。他說，調漲遺贈稅及
營業稅，是要「為長照找財源　不算加稅」；因此，政府假使決定充
實「媒體多元發展基金」，為本地文化找財源，應該可以比照辦理。

　　參考世界各國媒介的經費來源，再考量平面傳媒並不使用公共資
源（電波），也不需取得特許執照，因此它對「媒體多元發展基金」
的貢獻應該要低於電子傳媒。其次，在OTT年代，所有影音圖文的傳
輸，仍然不是地虎（有線或電信系統／平台），就是天龍（各種波段
的無線電波），但單是天龍地虎（如同水管）並無價值，一定要有影
音圖文（水）在內流動，人們才會滑動手機、點擊網址，進行收聽、
收看或閱讀。所以，這些天龍地虎都要對「媒體多元發展基金」有所
貢獻。最後，考量數位「匯流」所致，接觸影像、音樂、圖片或文字
的終端設備，可以是從智慧手機到筆電、平板或桌上型電腦與居家電
視，台灣可以對這些消費電子器材課徵稅捐，充實基金，畢竟，如同
天龍地虎本身沒有價值，僅在影音圖文顯現螢幕時才有開機的必要。

　　這些總量要有60億的經費，需要制訂新的法律，以便增加新的
稅，或新的捐嗎？可能要，也可能不要。這是政治決定。

　　目前，依法各種電信業者業已按年提交，名目是第一類電信事業
特許費，另有「電波使用費」，以及「電波拍賣費」可以運用。扣除
NCC用於監理的所需，前述已經進入國庫的經費，一年可能至少還
有175.76億左右。行政院因此會有三種選擇。甲案是如前所說，本於

匯流一體，直接從取自電信事業已經提交的經費，在其進入政府大水庫之後，另撥足額，滿足前述基金規模的全部需要；乙案從中提供部分水源，另有部分則用新的捐補足；或者，丙案就是全部重起爐灶，完全用新的捐來滿足60億一年的需要。

　　台灣的媒介多元政策，遲到很久了，蔡英文的新政府是否願意彌補，後出轉精，更上層樓，一舉把基金拉至60億或更高、增加影音的多元表現，也為未來的影音經濟奠定基礎？或者，新政府會打個折扣才上路？拭目以待。

2021：媒介改革運動　等待新階段[*]

　　國民黨主政年間，或許有三或四次，主動要推傳播政策；民進黨則主動一次，半主動一次。

傳播政策進入執政者視野

　　最早是1967至1973年，教育部下設文化局，位階雖低，但執掌與現在的文化部幾乎相同，且其首長僅有一位（王洪鈞），並且來自於新聞傳播的專業。相較於新聞局長從1973至2012年有23位，且負責宣傳（需要傳媒配合），又有權規範傳媒，致使角色存在衝突，完全不同。

　　文化局年代，也是台灣第一次要就廣播電視立法，並且有意調整生態，引入歐洲公共廣電機構的時候，如楊秀菁的博士論文所示。雖然，彼時仍在戒嚴，若引入，是否能如人意，可能無法樂觀，但也許

---

[*]　媒改社《媒體有事嗎》調評，2021/1/19，以及《卓越新聞電子報》，2021/1/25，原標題是〈傳播政策2024：兩年串連　一年推廣〉。賴昀響應該議，但筆者止於倡議，未能推動。

仍有機會如同南韓，其軍權年代擴大的公有傳媒資源，日後隨民主化的進展，已向自由多樣與平衡的價值靠攏。

第二次起自1970年代晚期，在新竹開辦科學工業園區，其後並創設「台灣積體電路製造公司」之外，政府面對四處竄起的「第四台」，面臨兩個選擇。一是如同英國，宣稱要以「娛樂帶動革命」，讓廠商投入更多的影視節目及電子隔空服務，求使傳播含內容產業的發展，能夠納進公權力引導的路徑。二是把新科技視如蛇蠍，把第四台當作是鬆動資訊控制及教化的威脅。

因此，行政院當年一方面在短暫數年期間，就已投入3,000多萬台幣，翻譯與研究海外成例，編纂十餘冊文獻，他方面新聞局四出剪除業者的線路，並不手軟。兩個方案並行至1983年初春，因行政院長孫運璿中風、負責有線事務的政務委員費驊車禍身亡，致使力主前項選擇的經濟幹員的力量頓失依託，公權力從此壓制而不是規畫有線電視的發展。

孫運璿離職之後，先前他在1980年首次提及、亦可說是文化局的提議之後，政府再次表示，我國當有第四家無線電視台，並且是要「公共」為之，也就沉寂。公視的建設，要到解嚴以後的1990年代才告再起。

政府怠惰、社會壓力不足，發展公共媒介仍是未竟之業

第三次是，在英國與中國大陸簽署《中英聯合聲明》後，政府認為我國有機會取代香港的部分經貿活動，於是從1993年起，推出「推動台灣成為亞太營運中心」的計畫，次年並將媒介納入。其後，行政院委外的相關傳播研究案至2000年，超過十種。不過，「亞太媒體中心」的提案，一開始就遭到質疑，至中央行政權首度輪替後，壽終正寢；民進黨入主的文建會，另提「文化創意產業」作為重點，國民黨在2008年取回政權後予以承繼，並在2010年有《文化創意產業發展法》，設定了2019年底「文化內容策進院」的創制。但是，儘管民、國兩黨難得相同，都是環繞文創說話，但兩黨也同樣對於文創事

業當中，文化與經濟成分最高的影音內容及其制度，沒有提出正確的作為。

　　比如，行政院在1990年的規畫，公視的年度預算是60億，現在當超過100億，實則如今一年僅編列9億，雖然每年另有取自有線訂戶的經費與政府特別預算及民眾捐贈，但額度低且不穩定，勢將折損資源的使用效能。這個現象所暴露的政府苟且與不負責任，同樣表現在政府未能善事處理華視的轉型工作，對於原民與客家及「台語」頻道（民間可以這樣說，惟作為政府代全體人民出資的該頻道，「台語」之名也許並不妥當）以及國際傳播，當與公視有些什麼關係，行政院似乎沒有定見，這是尊重主管部會的專業意見嗎？或者，這是放任各自的本位主義，使得彼此的資源共用與綜效發揮打了折扣？

　　民進黨政府主動提出「文創說」，但對於擴大公共電視（最初是一個頻道，現在有八個）之議，以及因前者而來，有關華視資產（價值數百億）及其轉型，民進黨也許應該說是半主動。這就是說，陳水扁競選總統期間提出的「公民社會的傳播媒介政策藍圖」起了頭；其次是21所大學院校在2000年底成立「無線電視民主化聯盟」，訴求「反對澈底私有化、台視華視公共化、中視民視專業化、無線電視民主化」，加上其後的遊說與多種出版品；最後是，青壯派民進黨立委的付出並結合在野黨，共同用力，遂能讓擴大公視之議透過納進華視而開展。

　　雖然排上議程，但政府怠惰、社會壓力不足，二十年前的訴求，今日尚未完全落實。然而，環境今非昔比，更需要傳播政策，政府未必不會繼續怠惰，社會若不想方設法，敦促政府回應，傳播環境難道會自行改善，走向正道？並無可能。這就使得我們必須考慮，是否應該有個起點，如以2024年的總統與立委選舉為目標，及早準備？

媒介改革運動的長期努力

　　「媒體改造學社」（媒改社）成員及相關社團，從2010年起，至少推動《新聞業的危機與重建：全球經驗與台灣省思》、《在地翻

轉：台灣社區媒體新浪潮》等五本文集的出版。媒改社在2011年入秋後，聯合「台灣媒體觀察教育基金會」、「台灣新聞記者協會」，以及「傳播學生鬥陣」，一起參與「我要好總統連線」，針對參選中華民國第十三屆總統的三組主要候選人，準備了四套傳媒議題，次（2012）年並出版《豐盛中的匱乏：傳播政策的反思與重構》專書。2013年媒改社、媒觀及傳學鬥再提〈《廣播電視壟斷防制與多元維護法》草案：我們的共同分析與看法〉。2016年則在《傳播文化與政治》期刊第三期，推出〈2016年文化與媒體政策倡議書〉。

先前的這些論述與主張存在至今，其紀錄與價值不因公權力是否吸納而消失。這個認知，原本是所有從事社會更新的人會有的認知與準備，這是盡人事、日日新、滴水穿石的自我提醒與惕勵，人若不自助，天意也枉然，天助自助者。

現在，媒改社與關注民主的人仍可努力，或許願意開始共謀，規畫未來三年的重要工作，提出「2024傳播政策」？這是量力而為，也是策進自勉。容請提出拋磚引玉的想法，暫以「兩年串連，一年推廣」，說明如後。

串連有心人，眾志成城擘劃「2024傳播政策」

回顧過往，包括規模最大的「公民社會的傳播媒體政策藍圖」，從撰寫、修訂再到推廣，前後的時程都在數個月至一年多之間，不算太短，但也不能說是充裕。確定的是，參與者討論相關文字的時間不足，內中的主張及細部論證，乃至彼此或有並不一致的地方，未必得到疏通。更值得注意的是，相關文書雖然出版了，但熟知這些主張的人力並不足夠，若說要推廣，限制就多，致使外界少有機會聞問，遑論共鳴。這些傳播政策文書所要訴求的人，可以分作四類。第一類，其（未來）工作與傳播政策直接相關的人，又可分作三種，一是媒介社團如媒改社、媒觀、記協及媒介工會等等，二是高校傳播科系師生，三是目前涉及各種傳播內容產製流通的人。第二類是從事民主改革，也就必然關注傳媒的社團與人士。第三類是行使公權力的行政與

立法人員。第四類是前三類以外的社團與社會大眾。

　　有心人若能在短期之內開始綢繆，期以三年，第一階段先以兩年「串連」，第二階段就是「推廣」一年。

　　串連有前後之分，前半段研擬彼此都能同意的政策主張及其細部推演，並且在此期間，先行納入第一類的第一種社團與人，在內部以讀書會、（線上／線下）討論會的形式，讓參與的人在形成共同主張的過程，熟悉彼此也推敲政策內涵，這就等於是同時為後續的推廣工作，完成自我培力與成長的工作，也蓄積了足夠的人力與精神。到了後半段，投入第一階段前半段的人與社團，現在已有能力能與第一類的第二與第三種人，以及第二類人，開始聯繫與溝通，或者，有時這會是說服與修改原有的政策內涵。

　　第一階段雖是兩年，分前後兩段，但未必是前段、後段一年，而更可能是前段耗時長一些，後段短些，比如，也許半年或再少些。

　　有了第一階段的工作成果，具體的政策內涵與文字也就成形，甚至出版了。此時，就是向第三類與第四類人「推廣」，前階段已經知悉的第一與第二類人也能扮演推廣的角色，雖說彼此參與或負責的程度多寡有別而輕重不等；比如，第一類三種人的學習或工作，既然與傳播直接（潛在）相關，可能會多些。進入推廣之後，已經成形的政策主張與文字，雖然仍有可能修正，惟應在第一階段，就先設定需要在滿足何種條件下方可予以調整。推廣的工作形式，從面對面遊說、說明，以及參加公聽會、記者會、講演、座談，撰寫學術論文或通俗文字於傳統或新媒介發表，或透過自媒介對外發送，都可採行。發表的內容固然因人而異，可以各適其所各自發揮所長，但在第一階段時，有心人與社團自可先行準備若干「套餐」，長短不拘而影音圖文皆可，只要傳達的意旨相同，不拘表達形式，若有，以此提供願意投入推廣之人，或作參考而改作，或是直接使用，應該是很合適的作法。

　　當然，第一與第二階段的二分法，只是權宜之說，實踐的過程是整體運行，哪個階段需要多些時間，哪些工作又可以縮短，仍將在運動中調整，並不礙事。緊要的是，「2024傳播政策」會有哪些內涵？有沒有足夠的有心人，願意啟動這項工作？

已有的事、後必再有。已行的事、後必再行。

以言「傳播政策2024」的內涵，這是有心人眾人之事，理當留待第一階段，群聚後逐步形成。不過，野人獻曝也是當有之舉，但總是以媒改社累積將近二十年的成果及其更新作為增刪參照，然後，或許還可以考慮如下議題：

・我國獨有的情境，如：電視新聞頻道過早、過度競爭至今二十餘年，及其後果與改變的途徑；

・地方及國際新聞的質量，與調查報導的供應長期不足；

・政府補助影視製播，應該維持天女散花或集中運用？

・銀幕配額的海外經驗與功過，及其階段性作用的評估；

・兩岸關係在哪些條件配合下，會是我們改革新聞與傳媒介質的助力？

以及，網路平台及傳播硬體廠商獨自存在就無價值，因而需要內容才能存活，則它們與內容產製的財政關係必須釐清；乃至於因中天衛星電視新聞頻道換照案引發相關法規的授權疑問，以及主管機關的威信與能力等等，無不有待有心人共同討論乃至爭執而後確認。

以言人力，這篇短文是有期待，總是一個試探，明知「日光之下並無新事」，但仍然希望有足夠的有心人，響應「已有的事、後必再有。已行的事、後必再行」。

關機：一種媒介改革運動

這星期，美國人不看電視 *

　　淡淡的四月天，最後一個星期，英美法三國的電視界再起波瀾；在台灣，第四家無線電視台的公聽會，也有漣漪。

　　「美國無電視」是一個全美性的非營利組織，去（1994）年成立，它呼籲美國觀眾本週不要看電視。過去十多年來，美國許多地方都有類似的關機運動，但橫跨全境，這還是第一次。推動單位認為，大家正應該趁此機會，好好想一下過度在商業體制下看電視，究竟造成了什麼毛病，比如，文化想像力是不是變得薄弱了？除了看電視，平日再沒有想到還有什麼可做之事？尤其是口袋收入不足，鮮有機會外出的家庭（美歐因失業而受波及的家庭，各有大約三、四千萬，是台灣人口的三至六倍）。

　　英國方面，目前聲望超高，極有可能取代保守黨而執政的工黨，（1995年4月）29日所召開的臨時大會，據悉亦將就媒介的跨行、跨媒介經營及外人投資等規定，提出綱領，屆時3月已先期發生在黨中央執委會的關於公私營產權的爭論，將再次出現。詭異的是，跨國媒介大亨、也是英國報業巨子、國人因為衛視五個頻道而知悉其名的梅鐸，居然讚美工黨，說工黨「比保守黨還要能夠掌握媒介事務，對於跨媒介產權的立場亦較為自由」，這種話確實讓人產生黃鼠狼拜年的印象。

　　在法國，三連任的社會黨總統密特朗即將任滿，誰將是接班人？

---

* 《自立早報》1995/4/25第4版。

究竟是保守黨的兩位候選人內鬥，或是社會黨總統候選人雅斯平仍有機會？就看本週。若是後者，則法國驚人之語，聲稱「經濟發展必須臣服於文化目標」的「駭人」政策，或許至少還能夠再撐持一段時光也不一定；即便如選情家預測，法國下屆總統必是保守黨席拉克的天下，文化與經濟的爭論也不會停止。

我們對電視私產權的問題，則幾乎沒有反省。公聽會不是在討論產權問題，只是就那些私人能夠經營做些討論，唯一有點平衡商業電視的公視前景，似乎已從政府眼界消失，社會清議最多也只還在就黨政軍電視如何私營化作文章。對照美英法，台灣的電視言論，範圍實在不能說不褊狹。

電視大眾文化的受害者與參與者[*]

文化有兩種，親身接觸的文化，以及透過媒介中介的文化。相同道理，大眾文化也有兩種，大眾自己親身形成的大眾文化，以及透過媒介表現出來的大眾文化。不過，這兩種文化並不是涇渭分明，無所關聯，應該這樣說，前者所形成的現象，經常因為後者而放大，成為社會議題。

今年夏天某跨國速食連鎖店，以東瀛玩具作為促銷手段，一個月之內，現場賣出、預售與走私來台達4、5百萬隻這種貓咪，旋即引起各視聽與印刷媒介的注意，大肆報導之餘，更在報端引發前後七篇專文的討論，一時之間，為大眾文化喝采與抨擊大眾文化之聲，不絕於耳，熱鬧非凡，可以說既鮮明又生動，具體展現了親身的與媒介的大眾文化之關係。

---

[*]《中國時報》1999/12/3 第15版。本文三千餘字，原標題是〈電視大眾文化的受害者與參與者：公民社會須集體動員向政府施壓　制定良善政策拯救日趨低俗敗壞的電視文化〉。原發表於時報基金會主辦的「邁向公與義的社會——對二十一世紀台灣永續經營的主張」研討會，《中國時報》選取兩千餘字刊載。

　　但不止於此，如今，人的所知所想愈來愈加仰賴媒介的時代，在媒介爆炸的趨勢還看不到止息的時代，當前的大眾文化，已經不太可能脫離媒介而存在，尤其是電視，我們從最近這些年來，海外的黛安娜王妃車禍身亡的新聞，到本國重大刑事犯罪新聞的現場衛星連線報導，都能清楚感受到電視所強化、渲染的文化現象。

　　國人收看電視的時間雖然沒有美國那麼多，但每一天，經由無線與有線，平均大約也花用了2、3小時（幾乎是睡眠、通勤與工作以外時間的一半了），很專心地或漫不經心地，向這個潘朵拉方盒尋求資訊、娛樂，甚至教育。因此，研究大眾文化，最應該優先研究的子課題之一，非電視文化莫屬，跨越改善電視文化的門檻，也就邁進了豐富大眾文化之路。

　　在電視進入台灣的三十多年當中，抨擊電視文化的人多如過江之鯽，抨擊的層面從政治的黨政軍控制、經濟的市場壟斷，到電視文化的抵銷教育之業績，[1]相當廣泛。

　　本文鎖定有關文化的層面，剖析這些抨擊的功過得失。簡而言之，回顧電視文化的抨擊史之後，我們將可發現，社會大眾已從早期的無辜受害者，蛻變為英雄，黎民百姓翻轉先前被文化菁英譴責的地位，羽化登仙，成為救星，虛幻地承擔了拯救敗壞的電視文化之重責大任。然而，真正掌握權柄，有能力變化電視生態，從而質變電視文化的政府，時而花拳繡腿地掃黑掃黃，時而壓抑箝制，但更多時候卻隱身事後，袖手旁觀，從來沒有真正籌畫政策，為電視多元化表現的前景奠定基礎。

　　最早是在1970年6月，國民黨營事業中視開播，與台視競爭電視廣告，不滿一年，因為彼此節目相互比同，紛紛以台灣化的閩南語播送當時最能吸引觀眾的傳統戲曲，以致引來立法委員首次就電視文化大舉密集地質詢。對於這起至今亦難得一見的電視質詢，許多報紙的專欄作家都提筆發表看法，顯現了文化菁英眼中的電視大眾文化。

1　前輩黃文雄（Peter）在本文宣讀時也在場。會後，他對我說，說「教育之業績」會招惹誤會，讓人以為我們的各級教育成效良好。Peter要言不煩，挺準確。

這些作家的觀察與見解大致如後。一星期當中,台視播五天,中視乾脆就播六天,以至於每天下午的電視螢幕都是哭哭啼啼與神神怪怪,好像天天都在做拜拜,造成學童逃學,農人廢耕,官員怠職。既然已經把電視歌仔戲與布袋戲所受歡迎的程度與影響力,作了如此誇大的描寫與負面的評價(「粗鄙不文⋯⋯不登大雅」),則他們建議「立法限制」,減少播出閩南語的時間,或予以加配國語發音等手段,善意地想要使無辜民眾不再無端受到這類節目的「荼毒」,就自然是順理成章了。

就此而言,政府是很順應專家的意見,1976年,台灣第一部廣播電視法令實施,正式規定方言節目比率應逐年降低,布袋戲則在被迫改以國語發音之後,喪失鄉土味而走出電視舞台,直到二十餘年後的1990年代才再重現江湖。

但電視文化之病,若是起於商業競爭,又豈能從取締著手?事實上,到了世紀末的現在(1999年12月),有關電視大眾文化的「低俗敗壞」,較諸以往只有變本加厲,絕無改善。如果說新聞媒介記錄、反映了某種時代氣氛,那麼,《中國時報》去年春天,連續兩個星期兩個版面的文字,可以說是相當程度吐露了人們對於電視的觀感,這裡必須引用較長段落,才能傳達這股「時代精神」。

「關掉電視才能救孩子!」彷彿這九字通欄大標題仍有不足,其下再以紅藍綠的標題,反覆強調問題的嚴重性,「都是媒介惹的禍:台灣真的不能住了嗎?」、「拿出決心:擺脫電視全家好自在」、「大環境如此:新聞工作者也無奈」。再隔一週的相同版面,對行動的召喚,急切之情,溢於標題,「揭竿而起,此其時矣!打造媒介新秩序⋯⋯」誰來揭竿呢?接下來的說法曝露了另一個嚴重的問題,而不是引導我們走向解決的方向。它先說,由於商業利益的影響,媒介不可能自律。這話屬實,其後,它再接再厲,認定政府對媒介「這隻愈來愈龐大、也愈來愈粗野的怪獸」,同樣也是束手無策。那麼,誰有辦法呢?「只有你!你是有權力說『不』的消費者」。好,那我又怎麼做才能牽制或改變電視呢?不難,「一起關掉電視,拒看電視」,再簡單不過的動作。

　　要求個人以拒絕消費的方式，共襄改造電視文化的大業，真能奏效嗎？必須多做思辯與澄清。首先，個人當然不是不重要，個人的意識如果沒有覺醒，如果不認為電視文化存在缺陷，如果不擴充此意識，並發為結社與追求改變的動力，那天下事也就無可為，電視文化也無可批評，遑論改善。問題在於，這就如同黑金政治，必須為此反民主現象負責的人，究竟是政府、黑道、財團，還是選民？選民是不能沒有責任，但如果把希望託付在選民的覺醒身上，不但是空想、不公平、不正義，更是放縱了直接從黑金取利的政商複合體。相同的邏輯，電視所展現的大眾文化，如果具有麻思作用，使老者減歲、少者增歲、雌雄莫辨而男女不別，以致所有觀眾不分年齡性別，都陶醉於傻樂之中，那第一個先要被檢討的對象，也不會是觀眾，而是政府。

　　究其實，台灣的公民身分在解嚴以後，是已經有了可觀的成長，晚近一、兩年，這個要求參與社會的身分認同，也從政黨政治、統獨議題、環保與性別等，延伸到了媒介領域。

　　比如，從去年4月到今年初春，中視的《紅白勝利》至少三度遭到觀眾較大規模的抵制與杯葛。最先是該節目要角董月花被指言行不雅，戕害了客家人形象，觀眾要求停播，否則將「發動客家團體向中視抗議」，外界對它的壓力持續了一個月。再來是去年6月開始，社工人員以近兩個月的時間，追蹤、控訴該節目濫用社會的同情心，將愛心變成商品，利用老年等弱勢者，使其成為節目的工具，最後更有十多個社福團體發起連署，並至中視抗議。第三部曲是活蛇亮相事件，自去年11月《紅白勝利》製作人員至政大校門口亮出活蛇，驚嚇學生後，歷經大學跨校聯合拒看抵制，至今年元月，學生敦促新聞局不予中視換發執照，總共長達3個月。這些人的職業雖然有別，但都發揮了公民參與的精神，並發為行動，在一年之內，斷續向特定電視節目施壓達6個月，似乎不能不說觀眾已不再是被動的消費，而是積極參與的作風已在醞釀。

　　但媒介公民權的意識之滋長萌芽，並不停留在臨時的組合，也超越了專以特定節目為抨擊對象的層次，它似乎有了走向結社，並發展為常設組織的可能。比如，台北市台灣婦女會去年4月成立「監督電

視新聞聯盟」之後,相關的事件及新聞報導此起彼落,一年多來,沒有間斷,於是有了「媽媽監督媒體文教基金會」的成立,至今年6月,「台灣媒體觀察教育基金會」亦告成立。

相比於三十年前的光景,民眾被當成無辜受害者,被當成需要被保護的對象,如今公民參與者的身分得以浮現,確實可說已從另一個側面宣示了台灣歷史進程的意義。但這並不是說,此去路途平坦,電視文化之改造成功在望。因為,如實觀察,這個歷史進程仍然存在不少陷阱,尤其是要對於市場機制與政府規範的內涵多加認識,進而才能釐清意識,惟有如此,公民社團因彼此認知不同、分歧或甚至矛盾,以至於彼此的努力為之相互抵銷的情況才能避免。

政府與市場並不是對立的概念,從來沒有政府對電視生態的規範不良,而市場機能竟然還能善事服務民眾的電視需要之事;政府與市場之為一體的兩面,表現在電視等文化事業格外明顯。美國與西歐都是奉行市場經濟,其電視文化也都在市場秩序中營運,但是,如果就兩地政府對電視文化的規範加以比較,西歐遠比美國縝密,其電視文化的良窳也就自有公論,從來都是認為西歐更為可取。

再者,所謂政府規範,不能停留在色情與暴力的檢查,否則公民社團的壓力,往往正可以被政府利用,淪落為國家箝制傳播自由的口實。以台灣來說,政府對於這些節目,仍有必欲貶抑而後快的動作,如今年7月底,在一年內罰鍰五次仍未阻止該節目的整人作風以後,新聞局下令停播了台視的《台灣紅不讓》。我國在這方面的規範顯然不弱於歐美,但我們的電視文化之表現敢說優於他們嗎?

有關電視文化之貧瘠等等引發不快的現象,具有閱聽人身分,同時也是社會公民的我們,需要以層次有別,但互有關聯的反應,加以改造。覺悟到問題的存在,並具備了偵查電視不良表現的知識與能力,然後推廣這種智能,只能是第一步,但如同修身,假使只在此駐留,則它無法轉為改變電視的動力。所以,要對電視施加壓力,但因為電視眾多,公民社團再有自覺、資源再多,也無法長期有效或同時杯葛所有電視,於是造成公民社團對特定電視施壓的成功,只是換來稍後其他頻道趁虛而入,瓜分此特定電視收視率的結果。至此,我們

已經達到一個結論，亦即不滿電視的表現，最後還是要回歸至對所有的電視同時施加壓力，而能夠同時對所有電視施壓的力量，來自於國家，也就是國家必須制定電視政策，不是要檢查電視的言論，而是要以政策導引電視市場。惟國家不會自動制定這種電視政策，除非公民社團積累資源與經驗，集體動員起來，遊說並向政府施壓。

放電視假　想想要怎樣的節目 *

「大家一起來放電視假吧」的建議，有趣兼有嚴肅的意義，理當有人狗尾續貂。北歐國家的觀眾僅只提出了點子，美國人則已將其付諸實施。

最早是1994年，非營利組織「美國無電視」就開始運作了。該組織旨在傳達，電視這樣的科技形式，而特別是在私有且利潤至上的約制下，造成多看電視有害身心的後果。它每年選擇4月的一個星期，發動中小學教師及親子，推廣不看電視的公民或消費者運動。

以今年為例，總計約有704萬人在17,600個社團推動下，刻意從4月21至27日關掉了電視。每位參加的小朋友平均少看了213個暴力畫面（包括17次謀殺）、384則電視廣告，多出來的近20小時改從事體能活動、閱讀、和家人相處等等。該組織可謂十年有成，並更進一步從上月（2003年6月）中下旬起，發行電子月刊給會員。

美國人抗拒電視，帶來兩點啟發，一負一正。首先，隨著電視而出現的麻煩，不必然全出現在電視這個科技本身。由於美國電視幾乎全是私人的禁臠，加上私有情況難以撼動，有識之士因而繞道，攻堅科技本身，骨子裡不免另有盤算，想像有朝一日，至少參與「關電視機活動」的美國民眾，開始意識到困境在於運用電視的制度，於是將其求變的意志與能量，撲向電視制度的改變？

---

* 《聯合報》2003/7/7 A15版。

其次，台灣的電視私有化程度不亞於美國（其實應當說更嚴重，美國非私有且不受廣告牽制的電視部門，收視率仍可在5%上下，台灣僅在1%之譜），至今對電視的不滿積累亦深，惟相關的改革求變之動能，有些將貽誤觀眾（比如，他們要求當道者必須將其手中的電視資源澈底賣給財團，卻忘了財團往往是掌權者的最好朋友），有些則組織能力不足，還沒有能夠說服文化工作者及有權力的人，改革之道在於重整及擴大非私有部門的電視規模。

顯然，台灣很需要「放電視假」，並且更要處理，放假回來之後，我們要求什麼樣的電視。

學習土耳其，關機救電視[*]

千不呼萬不喚，資本夾著利潤的想像，推著數位電視跑出來了。隨著台北市政府不再「負嵎頑抗」，其有線電視費率委員會在週二（2003年8月26日）通過相關審查後，台北縣可能不久也會跟進，屆時，台灣就要堂堂進入數位電視的全面試驗階段。

試驗之後，系統業者能否一償夙願，小賺大賺一番？個個有企圖，人人沒把握。但可以確定的是，數位電視無法提供正面刺激，難以改善我們早就四分五裂的電視「製作」環境。其次，電視資源的使用，也要開始出現數位落差。

在英國擁有700多萬收視戶的「藍天」跨國公司，「成功」因素有三。一個是口袋深，免費贈送機上盒，打造自己的市場。去年起轉虧為盈前，為此投入的銀兩折合台幣已經約250億。二是丟入鉅資購買（注意，不是「製作」）電視的節目，搶首輪電影、明星運動比賽等等。三是搞行銷，單在服務客戶的呼叫中心之設備更新，去年就投入了近30億台幣。不過，重視客戶是一回事，顧客是否領情又是另

* 《中國時報》2003/8/28 A4版。

一回事，每一年，還是有9.6%的藍天訂戶退訂，他們琵琶別抱、掉頭離去。

不過，「藍天」花在英國自製的節目金額有限。倫敦《金融時報》的媒介評論員說，「少得可憐」，百不及一。如果英國不能，我們更是無法因為數位電視的引進而增加太多的節目製作資源。怎麼辦？「學習土耳其，欲擒故縱，關機救電視」。

土耳其西部有個村莊，叫做傲瓦哲客。上個月，所有六百位村民舉行公投，決議除了村辦公室保留電視機和收音機，以便仍可了解外界事物之外，其他所有人都把家中的兩機送走。他們認為，兩機充斥之前，村民串門子互相照顧，但潘朵拉盒子進駐後，大家終日留在家中看電視，感情轉淡。他們希望，離開電子娛樂之後，改以聚餐、歌舞、體育等等活動替代，重新活絡大家的感情。

我們可以來個創造性的轉化，先師法土耳其村民的手段，然後改變關機的訴求。比如，傲村居民等於是永遠或很長一段時間要關掉電視。我們則不妨透過各種管道，選定不同的期間，徵求志願者，僅在這些期間內關掉電視，一次也是以600人作為單位，以地理區域或其他標準作為集結志願者的依據，統統可以。訴求要點是，我們深知電視之重要、深知其階級與年齡性格（沒有錢從事其他休閒或得悉外界事物的人及老年人，也就愈加依賴電視作為資訊與娛樂的來源），因此，集體以接力賽的方式關掉電視，與其說是不要電視，不如說是希望提供機會，集思廣益以透過辦法，營造改革電視的氛圍，甚至提出電視改造的時程、階段與方案。

私有的「藍天」電視顯示，影視節目的製作環境難以因數位來到而改善，英國的龐大公營廣電體制則另有意義：公營公司能夠較快速改善電視的數位落差。以BBC為主的機構，去年接收破產的私有數位電視後，半年內所吸引的160萬訂戶僅需花4,000多台幣，就可永遠免費收看30多個廣電新頻道，這個數字再加上「藍天」及BBC的其他訂戶，使英國能夠看到BBC數位節目的觀眾已近全國之半，世界最高。既有成例在前，那麼，台灣的關機運動就無須費時研擬改造的目標，僅需集中力氣，想方設法遊說有權力的人，創造更大且有效

的公部門廣電大餅。

明年此時，要你好看[*]

　　保障電視消費者的呼聲又見胎動。過去十六年來，保障媒介消費者的吶喊，如同生產的陣痛，既間歇又加劇，接下來，健康的電視胎兒會誕生嗎？

　　最早是曇花一現的消費者傳播權益委員會（1987）、半官方而現已消失的電視文化研究會（1992）、媒體暨消費者權益促進聯盟（1997）。然後，媽媽監督媒體文教基金會、台灣媒體觀察教育基金會的共《ㄨㄢ聯盟、兒童福利聯盟揪出爛節目、與媒體對抗網站，相繼在1998至2000年此上彼下。2001年，很有趣也很奇怪地，台灣廣告主協會也以「衣食父母」的姿態加入監督的行列，去（2002）年夏天至秋季，星雲法師的媒體環保日亦熱鬧登台，10月則新聞公害防治基金會忙不迭地進場，12月新聞局設置電視妙管家網站，鼓勵觀眾「投訴」。現在，「閱聽人監督媒體聯盟」在新聞局依法不能不主管的「廣電基金會」熱烈參與之下，在上週掛牌，矢志抵制不良節目。

　　消費者運動在台最少已有21年，現在是升級的時候了。過去，電視消費者運動尾隨一般消費者運動而蠕動，速度很慢，得到支持雖然不多，現在卻可不計既往，先行回饋。

　　怎麼回饋？倡導兩個認知，喊出一個口號。消費者運動不與直接生產者為敵，是要幫助生產者創造更合理的揮灑空間。看好的電視是一種傳播權，是《世界人權宣言》第19條所界定的傳播權之一，如同享受陽光、空氣、水、醫療及教育，人們要有看好電視作為充實傳播權的方式之一。有了這兩種體認，我們就能夠大聲對電視節目的第一線生產者說，我們一起合作，一起努力，攜手共進，齊心喊出「要

---

[*] 《中國時報》2003/10/16 A4版。

你好看」這個口號，讓觀眾隨時隨地有好的廣電節目可以看可以聽。我們要協助生產者，減少想藉由電視推銷商品的廠商對生產者的牽制，力勸股東要更開明而不是要從電視賺太多錢，對於恣意以不合時宜的訴求或不正當的權力施壓的人或團體，我們要請他們收手。

　　我們要讓電視人明白，抵制是手段，「要你好看」才是目的。我們深知，現代人沒有廣播電視，不行。達官顯要、股商富賈、知識階層或許不必依賴廣電，有一類人或許能夠獨善其身，無須從廣電取得資訊與娛樂。惟事實擺在眼前，普羅大眾缺了廣電，萬萬不可，特別是所得愈低、身心障礙愈大、愈是忙於工作、老年與兒童，愈是以廣電為良伴。我們也相信，即便是因在惡習惡劣環境浸泡已久，以致竟有某些電視人變成了痴頭笨腦，但這終究非電視人之罪，是電視制度所造成，是四十餘年來政府高層的無知所造成，現在正是打造新消費運動的時候，消費與生產原本是一體之兩面，不應對立。

　　教育部近一、兩年來，已開始推動明確寫於陳水扁媒體藍圖的媒體公民教育，現在正是時候，新電視消費者運動必須嚴正向教育部建言，媒介識讀教育不是要教人們如何不受爛蘋果之毒害，是要讓人們與生產者一起要求制度變革，要求每日一顆好蘋果，長命百歲到永久。我們不要求沒有收視率的壓力，而是要求，電視人能夠在裕如的環境，依據自己的認識而不是積累金錢的想像，推估觀眾喜歡以及應該看什麼、能接受什麼。我們也不要求速成，台灣現在的電視表現若是50分，五年內能長進20分，或許就算差強人意。

　　（2003年10月）11日閱聽人監督媒體聯盟成立後，政府誠懇響應，認真思考一個週末，業已在本週一成立通訊傳播委員會籌備處。現在，與其計較尚缺法律依據就這麼幹，是否權謀，不如敦促聯盟升級，也趕快籌備，然後最慢在明年此時成立委員會，推廣也深化「我愛電視，要你好看」運動，共同要求這個傳播委員會不能只搞硬體，不能像美國的聯邦通訊傳播委員會那般，「為美國人詬病、黑幕重重的機構」（郭力昕語），而是要超美趕英，一新吾國的廣播與電視制度，整合與擴大公部門資源。

黨政關機，公共開機*

　　看電視，其實就是做工，我們每天替電視公司做工3小時，其中用於注意或觀賞廣告的時間，再被轉賣給廣告商。但我們得到好的工資了嗎？我們看到了好看的節目嗎？

　　工資不能養家餬口，就有怠工與罷工。電視節目不好，就得要關機，不看電視。從美國到土耳其，許多國家的關機活動都在進行，台灣的關機如同罷工，在世界舞台的登場都算慢了。

　　現在，從筆之於教科書、口耳相傳、投書、網路流通到各社團串連討論評估與新聞響應，顯示關（電視）機在台灣也很有可能成為下一階段的運動手段。關機運動的日趨成熟，反映了民眾對電視的強烈不滿。

　　最重要的原因不是喧騰多時的黨政軍，也就是不在於各種政治力量，並不是說政治力可以蹂躪電視、胡作非為。從民意代表主持節目、新聞與時論的偏失到置入性行銷，統統是政治力的小規模糟蹋電視，但相比於政治力的耍賴推諉、不肯擔當、相互包庇，行政部門不肯踐履總統陳水扁建立公集團電視的政見，立法部門不肯就此責成行政部門肩負責任，行銷與主持，都僅能是小惡。

　　究竟是在明春大選前，或在明年底立委選舉前推動關機，有待各參與社團與各方人馬的評估。但發動時機不是最重要的，畢竟運動必須多次且連續進行，才能逼近目標。最重要的還在於，運動目標不能是獨善其身、自求多福式的關電視了事，而是要責成行政、立法兩院連本帶利，向社會懺悔，看齊歐日韓澳紐，制定進步的廣電政策，好好提出產權到廣電財務的規畫，「讓人民好看」，還給人民看好電視節目的權利。

---

* 《聯合晚報》2003/12/14第2版。

關機，為了放心開機[*]

倪銘均先生昨日投書「優質媒體恐遭誤殺」說得好，電視優質節目需要鼓勵。近年來，在教育部部分補助下，「台灣媒體觀察教育基金會（媒觀）」是按季評鑑節目，已經推介了不少優質節目。

這次在苗栗社大[1]的邀請下，媒觀亦參與了全台首次的關機活動。媒觀非常贊同苗栗社大的理念，也就是關機是策略，為了訴求三個目標。第一是敦請各界朋友，重拾人與人的親身關係，特別是家庭的親子人倫交往。第二是走出戶外，多多運動，鍛鍊體魄。第三，最重要的，我們希望大家努力想，難道電視就只能這樣嗎？我們需要什麼樣的電視節目？

有沒有一種可能，我們慢慢有了共識，關掉電視，是為了以後放心看電視。那個時候，人不再黏住電視，開關自如。新聞時論的雞毛蒜皮、不知所云、讓人焦慮、侵犯人權、淪為鷹犬、製造糾紛的成分日漸減少，我們因此日有增勇、耳聰目明，不出家門，能知天下大小事，與社會同步呼吸，感同身受。

我們知道一步不能登天，願意耐性追求。你的我的大家的，我們要做電視的主人，我們要形成力量，要求政府，特別是有廣播與電視政策制定權的中央政府，不要再似是而非，硬指更多的科技就是答案，亂說數位頻道就能彌補電視的不堪。我們要求中央政府不要進行置入性行銷，不要無意或有意地妨礙了傳播權利的伸張，我們要求中央政府營造環境，打造更多符合我們需要的電視頻道。

---

[*]　《中國時報》2004/4/27 A15版。

[1]　苗栗社大興辦關機活動的經驗與展望，已有專文：王本壯、周芳怡（2016）。〈推展台灣關機運動：執行模式與未來發展〉，《傳播文化與政治》，3:31-57。

檢討「反壟斷」：政府法案優於社運主張

為政不積極　易造就傳媒壟斷[*]

　　NCC主委石世豪在立法院報告，引述大法官釋字第613號解釋文，指立法者有「積極義務」，應經由「各種組織、程序與實體之設計」，防止壟斷，確保多元意見形成公共領域。

　　壟斷不一定壞事，依法依理論，確實如此。但依據經驗，壟斷而不壞事，雖有，但不多。假使併購他業而形成壟斷的人，動機接近，那就要注意。想要承接傳媒產業的人，家大業大，傳媒給予他們的經濟效益，若有，只是九牛一毛。

　　因此，與其說他們為追求經濟效益而逐鹿言論市場，不如說他們更在意透過新聞傳播，擴張自己的文化與政治顯著度，可能養兵千日，只用一時，也可能「時時勤拂拭」，不使惹豪門、大宅門。

　　石主委引大法官之見，即便不能說石破天驚，在政界、學術界及社會都是較少人注意的重點。自由不再只是握有公權力的人不能任意侵犯，還在國家要有積極的任事意識與能力，確保傳播人的自由。現在的課題在於，積極之後，要怎麼突破「壟斷—競爭」的定義，據此才能進而進入「組織、程序與實體之設計」？

　　台灣沒有跨傳媒規範、沒有出版法、衛星電視進入門檻不高、新聞頻道舉世第一的七家或更多，新聞自由度在亞洲數一數二已有多年。我們的衛星，特別是新聞頻道，從產權角度看，顯然不壟斷，但從內容題材與觀點看，大同小異，就是極端壟斷了。自由造成壟斷到

* 《聯合報》2012/11/23 A27版。

最誇張的表現，而我們身處這樣的影音資訊環境，超過十七年了。

何以自由竟然變成壟斷的機制？怪事莫此為甚。關鍵就在為政者迄今沒有「積極」任事。海外，從歐洲、加拿大、澳洲，到日韓，儘管也是市場競爭，儘管產權人也競逐收視率及利潤，但在政府規範後，這些逐金錢利益的動力，一得節制，二則利益被重新分配，或是二者兼具，因此其傳媒觀點的差異，就比台灣大了許多。

壟斷的對面是多樣，壟斷又能多樣的前提條件，其實已明定於《憲法》「中華民國基於三民主義，為民有民治民享之民主共和國」。據此，教科書早就說，國家的積極任務在「節制私人資本」，表現在傳媒市場的規範，會有多種面貌，包括產權人的競爭動機有利潤與觀點之別，傳媒財政有發行費、訂費、收視費、公務預算或廣告的不一來源等等。

反併購　要工會要專業　要擴大公共傳媒[*]

何明修教授的〈學生權力的誕生〉，勾引出我覺得有必要，也許還有一些責任，說幾句話。

「反媒體巨獸青年聯盟」的主訴求，如同2011年9月以來，反對旺中購併運動的「大人」所提，我都贊成。贊成之後，我也必須說，「反壟斷」的訴求還是流於消極。即便公平會予以駁回，大快人心之餘，亦只是退回原地，雖不是復辟，又與復辟相去能有多遠？特別是，在黎智英來台之前或之後，在購併案危機出現以前，無論是學生或「大人」們，真對我們的傳媒環境很有信心，或認為這樣的傳媒還算堪用嗎？

我很懷疑。因此，反的運動已經到了一個升高點，必須在「反壟斷」這個主訴求之外，凸顯其他主張。假使只是反特定私人的壟斷，

---

[*]　本文寫於2012/12/7，投遞《蘋果日報》未得刊登。

卻無對立方案出籠，就有可能進入統治者意識的牢籠，形同作為社運者的我們，積極同意了統治者所設定的「看的方法」。對，不要忘了，意識領導或文化霸權的意義，就在被統治者其實也以言詞或行動，強化了其正當性。

早年的「黨政軍退出三台」，就是這個統治者意識的一個重要構成，它所掩護，或也可說凸顯的是，私人資本統治一切、利潤競爭且歸為私人持有才能有效經營經濟與文化活動的世界觀。

作為1995年初一些朋友提出「黨政軍三退」，就已善意、但不夠有力地質疑其不足的人，我將這次運動的訴求，分作三類。最主要的是，駁回併購案，包括傳媒市場的界定、調查與法規的配套主張。其次，壹傳媒員工化危機為轉機，從無到有，組成了工會，試圖確保合理的勞動條件，含編採自主。第三類，媒改社聲援學生，提出「擴大公共媒體，制衡商營媒體」，含多種傳媒內容基金的設置。

後面兩類，特別是「擴大公共媒體」訴求幾乎滅頂的原因，就在「反壟斷」這個「除舊」的標題之後，沒有立即跟進「布新」的標題，如「要工會要專業」、「要擴大公共傳媒」。若要反對私資本壟斷言論，欠缺工會作為支持專業的內部力量，沒有大規模公共傳媒作為制衡，乃至導引市場秩序的外部力量，就只能委諸企業家既聯合又競爭之後，仍有社會責任的擔當，且要阻擋股東求利之心，這比厚實工會力量、比擴大公共傳媒更容易嗎？

擴大公共傳媒之議少見天日，個中原因多端。海外各國的公視，起步在頻道稀少的1950、1960年代，台灣的公視命運多舛，遲至1998年才開播，規模超小，又得在上百頻道中討生活，國人沒有熟悉公視的機會。過去四年，不只財團橫衝直撞，公視創台以來的最荒謬劇展也在同步進行，在其第四屆董監事延任超過兩年的背景中，擴大公傳媒的議論，有口難言。

涉及購併案的財團只肯認識一種中國，這是引起疑慮的另一個原因。透過擴大台灣的公共傳媒，肯認與開發另一種中國觀，才能有效地回應中共，或中共即便無言，卻由他人自行請纓在台代為執行的統戰。擴大公共傳媒，就能讓本地人，同時也讓對岸人民，多了一種傳

媒制度的參照與選擇，這是彼此砥礪提攜、共同前進的一條道路。台灣也好，中國大陸也好，愈是能夠往非商、非官、非黨的傳媒生態移動與前進，愈能變化氣質，對中國大陸是好事，對於台灣也是好事。報載，美國「希拉蕊擔任國務卿不只是想化解危機，『還努力讓好事發生』」。不以國廢言，美利堅政務官的態度與認知，正是我們需要的運動精神，「反壟斷」、「要工會要專業」，也要「擴大公共傳媒」。

防壟斷　保多元 *

對於NCC近日推出的法案，《自由時報》昨日刊載的是，「反壟斷聯盟：門檻太低」。但今日卻另有新聞，指「整合門檻過苛」。

這是怎麼一回事，必須釐清。不過，假使不談這個爭議，這部《廣播電視壟斷防制與多元維護法》草案，是有若干地方值得肯定。

最重要的是，它設定了問題或政策目標的框架，展現在法案名稱，不只是「壟斷防制」，更有「多元維護」。二者是一體兩面，前者是手段，後者才是目標。前年開始的反媒體巨獸，延續到去年的反壟斷，雖然也在細部訴求提出了多元文化的文字，但NCC將其並列，從而凸顯有破有立的辯證結合，更為恰當。

傳媒與社會人士就草案提出的評論，雖然因通傳會的設定，不能不提及「多元維護」，但這兩日的傳媒報導與評論的重心仍在壟斷面向，足見主流的領導意識力量之強大，政治力即便試圖矯正，收效估計還得等些時候。但假使通傳會眼見短期間無效，就此不再努力，那麼剛剛起步的嘗試，只能功有唐捐了。

草案也對傳媒的內部多元有所鼓勵，但仍有改進空間，亦即，通傳會可以將編輯室公約的執行情形，以及自主企業工會的有無，作為評鑑與換照的「必須事項」，而不是僅如同草案所說的「參酌事項」。

---

* 《自由時報》2013/2/23 A21版。

落實多元維護　應設影音基金[*]

　　NCC公布《廣播電視壟斷防制與多元維護法》草案兩日，外界反應南轅北轍。甲方認為，「法令過嚴……現有媒介集團都得分拆」、「酷吏寫的版本」。乙方表示，「反壟斷聯盟：門檻太低……限制標準應改為市占率。」

　　一種法律，何以兩樣解釋？問題出在「市場」怎麼計算。草案第2條「本法名詞定義」，左欄說收視率、收聽率、閱讀率，計算的母數是「全國人口總數」，是固定的數字。右欄使用了英文audience share，是閱聽人（讀者、聽眾、觀眾）的「占有率」，市場調查之際，不讀報紙、不聽廣播、不看電視的人，不列入市場的計算，母數浮動，遠低於左欄算法。兩種母數的差距，隨傳媒或其內容的冷熱而有分別，少則一倍，多可十餘倍。

　　市場範圍的爭議不論，草案強調，防制壟斷之外，「同時亦須輔以公共服務制度」，有破有立，這個框架相當正確與進步。草案表示要鼓勵優質與國際新聞的製播，也要促進其他多元文化內容的均衡發展。但是，錢財怎麼來？

　　目前，有線電視特種基金或電信基金規模都太小，運用及其管理辦法也有改善的空間。除了改善現有基金，通傳會應該分階段創設規模合適的影音基金，如果沒有錢財，萬事皆休，通傳會念茲在茲的「多元維護」，無法落實。

　　我國已經在2009年底施行《公民與政治權利國際公約及經濟社會文化權利國際公約施行法》，其中，前年底來台講演，兩公約權威闡述者諾瓦克（Manfred Nowak）教授說，公民與政治權利公約第19條具有「橫向效力」，它要求：「表意自由要……對新聞事業資助。就電子媒介而言，國家首先應該提供充足的公共渠道」。通傳會既然引述兩公約，那麼，是否能對諾瓦克教授的見解，做一評估？

---

* 《聯合報》2013/2/23 A19版。

多元文化是目標　壟斷防制是手段＊

一個月前，NCC公布《廣播電視壟斷防制與多元維護法》草案[1]，本週舉辦兩次說明會後，即將移送行政院審議。

草案具有潛在優點，但缺點明顯：草案規定，新聞頻道合併後若收視率高於5%，不准合併；低於5%、高於3%則可「例外核准」。這很奇怪，台灣各家新聞頻道的總和收視率平均最多2.4%，不會高於3%，遑論5%。不可能發生的事情還要規範，這是NCC開玩笑，或是另有奧妙，很快就要揭曉。

草案可取之處，展現在立法認知：「防範媒體過度集中化……亦須輔以公共服務制度及導入內部多元等……配套機制」。確實，興利是除弊的必要手段，不能省略。因此，英國反傳媒壟斷的經驗遠比台灣豐富，鑽研入裡、資深的傳媒社會學家湯士多（Jeremy Tunstall）曾有這個結論：「報紙壟斷政策，本來是要限制產權的集中，卻以強化集中作結。」六十多年來，英國啟動三次皇家委員會介入調查與研擬方案，傳媒卻是愈管愈集中，我們更是無法掉以輕心。

嚴陣以待的作法，就在NCC必須落實前述認知。草案第33條揭示內部多元的價值，擬具新聞編輯室公約以及記者工會條文。第36、47與48條涉及公共服務，表示要鼓勵優良新聞及國際新聞的製播；積極促進多元文化均衡發展；同時還要責成各影視頻道提供公眾近用媒介的資源。

確實，假使員工擁有集體協商力量，比較可能本於專業要求，在管理階層不當介入，致使新聞編採與評論將遭扭曲之時，制衡資方。同理，假使台灣能夠擁有大規模公共傳媒，如日本的NHK、英國的BBC/C4、德國的ARD/ZDF或南韓的KBS/MBC，那麼不但國人的影

＊ 《人間福報》2013/3/20。

1　《廣播電視壟斷防制與多元維護法》草案2月20日公布，2月21日NCC檢附草案全文函請至全國法律、傳播院校、相關產業公協會，公民團體、立法院及行政機關提供書面意見，徵詢期限已於3月7日截止。3月18日第一場公開說明會，先邀請相關業者及公協會與會，3月21日召開第二場公開說明會，邀請學界及公民團體參加。

音環境為此豐富，其他商業傳媒也將因受牽制，甚至得所導引而改善表現。公共服務傳媒的規模愈大，私人傳媒規模就能相應成長，壟斷能力卻同時減少或受到制衡。

惟傳媒內部多元權力的建構，無法全由NCC落實，畢竟，「我們可以把馬牽到河邊，卻不能強迫牠們喝水」。如果員工欠缺組織工會的意願與能力，法律也就無從增進勞資平等。同理，NCC雖然提示了公共服務的價值，但若只是依照草案，亦無從實現，關鍵在於欠缺經費，所謂穩定充分的優質新聞與國際新聞，以及多元文化節目的製播，徒然是鏡中花水中月。

因此，草案至少另得強化兩點。首先，要求廣電事業鼓勵員工加入工會或專業協會之外，NCC可以將「企業工會」的存在與否及其運作績效，當作評鑑與換照的「必須」而不只是「審酌」事項。若能作此立法，NCC就是優秀的政治示範，各級教育機構理當跟進，導入工會歷史與各種相關知識的課程。籌措財源方面，假使無法畢其功於這部法律案，不妨新增日升條文，目標是在本法公布施行一年內，由NCC協同相關部會提出《影音圖文數位匯流多元文化基金條例》（名稱暫訂），移請行政院送立法院審議。

草案名稱凸顯「多元維護」是目標，「壟斷防制」是手段，很能振聾發聵。總說明文氣勢恢弘，《憲法》、司法院解釋文、《通傳會組織法》、《公民與政治權利國際公約及經濟社會文化權利國際公約施行法》從容進出。但是，假使欠缺基金條文，假使未能管制壟斷，這些優點就變成是空洞具文，甚至是反諷、再挫政府公信力。

反壟斷侵新聞自由？　需更多分析[*]

王健壯教授昨日有論，指〈怪哉！媒體集體不語〉。該文認為，

---

[*] 《聯合報》2013/4/29 A15版。

行政院日前通過的《廣播電視壟斷防制與多元維護法》草案侵犯新聞自由。惟外界普遍認為該草案有助於提升內部新聞自由，〈怪〉文何以作此論斷？可能是「李文森調查委員會」耗用了將近2億元，致使王教授討論其相關議題時用了太多篇幅，反倒使得有關《廣法》的分析語焉不詳。

不過，即使是英國案例，另有值得補充之處。首先，《經濟學人》反對「李」的建議，但無法說服人，何以德國報紙依法必須以相同顯著方式刊登錯誤，北歐國家也由國會立法監督傳媒倫理表現，法國則有嚴格隱私法，英國為什麼不能跟進？《經》最後的訴求是，英國的新聞自由有其獨特之處。但眾所周知，英國的獨特不在立法規範傳媒的自律，是在其誹謗法的嚴苛，因此朝野各黨聯手提供誘因，鼓勵報章雜誌加入「李」的新機制，換取不受英國誹謗法之害。

美國人埃倫費爾德著書指控伊斯蘭恐怖主義，由於該書在英國售出23本，沙烏地商人得以在倫敦興訟，獲償16萬美元。美國人擁有的《烏克蘭郵報》在倫敦有百份銷路；僅在烏克蘭發行但在英國有少量讀者的《觀察報》，雙雙遭到烏克蘭大亨阿克梅托夫提起名譽受損之訴，前者道歉，後者判賠7.5萬美元。紐約與加州甚至立法，保障市民不受海外誹謗官司的求償，部分動力來自英國工黨國會議員麥克沙恩稱為「國際醜聞」，只有英國形同在提供「誹謗旅遊」（libel tourism）的服務。

繼《公共電視法》、《文化部組織法》、《國家通訊傳播委員會組織法》之後，《廣法》是近十多年來最受矚目的傳播法律案，民進黨與台大學人亦提相應版本，三部草案各有特點與不足，應該予以注意與評論，究竟政院版是侵犯，還是提升新聞自由，必須要有更多的分析始稱允當。

我們的共同分析與看法：
《廣播電視壟斷防制與多元維護法》草案 *

前言：《廣播電視壟斷防制與多元維護法》草案的提出

2011年入秋以來的反壟斷運動，持續推進。今（2013）年2月20日NCC應外界要求，提出《廣播電視壟斷防制與多元維護法》草案，3月15日微調部分條文、徵求外界意見並辦理兩場說明會後，另作修改再於4月10日送行政院審議，在24日通過。

相應於通傳會版本，民主進步黨立院黨團在3月20日亦提《反媒體壟斷法》草案；台灣大學公共政策與法律研究中心則在4月19日公布《傳播事業集中防制法》草案；國民黨22位立委在5月1日另提《跨媒體壟斷防制法》草案；「901反媒體壟斷聯盟」與「反媒體巨獸青年聯盟」15日提前三法之整合版。立法院5月16日起，開始審查。

在台灣，該法律案可能是《公共電視法》、《文化部組織法》、《國家通訊傳播委員會組織法》之外，最受國人關注的傳播法律，其強度與「誤解」又可能超越前三者，比如，《中國時報》社論（2013年2月22日）控訴：

> NCC算計……讓學界、業界、行政院與立法院逐個反彈修正，最後自己……脫困……是否機關算盡，社會正睜眼在看，如果NCC主委……不能堅持其如今的「理念壯志」，那麼就該拿出政務官的風骨，辭職下台！

通傳會草案提出前後，我們未曾停止關注、分析、評論並參與相

---

* 筆者草擬並與劉昌德等人討論，取得下列三個社團同意後，在2013/5/19發表：媒體改造學社、台灣媒體觀察教育基金會，以及傳播學生鬥陣。本文已刪節，全文可在「台灣媒體觀察教育基金會」等網址取得。

，
關活動。現在，針對前舉四個單位的草案特點，再次擇要評析，藉作
社員與關注傳播與文化環境的人士之參考。

1.1 台大版主張新設集中防制委員會

台大版最大特徵是，其草案第3條雖然仍以通傳會為主管機關，
但它建議「行政院應設置傳播事業集中防制審議委員會」，審理相關
案件。依該條文的建議，該委員會的九至十一委員，通傳、公平交易
委員會與經濟部等機關的代表人數，勢將少於非政府代表（由公民團
體或視聽眾、傳播產業協會，以及具傳播、財經、法律等專家學者的
代表聯合組成）。

這個設計是近年來堪稱風行的「共管」（co-regulate）作為之一
種，我們認為該類實作應該注意，這是進一步分權，但是問責機制能
否同步增加？原先由通傳會、公平會與經濟部（投審會等）分開對傳
媒整合申請案的審核權力與責任，現在進一步由草案所述的非公權力
行為人行使與承受，並且總和其分量大於政府機關。這個構想是否符
合責任政治的權責相課，以及，原有分權若進一步分權，究竟是在程
序上更為符合民主政治的參與要求，還是這會成為政治人另取卸責並
使轉嫁於民間社團的機制？其次，這類共管設計所增加管制成本與效
能，可能不一定符合經濟要求。比如，若要有適切機制，確認三類民
間代表的產生符合公開與專業之要求，且要確保這些社團得有充分時
間與人力，足以勝任參與審查所需具備的要件，那麼，由政府提供的
行政資源，乃至給予參與審查者適度的酬金，無不需要挹注合理經
費。前舉分權與問責，以及成本面向在評估之後，若其確認足以改進
相關案件審理品質的程度愈高，就會愈是增加「傳播事業集中防制審
議委員會」的新設必要度。

1.2 民進黨禁止有線平台製作內容　國民黨立委未畫紅線

民進黨版本的禁止整合之管制，最稱簡單明瞭，其第13條說，

不准「一、系統與無線電視、新聞及財經頻道、全國性廣播或全國性日報之整合。二、系統與系統之整合構成《有線廣播電視法》第21條所禁止之情形者。三、無線電視與無線電視之整合,但公共電視不在此限。四、因整合而使其在任一特定媒體市場之占有率達1/3以上者。但獨立新設他媒體者,不在此限。」……

相比於民進黨版本,楊麗環、王廷升等22位國民黨立委的草案未設紅線,……缺失多端,僅舉其三。首先,沒有明定禁止結合的門檻。其次,跨媒體整合後「相當於」電視頻道之市占率30%(電視新聞是25%)。但如何「推估」,該條文全由主管機關決定,全無聽證程序。三則推定具有支配性影響力後,僅說主管機關「得」,而不是「應」採取七類措施(第12條),達成第11條稱之為「目的」,但似乎僅屬「原則」之「公眾視聽權益之維護;公眾接近使用媒體之權益;維護媒體外部多元;媒體產業環境之健全發展」。既有這些缺失,行政機關若不作為,坐視傳媒超越30%以上或更大規模的壟斷,很有可能亦無違法之虞。國民黨立委的草案粗糙、大開方便之門,對比行政院版本後,缺失更是明顯。

1.3 社運聯盟提媒體壟斷防止暨多元維護法　創設基金

「901反媒體壟斷聯盟」與「反媒體巨獸青年聯盟」在5月15日公布「媒體壟斷防止暨多元維護法」(以下簡稱社運版),揉合了民進黨版與台大版,但又超越,表現為看待議題的框架與行政院版相同,更完整而可取。相較於政院版,社運版又以第23條設置媒體多元發展基金,條文是「為健全媒體環境、提升新聞製播質量、扶植媒體人才、促進優質節目之製播、獎勵非營利性新聞事業之發展及促進傳播媒體相關議題之研習,主管機關應捐助設置媒體多元發展基金,辦理相關獎勵補助。有線廣播電視系統業者、多媒體內容服務傳輸平台之電信事業及本國自製節目比率低於20%之無線廣播電視事業,每年應提繳當年營業額1%之金額予主管機關,捐贈媒體多元發展基金。第一項基金來源如下:一、依前項規定取得之提繳金額。二、由

主管機關逐年循預算程序之撥款。三、基金之孳息及運用收益。四、其他受贈之收入。第一項基金之設置、管理組織及管理辦法，由主管機關會同文化部定之」。

　　本分析列入五個草案，僅有政院版與社運版凸顯「多元維護」於法律名稱，繼之，政院版有三個條文強化之，但未提供經費，社運版則具體對經費來源有所想像與規畫，若說尚有必須斟酌之處，則在所規畫的經費來源項目及其課徵額度是否足夠，及基金的「設置、管理組織及管理辦法」以「辦法」定之，其法律或行政命令之位階是否合適。政院版率先提出「多元維護」，提示工會與公共服務傳媒的重要，社運版支持並有後出轉精之條文。

1.4行政院草案框架完整　有貢獻　但疑義仍在

　　通傳會，也是最早版本的最醒目特色，展現在法案名稱《廣播電視壟斷防制與多元維護法》的後半，「多元維護」。雖然民進黨與台大法案對於傳媒內容的多樣性、公共性、獨立自由與專業自主等價值，都已認知並在法條提及，但使其更加吸睛並能凸顯，則在通傳會將這個重點拉拔到了法案的名稱，凸顯或說還原「壟斷防制」與「多元維護」原本是一體兩面的事實。不但如此，該草案的說明文氣勢恢宏，從《憲法》、司法院解釋文、《通傳會組織法》、《公民與政治權利國際公約及經濟社會文化權利國際公約施行法》的引述與聯繫，可說從容進出、環環相扣於條文。草案說明文的最重要文句，也是架構法案三大部分的文字是：

> 為**防範媒介過度集中化之不當發展**，其措施並非僅止於禁止併購或嚴格限制媒介事業之市場規模，同時亦須輔以**公共服務制度及導入內部多元**等多種改正措施為其配套機制……[1]

1　通傳會在2013年4月10日送行政院版的草案，其總說明文已經刪除本段文字。

1.4.1 防範媒介過度集中化的門檻疑義

　　「**防範媒介過度集中化**」的條文重心是第16至22條，以及第25條；「**導入內部多元**」主要展現在第30至34條（民進黨草案亦有這個部分，在第8、9與10條；台大版無）；最後，「**輔以公共服務制度**」的條文可以理解為分散在第35、39與40條。

　　通傳會草案的缺點，並不是如同某些報導所說，指其管太多或太複雜。……通傳會草案的缺失有二。……首先，明確缺失指的是，通傳會因應外界質疑，已對壟斷防制的市場定義有些說明，遺憾的是，這些說明無法盡除有關市場定義的疑問。……有關電視……年平均收視率的高低標準不同狀態，我們可以再作〈表6〉的表述，並作另一種政策推估。此時，就電視事業來說，除公廣集團之外，我國可以存在的電視家族數量，至少是4家。惟這個理解及推估方式是否正確，仍待確認。其次，如果這就是通傳會的禁止門檻，則其與台大版的差距不大，而通傳會與台大版與民進黨版本的差距，在於前二者並不禁止垂直整合。然而，果真差距不大，何以通傳會未曾表述？難道〈表6〉的推估仍有錯誤的可能？

　　除了門檻數值出現前述疑問，例外核准的配套規範，亦即第25條之條文指其所採取的措施得「必要且造成最小損失」，那麼這些措施有哪些項次會被強制採行，及其成效高低為何，「最小損失」是指業者或者閱聽大眾的損失，同樣仍有待通傳會說明。

表6：行政院版草案與全國最低電視家族數（不含公廣集團）

名義門檻／實質門檻	條文。以2012年台灣各電視頻道收視率調查為例，說明各實質門檻低於名義門檻。	因此，不含公廣集團，全國最低電視家族數
台灣2012年平均收視率11.75，台／中／華／民／公視等無線必載頻道收視率合計2.02，衛星頻道9.73。		
第17條第1項規定依其說明文可知，無線電視頻道禁止整合。		
第18條第1項（及其他條文）規定，**經營**（製播）新聞頻道數以3家為限、所有頻道以10家為限。		
第18條第2項（及其他條文）規定，經營及代理（製播）新聞頻道數以5家為限、所有頻道以20家為限。		
5/3.59	第17條第2項、20條第1項。**全台所有**電視頻道年均收視率11.75，但無線台不能合併，衛星頻道最多可以10個，且最多僅能有3個製播新聞，因此10個衛星頻道最高年平均收視率是3.94，但較可能是3.59。	4，若無法整合法所許可的最高狀態，可能超過。
6.72/3.9	第18條第2項。前20大頻道年平均收視率合計6.72，扣除必載頻道無須代理及（製播）新聞頻道代理數5的限制，則**經營與代理**20個頻道最高收視率合計是5.07，但代理權影響力低於經營權，因此經營與代理20個頻道收視率假設是3.9。	4，若無法整合法所許可的最高狀態，可能超過。
15/3.20	第18條第4項。全台衛星電視頻道年均收視率9.73，但最高僅能經營衛星頻道10個，且最多僅能有3個製播新聞，因此10個衛星頻道最高年平均收視率是3.55，但較可能是3.20。	4，若無法整合法所許可的最高狀態，可能超過。
依民進黨版第13條，全國最低電視家族數是3或4家；台大版第6條與第8條顯示是4或5家；國民黨22立委第10條似可理解為3或4家，但若低於此數，是否主管機關仍有核可之權，並不清楚。		

資料來源：依據尼爾森收視調查公司資料編纂。

1.4.2. 導入內部多元

　　第二個缺失，或應該說是潛在貢獻的部分，又可以分作「半實質」與「為德不卒」兩種。

　　「半實質」貢獻是指，行政院版草案如前所引，已對傳播產業員工，特別是編採記者集體能力的強調，試圖從傳媒內部給予員工法規基礎、誘因或鼓勵，使其能夠本於專業要求，即便其專業仍受市場逐利的牽制，但其所採編製與傳播的內容，可以在較大範圍內，不遭事業主的不當掣肘。這點包括第30條的「涉己事件報導與評論規範」、第32條的「新聞編輯室公約」、第36條的「補助新聞記者專業社團」，並以第44條罰則的「限期改正與罰款」來加以執行。

　　另一方面，則是引入前述傳播內容「共管」的精神，將閱聽人的意見以「學者與公民團體」來加以代表，要求傳媒內部的事後規範納入此二團體的看法。具體作法為第34條的「新聞倫理委員會」，以及第33條的「媒體商業團體自律、並納入外部獨立理事」的相關條文。

　　這個半實質貢獻的延伸意義在於，民進黨版本亦見相近規範，且另外賦予員工能夠推派一位外界代表擔任獨立董事，參與傳媒事業經營。當然，這個半實質貢獻之所以是「半實質」，原因就在，傳媒基層員工的相關認知與能力，如果沒有相應跟進與培育，那麼，其收效仍得打些折扣，但通傳會能在這個範圍盡力的部分已經相當有限。

　　若將行政院與民進黨版本綜合觀之，可以確定在內容監理的層面，「工作者專業自主」與「公民共管」是兩個重要機制，略可平衡產權人對傳媒的不當控制。……

1.4.3. 輔以公共服務制度

　　通傳會的貢獻在於確認壟斷防制與多元維護是一體兩面，其草案至行政院通過的版本共有四個，不變的是，先後四個版本都至少以三個條文，試圖對公共服務制度有所著力。

　　除了對優質國際新聞置語（第35條）、協助公眾近用電視資源（第40條），行政院版第39條已經規定，通傳會「得商請」或「移轉」文化部、相關機關或公視基金會，「辦理提升多元文化均衡發

展」、保護「弱勢族群視聽權益」等工作。惟這些價值與作為的提示，仍然不免「為德不卒」，個中原因尚難說是通傳會無心為之，而可能是，依據《通傳會組織法》，創設或擴大公共廣電服務制度，是否屬於通傳會的權責範圍（remit），見解不一。惟確立的是，如果行政一體，通傳會與文化部能夠聯手共進，就能權責齊整，至於如何促成，是行政院本於執掌逕自要求一部一會，或是通傳會與文化部有一方先行或雙方同時表示意願後，[2]彼此積極協商，這是關注台灣文化的人，必須繼續呼籲、要求與責成的工作要項。通傳會若真對此毫無用心，那麼，3月15日（含）後的版本，並無必要另在四個條文中，加入公視基金會的文字，使公視整合或擴張無須申請，因此，亦不適用壟斷防制的規範。這些添加雖然可以只是消極地預防「萬一」，惟若視為是一種積極的號召，是要設定目標，以俟來日政府恢復1990年代草創公視之時，要將台灣的公共電視規模，擴充至占有台灣電視市場1/4份額的初衷，並無不可。

結語：我們的看法

　　行政院版《廣播電視壟斷防制與多元維護法》先前在「爆發熱烈討論」後「刪除」了回溯條款。[3]基於媒介產業結構管制必須有其一致性，我們主張相關規定必須一體適用於市場中的所有商營競爭者，因此建議立法院審議時，應恢復「回溯條款」的規定。

　　其次，對於水平整合中收視率計算的作法，如果前述〈表6〉的解讀並不正確，或有疑問，那麼，通傳會在沒有澄清收視率調查與計算方式等相關疑問之前，我們無法支持其有關壟斷管制的部分。反之，如果〈表6〉的解讀正確，那麼，若以行政院草案的電視年平均收視率，或是其他三個草案的收視占有率作為例子，可以得到兩個

2　〈龍應台：要與NCC成密切夥伴〉2013-03-27 16:13【中央社】

3　「NCC委員會議昨天對於是否刪除『過渡條款』曾爆發熱烈討論，委員會最後通過『刪除』。不過主委石世豪將出具『不同意見書』，說明立場。」（〈NCC媒體壟斷法砍了「過渡條款」〉2013/4/4《聯合報》記者彭慧明）

結論。

　　第一，行政院版可能比較嚴格，依其規定，台灣至少會有4個電視集團（家族），不含公廣；台大版至少也是4個，但計算市場占有率時包含公廣；民進黨版是3個。……

　　究竟是4或3家廣電集團對台灣電視的表現有最佳效果？難有定論。然而，政府對國民的責任有二，防弊與興利。防制壟斷只是防弊，是很重要，無須贅述。但興利同樣不可欠缺，事實上，既然三個法規的防弊效果相去有限，並且三者遠勝於國民黨22位立委的版本，那麼，接下來無法迴避的課題，就是我們要提出的第二個結論：何者更能興利，我們評價不同版本時，這是另一個重要依據。這個提問更能回覆以下所要提出，也是任何人都會緊接著提出的問題：哪一部法案帶給國人的節目之多樣繁複與優質比例，會比較穩定也比較高？如果我們需要得到比較確定的結論，就得索求其他條件作為論述依據。

　　持此「興利」問題考核四個草案，台大版本無言、執政黨立委版無心，讓人扼腕。民進黨版提出了傳媒員工推舉獨立董事的積極規畫。行政院版本雖無員工參與外部獨立董事選任的要求，惟其指認而試圖兼取內部新聞自由及外部多元公共服務，在四案中最稱突出，應予肯定，至於其有關外部多元的貢獻，仍有「為德不卒」之處，亦屬明顯。

　　一方面，行政院版已經本於《憲法》、《通傳會組織法》與大法官釋憲文，以及《兩公約國內施行法》，對於優良新聞及國際新聞的製播、對於積極促進多元文化均衡發展，以及公眾近用傳媒資源，提出承諾。

　　然而，另一方面，有承諾而沒有資源，徒法不足以自行，我們因此建議，在立法院通過《廣播電視壟斷防制與多元維護法》後，行政院應該繼續前進，在合理期間內，責成通傳會與文化部攜手研商後續課題，其中，值得優先面對的是：（1）究竟這些承諾的完成需要取得多大規模的資源；（2）這些資源究竟如何取得，有多少得由政府從總體稅收支付，又有多少要請國人另納稅捐，而不同傳媒部門的業

主又得從其利潤提撥多少？三類收入的比例如何釐定？以及，（3）
這些資源究竟由誰負責使用，有多少比例可以使用，或必須委由公廣
集團使用，又有多少是另立管理機構，根據哪些原則開放各界申請使
用等等。

　　綜合上述兩項結論，我們因此提出兩項建議。首先，在廣電市場
水平集中的規定上，除國民黨立委版本之外，各版本之間的實質差異
並不大，若其中之一能付諸實施，皆能一定程度回應社會反對媒介壟
斷之呼聲。其次，行政院理當在立法院通過本法後，另就維護多元的
承諾，履行對國民的文化責任，提出相應的媒介政策方案與時間表。[4]

4　2023/11/23 按：《廣播電視壟斷防制與多元維護法》至今仍未完成立法，NCC最後
　　次將草案送進行政院是 2019 年 9 月 11 日，但其後已無動靜至今：https://www.ncc.
　　gov.tw/chinese/gradation.aspx?site_content_sn=3925&is_history=0

第六章

政治解嚴　倡議理念

規畫傳媒經濟：司馬庫斯原住民的啟發

《有線電視法》的虛妄進步 *

　　前天（1993年6月30日），立法院初審《有線電視法》草案，決議准許每一個地區有五家經營有線電視系統。與此同時，立法委員又附加一項條文，要求業者至少自製本地節目20%，並在三年內將此比率提高至25%。這兩項法條的意義，表面上，前者是礙於現實索求而必須的妥協，因此是保守的；後者著眼於提供本地影視傳播業者較多的製作節目機會，因此是前瞻的、進步的。

　　但是，兩者合併觀察，再回顧法案的審議過程，讓人不得不說，保守是真的，進步很可能是虛妄的，至多，它也只是立委親眼見到保守之問題無法解決，於是想要以主觀的宣示，略微告訴社會大眾，他們心中雖然存有公共利益，卻是無法不被商業利益牽著鼻子走。

　　一區五家經營，無法從競爭中提升影視節目，只會浪費資源，原因無它，有線電視是近乎天然獨占的行業，這跟電話線路沒有必要重複鋪設一樣，多拉線只是多花錢，效應並不能相應增加。規定節目的自製比率是好的，但資源之浪費已經因為五家經營而形成，則業者會投入多少資金製作節目呢？

　　目前第四台業者已安排了拍攝自補習班的教學錄影帶、舞台秀與議事過程的轉播，這些成本低廉、製作粗糙的節目固然也是自製，但對於改善本地的影視環境絲毫沒有助益。在經營規模因為惡性競爭而不能擴大，經營效率於是低落，加上支付國外版權帶的成本增加，業

---

* 《聯合報》1993/7/2 第11版。原標題是〈已是無可期待　立個什麼法〉。

者在賺錢第一的壓力下，對於所謂自製節目，大概也只肯用稍高於購買外片的費用，應付法案的規定一番。從公益頻道的設立，一直到拿出1-3％的年營業額，作為回饋地方社區的經費，業者都是一概搖頭，然後是前舉兩項條文的擬定，在在反映了有線（廣播）電視法案其實已經無可期待。既然這樣，法還有什麼好研擬的？

直接承認現有秩序的合法、合理，已經可以。頂多集攏力量，要求政黨以及與政黨關係良好的財團，不能收購現有業者的線纜系統，不是更加乾淨俐落，立個什麼法？！

有線電視斷訊　民視竟說大陸作祟[*]

我們的電視頻道好看的不多，如果斷訊，是否真是觀眾的損失，不好說。即便收視率高，能否符合觀眾與社會的福祉，仍然無法一概而論。

菸草容易上癮，多數國家都另取稅，希望君子少抽；甜食很受歡迎，但多用有礙身體，因此從北美、南美到歐洲，愈來愈多的國家針對碳酸飲料課徵健康捐，試圖以價制量，減少使用糖品。

電視與糖及菸草雖然不同，但近日民視在桃竹苗暫時消失，不少人以觀眾之名說東道西，讓人不免作此聯想，念及居家或透過行動載具接收影音，究竟是否算是福兮禍所伏。

再者，民視與台灣寬頻（TBC）及其他有線電視系統（平台）的契約屆滿，究竟是系統業者挾其分區獨占的優勢，惡意以民視難以接受的條件脅迫，導致斷訊；或者，這是民視不肯授權，因此TBC等擔心侵權而不敢轉播？這又是一種理未易明的事情。

不過，根據民視的聲明及台灣社的記者會，答案相當清楚，就是TBC的最大持股人郭台銘是大台商，「鴻海投資中國龐大　易受中方

控制」，TBC因此「對我國媒介環境、言論自由及國家安全有不利影響」。假使作此推理而臉不紅氣不喘，批評民視說法的人自然也就可以振振有詞，懷疑民視是以敵視台商與對岸作為鞏固或擴大同溫層的籌碼，想要藉此擴大自己的商業利益。

民視如果想讓國人都能收看到節目，也不困難。比如，民視不妨身先士卒，或是邀請擁有公視與華視的公共廣播電視集團出面，強化所有無線電視台的合作，聯合增加投資，穩定製作更多質量叫好叫座的節目。

無線業並且可以評估，是否可能在政府協助下，無償或減價提供數位無線接收天線器材，讓所有台灣住戶都是無線頻道可以自主傳輸訊號的對象，從而讓已有20多個頻道的無線系統成為有效平台。未來，這個平台還可逐步改善，納入其他電視與收音機頻道，於是更能制衡有線與中華電信MOD平台。至此，它們與無線平台，也就能夠更有效的分工，不再是要脅的來源。

有線電視的訂費與特種基金？[*]

宣稱為了「保障消費者收視收聽權益」，穆閩珠等52位立委日前以迅雷不及掩耳之勢，修改了《有線廣播電視法》第51條等三項條文。就事論事，即便這次修法真是出諸善意，實際效果卻必然相反，消費者的荷包負擔將會增加不是減少。

依照現制，中央核准有線月費的上限，而地方政府若積極任事，仍有權考量本地性質，調低訂費。因此，新聞局雖然規定每月上限600元，但有些縣市政府（如北高兩院轄市）經評估後，認為價格可以再降。

然而，上週通過的修正案，將使地方政府原本已經相當有限的運作空間亦告喪失。假使新聞局所定上限沒有跟隨調低，那麼，至少對

---

[*] 《聯合晚報》2001/1/8第2版。原標題是〈立委看扁新聞局？〉。

於目前收視月費低於600元縣市的消費者，權益不但無法伸張，反而是要萎縮，完全違背立委的修法理由。

所以，假使立委心中真有消費者，穆閩珠等人應該會再責成新聞局降低月費。如果是以消費者作為幌子，則立委未來會施壓要新聞局調高月費。不論是前者或後者，都顯示穆閩珠等立委以為新聞局在中央，便於他們「就近看管」，予取予求。

當然，新聞局被看扁，可能自己也要負些責任。兩年前（1999年），立委代替業界修法，業者只需提撥1%營業額作為特種基金。但不僅該基金是否已經提撥，頗有疑問，就是提撥額度也是低得離譜。與台灣同樣是中央集權的英國，額度逐年調高至6%。地方分權的美國最高曾達36%，如今較低，亦可達5%。新聞局無法抗拒立委不當壓力，由來已久，這次再被偷襲（或有特定人作內應），攻下一城，也就無足為奇。

管制有線電視太嚴格？*

最近，鄭志龍、劉文雄立委指政府怠惰，要求新聞局介入，以免某些衛星頻道因價格談不攏而消失。與這個要求對立，「時論廣場」連續兩篇評論，指政府的有線電視管制「太多」、「極嚴格」。

看來，政府已經成為俎上肉，任人啖談。這裡提出一些事實，僅供雙方參考。

1993年通過的《有線電視法》，一區1家的規定放寬至5家，申請成立暫時播放系統的業者近500家。放眼南韓、新加坡與香港，哪個社會的政府能夠如此縱容？

前法原本規定，政府應向有線業者，每年徵收3%營業額作為地方文化基金及挹注公視年度經費。但是，業界聯手政府，又另有設計，目地是讓該規定未能執行，直到2001年才首度開徵，額度也降

---

* 《中國時報》2002/12/1第15版。

為1%。相比於美國最高曾收過36%，英國分年而達5%，我們的新聞局真的很嚴格嗎？

再看費率管制。不論是幸或不幸，有線電視在台灣已經很接近民生必需品，如同水電瓦斯、公共運輸工具等等，政府能夠不站在市民角度，合理調整供需雙方業已失去平衡的權力關係嗎？

美國的《1992年有線電視消費者保護及競爭法》曾說明，基本費率管制解除後，有線電視基本費上漲40%，是同期消費者物價上漲率的3倍。再如《1996年電信法》讓業者擁有更大的自由決定價格，結果聯邦通訊傳播委員會在1998年元月15日調查，再次發現自前法實施之後，有線電視基本費漲幅為通貨膨脹率的4倍。法規及執法經驗都勝於我們的美國都有這個表現，我們敢要求新聞局不再管制費率嗎？或者應當要求地方政府再依各區性質，將費率上限往下調降？

最後看中華電信能否進入媒介市場的問題。這可能又顯示了我們的資本怯懦，政府積極性不足，否則，歐美乃至於港新已經出現數年的跨行經營規畫，不會在最近幾個月才在台灣「突然」出現。中華電信的「悲哀」之一，在於它的經營績效雖然因為其產權性質而較能回饋國人，卻也因為非私人所能控制，反倒造成各路私有力量假借不同管道，阻礙中華電信競爭力的「自然」成長。

但若說它進入媒介市場之後會「不公平」，不妨看看香港電信支持的互動電視iTV在幾經合併之後，在今（2002）年7月中旬宣布關閉的遭遇。中華電信膽敢為天下先，跨行作此投資，說不定是賠錢行當，造福後來的業者哩。

原住民精神救了有線電視[*]

根據陳權欣記者的系列報導，司馬庫斯泰雅族居民最近幹得有聲

* 《今周刊》2003/1/30，頁143。

有色，他們採取合作而不是競爭的方式經營民宿。數年以前，電力尚未通達，許多人稱司馬庫斯為「黑色部落」。最近，至今仍然欠缺傳統電話的這個新竹深山村落卻大放光芒，它將民宿收入全部集中，除家用之外，其餘部分則設置了貸款償還、教育及共同基金（用來修築遊客中心等）。司馬庫斯的住民，以此創舉獲選為全台部落社區營造的第一名。

這則新聞見報的前兩天，新聞局宣布了有線電視的重整方案，表示將分階段調整經營區域，並可能在八年內使區域數量僅存一個。新聞局並提出有線電視與水電瓦斯等相同，具有「自然壟斷」的性質。換句話說，若推動該政策，初期將增加有線電視的競爭，惟最後將是提高壟斷度，並有可能是全台一家有線電視系統。

以上兩起乍看並不相干的事件，其實存有內在的聯繫。萌芽在邊緣地區的幼苗，若能產生示範作用，啟發核心地帶的有線電視政策，將是民眾、業者與社會之福，但究竟能否啟發，得有人（最好是新聞局）負責想像，然後加以推廣。這篇短文就此起個頭。

我們先來想像，假使司馬庫斯的居民各自為政，結局有二。一種是彼此逕自興建民宿，於是平地常見的攤販林立場面勢必複製於山地，而住居品質不佳之餘，遊客也就裹足不前，妨害了旅遊小商品經濟的發展。第二種可能是，居民當中有人設法尋求外援，透過借貸而擴大投資規模，民宿質量因此提高，其他則等而下之逐漸遭到淘汰，勝出者就注定是資金雄厚的人。但由於競爭機制的運作，淘汰過程就得延長，需要的資金也就更多，造成借貸的泰雅族民最後只好將經營民宿的權利拱手讓給很可能又是漢人的金主。在山地經常看到的商家都為漢人經營的景象，至此再告重現。

以此對照新聞局的新政策，如前所說，大致也是重複先競爭後壟斷的格局，造成現在這個政策的長期效果，就是一種浪費，超級財團在競爭中必須先「浪費」資源擊垮對手，然後各界宣稱，它的經營最有績效，因此獨占地位的取得就是很「正當」的效率果實，合當由它享有。

人必有死，善生就是善死，因此，若有線電視必生獨占，則怎麼

處理獨占的形成過程,才是最重要的課題。這裡,司馬庫斯住民的合作而不是競爭之原則,就有了現實的意義。

新聞局可以出面,邀請現有系統業者以合作社方式,合組單一集團,各自依據現有資產轉換成合作社的董事席次。然後,真正尊重消費者的選擇,除無線5台依法轉播,可收取少於(比如每個月10至50元的)基本頻道費之外,其餘頻道均不應搭售,而須以各單一頻道作為販售對象。再者,頻道業者亦不妨循此合作原則經營。比如,8個新聞頻道合併為2、3或4,頻道業者依系統業者的整併邏輯,各自取得對應的董事席次。記者不須裁員,只需將人力重組為2、3或4組,由於現有新聞大同小異是人力的浪費,改組後他們可輪流採訪新聞,按理就有較佳的採訪品質與題材開發。記者若能作此安排,工程及其他行政人員亦可有類同的配置。新聞頻道的廣告收益統合支配,其中一部分均分於各業者,另一部分依據各頻道收視率高低,或另依設計分配於各頻道,激勵工作的積極性。如果新聞頻道可作此整併,其餘戲劇、綜藝、談話節目等頻道,亦可依相同準則,逐步或同時比照辦理。

最後,我們怎麼知道這樣的合作不致淪落為狼狽為奸的肆虐呢?美好的人生沒有保證,仍得有識者不斷地努力構思與實踐。惟可能的作法之一是,主管機關仍必須積極規範費率,並可考慮由稅收購買有線合作社的微量股份,並立法使其成為黃金股權,且讓用戶代表而不是政府行使股東的權利。

有線電視擴大經營區　無法加速數位化 *

NCC擬給予業者更大跨區經營的方式,鼓勵數位化的進程。不過,這個新規定不見得能夠加速數位化,但可以確定的是,觀眾的收

---

* 《中國時報》2010/4/5 A14版。原標題是〈加速數位化　配套在哪?〉。

視品質無法提升，甚至收視相同而收費增加的情況，注定發生。

美國有線電視業界早在1979年就已聯合推出「公共事務衛星電視網」（C-SPAN），到了現在，該電視網已經擴大成為三個，轉播參議院與眾議院的頻道各有一個，國會議員的議事過程盡在美國人眼下，收視率固然不會太高，但增加其國民認識與監督國會的機會才是重點。C-SPAN在開會時段以外，另設現場政論與品書節目，而不是重播，這是善用運用頻譜資源的方式。它還有第三個頻道轉播其他公共事務活動與事件。所有三個頻道除預告本身節目，不播商業廣告，經費由業者挹注。

新的《有線電視法》如果參考美國經驗，亦作此調整，引導系統業者善盡責任。那麼，往後，其餘影音業者在匯流的年代，難道能夠無動於衷嗎？事實上，創制台灣還很欠缺，但國際通例已經多起的作法是：創設合理規模的影音基金，分別以多寡不同的比例，對硬體製造業、有線廣播電視系統經營者、頻道供應者、直播衛星廣播電視服務經營者、衛星廣播電視節目供應者、境外衛星廣播電視事業、廣播、電視事業者、電信事業者，收取額度有別的營業額，然後另行制訂規範，管理該項影音基金及其所製作的節目。

有線電視跨區經營　掠奪遊戲？還是利益共享？[*]

《有線廣播電視法》十七年來首度大規模修正，將許可系統業者跨區經營，全國可能從目前的51個經營區、63家業者，變成1個經營區、3家業者，草案即將在公聽會後，預計下個月（2010年5月）送行政院審查。

依照這個草案，NCC想要完成的系統數位化，未必能夠快速進行；長期來看，用戶的使用費會增加；影音節目品質不容易提升；通

---

[*] 《聯合報》2010/4/5 A15版。

訊速度與品質的改善在最大效益的前提下，難以顯著變化。

目前有線電視有5大系統經營者，加上「獨立」系統台，可算成6大。在轉成3大的過程，業者可能採取的方式有二：一是購買或交叉滲透與兼併，二是重複在相同地區建置基礎線路。二者都必然增加業者成本，而羊毛出在羊身上，該成本必然轉嫁用戶，方式是業者擴大後更有政治遊說力量，屆時假借自由定價之名，取消定費上限並非難以想像，1996年以後的美國事例殷鑑不遠。雖然短期操作的景象，仍舊可能出現業者為了搶用戶，以降價甚至接近掠奪性定價的方式，讓用戶得到眼前蠅頭小利的甜頭。

防止前述情景的不二法門，在於法律案要能提供誘因，消極則使大業者於兼併過程時不會出現不當的效應，如論者所說，對某些用戶「刮脂」（cream skimming），對另一些用戶不提供普及服務等。積極則要減少兼併成本，提高經營效率，從中可將效率之得不由業者獨攬，消費者從中亦可分取應有的利益（較佳的節目、較低的收費）。

因此，不妨假設以下情況。草案幾經調整為法案後，仿效海外若干前例，後出轉精，分階段在若干年內提供稅賦或其他誘因（如放寬業者水平與垂直整合的規模）吸引業者，使全國成立3個或1個有線電視系統。其次，現有業者依據其目前的資產與用戶數量，取得該系統公司的若干股份及董事席次並聯合經營，不但如此，新法還應該創設消費者、員工、相關社團、中央及地方政府各派代表成為新系統公司的外部獨立董事，其席次雖然少於業者，但可以讓這些非業者任命的董事得以依據一定的規則，在重要項目享有複決或創制的權利。

假使NCC或行政院願意創新視野，勇於任事而開大門走大路，立法院自然就有玉成其事的胸襟而不是杯葛；如若不然，國人的視聽與通訊服務之水平很難提升。

有線、傳播政策　必須前瞻[*]

　　昨日賴祥蔚教授〈全球化匯流與旺中併購案〉的立論瑕不掩瑜，只有一小點有待澄清或補充，卻有很大一點值得引伸與發揮。該文說我們的電視「愈來愈須面對國際的競爭」。

　　電視由系統（無線、有線、衛星或電信平台），以及在系統上流動的內容（節目、頻道）構成。有競爭的是後者（節目、頻道），前者都是壟斷或一區2家的寡占，沒有競爭。台灣的節目競爭力很薄弱，因此舉世罕見，除了少數例外，黃金時段竟然不怎麼播放本國電視劇，可見業者認定海外電視劇比台製優秀（有錢賺），因此對於投資製作本地片經常裹足不前。與此對照，我們的系統台經營效率讓人垂涎，除少數一或兩家虧錢，一般來說，各家平均獲利率達25%，最高則有40%或更高。許多年來，海外投機基金不就看準了這個事實，入台海撈嗎？現在，本地資本不甘雌伏，應驗了資本邏輯的常態，此番不成，下次還會再來，除非有線系統因為其他平台崛起而獲利下滑。

　　〈全〉文最精采的論點，在以韓國為例，藉此作者呼籲行政院不要只是考量「個案」，而要提出「具有前瞻性的傳播政策」。大哉論。

　　阿里郎的影視以公有的KBS及70%公有的MBC為主體，加上私人的首爾電視系統、有線系統與直播衛星電視為主，這些系統彼此競爭，節目除各自張羅，另有強大奧援。南韓早在三十年前就有龐大的廣電基金，規模比台灣五家無線電視台加總的營收還要大。南韓廣電基金最重要的來源，從一開始，就是所有無線與有線頻道收入（不是盈餘）的6%。

　　台灣的「前瞻政策」無法照抄南韓，但可以看到不同平台的競爭，以及更重要的，穩定並有合理品質的本地優質節目供應，就是活絡台灣影視生態的重要法門。具體作法就在一不做二不休，政府提出辦法，導引全台有線系統成為一家，但要有配套作法，其中，最重要

---

[*]　《中國時報》2011/11/1 A14版。原標題是〈前瞻性傳播政策　如何落實？〉。

的原則有兩個。

其一，確認進入這個有線平台的節目或頻道，不會因為該節目或頻道業主，與這個系統股東有利益或其他聯繫，致使得到偏厚的待遇。其二，全台一家有線系統的規模經濟效益，既然由政府促成，就更應作合理分配。目前的平均利潤有25%，部分已經來自特許經營但沒有承攬相應的責任，因此其中部分應該回流觀眾，全台一家後，又減少了業者大量的兼併成本，因此又有部分可提撥製作節目，兩部分相加，日後業界依法貢獻的額度至少要有南韓的水平，也就是6%有線收視費及其他收入作為影音節目的製作。

滿足這兩個原則之後，當然還有其他措施與心理認知必須相應討論與調整，也需設計新的方案，促使節目在不同平台有效流通。但萬事起頭難，行政院若能作此宣示，主管機關就會規畫細節，至此，我國「前瞻的傳播政策」才能「堂堂溪水出前村」。

成人之美　就讓有線電視賠錢 *

「人心不足蛇吞象」，上週六（2014年8月16日）記者林上祚的半版報導再次提醒我們。大多數有線電視系統的毛利至少都有四成，然而，外商控制的系統台併購之後，從2008年起，帳面屢屢虧損，真怪。

帳目虧損，若非無須繳稅，就是國人得到的稅賦缺金少銀。袖裡乾坤，資本無分內外，都有兩本帳、都有不肖成分，無意誠實申報。

怎麼辦，可以假戲真作，成人之美。既然有線外商想要賠錢，就請越俎代庖，錦囊妙計信手拈來。

系統業者荷包飽滿，偏偏觀眾眼福全無，節目質量乏善可陳。第一招因此是主動捐獻20%毛利，一年可能有60億？用來改善電視劇

---

* 《人間福報》2014/8/20第5版。

與新聞，這是觀眾最常看的電視內容。30億製作電視劇，一集500萬，年得60集，週播兩集，第一年僅敷八個月使用，第二年起重播半數，就可每週都有精緻並且變化多端的劇情出現在國人眼前，從編劇、演員、導演到其他線上線下影音工作人員的技能培訓，必將大有改善，假以十年，福爾摩沙的文化必有可觀，向上轉變若不明顯，那就怪了。太多題材從此入鏡，鄭成功與柳如是的稗官野史、林爽文起義與清朝第一大規模閹童案、即將百年的最大抗日與傷亡之台南焦吧哖事件，國人的歷史意識油然滋生；1949年國府來台演變至今的兩岸關係與情懷，林家血案及江南與陳文成命案上接白色恐怖下銜轉型正義等主題……另有光明與溫暖的故事，當代生活取材不盡。

　　另30億用在新聞。增聘記者與相應配合人員與器材設備，10億；另20億與現有八家新聞頻道東主協商。八家新聞頻道年度盈餘假設有20億，系統業者可以直接致贈，讓東主放棄指揮旗下記者的權力，改由數百位記者成立團隊，自主管理，另加必要的外力進入參詳。自今而後，新聞類型四分。無厘頭雞毛蒜皮僅居其一，其餘依長度三分：2分鐘以內、2到5分鐘，以及6至10分鐘；國際一半，國內一半，中美日亞占1/3，其他國家1/6。這個作法好處很多。記者重拾職業尊嚴，涵養編採能力，工作不再異化，只能叫好，必定支持。老闆不勞而獲，不再招惹國人嫌惡，反而得到敬重，不會不滿。電視搖身一變，停止愚民，反成空中大學，觀眾觀看電視新聞，通曉國內外大事，眼界大開。

　　第二計是鼓勵所有新聞頻道上架中華電信MOD。目前，有線台不願以鄰為壑，認為這些新聞有損人心，執意獨攬，不肯放行。這種毒害一身承擔的氣魄很好，但採用第一招之後，新聞不再是公害，是公共之善，那麼獨樂樂不如眾樂樂，MOD百多萬收視戶也要享受雨露均霑的幸福。

　　第三招是撿現成，玉成其事。台灣有很多業餘，但頗見關注各種事務的人才，是否以公民記者相稱事小，他們貢獻社會之心可嘉。怎麼鼓勵？有線業者可以再提10億，讓各種獨立傳媒人才結合，製作多種影音圖文內容，國會頻道、各級政府共用頻道、各級教育機構共

用頻道⋯⋯就能出現。

七捏八招，用了這70億，有線系統還是賠不了錢，看來玉成有線的虧損心願真難。政府乾脆自己來，「大」學頂尖十年千億、治「水」八年八百億，一事無成，何不移轉「大水」預算三成五到電視，不讓好事只落有線家。

吃軟不吃硬　花蓮、台東讚[*]

台南的登革熱病例破了6,000，這很不幸。不過，台南倒是有一項紀錄得到了NCC的稱讚。

NCC說，截至今（2015）年6月底，台南市與嘉義縣市領先全台，有線電視數位機上盒普及率100%，全國平均「只有」85.02%。

然而，數位電視這麼普及，真有什麼好高興的嗎？

有一群人，家裡沒有線纜電視，沒有訂中華電信的MOD，也沒有訂看數位直播的衛星電視服務。他們也不怎麼習慣坐在電腦前，或是用平板或手機的螢幕，任意點選或等待餵食不請自來的視聽訊號。

這一群人很多嗎？假使訂中華電信MOD的130萬戶，只訂MOD，沒有同時另訂有線電視，那麼，根據NCC的統計，這群人至少是170萬戶。如果台灣每27戶，就有1戶既訂有線也訂MOD，那麼這群人就是200萬戶，超過500萬人。

人數超過幾百萬的這群人，是相對幸福的，他們吃軟不吃硬。他們「只有」數位無線電視平台的十多個頻道，不會被迫也不會被誘惑，同時也無從稍有不慎就會看到不是新聞的新聞，不會因習慣而麻痺，以至於降低對新聞的要求，誤會新聞其實就是雞毛蒜皮。我們仍有好的電視新聞，但更多是不看無妨，看多了傷神。

由於收視頻道比較少，「選來選去就只有這幾台」這個原本負面

---

[*]　《人間福報》2015/9/10第5版。

的說法，不但不再負面，反而成為正面的表述：這群人會有比較高的
頻率，看到沒有廣告干擾（雖然近年太多自家廣告，也就是募款畫
面）的公共電視、客家台與原住民電視頻道，看到比較像是新聞的新
聞，比較不一樣的電視單元劇或迷你劇（可惜經費少，常重播），音
樂及綜藝節目、紀錄片、談話節目、社區小眾節目。如此，人們大致
還是可以相信，打開電視能鬆弛身心，怡情養性，甚至學習新知。

　　這群少則300萬，多可達5、600萬的台灣住民，分布在全國各
地，若依人口比例，花蓮與台東是第一名，如同東部的自然環境所受
汙染少於西部，花東的電視汙染也比西部少些。47.79%的花東住民
訂了有線電視，比起全國的59.62%稍微低些。更讚的是，官方或廠
商的花言巧語沒有讓他們上當，或者，廠商沒有上了官方好話說盡、
以數位化為進步的當。全台有線電視訂戶，85.02%數位化了，花蓮
與台東就是0.47%！太讚了！

　　數位化是硬體建設，節目才是軟體，才是關鍵。沒有硬體，軟體
與節目無從附身，無法展現。但是，沒有人可以喝水管（硬體），人
要喝的是乾淨的水（節目），這個道理再簡單不過。

　　但是很可惜，我們的NCC還是執意假設，硬體建設若能完成，
下個階段就會有更好的節目或節目組合呈現觀眾眼前。已經訂了有線
電視的人，由於不滿電視節目的品質，於是要求分級付費，最好是單
點或單頻道付費，這股不滿的怨懟心理再為NCC與朝野多數政治人
物拿來使用，作為支撐硬體數位化建設的依據及動力。

　　往事已矣，數位化建設接近完成，現在應該「服軟」，改善節
目，從錢下手，立法促使硬體廠商出錢，改善節目。

　　這裡，全球最大規模的美歐貿易與投資談判（TTIP）有個說
法，我們不妨參考：影音文化涉及各種認同的形成，各國除了應該繼
續補助本國影音作品，也應該對從電腦、手機、有線與網路等相關設
施與硬體課捐，納入基金，作為提升節目之用。

誤解（有線）電視壟斷二十年 *

「全國數位有線電視股份有限公司」在（2016年）3月11日向公平交易委員會及NCC檢舉，四天之後，再接再厲，另以刊登半版廣告的方式，氣憤地指認台灣的「電視」問題之一，就在〈垂直壟斷電視產業受迫沉淪〉。

但電視的垂直壟斷（比較準確的描述應該是垂直「整合」），在台灣是個什麼樣的問題？站在不同立場看，會有不同的答案。

第一種立場，看在小規模業者眼中，確實，（垂直）壟斷就是不公平競爭，就是財大氣粗的大資本，頤指氣使，想要鎮壓新興企業的生機。

因此，「全國」指控與其有競爭關係、卻又同時是衛星電視頻道代理商的有線電視業者，對其有差別定價行為，不但違反公平法，也違反該業者當年對NCC的承諾。

這些垂直整合的商家要求，去（2015）年5月開播的「全國」有線系統，若要播放其所代理的頻道，即便是在起步期間訂戶必然僅成百上千，也須以其所營運行政區總戶數的15%，也就是7.5萬戶作為繳交轉播費的門檻。這確實是怪事，如同要求，老客戶買汽車，買一輛算一輛，以輛計價；新客戶要買車，即便僅需要一部，也要支付好幾輛的費用。更離奇的是，車子與電視節目不同，多賣一部汽車，也要多支付生產及運輸汽車的成本；但多賣電視頻道給新的有線系統平台，只會增加收入，完全無須另外投入成本。

顯然，代理商違反公平交易法。並且，不是現在才違反，中華電信MOD更早幾年就碰到相同的問題。何以中華電信「沒有聲張」？這個問題稍後還會稍稍提及。

因此，公平會與NCC會有作為，糾正兼有衛星頻道代理商身分的有線系統嗎？「不會」與「會」。答案雖然有兩種，但都與改善觀眾的收視品質沒有關係。

---

* 媒改社《媒體有事嗎》週評2016/3/28。

　　先說「不會」，為什麼？原因聽來可能荒唐，但不無可能。不會的原因是，假使NCC不容許差別定價，「全國」及其他新的系統業者，就能以相同的計價方式，購買代理商的節目，觀眾也就立刻發現，新系統對他們的最大「福利」，最多是家中的電視訂費短期內可能一個月少個10元，也就是一天、兩天或三天報紙的錢，但節目幾乎完全相同，長期以降，收視費仍會回升。這樣一來，NCC宣稱跨區的有線系統之「競爭」，可望為改善觀眾收視品質的福利，立刻穿幫，變成謊言。

　　為了避免穿幫，NCC於是可能選擇繼續裝聾作啞，表示眼下的差別定價行為，法規容許。NCC可能覺得，反正「全國」這些新業者是願者上鉤，沒人強迫他們入場，就算是初期必須多繳不公正的費用，等到其訂戶有了15%總戶數，也就結束啞巴吃黃連的階段。NCC也可能以為，藉此才能迫使新進業者引入新的節目，NCC用了變形的薩伊定律（Say's Law），供給創造了自己的消費，既然系統業者鋪設了新水管，自然就會接著找到新的水源。

　　但是，開發水源、引入足夠的新節目，談何容易？規模小荷包淺的業者不限於新進者，老資格早進入本行的人，同樣口袋不深，也得領受大財團的氣。

　　早在二十年前，也就是1997年3月21日，不少人稱為有線電視之父的陳錦池，不但同樣刊登廣告，並且是整版，不是半版。然後，他「再陳情」，指「財團恃權而驕，悲憤之餘，再度陳請……政府……調查（大財團）違法聯合壟斷」。現在，新進系統業者如「全國」等於是中了NCC之計，也被綁架了。即便「全國」的廣告說這些節目很難看，它還是別無選擇，還是不得不購買這些頻道。

　　規模一小，最後就是敵不過大財團，陳錦池刊登控訴廣告四個多月之後，出售自家的系統。未來，「全國」以及其他已經申請進入的新有線系統，是會殺出血路、與大財團同歸於盡，或是與其合併，我們等著看。但是，至今能夠擋住大財團的公司是中華電信，得力於它的規模龐大，又有整個台灣作為經營區，再加上現成的電信系統可以作為奧援，遂有足夠的資金，得以繞過這些代理商的非法抵制，另闢

節目來源。但是，不幸的是，中華電信也不肯自己花大錢製作節目（不一定是因為混亂、過時的黨政軍條款之限制），並且與現在的有線系統相同，用在採購現成節目的經費，很有可能半數或更多，用來購買、亦即補助本來就是體質比我們更好的海外電視公司之節目，「捨己為人」。

　　思考至此，就有第二種立場。若是關注台灣的影音文化，若是要在台灣從事影音文化的生產，那麼，「全國」所指控的大規模業者之濫用壟斷地位，無論NCC或公平會是不是予以糾正，根本無法增加本地的影音文化資源，因此也就與他們無關，與國人按理最會珍惜，希望有更多的本地經驗，能夠透過影音給予表述與反省的需要，沒有關係。

　　NCC認為大業者沒有濫用市場地位，因此對「全國」的指控不理不睬，固然讓人認為這是偏心，買帳大財團，不理新人。然而，即便NCC遵照常識的理解，不是搬弄法條，因此勒令大財團改正，如實而不是在一段時間內，膨脹「全國」所需繳交的費用，那又怎麼能夠對本地的影音文化有任何實質的幫助？一切還是會率由舊章，如同現在，有線業者投資採購本地節目的經費低到離譜的現況不會改變。以某財團三個系統所申報的資料來看，觀眾一戶495元月費，買節目僅用了193元。其中，購買台灣以外來源的節目可能超過100元，花在台灣自產、但敗壞多於呵護本地文化的9個新聞頻道又拿去34.81元，扣除以上兩種費用之後，所剩50多元才是用來支持本地製作的戲劇、綜藝及音樂節目等，不到一個星期的報紙訂費！

　　NCC可能鑽了本身成立宗旨的漏洞，或者揣測仍有模稜兩可的空間，是以不肯處理「水源」這個問題，不肯就「節目內容」提出任何導引或政策（當然，文化部同樣難辭其咎）。反之，NCC從三年多前開始，眼見從沒有電視專業素養的政治人到一般民眾，對（有線）電視都有很大的不滿，於是順水推舟，跟著起舞，硬將有線電視的問題，聚焦在於平台與平台之間沒有競爭、在於沒有分級付費，並在過程中偷龍轉鳳，將大小業者之間的衝突導引成為最能「激動人心」的「壟斷」問題，使得壟斷與財團變成煙幕彈，遮掩了台灣電視的真正

問題，在於無法對外流通的新聞質量特別低下，偏又拿了不少觀眾的銀兩，在於滋潤及更新台灣認同與身分所需要的自產影音內容之質量，因為NCC及文化部很少作為、作為無效，以致持續嚴重低疲，至今尚未見到翻轉的契機。

台灣電視的問題被誤導二十年了，從陳錦池的「新幹線」到現在的「全國」有線系統，受制於大財團是真，但即便沒有受到大財團不公平的待遇，依照這些大小資本自己在市場爭鬥，也無法改善國民的收視環境。《有線電視法》在1993年完成立法，政黨第一次輪替後，於2001年1月首度大規模修訂。當時，「傳播學生鬥陣」發表看法，呼籲政府「節制私人資本・發達公民文化」。現在，政黨又再次輪替了，這群學生提出的原則與大方向仍然適用，新的NCC不久也要上台，能不參考？資深影音文化人藍祖蔚說：「蔡英文迄今未對影視環境提出遠景規畫，文化政策既空白又蒼白，文化話語權正逐步失落。」確實，請新的NCC、文化部首長，提醒蔡英文。

有線電視：全台一家　兩個條件　三個原則[*]

依據行政院主計處每年10月發布的報告，2015年底，台灣700多萬家戶當中，高達85.38%訂了有線電視。若採尼爾森收視率調查，或是業者向NCC申報的數字，比率較低。

有線電視系統的經濟性質，與全台一家的高鐵、台鐵、台電、台灣自來水公司與中華電信MOD，完全相同，都是必須高度管制的公共基礎設施（public utilities），遑論大多數國人透過它收看電視。

既然如此，《有線電視法》第24條要求，經營有線電視必須分區，並且特定業者在各區所持有的訂戶數，加總後不能超過全國總訂戶數的1/3，與其說是符合國人的利益，不如說是我們的因循，不肯

---

[*]「媒改社」週評2017/9/1。

思考依據台灣的現實狀態,是否全國一家可能對台人更為有利?鐵道、水管、電網與電信有線視訊網,都是獨家壟斷,有線電視系統若全台一家,佐以配套措施,當然也可能會更好。

1993年《有線電視法》通過時,全台業者高達658家。歷經業者哄抬價格併購,至今分頭寡占;斷訊、頻道上架紛爭、業者濫用壟斷地位,政府裝聾作啞,不肯有效管理;業者刊登廣告相互攻訐,觀眾一頭霧水。凡此種種所導致的巨大交易成本,最後都強迫消費者概括承受。

現在救贖,已經遲到,但遲到總比不到好。網路新興的影音圖文服務,衝擊(有線)電視已有時日,如今,政府更是必須創造與善用立法時機,導引有線系統,走向「全台一家」,但要設定「兩個條件」,遵守「三個原則」。順此,才是開大門走大路,足以一箭雙雕:不再轉嫁額外成本給消費者;同時,開始啟動正面的連環變化。

全台一家有線電視系統,理解不難,就是如同中華電信。至於是要各個業者將現有資產折換新公司的股份,或是另作設計,就得再行計議。

兩個條件是,這家新公司必須確保「頻道上架井然有序、絕不歧視」,以及「加碼投資本地新節目的製播」。我們進入便利連鎖商店購物,是要「產品」新鮮沒有過期、沒有農藥,不是產品是由哪家「車隊」送入。有線電視如同車隊,衛星電視「頻道」才是產品,政府多年來誤導視聽,專在有線系統的競爭作文章,聽任頻道(代理)商喧囂;未來政府應該督導業者,責成新公司邀請消費者等團體,共同制訂並公開闡明上架規則,公正並且不對任何節目供應商有任何差別待遇。

頻道的通路不再成為問題,政府的精力及輿論的重心就會轉向「節目」。這裡,全台一家的第二個條件就要進場。企業規模愈大,經濟綜效增長,社會責任就能快樂肩負。有線系統目前提供1%營業額作為特種基金,未來應該恢復立委修改前的3%。該基金之外,這家新公司應該依法每年另撥一成以上營業收入,在台灣製作新的電視節目;該經費是由新公司自行運用,或設立新的組織負責管理與制訂

節目使用權限，應再評估。

　　最後，為了確保成立一家公司的效益不會傷及無辜，且在消費者習慣與科技變化的過程能夠永續，至少就要同步遵守三個原則。

　　一是「照顧員工」，避免整併成為全台一家時，出現不當的員工裁減。二是「內外有別」，新公司對台灣及海外節目的採購與播出，必須要有差別作為。關稅暨貿總協定（GATT）第4條設定「螢幕配額」優先提升本國電影；電視及網路年代，該作法延伸到各種電視（含串流）；聯合國教科文組織備受佳評，以「文化例外」向前求索，遂有文化多樣性公約；雖然姍姍來遲，但NCC去年已經開始，依法增加本國電視節目自製率的規定。這些，無一不是影視文化內外有別的具體及鮮明展示。

　　若說前面這兩個原則不一定能讓新公司本於社會責任而完成，因此很有可能需要政府另設法律給予外鑠，那麼，第三個原則就一定需要政府的積極努力，才能落實。這就是「通盤考量」，不能只是委由已成一家的有線系統「獨享為國貢獻影視文化的幸福」。未來，或就在修訂相關法規的同時，同樣也應該讓中華電信的MOD視訊服務，或是台灣與來自海外的各種平台、OTT服務及社交媒介，同樣依據其市場占有率的多寡，以內外有別的安排，適用《有線電視法》業已彰顯的認知與作法，俾便所有在商場奮鬥的相關廠家，都能分享台灣新影視製作成果的快意與滋味。

探討傳媒政治：
政黨與國家、公共化與私有化

電視辯論單純可行 *

一件簡單平常的事，透過電視進行省市長候選人辯論，在我國竟然變成如此複雜，無以名之，只能說是台灣奇蹟又一樁。從最早的呼籲（1980年徐佳士教授）開始，直到在野黨也可以在電視得到廣告時段說明理念（1991年），相隔十一載。現在，民主國家的常態作法，由電視公司製作節目，邀約主要候選人在螢光幕前唇槍舌劍，讓政見愈辯愈明，卻在重量級政治人物的奇談怪論下，弄得升斗小民一頭霧水。

有的說，全體候選人同意，就可以辦電視辯論，但如何產生主持人，尚待研究；有人說，候選人如果刻意使用非國語，對於另一些候選人將造成不公平的後果；更有人說，電視辯論不是選民了解候選人的唯一資訊來源，若淪為人身攻擊並無意義，而要求每位候選人都參加，可能會有強人所難的憂慮。

誰說一定要由中選會進行官辦的電視辯論？若是由電視台出面，將政見辯論當成常態節目來製作，不來的候選人等於自願放棄機會，不是電視台有任何不公平，究竟有什麼不可以？既然是辯論，兩造或多造，當然可以先談妥規則，約定使用國語辯論，並且不作人身攻擊，誰會鴨霸的不接受？電視確實不是選民的唯一資訊管道，但總不能否認電視最為重要吧？有什麼理由不運用？

---

* 《聯合晚報》1994/9/13 第2版。

說句實話，願意搶得頭彩，舉辦省市長候選人辯論的電視台大有人在，甚至包括三台。現在執政黨私心自用，判斷進行辯論對其不利，所以不願三台主辦，問題是，為什麼執政黨如此沒有信心？這很奇怪。調整方向，就可以收割民意，也讓在野黨等力量無法就此作文章、分明大大有利，何樂不為？

評比省長電視辯論 *

台中首場省長公辦政見會，三台晚間新聞如何報導呢？三台的頭條一致選播李總統接受日本《讀賣新聞》專訪。省長公辦政見會的消息，台視安排在第三則，中視第九則，華視第二則。台視和華視的安排大體上合乎新聞價值判斷，中視將這則新聞壓在例行性的執政黨中常會以及鍾榮吉評估國民黨三位省市長候選人選情之後，充分顯現其濃厚的黨營色彩，寧捨新聞專業來替黨服務。

就新聞內容分析，台視的大股東雖是省政府，卻沒有因此影響新聞公正立場，我們可以看出，台視很刻意用心地安排讓五位候選人有平均的發言時間，記者和主播都沒有加入個人主觀評論。

中視只讓朱高正和宋楚瑜發言，宋的發言時間明顯較長，記者雖報導朱高正左攻宋右打陳，但只播朱批評陳定南「礁溪色情經驗」的發聲；至於其他三候選人只有畫面閃過，記者還評論陳定南和吳梓的發言「只有批評沒有政見」。

華視只讓朱、宋、陳三人發言，吳跟蔡只閃現幾秒，記者在介紹宋的發言時，形容他批評變天論的開場白「口吻幽默」。

整體看來，台視、華視比較負責，黨營中視服務觀眾少，服務政黨多。

三台畫面都攝取了陸空警力的強力部署，更讓我們質疑，為何要

---

* 《聯合晚報》1994/11/13 第 12 版。原標題是〈電視預設立場　會自食惡果〉。

浪費龐大的國家社會資源，去辦一場大部分選民無法到場的政見會？省長選舉不像地方選舉得透過地方接觸，電視政見和辯論才是跟選民接觸最有效且便宜的方式，每位候選人都口口聲聲要服務選民，果真如此，就應讓選民坐在家裡聽政見，而非勞動選民在上班時間跑去聽政見。

在傳播科技發達的今天，實無必要再辦公辦政見會，三台以及某些候選人一味抗拒電視政見辯論，徒然把有利籌碼拱手讓給TVBS類型的電視台，將會自嚐苦果。

三台與總統是否配合得太好了？*

總統李登輝要求三家無線電視台應該多播文化活動的新聞，至於社會與犯罪新聞，若是要播，不宜多，也不宜放太前面，以免國際人士誤以為台灣是個犯罪國家。

這項「建議」，可能是想照顧觀眾的收視權益，但方向與手段不對，也就沒有用，更可能招惹嫌疑，讓人以為總統是要壓制傳播事業尊嚴、專業考量與新聞自由。

若是心中真的有觀眾，要讓大家的螢光幕比較賞心悅目一些，那麼，李登輝應該說，三家電視台的性質，從此要有新的定位，不再追求商業利潤，而是準備羽化蛻變，逐步走向非營利事業的財團法人。試想，既然三台與其他無線台都想賺錢，也就都必須競爭，那麼，若是放過犯罪與社會新聞不播放，偏偏友台樂此不疲，既報導又放前，三台不是大大吃虧，然後，長此以往，收看三台的人愈來愈少，友台人數的總和愈來愈多，難道那時候總統又要再另提「建議」，請所有電視台都少報東，多播西？

所以，雖然李登輝的出發點可以理解，但會誤入歧途。輕微一

---

* 《聯合報》1998/2/12第11版。另收於《澄社報導》50期，頁72-4。

點，則這類從心所欲的發言，會再次使得總統名器之榮有所挫損；嚴重一點，則這種只知皮相不解根源的說法，將使得電視觀眾的耳目，有如迴光返照般地短暫改變，卻是走向更犯罪、更不堪的路途。德諺有云：「通往地獄的路是由善心鋪設而成的」，難道就要由總統的建議而顯現嗎？

其次，反過來說，三台的從業人員，是不是應該也可趁此機會仔細再想一次，為什麼高官厚爵的人老是數落三台，難道平日三台與政府的合作程度，比起其他電視台還有不如嗎？如果不是不如，那已經從這種合作關係得到很多好處的人，再做類似言語豈不欺負人？若說這還不是軟土深掘，得寸進尺，那又是什麼！假使有此領悟，那就比較好辦事。三台的經營管理階層可以表態不滿，但若經營者與更高的政府單位合謀，忍住這記悶棍不作聲，也不是就無路可走。台視、中視與華視的產業工會，既然十年前都已陸續成立，又都擁有會員700多人，算是有不錯的團體實力，也許應該以集體的名義，三台來次真正的自主大聯合，或是發表聲明，或更進一步，派代表到總統府傳遞抗議聲音。

最後，趁此機會，我們還可以再問，新聞傳播事業與總統、政治人物的關係，是不是太密切，以致不但對政商勢力監督不足，甚至有些時候還配合得太好。三年前是17家媒介主管一起與總統下鄉訪問，今（1998）年元月增加到48家，這好像不是好現象。總統是重要的新聞來源，說話的機會已經很多，何必錦上添花？給人有機可乘的機會？

媒介是永遠的政府，也是永遠的執政黨！[*]

王令麟不再擔任立法委員之後，「人微言輕」。上週，他有驚人

---

[*] 《今周刊》2002/8/8，頁115。原標題是〈王令麟的神勇〉。

之語，但僅在報端影劇版驚鴻一瞥，轉瞬間就消滅了蹤影，再也無人聞問。

記者問王，外界認為東森已遭「綠化」。王對曰，不是這樣。實情是，他讀了兩本書，得到了很大的啟發，因此不贊成媒介是永遠的在野黨這個說法。不但如此，王更認為，「媒介是永遠的政府，也是永遠的執政黨，媒介要支持政府的施政」。

王令麟這麼說，也許只是讀書心得，但說不定更是有為者亦若是的盤算。第一，如同年代等公司，王進軍中國大陸市場的心情，也很殷切。既然彼岸執政黨總是緊緊控制著媒介，有意問津的人，最好是入境隨俗，先行交心，坦白一番，博取好感，從而增加本集團旗下衛星電視取得大陸落地權的籌碼，惟有如此，東森才可能成為「華人的CNN」。

其次，許多華人以外的媒介東主，無須言語，只以行動表達，媒介本來就是永遠的執政黨。去年連續三起的選舉結果，可能讓王頓悟，有了「他們何人也，余何人也」的喟嘆，於是不能不有這番言語？甚至，他們讓王有了具體的師法對象。先是去（2001）年1月，泰國最大的電信暨媒介集團的老闆塔克辛（Thaksin Shinawatra）所領軍的政黨，囊括了過半國會席次，他也就順理成章地當選總理。到了5月，掌握義大利過半電視資源的貝魯斯柯尼（Silvio Berlusconi），梅開二度。他出任黨主席的「義大利加油黨」獲得最多選票，他與意識形態相近的狐群狗黨得以再次組閣，貝魯斯柯尼於是喜孜孜地重作馮婦擔任總理，順便也兼任外交部長至今。最後是九一一之後，財經媒介大亨彭博（Michael Bloomberg）在世貿大樓的餘燼裡，於11月當選了紐約市長。

不過，既然王已退出立委行列，表示要專心經營媒介，則重新投入選戰，藉由公職來達成媒介與政治的水乳交融，應該不是他的最優選擇。王真正的心儀對象，比較可能是英國與加拿大的例子。

樹大招風，跨國媒介鉅子梅鐸是立刻讓人想到的「榜樣」。1997年5月以前，他力挺的是英國保守黨，等到工黨上了台，梅鐸翻臉如翻書，立刻倒向首相布萊爾所謂第三條路的懷抱。中國不喜歡

BBC，梅鐸立刻將它從其亞洲衛星電視頻道中除名，另換乖乖牌頻道。接下來是作風詭異的亞斯培（Asper）家族。除了擁有加拿大最賺錢的電視網，前年底添購了新資產後，他們總計掌控了14家大都會日報、1家全國日報及120多家規模較小的報紙。亞斯培家大業大之外，亦有愛鄉的本土性格，他堅持將總部設在冬季平均零下16度、夏季多蚊與洪水的溫尼伯（Winnipeg）。亞斯培最近的措施是，他通令集團所有報紙均須同步轉載總部寫就的社論，並且，他要求所有家族的媒介之立場，不能踰越社論所宏揚的主張。很恰巧的是，這些社論通常與現任總理的意見貌合神似。因此，此令一出，群情譁然，已有專欄作家因而被開除，許多評論為此下馬，加國首都渥太華《市民報》發行人米爾斯（Mills）今年初也為此遭到免職。

　　佛光大學教授陳玉璽在其博士論文中說，1980年代以前的台灣工業資產階級，手中沒有政治和文化權力，是附著於統治集團的庸屬階級。對照於王令麟的驚人之語，則這三句話差不多也還派得上用場，最多是略微更動第二句的「沒有」二字為「有了」。二十年過去了，台灣的工業資產階級，從「沒有」到「有了」，進步很大。

國民黨中視問題　應政治解決[*]

　　（1997年）11月19日，報載台北市都市發展局指出，市府將變更國民黨中國電視公司目前的所在地為公園，迫使中視遷址。中視總經理江奉琪強烈抗議，說「不能接受」市府「泛政治化的作法」。

　　前年的竹子湖風波，雷聲大，但最後雨點沒有落下，台視全身而退，外界藉此強迫三台改革的期望也就成空。這次市府的動作是否能夠如願，或者，將在最後送請內政部審議時腰斬，尚待觀察。不過，

---

[*] 《自由時報》1997/11/28。另收於《澄社報導》49期，頁38-40。原標題〈國民黨營的中視問題　應政治解決〉。

江奉琪指市府太政治化,因此中視不能接受的說法,倒是一語驚醒夢中人:傳播媒介肩負民主的重責大任,怎麼禁得起政治化的對待?

江氏說法值得支持,但麻煩的是,中視的存在及最近的轉型,更是澈澈底底的政治化因素。中視長期使用公共電波,其他政黨卻不能,為什麼?三尺童子皆知,這是拜執政黨的政治庇蔭,徇私分配電波所致,中視近三十年得以經營,原因百分之百是政治考量。

其次,去年年底,國民黨將手中掌握的中視之67%股權,先行出售大約8%給「長期與執政黨關係密切的企業或個人」,今年春又脫手11%,並宣布明年9月將申請上市,後年4月上市。國民黨兜售中視股票,到底在打什麼算盤?兩年前,澄社等社團發起黨政軍退出三台運動,走上街頭,沒有能夠讓國民黨釋放中視股票,如今三退不再,國民黨怎麼反而大方,讓渡近二成股權?其實,如同許介麟教授所說,這還是純粹的政治考慮。劉泰英掌櫃以來,國民黨為應對外界對黨營事業的不滿,逐漸以稀釋黨股為手段,一箭雙鵰,除了以此方便轉投資之外,也能藉著分贓特定集團或個人以使黨營事業更能無虞批評,但無損於黨對原事業的控制。最近的中視釋股與上市準備,顯示這個策略的執行列車已經開到黨營文化事業。

因此,處理國民黨中視在內的黨產,不但不能撇開政治,剛好相反,正因為黨產的取得,若不是全部,則至少是非常大一部分,都與政治因素有關,因此正需要以政治手段來解決黨營事業的問題。陳師孟等六位教授在《解構黨國資本主義》書中,提出了一個解決的原則:國民黨應攤開帳簿,「凡能證明財源合法者,可抵價出售給國家;凡帳目不清者或來源非法者,應一律沒收充公」。

就黨營文化事業來說,具體的作法則有兩個。一個是援用國民黨自己的例子,由國民黨將中視、中廣等傳播產業捐贈政府,如同國民黨在推動多年後,去年立法成功,先後將黨營中央社與中廣海外部轉型為國家通訊社與中央廣播電台。另一個是關於電波的問題,除了不准政黨控有大股的公司使用電波作為視訊或音訊傳播以外,另可比照美國的作法:近年來,美國政府為了因應國庫短缺,加強徵稅,其中之一就是對商營傳播事業(按:指電信業),開徵較高的電波稅。電

波原本是公共資源，若是由非營利社團為公益使用，或可無須繳交電波費；但若是由財團為了牟利而使用，那麼，再不徵收合理的電波費，不就是再次以公共資源圖利深口袋的人嗎？

民進黨中常委是民視董事長 *

在民視開播屆滿六週年（6月11日）的前夕，雖有爭議、但以其資深而仍可稱作是台灣民主運動前驅之一的民視董事長蔡同榮，卻送給民視一個最壞的禮物。

6月6日，飽受外界抨擊的立法院本會期在這最後一天，原本有機會扳回一城，為人人皆曰必須大大改進的我國電視踏出革新的第一步。當天，民進黨、國民黨與親民黨相當罕見地，就《無線電視法》、《有線電視法》及《衛星電視法》的相關條文，歷經一年近十次協商後，總算有了共識。國民黨願意出脫所有在台視、中視及中廣的股份，新聞局則必須提出台視、華視轉型為公視集團之一部分的法律案。

但蔡董6月2日宴請在先，6日在立院當場走動穿梭於後，以及台聯與無黨籍立委不簽字之下，電視興革的進程竟告受阻。雖然蔡董百般否認，但無論是本會長期觀察蔡董的動向所得，或是從近日中央社及各報新聞所知，蔡董確實是以個人的偏差認知，不智地頑抗了公電視集團的建設工作。針對此事，曾有記者說，推動此事最力的委員是「衝過頭」，但如前所說，這次改革工作進入立院業已一年多，因此，哪裡是衝過頭？根本就應該說，衝得還不夠，竟然讓蔡董再次自誤誤人，中傷電視的改革。

既然10日民進黨中常會已經決議，9月5日前，民進黨員必須退出廣電媒介經營，這是蔡同榮最好的台階，請立即宣布辭去民視董事

---

* 《中國時報》2003/6/11 A15版。原標題是〈蔡董，請給媒體改造機會！〉。

長。若能如此，尚不失明智，今日之是，可以抵昨日之過；如若不然，蔡董以其反動，受人唾棄之餘，更將有遺誤台灣媒介改革契機的罪責。[1]

防堵黨政干預　廣電三法另有任務[*]

身兼立委及民進黨中常委的蔡同榮，能立刻辭去民視董事長最好，若執意戀棧、有台階不肯下，我們也無須再浪擲精力與之周旋，還有更重要的媒介改造工作需要關注與投入。

這一陣子大家都說蔡董擋下了廣電三法，昨天（2003年6月10日）民進黨中常會決議也說，要在11月以前通過廣電三法。其實所說的都只是三法中涉及黨政，以及台、華視轉型至公共化產權與經營權規範的一些條文，早在去年5月就已送立法院審查，並在上週五由三大黨完成協商，卻在蔡董帶頭杯葛，及台聯、無黨籍立委支持下，無法完成立法程序。

完整的廣電三法修正草案，內含公廣電集團的建構等，總計有一百餘條文，今年5月底才由行政院送立法院，還沒排入審查就已休會。如果僅少數條文的微修，都超過一年多還無法成案，那百餘條文要在以審預算為主的下會期通過，顯然是不可能的。

為今之計，要盯緊新聞局，促使把研商已久的台、華視轉型之法規及實質規畫趕緊端出，最好也在9月5日立法院開議前完成。若民進黨能貫徹在11月底把上週未完成的微修完成，兩台轉型工作就可以立刻登場，不再蹉跎。

其次，輿論宜加緊注意、研究行政院版本的廣電三法，看看內含哪些進步的、退步的、模糊的條文，然後加以確保、改正與明確化。

1　2023/11/25按：蔡同榮在2003年8月28日民視臨時董事會辭董事長。

[*]　《聯合晚報》2003/6/11第2版。原標題〈蔡董下，新聞局上〉。

如昨天廣電業者與新聞局溝通，卻生衝突，為什麼？而行政院版廣電三法說要向業者徵收特種基金，但徵收額度完全沒有提及，收來之後，使用辦法又付諸闕如，這都是輿論必須緊緊盯住的地方。

遏止黨政恐怖　給我「公媒體法」[*]

江霞將任職華視總經理的新聞，很諷刺地凸顯了台、華視公共化的價值。

江霞說，她的新職來自總統府。若是公共化，就有立院監督經營團隊的人選，不至於出現總統用權、行政院扛責任、執政黨立院黨團信口背書的場面。

反對黨說，江霞的任命是「媒體綠色恐怖的開始」。不過，與其提出這個嫌嚴重的指控，不如趕緊補課，弄清楚公共媒體的性質與功能，然後盡快提出明確法案，公共化台、華視，如此也就能夠制止「綠色恐怖」。四年前台視董事長、今（2004）年的華視總經理事件，未來也就不會重演。

今年初，任職已數年的BBC理事長戴維斯（Gavyn Davies）與執行長戴克（Greg Dyke）雙雙辭職，這是很好的例子，說明了公媒體與行政權的關係。

就任前，戴維斯是高盛投資銀行首席經濟學家，發表眾多著述，從經濟眼光說明為什麼他支持擴大公共投資於公共廣電服務。由於認同BBC的價值，且能以專業角度闡述經營之道，他遂得以歷經獨立遴選委員會的冗長面談，雀屏中選，而英國在野黨與輿論，也沒有人質疑他是執政黨的長期支持者、沒有人在他的夫人（財政大臣的機要祕書）身上作文章。戴克也不掩飾多年來捐款給工黨的事實，但他在業界數十年的總經理歷練，讓外界無法非議其專業經營能力。

* 《聯合報》2004/6/25 A15版。原標題是〈不要綠色恐怖　給我「公媒體法」〉。

去年暮春，BBC記者大肆抨擊工黨政府意圖操弄媒介，導引輿論支持其入侵伊拉克的決策。政府不滿，組成團隊，調查其中是非曲直。今年元月底報告發布，指責BBC，戴維斯與戴克不以為然，於是掛冠求去，不因為受其政府任命而屈就，對於兩人的決定，BBC記者與輿情雖有不捨，卻是咸表支持。

江霞任內是否將有相同表現，或許也值得觀察，惟更重要的是，在野黨應該營造或至少督促行政權營造一種達陣的氣氛與環境，設定的目標，包括法規的修訂或創制，也包括用心地涵育政治文化與專業文化等等。若能這樣，類似的爭議不會再出現，積極地說，類如戴維斯與戴克這般水平的經營團隊，也許才能夠在台灣爭相競出。

黨政軍現在若退，得40分 *

遲來的正義不是正義。晚到的正確政策宣示呢？黨政軍三退的老調，日前再告登場。若在十年前，黨政軍都退出當時的電台，可得80分，如今時空變異，比分下降。惟儘管滑落，總還是正分，就說是40分吧，因此仍值得肯定。

這個40分怎麼計算出來的？請容許本文以「專家任意」法藉由百分比的說明，對（2003年）2月上旬熱鬧登場的廣電媒介改革問題略加討論。如果國民黨放棄手中持有的中視30%幾、中廣近100%的股份，得分25，假使蔡同榮辭去民視董事長，8分，其餘公職人員在媒介兼任職務或持有股份乃至於節目主持再統統祛除，再算7分。

這起媒介改革事件的報導與評論長達一週，並且幾無例外，都出現在顯著版面，相當罕見。面對這個局勢，國民黨最聰明，表示民進黨根本就是移轉視聽，放著政府透過融資、廣告等手段對媒介的籠絡

---

* 政大社科院「政策論壇」第51期（電子週報）2003/2。原標題是〈2003黨政軍退，得40分〉。

乃至於影響、控制的事實不處理，卻以「殺自家人」來混淆輿論。《聯合報》等媒介對此說法，買帳的成分多過戳穿。台教會與北、中、南社的論述，可能有所失察。它們認為，民視是少數台人能夠擁有的電視台，立委蔡同榮代表行使經營權，有何不正當可言，特別是如今的主要媒介，其言論表現根本就是瀰漫著泛老K的「精神」，至於其根源則在老K執政五十多年來，早就使得進入主要媒介的人員，自動排斥民進黨或台聯的價值。

　　這個反應出現的缺失，至少七個。一、它忘了，蔡同榮不代表台灣或台灣人，他辭職後，台灣（人）的內涵也有可能更加豐富而有深度，不是萎縮轉淺薄。二、有沒有蔡同榮，不會影響民視的政治言論表現，目前的市場結構，似已能夠確保民視的色彩。三、國民黨將會很高興藉此機會再混水摸魚，以信託等口實，延續對廣電資源的享用。四、這分明是比爛原則，蔡同榮提出的三階段說法，是比爛的代名詞，明眼人不能不察。台灣的民主人士絲毫不亞於國際先進，不宜縱容比爛原則。五、選舉勝敗是民主政治的常態，來日泛老K捲土重來，難道又可以一朝權在手，便把電視電台拿來用？六、即便主要媒介已氾濫了泛老K的「精神」，豈又能夠旦夕解決？若不能而圖謀以「證據」或標籤，當眾不留情面地指控，而不是經由民主「精神」感召以求釜底抽薪，則具體化泛老K精神的人，其幡然醒悟立地成佛的機會，相比於惱羞成怒而與汝皆亡的可能性，孰高孰低，畢竟尚難逆料。七、最重要的，「愚者」必有一得。國民黨在朝沒有「想到」，如今下野則思廟堂，因念及政府藉由各種手段而仍使媒介不敢或不願意不附和的問題，各「台」社人士仍得回應，否則造成言辭前後不一致、避重就輕、實問虛答的印象，將使得本身的論證較難服人。

　　怎麼面對？似須辨別兩種政府對媒介的經濟影響，分別以不同的眼界尋求舒緩或解決的辦法。第一種影響或許可以簡稱是「資訊津貼」，它的指涉是，舉凡政府透過提供公關包裝好的新聞稿、材料、招待採訪、廣告購買，或政府以最重要新聞來源的身分而設定議題。全世界的「民主」政府都會做這些事（獨裁或威權就不需要了，直接下令對媒介頤指氣使即可），台灣因民主未久，其規模可能比較小，

但是否更小，可待證據核實。既然這是「國際」規格，則這個部分的問題可以解決嗎？不能說「國際」就得縱容。是要尋求減輕的方法。如改變新聞價值的內涵、要求資訊津貼不能選擇而應所有媒介一視同仁等等。但既然國際都有此「規格」，本地萬一無法改善得比較快些，也就變得不能不遺憾地暫時默然忍痛了（這個情況與蔡同榮和國民黨比爛有些近似，但對本地輿論來說，差異是我們無法對國際的媒介與政府關係之現況產生影響，卻能對前者、也就是國、民兩黨施加壓力）。

第二種才是融資問題。據稱政府握有重要股份的、在法律上屬於私人所有的銀行，對特定媒介在遇有週轉或購買其他事業（含媒介）的「需求」時，並不避嫌，是有供應資金的紀錄。這部分問題坊間雜誌偶見報導，除了希望沒有這些現象的媒介持續批露，也寄望立委等政治人物透過質詢，要求傳聞涉及其間的銀行提供翔實資料，如此才能形成進一步討論與解決的基礎。至此，這些法律上是私人持有的銀行，是不是將以商業機密為由，拒絕提供客戶資料？立委、雜誌乃至於學院人物，是否將因不願意失去發言空間而卻步？這些可能出現的局面若不能先解決，則繞道尋求公開周知以上財務資料，進而使其消失的辦法，已經呼之欲出：學習國際先進，壯大台灣公部門的廣電資源（目前全世界最小，猶小於商業化、私有化深入的美國與香港），然後，制度上使這些部門的資金依據民意機關的法規而有穩定來源，不假他求也相對不受政治短期選舉的左右，於是無憚於得罪媒介同業，真正能帶頭揭發政府與私媒介的融資問題。

說說容易，但可行嗎？受限於篇幅，也因已經另作建議，這裡不再囉唆，請見《聯合報》2003年2月10日15版，以及《聯合晚報》2月11日2版的「笑話式」短評。

黨政軍退出廣電　再次成為輿論焦點[*]

　　有關黨政軍退出媒體產權及經營權的議題，（2003年）開春後再次成為輿論焦點，部分擁有媒體的民進黨公職人員，以及擁有相對龐大廣電資源的國民黨，雙雙發言自暴其短，彷彿形成詭異的退步力量聯盟，戀棧不放手中的媒體，自絕於清議。

　　透過這個最低層次的道德或黨規壓力，黨政人物不再擁有，也不再經營電子媒體的前景，已露曙光。雖然這並不代表自今往後的廣電言論及其光譜，就要回復公平正義的多元常軌，但並不妨害這是廣電改革的必要之舉。

　　固然必要，卻並不充分。有「退」就必須還要前「進」，否則相比於原地跑馬或逡巡往返，恐有五十步百步之虞。所幸，往前繼續推進無線廣電改革的契機，在上個立法院院會當中，以及近日的行政院相關政策發言，已經先後出現。

　　第一是客家委員會及原住民委員會各自編列了3億多元，也就是總額達6億以上的預算，準備租用專屬的衛星電視頻道，製播客語及原住民語言節目。政府願意投入公共資源，協助少數群體的文化及語言之存續與發展，誠然正確，但自行設立頻道，將有限資金之相當部分，作為（上下鏈等等）技術用途，是否就是達成文化需要的最佳手段，其實仍有很大討議餘地。

　　第二，這就涉及了去年10月10日國慶日，也是台灣進入電視時代四十年當天，前無線電視民主化聯盟就台、華視轉型所提的呼籲，要分階段鳩集現有政府部門的電視資源，使轉型為黨政軍不能控制，又能為未來變革設定較佳方向的公集團電視之議。據悉，催促這個政策內涵的法案業已通過立法院聯席會議的審查，而在此過程，部分親民黨立法委員已提出一種可能性，也就是政府各部會是否理當協調，將前述投入客家、原住民頻道的資源，以更有積累、更能發揮規模效益的作法，整合至公電視集團之列？

---

[*]《聯合報》2003/2/10第15版。原標題是〈整合資源　催生公電視集團〉。

　　第三，新聞局說，將修法「保障國片發展，增加戲院國片映演比例」，且比例暫定為20%。消息一出，業界及關注台灣電影製片的人，肯定這遲到之舉，同時擔心每場貼補15,000元放映費，是否又造成照顧映演業利益，多於循序恢復本地製片能力的效應？於是，師法歐美的作法，結合電視與電影資源的可能性，在公電視集團即將具體操作的前夕，是否亦值得成為新聞局改良台製電影質量的參考？

　　第四，行政院表示要出資1億，開辦英語電視頻道。此議應該是國際文宣的一環，而實無助於營造英語生活環境，也與襄助處於劣勢的客家、原住民之正當性無法並論。惟環顧海外，多數國家（英德日韓等）的對外廣電節目，大致由公部門廣電集團同時辦理（對外所需資金另列），我們也沒有必要排除這個作法，而可由外交或合適的單位編列預算，而責成中央電台、未來的公電視集團承擔這個任務。

　　希望以上說法，不致招惹印象，以為公集團一出，台灣廣電生態就能羽化登仙。公集團電視能否成軍，仍待政黨與立委捐棄成見、外力密切督促，始能知其是生是死，而未來若能有讓人首肯的績效，也必須如同黨政軍退出無線電視之議，先有社會與政治力量的千折百回，才能有民進黨及陳水扁以千呼萬喚始出來的從善如流，給予正面的回應。

黨政退出廣電　其實很簡單[*]

　　國民黨趕快宣布，限期內捐贈中視與中廣給公益法人，如慈濟、全國總工會或任何更恰當的社團，不再持股。立委蔡同榮也趕緊即日辭卸民視董事長職務及民進黨中常委與立委職務；民視現有員工搶先在報端發言，要求國民黨與蔡同榮不要再阻撓媒體改革的前民視三位高層主管，有請蔡氏功成身退。

---

[*] 《聯合晚報》2003/2/11第2版。原標題是〈媒體改革　知難行易〉。

　　然後，身為廣電政策制定最高單位的新聞局，雖然隨中央政府組織改造而解體的時日不遠，卻也理當做一天和尚撞一天鐘、在其位謀其職，在合理的速度內，學步國民黨、民進黨、蔡同榮及民視員工，快快向國人說明，以上涉及中視、民視、中廣的變革，其實只是廣電連環變動的觸媒，好戲還在後頭。

　　新聞局何妨宣布，即將展開協調作業，有請行政院特設小組，邀集交通部、教育部、國防部及北高兩市等擁有合法使用電波權利的行政機關，提出25年改革計畫，現有員工公務員身分不變的前提下，效法大學及博物館等公法人化的作法，將這些行政電台也公法人化或財團法人化，並依各電台意願，展開人力、設備及節目資源共享的作業，提供國人更好的、沒有廣告干擾的電台服務。

　　最後，有關公視、客語、原住民甚至聽說也要開辦的英語電視頻道的預算，若各自為政，不是好辦法，所以新聞局決定順此黨政軍提供的媒體議題，表明百尺竿頭更進一步，將以溝通平台自任，串聯這些資源，外加中央電台及轉型後的台、華視，學習私部門的整併，也體會規模經濟的道理，壯大公部門的電視部門，一新國人視聽耳目。以上雖屬戲言，但知難行易，說多了、大家都真知了，未來推行也容易了。

黨政軍的退與進：媒體與政府的兩種關係 *

　　十六年前的今天，也就是1995年2月，澄社等社團發動「黨政軍三退」運動。以後見之明看來，這個運動的貢獻不明顯，卻意外地以其口號動人，糾纏或甚至遲滯台灣傳媒政策的意識至今。

　　今（2010）年1月20日，NCC提出《衛星廣播電視法》的修改

---

* 《卓越新聞電子報》2010/3/2。原標題是〈媒體與政府的兩種關係：黨政軍的退與進〉。

條文，輿論大致肯定，但該條文「無非」是容許黨政單位及其捐助成立之財團法人或其受託人，間接持有衛星廣播電視事業發行股份總數10%以下。

　　行政院及立法院是否照章通過這個作法是小問題，更大的麻煩在於我們對傳媒與政府的關係之思考，還沒有看到就此得到解放的契機。這篇短文希望就鬆動相關思維能有一絲貢獻。

　　如同人性善惡並呈、人有兩手雙足，媒介與政府的關係至少也有兩種。無須周延地談，只求限縮，專就黨政軍「退出與進入」媒介而論，我們就可以說，黨政軍假使要鎮壓表意自由，當然就應該「退出」媒介，閉口封口並且要足不出戶。

　　但是，假使政黨、政府或國防軍事單位都是民主政治的必要組織，或僅只是必要之惡，那麼我們正好可以反過來問，「閣下」有啥可說、要說？

　　黨政軍對於我們的生活質量大有影響，與其讓他們只是置入行銷或作為重要消息來源而發言，我們不妨倒過來，提出「對於當下或未來即將出現的重要課題，閣下有何見解」？比如，藍綠兩黨及執政黨認為個人所得稅、遺產稅、消費稅、土地增值稅、資本稅、高教學費、貧苦鰥寡照料、減緩經濟成長以降低環境承載壓力但更均衡地分配經濟果實……的看法，國防部對於兩岸簽署和平協議五十年從而減少軍購支出的看法……，我們其實從來沒有機會完整知道，或說，這些林林總總的課題若要追究，需要專人追蹤、記錄、分析並以影音圖文加以再現，再進而透過特定媒介，從平面、電子至網路媒介，定期發布黨政軍的這些看法。

　　這類工作值不值得從事？誰來作此追蹤與再現？在哪些傳媒發布？誰來提供執行這些工作所需的資源？這個資源要有多大？以下逐次回答這五個連環提問。

　　一、值得，但目前傳媒體系沒有做好。一因傳媒表面上與黨政軍為敵，但為敵不必然就能寫好這類題材，且實質上雙方不盡然敵對，反而偶爾會暗通款曲。二因這類新聞或評論只是流水帳或讓人讀來不知與己有何關係，或說這類訊息確實對於閱聽人的識讀能力有較高要

求，以至於接觸者也就相對較少。三則這些硬新聞的市場反應不佳，及至其接觸者多，又往往因其內容之個人化或衝突化而增加，於是就難以讓其得到更民主化地使用。

二與三、值得做卻沒做好，就得解決至少沒有做好的三項原因。首先是改善這個路線的現有傳媒記者之表現；其次是在這些傳媒之外，設置新的路線記者投入於此。同理，假使目前傳媒體系就能發布這類路線的採訪所得，就無須另闢傳媒；反之，自然可以另創。比如，黨政軍報、廣電機構與網路傳媒，軍之發言分量，以特定期間（如日、月或年）為上限，不能超過X%（比如10%），執政黨與在野黨是Y與Z（如55與35%），在野黨再以其前次選舉得票比例作一安排，任何黨都能發言，只要有特定票數（如1,000或10,000票），但其表意機會高低可以不同。

四與五、黨政軍資訊及其對於各種事務的意見與規畫，非常重要，再現的質量必須讓具有一定水平的人都能理解，這很必要。但相當弔詭，或說，事出有因，這類內容在當下社會的市場反應無法良好，至少無法從閱聽人自掏腰包得到足夠的資源，支付產製與流通這類內容之所需。簡單一句，這會是叫好不叫座的內容。所以，這類內容之生產者與使用者之外，必須另有第三人提供最主要的資源，事之必然。這個第三人可能是（1）私人捐贈而沒有其他目標，可能是（2）廣告廠商而有商業企圖，可能是（3）政府而我們使其不能回到老路，也就是不能使政府出資卻又想要染指內容。（1）與（2）無法穩定，最終還是（3），這部分由於是取自納稅人或其他對企業的強制課徵，而既然納稅人同時具有這類內容使用者的身分，也可說是使用者的支付而表現為第三人之提供。這個額度要有多大？不難計算，計算「基數」至少可以參照當前採訪黨政軍路線的人力，使其折算為貨幣的總額A，計算「權數」則是我們認定這類內容的重要性B，假使高於現制，則B大於1，或低於現制則少於1，高（低）愈多則大（小）於1愈多。所需資源則是AB相乘。

這篇短文的用意不在直接回答「媒體與政府的關係」這項提問，而是繞道，從暢行台灣十六年的「黨政軍」三退開始，提綱挈領地勾

勒政府與傳媒的兩種關係，並以黨政軍為例，舉例概約地說明過去較
少人提及的另一種傳媒與政府之關係，可以怎麼安排。有關其他更多
更詳細的傳播政策，這個也是「媒體與政府的關係」之延伸探討的課
題，顯然無須也無法再做討論。

埋葬黨　政軍再造公共媒介 *

〈誰可以買台灣媒體？現行法規　只防黨政軍〉。這則標題再次
印證古老的名言，「一切已死的先輩們的傳統，像夢魘一樣糾纏著活
人的頭腦」。

「黨政軍退出台視、中視與華視」，俗稱「三退運動」。1995年，
社運團體提出口號，至今剛好20年。當時，衛星電視頻道升空才一
兩年，三台還是老大。新聞人、音樂人張繼高所說，三台「駭人的高
利潤……埋下腐化……和社會對電視不滿……的病因」這篇講稿，適
巧也在該年編印成書。

當年三退口號非常響亮，即便該場運動提出的解方後遺症嚴重，
其缺失畢竟是時代的刻印。如今，三台早就退到後段班，而台灣電視
在內的各種傳媒，疑難雜症不但叢生，應該說更已變本加厲。只是，
病情惡化的根源，偏偏不是黨政軍，至少，不是其暴力，不是其箝制
表意空間。

若是執意引用「黨政軍」這個「專有名詞」，藉此分析當代台灣
傳播環境的病灶，仍然不妨，只是，必須賦予新的解釋。

首先，黨、政、軍三者不同。黨是私人組織；軍是政府的一部
分，但不該涉及內政，只能對外；政府統籌內外，其存在的必要與正
當性，是做公僕。三者既有區別，若三字連用而不肯分辨，就是別有
緣故，類型有二。一是昧於歷史變化、固守僵化的意識形態，這個部

---

* 香港東網 2015/11/29。

分可以諒解，溝通後或許就能廓清。二則更為可能，這是想要混水摸魚，以「軍政」掩護「黨」私的利益。這裡的私人利益，又有消極與積極兩種內涵。

消極是指，任何投資政府擁有股份的公司，那怕政府只是擁有區區的1%股份，依照現行法規，卻會注定無法投資廣電產業。這類公司形同遭致歧視，他類公司在購買廣電產業時，自動就有了優勢，得到了減少競爭者的利益。積極是指，無論是行政機關如NCC，或是立法委員，在制訂法規時假使仍然固執，要將三者等同看待，那麼，背後必有私心見不得人，是要圖利特定政黨，國人當誅。

其次，退黨之後，軍與政應該怎麼做，才對台灣傳媒環境能有正面貢獻？

軍，也就是國防部已經有一個很大的貢獻，早在2006年，它已經將所持有的中華電視公司之大量股份，捐贈給公共電視基金會，教育部也捐了持有的較少股份。假使國防部及各相關政府單位，也能再次作為，每年仍然如同現制，編列預算給北高兩市電台及其他電台，但將其員工另作安排，使不是公務員（1990年代在羅文嘉擔任台北市新聞處長時，似乎就已啟動，完成了台北電台員工法律身分改變，這也是很好的示範）。然後，政府還得醞釀法律及其他條件的成熟及配套，由行政院統籌，將這些電台的經營、定位、分工與組織形式再作相應的調整；若能就此推動，那麼，這會是軍與政再次真正扮演公僕的優良表現，四年若能完成，不算快速，假使八年才能竣工，也就只好如此。

政府單位如果二次向善，更可領先社會，示範「公共媒介」與「國家媒介」的區分，不是楚河漢界、涇渭分明，而在一念之間。區分概念，接著，公共媒介的人事管理，與國家媒介並不相同；相同的是，兩者的存在無不需要政府打造。

千萬不要說這個區分是小事情，恐怕不是。西洋人也常誤解。

比如，《經濟學人》是英語世界最高明的商用統治刊物，若查其網站，鍵入BBC（西方最知名、也相對公正或沒有那麼个公正的公共媒介）與「國家廣電機構」（state broadcaster），得到了14,100筆資

料。假使鍵入BBC與「公共廣電機構」（public broadcaster），僅得到4,310筆。假使兩個詞彙一起出現，表示寫稿的人將二者等同，那麼，這就是說，《經濟學人》的撰稿人或讀者，心中以為BBC是國家媒介的人，遠高於認為BBC是公共媒介的人，兩者之比，超過3:1。

又如，美國對外宣傳單位在1999年以後，由「廣電董事會」（Broadcasting Board of Governors, BBG）統籌管理3,600名員工，它的年度預算超過7億美元。雖然BBG有九位董事，最多僅能四人來自相同政黨，經參議院同意後，由總統任命，但國務卿是當然董事。在此情況下，若執政黨視野欠缺而要有效主導BBG，不是難事。更重要的是，這個對外的廣電機構在數位年代，節目愈來愈多可透過網路使用，美國也在前年修法，容許這些對外宣傳的內容能夠返回國內流通。那麼，BBG管理的是對外負責宣傳的「國家媒介」，還是對內的「公共媒介」，這裡留下了模稜兩可或爭論的空間。這就從另一個方式，說明兩類媒介的差異，仍然曖昧，《經濟學人》的前述誤認，道理也許就在這裡。

黨政軍、AT&T與中華電信 *

AT&T宣布，將以1,087億美元購併「時代華納」（Time-Warner, TW）。這筆錢折合將近3.5兆台幣，約略是台灣中央政府一年半的總預算。

AT&T是美國最大的電信公司、傳輸平台，八成收入來自行動與固網寬頻及通話業務，是最大固網、第二大行動通訊公司，並且控制美國最大直播衛星電視平台DirecTV。時代華納是美國第二大傳媒「內容製作」集團，擁有HBO、CNN，以及好萊塢華納兄弟、聯藝製

---

* 媒改社《媒體有事嗎》週評2016/10/31。原標題〈AT&T、「中華電信」與「黨政軍」〉。

片公司（UA），並且，TW還擁有米高梅（MGM）片廠1986年以前推出的所有影片。

反對併購案的人說，AT&T這類電信廠商老是尋租，依靠壟斷地位拉高訂費，坐擁利潤（達28%，歐洲公司是18%；美國人行動與寬頻服務訂費高於其他富裕國家5成）。假使再有TW，恐怕更要尋租：AT&T會以較低價格讓己方平台播出TW內容，對於競爭者的平台可能索取較高價格、延遲或甚至不提供節目。即便美國司法部或聯邦通訊傳播委員會必然照章辦事，要求取得影音垂直整合力量的業者，不能濫用市場地位，惟若有訴訟，是否濫用的認定，經常存在很大迂迴空間，常有徒法不足以自行的結果。這正如同2011年康卡斯特（Comcast）購入NBC環球集團（NBC Universal）時，規範者早就要求其內容要以相同條件提供競爭對手，至於其平台，則要對所有內容公司開放，但事後諸葛可知，這個要求「不太管用」。

是嗎？也有反駁的人。DirecTV NOW是AT&T的子公司，它在10月25日宣布即將新創影音網路串流商務，電視頻道破百，但僅月收35美元，比起當前美國同類的影音訂費還要低了許多。它說，假使不是它的母集團夠大，能有這麼多內容供應商響應嗎？可見，規模要大，才對消費者有利。

無論哪一種道理可以成立，先看個頗有趣味的說法。

美國反托拉斯法及經濟專家陶黎森（R.D. Tollison）編纂了一本文集，《反托拉斯法政治經濟學》，內中有篇論文作了比喻。它說，反托拉斯法是用來穩定現狀的，因為競爭必有輸贏，若以才智或後天資產作為基礎不斷競爭下去，假以時日，一定會有一些人老是落敗。如此一來，輸的人自然心生怨懟，對此競爭體系不再抱持希望，但有了反托拉斯法，就可防止這個情況出現。因為，公權力可以隨機執行法律，偶爾就制止成功的人，於是，失敗的人無法找到破壞整個體系的「藉口」。如同球賽的競爭，如果比賽不斷，不會有人每場都能贏球，於是，競爭有了趣味。

這就是說，對於影音垂直整合或擴大水平規模的購併案，美國主管機構無論是輕許或是嚴管，客觀上都能有助於「維穩」，可以讓資

本為了賺錢而賺錢的邏輯，繼續支配影音文化的生產與流通及使用。

我們在台灣，倒是必須注意，這些道理在台灣運用的過程，固然會有相同的部分，但也可能無關，甚至會有相反的時候。

相同的是，具有內容與平台的垂直整合能力之後，不論台美，濫用地位的例子顯然統統存在。

在台灣，我們的「公平交易委員會」在10月19日破天荒，處罰凱擘、全球、佳訊等三家頻道（內容）代理商各4,100萬、4,000萬與4,500萬元。原因是它們授權業者使用其所代理的頻道時標準不同。對於既有的有線電視系統，它們的收費打折，僅取實際訂戶數的六或七成，對於新進業者，它們最少要收經營區總戶數的15%。二者的差異可以舉例說明如左。假使甲區共有20萬家戶，實際上有6成、亦即12萬戶訂了既有的A系統，那麼A僅需支付7.2或8.4萬訂戶的費用。B系統是新進業者，第一年只有1.5萬訂戶，卻得支付3萬訂戶的費用。如果一戶一年訂費6,000元當中，有2,000元用於內容版權費，這就等於是A系統一年省了7,200至9,600萬成本，反之，新業者B多了3,000萬開銷。

但何以內容代理商要厚此薄彼？造成差別待遇的原因也許不清楚，也許是老客戶早有契約，因此得到優待。再一個可能就是，頻道代理商早就整合了原有系統業者，雙方是同一個老闆，於是就會排除新進的競爭者，遂有價差逼退。公平會在2015年認為代理商不違法，沒有差別待遇，監察院調查後也這樣說。事隔一年多，公平會有了相反的認定，無論這是起於新事證的提出，或是另有其他原因，我們不妨說，這是一個例子，應驗了陶黎森前舉文集提及的比喻。

相同之外，美國強調競爭及壓制（進一步）垂直整合的道理，若要用在台灣，可能也會大有問題。

首先，美國定義之下的影音產製與流通的垂直整合，在台灣並不存在，自然並無適用餘地。

美利堅影音工業的最大生產特徵，在於獨立自主不假外求，這是正面的解釋。負面的評價就會變成，統統自己生產，等於國民昧於外情，不解世事，凡事僅知山姆大叔，不解其他，遂成封閉。但不論是

正面或負面，重點是美國影音工業若因過度垂直整合，且法規管制執行不力，致使業者濫用其地位，它所造成的影響是各廠商之間，或廠商與消費者之間，經濟利益分配的比例不同，但就「總體利益」來說，統統仍然是由美國這個社會自己囊括，肥水沒有落入外人田。舉例以言，在不垂直壟斷時，假設節目製作商甲的利益是A，B是流通（系統）商乙的利益，C是消費者丙的利益。垂直整合後，甲乙丙的利益也許變成A+5，B＋5，C-10，但三者相加，還是ABC。

　　但這個ABC到了台灣，就會出現差異，主要原因可以討論兩點。

　　第一，我們最「暢銷」的自製節目是「新聞」，過去十年以來這些數量龐大的24小時新聞頻道，占有的收視份額增加了一倍，從2003年的10.25%，至2015年是20.5%。這裡，我們面對的局面是跟美國相同，亦即，假使新聞頻道（的代理）與有線系統因為垂直整合，致使新聞頻道無法進入中華電信MOD，那麼20.5%的收視份額沒有新的廠商瓜分。等到法規管制垂直整合的手段奏效，或因為新聞頻道全部因為其他原因也都進入了中華電信MOD，新聞頻道的收視份額也跟著推高至25.5%。此時，如果這個增加的5%收視份額，是置換觀眾收看海外影音的時間，台灣就能增加收視經濟效益的分配比例，假使只是襲奪本地內容的消費，我們的整體經濟收益也就仍然沒有變化。

　　然而，就算我們的新聞頻道真能取代海外電視內容的收視份額，這種經濟效益的增加一定是好事嗎？在多大範圍及何種定義下，算是值得慶幸的事，會有爭論。

　　第二，由於1990年代以後，政府欠缺規範，致使海外節目大舉增加，特別是電視劇與電影長驅直入，氾濫在我們的有線系統與中華電信MOD平台。我們的頻道代理商真的就是代理，代替海外戲劇與電影節目供應商賺錢，從中自己多少也能撈點銀兩。假使影音產銷沒有垂直整合的結構關係，或是進口海外節目的廠商太多，那麼因為競爭增強而拉高進口價格的機會就會增加，我們的整體影視經濟利益因而損失增加。反之，假使如同對岸，僅有特定廠商進口，迫使海外廠商得向我們協商，台灣就可減少一點支出。我們無法拷貝對岸的作

法，但如何研擬適合本地的進口策略，以及營造合理的垂直整合規模，順此一舉三得，既維護業界當有的經濟利益，又改善影音人才的工作條件，同時豐富觀眾的文化涵養，仍然是必須認真考量的事情。

比如，如果我們如同香港，有個強大的TVB（負面的用語就是「一台獨大」），它的大前年全職員工達5,070人，去年營收有44.45億港元，淨利13.31億。它以自製與委製為主，採購現成的（海外）節目為輔，是穩定香港電視市場的主力，TVB的五個無線頻道（外加十多個付費頻道），占有的香港收視份額可能還在七成以上，這是南韓及很多國家舉所有無線台之總和才能達到的成績。

台灣能有TVB嗎？雖然王雪紅等人「全吃」TVBS股權，台灣無法、也不宜有TVB這麼一枝獨秀的電視台。

另一方面，TVB得以一枝獨秀的重要原因，亦即其節目以（香港）自製為主，固然台灣個別的電視台不可能照抄，惟若將台灣的大多數電視台當作一個整體，由政策的導引，也許仍有機會達標，讓台灣主要的電視頻道所播出的電視劇，有更高比例（比如八成）是國人自己的製作。

AT&T併購TW的新聞傳出兩天後，NCC第一次宣布即將考慮規定，無線電視晚間8-10點的戲劇至少要有50%自製，新戲劇的比率則要40%；境內衛星頻道也要納入規範，前兩個比例分別是25%與40%。這個規定雖然遲到、比例是否足夠也可商量，但總比不到好，而8月NCC才有較多委員任期屆滿而換人，三個月就能有新氣象，應該肯定。

若報導屬實，NCC必須繼續處理的困難，可能是下面這個現象：有些電視台早就認知「不自製就沒有未來」、因此其「大多節目均為自製」，而其八點檔往往「演變成長壽劇，一檔戲一演再演，演員換過幾輪，仍是同一部戲，收視率居高不下，更讓電視台不想換戲，降低換戲流失收視的風險」。並且，這類收視率較高的自製劇，依舊還是在「製作成本低、製作環境惡劣……頻道眾多」的電視生態中打轉。

節目品質不高且工作條件差，卻有平均不惡的收視率？果真如

此,似乎就有矛盾。雖然,若投入低仍有不錯的收視進帳,致使其他電視台跟進而與該電視台競爭,已經到了這類節目的供需呈現均衡的狀態,亦有可能。

無論是矛盾或是進入均衡,NCC的電視劇自製率開始實行後,就可以同時評估,是否能夠逐步將50%(無線)與25%(衛星)的比例,分階段提升至比如80%與50%?

在要求增加自製比率的同時,若有配套作法才能較見成效。作法之一是鼓勵私人電視台整合資源,增加電視劇等節目的製作經費;不同電視台共同投資,但不是自己先減量後再與人合資,致使投入的總量並未增加。目前這個作法廣泛存在,如今年《植劇場》的8部52集是個例子,除文化部補助5,500萬元,另有三家電視公司的六個頻道首播或重播。稍早的《滾石愛情故事》也有文化部的1,300萬元,加上六家公司十二個頻道加入首播或重播。本屆金鐘獎大贏家《一把青》也是這個模式。當然,這些公司合資後是否增加投入總量,並不清楚。政府可以介入,鼓勵總量增加的合資模式,若考量台灣個別廠商小而投資零散,那麼這種個別的、不規則的、規模不大的跨台合資,最終可以是各電視台(與頻道)之間的合併。

作法之二就是不求人,由政府責成中華電信增加影音節目的投資總量。台灣各大電信乃至於手機硬體廠商,都已投入影音串流服務,但它們投資本國內容的額度,很可能還少於對海外採購,那麼,作為其最大股東的政府,應該要求中華電信以身作則,長期耕耘,投資本國節目製播。最近,據說眼見「AT&T收購時代華納」,〈拚數位服務 遠傳三年擬砸百億〉,果真如此,規模更大的中華電信十年投資至少就要有300億。但擁有MOD的中華電信能否作此投資,除了涉及影音文化大戰略的國家政策與經濟利益考量,很有可能還會因為台灣的作繭自縛,無法動彈自如。

AT&T表示要購買TW的前幾日,〈NCC⋯⋯要嚴審中嘉案〉。何以已經通過的案件要重審?《自由時報》網站的長篇評論說,「問題⋯⋯出在黨政軍條款」。我們的《廣播電視法》與《衛星廣播電視法》都有這樣的規定,「政府、政黨、其捐助成立之財團法人及其受

託人不得直接、間接投資民營廣播、電視事業（衛星廣播電視事業）。」看來，中嘉有線系統的新買家，與政府「有染」，致使立法院有人結合其他力量，不想讓中嘉轉手。

如果些微「有染」就不能進入，交通部持有三成以上股權的中華電信動輒得咎的機會就會更大。行政院若要責成中華電信與公廣集團，或其他無線台策略聯盟，從穩定投資製作節目，一直到擁有或共建影音頻道，就很有違法之虞。

怎麼辦？修法或立法。但先要端正認知，此即黨政不同，政黨與政府不是同一回事，特別是《政黨及其附隨組織不當取得財產處理條例》已經如火如荼施行中，更不要說1995年「黨政軍退出三台」（當時僅有的三家無線電視台，亦即現在的台、中與華視）提出之際，社運團體就有分裂，不肯區分黨政軍的主張固然成了主流，但呼籲要予以區分的聲音，從一開始就已存在。

還原認知後，修法的作法就是把前引條文刪除「政府」二字。若立法，那麼，原法本來就有但書，「法律另有規定」，就可以讓政府持股的公司如中華電信，得到該有的利國利民之行動空間，因此，創制新法就能解套。

NCC、文化部與交通部若能聯合研究出修法之議，應該能在行政院內部形成共識，進而取得立法院及社會的支持。屆時，台灣應該就不再是國際孤鳥（看外劇多於看本國戲劇的怪現象），而是飛入正常行列，收看本國多樣及優質電視劇為主、他國電視劇為輔的願景，就能落實。

中華電信公司的啟示[*]

台灣的失業率節節高升，唉嘆聲中，仍然具有國營公司地位的中

---

* 香港《明報》2001/9。

華電信卻有驚人消息。它的年度盈餘近200億新台幣，裝設、也就是讓民眾透過ADSL而進入寬頻時代的能量，每日已近5,000具（積累用戶則是500,000），據說打破了世界紀錄（美國的小貝爾日裝3,000具）。因此，中華電信年終獎金不僅照發，而且還可達四個半月。這實在非常突兀，完全違反主流經濟學的兩個「常識」。

第一，過去一年多以來，全世界的電信公司無不哀鴻遍野，中華在內的台灣電信公司，為什麼仍然如此賺錢？

這得話說從前。首先是從1900至1996年，全球電信營收指數翻了八番，特別是行動電話更是聲勢喧天。如此超凡的表現，必然驅使逐利鑽營的資金卯足勁頭湧向電信業。到了1997年元旦，西歐國營電信公司私有化釋股浪潮開動以後，更是讓各色游資、法人基金競相投入，於是電信股價只升不降，當年至去年初，股價指數從100增加到了225。

直到去（2000）年4月，異樣還未完全爆發，此時英國政府拍賣第三代（3G）行動電話的電波使用權20年，仍得款225億英鎊。其後，許多廠商仍擠得頭破血流、紛紛跟進，總計投入了約1,250億美元購買執照（鋪設基地台等大約也得花這麼多錢）。然後，不知道哪裡出了毛病，一切開始不對勁了。

最先是大家察覺到，西歐所有主要電信公司都積累了龐大的赤字，特別是早十多年，在1984年私有化的英國電信（BT），居然被德、法、義，乃至西班牙拋到了老後。BT搶攻新市場太急，投入多而回收慢，但新投資卻又反過來打擊舊市場的營收，使其收入銳減。BT見證了今日梟雄與明日侏儒的市場冷酷辯證。

到了上個月（2001年8月），芬蘭的Sonera放棄了硬拼才得到的挪威3G執照。歐洲最大的德國電信公司，也認為銀行將其4,400萬份股票（占總股票1%）乍然脫手賣出，是害其股票在一天之內暴跌20%的元凶。因此它叫囂銀行犯下了「嚴重的專業錯誤」。但放棄到手的資源或責罵別人，最終可能還是跟BT相同，無法回春，即便本月分再過數日，布蘭德（Sir Christopher Bland）就要正式卸任BBC理事會主席職務，前往BT擔綱調度。

　　台灣各家電信公司以後進之姿，引入新技術遲緩（如至今3G執照還未發放），資本投入也慢，沒有想到反而得到前車之鑑，和緩了資本盲動流竄之速度。再者，台灣電信市場至今仍以中華電信為龍頭，它的國營地位意味著其資本位移比較緩慢，以前被責怪是不夠靈活、不夠國際化（投資）的非私人資本，如今看來，竟然是「懶人有傻福」，不敢、不能為天下先，反倒得以自保。

　　第二個違反「常識」的是，中華電信以國營公司的身分，怎麼可能這麼厲害，創造這麼高的效率？答案可能是，它「剛好」得到了一位幹練的掌舵者。其新任董事長毛治國上任之初，據說飽受困擾，人稱中華電信之市場地位的終結者。惟後見之明顯示，他就職的前半年投入頗多時間於「安內」，與員工及工會溝通，創造企業一體的勞動氛圍，至今應當說是頗有效能。毛治國的例子大有啟示，（準）國有或公有產權沒有妨害其市場競爭力，但前提要員工不受公務系統管轄，經營團隊要專業。

　　反主流經濟學、類似中華電信的例子，一定還有很多，有待不滿主流的人多多發掘周知。

公產私有化，是地獄？*

　　年度十大好書的票選結果公布以後，跑了趟書店。好歹買它一、兩本，可以應景，也可以趁著元旦假期看它一看。

　　沒有想到，十大以外，另有「驚豔」，發現了一本小冊子，頗稱可觀，雖然它太晚出版，沒有來得及進入圈選書單。

　　書的篇幅不長，六十頁左右，作者與編輯「名不見經傳」，但其實是集體創作以象徵某種價值，有人插畫、有人找資料、有人查證、有人比對實情、有人出點子，於是市面上多了一本流通有限，但題名

* 《聯合報》1996/1/9第34版／聯合副刊。

驚人的工會出版品。

《走向經濟地獄之路：反對民營化政策的理由》由全國公營事業工會聯合會出版，它運用的符號，「花花草草」，漫畫與文字並重，類似邱若龍的《霧社事件》調查報告。它又模仿電視綜藝秀，稍作名字的更動，讓紅遍台灣的主持人出場串連，使產官學與工會代表交叉陳述，駕簡馭繁，說明推動與反對石油、電信等等產業私營化的理由（英文的 privatisation 在台灣的中譯變成「民」營化，很不妥當。畢竟，與「官」相對，「民」字在中文帶有的正當性，比相對於「公」的「私」，濃厚強烈許多，本書與中研院經濟博士瞿宛文，對此均有述及）。

展售這本冊子的書店，台灣頭到台灣尾，也許不多，說不定只有一、兩家，因此它的流通管道可能以工會通路為主，類似各大機構的內部刊物。然而，英雄不能以成敗論，不但如此，出版品的價值也不能量大取勝，《走》書所表現出來的創意，善用現已十分流行的圖像加文字的傳播方式，集中於介紹、討論並反省經濟自由主義的問題，質疑三個主要政黨對於私營化的政策是否有何差別，然後根據外國已經出現的前例，描繪各大產業完全私營以後的不良情境，提出維持公營所可能有的優點，最後以策略作結，召喚讀者以行動響應作者群的呼籲。

如此的呼籲，或許很難奏效。最近幾天，電信三法在立法院的爭奪戰頗稱「熱鬧」，然而，官方政策已定、輿論護航多批評少、學者以消費者的權益壓制工會抗爭的正當性，更有電信員工投書說「不信任政府……國家的未來會不會步上菲律賓的後塵」，試問，反私有化的聲音還能不被淹沒嗎？才怪。

在這個心情下，應該可以開個「玩笑」。反私有化，其實正是實踐大家自幼所受的教誨：爭一時，也爭千秋。爭一時，至少比不爭要能多保得住一些勞動者與社會的權益；爭千秋，不妨就自比是魯迅筆下，在鐵屋中發現真相的人，喊聲微弱，但要更多人一起來喊，說不定久而久之，會有足夠的人一起衝破鐵屋哩。

所以，親愛的勞委會，撥筆款項，每年責成專門單位出版數本類

似《走》的書，並且比照年度勞資關係嘉言比賽的辦法，來個讀書心得競文，以及有獎徵答，如何？所以，親愛的設有勞工研究所的三所C大，下一次的課堂作業，就請學生一定購買這些書，先看後寫報告，然後參加比賽，鐵定創造官學合作的新境界。

私有化，財團樂透了[*]

大約從三年前起（1994），英國開始有了全國性質的「樂透」（lottery）。Camelot集團得到了壟斷權力，獨家經營樂透以來，風風光光，把它拱得有聲有色，去年底並從每週一次，再加開一次，週三與週六晚間（最近可能還要加開，一週三次），由BBC轉播開獎實況，只見主持人妙語如珠，現場觀眾喧鬧吶喝，然後在明星獻藝以後，全員屏息凝視明星搖出六個中獎的數字。

從中產及中下階級身上，徵取大部分稅收，然後用此所得的部分，補助公益事務的活動，就這樣大張旗鼓地展開，平均一年進帳大概折合台幣2,000多億。賭博與公益和平共處，並且廣受喜愛，確實矛盾，但相比我們私人賭博盛行而於公益無涉，相比我們空有《公益彩券發行條例》（兩年前就通過了）而至今還沒有開鑼，我們看到英政府能夠責成Camelot一年拿出1,000億台幣挹注公益活動，也許不免覺得，當年廢除愛國獎券的政策，最多是一種正確的錯誤政策了。

不過，新上台的工黨政府仍然對Camelot不滿，導火線是最近它為自己的三個總經理加薪後，每人年薪達2,000萬。工黨說，若不改進，咱們走著瞧。總經理覺得被侮辱了，硬起骨頭，宣稱要錢沒有，要命（辭職）倒有。過了一天，政府不動聲色，Camelot董事長出面，改口有事好商量，改進就改進，保證從此以後他們要以不營利方式經營樂透。這當然又是一個矛盾，私人財產而不求利潤，可能嗎？

---

[*] 《聯合報》1997/7/15第41版／聯合副刊。

我們由樂透事件看到了郵電等等具有自然壟斷性質的公用器物事業，產權交給私人財團，然後再以行政機關監督的作法，經常就等於是圖利財團，或者，最好的情況也只是多此一舉。

英國鐵路私有化以後，投資不足、裁員減班等狀況都出現了，每年政府仍貼補它700億台幣，但目前它坦承，半年的盈餘已達200多億。英國電信公司被許多國家引為公營事業私有化以後的成功典範，它目前有2,000多萬一般用戶，占全部客戶的八成，最近主管機關公布調查，指出過去六年來，一般用戶的好處很少，電話價格只下降了1%（但每個月的基本費仍然約台幣500元）。對此調查，英電信公司居然還大言不慚地說：「我們很高興，所有用戶降價，都得到了優待。」

看到英國這幅公用事業私有化以後的面貌，再看我們的情況，能夠不讓人啼笑皆非嗎？就在他們已經檢討公用事業私有的不當、不必要、無法有效監督，我們卻仍然奉私有化為唯一法寶，沒有合理討論就拋出全民分股票的騙人口號，一舉要把全民的財產，分階段奉送到財團，或說與財團有良好關係的政黨，乃至本身也是財團的政黨口袋中，這像話嗎？

公用事業最常被批評的是沒有效率，容易遭受政治勢力的影響。然而，這裡所說的沒有效率，其實就是公用事業的雇員太多、裁員不易，即便我們承認這個指控有理，公用事業所具有的壟斷性質及獲利的保證，還是沒有改變，與其讓它私有而聽任利潤分給部分一般小額投資人，大部分進入財團口袋，乾脆變法，讓公用事業也能自由裁員，然後給經理高薪，不也就達到效率的要求，同時把利潤真正放到全民手上的目標嗎？至於政治勢力的介入，應該是我們的政黨獨大太久所造成的現象，不是不能排除，何況，前面說過了，目前的公營事業私有化，很可能根本就是政治勢力自肥的手段哩。

民營優於公營？為滿足經濟效率與社會正義
宜作更多討論*

　　邱毓斌在貴版表示，國營事業的改革，首重讓其企業化，不是私營化，呼應了新任經濟部長林信義就任前後數度發表的見解。這個意見應該得到更多的討論。

　　通說國營事業不可取，原因在於它欠缺經濟效率，經理人才不專業而經常是政治酬庸，員工不能解僱，以致尸位素餐，生產力薄弱。但是，無論是經濟社會學或有關市場社會主義的討論，都已證明，產權公有不妨害專業經營，也不必然造成冗員，前提是把國營事業從行政機構改制為公司。

　　反之，私人公司也不見得等同於百分之百的專業，很多時候，經理人的自肥設計，不讓國營行政機構的經理人「專美於前」。比如，企業兼併是決斷經營效率的指標，但許多經理人為了保證自己的利益，設計了所謂黃金降落傘的契約條款，以此阻止或增加兼併的成本。

　　最近的一個例子是，美國最大的廣告、行銷、公關公司Young & Rubican，其47位高層主管早就聯合與公司簽訂了黃金降落傘之約，造成英國最大廣告公司WPP因必須多給付6,000萬美金給他們，以致合併之議就此終止。

　　在號稱意識形態終結的年代，現存的最大意識形態，就是私營等於民營，民營優於公營。但就同時滿足經濟效率與社會正義來說，真是如此嗎？應懸崖勒馬，再作更多討論。

---

* 《中國時報》2000/6/1第15版。

公共化 才能去政治化 *

（2000年12月）15日民意論壇刊登〈無線電視公共化，不如去政治化〉一文，涉及本聯盟核心主張，「公共化，才能去政治化」，事關重要，故作以下說明與辯正。

首先，該文說公共化主張為「部分」教師所有，雖然無誤，但「無線電視民主化聯盟」（無盟）於11月假聯合國電視日成立時，除記者與學生之外，另有百位以上傳播科系專任教師作為發起人，這「部分」固然不能說代表學界，惟已經是傳播學界首度就電視議題，有如此眾多的、共同的，且公開的意見表達。

其次，我們曾應華視工會邀請，親往闡述公共化的意義，當時許多曾有疑義的業界朋友已經釋懷，並了解公共化更能提供專業表現的空間，也就是去政治化的最佳作法在於公共化。媒介有此種聲音，顯見這樣的疑慮需要更多溝通才能祛除。

該文指美國三大私營電視沒有政治介入，這是對的。但歐日公營電視台的公正表現不遑多讓。另一方面，美國式的私產權電視獨大，欠缺公營電視平衡，也讓美國有識之士不敢恭維，認為是造成美國民眾冷感、遠離公共事務參與的重要原因之一。今年春，CBS的加盟芝加哥台，嘗試挽回新聞專業的尊嚴，以較長時間播報、增加了較嚴肅內容的比重，結果收視率掉了10%，被迫鳴金收兵，難道台灣電視的改革方向，不應該以此為殷鑑，避免全盤進入私有化的陷阱而不能自拔嗎？難道不是在還有一絲絲希望之時，努力以赴，看看是否能夠往歐日的方向移動嗎？

藉由立法使電視的產權與經營權分離，不但歐日美都有例子，台灣自己的內湖公視台也是這樣。台視與華視轉型以後，最低程度也可以如此。屆時，中視仍為國民黨控制，民視有民進黨蔡同榮立委、中央常委的陰影，其他主要的有線或衛星台，亦仍有深淺不一的政黨關聯或因本身的其他投資利益，以致影響其新聞與節目公正的情況。

---

* 《聯合報》2000/12/18第15版。

於是相比之下，台視與華視反而因為減少了政治租金的給付，有了更佳的競爭實力，比起其他電視台更有茁壯而不是萎縮的可能。

該文中說無盟將公共化「無限上綱」，但我們認為台灣並沒有上綱的本錢，因此並不主張台視與華視轉型後，師法BBC或NHK而以執照費為營運資金的來源，而是主張如同現在，要以廣告等手段維持營運，而不能向政府拿錢，以免產生該文所擔心的拿人手短，影響形象與公正，也避免因為可以向政府拿錢，以致專業經理人心背觀眾，諂媚政治人物。

最後該文亦透露，台視與華視仍有不適任的黨政高層作祟，果真如此，則正好呼應了無盟認為必須透過修法手段，切除這隻黑手的迫切性。

在修法之前，無盟響應該文作者的呼籲，請各政黨節制，不要染指台視華視在內的電視資源，無盟同時也呼籲電視專業人員，增強公共服務精神，強化工會力量，平衡來自政治的與財團的壓力。

改革電視股權　私有化不如公有化 *

接受國民黨推薦、即將出任台視董事的陳文茜表示，「股權最重要」，因此她會找董事長賴國洲一起推動黨政軍退出三台。

無線電視民主化聯盟（無盟）過去一年多以來，內部集體協商後，由數位無盟執委進入台視與華視（兩台）擔任董事職務，就近了解兩台的運作與改革工作。無盟的認知與陳文茜相同，都認為「股權」事關根本，由此切入，才能真正協助兩台的良性蛻變。

不過，協助兩台的最佳作法，不是如陳文茜所說的釋股私有化。事實上，由於無盟有人擔任兩台董事，深知兩台董事會的主流意見早就與陳相同，都想要釋放官股於市。兩台當下還不能股票上市，是因

* 《聯合報》2001/9/27第21版。原標題〈電視改革　股權私有化　不如公有化〉。

為本身經營績效未有合理提升之前，以及過去一年多的股市直落之情況下，驟然私有化必定是賤賣公產，也對兩台私股不利。

顯然，陳文茜擔任董事，若要有任何意義，不在於加入兩台董事會的私有化主流意見，而是要響應無盟，推動兩台「產權」的公有化，但仍然依靠廣告作為財源，不從政府取得日常營運經費，以此確保言論的相對自主地位。

已經是時候，台灣的電視改革，必須超越思維的窠臼，取經於國際標準及全球現況。兩台如果私有化，將使得台灣成為舉世罕見的電視幾乎澈底私有化的境遇，民眾也不會感受到任何有意義的改變。

但如果新聞局明確表示，目前行政院還掌握主要股權的台視與華視，再加上已經是財團法人而具有準公共性質的台北內湖公視，將在最短的可能時程內，劃分公私股權的權利與義務，統合資源，擬定具體可行的辦法，遂行策略聯盟（事實上，此三台加上中視與民視，已表示要集資30億成立數位電視聯合辦公室），如此，不花費一分一毫，新聞局就達成了未來公集團電視成軍的預備功大，社會大眾就有了更多時間，認識與討論較大變革可能帶來的願景會是什麼模樣。

新聞局是否有此政策，無法確認；惟如果陳文茜加入無盟，共同推動，那麼，兩台加公視的公集團電視成立之機會，肯定將要提高。

阻絕政治干預 私媒介未必好[*]

（2001年12月）18日〈媒介國營，充滿道德危機的制度〉一文，指出很多人的疑惑：台視與華視在公共化以後，在「政治」上怎麼可能不淪為「國」營電視，怎麼可能不受到當權者的控制或影響；在「節目」表現上又與現在會有什麼差別？

政治力對電視的影響，分作兩個層次。第一，在朝或在野政治人

---

[*] 《聯合報》2001/12/20 第15版。

物對特定電視內容的干涉意圖，是一種發生在日常生活過程的現象。第二，當權者藉由任命電視機構的高層人事，使該機構製播節目時，產生較強的自我約束或自我檢查。

制衡這兩種政治影響的可能力量，至少可以分作五種：媒介產權形式、法律規範、媒介內容生產者的（集體）反應、政治權力的民主化程度，以及社會監督機制（包括輿論）的效能。

常理認為，私媒介阻絕了第二層次的政治干預，是以比公媒介更能發揮第四權。不過，就實際表現來說，反常的例子不少。英國的報紙都是私人擁有，但黨派傾向濃厚，為人詬病；但英國無論是公營的BBC，或是公有但在很長時間收入大多來自由法規予以確保的廣告之第四頻道，以及私人的第三與第五頻道，它們對各政黨的報導，反而能夠維持平衡。另一方面，私媒介以自己的政治立場，強烈支持特定政黨或主張的情況很多，下焉者更赤裸裸使媒介直通政權。相比之下，台灣引發call-in或談話節目爭議的私人電視頻道，或逕自各有立場的私有平面媒介，竟然已稱上焉。在台灣，相對持平的媒介反而是內湖公共電視台。

新政府任命台、華視高層人事，雖有新意，卻更有大敗筆，這正是法律形式上，兩台均屬私人所有，得以規避法律約束。日後假使兩台公共化，必須接受法律相繩，前此不豫的現象也就不致再生。

台灣媒介內容生產者的集體組織（如工會），歷來對不當的政治干預，發揮的制衡作用並不彰顯。但隨著政治權力的民主化，電視工會也逐漸領悟自主運作的可貴與必要。如今外界以台視、華視為優先，從旁協助，作為電視主體的員工，正可思考與討論，究竟財團化或公共化，更能提升其工作條件及專業發揮空間。

事實上，台灣監督媒介表現的社會力量，並不依賴政黨輪替才出現。早從消基會在解嚴前夕設置「消費者傳播權益委員會」，近至前年才成立的「台灣媒體觀察教育基金會」，以及各報相繼成立的民意論壇等版面所發揮的溝通功能，都能顯示，台灣媒介（特別是電視）的問題日趨凸顯，成為社會力的作用對象。至今，這些機構還不能說已經發揮了充分的監督功能，可待改進的地方還很多，但總體來說，

由於它們持續監督，掌權者縱使想要如同過往無所顧忌地行使操控權力，也將勢必動輒得咎，長期來說無法得逞。

台視華視公共化，並在數年內與公視結合成為公集團之後，由於前兩台的收入仍需要完全取諸廣告，因此也就聽命市場邏輯，是很可能無法很快或很明顯地提升節目品質。惟公集團電視成立之後，由於效率提升，加上其營收無須像現在這般部分繳入公庫或私股，所以可望有遠多於現在的資源投入節目的製播，從而緩慢地改善節目的品質。

私有化是死路，台鐵工會加油[*]

台鐵應不應該改革？應該。應不應該私有化？不應該。英國與日本的殷鑑不遠。

英鐵在1996年私有化，其後，票價全歐最高、業主領取政府補貼笑哈哈，但服務品質低落、誤點失事死人層出不窮，今（2003）年3月的研究報告卻指出，英鐵還要再砍8,000多公里路線，關閉17,000多班次的1/10，而英政府未來十年還得再投入330億英鎊的天文數字。財團翻身，從被規範的位置，綁架了擁有規範權力的政府。難怪，《衛報》的民意調查顯示，高達73%的人贊成將英鐵重新國有化。

日本是模範生吧？不見得。第一，日本私有化鐵路的動機不純正，不是為了提高效率。1987年將日鐵私有化的前首相中曾根康弘，十年後接受訪問，他坦承，私有化的主要目的在於「打倒日本總工會，如果日鐵工會完蛋（按：當年有會員20多萬人），我看總工會就得跟著完蛋」。第二，私有化之後的日鐵，東京地區因人口稠密、服務尚可且有盈餘，但其餘地區很有問題，且在利潤作祟之下，資本也膽怯了，改善服務成為天方夜譚，而日鐵私有之後，對待員工苛刻，解聘了1,047位加入工會的職工。日本地方及中央政府的勞資調

---

* 《中國時報》2003/8/21 A4版。

解委員會都認為，此舉違反公平原則，歧視工會成員，是以雙雙要求公司應讓此千餘人復職，但資方拒不從命並提請法院仲裁，目前該案仍在日本憲政法院審理。

鐵路服務當然要改革，但除非是私有化的意識形態囚徒，否則就得在私有化之外另尋出路。總統陳水扁說：「國營事業的改造首重企業化，不必然是私有化。」這句話深合現代經濟理論的精髓，亦即在勞務供應具有競爭的環境，產權是否私有與經營效率無關，差別在於，若產業不是私有，則經營績效更能兼顧合理的工作條件，也能將績效果實做更合理的社會分配。台鐵路線雖然壟斷，卻有空運、公路是其強力競爭對手，都在提供運輸服務，而高鐵加入戰局後，競爭更要激烈。

但很不幸，說不定阿扁是說一套做一套。更糟糕的是，政府似乎鐵了心，想要執行另一套，表示明年要公司化，2007年要在三法創制或修訂後完成台鐵的私有化。如果交通部能夠幡然醒悟，改造至公司化為止而不私有化，且以照顧高鐵的規格同等對待台鐵，那當然最好。否則，台鐵工會也只能自己救自己。中秋節召開員工大會固然無可非議，但更重要的是，工會得祛除外界的疑慮。比如，輿論常說台鐵冗員充斥。然而，人口少於台灣近1/4、面積相若的荷蘭，鐵路雖自負盈虧卻仍需維持員工20,000多的規模，那麼，若為確保行車安全無虞，則台鐵現有13,000多人真太多嗎？又如，台鐵去年收入220億，帳面虧損100億，惟若扣除責任可能不在台鐵的老殘優待、冷門路線的貼補等，反見盈餘。若屬實，這些資訊都應該廣為傳播。

其次，工會自己必須提出公司化及相應的改革方案。工會不能讓政府以為，這些對抗行動只是要換取更好的資遣條件，工會要讓社會明白，不私有化更能照顧民眾的需要，且說理要具體能解，不是停留在原則宣示。據說，政府的私有化僅只是激將法，政府眼見計策成功而工會這麼用心盡力之後，就要大為感動，就要出面邀請台鐵在內的各國營事業工會、泛紫聯盟、消費者及其他（特別是偏遠）地區代表，聯合組成管理委員會，共管台鐵。

公益電台

台灣地下電台的五個特徵[*]

　　地下電台的問題，美國與歐洲這些法規粲然的國家都曾存在。但這些社會的地下電台，又與台灣有五點不同。

　　第一，他們的「非法」電台絕大多數是為了商業目標——與合法電台競爭廣告。

　　第二，他們的政府處理電波違紀飛竄的作法，大多偏向立法承認，比利時與法國在1981、82年之交，相繼修法或立法，使地下電台合法經營；英國1985年開放社區電台因應需求，莫不如此。

　　第三，由於是在商言商，所以美歐非法者不具備道德正當性，它們的地下電台，固然不乏聽眾支持，但不致像本地這般熱情，竟至官方取締14家地下電台的同一天，就有萬餘人參加台灣之聲的募款餐會，以實際上費時耗力又出金的方式，出以實際行動，表達對於政府的不滿，官方說，取締電台是保障沉默多數人。

　　第四，我們的地下電台，在政治主張、立場等方面，明顯與執政黨不同，這必須歸因於執政黨四十多年來，長期「依法」享用電波資源，卻不肯網開一扇窗，讓現今廣受特定民眾支持的聲音流蕩空中。

　　第五，台灣地下電台在文化品味、雙向Call in所能夠容許的幅度及參與程度，不但現存合法廣電頻道難以企及，相較於美歐合法與非法電台的差距，也是領先許多。

　　我國地下電台既然具備這些特徵，那麼，政府若只是一味求禁，

---

[*]　《聯合晚報》1994/8/2第2版。原標題是〈何不讓地下電台暫時合法化〉。

不是勢有不能，就是要國人代為墊付龐大社會成本。先前，政府在有線電視合法化過渡期間，曾經提出暫行辦法，同意讓現有業者登記之後，繼續營運至合法者誕生為止。既然如此，地下電台何不比照辦理，政府先提出簡易辦法，讓它們登記、提出必要資料以後，繼續營運至頻道合法開放使用。

地下電台：借鏡日本　提防美國 *

目前，大台北地區可以收聽到的調頻FM電台，總有30來個。表面上，它們相安無無事，風平浪靜。不過，如果對照去年的經驗，這說不定也有可能是山雨欲來風滿樓的前夕。

不要忘了，去（1994）年4月分政府第一次抄走台灣之聲，安靜了三個多月以後，突然又在7月底展開陸空聯抄，一口氣從北到南，使當時還只有14家的民主電台霎時間消失了蹤影。再來是進入省市長選舉熱潮，大家進入選舉假期，選完未久，立刻又大刑伺候，從年底抄到今（1995）年1月底，先後警力大作，抄台十多次，直至台籍人士赴美抗議，新聞局抄台預算用罄（至少是官方說法），電台才又像元宵節的天燈，慢慢浮現，飛升上天。

所以，在年底選舉的火藥形將點燃的此刻，地下電台的輪迴，是不是竟然會這麼快就要再來一次？

大概不會，最主要的原因是起自兩年前的電台「開放」，至今已釋放數十個頻道，甚至包括許多過去「非法的」電台，也有更多是小功率，收聽範圍只在5公里半徑之內的所謂「社區」電台。

但這些社區電台未來究竟會怎麼發展，是不是真正能夠照顧到社區的需求（當然，真正的社區與李登輝總統的社區說，恐怕不同），還是會碰到其他難題，那就無法完全逆料。雖然如此，不妨看一下其

他地方曾經出現的例子，援外照台，多少發揮趨吉避凶的效用，應該是合適的。

有趣的日本借鏡

最有趣的是近鄰日本。

還在1977年的時候，東京地區只有2個FM頻道、6個AM頻道（其中3個為NHK所有），到了1989年，NHK擁有1個FM廣播網，2個AM，但私營AM與FM電台分別增加到了47與31家。

這十多年間的變化，不可謂不大，而變局與台灣相同，起於異議人士的推動。早在1981年，許多日本人開始研究義、法的自由收音機運動，並詳查日本的無線電法，發現第3條規定，「以非常低功率操作的廣播站，無須申請執照」。後來，他們察知，依法不必申請的「非常低功率」，換成迷你FM發射器，已經可以涵蓋半徑五公里的地區。於是，這批人接著動手洽詢器材廠商，一年後找到了一家地下工廠，然後一群大學教師與學生就在和光（Wako）大學弄了一個叫作Radio Polybucket的電台。

幾乎與Polybucket同步，類似的合法形態的小FM電台紛紛設立，至1983年春天已有100家，到了6月，全日本更是高達700家。這些新電台當中，存活時間較長者，大多是若干獨立公司想要販賣唱片而設立的（播放美國流行音樂、幼稚的單調歌曲），然而它們並沒有辦法一直獨立，原因是廣告公司及主要媒介財團介入，後者壓迫日本政府改變廣電的管制政策，造成許多小電台「失身」，先後成為財團的附屬電台。

除了財團收編以外，日本迷你電台也因為異議濃厚，並且具備滲透進入社區生活的能力而遭忌，屢屢招來當道政府箝制。除了都會區，這些小電台經常是播音範圍內居民的聚會場所，甚至成為「觸媒空間、是從內部破壞支配系統的一個基進可能性」，刺激了新的另類雜誌、社團等等的成立及運作，許多工人、政治活躍分子、藝術家、表演者、失業者與學生，經常前往電台討論，交換意見。

　　1983年3月12日，有家電台居然突破日本法律禁令，先以海報等形式告知，然後以卡車裝設發射器到東京新宿鬧區播放政治搖滾樂，抗議美國核子航空母鑑訪問海上自衛隊佐世保基地。見此，即便是政治冷感的年輕路人，都能知聞而有感應，直至警方將其器材抄走。受到了這些刺激，日本電信部在不到兩星期內就表示將修改法律，以作因應（筆者讀到的資料認為，日本政府將無法得逞，但後來發展如何，迷你電台最後是受制於財團更甚於政府，是否仍在運作，尚待追蹤）。

可慮的美國經驗

　　美國是另一個例子，不太有趣，或者該說，其實讓人有點害怕。

　　美國是澈底的電波地方主義者，除了他們的地方電台林立（1989年的FM台是4,948家，AM是5,557家），審議電波的權力大致下放地方政府，不像台灣的新聞局一把抓。然而，美國與台灣這一、兩來的地下電台，另有形式相當接近的一個特徵：扣應（call-in）電台特別多，而且是近十年來尤其明顯的現象。

　　可惜的是，這些新增加的扣應電台，大多由保守人士把持，其中不乏極端保守者（ultra-right），他們竟然會說美國總統柯林頓是「左派」、說美國已由左派掌控，說美國在女性主義者、同性戀者、有色人種與社會主義者的接管下，行將國不成國，因此接下來需要做的就是採取暴力行動！聽聞此言，難怪柯林頓說，這些煽動言詞總有可能催促心智不穩定的人，幹下類如爆破奧克拉荷馬城的事件。[1]

　　不管這些電台是否真有如此潛能，但一般認為，共和黨打勝1994年11月的選戰，這些廣播電台確實居功厥偉。

　　但又為了什麼這些電台會淪落為美國保守分子的禁臠呢？

　　形成這個局面的原因，可能是早在1960、70年代的民權運動，

1　兩位白人於1995/4/19，在奧克拉荷馬市聯邦大樓安置炸彈，造成方圓16個街區324幢建築物毀壞或受損，168人死，680人受傷。

使得沾染種族或性別主張、歧視與偏見的言論，在大眾媒介上失去了正當性，無地自容或較少能夠明目張膽地出現。代表這等言論的保守勢力者只是礙於媒介自律（較不願播放這些內容以免惹來物議）而失音，他們自然想盡辦法要再現江湖，於是找到了AM頻道，發展出現在已經相當流行的扣應電台（或稱脫口秀電台，talk radio），1980年代中期還只有200多家，在1987年美國形同不再執行「公平原則」（Fairness Doctrine），廣播電視更有自行其是的空間之後，至1995年的現在，這類電台已多達1,000餘家，其中，最受歡迎的節目主持人林堡（Rush Limbaugh）居然有聽眾2,000萬人，而美國成人有一半每週至少聽一次。

生活在權力關係森嚴的國際社會，台灣的動向歷來深受美國與日本的影響，廣電文化也是這樣。現在，去年至今都還在撼動人心、蘊藏新機也可能招惹危機的地下、民主電台的前途，究竟最後會以什麼面貌沉澱，大家走著瞧。

不再地下　可以蛻變成為公益電台[*]

報載，新聞局（1999年）5月上旬將再「開放」電波，供有意經營者申請設立廣播電台。惟媒介報導簡短，無法得悉政府這次開放政策是否將有新意，或者重蹈覆轍以致不能增加民眾的廣電福祉。

若要有新意，政府似需強調，如同教育、醫療服務，國家必須提供資源，向公民給付廣播文化的服務。在電視方面，雖不如人意，但亦有公共電視。在收音機方面，雖有警廣、教育電台，但它們必須遵守政府機關的行政要求，無法反映更寬的意見光譜。因此，5月初的這次電波申設，國家必須宣示政策方向，表明將積極提供廣播服務，惟有如此，才能挽回已將流逝的公信力，讓公民真正看到曙光。

---

[*]《聯合報》1999/5/2第15版。原標題是〈公益電台　期待關愛的電波〉。

5月電波的申設，要在最大可能範圍內，明白規定非商業非營利的申設者，將可優先取得經營權。須知，台灣廣播環境特徵有二：第一是偏遠地區乏人申設，台灣變成一國兩制，鄉村民眾所得到的廣播服務質量均劣。第二是人口稠密地區的商業競爭太過激烈，造成不法販賣藥物、禁制品，乃至於私設分台或聯播節目，亂象不一而足。電波若再作為商業使用，必然加劇紊亂的程度。

據此原則，政府可規定這次的電波全數或有合理比例作為非營利之用。但是，非營利電台的營運資金如何取得？

若是這類電台已經能夠自籌經費，則政府應調查，目前究竟有多少這類電台，雖然非營利並符合公益表現，卻因各種原因至今還沒有取得執照。然後，在開放辦法中，政府應該明定規則，使審查委員會得所參酌，優先核發執照給予這些電台。有關前述電台表現的調查，政府固然可以自行為之、委託具有公信力者為之，但似亦不必排斥由申請者主動提供各種人事、財務與節目資訊，再由政府加以認證，判定這些電台是否非營利且滿足公益。

此外，今年2月，新聞局已移送《廣播電視法》草案至立法院待審，其中第4條與第32條，分別就業者使用電波及營運遇有盈餘時所應繳交與提撥的金額，提出了原則性規範。既已如此，則在評估這些收入的額度及用途時，考慮的重點之一可以是，讓這些取諸商業電台的經費，用來滿足這些非營利公益電台的部分需要。

調整商業與公益電台比例　天空燦爛多姿[*]

第48屆國際新聞協會年會甫於台北落幕，提高了台灣的國際能見度，與會的南斯拉夫記者狄揚「矢志維護新聞自由」，贏得滿堂喝

---

[*]《中國時報》1999/5/20第15版。原標題是〈我們需要什麼樣的廣播電台：逐步調整商業與公益電台比例　並挹注後者經費　開放的天空才會燦爛多姿〉。

采。與此同時，我們的政府逮捕了張素華，也就是努力執行新聞自由不遺餘力的「TNT寶島新聲電台」的台長，致使台灣在國際友人面前大出洋相。

出洋相事小，張素華事件背後的廣播電波問題才是真正大問題。

從1993年以來，在TNT等等電台結合公民的抗議下，新聞局陸續分八個梯次，「開放」電波，供人申請設置電台，6月1日截止申請的42個中功率、30個小功率電台，是為第九梯次。

從第一至第九梯次，新聞局表面上「從善如流」，順應「開放」電波的呼聲，實際上卻是釜底抽薪，釋放電波堵住悠悠之口。

一方面，新聞局確實回應了人民的壓力，把電波從口袋裡一個一個變了出來，並且也酌量降低資本額門檻，如電波發射範圍在5公里之內，100萬元即可申請。新聞局也將電波配用給非營利申請者，這次的申請案，最多將有16個電台作為教育、客語、原住民等用途（但因無財務計畫配合，這很可能只是宣示性說法，後文將再說明）。

另一方面，開放了這些「新」電波以後，不但得到者很多具有良好黨政聯繫（如飛碟），舊有勢力不動如山（如國民黨中廣仍擁有44台），新商業台過多，也使得角逐有限廣告資源的程度愈加嚴重，於是廣播資源浪費、內容貧瘠、節目廣告化、娛樂低俗化、非法販賣藥物與違禁品等等惡質現象，更加普遍，掩蓋了少數尚能在夾縫中求生存的清流。另須正視的是，新聞局空有「開放」政策，卻絲毫不理會在弱肉強食的叢林法則下，非營利電台難以生存的事實（比如全景社區電台播音不滿兩年即黯然告別），形同只生不養，卻未提供新生兒成長所需的資源，不是為政之道。

但新聞局也不是不明就裡，因此在1996年元旦，自行編列預算成立財團法人中央電台，其餘教育、警察等非營利電台，則在其他政府單位提供經費下，不虞匱乏。很明顯，新聞局並非不知道非營利，卻又寡少公費挹注的電台，發育將要不良，但新聞局卻厚此薄彼，並且對於不受政府控制的非營利電台，不僅不樂觀其成，反而坐視其安樂死，甚至以抄台、沒入設備與抓人（張素華台長），打擊它們的發展前景，從而萎縮公民的廣播資源。如果將此情此景，對比這一陣子

政府對於第三部門,也就是民間非營利部門的讚揚,豈不諷刺?

放眼台灣現有格局,以及新聞局廣電處員額及預算規模均屬不足,若是要求我國學步歐洲,全面轉化台灣廣電媒介為公營體制,時機畢竟尚未成熟,注定不能實現。退而求其次,新聞局至少要師法北美,明白規定一定比率的電波,作為非政府也非營利的用途。接下來,這些電台的營運資金如何取得?可以分作兩個階段處理。

第一個階段,新聞局應該展開詳細的調查,或者委託具有公信力的單位進行調查,究竟有多少非營利並符合公益表現的電台,但卻因各種原因至今還沒有取得法定執照。然後,政府必須明定規則,使電波審查委員會得所參酌,優先核發執照給這些電台。在進行調查的同時,政府亦當責成申請單位提供各種人事、財務與節目等資訊,由審議單位認證,判定這些電台是否非營利且滿足公益。

第二階段是,今年2月,新聞局已完成《廣播電視法》草案的修正,並已送至立法院待審,其中第4條與第32條,分別就業者使用電波及營運遇有盈餘時,所應繳交與提撥的金額提出了原則性規範。既已如此,則在評估金額額度及用途時,考慮的重點之一可以是,提撥全部或部分取諸商業電台的經費,用來滿足這類電台的部分需要。

過去五年的經驗顯示,新聞局模式的「開放」電波作法,聽任各商家為追逐利潤而投身廣播,浪費巨大而不符經濟效益。若要使國際新聞協會對台灣的肯定名實相副,就請擬定辦法,2年或4年換照時,逐步調整商業與公益電台的比例,並使取諸前者的電波費補助後者,如此,假以時日,台灣電波才能大放異彩,音樂、新聞、戲劇、娛樂等等專業電台,才能與綜合電台輝映成趣,多元交織。

總統的地下電台要升空？*

　　（2001年）農曆除夕的前兩天，說不上萬籟俱寂，但忙碌了一整年，百業總是至少要暫時休息的。沒有想到，年前最後一個週日，晚報頭版的二分之一版面，赫然出現了許多年來已經銷聲匿跡的刺激字眼，「反對扼殺台灣生命力，支持TNT永續經營」。

　　TNT是台灣最早的「地下」電台之一，發聲範圍主要在台北縣市，但也偶爾與四、五個已取得執照的電台聯播若干節目。

　　1994年3月7日，當時還是立法委員的現任總統陳水扁，參加了其他許多政界、知識界與社運界的陣容，間接協助了TNT的創立。一個多月以後，TNT首次遭查抄。此後，由於外界壓力一天比一天大，國民黨政府不能不翻轉過時的政策，至今總共分八次，釋放了新的電台執照將近110張。其間，TNT曾經申請數次，但沒有得到許可，審議委員不予通過的原因，包括義工人員太多、沒有明列電台人員的「福利措施」等等。

　　有「趣」的是，許多通過評審取得執照的電台，反而已經不見了。有些是被兼併了（如「全民電台」），有些是改頭換面了（如最早是由當時某新黨立委口試取得之「飛碟電台」），有些是參加聯營而亡失當前的成立宗旨。沒有取得執照的電台，依據王蓉採訪，還有100餘個，並且大部分是賣藥品廣告營生。

　　呈現強烈對比，TNT歷經抄台，膽戰心驚，不依賴廣告，自然也不賣藥，而是依靠小額捐款（也許可能有大筆贈金？），並在夾縫中，倚仗許多節目製作人的投入及來賓的不取分文，持續了7年。TNT的存在，證明依賴義工，加上積極串連其他電台，分享節目而不是營利，確實仍有運作空間。但很顯然，這種號召人性當中之良善部分，而不挑撥人性之平庸，甚至惡質面向的逐利逐權之營運原則，不僅無法得到有權定生定死的評審委員之青睞，反而是背負了難以存續的黑鍋罪名。

---

*　香港《明報》2001/1。

　　TNT在刊登告示前，得知目前正在審議的第九次電台申請案業已初審過關。過年後就要複審，TNT選擇在這樣的時刻，作此表達、公告與控訴，也許不免危險，比如，招致眼界有限的評審，再次覺得它原本就不存在的虛榮心受到了傷害，於是遷怒，三度判定TNT之死。

　　另一個可能，TNT主事者知道晉入複審的其他單位，也許鴨子划水，已各自暗中接觸，試圖遊說有力人士作出有利於他們的評審。於是，TNT乾脆公開喊話、叫陣，以此扳回一城。最後的結果假使是TNT沒有取得執照，那應該是「新」政府不干涉評審，聽任評審的決議，不利陳水扁等人參與創造的電台。但最好是TNT取得執照，顯示評審從善如流，矯正了過去配用電波的不公正。

第七章

公共電視

公共電視的誕生：1984-1999

公視簡史 [*]

　　1984年5月20日，當時的三家電視台開始播放由「廣電基金會」製作的「公共電視節目」，每週15小時，每個節目長度30分鐘，由兩個部分組成，先是8分鐘政令宣導及商業廣告，然後是22分鐘節目。因此，無論就其表現或播放形式，逕自將這類節目稱作是公視並不恰當，它與三台起自1976年的「聯播時代」節目之內容，幾乎完全相同。政府濫用名器，以公視為瓶，裝以政治文宣，誤導了社會認知，折損民眾支持公視的意願。

　　1990年起，新聞局同時進行公視的立法與籌建工作（自有頻道而不是依附三台播放節目），立法委員周荃等人指此舉將使公視淪為另一個政府電視頻道，強力杯葛，並有文化界人士組成民間公視籌備會，另提對案，主張向商業無線電視台與有線電視系統業者，分別徵收若干營業額作為公視的部分年度收入，該建言在1993年11月於立法院聯席審查會通過後，引起三台發動員工包圍立法院，反杯葛公視的籌建。在多方力量糾葛中，公視立法工作僵持不下，至1997年4月16日，國民黨中央政策會在毫無徵兆下，經30分鐘討論後決定廢台。新聞傳出，引發各方物議，原本已經奄奄一息，很可能消失於無形的公視，反倒因此在沉寂兩、三年後，再度成為輿論焦點之一，並在5月底於民進黨支持、國民黨模糊、新黨大部分反對的情況下，完

---

* 林礽乾、莊萬壽、陳憲明、張瑞津、溫振華（2004編）《台灣文化事典》。頁107。
　台北市：國立台灣師範大學人文教育研究中心出版。原標題是〈公共電視〉。

成《公視法》三讀，定公視主管機關為新聞局，創立基金1億，立法院負責推舉11至13人為董監事審查委員，以3/4多數同意董監事後，送請行政院長聘任，同一政黨不得超過董監事人數1/4。

公共電視於1998年7月開播，董事長吳豐山聘請廖蒼松為總經理，廖於次年5月底辭職。公視第一年經費12億元，同年台視與民視的廣告收入是75億與15億，英國廣電協會（BBC）的經費則百倍於此。除了規模較小，《公視法》並規定公視年度經費須逐年遞減1/10，造成公視雖依法不能播放廣告，卻因需要對外募款，以致形同播放了企業的形象廣告，如美國花旗銀行每年贊助公視1,000萬，為期12年，公視不但需播放財經節目《縱橫華爾街》，也讓公視的形象與美國的金融機構齊步比肩，一起在閱聽人耳目前現身。

開播第一年，公視表現較好的部分似乎是戲劇、原住民新聞雜誌、兒童節目與若干進口節目。籌備8年期間的包袱仍在，董事組成、工會與編輯室公約的運作，未盡如人意，但相較於台灣的其他電視台，公視可能已較具潛能，在開發後，或可比較符合民主的要求；惟若台灣的整體電視生態未作改善，公視前景還是難以明亮。

公視董事提名 *

立法院昨日重新審查《公共電視法》草案，除了反對行政院版本的擬議——由行政院逕自任命董事以外，大多數立委也傾向董事必須經過行政院提名，立院同意，再由總統任命。不過到底行政院應該如何提名才能更為符合民主的原則，立委之間有不同的看法。

平心而論，由「公共電視民間籌備會」提出的修正辦法，可能比較可行，且具有高度民主精神。該會認為，行政院應該先行發布公告，公開徵求董事候選人，並於公告一個月後，將全部董事候選人名

* 《聯合晚報》1993/7/8第2版。

單公告周知三個月，接受公評；民眾可就這份名單直接向行政院或於媒介提出意見，供作行政院提名的依據。假使行政院提出的人選不符理想，立法院可再剔除不適任的人選，並要求行政院自原候選人名單中補足人數，再供評議。

但誰具有登記為董事候選人的資格？除了年齡及消極資格（如政黨、公職人員不得擔任董事等）的限制以外，任何公民只要認為自己適任，都可以向行政院登記。依此規定，理論上是會出現候選人超出合理人數（如上千人，甚至上萬人）的情況；但揆諸實情，除非想要在公視取得非分人事控制權的黨政組織，利用他們掌握的資源、權力，大肆動員，否則，在公視董事為無給職，又沒有民意代表所具有的政治權力之情況下，如果真有成千上萬人向行政院登記為董事候選人，寧非不可思議之事！退一步想，如果這麼多合格的人登記，而且出於主動的認知，那麼，這顯示台灣社會已醞釀了積極參與公共事務的精神，行政院更應依提名程序遴選出適當的公視董事人選。[1]

公視建台　亂源何在[*]

監察院兩位委員提出糾舉案，理由是官方的公共電視籌備會，沒有任何公務人員就動支了鉅額國家預算，因此編列預算的新聞局應該負責，補派官員進入官方的公籌會，加強人事與會計的督導。

監委在這個時候提出糾舉案，是不是如外界謠傳，另有目的，旁人無法得知。不過，問題的癥結是，新聞局真的沒有干涉或督導官方公籌會嗎？演變成現今雜亂狀態的根源又在哪裡？而目前又應該怎麼辦才能稍稍彌補先前已經造成的錯誤？

1　2023/11/27按：筆者參與公視民籌會，但未曾在相關評論揭露。本文所指董事產生辦法認可公民自己登記，應該是陳義過高。

*　《聯合晚報》1993/9/11第2版。

　　報載新聞局官員透露，「公視籌委會」執行長王曉祥先生在監察院提出此案後，曾口頭向胡局長表示，如有必要，他願意辭職。胡局長並非王曉祥的直屬長官，辭職與否，何須事先向胡局長「口頭表示」？所謂新聞局向來沒有督導官方公籌會，實很難取信於人。事實上，現任新聞局長較少干預公視籌委會運作，但這並不表示前任新聞局長在更長一段時間，沒有「盡職照管」公視籌委會的責任。

　　眼前公視籌備狀況有所偏頗，根源還是行政命令妄自取代了法律，因此形成權責劃分不清，要管又不敢明目張膽，說不管又是與「慣例不合」，並且要討監院責怪。為今之計，比較妥當的作法，也許是公視民間籌備會的建議，官方的公視籌備會應該「停止任何運作，靜待《公視法》通過以後，再依法行事」。同時，新聞局與監察院甚至立法院，都不應該想要再介入公視的人事組織。

　　當然，停止官方公籌會的運作，勢必對於現有並不是因為非專業考量而聘用的人才，造成損失，對於這種因為政策擬定過程的差池，致使無辜第三者受害，顯然，國家行政機關應該負責賠償。

新聞局不要混水摸魚 *

　　監委糾舉公視案，弄不出個鳥名堂。說不清楚問題的根源，搞不懂新聞局與官方公籌會的關係，認知偏差而造成舉輕若重，砸破了頭，依後見之明，實在是恰如其分。現在可好，或許是愈挫愈勇，據報載，監委打算聯合立委，說是調查與質詢兩權要一起來，要給公視好看。

　　問題是，要給誰好看呢？公視官方公籌會的列位高員，就算受此「驚嚇」以後，一日千里而判若兩人，也難補先前兩年多的顢頇。何況，在雷聲大雨點小，在輿論數落監院的「仗義執言」之撐腰下，他

＊ 《中國時報》1993/10/18 第27版。人間副刊。

們說不定是老神在在哩？然而，這件糾舉案卻殃及了池魚，搞得無辜第三者，也就是「電影資料圖書館」滿頭包。

　　成天想要加緊掌控電影資料館的新聞局，先前苦於必須營造開放的形象，只好恪守本分，遵重電圖人事與會計的自主運作。現在可好，監委的尚方寶劍沒有砍到新聞局的大腦袋，倒是叫新聞局借力使力，搶了去耍。新聞局這些時候，大刺刺地臉不紅氣不喘，說是要加緊看管人民荷包，於是電圖的活動計畫只好往官方要求的方向修正，要任用的人事，仰臉先看一看新聞局的顏色。

　　如果電圖尸位素餐，新聞局的管，倒也應該。問題在於電圖形象頗佳，而且表裡如一，做了不少正事。真要看緊納稅人的錢，為什麼不去查查電視文化研究會？這個年度它領了新聞局2,700萬預算，幾乎是電圖（1,400萬）的兩倍，幹了什麼正經事？好不好給個答案？[1]

三台與公視　揩油比賽？[*]

　　民意代表義正詞嚴，召開公聽會指控所謂的公視，過去三年來花掉大家50億，是三台資本額的兩倍半。說得好，不過，還有更好的另一半，沒有看到民代揭發：同樣是過去三年，台、中與華視揩了大家多少錢呢？好人要做到底，不要防小漏大，否則難免惹來「明足以見秋毫，不足以見輿薪」的訕笑。

　　公視用了納稅人的錢，是事實。三台占用無線電波長達20至30

1　2023/11/23按：老井（迎瑞）當時是電影資料圖書館館長。筆者從報章新聞得知老井做很多實事。我應該是在1991年入秋前後，電圖在台北市美術館前舉辦露天電影展時，初次見老井在現場，得空趨前自我介紹並致意。這篇短文見報後，彼此尚未如同日後那般熟識的老井來電研究室，先說抱歉，我尚未回神之前，老井說了原因：他對該文的陳述並無意見，但為避免相關人以這篇短文作文章，不利電圖，為電圖計，他會另撰乙文於「人間副刊」，讓我不要介意。

*　《中國時報》1993/10/25第27版。人間副刊。

餘年，別人不能使用，難道不是納稅人的電波長期被使用，而這些電波負載的節目，難道不是替三台帶來了豐厚的利潤？這些利潤跑哪裡去了？《廣電法》第1章第4條，不是開宗明義地說，「電視使用之頻率，為國家所有」嗎？但三台除了繳一些微不足道的公司稅，以及自1984年開始，繳利潤額度的10%作為新聞局主控的廣電基金的主要來源以外，台、中與華視從大家電波摳去的錢，不是也中飽了黨政軍、日人與若干占有股份的商賈的私囊嗎？何以沒有看到民代揭發？記者實在應該質問。

台、中與華視，過去三年，單是廣告收入就有452億元，保守地估計，利潤也有68億。扣除他們交的公司稅與捐給廣電基金的金額，三台塞入自己荷包，也就是侵占電波所有人（台灣2,100萬人）的金額，必然是在50億以上。這只是過去三年，還有過去的二十多年呢？老帳如果一起算，這還得了？以現值計算，每年平均沒有20億也有10億，這不就是老百姓被揩了200至400億嗎？不是氣死正義感滿滿的民代嗎？過去怎麼從來沒有看見立委民代仗義執言？

如今倒有一個兩全其美之計，可以使三台與公視同時不再揩大家的錢。那就是，三台每年提撥營業額10-14%，供給公視逐年使用，如此一來，過了一手轉帳，三台與公視免去了揩百姓錢的汙點，老百姓也得到了實質的好處。您說好也不好？

三台的錢是大家的 *

上個月（1993年11月）立法院教育等聯席審查會，通過《公視法》25條，規定國內三家電視台每年必須交一成的年度營業額，作為公視基金。消息傳出之後，三台以及電視學會與產業工會先後發表聲明，表示立院的法條多所不宜，主要的理由有四：

---

* 《聯合晚報》1993/12/3 第2版。

　　（1）徵收營業額不合理，應徵收利潤。（2）廣電基金會已徵收三台部分利潤，《公視法》再收，是重複課徵。（3）國外沒有這個例子。（4）三台是民營公司，自負盈虧，未來競爭激烈，誰能保證一定賺錢，不賺錢又要交營業額，豈不逼迫三台降低節目品質，而三台員工與股東的權益，也跟著受到損害。

　　這些理由，似是而非。

　　如果以利潤作為計算標準，三台很有可能虛立名目，如轉投資或浮報成本（包括股東的分紅），壓低利潤。[1] 7月通過的《有線電視法》，規定有線業者必須交作公益使用的經費，也是以營業額計算。規模遠小於三台的有線電視都已如此，難道三台不能？廣電基金徵收三台的金額非常低，並且有很大一部分用於三台本身及公視節目的製作，如今既已另有《公視法》的新規定，扣除亦無妨。好的法律，國外沒有先例，同樣也應該施行，更何況，英國徵收營業額的比例還高達14%。況且，三台使用的無線電波是公用資源，用了別人就不能用，當然更是要交稅；而根據三台公布的資料，以去年為例，交了廣電基金、給了員工2、30月薪餉以後，即便再交一成營業額，稅前利潤還是有10多億，怎麼可能損害員工或股東利益？

　　有線與衛星電視最為發達的美國，NBC、CBS與ABC還是生奔活跳，台灣的三台怎麼可能會因為新媒介的發達，而經營不下去？

1　2023/11/27按：在倡議公視年度經費來源，當取彼時有高額利潤的三台營業收入之時，李金銓老師讓我聯繫音樂人、文化人，也曾任中視新聞部經理的張繼高先生（筆名包括吳心柳）。電話中，這位前輩也特別強調，課徵應該要以營業收入為準。

別讓《公視法》　淪為政治交易籌碼[*]

潘家慶、王石番、關尚仁、鄭瑞城、徐佳士、李瞻、郭良文、趙雅麗、鍾蔚文、
陳世敏、張錦華／政大、世新、淡大、銘傳、中正、交大、台大、輔大及文大
9所公私立大專院校76位傳播學者

我們是大學院校傳播科系專任教師，聽聞朝野立委的代表，
（1994年6月）9日將進行協商，在本會期二讀時，修改去年一讀通過
的《公視法》經費等重要條文。對此，我們期期以為不可。

一讀通過的《公視法》第25條，規定未來公視的經費，除了政
府預算以外，尚包括「商業無線電視台年度營業額百分之十」等七
項。就我們所知，正是這個1/10營業額的規定，引發了不當得利者的
最大反對，因此去年底以來，三台即積極遊說立委，企圖修法。

然而，我們必須再次強調，這個1/10的規定，合理合情，並且符
合公正原則，又能增進三台營運效率，應該維持，不能修改。具體言
之，徵收商業無線電視台年度營業額1/10作為未來公視財源之一，至
少具有五個優點：

一、符合使用者付費的原則。無線電波是公用資源，具有排他
性，如果以1/10營業額作為使用電波費，三台去年的利潤，還是能夠
得到10餘億。

---

[*] 《聯合報》1994/6/8第11版。2023/11/18按：我國傳播學者對本行議題大規模的共識
與支持，這可能是第二次。第一次是政大傳院教師18人聯合發布的〈一封公開
信：我們期望公共電視能夠實至名歸〉，由鄭瑞城教授安排，於1992年10月25日
傳真至八家日報與三家晚報，次日《中央日報》、《自由時報》與《自立早報》原
文刊登，《聯合報》節錄大部分、《大成報》作成頭條並以紙上座談方式登錄四分
之三版、《民生報》與《聯合晚報》改寫，《中國時報》、《中時晚報》與《民眾日
報》未報導。第三次是2009年6月16日在三天連署〈傳播學界給旺旺中時集團的
嚴正呼籲：旺旺中時應懸崖勒馬　勿殘害言論自由與新聞專業〉後，新聞傳播系所
23家149位專任教師召開記者會，次日《聯合報》、《自由時報》與《蘋果日報》等
媒介都顯著報導。第四次是2010年12月26日的「反收買、要新聞：傳播學界反對
政府置入與業配新聞」聲明（46個系所131位專任教師連署）。

二、減少納稅人的負擔，亦即平均每個家庭每年節省400餘元。

三、提高公視財源的穩定程度。外國公視經驗顯示，政府在財源短缺時，經常刪節公視等文化支出，從商業電視取得適度經費，可以相對減緩公視經費不足的威脅。

四、增加公視的自主空間。徵收無線電視所得，並不是三台養公視，而是立法取回原本就是公眾擁有的資源，然後透過直接撥付的方式，協助公視相對地不受政治力的干擾。

五、改進無線電視績效。三台霸占電波，不必認真經營即可獲得巨大而不當利潤，因此製播乏人問津的聯播節目，甚至進行變相的政令宣導，立法使其不當得利的部分回歸公眾，相對能夠促使三台妥善規畫節目內容與流程。

未來公視是否能夠實至名歸，無法完全依賴法條，但反過來說，如果一讀通過的《公視法》經費條文，在執政黨私心自用，而在野黨未能堅持下，淪為政治交易的籌碼，則公視必定沒有成功的道理。若要修法，請立委就一讀未能周詳規畫的部分，如商業台遲滯繳交營業額之罰則，多花心思，慎勿自誤而遺害國人。

公視何不正名為「政府電視」？ *

閱讀貴版（1995年1月）2日公視新聞部烏凌翔先生大文，文中舉英美加例子，說明政府捐款不必然影響受款電視的公正。此話不假，但作者繼而聲稱，這樣的電視還能夠獨立自主運作的原因，「關鍵在社會大眾及輿論是否盡力監督」，則似可商榷。

第一，過去四年多來，輿論對公視的監督，在單一媒介機構來說，不能算少。本會無法代表社會大眾，但前年6月成立以來，亦曾

---

* 《中國時報》1995/1/3第11版。以「公視民間籌備會」名義發表。

多次透過投書、舉行記者會、赴電子媒介說明、聯絡傳播學界與其他社會團體，以及遊說民意代表等方式，甚至配合賀德芬教授的公視調查報告，略微作了一點監督公視籌建的工作，但成效有限。假使立台以前的輿論及社會監督，尚且無法影響籌辦效果不很理想的公視，再要期待公視開播以後，會有更大的民意對其監督，使政府壓力不致過度染指，是不是太樂觀了點？

第二，英美加的公視能夠與商業台相同，相對不受政府影響，「民意監督」只是輔助因素，不是關鍵，最重要因素是這些國家的政黨輪替執政已久，彼此牽制，不敢過度干預媒介運作。其次，英美加的公視內部組織比較民主，因為其大多數員工已經在長年爭取改善工作條件的過程，發展出高度自覺的意識，並創設工會作為他們自主工作權益的屏障。公視籌備會的新聞部及節目部員工，這次沒有善用立委周荃提出的拍賣主張，要求其主管簽訂新聞及節目的公約，作為增加公視公正運作的一點保障，似乎反證了並不是多數員工均有透過團體協約以增進本身自主權利的意識。烏文捨棄外在政治環境及公視內部組織不談，卻只膨脹輿論的力量，是不是迴避了自己應該擔負的責任？

最後，烏文說向三台徵收10%營業額是「懲罰三台條款」、「有違自由企業之精神」，本會亦有兩點說明：（1）電波公有，三台繳使用電波的特許費是「回饋」，不是懲罰，額度是否降低，應由民意代表依公益原則協商，公視員工在這個時候為三台不當得利發言，似乎真的會遭人「『為飯碗而爭』的錯誤印象」；（2）果真按照「自由企業之精神」，公視就不可能有存在的空間，因為市場已經決定一切。公視引發的困局，至今難以解決，不如接受周荃的建議，正名為「政府電視」，或許對大家都有好處；社會大眾得到一家沒有廣告干擾的電視台、員工得到應有的工作權，而我國政府在經濟奇蹟之後，再以政府之名，行公共之實，另行創造一個文化奇蹟，也是一樁美事。

調查報告　媒體怕怕＊

　　（1995年）10月與11月中旬，兩個頗具新意的電視時事節目相繼登場，一個是部分前公視離職人員參與製作的《調查報告》，另一個是台灣新聞記者協會成員主持的《媒體怕怕》。很巧，一先一後，每週一次，一次一小時的兩個「硬調」節目，都在超級電視台播出。

　　看完兩集，為前者叫好，為後者加油，但也都為兩者擔心。

　　從題材的挖掘與選取、畫面的剪接、音樂的搭配、採訪功夫的準備到旁白文字的撰寫，進行流暢以至於讓觀眾願意也能夠在最少分心狀態下，投注眼神收看，這並不容易，但《調查報告》每集的三至四個單元，似乎應該算是頗為成功，或者，至少可以說是將台灣類同性質的節目都比了下去。尤其可貴的是，聲影交加所總合呈現的整體訊息，在平易敘述而不卑不亢的風格裡，透露了嶄新的新聞採訪原則，亦即在較大程度內，豐富了客觀公正的內涵，不再只是雙面或多面並陳的虛矯平衡，而是讓觀眾清楚看到了事情的癥結與衝突的焦點，從中觀眾宛若得到邀請，於是自行思考而後形成想法及立場。

　　《媒體怕怕》展現了另一番風貌，它宣稱是「國內絕無僅有、客觀的專業媒體批判節目」，將「澈底診視國內媒體……的光怪陸離現象」。這些從業人員能夠為了建立本行的尊嚴，也為了符應社會公器的要求，勇敢踏出的自省而後敦促同儕反省的腳步，若能在電視這個最需改造的媒介中持續留下印痕，無疑意義重大，第一集的表現雖然平凡，但匆促上陣之餘，能夠邀請四位圈內觀察家，與他們同台義務針砭一週媒介表現，並安排當事者在電話中答辯，以及尋訪街頭評論員的意見，似可窺見製作單位求好求變的心思，無怪乎傳播學界耆宿徐佳士教授對此節目肯定有加，語多鼓勵。

　　近日以來，看慣三黨分贓電視時論節目的人，對於這兩個節目的清新，確實會有股切期盼。不過，這份主觀願望是否真能達成，畢竟有待時間檢驗，倒是它們現身在自稱「一台抵三台」的超視，已經另

＊《聯合報》1995/11/28第37版／聯合副刊。

外透露了兩個大的問題。

第一，20日開始第二次試播的所謂「公共」電視，到底是在幹什麼的？製件《調查報告》與《媒體怕怕》的主力，很大一部分均曾供職「公」視，但為什麼「公」視有這麼好的名稱，有這麼多的納稅人預算（尚未正式開播的現在，一年就有5億左右，而超視創台資本據說只有10億），卻偏偏留不住這批優秀的影視工作者，不能提供充分空間讓他們自主揮灑，致使他們必須擇良再棲？王曉祥顧問最近說「公」視是一種文化給付，但如此結構已然不良的「公」視將給我們什麼樣的文化，這真讓人擔心。

第二，廣電基金會與新聞評議會是在幹什麼的？前者監製三台的9點檔社教節目已經超過十年，後者製作三台聯播的《新聞橋》也有數年，但他們真敢自稱超視這兩檔節目不是他們早就應該做的，而且以他們的資源，應該做得更好的嗎？

眼見「公」視大選後或許會蒙混過關，真正開播，眼見廣電基金會與新聞評議會，不能克竟傳播自主機構的全功，突然讓人對台灣新聞記者協會所說的「媒體，你的名字不叫老大」，拍案叫絕。是啊，造成「公」視等三個單位不堪的原因，不正是政客心歪而識見有限、不正是電視市場混亂而令他們有機可乘嗎？媒體當然不可能是老大，黑金與白金擋在前方咧。

議論公視，愈多愈好[*]

（1995年）12月16日邱捷先生〈公視在幹什麼〉回應了月前拙文對公視的批評，在此簡覆。

第一，請仔細讀原文，它說的是「為前者叫好，為後者加油，但也都為兩者擔心」，因此，說筆者肯定《調查報告》是真的，至於讚

---

[*] 《聯合報》1995/12/26第37版／聯合副刊。

揚《媒體怕怕》則未必，雖然筆者願意為它「加油」，至於這樣的肯定與加油，是否值得身為觀眾的人「殷切期盼……畢竟有待時間檢驗」。就拙文義理來說，敝人難道曾無條件為這兩個節目背書嗎？筆者更不可能揄揚「超視」，內文說，「自稱『一台抵三台』的超視」，其中「自稱」二字所代表的不願認同的含意，就如同「所謂的公視」當中的「所謂」二字。拙文第二段的最後一句話又說，「為兩者擔心」。為什麼？正是這兩個節目是否能夠繼續存在，以及在商業台是否能夠得到合理製作資源而改善品質，實在讓人頗多疑慮，所以對於公視及另兩個不營利的單位，不能也不願企畫這類節目也就不滿。

第二，原文最後一段說，「不堪的原因……正是政客心歪而識見有限」，它何嘗「窩囊」公視基層員工？五年多來，專家版公視法被行政院以責任政治為理由而竄改（天曉得我們的領導階層負過什麼政治責任？注意，這裡說的是領導階層，不是一般官吏或公務員）；然後，眼見公視將淪陷為政府電視，又有社會人士發起組織，費力遊說，總算將專家版搶救回來，並補強了最重要的人事與財政規範；這個時候，歪心政客不願這部好的草案成為法律，於是在不肖電台「請願」與民代的作梗下，硬是將遲延文化給付（許宗力教授引進的概念）的行政責任往「沒有效率」的立法院推。以上政客必須負責的地方，固然與公視籌備會無關，但籌備過程欠健全，公籌會本身不能無過，比如，最高權力單位的委員會，過去有些什麼重要決議，是否真正規畫好公視的方向？曾任委員的賀德芬教授近兩年前提出報告，指出籌備的缺失，至今報告原本無法正式出版，遑論缺失的改進。

對於電視（包括公視）的批判，取其宏觀，可以就其產權與經營權所涉及的人事與財政提出意見，取其微觀，可以就其個別節目表現而抒發。邱文所列舉的節目與公視員工的努力，正是公視值得外界支持的原因，如果這些節目都不可得，那請問，我們還需要公視嗎？（但，再抱歉一次，7月間的公視《原住民新聞雜誌》，製作人橫遭調差，為什麼？）這類節目與《媒體怕怕》、《調查報告》相同，最能彰顯「公」視特質之一，亦即監督政商勢力，但公視未做，原因不正是它的結構不良？

　　最後，立院已完成聯席審查的《公視法》草案，如果能夠「過關」，是社會之福，當然不是「禍害」，但很諷刺，社會之福，政府似乎不肯為之，所以拖延至今。數個月來，謠傳行政院有意只將公視弄成節目製作中心，果真如此，則在只知經濟，不知文化，口說文化，其實縱惡重於興善的官員手中，是不是很有可能是「禍害」？

　　雖然筆者與邱捷先生已經當面交換意見，知悉彼此想法，但念及公視畢竟是眾人之事，因此提綱數句如上，望公視員工不致認為筆者對彼敵視，更盼望公視員工為自己爭權益，也為社會爭權益，聯合更多關心台灣電視前途的人，向輿論訴求，共同向歪心政客「攤牌」。

公共電視與亞太媒體中心 *

　　風水輪流轉？大約從1980年代中期以來，節節敗退的西、北歐公共電視制度，乃至於美國的公共電視服務網，最近兩、三年來出現了一些轉機。倒不是說這些公營電視台不再受到商業勢力侵襲，也不是說西歐當道政府不再恫嚇它們，甚至飽以拳腳。

　　這裡只是說，關於公共廣電體系的論述，年來頗見豐富，無論是單冊圖書的出版、專輯討論，或是散見各大相關期刊的單篇報告，從零零落落，到了有此起彼落、一波又接一波的出版趨勢。

　　這些論述是否可能慢慢轉化，滲透到流行媒介，然後盤旋緩升，再逐步對於政治系統產生良性影響，尚待時間檢驗，目前言之過早。兩相對比，台灣的情況如何？學院論述方面，國府六年多前宣布籌建公視以來，是有些著作出版，雖然乏善可陳、良莠不齊，但總還有些討論。到了最近兩年卻是每下愈況，尤其在前年政府宣布開始推動亞太媒體中心以來，局面更顯滑稽，一大堆人跟著、忙著向相關單位申請研究，說是要配合這個中心的需要，甚至有研究所的招生海報，打

* 《聯合報》1996/4/16第37版／聯合副刊。

出「誰來管理媒體中心」的旗號，想要以此廣為招徠。

但政府所謂的媒體中心是什麼？說出來嚇死人：將電影、電視節目等等事關文化政治的軟體，完全等同於紡織品與半導體等硬體，然後使用納稅人錢財，協助影視財團做生意，具體作法包括修改《促進產業升級條例》，使影視業也能得到輔導獎勵、無償或低價提供影棚等所需的土地、優惠融資貸款、降低影視專業器材的進口關稅，給予媒體事業減稅待遇等等。總之，也就是向大家揩油。

為什麼這麼說？

舉個實例就可知道。假設製作一個品質好到能夠引發共鳴，從而具有潛能及流通海內外價值的一小時電視節目，成本是100萬元，但三台只肯拿出70萬，另30萬卻要借用媒體中心的各種硬體優待來節省，這合理嗎？尤其是在三台每年獲利豐厚的情況下，國府不以政策責成三台用更多資源製作節目，卻倒反過來，再剝觀眾一次皮，倒貼三台早就盈餘滿滿的私囊，可能太欺負人吧。產官學不在公共電視上通力合作，倒是在向錢看的媒體中心串通在一起，怪哉。最近爆發電玩弊案的周人蔘，在林口有塊地，聽說是要作為媒體中心園區使用，此事若不先發作，說不定再過些日子，會傳出更大的勾結案哩。

眾人對這樣的媒體中心，難以理解。與此類似，最近有家公司完成一項調查報告，它也發現不少民眾對於什麼是公共電視，有聽沒有懂，民眾對於公視應當扮演什麼文化角色，也欠缺了解。這家公司的顧問認為，這是因為三台電視文化已將觀眾「文化洗腦」所致。

這句話很對，但沒有說出全貌，還有三個因素造成民眾不解或誤解公視。第一是政府當年在名實俱不相副的情況下，厚顏使用「公共」二字，從此產生誤導。第二是公視籌備過程，如人意者少，讓人搖頭太息者多，這個情況還是政府需負較大責任。以最近這次籌委會委員改組為例，新進三位籌委當中，過不了多久，居然搖身一變，成為立法委員或國大代表，政府官員太厲害了，未卜先知就知道此三人必將「成器」而網羅他們來籌備公視。最後，學院論述不力也顯然不能無過，有請這些教育新生代的人，多談公視，少談媒體中心。

公視能否耳目一新　人才延攬成敗關鍵[*]

　　歷經將近十年、六位行政院長、七位新聞局長，千呼萬喚總算出來的公共電視，刻已進入緊鑼密鼓的求才階段，尤其是三位副總經理與五位經理的人選，特別值得外界關注。

　　如果能夠得到恰當的經理人，使其量才適性，則在首任董事長吳豐山的「旺盛企圖心」之下，未必不能再把目前的《公視法》修正得更為理想；則在首任總經理廖蒼松強調「要把公視塑造成台灣的NHK」的意志之下，未必不能在修法後，伺機而實現這個想法。

　　反過來說，公視是否能夠修法、是否能夠日臻合理，顯然又與前舉尚待聘任的經理人才，是否能夠符合公視現階段的需要，有非常重要，甚至決定性的關聯。假使經理人選合適，可為公視注入泉源活水，清新之氣應運產生，於是給予外界良好觀感，增益輿論支持公視的力量，修法之時機亦較可期；如果經理人選未盡合理，乃至予人率由舊章的感覺，那7月1日開播以後的新電視台，名稱雖為公共電視，是否已經不能給人耳目為之一新、引領企盼的期待，於是阻隔了日後的修法機會？

　　所以，在法律近期內難以更動的前提下，這些高層管理人員的選任是否允當，可說是未來公視能否邁向成功之路的關鍵。正是在這樣的認知下，我們因此敢於不揣淺陋，願意甘冒僭越之指控，進言有關副總經理與經理人才的延聘，似應該至少符合以下兩個原則。

　　第一，就表現公視的專業來說，總經理既然已經來自我國最資深的電視台，則對於其組織文化、政治關係，乃至於節目製作的優缺點，應該已經有非常深入與全面的了解，何者應該為公視學習、加強與擴大，何者應該為公視改正、淡化與減少，總經理必定瞭若指掌。是以，延聘的高層人材似宜避免其專業資歷與總經理類同，如此，或許將可以在較大範圍內，海納多元的管理眼光與視野，因襲既久、習焉不察的窠臼，也就比較可能得到改善的機會。

---

[*]　《中國時報》1998/4/5第11版。

第二，就落實公視的理念來說，未來規畫公視運作的非硬體之高層人材，若是先前的專業表現，完全與彰顯多元文化、資訊與娛樂的公視價值，看不出眾所認可的關係，則似乎其晉用的優先性不能放在前面。換個方向話說，如果其人在過去公視建台的許多年當中，曾經表現其熱忱、認知、信守與尊重公視之多元價值，那麼，符合這類條件的人應該值得優先任用；當然，前提是這樣的人，仍得對於公視的實務運作擁有合理的專業能力與經驗。

台灣的公共電視命運多舛，來日的前景尚待塑造。如同「英國廣電協會」（BBC）那般的機會，由基層人員拾級而升任至高層管理，我們因歷史程序不同，固然已失之交臂，卻也無可扼腕。畢竟，只要創任的董事長與總經理視公視如己，體認其意義，敬重其位，延聘合適的人才，則日積月累，使公視成為氣候，成為台灣重要資產的時日，亦當指日可待才是。

讓影視帝國夢喜劇收場 *

亞太媒體中心之說從1994年首次見諸報端，至今將近六年，由政府出資（應該已經超過千萬台幣）的相關報告（包括將要進行的部分），可能超過了十本。

行政院就單一傳媒項目，委辦這個規模的報告數量，允稱數一數二，應該僅次於1980年代的有線電視研究與編譯案。

然而，亞太媒體中心的想像，很有可能因為誤解媒介的性質，以及政府作為的怠惰，導致規畫資源的浪費，而更重要的是，再次於蹉跎聲中，遲延台灣媒介生態沉痾的復建工作。

---

* 《聯合報》2000/2/13第15版，該文摘自台灣媒體觀察教育基金會、聯合報系文化基金會與富邦文教基金會於當日合辦之「自由與倫理——為新世紀的傳播政策找出路」研討會引言報告。

　　政府或從政人士對媒介的誤解，分作兩種。一種是無意、下意識的忘卻，不把媒介視為文化現象的一部分，廣電、電影、出版等業務歸由國家宣傳單位新聞局主管，而不是文建會，以及早些時候，各組總統候選人熱鬧談及文化部，居然絲毫未觸碰媒介，都已清楚顯示，在很重要的政治過程當中，媒介的文化面向消失，或沒有得到應有的突出對待。

　　第二種誤解可能是故意的，或說在結構因素上，有其用心的遺忘，不願意面對媒介的強烈政治屬性。

　　曲解或掏空了媒介的政治與文化面向，似乎注定政府在有媒介政策時，就把媒介當作只是另一種經濟產業，於是想要將台灣的媒介產品推向國際，尤其是想要在華語視聽市場爭取最大可能的占有率，但卻忘了，兩岸合製的《還珠格格》等等連續劇之外，台灣有多少能夠外銷的節目？

　　這也正是新聞局委託輔仁大學大眾傳播學系所作報告所提出的問題，也是媒體中心的說法初度見報時，筆者撰述〈悲哀的影視帝國大夢〉一文的詰問。但這些相關討論並沒有停留在消極抵制政府的一廂情願，而是不約而同地指出，走向國際之前，必須先面對自己；即便退一步設想，承認單從經濟面來研擬媒體中心有其正當性，這個政策也必須先健全台灣媒介的生態。

　　所以，台灣媒介環境如何脫胎換骨？可以分作幾個方向考慮。

　　首先是規範政府機關的媒介政策，應該優先制定的是資訊自由法，調整管制監督機關，並重新釐清中央與地方政府的廣電權限。其次是規範媒介本身的政策，比如，收取合理的電波費及特許費，藉此調節市場秩序、管制有線與電信的壟斷趨勢，使其因規模經濟得到的效益能夠分潤社會，追求業者與全民雙贏；又如，為了降低目前已浮現的媒介惡性競爭局面，應當追求市場的社會化，具體方式是增加公共媒介的分量，使台灣媒介生態表現為公私的均等混合，而不是傾倒於一方；再如，經建會去（1999）年8月研究案指出，應「建立一套完整且具時效性的媒介產業資料庫」，以利相關政策的制定，政府可以參考德國與中國大陸的法律，就此進行協調與調查。最後則是對媒

介使用者提供服務的政策，特別是指媒介公民教育的強調與推動，以及透過視聽媒介來協助母語的學習。

就媒介而言，我們常說，這是財團辦媒介的時代。不過，就資本主義社會來說，這並不是台灣的特徵，我們的特徵其實在於：第一，傳統上的兩大報與三大電視台，不是唯利潤是問的媒介（說不唯利潤是問，是指仍須在很大程度裡服膺這個準則），因此是否反而在某種意義上，有可能因其資本來源比較單純，在某種轉制之後更加能夠符合社會求之於媒介的民主表現？第二個特徵是，在財團營利動機的媒介之外，台灣民眾的選擇空間非常有限。非營利之公共廣電媒介，政府應該給予支持。

其次是媒介員工，在這方面，最大特徵是僅有以「兩報三台」工會為主所組成的「全國大眾傳播業工會聯合會」，其他媒介多未有工會，也就不能成為大傳聯會員。假使歐美媒介的相對健全，都以其媒介員工有其工會組織為前提，那麼，台灣整體生態的不佳，是否也反映在我們欠缺有效的媒介工會？

在新科技方面，媒介可說首當其衝，但新技術不只是帶來威脅，它也是媒介擴張的契機。晚近媒介引進自動化、競相投入網際網路，既有主動經營新商機的企圖，卻也不乏飽受競爭壓力，以致不得不反應之事。但此間媒介對新科技的報導，呈現其光明面者多，有關新科技在商場競爭邏輯之下的困境，似乎較吝於著墨，從而產生了科技迷思，理當檢討。再者，業者除了競爭或三兩結合數個聯盟而仍彼此競爭之外，有沒有政策可以著力之處，有沒有調節競爭機制的機會？

在媒介消費者方面，1987年消基會設立了傳播權益委員會，運作似乎比較低調。另一方面，以公民身分及組織參與媒介興革的情況，過去七、八年來陸續有多起，有些成績（如客語電台的成立），但相較於美加英韓的實例，台灣媒介公民的能量，集結的速度應屬遲緩，規模亦小。「台灣媒體觀察教育基金會」是不是標誌了新的階段已經來到，其發展值得關注。

公共電視的擴大契機：2000-2008

具體說明什麼是公共電視[*]

　　廁所與媒介是兩碼事，但兩個名詞前面加上「公共」之後，彼此關係就生動了起來。普天之下，率先啟動公共電視制度的英國，本月（2002 年 11 月）初又有了新的招數。原來，約翰牛在倫敦推出了新型的露天公共廁所，白天不見蹤影，僅在太陽西落，人們進入酒肆之後，它才從地底升起。

　　這種從十九點浮現地表，次日六點便又隱去身影的公廁，主要設定的服務對象雖然是四處便溺的酒客，但顯然所有來往行人都可受益。相較於 BBC 免費提供英國觀眾多個數位電視頻道，這種新公廁的出現晚了三、四年，但道理相通，支付小筆費用後（新公廁要價約新台幣四毛，看數位電視得有機上盒），所有人都可平等使用。

　　在這方面，台灣與對岸的「制度創新」，都是廁所比電視快，也就是先有廁所的公共化，才有電視的公共化，或說，才可能讓人開始想像電視的公共化。

　　先看台灣，最近兩三年，關於電視公共化的討論，遭遇到了一個重大的難題，就是很多人都在問，究竟什麼是公共啊？現在好了，有了廁所的示範，可能就有了很貼近生活、很具體化的內容，任何人應該都能掌握。

　　什麼是公共廁所？簡單。就是興建公廁的目的，完全講究使用價值，不求用公廁以換取利潤，而使用者則不需要個別每次直接付費，

---

[*]《今周刊》2002/11/14，頁 116。原標題是〈廁所與媒體〉。

公廁從興建到維修，由所有納稅人透過政府預算來支付，使用的權利則不因性別偏好男女老幼、士農工商、貧富貴賤、都會鄉村、漢人原住民外國人的差別而有所區分，只要你在特定的地理範圍，就有使用這項設施的權利。這樣的廁所的基本要求是乾淨，至於該空間的簡樸豪華、款式美醜及是否提供香皂紙巾等等其他條件，則因社會生產力及政府預算所投入的高低額度而定。

依此看來，公共廁所早在 1998 年內湖公共電視台開播以前，就普遍存在於台灣了，特別是台北市捷運各站所設置的便所，有很大一部分都設在站所之外，即便不乘車也能入內解放。（但台灣的公視還有 20% 左右或更多的人無法收看，可見台灣的電視創新再次不如廁所了。）

再看對岸的北京。中央電視台馬萬明的說法，指 2002 年以後，中國大陸的電視將成為舉世所無的新模式，亦即將是「國有國營」但「執行公共電視台的職責，採用商業電視台的營運方式……是偉大的創舉……可以稱作世界上絕無僅有的『第四種選擇』」，固然誇張又搞笑（筆者曾訪問當地的朋友，他們認為公共電視這個議題，恐怕在十年內還不容易在神州上成為被討論的對象哩，遑論現在就有具體的實踐），但如果看看北京的公廁，也許有人願意將停留在樂觀其成的靜態觀念，升級為玉成其事的動態力量了。

還在幾年以前，北京公廁不如人意的地方不少，又得按次個別付費。從今年 3 月起，北京 481 座二類以上公廁開始設置了烘手機，也提供皂液手巾等，地鐵 60 餘座公廁也免費開放，2006 年以前，說是要讓北京人五至十分鐘路程內，就有一座這個檔次以上的公廁可用。如此巨大的公部門資源投入所催生的公廁變化，想來跟 2008 年的北京奧運（總計還要投入 250 億美元）不無關係。再者，北京不是全中國，充其量北京是得到最多開發資源的重點都會之一。

交待這些背景，用意不在說明北京公廁經驗不可複製，更不能比擬於電視，剛好相反，它確實透露了司馬昭的善意（希望不是幼稚的）想像：透過了名實相副的公廁（在北京，很多已改稱公共衛生間）之具體存在，人們的觀念可能開始有了變化，甚至假以時日，將

另有觀念與作法的全面解放，而且是正面解放的潛力，想到廁所可以，電視為什麼不可以，於是出現更多的力量，從事於推動更多的兩岸電視台走向公共化之路，而在這個過程，兩岸進入了良性競賽的狀態，一種是非私有的電視產權模式，相對於一種幾乎全面私有化的電視產權模式，看看哪一種會在建設公共電視的大業，先馳得點，開創格局。

政黨已輪替　台視、華視新團隊要有新氣象 *

　　台視與華視的董事等高階層人事更換，近日又鬧得滿城風雨。在所有無線、有線及衛星電視當中，台視與華視最有可能轉型為公有頻道，如果轉型失敗，搞成股票上市，將使得我國電視澈底淪為財團工具，節目惡質化競爭的程度勢必更為嚴重。

　　新政府應該盡力以符合程序及實質正義的手段，以最快速度，完成台視、華視的高階職務調整，取得內外肯定，為公有化兩台的工作奠定良好基礎。

　　雖然依照公司法，新政府完全有權透過特定人事調配，主導董事會，進而掌握總經理、副總經理等任命案。然而，驟得權力之後，假使能夠審慎運用，存有責任與抱負之心，則新形象的樹立，水到渠成。新政府不妨設計特定機制，向外界說明，它選定的董事及經理人才，考量標準何在，對公司內部亦應讓員工就經理人才有表達意見的機會。目前公共電視的董事產生機制不是最理想，但在台灣已算較為可取，新政府可以考慮略加更動後，酌量採納。

　　遵守以上程序之後，新政府應該還要在最大範圍內，為台視、華視找到較佳的經營團隊。比如，假使公司內部有適任人選，內升重於外來，此舉可望提高員工士氣，道理甚明。另外，報載特定人士可能

* 《聯合報》2000/6/18第15版。原標題是〈台灣電視生態改革關鍵〉。

出任台視董事長，但據傳此君過去四、五年來取得主持節目的機會，並不是其專業能力受到肯定，而是因為其人政治背景特殊。假使新政府有此任命，不但不能符合，而其實是與實質正義的要求背道而馳，再要讓人相信新政府的改革意願，恐怕就會比較困難。

　　台視與華視的前途，緊緊扣住了台灣電視生態的改革脈動，新政府必須跨出正確的第一步。

台視、華視公共化　球迷、體育迷動起來＊

　　奧運會結束，觀賞體育競技活動的眼睛還沒有停息。至少，台北車站前有幢大樓牆壁，高懸大幅招牌，一直在提醒路過的行人與乘客，回到家以後，不要忘了打開電視頻道，好好收看川流不息，夜以繼日的籃球、棒球、高爾夫球……，還有一堆知名與不知名的比賽。身不能之，至少眼睛隨之，不能親身下場打球，至少躺臥沙發椅，兩眼直視正前方。

　　球賽與運動轉播，在台灣好像沒有什麼收視率，至少沒有歐美那種瘋狂的收視率。我們從三台轉播不怎麼用心用力，以致招徠觀眾不滿，可見一斑。有人指責播報人員太不專業，遣詞用字常有錯誤，背景資料殘缺不全。有人感嘆三台未免吝嗇，不肯多轉播些競賽項次，不肯犧牲連續劇的黃金時段，以致觀眾眼福被攔腰一斬。

　　但是，很顯然，與其埋怨，不如追問，有沒有什麼辦法，既讓喜歡看奧運等等體育活動的觀眾盡量看個夠，也讓三台或以後負責轉播的電視公司心甘情願地為體育迷服務？如果能夠這樣，那麼，常見於歐美的、很不健康的球賽與電視的關係，台灣大概就能走避。

　　在英國，1990年修訂廣電法時，報端的相關報導，居然有一半左右，討論是否應該立法，讓BBC等公營媒介得到優先權利轉播多

種球賽，或是否理當讓它有此優先權利，以便服務所有英國球迷。1997年歐洲聯盟也有類似的討論。相關議題此起彼落，充斥在歐盟會員國。

這些國家如此在意轉播權的歸屬，道理在於，如果聽任商業競爭，必定造成轉播權益金有增無已，導致只有大亨集團有能力作此「服務」，於是有錢簽訂大亨之體育頻道的人，固然能夠收看，但更廣大的、沒有購買這些衛星或線纜頻道的人，也就無法看到。有段很長的時間，歐洲公營電台的聯合組織，有能力為其會員以較低價格，取得轉播現場競賽／事件的權利，1984年，它以0.17美元一戶，為全境2億多觀眾轉播洛杉磯奧運，反觀地主美國，居然花了西歐的10倍（1.67美元），原因之一就在美國澈底的私有電視台之競爭，把價格拉抬至不合理的地步。但伴隨西歐私營電視台在1980年代中期進入市場，逐漸有能力與公營電視分庭抗禮的過程，情況有了變化，比如，轉播費節節高升，雖然由於存在公營電視及政治力的制衡，還是比美國低，如1992年西歐支付的費用只有美國的1/5。

現在，台灣的體育競賽之觀眾，沒有歐美這麼龐大的規模，正可以未雨綢繆，以西歐為師，甚至青出於藍，採取聯合對外標購轉播權的方法，以合理價格服務國內球迷。

三台以台灣球迷不足，不肯多作轉播，並不是不能諒解。我們若是要求三台稍微犧牲一下商業利益，甚至要求三台試著創新，多作些轉播，看看台灣究竟是不是真沒有足夠運動觀眾，也不是不合理。但是，三台的犧牲或創新，最好有些制度基礎，否則只能偶一為之，無法成為常態實驗。至此，問題已逼到了一個關卡：三台的創新機制在哪裡？從以前到現在，三台都是私有商營，顯然在這方面表現不佳，假使師法歐洲的公營電視聯盟之作法，那就要把三台往公有而商營的方向推動。由於中視為國民黨有效掌控，作此轉換的可能性不會存在，除非國民黨主動首肯，或社會壓力極大。但這兩個情況的到來，為期似乎相當遙遠。

於是，剩下台視與華視的轉型。由於總統陳水扁曾書面承諾，未來要將兩台轉為公共產權，依靠廣告收入，但盈餘不入國庫，而是全

部投入節目製作與改善工作條件，因此，假使球迷鼓起動力，確保政治人物實現諾言，監督台視、華視作此轉變，並在合適的時候，使兩台與內湖公視合併以擴大經濟規模，以此提高分工的效率，那麼，使這樣的公產權不營利的電視集團，提供一個頻道，在類如奧運的時候，以合理價格取得權利並作轉播，顯然可能性很高。

球迷，體育迷，或者，喜歡看比賽的電視球迷、體育迷，是時候了。起而組織，要求台視與華視轉型，聯合內湖公視，四年之後，提供好的奧運電視轉播，此其時矣。

電視台公共化　才能提升視聽產業競爭力[*]

李天鐸教授日昨在本版發表大作，談及 WTO、國家角色與傳媒的關係，語未詳盡，恐將不利社會對此重要議題的認知，因作以下討論與辯正。

首先，特別是傳媒當中最重要的視聽產業，與 WTO 沒有關係，這就是「文化免議」（cultural exception）。聯合國教科文組織去年出版報告，重新追溯這個概念的緣起及流變，指出早在 1948 年時，GATT 第 4 條就已體現了這個精神，美國在 1950 年代引用佛羅倫斯協定（Florence Agreement）時，也承認了此一主張的正當性。到了 1993 年 WTO 成立前夕，以及去年 WTO 西雅圖會議，歐洲聯盟兩度強化文化免議的聲浪。

文化雖然免議，文化產品的貿易仍然暢通無阻，1980 至 1998 年間，其世界貿易額從 953.4 增加至 3,879.3 億美元即為明證。但也因為文化免議，各國得以排除 WTO 的國民待遇原則，針對本國視聽產品給予特別保障。不但歷來以政府干預聞名的南韓（如電影映演業每年必須映演南韓電影 100 餘天）、法國（如規定電影票房 11% 及電視收

---

* 《中國時報》2000/12/14 第 15 版。

入 5.5% 協助法國電影業），最少干預的英國與香港近年也日趨積極。英國在 1990 至 1998 年間，於各地成立了 31 個電影委員會，並在 1997 至 1999 年間撥款協助了 200 部電影的拍攝；香港去年撥出港幣 1 億作為電影發展基金。

李教授指出台灣視聽市場已被美日等跨國集團「宰割」，這是事實。李文接著說，舒緩這個現象的辦法，是容忍、樂觀其成或促成私部門媒介的規模擴大，藉此才能積極地「激發精緻資訊內容與優質節目娛樂的創製」，抵擋跨國媒介的進擊。

但是，相比於其他國家，台灣的相關法規並沒有特別不利於影視資本的兼併，反而是 1993 年《有線電視廣播法》通過之後，當前的有線系統與節目供應業者集中，才告出現。台灣電視產業規模的「分化與挣鬥」，問題非關國家，而是本地資本怯於長期投資，寧可擺地攤打游擊的苟且韌性，才是延緩產業規模擴大的主要因素。

更加重要的是，電視規模太小，固然無法維持好的節目產出，惟規模龐大，不見得代表節目表現得最佳。美國電視規模世界最大，節目表現比歐日弱，因為歐日無線電視體系公營在先，至今公私電視仍然相當，形成了比較好的競爭環境；英國獨立電視規模遠大於「第四頻道」，但論創意論品質，後者不輸前者，原因又在「第四頻道」產權公有，全部利潤回饋節目製作（包括更為有效地投資於電視電影的拍攝及發行），也就是投資在知識經濟當中最為重要的內容產製。

因此，如果要快速、適度、有效率地擴大台灣電視規模，與其乞靈於私部門的動力，顯然不如轉向公部門，學步西歐與日本（甚至新加坡、中國大陸都是如此），結合並轉化政府目前已經掌握在手的電視資源。具體的作法則在總統陳水扁的媒介藍圖中已經指出：蒐購政府目前持有重要股份的台視與華視私人股份，聯合內湖公視，分離產權與經營權，公視仍不播廣告，轉型後的兩台則不向政府取錢，而依廣告維生，如此則形成了公部門旗下三個（以上的）電視頻道。這樣一來，一方面能夠提升電視節目的製作水平，符合觀眾收視權益的要求，又比較能在全球競爭環境中，立於不敗之地，進可攻退可守。

建立公集團電視　引導良性競爭[*]

　　四家電視業代表在新聞局舉辦的公聽會中說，無線電視的公共化，沒有「急迫性及必要性」。但反過來說，難道維持現狀，讓台視繼續由日資、國民黨與財政部等主要股東掌控就有更大的急迫性？已經上市的中視繼續讓國民黨控制就有更大的必要性？華視繼續讓國防部控制、而民視繼續讓民進黨中常委蔡同榮立法委員擔任董事長就有更強的正當性？

　　部分業者主張，維持低價使用無線電波的權利，可以理解，但並不公平。華視代表建議「扶老攜幼」，主張無線電視兼併成私有的大集團，再以其盈餘捐助公視。此議不錯，但是，以盈餘或是營業收入作為捐助的計算母數會起爭議，捐助比例也不易拿捏，致使其可行性大減。若取回四台電波，重新規畫公私產權的比例及其使用條件，最為理想，惟讓人扼腕，短期內台灣社會缺此空間。

　　若要在公平與可行之間，求得妥協，並同時滿足經營效率的要求，那麼，促進公集團電視的出現，是最佳的策略。政府可以先蒐購台視與華視的私人股份，其次立法使產權與經營權分離，最後再與內湖公視結合。如此，台灣就有了公集團底下三個以上的電視頻道，稍可平衡私人電視的規模，這個作法符合世界標準，西歐、南韓、新加坡與日本等等國家，莫不如此。

　　作此調整之後，公集團的財政來源與目前並沒有不同，也就是內湖公視還是依靠政府預算，不播廣告，但台視與華視還是必須播放廣告，並且必須從中自給自足，不能從政府取得營運資金。這樣一來，對於現存電視品味的挑戰，並不會太大。不過，公集團電視若能成軍，可能在另一些方面產生較大的示範作用，原因是這三家公司的規模經濟可以擴大，人力等資源可以更合理化運用，並對觀眾提供較多較好的服務。更重要的，由於公集團電視將盈餘全部投入節目製作，效率較高，能夠在市場上取得上風，對於員工也就較為有利。

---

[*]　《聯合報》2001/5/17第15版。原標題是〈引導良性競爭　建立公集團電視〉。

　　台灣電視的亂象，千頭萬緒，不僅止於無線，有線電視的表現同樣有待改進。建立公集團電視只是第一步工作，與此同時以及其後必須推動的革新，哪裡又只是台視與華視產權的改變？但如果行政與立法部門最能夠主動調整的電視台竟然都無法撼動，那其他步驟的興革就會更加為難。

成立公集團電視，改革電影與電視 *

　　（2001年）五一勞動節那天，曹啟鴻等立法委員在立法院舉辦了「公共電視開播三年成果檢討公聽會」。導演林正盛以感性中帶有些微義憤、期待的口吻發言。

　　他說，很感念日本的公營電視台NHK，投資讓他拍攝電影。對於台灣的公視，他認為，雖然規模非常之小（只有NHK的1/160左右，也只有南韓公營電視頻道的1/20），卻已彌足珍貴地提供了非主流價值的若干發聲管道。他期待有朝一日，台灣的電視發生變化，既能提供合理的資源，培育電影創作人才，也能對外施以援手，如同NHK之於台灣等異邦人士，同樣願意海納其作品一樣。

　　林正盛導演在立法院就公視發表意見，可以說是一個相當巧合的象徵：病入膏肓的台灣電視與電影業，可行而必須的救贖方向之一，在於擴大公有電視的規模。

　　這個方向之所以可行，是因為有限度地同時改革電視與電影的機會，現在比起從前來得大了些，因為過去一年以來，台灣政治與社會情勢的變化使然。這個方向之所以必須，是因為台灣的電影製片業，無法立即進行較大規模的改革，如同久病之軀，禁不起山珍海味，而只能從緩慢進食之中恢復元氣。

---

* 《文化視窗》月刊2001/6，頁34-7。後收於《中華民國九十一年電影年鑑》（羅樹南、魏蓓蕾編，2002），頁92-5。台北：電影資料館。

　　這麼說必然引發物議，也大有招徠誤解的可能。台灣人才為主的自製電影，票房已不及1%，台商發行的電影也低至30%以下，電影業怎麼還能有救？內湖公視都已經自身難保，政府捐贈的經費逐年遞減，哪裡還有多餘的錢來拍攝電影，遑論擴大公視的規模。

　　因此，針對這些疑惑，以下敘述將先表明，當前電影的改革內涵，勢必與電視有關，特別是與公營電視有關。其次則說明，這裡所說的公營電視，不是單指內湖公視，而是指產權必須由半國有半私有的狀態，轉換為公有的台視與華視。最後則向社會大眾稟告，以上所說的電視改革，從而電影改革的方向，不但符合世界潮流，並且已經記載於陳水扁總統競選期間的媒介政見。關心電影及電視興革的人，固然不能奢望這些政見自動實施、固然可以預期其實施必須克服許多險阻，卻應該抓緊這樣的機會，共同努力，敦促其實現。

　　由於電影與電視的產業關聯性頗高，二者的結合運用，可說其來有自。在美國，這個關聯性由電影業界的力量所挖掘與開發。但由於好萊塢掌控了全球電影市場的八成以上，這也就意味著拍攝電影在美國以外的國家，規模不會太大（印度是少數的例外之一），其電影業也就沒有力量對外擴張，而私人的電視也因為無利可圖，拍攝電影的意願低於美國。然而，西歐許多國家則以電視等相關政策，主動導引電影在公營電視頻道找到了棲身的土壤。

　　西歐以公權力導引資源於電視電影的拍攝，原因如同希爾（John Hill）與麥克倫（Martin McLoone）所說，既然任何國家不能與好萊塢正面交鋒，則小成本的電視電影顯然是可行的另類方案。電視電影的拍攝雖然比較沒有進軍國際大市場的機會，卻也因此比較能夠照顧本地的特殊性，同時仍有可能偶一為之或意外地在國際間取得較大的票房，英國的《窗外有藍天》等等電影都是先例。

　　英國的第四頻道從1983年投資於電影，至1992年共投入了所有預算的6.2%於電視電影之拍攝，2000年4月BBC亦宣布成立新部門專事拍攝電影。不過，比起歐陸的法德義等國，其實英國起步晚了十多年，規模也小於歐陸國家。比如，法國早在二次大戰期間的維琪政府時代，就已存在統合文化事權的機構，此一作法延續至今，並隨時

間前遞而擴張，陸續納入有線電視、無線電視、影帶、影碟等等，使這些新形式的電影附著產品，在財務與（戲院）電影的製播產生有機的連帶關係。以最近可以得到的資料舉例，法國扣除Canal＋這個電影付費頻道與其他取自影帶等等資金，單是五家無線電視頻道在1999年透過合製與預購等方式，就已投入了5.57億法朗（約23億新台幣），支持了88部電影的拍攝，平均一部電影從電視得到630萬法郎的支持（1999年一部法國電影平均花費2,560萬法郎）。愛爾蘭起步較晚，但其導演與作家艾德桂尼（Ed Guiney）認為，若其公營電視頻道RTE以三年以上為期，每年拍攝至少5部新電影，每部投入大約50萬愛爾蘭鎊，則其電影人才便可以獲得必要的歷練機會。

近幾年來，中國大陸的電影事業亦有諸多困難，但電視與電影資源的結合，1996年標誌了一個轉折。當年元旦，中央台電影頻道開播，新的電影法規定中央台與省台稅後收入3%為製片基金，而中央台每年不少於3,000萬人民幣。人口只有300餘萬的新加坡，也從1999年起，由其國營電視公司設立了子公司，每年拍攝四部電影。

以上是西歐為主的經驗，但台灣有可能這樣做嗎？如果沒有政府的主導，也沒有社會力量的推動，那麼，即便電視與電影的改革目標很低調，比起西歐最低水平的英國還要低，終究也不免是畫餅充飢。因此，接下來的問題是，政府是否有意推動這項改革？社會是否存在力量要求這樣的改革？

政府部分，陳水扁在競選期間推出的十五項國政藍圖，有關「電視」的部分有以下主張：

> 合宜的政策應該使台、華視⋯⋯與公視自作協議，分工負責⋯⋯未來應增加⋯⋯台視與華視的國有股權成數⋯⋯

有關「電影」的部分是：

> 應將電影政策延伸至⋯⋯《無線電視法》、《衛星法》與《有線電視法》，對其播送通路所放映電影片之片數與時數，應明定標準。

　　大選過後，新聞局於5至8月期間，召開五次會議，邀請傳播業界與學界，以「無線電視台總體政策及結構改造專案小組」之名義，進行討論，並於去（2000）年8月提出了報告。10月，新任新聞局長蘇正平於12月委請政治大學與師範大學傳播與會計科系組成研究團隊，研究「無線電視公共化」的可行性及可能內涵，並在今年3月提出評估報告。這兩份報告對於電視與電影的改革建議，又比競選藍圖具體了一些，它主張，由中央政府編列預算，將台視與華視的私人股份全部購回，然後使此新型態的台視與華視（仍然依賴廣告收入）與內湖公視（收入以政府捐贈為主）合作提攜，組成集團。

　　兩份報告也都提及，轉型後的這兩家電視台，可以「率先提供若干盈餘，與電影製片業合作拍攝電影或電視電影」、「培育編劇及演藝人員的養成等等」。

　　兩台產權經此變化之後，我們不妨低標準地想像，以3%的台、華與公視集團的年度收入作為協拍電影之用（約在1至2億新台幣）。這是很少的金額，但若再配合已經實施十多年的國片輔導金（一年也在1億以上），以及（台灣與外地）私部門資金，那麼，確保一年有40部以上的電影開拍（林正盛與朱延平等導演每部電影的製作成本大約在1,200至1,400萬），理當不是奢想。由於這樣的投資是經常的、可預期的，其效果又是具有積累性的，並且拍攝完成的電影又至少可以確保在公集團的電視頻道放映，於是帶給電影化妝、音樂、布景、工程、技術、編劇、演員、導演、製片等等各種工作人員的培訓機會與鼓舞，乃至於觀眾的欣賞習慣之養成，將要遠遠大於投資金額所顯現的廣度與深度。

　　乍看之下，新的政府已經想到了電影與電視改革的問題。但這畢竟只是乍看之下的印象。如果認真考察，我們是得承認，這樣的意識還很薄弱，沒有深入官員的思考架構，我們只能說，這樣的文宣及研究報告之內涵，只比以前從來不如此看待來得好一些，但也就僅止於此。特別是，過去一年多來，行政部門能夠動用的財政資源，由於經濟情勢的變化與過去多年來政府支出的擴張，已經捉襟見肘，購買台視與華視私股所需的數十億雖然不多，卻不無可能成為行政部門拒絕

這項改革方案的藉口。再者，行政與立法兩權對峙嚴重，是另一個原因，可能壓縮理性討論公共政策的空間。

雖然如此，但我們亦理解，知悉社會的進步動力，原本不全部來自於政府部門，或說，政府的積極政策，往往是有社會壓力才更容易促成。就社會籲求方面，為表達對國內創作環境不佳，以及政府長期無法提出一套合理有效的電影振興辦法，不少國內影人，包括導演陳玉勳、林正盛、王小棣等人，已在1998年7月17日成立「電影創作聯盟」。

在無線電視改革方面，從去年3月底以來，即有傳播業界、學界與學生，聯合了關注電影的人士，籌組社團，從事無線電視的改革，並對內提出「運動是生活‧運動是健康‧運動是趣味‧運動是知識」的凝聚訴求，對外提出「反對澈底私有化‧台視華視公共化‧中視民視專業化‧無線電視民主化」的主張。

然後，歷經七個多月的籌備，該社團於去年11月19日成立，共有117人共同發起，名稱定為「無線電視民主化聯盟」（無盟）。從去年3月至今年4月下旬，無盟從籌組階段至正式運作，總計召開內部會議達14次，拜會立法院主要政黨及個別立委超過10次，無盟成員並有多人參與新聞局相關研究案，運用各種可能機會在報章雜誌或電台說明無盟的主張，也力求與改革對象的台視與華視之工會與主管階層，展開對話，寄望從溝通中尋求支持。

最近的活動則是從4月起，在台灣從南到北、西到東，與主要大學社團，聯合舉辦「十萬青年救電視」的校園座談，總計約有20場，預定於今年6月底之前完成。

接下來的課題是，改革電視與改革電影的社會力量，應當設法彼此聯繫與相互強化，互作奧援。以公有集團電視的建立，帶動電影的有限改革，廣泛尋求支持，不依附於特定黨派。這篇短文的寫作旨趣，就在於作為觸媒，撮合電影與電視改革團體。

公視節目　版權全部開放 *

好消息。公視獲得肯定，率亞洲各國之先，取得2006年國際公共電視年度會議主辦權。

我們的公視很小，比香港還小，有可能是全世界經費最少的公視。我們的公視開播最晚，處境艱難，五年前起步的時候，國人電視脾胃已經形成，浸淫在數量上百的重鹹重甜的頻道之海，觀眾接受口味清淡的節目之耐性，幾乎消磨殆盡。我們的公視受政府支持最少，從一開始的所謂「小而美」，就因為太小而美不起來。

稍後，公視進入有線電視系統時，居然由公視逐一協商業者，政府竟敢怠惰，未能規定業者取得特許經營權的條件之一，就是定頻公視。我們的公視也最不「我們」，原因有二。一是家中沒有裝設有線電視的人，大約有兩成，對他們來說，公視於我有何哉？公視是要提供普遍服務的，但現在卻得歧視沒有裝設有線的人。其次是，公視占收視市場的份額，百中取一，已屬不易，這樣，國人在日常生活中所感受的公視，最多是吉光片羽。

條件既然如此，後天再不努力，公視及其員工，竟有成為神龕，淪為被供奉、聊備一格的危險。顯然，公視自立自強，進而號召有志之士，呼籲政府要員、民意代表乃至各級電視人員與社會大眾，以殊途同歸的協同作為或默契，齊力奔赴擴大公視規模的千秋大業，才是正理。

千秋固然要爭，一時亦無須放棄。公視要主辦國際大會了，一時之間能有什麼創舉，貢獻海外同儕，震動視聽？有個作法，或許可以考慮：「公視節目，版權全部開放」。

去年銷售各種節目取得了1.1億，略高於政府撥款的1/9，不能算少。不過，行銷業務也花了將近8,000萬，其中一部分應當是銷售這些版權節目的材料、包裝、交易等等成本。兩相加減，販售節目的盈餘就不大了。

---

* 《中國時報》2003/10/9 A4版。

　　以服務為本,不在賺錢。如今賣節目原因有二。一來是區區數千萬淨額對窮措大的台灣公視仍不無小補。二是沒有想到創新,眼見各國公視(包括BBC、NHK)都在賣節目,我們幹麼不賣?

　　幹麼要賣?特別是,如果尊重電腦界已經不乏前例的開放軟體,則善用影音科技、使影音產品在最大最方便範圍流通的作法,顯然是開放版權,不是以價制量,不是以人為的法律手段限制其流通,個中道理不言而喻。假使公視拿出舉辦會議的3,000萬或其數分之一,用來擬定推廣公開電視版權的機制,類如從事「文化影片下鄉計畫」的朋友,必定不再埋怨公視不如公共圖書館,一小時索價300至2,400的放映費。

　　這麼做,不但以後看公視影帶影碟的人超過現在數倍,並且可以在三年後作為獻禮,小兵立大功,在世界各國公視前輩面前後來居上,鼓舞有為者亦若是的師法心理(其實,今〔2003〕年7月BBC已經開始評估,可能擴大其境內節目版權公開的範圍,我們的公視大可超前,對海內外同時開放版權),慢慢從現在的全球節目有償交易,擴大為國際公視節目中心,免費任人下載,豈不妙哉。這真正是沒有匱乏的影音時代,技術早就解放了人類,是人類自己綁手綁腳,作繭自縛。

　　帶頭做出了壯舉,是對世界的巨大貢獻,更讓台灣昂首國際舞台,台灣人面子十足,朝野政客於是急著拉攏,加碼補回公視因慷慨而放入人間的千萬台幣,這真正是萬世名、萬世利的事業,遠比任何文化創意產業都要來得貨真價實。

皆大歡喜,國防部公共化華視 *

　　中秋日近、九二年度也將盡,教育部在年底前出清華視股份

---

* 《中國時報》2003/9/4 A4版。

9.84%、進帳1.94億的盤算，眼見就要落空。但去年此時，教育部為什麼要編列這筆收入？

教育部認為，華視即將私有化，因此先出售自己的持股？或者，教育部要製造聲勢，乃至於「逼宮」，所以透過販賣股票，造成「既成事實」，使行政院承認華視就要私有化？還是，教育部僅只是銜行政院之令，開始為華視公共化作準備，於是由已經掌控華視七成多股權的國防部編列預算，購進教育部與大約18%的私人股份，以便化零為整，由國防部統籌華視的所有股份，盡數捐贈給公視，邁向公共化的擴大之路？

三種可能都有。但是，我們必須讓最後一種，也就是國防部的公共化計畫，盡速成真，這樣就能皆大歡喜。

果真如此，則第一歡喜是監察院。87年4月，監察院在受理當時立法委員林哲夫的陳訴後，由張德銘監委等人展開調查，歷經五個月所完成的報告指出，「國防部任意違法處置國有財產，假私人名義投資黎明文化事業股份有限公司，再以該公司掛名投資中華電視有限公司，復將股權捐贈予財團法人黎明文化事業基金會，藉以操縱股權，規避政府與民意監督多年」，以致公產淪為私產一事，「行政院多年來未能有效導正」。

監察院對此提出了糾正案，幾經各個機關公文往返兩年多後，國防部表示業已改善。惟今（2003）年初，立法院預算審查時，仍出現黎明等單位各說各話的情況，顯見國防部的改善成效仍很有限，癥結未除。

現在，立法院又快開審開議了，國防部長宜公開且隆重地表示，即日起他將敦促黎明基金會物歸原主，將其華視持股還給國防部，否則，他也會協調黎明董事會，請其解散，然後依據黎明的捐助章程第8條，將「財產歸屬國防部」。

若能如此，則監察院辛苦調查所建議的解決方案，得到了糾正，誰曰不樂？華視加入公視集團後，第二歡喜的是華視員工。民視之外，老三台的經營困境深沉，路人皆知。華、台視在內的三台，面臨澈底私有及公共化的選擇，中視得由國民黨決斷，華、台視是公共化

還是賣給財團,端視政府的眼界高低。雖然財團購買或公共化,都不免裁員或更動工作的條件,但公共化的安排,比起財團的作法來得合理,應無疑問。

第三歡喜是台灣公民。觀眾看在財團所屬的電視眼中,消費者,搖錢樹而已。華、台視公共化後,既然還是得從廣告取得主要財源、還是得在市場中競相取悅廣告主,是以也就無法完全將其觀眾當作公民,但至少多了一些公民成分來保障消費者的權益,公電視集團也不至於把觀眾當作是搖錢樹。

最後,我們還得老實承認,世事不能十全十美。華、台視公共化後,固然有三大歡喜,卻不免會出現「斯人獨憔悴」的景象。斯人而有斯疾,多年來磨刀霍霍,想要搶先購併華、台視的財團,想要居間承售股票買賣以賺取佣金的代理人或證券行號,是會因為國防部的華視公共化規畫與台視的效法,以致失去發點小財的機會。但財團看到國人竟然歡喜了,並且竟然是因為人人稱病的電視而有三喜,他們必然也就願意回報社會,犧牲小我而成全大我,效法國防部的公共化作為,公開且隆重地宣布,即日起放棄買進華、台視的心願。

台視、華視公共化疑雲[*]

台、華視的未來,一夕數變。日前新聞局長才說,兩台都要公共化,今朝又指,兩年後若兩台的「評鑑」成績不佳,也不排除兩私。此外,另有謠言甚囂塵上,擔心入主華視高層的可能人選,似與公共化要求的專業經歷多所悖離。

面對這些撲朔迷離的報導,人們有了兩種反應。一是認為,政府大耍陰謀,先以白臉爭取形象,再由黑臉預留後路。一是看出,行政院與執政黨還沒有形成總體定向,各種意見仍在折衝。

---

[*] 《聯合晚報》2004/6/16 第2版。

　　若是前者，那太可怕，希望實情是後者。果真如此，政府理當以行動釋除疑雲。首先，比照公視董事會，政府宜表明，台、華視的新經營團隊將延後至（2004年）10月再改組，如此，可先平息兩台董事長人選的爭議。輿論則應督促政府，請其說明兩台公共化的重要性、價值與艱難度，以求藉此號召有能力、幹實事，且不至於因黨政色彩，淪喪公正立場的人，主動投效或響應敦請，任職公電視集團，擔綱整併現有公部門電視資源及其轉型的重責大任。

　　其次，最遲政府也應在10月提出公共化台、華視的時程表，包括改組後營運經費，是要依據現制以廣告收入為主，或是政府將每年編列部分或足額預算供其使用。雖然兩台公共化之後，不妨仍以廣告為主要收入，惟人們得接受，電視節目雖將改善，但幅度會較緩慢，因此假以數年等公電視集團營運更上軌道後，仍得考慮由政府編列適當的年度預算。[1]到了這個階段，各界必須責成政府另立法律，使政府無法任意增減通過的預算額度，干擾公電視集團的公正表現。

廣電媒介公共化的深層意涵 *

　　2004年5月20日至10月21日，陳水扁總統就任以來的第五任新聞局長林佳龍在短暫五個月內，正式讓「公共廣播電視集團」（以下簡稱「公」）這個名詞，有了最為密集的曝光機會。但究竟什麼是「公」、不同定義的「公」有多少落實的空間，以及「公」會不會居然是林佳龍刻意選取，作為成就自己「更上層樓」的文宣手段之一，竟然一時並不明朗。

　　陳水扁的第一任局長鍾琴任期4個多月。她不主張公共化，但提

1　2023/11/28按：台、中與華視從2002年起虧損的資訊，次年起漸為外界知悉，反映在本篇不再說，若台、華視產權公共化，也不需由政府編列預算。

*　《中央社世界年鑑》（2005年版）。

出了《無線電視台總體政策及結構改造》的座談報告。繼起的蘇正平委託了《無線電視公共化可行性評估報告》的撰寫、贊助了十六場大學校園電視公共化座談，蘇局長也在2001年10月28日宣告兩台公共化，同時得到行政院長張俊雄的首肯。2002年1月21日出任局長的葉國興比較重視內容監督，惟曾作一公一私的扼要陳述。2003年7月1日，黃輝珍就職第四任局長，未發一語，但趕在下台前，依新修訂之廣電法的要求，於2004年4月完成委託案，提出《無線電視公共化執行條例》及《公共廣播電視法》等兩種草案（「二草」）。

　　林佳龍履新甫十餘日就選在記者訪問時，於6月初表示要建立「具有民營活力的公共廣播電視集團」。然後，在7月提交行政院的四年中程計畫、8月27日公布的無線電視發展方案、9月21日在公視舉辦的研討會，以及10月21日在公視第二與第三屆董事交接會上，都有相類詞彙，等於是每個月至少都溫故一次，其中最近這次的用語是，「期許公視扮演『公共化火車頭』」。

　　另一方面，奇怪的現象發生了。林佳龍與黃輝珍相同，都不肯依據《行政資訊公開辦法》將「二草」公布。新聞局自行擬就了方向曖昧（兩台可以都公共化，但也可以都私有化）的《無線電視公股釋出條例》，於6月23日送進立法院，並在8月起開始非正式地準備「若」成立「公」所需的第二種法律草案。到了10月14日，林佳龍的副手新聞局副局長易榮宗在立法院公聽會表示，兩台公共化或私有化未定案，但要買回兩台私股財政有困難。在林佳龍一口包辦了修辭，也一肩扛起了所有承諾後，執政黨未見討論、民進黨立委不知其妙、行政院長未曾公開支持，反倒是陳水扁9月19日在青年國是會議回答大學生時，表示兩台將採一公一私。

　　不管是一公一私或兩公，都涉及了什麼才是「公共」，包括「政府」與「公共」的關係，我們先看後者。根據報載，本屆公視董事長的選舉過程，曾有林佳龍熟稔的友人替特定人爭取選票。外界認為此舉冒犯了「公共」精神，新聞局斥責媒介的報導是「汙衊」。這就是說，輿論與新聞局都同意，政府不應該規畫公視董事長人選。但是，為什麼不應該？為什麼作此規畫不能見容於「公共」廣電機構？

　　若是僅考察各國公視的最高權力單位，其實無一完美，反映於其組成過程，從內閣制的英國，根本就是首相說了算，到總統制的美國任命但須經參議院確認，都是當道政黨明目張膽地占盡了便宜。台灣既非內閣制，也不是總統制，政黨輪替還沒有成為常態，過去是進步內涵有限的一黨長期執政，未來這個可能性也仍存在。在這種情況下，《公視法》給予在野黨較多空間，藉由其部分掌握的立法權，牽制執政黨的行政權，不妨說是一種進步。美國1967年的《公共廣播法》，准許總統任命相同政黨的董事人數多過半數一位，台灣1997年的《公視法》，將相同政黨的董事人數上限訂為1/4，也讓董事互選一人為董事長。

　　因此，這次新聞局不敢明白表示，基於民主「先進」國家的常態，由其間接「協調」董事長人選，並無不妥。這可能顯示了，新聞局已經認知，在《公視法》沒有修改前，其作為再怎麼高妙，都不能不承認這確實違反了《公視法》的精神，從而「汙衊」的反駁，說不定就是新聞局長心中不安的洩露？徒法不足以自行，法律總留下一些灰色地帶，有意「嬉戲」的人，多能「樂」在其中而不違法。

　　本屆公視董事長選後，《聯合報》、《中國時報》、《自由時報》與《台灣日報》看法大同小異。這些平日黨派立場差距很大的媒介，很難得地不約而同，大致都能肯定這次的選舉。這多少顯示，輿論傾向認為，新聞局的「協調」，不必一定否認董事長的專業及公正水平，至少，輿論願意等總經理的人選出列後，再作判斷。

　　但是，「公共」廣電的內涵不止於此，不只是政治力要消極地不作非分的微觀干預，它還得有賴於政治力的宏觀調節，提供充分的資源，以及創設適合的組織形式。

　　明年政府投入於電視的經費是20億，分散在新聞局、客委會、原民會、僑委會及教育部，行政院應該整合這些資源，然後詳細說明，在這個20億之外，若要更加充實「公」的內涵，另外還需要兩種預算。

　　一種是必要性投入，也就是購回台、華視私股的預算，應當在50億以下。假使只購回一台，所需費用更低。此時，「公」因為有了

更大規模的經濟分工效能，除了共用工程與研發人才，某些節目（特別是新聞）的質量可以較快改善。比如，「公」聯合各台後，新聞編採人員無須裁減，但可以採取中央廚房的供稿方式，由總廚師調配長短及種類各別的新聞，以不同比例供應各頻道，甚至將台灣分作如北中南東區，依財力多寡，讓各區每日製作若干分鐘的本區新聞。同時，資深與評論記者可以得到較大的培育空間，綜藝娛樂及編劇演藝人員也能擁有較合理的養成基礎。透過內部講習，員工的公共服務（包括超越黨派立場）的認知與能力，也就可以穩定增加，長期以往，必然能夠使「公」文化逐漸改變。另外，公視已經率台灣電視之先，製作年度報告。除了作為內部自省及管理的參考，它對於公視營運的透明化，從而表示對社會負責，爭取外界支持，都發揮了很好的效能。但相較於海外公共廣電機構，公視年度報告的翔實度仍有很大的改進空間，也就應該大力強化後，推進於整個「公」的年鑑製作。

第二種是選擇性投入，行政院投入前段所說的必要經費並整合既有電視資源後，可以選擇投入或不投入以下兩項經費。一項是「硬體」的選擇，如政府為了加快數位廣電年代的來臨，決定補貼無線電視數位傳輸平台的建構。另一項是指「軟體」的選擇，如政府決定以更多的經費製作電視內容（兒童、老年、老少咸宜的電視劇與綜藝等節目），藉此加速且較均衡地普及數位電視的服務，因此每年得另撥預算。後面這種軟體的選擇性投入還有很多，如一年多投入一、兩億，則「公」可以選擇合適的產品，除國語版外，也善用現代技術，製作多種地方及原住民語言的成品，按縣市圖書館、學校乃至於原住民部落，方便國民及學童藉由接觸這些音像製品，學習或深化地方語言能力。甚至，行政院也應該在國片輔導金之外，並再加入取自票房收入的若干億基金，每年穩定地拍攝、發行與流通電視電影。這樣，民眾睽違已久的國片，一年就至少能有好幾十部，能夠透過家庭螢幕與影迷見面。在廣播部分，新聞局雖有整併國防部、教育部、交通部、北高兩市及央廣的構想，但至今沒有提及，完整的「公」至少還必須有兩個以上的新聞與音樂專屬頻道。

「公」的深層意涵是否能夠實現，哪一種內涵得以實現，取決於

政治權威當局。眼前我們只見「公」的光影，不知其軀幹的虛實、長寬胖瘦與健康殘缺。究竟這個光影是新聞局長以其深謀遠慮，先拉抬聲勢、部署人馬，然後達陣，還是新聞局長終究只是在耍弄傀儡，台下看官最快在2004年底、最慢在2005年6月底，也就知道了。

垂直整合電視資源才是正途[*]

　　最近幾日，從學界至政界都有人說，我國的電視是太讓人不滿意，但改善的方式是成立製作中心或採取貼補，將部分「節目」公共化，而不是把播放節目的「頻道」公共化。

　　如同主張要把政府擁有最多股份的華、台視公共化的意見，這類見解過去數年來也是反覆出現。

　　顯然，兩類意見至今沒有能夠有效溝通，以致可以且應該相容的看法，竟有了成為對立選項之虞。

　　若是借鏡各主要國家的電視製播經驗，二者也就能夠匯通。先看美國與香港，它們雖以私有電視為主（惟投入電視的公資源仍高於台灣），但節目製播的垂直整合型態，大致與歐日韓相類（見後文），差別僅在於美國在1985年以前，因節目製作公司的遊說，曾以法律限制其無線台在黃金時段的節目自製比例。

　　次看西歐、日本與南韓這類以公共電視為主的國家。毫無例外，它們的公視都能垂直整合資源，也就是最早都以近乎百分之百的節目自製，在自己的頻道上播送。其後，通常有三種情況，致使這些地方的製播垂直整合，發生了變化。

　　一是為了因應全自製導致的體制僵化問題，開始有了外製。這方面最好的例子是英國公有的「第四頻道」，它在1982年底開播時，除新聞外，不自行製作節目，而讓製片公司承攬。二是出於打擊政敵之

* 《自由時報》2004/6/24 A15版。

需，同樣可舉英國為例，當年柴契爾首相為攻擊龐大的電視工會，遂於1990年的新電視法責成BBC等電台，分年將其25%以上的節目委由外製。三是技術條件改變後，頻道數量擴充，需要更多節目填塞，但製作節目的資源不可能等比增加，於是外製或採購現成節目的數量躍升。

台灣的景觀全然不同，從1980年代中期開始，獨攬電視資源的老三台就逐漸減少自製的比例，至今除新聞外，自製幾乎是零。一方面，製播資源不整合，獲配頻道資源的老三台，形同以二房東的身分抽取利潤，可說是全球獨一無二的模式。另一方面，技術精進致使頻道增多而稀釋了節目製作資源的情況，在台灣同樣出現。於是，全球主要國家當中，唯一欠缺機構以整合電視製播資源的就是台灣。

怎麼辦呢？一是私部門自行整合，限於本文主旨與篇幅，無法多談其前景與問題。二是政府得提出正確的傳播政策，其中一個目標就是要整合公部門的電視製作與播出資源。

現在，不滿意電視「節目」的人，既然有了節目製作基金或中心的構想，何不更進一步，讓這些節目得到機會，固定於如同位在黃金地段、但經營有待改善的店面，也就是台、華視頻道播放呢？特別是，除了這些頻道本來就是公共所有，而其使用與維修的費用，遠不及製作節目的龐大，兩相結合，成本低廉且可行。若是僅製作而仍得另找頻道播放，在現階段頻道林立的台灣，要不是得有更高的成本或更難以執行，就至少是要求觀眾到處找尋節目，這對觀眾來說很不方便，從而形同製作電視的資源，使用效率低落。

台、華視分階段公共化後，只要能逐步使行政院相關部會依據現制已投入的廣電資源，有機地納入使用，並不一定需要政府再編列年度預算，到了這個時候，垂直整合了台灣部分資源的公廣電集團，雖仍然不能平衡範圍更大的私製播部門，但其作為中流的能力，至少要比現在明顯許多。

有誠意　就變更資金用途 *

姚文智局長昨日在貴版說，行政院已編列兩年92億特別預算，顯示政府很有「誠意」建立公共廣電集團。但如果真有誠意，新聞局應該改變其中最大一筆（23.2億，1年11億多）的用途，原因有二。

一，該款原本要作為「境外衛星英語電視頻道」之用。但政府編列給公視的預算一年僅有9億，何以對外文宣的需要竟超越對內的服務？立法院日前刪除該筆特別預算，是有道理。但立法院支持行政部門編列預算買回華視民股（當然，若如同姚局長的建議，民股回捐政府，最符合社會正義的要求），新聞局何不順水推舟？

二，環顧各國對外的衛星電視頻道，從來沒有台灣這種模式，我國若執意這麼做，恐怕姚局長擔心的「公視集團保守化、官僚化」隱憂，竟將成真。各國海外衛星英語頻道，分作五種。一是BBC，它經營的國際衛視頻道豐厚利潤，用以回饋BBC本國頻道的運作。其次是中國的央視集團第九頻道，但動機在於政治文宣。第三種以CNN為代表，產權屬於私人，但與BBC及央視相同，在國內有龐大市場作為基礎後，才對外進軍。第四是卡達（Qatar）「半島英語新聞頻道」，2006年於母台阿拉伯語頻道開播十年後推出，資金取自富裕的王室，不是政府。第五是公私聯合經營，如南韓由觀光部、公營韓國放送協會、私營首爾電視公司等7個單位聯合在1996年推出的阿里郎電視台（多以英語播音，部分韓語但有字幕）。

這五類頻道可以說是「母雞帶小雞」，也就是由龐大的母體在國家政策或資本擴張時，順勢產生。台灣的公視瘦小羸弱，要它帶動年度預算比母體更大的海外英語頻道，現階段是否合適？若行政院有「誠意」建立與擴大公視，也應注意到官僚化問題，那就應順應立院的民意，改變23.2億的用途。

---

* 《中國時報》2005/12/29 A15版。

強化公視監察功能[*]

昨天〈避免政府干預，公視應由NCC管〉一文值得重視，它開啟新一輪的討論，關注我國影視文化及其工作者前程的人，在歡迎作者建言之後，應延續其用心。

誰來主管公視（集團）？以其過去的定位及表現，新聞局是不恰當。但獎勵或輔助電子傳媒（如編列預算給公視）的職能，在《國家通訊傳播委員會組織法》立法過程，已被刻意排除。假使要讓NCC作為公視的主管，雖無不宜，但得先修法。

除了NCC，另一個適合編列公視預算的單位是文化部，但中央政府組織法至今還沒有完成三讀。

最後還有一種可能，也就是十五年前《公視法》草案甫提出時，曾經短暫出現的公法人形式，但若採這種形式，亦應如同〈避〉文作者所隱然主張者：政府編列的預算不能減少。

因為，即使公視今年順利整合華視，明年順利加入客委會、僑委會與原民會的電視資源，固然是正確的方向，但相較於歐日韓澳等國，政府投入的資金還是不能說多。至於政府應該投入多少，還要整合哪些其他行政機關的哪些電子資源，以及理當分作哪些階段，逐次而不一定是一次整合或投入，顯係另得計議之事。

《公視法》已無法適應現實，其兼任、無給職董事將擔負過重，在在需要調整。除了考慮降低董事人數，其職務是否全部專任，或者更有彈性，使部分董事專任、另一些介乎專兼任之間，也都不妨一併綢繆。

強化公視（集團）的監察功能很重要，設置類如「北歐的媒介監察使」是一個可能途徑。其他可以取代或與前者並行者，在於考慮如何藉由外爍而使公視內部文化，慢慢養成對外主動負責的氛圍、能力與習慣，包括公視工會的認知、代表程度與其自主能力，是否合宜、健康與進步，也包括公視年度報告的製作及其內容詳細度，是否能夠

---

[*] 《聯合報》2006/1/15 A15版。刊登標題是〈強化公視監察功能　追上BBC〉。

不止於領先台灣，還要並駕齊驅甚至迎頭超前BBC等海外公營廣電傳媒的成績。

　　若有行政與立法力量的襄助，加上近年來日有成長的傳媒監督、批評與建言社會單位，我國公視（集團）應該會有與時俱進的表現。

細說米勒　公視有責任　缺資源[*]

　　前往國立歷史博物館，親自經驗「驚豔米勒」之後，想必有更多的人意猶未盡。百餘年前的米勒，狀似憂鬱地勾勒了法國農民的家私作息與日常工作，他的成就是美學的，附帶有政治的？他是自然主義者，還是寫實主義者，或者兩者兼具？有人說他是當年的社會主義者之一，這究竟是負面的虛假指控，還是正向的如實揄揚？也許還會有更多的好奇，想要一探究竟。

　　但是誰來解惑？誰給講解？將近百日的畫展，或許有數十萬人得以親臨，駐足於真跡之前，沉思或者聆聽。另一方面，如果有廣播或電視機構，找定合適的人，在展覽期間同步推出相關節目，必然會有更多的國人，無分城鄉，不論年齡與性別，也不計是否親身前往，都更能心領神會米勒的故事、成就與意義。

　　很多人可能想到，公視基金會應該製作這個（或說這類）節目，讓藝文的接觸機會更為民主化。這個反應很合理，同時也不合理。

　　合理，因為公視的立台宗旨，確實包括製播米勒之類的優質節目，如同和煦的陽光與清新的空氣，成為人們生活環境的一部分。人有這樣的音像環境，就會有更大的動力，想要前往現場一覽，從而增加相關展覽的入場人數。

　　這正是藝文欣賞與電視科技，不但不衝突，而且在特定制度設計之下，反而可以是、應該是具有相輔相成的關係。歐洲國家公共電視

發達，藝文賞析活動也相對頻繁與深入，可作明證之一。就算不談舉世知名的公視BBC或NHK擁有龐大的藝文製作團隊與樂團，老三台在寡占年代，擁有樂團運作了約三十年，總人數將近60人，直至1988至2000年，才先後解散。

不合理，因為定期且不僅藝文節目，也包括定期製播其他娛樂、戲劇、新聞乃至於教育的優質與雅俗共賞的節目，需要有公共政策，需要有合宜的電視政策，或更正確地說，需要有將電視當作重要文化之一部分的文化政策。但是，由於眾所周知的原因，我們的文化與電視政策缺席數十年，至今還沒有看到起色，具體反映之一是國人皆知的預算低落，其中更低落者是政府代表納稅人對於電視的投入：我國是39元新台幣，國人都說市儈的美國與香港，折合新台幣是70與269，土耳其與東歐的波蘭及斯洛伐尼亞依序是78、154與535，近鄰南韓389，英國與北歐都超過300。

音像在內的台灣文化表現，不如人意已經許久，如同沉痾，我們不需要，也不應該期待快速地轉向，但設定目標，善加規畫，期以八年，會有脫胎換骨的機會，政治人物、輿論與社會團體，敬請就此盡心盡力。

公廣東部、中部也該設台 *

聽說，新聞局「顯現……延續的決心」，要設置公共廣電集團的南部電視台。如果屬實，這是好消息，是繼《海角七號》後的絕佳影視好消息。

事實上，早在七年前（2001年），新聞局就說將提供資源，讓「台灣分作若干區域（如北、中、南、東）……各區自行製作並播放新聞及非新聞節目若干時間」。於今，這個比較全面的構想，更見迫

---

* 《中國時報》2008/9/20 A16版。

切,畢竟,多年以來,地方記者只減不增,違背城鄉與區域盡量平衡發展的願景。早年,有線電視合法化時,地方新聞曾經出現短暫榮景,但隨財團蒐購及衛星傳送取代傳統跑帶,有線台幾乎不再產製本地新聞。當年創台時號稱立足高雄的民視,也早就違背了當初取得執照的承諾。

假使新聞局有決心,錢不會是問題。相比於減徵證交稅以百億計、相較於據說是為促進經濟增長的百千億投資以及地方文化數十億投入,高雄增設視聽製作中心一年區區數億,即便加上東部與中部,十來億也就夠了。錢不會是問題,難處還在決心的有無及施政重點的先後。

新聞局,加上目前及未來可能與設置地方視聽製播單位的規畫,產生聯繫的文建會及NCC,本於其職掌,應該對於這個願景會很支持,應該對於數額不高卻明顯有利於整體暨地方文化及經濟發展的目標,雙手支持。果真如此,那麼這些部會理當聯手,向行政院乃至於總統府說明及爭取,同時號召輿論及立法院參與構想、討論及監督,共同玉成其事。

公共電視的多事之秋、否極泰來？2008~

世界第一勇　公共電視槓立法院 *

　　（2008年12月）10日是《世界人權宣言》（含傳播權）發布60週年，但作為公共溝通平台的公視要對社會發言，居然也得由其後援會以商業行為才能完整表達。而其聲明所要求的目標，只不過是現在已經不理想的營運狀態不要再被壓制與掣肘：要求立法院放行已遭扣押將近一年的4.5億預算；籲請立法院不能要求原民會、客委會與僑委會在依法委辦之外，再對前三個頻道的營運遂行日常指揮。

　　公視成立十年、公廣集團創設兩年多，首度對立法院的公開大規模對話內容，竟然是任何民主國家都無須多言的基本認知：公共媒介需要政治力介入才能創設，對，但是政治力不能對其日常營運及節目指東道西，政治力只能在一段期間內，慎選專業能力無礙的經營團隊一次，然後必須充分授權，委由專業經營。

　　在公視團隊是否最優秀的問題之外，還有更大、更迫切、更重要的格局，需要官員與民代盡心盡力，這就是華視工會研議的《公共廣播電視法》。《公視法》施行十年，從單純的公視一個頻道，如今已拓展至五個類比與若干數位頻道，經費來源及任務也大有變化，早就不是原法所能完整涵蓋與導引；若要前瞻與整合其他存在已經許多年的政府電台，使民眾得到較多、較有效的音像視聽服務，更是必須發動修法乃至於創制新的法律。

　　這些法律工程及隨之而生的研商討論，以及求同存異的工作，早

---

* 《聯合報》2008/12/12 A15版。原標題是〈環境任務大不同　公視法早該修了〉。

在多年以前就應該著手準備與推進，前朝政府的疏懶不負責、多年來的不肯修法，不是今朝執政者推諉卸責的藉口，否則政黨輪替終將失去價值，政治也會再次失去示範於人、鼓舞與號召群眾的機會。

　　更何況，台灣的傳媒環境惡化多年，空有腐化的多元主張各自配合其商業算計而找到表意的管道，正需要講求共和的公共傳媒給予平衡匡正；更何況，華人社會創建公共傳媒的呼聲及籲求不絕於耳，值此兩岸交流勢將更見密切的當下，政治人物理當盡心盡力，讓台灣的經驗對於華人所關注的議題，產生正面而不是負面的參考價值。

公視付費發言　反諷傳播權六十年[*]

> 人權宣言第 19 條具有「橫向效力……締約國有義務……對新聞事業……資助。就電子媒介而言，國家首先應該提供充足的公共渠道」。
> ──諾瓦克（Manfred Nowak, 1993／華小青、孫世彥譯，2003）
> 《民權公約評註：聯合國公民權利和政治權利國際公約》
> （北京：三聯）

　　聯合國大會在法國巴黎通過《世界人權宣言》的第 60 週年，也就是 2008 年 12 月 10 日，台灣公共電視文化基金會成立十年多來，首次大規模公開對抗政治人物，它在四家綜合報紙（《中國時報》、《聯合報》、《自由時報》與《蘋果日報》）的顯要位置，同步刊登半版「聲明」。

　　這個付費聲明的重點有二。一稱去（2008）年度的法定預算 9 億元之中，有 4 億 5 千萬「遭立法院凍結」至今，「嚴重影響公共電視……正常運作」。二稱「昨（12 月 9 日）……驚見」立法院教育文

---

* 林佳範編（2009/3）《2008 年台灣人權報告》，頁 241-248。

化及內政聯席委員會在審議公視，以及客家、原民及宏觀電視台的
2009年預算時，通過「附帶決議」，要求各台在動支前四家電視機構
的預算時，「須逐項報請主管機關核可同意始能動支」。公視基金會
認為此舉「嚴重違反黨政軍退出媒介的社會共識……開台灣媒介自由
與民主發展之倒車」。

　　「聲明」之後，至2009年1月23日，四報共有相關評論29篇，以
《中國時報》的13篇居首，觸及的問題面向也最廣。現以夾述夾議的
方式，將為期一個多月的外界反應，以及未曾反應於傳媒的相關動靜
與見解，分作公視聲明、聲援社團及政治系統三個層次，整理如後。

　　首先是「聲明」本身，它的訴求太過薄弱。公視基金會的第四屆
董事長與總經理等人繞過董事會，在9日得悉立院的行動後旋即迅速
回應，完成廣告文稿的草擬，並在次日緊急刊登。就此觀之，作此決
定自然是認為事態緊急，違反程序是必要之失，如果不在一日之內先
採取行動再取得追認，就會對公視及其表徵的理念，造成重大傷害而
無可救濟。然而，真有那麼緊急嗎？立法院從排入議程至完成三讀審
議，豈能一日內完成？究竟這是誤判情勢的無心之失，或是刻意為之
以求擴大事端，個人之見與一己得失固然可能與整體利弊須臾相關，
但也可能無關或相反。以本例來說，會是哪一種？這個問題值得探
究，但卻很難不是事後諸葛之談。相較之下，更讓人扼腕的是，「聲
明」居然是隨始作俑者立法委員的視線而起舞，隨立委設定問題的框
架與內涵而作文，從而對於後續的輿情討論產生導引作用，等於是由
聲明所要反對的人，設定了公視經營團隊自己及大多數民眾看待公視
的方式，個中的諷刺意味十足。但是，公視、公廣集團與台灣傳媒及
社會的問題，是立委的兩個提議所能設定於萬一的嗎？大謬不然。

　　換個方式說，公視既然決定與執政黨立院黨團決裂，卻又沒有趁
機把事情的原委說個一清二楚，那麼，哪裡還能找到機會，導引並進
而匡正公共傳媒改革的視聽？雖然不幸中之大幸，在聲明刊出的同一
天，同樣由公視基金會負責經營的華視，其工會亦有行動。在研議多
日後，對於民進黨怠惰在先、國民黨政府不思長進於後，理當卻遲遲
不肯提出的《公共廣播電視法》增修案，華視工會提出七項重點主

張，包括「政府應編列預算挹注華視以維護公共價值」。元旦遊行
（見後文）時，原民台與客家台員工都走上街頭提出公共化的主張，
其中客家台員工總計101人更有93人連署（至12月19日），要求
「政府應盡速修改《公視法》，將客家電視納入公廣集團，明定客家
電視年度預算合理金額，由政府固定捐助公視基金會」。公視基金會
本身在人權日的聲明之後，由董事長透過個人投書，指陳了聲明以外
的主張與看法，而相關評論也多超越了聲明的格局，這些發展加上工
會的前述行動，按理都是基金會在發布「聲明」時，可以整合的需
求、力量與主張。但這些事後的發言是零散的、是追補的、是不一定
為外界知悉的，其發言的效果不能望聲明的項背，其理至明。

　　聲明後七日之內，報端的輿論大致聲援公視「所表徵的價值」，
至於相關社團及聲明所指責的對象，都在蓄勢待發，準備行動。12月
18日，如影隨形，社團及政治人物同時召開記者會或公聽會。「公民
監督國會聯盟」、「台灣媒體觀察教育基金會」與「社區大學全國促
進會」舉辦公聽會，宣布推出「人體骨牌倒立院──搶救公視　監督
國會大遊行」（後於元旦舉行）[1]。另一方面，提出前述附帶決議的
國民黨政策會執行長、立法委員林益世邀請公視工會常務理事謝啟
明，以及公視董事陳勝福等人，召開記者會。這個場景確實奇特，一
邊捍衛公視理念，一邊公視人倒戈，孰是孰非，一時難以明白。

　　該日之後，原本超越藍綠的公視議題，開始墜回窠臼。先前七天
對此事有最多評論的《中時》與《蘋果》，對18日的兩場記者會靜默

1　元旦遊行的訴求共有九項：「針對國會：立即開放隨選視訊系統、立即解凍4.5億應
　捐贈給公視的預算，以及立即撤回箝制公廣集團營運的《公視法》第13條修正案
　及附帶決議；針對公視：資訊公開（公視相關資料，及和行政、立法部門等往來公
　文全部上網公開）、產業民主（員工參與、共同決定，符合產業民主機制，董事會
　及管理階層應以最大的誠意與行動解決公廣集團勞資爭議）；公眾參與：建立公眾
　參與的外部評鑑與監督機制，並定期透過節目與外界進行溝通；針對新聞局：捍衛
　公視預算，拒絕立院提案，協助公廣集團真正公共化，立即依《無線電視事業公股
　處理條例》精神，提撥華視附負擔捐贈，並買回華視民股。媒改社則提三點：落實
　公共廣電集團化的理念、確保公共廣電能對公眾負責，以及建設具前瞻性與競爭力
　之公共服務平台。」

不語，而一般認為分居藍綠兩端的《聯合報》與《自由時報》，則各報導兩篇與三篇。《聯合》的標題說，〈藍委批：公視龍頭是綠打手〉；該報並在經濟不景氣、失業人口增加的背景及語境中，語帶不甘不平而稱「公視董座月領23萬……沒人管」。《自由》的三個標題是，〈立委插手公視　學者轟民主大不幸〉、〈黑手 vs. 打手　公視藍委互批〉，以及〈公視　應由全民來監督〉。全此，公視聲明的相關「新聞」色彩日趨明確。元旦遊行次日，只有《自由時報》大幅報導（不過，《聯合晚報》元旦當天曾以全版投入）。到了2009年1月21至23日，對於公視聲明及其後發展有最多評論的《中國時報》，再有四篇評論，包括其小社論兩篇，檢討由人本教育基金會發起的「公民搶救公視聯盟」是否違反社運倫理，以及人本與聯盟人士的回應文。

　　「聯盟」的成立是奇怪的，一來外界可能因此而不解，或者困惑。它的另起爐灶，是力量的擴散還是分散？是因為長期從事媒介改造議題的其他社團，這次毫無作為或訴求不妥嗎？知情的人可能也會認為，既然發起聯盟的人本教育基金會與公視高層素有聯繫，則其作為究竟是著眼於「勤王」（擁護特定人），還是要捍衛及擴張公共傳媒的理念？是二者重疊、背離或先後有別？特別是聯盟的訴求相比於先前遊行所提，狹隘得讓人難以置信。再者，聯盟在2009年1月14日拜會公視董事長鄭同僚後，發出六點新聞稿，其中三點更是遭惹物議：「請鄭董事長支持經營團隊及總經理，具體保障公視的改革……請慰留洪蘭董事……請與公民團體合作，具體呈現公視之公民社會性格……」。前二點介入公視內部爭議，並有瓜田李下之嫌；第三點或將引發為己牟利的質疑。當然，假使因為人本的積極介入而能夠促成「公廣集團大辯論」，則不妨說這是塞翁失馬。

　　但是，能夠「塞翁失馬，焉知非福」嗎？這個提問有沒有機會從疑問句變成肯定句？這就是說，「看公視問題的方式」，能不能不再只是政治人物的4.5億預算解凍與否、不再只是預算使用有無附帶決議與否，而是媒改社所提議的架構，要能取而代之：公共廣電集團要不要建立、誰來與如何建立而又要有多大規模，是否在哪些階段要將廣播也納入、要怎麼樣才能善用新傳播科技如網際網路等等。

　　若要創建這個機會，必要或說基本的工作是解放思想及語彙，澄清誤解。就此來說，對於捍衛、擴大公共傳媒的一大誤解，就是未能澄清政治力與公共傳媒的關係，這又鮮明地展現在「聲明」中，再次出現的「黨政軍」退出媒介的說法。1995年提出的「黨政軍」三退口號與訴求，針對台、中與華視的產權及經營權而來，當時三台都由黨及政府持有，並且聯合起來擁有將近百分之百的電視收入。現在，廣電生態大舉變動，資本流竄盲動而危及人們的視聽權益之幅度相當駭人。此情此景，正需要政治力介入，一來擴大公共傳媒的規模，二來從結構層面，有效地規範所有私部門及公傳媒的運作。念及這個背景，則如何界定政治力正當且必要的介入之範疇，就很重要。比如，政府至今仍然直接控制與經營的電台遍及北高兩市、國防部、教育部、交通部、農委會，乃至於情報局，有無必要及如何分階段將這些電台轉為公共傳媒的部分，顯然比直接要求政府不再提撥經費，並將其頻道資源放給私人使用來得合宜。又如，公視人權日「聲明」所說的「黨政軍」退出媒介，其實只是指黨派的營私力量不要「不當」介入，既然如此，何必非得使用特定時空的語彙？

　　如果有了這些認知，那麼，我們就可以承認，國民黨與民進黨在內的任何海內外執政黨，總是傾向讓自己中意的人主持公共傳媒。這點不應該是爭議的所在，即便是英國，擁有舉世相對為人稱道的公共廣電機構BBC，歷來也無法杜絕這個意圖。最誇張的情況是柴契爾夫人擔任首相的年代，她在選任BBC理事的時候，仍有「這傢伙是我們自己的人嗎？」這樣的盤算。工黨的布萊爾政府任命的理事長與執行長分別是戴維斯與戴克，前者的夫人是當時財政大臣、現任首相布朗（G. Brown）辦公室的機要祕書，後者長年是工黨支持者與獻金人。但兩人獲得任命卻是因為戴維斯作為經濟學家，多年來都以其精湛的專業分析，認為BBC的規模必須比現有格局作更大規模的擴張。至於出身BBC且主持各大電視機構的戴克，也是素有名聲，業界稱善。然而，2003年，BBC因報導官方侵略伊拉克，交惡當道，戴維斯與戴克雙雙辭職，抗議政府的調查報告對BBC不公允。他們的政治認同並非愚忠，也不至於危害專業的經營與判斷。我們與其形

式上要求經營公共傳媒的人不能有黨政色彩，不如確認其管理人才的專業及領導與親善能力必須禁得起考驗。

不再打轉於公共傳媒與政治力的關係，不一定就能找到優秀的經營團隊，惟至少增加了機會。再者，政治人物利用公共傳媒作為工具，指控執政者而掩飾自己同樣不關注公共傳媒的便宜口實，或許頻次也能減少。至此，「公視不缺錢就是缺績效！」的觀感或批評，也就比較可能成為聚焦的問題：公視是否不缺錢、公視是不是績效不佳？要有多少錢才算不缺？這些錢要來滿足哪些需要？這些錢要從哪裡取得？政府預算直接撥付，還是執照費或廣告費，個中比例為何？公視的績效怎麼評估，是收視率嗎？是收視率加上其他指標嗎？哪些判準與視野？假使沒有效率，誰應該負起使其有效率的責任？是公視人、是社會監督社團，還是迄今未曾善加規畫公共傳媒的政治系統，如果是以上行動者的聯合責任，則其主從關係又是如何等等？如果能夠追問這些課題，「聲明」的反諷也就有其價值了。

拒政治　回應影音人心聲[*]

百多位影藝工作者週五齊聚自由廣場，要求立法院在監督公視的運作時，不能踰越分寸，否則就是政治力的不當控制與染指。影音文化人的行動讓人擊掌叫好，他們的心聲與法國的影視工業各級人員東西呼應。

本（2009年1）月5日，法國準備以三年為期，執行去年初沙克吉總統首度披露的計畫，先將晚間八點至次晨六點的全國電視網廣告，逐出法國公營電視，其後逐漸擴大至所有時段，在2011年底讓法國公營電視如同英國BBC，在其對內的全國網、區域與地方等所有影音頻道，不再播出任何廣告。然後，法國政府將透過對私營電視

---

* 《聯合報》2009/1/11 A11版。

公司、電信與其他硬體,課徵特別捐,補回公營電視不播廣告而減少的收入,今年就得回補大約200多億台幣(4.5億歐元)。

　　這個電視新方案宣布後,群情譁然,反對者不少,但影音人大力支持。他們說,若能排除廣告,則其創作可以「免除商業計點收視率與官僚的雙重束縛」。

　　法國的新電視政策若能成功,意義重大,將啟發世界各國,甚至在其他條件配合下,對於公共傳媒與電視生態產生實質衝擊。影音工作者出面勇邁地支持公共傳媒;良知未泯與能力尚在的廟堂人物,應該善意回應,從監督公視的出發點,大步走向捍衛與擴大公共傳媒與電視的康莊大道。

撥開公視爭議迷霧[*]

　　關於近日的公視治理,以及行政院的相應責任之問題,我有意見。公視董事有三年任期保障,董事長沒有。因此,任期未屆滿前,除非有《公視法》第18條的解聘要件,董事自然不能任意更換。董事長及其經營團隊(總經理等)既然沒有任期的保障,依照目前頗有缺失的《公視法》,其去留取決於董事會。

　　假使董事會認為公視經營團隊不適任,卻不予更換;或者,假使行政院認定董事會不能妥善經營公視,卻袖手旁觀,就是兩者對社會不負責。執政者怎麼負責?舉證確鑿詳細之外,得依法或修法,並且要以周延的行政安排,光明正大地對外說明以爭取觀眾支持。可惜,事發之後,行政院一臉無辜,遮遮掩掩、慣性地想要擁有權力卻不肯負責,背離為政之道,陪葬了公視形象。

　　對於公視董事會是否應該撤換經營團隊、對於公視董事長聲請假處分以求保全經營團隊與公視監事狀告九人的行為,以及執政者究竟

* 《中國時報》2010/1/14 A19版。

是本於政治責任或不當的黑手干預而增選董事，這裡無法細說，但過去兩年多的公視，讓人遺憾者，至少有二。

一是公廣集團有員工一千餘人，政府預算、廣告與自籌經費合計近40億，放眼日歐韓澳雖是小巫，在台灣，「表面」上已然「偉岸」。說是「表面」而不說「實質」，重要原因之一，正是《公視法》不敷所需及其規模仍小，以及許多年來行政院不肯積極規畫。再者，一年多前，公視經營團隊在欠缺董事會的同意下，花錢刊登廣告批評立法院（雖然立院該被批評），卻不肯以同等精神與資源，全面向民眾說明公視的困境，必然誤導了社會認知。似乎，這個團隊儼然有小朝廷心態，只想保全目前的公視規模，不肯大力提倡公共廣播電視集團必須在台適度擴大的事實。

二是揚舉收視率，使之鞭策工作績效，這就造成以公視之名，禮讚其實只是必要之惡的收視率，這難道是明智之舉？經營團隊說近兩年績效良好，但七、八成員工不以為然，孰是孰非？外人可以不言。但收視率是霸權概念、所有商家服膺，BBC也不能身免，公視因此必須參考這些數字並無疑問。但是，不得不是一回事，（讓人以為公視）宣揚與擁抱是另一回事，二者分際並非不清楚。BBC、NHK、香港電台等非商業機構都在使用收視率數字，但對外說明收視率之大缺失，以及同樣或更重視「欣賞指數」、營運資料透明等等評估績效的方式。

我們是民主後進國家，還待學習許多公視治理與權責政治的精神與經驗，如果我們從中歷練，促進修法，那麼這次公視風波之末，未必不是亡羊補牢之始。

公視風波何時了？傳播政策出台時 *

　　今（2010）年元月11日財團法人公視基金會董事長鄭同僚提出申請後，法院禁止八位基金會董事行使職權；13日，明華園團長兼公視董事陳勝福向法院提告，指鄭同僚涉嫌瀆職、侵占與背信；25日，新聞局提出民事訴訟，聲請法院解除鄭同僚董事（長）職務。

　　為何會有這些動作，如何解得？有正解、有負解。

　　正面觀之，這顯示我們的《公視法》超越多數西歐國家，讓捍衛公視政黨獨立屬性的主張，得到尚能揮灑的自主空間。不要忘了，2008年5月以後，中央社及中央廣播電台的董事長都因行政權更易而跟隨改變。其次，新聞局沒有動用行政法權而是訴請民法解決爭端。這可能出於首長的善意或利害評估，不想讓有心人藉機就此聲稱，台灣得來不易的公視之相對獨立性再次被侵犯；這可能是我們的社會或政黨權力的分配，距離合理的平衡雖然還有差距，卻在本案已經牽制掌權者，使其憚於恣意行事，擔心若一意孤行，勢將牽動在野輿論的炒作；這也可能純粹是公視集團規模及影響力還不是太大，其資源職位雖有一些，畢竟還不算多，執政者明智地不願授人大作文章之話柄，是以暫時棄之不為可惜，反正最遲至今年底，公視五頻道經營者就可以走馬換將。

　　負面觀之，風景迥異。《公視法》創立於解嚴未久之際，何以獨大的國民黨願意放手，讓公視董事的產生過程接受部分立院的間接監督，並讓無給職的董事互選薪資比照部長的董事長？個中原因或許是，該規定雖然是當時在野黨及媒改人士的主張，它所爭取到的部分程序成果，仍然無礙於執政者任用自己選定的人出掌要職。藍綠兩黨同樣都深諳其間道理，差別在於其所託付的人，專業能力、資歷及其經營成績，可能不同。

　　這次撤換公廣集團經營團隊的火車頭不一定是新聞局，也可能是國民黨籍黨工幹部、立委或其他行政政務官員。這是權力運作的幽微

---

*　台灣新聞記者協會編（2010/3/27）《台灣新聞自由年報2007-2009》，頁10-3。

綿延連貫，讓人難以捉摸與著力。早在2007年11月15日，洪秀柱與江義雄等人就在立法院全院聯席會議提案並獲通過：結「凍『對財團法人公視基金會捐贈』9億元之二分之一」。原因是不滿6月出掌新聞局長的謝志偉；12月，公視新經營團隊在謝的祝福下產生。2008年5月以後，如《新新聞週刊》所說，這個不滿移轉至公視總經理馮賢賢，至10月，執政黨的不滿首度明確表現為：試圖撤換總經理，因此得換董事長。若非如此，新聞局無須在28日補足6位董事。面對這個局勢，董、總或許認為溝通不再有用，是以12月10日在未經董事會決議的情況下，假借四家報紙刊登半版廣告，等於是以「奇襲」的手法，公開爭端。執政黨無法接受這個方式的「勸諫」，不肯嚥下這口氣，於是撤換總、董的堅持與動作不減反增。

　　公視報紙公告直接衝擊的林益世等立委隨即提案，想要增加公視的董事人數，透過更合法因此表意更加清楚或說招搖的方式，達到改選董事長，進而解聘總經理的目標。該案在2009年6月12日通過，公視基金會董事會席次由最多15人增加至21人。新聞局據此在7月31日另提名8位新董事，至此，綠藍時期提名的董事員額是7與14人。單看數字，國民黨政府是掌握了《公視法》通過議案的門檻：「應有三分之二以上董事出席，以出席董事過半數之同意行之」。但國民黨輕「敵」，作為當事人的董事長若不能信服，並不會知難而退，而董事長的策上更不會接受換人，是以就會以各種可能的方式抵抗；其次，新聞局提名的新董事對於公視理念的認同與論述積累，聲望與成績固然有目共睹，卻不容易自動轉化成為能量，為換人的正當性加分，即便新董事有心，也不一定有力。

　　國民黨換人的有力依據之一，在於公視工會對董、總的超低度評價，董、總及其支持者則另有說法。對此，我曾經表示在沒有徹底調查前，外人不好多說，這裡另得補充三點：一是董、總及其支持者不應只是認為員工的極低評價，來自於被改革的反彈；二是如果真是改革，卻還遭致這麼大反彈，董、總真能自反而縮，全無自省？三是執政黨若以工會意見作為換人的重要依據，並無不可，但讓人驚訝政治威權者居然會這麼重視工會，歷來重視勞動者集體組織與力量的人，

都不免讓人「受寵若驚」!

其次,我得重申我對管理團隊的兩個負面觀感。一是第四屆公視總經理高舉收視率(這裡得再次聲明:收視率雖然不能不用,但怎麼善用得有智慧),一是第四屆公視董事會對於爭取公視規模的擴大,並不在意。前者不明智,但政府自己似乎也接受收視率意識的領導;後者是更大的認知困境與無意擔當責任。總經理馮賢賢及其支持者好像認定,公視在沒有更好的績效之前,擴大與否不是最重要問題。相當有趣或怪異的是,長期發言監督公視的立委洪秀柱,去(2009)年1月指公視「恃寵而嬌」、「不缺錢就是缺績效!」,剛好正與這個見解完全重疊。這樣看來,將績效改善與規模大小分開看待,而不是將績效究竟如何定義及其改善的目標,連同公廣集團的規模等課題,放在同一個架構(改進台灣傳媒生態使其符合社會的需要)考量,居然是政府與本屆公視高層的「共識」。對於關注台灣媒介與民主政治、文化與經濟的人,這是一大讓人扼腕之處。因此,假使換人可以得到新的契機,並無不可;特別是總經理本無法律任期保障,董事長是否有三年任期,法無明文規定,至少,存有不同解釋的灰色空間。問題在於,要怎麼行動,才可以在政府換人之際,同時促成這樣的契機之出現?

公廣集團的最大癥結不一定在於換人,但師出若是有名,而這個名是可以振奮人心的願景、是可以作為推進下一波興革的文件依據,則換人的格局與意義就會跟著擴大。無論是公廣集團或說任何傳媒,政治力的負面操弄或影響都不容易避免,惟除非出現特定情境,台灣的表意尺度與社會監督的能量,多少已經使得言論緊縮或政治力的赤裸干預不再容易奏效。反向觀之,這次公視事件還能搬上檯面,不也可以作為一種說明,讓人據此指出公共產權的媒介果然比私人傳媒的置換,更有公開的程序與監督,從而至少在形式上更為符合民主參與的要求嗎?置入行銷漸次囂張的近幾年,還能讓人不說政商的力量一直想要滲透傳媒,不理會傳媒人的專業、誠實與公正之信念嗎?

公廣集團的困境在於,政治系統迄今還沒有重視傳媒(包括電視)政策。因此,假使政府換人意外地、湊巧地提供一個機會,並且

所換之人如前所說，對於公共傳媒有其良好的認知與能力，且又在因緣際會之下，這一批人適巧有可能得到執政者的信任（公廣集團經營者固然不需要也不應該聽命於任何權力單位，包括執政者，但顯然也不需要不取得其信任或支持），那麼，我們是不是可以，或者，更具有規範意味地說，是不是應該「利用」這個機會，將公廣集團幾年來所遭遇的困境，與其向前擴大與進步所需具備的認知，及其所可能為台灣帶來的遠景，充分在這樣的轉折點，和盤與詳細周延地紀錄、說明與呼籲，甚至比照 2008 年 12 月 10 日的大動作，引發視聽並據此使其作為動能，要求甚至責成政府不得不回應？這些思維或許不無「機會主義」的味道，是以有人可能認為不足為訓，但是，「偶然」促成的良性變動時機稍縱即逝，行動者假使沒有掌握契機，輕是扼腕，重是失責。以上這些認知未能勸服當時有機會作此安排的朋友，雖然機會已經消逝，但無論是作為當時情境的如實還原，或是作為事後諸葛的重新建構，藉由記協年報，表明於此，對於端正日後公廣集團及台灣傳媒興革的大方向之認知，仍有必要。

哪國公廣　有此獨立佳績[*]

日昨報載，部分公共廣播電視基金會董監事再次召開記者會，咬定新聞局「加害公視獨立自主性」。

這個指控有些「逗趣」，行政權與立法權「加害」多時，公廣經營團隊卻還是不動如山，不也正好可以作為反面證據，說明公視的獨立與自主空間相當可觀？

環顧歐美日韓澳紐新南非等國的公共廣電機構，這樣的「獨立佳績」，好像從來不曾有過。我國公廣基金會的高層人事不僅不受相關單位的影響，並且從 2008 年底以來，渠等還連續以大規模刊登報紙

---

[*]　《聯合報》2010/5/3 A15 版。

廣告、參與遊行、司法假扣押手段與記者會聲討等等方式，對抗公共權責機關。顯然，我們的公視獨立空間之大，再沒有其他國家的同儕能夠望其項背。

台灣的傳媒如同世界各國，自有特殊性，其中之一正就是將近兩年以來，擁有完整行政與立法權的政府，想要撤換公共廣電集團的經營團隊，卻都未能如願。

相比於政府想要換人的理由是否充分、是否私心作祟而不是大公為民，大權在握的執政黨不能「心想事成」，是更為突兀的台灣地景，或者更合適地說，它是「陰影」，遮掩了藍綠政權迄今為止的傳播政策都不及格的事實：相關法規不健全，留有灰色空間，致有獨立自主與否的爭端，挫傷公廣人的認知與士氣，浪擲了社會的關注；政府透過公廣集團給予國民的文化權與資源之給付，遠遠低於國際水平，復因法規不整飭，致使運用這些有限資源的效率，未盡理想。

扭轉形象爭人心　公視再提升[*]

公共電視台總經理馮賢賢遭解職[1]，一時風風雨雨。當事人指公視「墜落懸崖」，聲援者說這是「封建的再復辟」，新聞局稱「不要誤導視聽」。董事長陳勝福希望馮「放下情緒　公廣集團向前走」。

作為關注台灣傳媒與公視發展的人，我希望說幾句。

一是我們的公視與傳媒是有很多不如人意，但沒有那麼不堪，更替總經理，即便爭議，其象徵意義也不到墜崖、封建復辟那麼嚴重。台灣的政黨輪替，國人都已經快要習以為常，我們的民主與公視自主，真有那麼脆弱？

---

[*] 《聯合報》2010/9/30 A21版。

[1] 《中國時報》2012年6月6日報導，台灣高等法院定讞，公視董事會解聘馮賢賢的參加人數不足法律規定，解聘決議無效，公視必須償付馮賢賢330多萬元資遣費。

　　問題的癥結有大有小。傳媒權責單位未曾負責是大，過去十年，新聞局長十餘人，席不暇暖就得走馬換將，甚至依法薦舉董監事人選都有瑕疵，民進黨及國民黨都相同，沒有人更高明。新聞局很尷尬，也因為概括承受過往一切而有些無辜，但要人不誤導視聽，最好還是善盡最後一任的責任，勇於任事，勸服高層，包括第一位具有新聞傳播博士背景的國民黨祕書長金溥聰，擇期宣布執政黨確實會負責任地，提出合適的大小傳播措施與政策，其中，自然就有《公視法》大幅翻修在內，真正再把台灣已經有基礎的消極、不因報導評論而恐懼的自由，向上提升，貢獻華人貢獻世界。

　　衝突的立即原因就在個人。馮總經理自認業績良好，何來換人的正當性？但既然有兔死狗烹、鳥盡弓藏之說，即便貢獻真正巨大，又將如何？何況政黨與董事會更替，面對馮總的強勢、援外自重甚至挑釁之舉，能不緊抓《公視法》的灰色空間、能不利用工會對於馮總的不利評價（是否公允是另一回事）換人，才怪。

　　全世界最知名，相對於歐陸公視經常直接受黨政選舉影響而能維持相對獨立的BBC，其信託會主席日前表示，不再尋求連任，會提前走人，雖然他沒有說這是因為保守執政當道，而他是工黨首相任命；稍後，信託會又說，不必依約明年春天與政府談BBC執照費是不是要隨物價指數調整，BBC要善體時艱，自動兩年凍結執照費。

　　這些以退為進的思維與作法，爭取形象與好感，使其化作支持BBC的力量，讓人見識與理會薑是老的辣，意思就在這裡。在這方面，我們是後進，自可學習。

壯大公共媒介　變化中國因素[*]

　　（2013年）4月12日晚間7時58分起，湖南衛視《我是歌手》的

---

[*]　《人間福報》2013/4/19第5版。

四個半小時節目與廣告，形同在東森新聞台連續直播；中天斷續播出約一小時（不含廣告）。當晚，東森的平均收視率達2.15，是去年0.39的五倍多。

電視既已大幅轉播或報導，報紙跟進不遑多讓。當天至16日，總計四家報紙五天的要聞及娛樂版面，至少刊登156則相關新聞或評論，包括《中國時報》64則、《蘋果日報》32則、《自由時報》31則、《聯合報》29則。

《我是歌手》引發兩類新聞效應，源自「中國因素」。輕量級的是：《中時》與《自由》再次怒目相向；東森違法轉播，繳納罰金仍有厚利；節目冠上商品名與置入行銷，有人羨慕有人批評。

重量級的標題是：〈中國流行文化入侵台灣　全民應有警惕〉。它認為歌手直播是「入島、入戶、入腦的統戰策略」。是嗎？「百分之六十五民眾不認同」。民調是主觀認知，客觀調查如後：國語劇在2005年的收視份額是18.88%，陸劇4.88%，韓劇達12.44%；最近（2009年）的數字，陸劇掉至2.36%，國語劇19.54%，韓劇突飛猛進至19.76%（僅次於閩南語劇的44.76%）。電影是另一種「風情」，1956年，國片（含港片）曾在台北市占有將近26%票房，好萊塢「僅」得45.5%，日片與歐片各有18.7%及9.8%。其後，好萊塢所占份額愈來愈高，1996年開始超過九成，其後曾逼近98%，台片與陸港片在1-5%之間徘徊十多年。到了《海角七號》在2008年意外翻紅，2009年政府增加影視補助金，國片票房始見起色，2008至2012年平均占有北市票房10.42%，陸港片是3.64%，好萊塢「跌」至85%，但美片觀影人次及票房總量仍在增加！

前引數值取自傳統調查，不及新的視聽形態。如果加入影碟與網際網路等收視行為，台人而特別是年輕人接觸中國內容的頻次，是否就會超過韓流與美片，從而構成「入侵」？答案無須在此逆料，但如果轉個彎，確實也不妨說，既然《我是歌手》的節目形態（format）版權買自以好萊塢為尊的南韓，湖南衛視等電視台的先前及未來許多節目也都採購美國、荷蘭等國的版權，加上中國影視特別想要以美國主流為師，那麼，製作資源匱乏且分散不穩定，因此大量進口海外節

目的台灣（2010年的電視節目自產僅16.19%，其餘進口），確實是受
到美利堅等國的主流文化附身在中國而後以變形的方式，「入侵」了
台灣。

　　怎麼辦？中正大學簡妙如教授說得對：「只有擴大公共廣電集團
一途。」中華文化總會祕書長、作家楊渡也說：「公廣集團要成
立……有一個理由……結合……資源……才能將台灣的公共電視，變
成英國的BBC。」誰說不是呢？壯大公共傳媒不但是振興文化的不二
法門，對於反媒介壟斷的朋友也是無可或缺的手段：公共產權就不可
能有外資或中資滲透；公共傳媒規模若大，就能監督並進而導引傳媒
秩序，若有傳媒業主私心自用不重專業，必被市場競爭淘汰。台灣跟
對岸的競爭不在比賽金錢，是在其他，包括要能建立秀異傳媒制度，
服務社會、服務人群與公共利益為主，滿足股東求利之心為輔。「龍
應台誇本土音樂」的較佳作法，是投資公視再由公視另提對等資金，
轉投資「見證大團」，製作並首播或與其他電視台先後播出45個樂團
的節目，文化部繞過公視集團，另投資私人電視台，捨近求遠，讓人
不解。

「公共電視」必須壯大為「公共服務媒介」*

　　《公共電視法》即將施行十八年。但我國政府有沒有認知，要以
建設公共媒介為職志呢？多數學界與政界人士可能會說，沒有。

　　不過，顏色固然有黑有白，卻也有中間色帶。同理，人生與事理
不乏黑白分明之際，但更多時候，會有深淺不一的灰色。政府是否有
建立公共媒介的認知，同樣可以作此考察。

　　早在1955年，政治大學新聞研究所第一任所長，同時是中央社
社長、擔任國民黨文宣工作第二把手的曾虛白，銜蔣介石之令考察西

*　香港東網2015/6/12。原標題是〈政府必須不斷壯大公共媒體〉。

方電視回台後，寫了一篇〈迎頭創建電視事業的重要〉。娛樂在任何時候都很重要，政治高壓年代也是如此，曾虛白並不否認。但他顯然希望，若要發展電視，必須兼顧「新聞與教育節目」，因為台灣當年的各級教師人數不夠，透過電視教學，「一人上課，上萬學生同時聽課⋯⋯解決了師資的問題」。如果娛樂、新聞與教育缺一不可，那麼，電視的財政來源，就不能依靠廣告而走商業路線。

天不從人願，台灣的電視從一開始就是商業掛帥，收入只靠廣告，教育電視聊備一格。何以蔣介石倚重的幕僚，建言未見採納？關於台灣政府是否認知公共電視體制的意義與重要性，這可能是第一個重要但還沒有答案的問題。

到了1965年，國府開始要制訂第一部《廣播電視法》，各方開始躍動。曾氏在1968年再寫〈三民主義大眾傳播制度的研究〉，強調「大眾傳播事業皆應公營⋯⋯切勿誤會公營是國營或政府營。這個公，是不帶政治色彩的社會大眾，故其權力的構成重心於民意代表、地區人民代表、職業團體代表以及最孚眾望的社會名流及法學權威。政府代表亦應參加，但不處指導地位，祇作聯繫與疏導解釋工作⋯⋯先進國家除美國外電視皆為公營」。

時代進入求變的階段，更弦易轍、重拾公共精神並且付諸實踐的呼聲，已經增加。1967年，由政大轉身，出掌首任文化局長的王洪鈞，以及負責擔任《廣電法》起草召集人的李瞻教授，無不推崇公共體制。詭異的是，文化局在1973年壽終正寢。廣電立法工作頓失文化的奧援，繼起主導的機構，是職司政經宣傳的新聞局，公共媒介無枝可棲。公共媒介再次獲得正視，已經到了1980年。孫運璿以閣揆的身分，在台北市木柵主持第一梯次中小學教師座談會時，「主張設公共電視台」。但四年後，孫氏中風，人一違和，政策跟著歇息。

如果當年的文化局沒有遭致意外裁撤，假使孫運璿身體康健再有十年，台灣的公共媒介是不是可能更早誕生，從而就有更好的機會，成為傳媒的市場領導者，不但擁有消極自由，從事報導與評論而不會動輒得咎，同時擁有積極自由，憑藉比較充分的資源，穩定地生產質量俱佳的傳媒內容？探索台灣政府與公共媒介關係之時，這是第二組

讓人懸念的疑惑。

解嚴之後，台灣從1990年起，第三度要創設公共電視，規模不小。國府的原始構想，是要讓這家公共媒介與當時三家商業無線電視台分庭抗禮，年度預算設定在60億新台幣。讓人費解的是，1997年入春，國民黨突然宣布停止建台。直到現在，國民黨都能控制民意機關半數以上的代表，彼時更是強大。何以滿朝權在手，偏偏不把令來行，豐富文化的建設？行政權與立法權都能穩穩掌握的執政者，竟然不顧責任與社會顏面，公然違反自己的施政允諾。更離奇的是，不說廢台則已，休字方甫出口，社會各個角落支持公共媒介，平日難見身影的多方力量，卻在頃刻之間傾巢而出，排山倒海的壓力，致使國民黨政府不單收回成命，並且快馬加鞭，僅用了不到兩個月，就已通過《公共電視法》，公視並在次（1998）年開播，但預算減少為15億。

國民黨是想要縮小公視規模，故意以退為進，宣布廢台是為縮小公共媒介的策略準備嗎？若真如此，為何又要縮小其規模？這是第三組有待釐清的問題。

進入本世紀以後，情勢再見變化。民進黨政府發現，根據其競選藍圖的承諾，必須擴大公共媒介的規模。既有這個格局，民進黨當中具有公共媒介認識的人，就與媒介改革團體有所呼應，進而尋求跨黨派有識之士的支持，最終在2006年初修法後，擴大了公共媒介的規模，有了公共電視集團的骨架，雖然納稅人透過政府提供的經費，不能說有大幅增加。持平回顧，直至2008年再次政黨輪替之前，台灣公共廣電集團即便前進的速度太過緩慢，仍然走在正確的道路。其後至今，台灣的公共媒介進入不進則退的窘境。個中究竟是哪些道理，才能解說過去七年以來，台灣公共媒介的困局？又怎麼評價民進黨在執政五年多之後，才能啟動擴大公共媒介的步伐，完全只是因為民進黨未能掌握立法權嗎？

近日，中國社會科學院新聞研究所向芬博士根據在台灣訪問政界、傳播業界與學界十六人，佐以其他材料，撰有專書即將出版。她說，受訪者的「共同期待」，就在追求「有序合理的新聞傳播政策與良性理想的媒介環境」。確實，如果容許附麗，我們應該說，合理政

策所要形塑與凸顯的媒介環境，就在從事調查報導成績斐然、目前主持評論園地的何榮幸，所提出的看法。他說，有為的政府「應該帶領人民建立對公共媒介的認識，去制定政策、移撥資源⋯⋯讓它不斷壯大⋯⋯（才）不至於擔心整個媒介的生態被商業媒介牽著鼻子走」。這也是說，公共服務媒介（PSM）必須壯大，成為台灣傳媒的領頭羊。

公視請快遊說修法　不要募款[*]

　　近一年多以來，公視屢屢在螢光幕上邀請藝文人士與記者，述說公視之好，目的是力邀觀眾不只收看節目，還要更進一步捐款以示支持公視。

　　公視節目是可以肯定，新聞、紀錄片、音樂與談話節目之外，逐週另有一些電視劇與電影，也都值得觀賞；但這多少是蜀中無大將所烘托出來的情境，公視若真因此自滿自誇，不太合適。其次，這種自拉自唱的行為，算不算是一種廣告，有違公視精神之虞？或說，公視以美國模式為師，對觀眾募款，不是看齊歐日韓加澳而要求政府增加撥款，不很明智。再者，公視藉由自家螢幕推出募款影音，會有多少效果，是不是反而產生了反效果，耐人尋味。

　　更為讓人納悶的是，如果公視擁有相對優良的形象，何以這些正面素質，似乎並不移轉至其最高權力單位，也就是董監事會。具體的表現是，行政院提名的公視第五屆董監事名單，今日（2012年7月11日）即將由立法院委任的審查委員進行第二次審議，但誰是候選人，迄今還不清楚。「刑不上大夫」，公視變成名譽不上董監事，可以說是另一樁怪事。

　　這個詭異景觀的造成，有一表面原因。第四屆董監事延任18個多月，董監事對簿公堂，董事兼任無給職，卻遭高標準檢視，3/4審

---

[*] 《人間福報》2012/7/11第5版。原標題〈再談公共電視與公廣集團〉。

查委員同意才能就任，門檻太高。只是，歸根究柢，行政院（可加上總統與立法院）才真正是難辭其咎，許多年來，政院欠缺政策與因循苟且，才是病灶的根源。

現在不是埋怨算帳的時候，亡羊補牢才是正理。行政院最好成立工作小組，躬身自省與調查，透過合適程序，莊重表明近年公視建設之失，行政怠惰是病根。苟能若此，或許會有「見賢思齊」的效應，立法院、第四屆董監事而特別是董事長與總經理，乃至於關注公視的團體與個人，就可能自省，是不是曾經愛之適足以害了公視？有則改之，無則嘉勉。

行政院還得盡快啟動修法工作，擴大《公共電視法》為《公共廣播電視法》。以公視為核心，擁有八、九個電視頻道的「台灣公共廣播電視集團」（Taiwan Broadcasting System, TBS），已經是肩負傳媒與文化改革的重要政策工具，但1998年《公視法》創制時只有一個頻道，如今早就不敷使用。

法律修訂無法一次竟功，除了經費規模，最關鍵的部分就是公視基金會董監事的人數、權責及其產生方式，應列入優先調整的項目。

美國公廣基金董事6人、英國BBC信託設10人、澳洲ABC得5至7人，加拿大CBC有12人（1人兼總經理），這些董事都是有給職，不是開會才具領微薄的車馬費。TBS規模只有前四個英語系國家公廣機構的六、七十分之一至四分之一，但負責TBS的公視董事人數，現制是17至21人，過去是11至15人，似乎嫌多，並且除董事長之外都是無給職。未來，公視董事的人數是否減少，仍可計議，但更重要的是，部分董事應該轉為有給職，可以是常務董事，可以兼任TBS特定頻道（群）的台長或總經理。

公視管理團隊與各國公視的重要差異，另有兩處。一是前舉國家公廣集團的董事長或主席，都是執政黨提名，國會同意後任命，我們的公視董事長由董事互選，可能是全球獨樹一幟。這是值得我們自豪的「創新」嗎？還是，這種創新造成權責不清，不是為政的常理。公視前兩屆運作順暢，不是制度之功，是人事之力。第四屆董事彼此興訟，這與董事互選董事長，致使行政權得以隱身事後而「無責可負」

應該有些關係。其次，國會委任他人審議董事人選，造成過去審查過程不公開不透明，徒惹爭議，何不回歸常態，以1/2立委同意為門檻，逕自由立法院審查董事（長）人選，藉此可將所有審議的過程鉅細靡遺地登錄在立院議事紀錄，公開周知，既有監督之功，亦見社會教育之效。

公共電視在募款　三點討論*

舊曆年前，公共電視推出新的服務，凡是它擁有版權的節目，首播之後，另透過網路，提供任何人觀看7天。

何以只是7天，不是更長？原因可能不止一端，但影音節目存放的時間愈久，管理及流通成本就會（雖然不是等比）增加，應該會有關係。

公視礙於經費短缺，進入網路的規模只能緩步慢行，無法與新媒介的發展匹配，非戰之罪，實是銀兩不足所造成。因此，我們的用語還是公共「電視」，但在海外，愈來愈多的機構強調，在網路、電腦、手機與各種應用程式發達的年代，「公共服務廣電」必須正名，現在是「公共服務『媒介』」；即便居家看電視的形式，依然重要。

在這方面，轉型意識比較早的國家，仍在歐洲（特別是北歐）。2002年，北歐傳播學界與業界攜手，成立「再造公共事業的願景與詮釋」（Re-Visionary Interpretations of the Public Enterprise），其後亞洲、大洋洲、美洲與非洲的同道，紛紛響應。至今，它已舉辦七屆雙年會，2007年推出的專書，標誌了這個轉型與擴充，書名就是《從公共服務廣電到公共服務媒介》。

適巧，我們的公視也率國內電視之先，在2007年成立新的公民影音平台Peopo。它「強調異質參與」，歡迎、鼓勵並協助有意願的

---

* 《人間福報》2016/2/1第5版。

人製作內容，放入平台，從中，任人提出主張，並與他人互動的機
會，得到公共事業的穩定支持。

顯然，我們的公視同樣重視新技術的特性。在數位年代，公共事
業如公視，既然旨在服務而不是牟利，就會盡量不以人為形式設置路
障，就不會阻礙數位內容的四處走動。

公視是以在經費拮据之下，仍然想方設法，希望善用網路，服務
國人。

然而，經費問題揮之不去。依照國民平均收入的投入金額，我們
的規模僅有香港與美國的數分之一、只是韓日澳洲的數十分之一，勉
強超過英國北歐等國的1%。

如果規模繼續迷你，那麼，公視擁有版權的節目（包括新聞），
無論品質或是數量無法充分，公視人再有心進入新媒介，提供更方便
的使用方式與情境，也是心有餘力不足。

對於經費問題，公視董事會自然心知肚明，因此在一般募款之
外，另從2007年底的若干天，每天使用若干時間透過自己的螢幕，由
影音及許多文化人（可能也有NGO團體）現身說法，向公視觀眾訴
求，呼籲捐款。該作法後來擴大，2009年從一次變成兩次，再來更見
頻繁，如果不是每天有，至少三不五時就來，不再是年中歲末各一回。

藉由這個方式，公視募了多少款，不得而知。但先討論三點。

第一，公視不能播商業廣告，但可以放節目贊助者的名稱。那
麼，這些向個人募款的時間總和，轉為用來謝謝贊助者，所獲金額會
不會更多？其次，募款影音只能召喚公視的觀眾，可能流於產生一種
印象，變成本來所有人都有份的公視，卻有另一個部分專屬捐款人。
此時，有錢出錢的味道淡化，經濟學說的私人「俱樂部」會員之成
分，反見濃厚。

最後，俱樂部私有化的意象，理當避免，努力方向不是募款，是
歐日澳模式，亦即贊助也要避免，至於錢財，最好統統政府公務預
算，或隨水電（及其他傳播硬體與通路）的附加捐，予以滿足大部
分。如果真要電視募款，那麼，應該調整訴求，以後若有機會再就此
討論。

募款有妙方　公視董事請注意 *

　　《燦爛時光》向台灣民主前輩致敬，這齣電視劇共20集，週一已經在公共電視首播完畢。導演鄭文堂說，希望藉由這部作品，能有更多機會，讓「轉型正義」得到正視。另外，在公視募款影片中，他又指出：「如果公視可以有更多的資源，就可以製作更多多元的節目或是戲劇，這對台灣的文化發展，是很重要的。」

　　比《燦爛時光》早十天播出，但較長（31集）的《一把青》還在螢幕，會與觀眾繼續相聚一小陣子。導演曹瑞原則說：「《一把青》這樣的故事可能只有在公視可以有更大的空間去創作，而且公視對創作人也特別的尊重。」

　　兩部電視劇都談歷史，時空幾乎重疊，是1945年以後三十多年間，發生在台灣及兩岸的事情。即便兩劇的經費相去不少，年齡接近的兩位導演，努力與用心不分軒輊。兩人對於公共電視的肯定及呼籲，亦無差異。他們響應公視的邀請，錄影呼籲觀眾慷慨解囊，有力出力有錢出錢，灌溉台灣的文化。

　　兩位導演之外，若在影音頻道鍵入「公共電視募款」，赫然可以出現7萬4千2百支影片這個驚人的數字。雖然進一步細查，真正是這個訴求內容的影片，可能是200至400餘支之間（2009年至今；2007與2008這兩年的募款廣告似乎未曾上傳）。

　　這就是說，拔刀相助，透過公視與影音頻道為公視發言的人，雖然沒有上萬，但累積已有數百位文化人，包括在2000年成立，並於2014年太陽花運動，因演唱〈島嶼天光〉而更為知名的「滅火器」樂團，其主唱楊大正也說：「公視存在的意義，其實就是透過各種角度，忠實的呈現社會上每個需要關注的議題，同時，我們也必須給予公視足夠的力量，讓他們可以發聲。」

　　確實，「給予公視足夠的力量」，這是關鍵。公視董事會應該就此努力，就說兩個作法。

---

* 　香港東網2016/2/21。

　　一是董事的身分要改變。目前，除董事長支薪，其餘不支薪，可以改成，十餘位不支薪的董事當中，部分改為有合理報酬，並讓他們的重要工作之一，在於向政府權責單位說明公視的意義及責任，讓政治系統給予更多經費，以示認知，並用行動代表人民，透過公視灌溉我們的文化。據說，有線電視系統一年提撥約1億經費，形同委由公視製播節目的作法，NCC可能修法予以取消。公視董事會早就應該向NCC說明，這個額度已經不敷所需，不僅不能取消，還得增加。NCC若主動，或在公視董事遊說立委後從善如流，那麼公視的所得，一定比螢幕的募款收入來得更多。

　　與前有關，公視董事會的第二項工作，可以改變設定公視募款影片的訴求對象，不再只是公視的觀眾，而更得是掌握資源分配的政治系統，特別是側身其間的行政官員或立法委員。

　　目前，公視募款影片直接請觀眾掏腰包。這是常見的作法，固然也有讓人以捐贈作為參與的好處，卻同時會有個別化及私人化的遺憾。這還不說，這些捐款總是杯水車薪，聊勝於無。

　　所以，在設計講詞與訴求的時候，不妨先與代言人討論，尋求支持後，一改先前的作為，最後出場的台詞，不是現在的「拿起你的電話，撥款專線……郵政劃撥帳號……，謝謝」。以後，應該是要轉而讓觀眾深刻理解，個人捐獻固然是好事，但是，如果沒有政治系統的支持，公視無法有「足夠的力量」，賦予我們的文化人合理的工作條件，與大家協力，成就既重視本地、也迎向海外的文化視野及觀點，也無法讓大家有稍能稱許的表意與抒情的成績。

　　除非現場轉播，電視不是現場的隨興之作，所有內容無不經過設計，只是手法有別，效果互異。〈公視讓你看見更好的未來〉這支由公視特意製作的廣告，有5萬6千多人次點擊，柯P競選台北市長時，市政主張平均一則是3萬7千，顯然公視有能力以合宜的表意方式與內涵吸引觀眾。現在，僅需將訴求方向，定位在讓觀眾理解，政治系統是否重視，才是公視、從而台灣影音文化能不能得到「足夠」資源，完成既是遴選與反映，也是同時提攜與涵育文化的任務。

　　公視募款影片的內涵要有調整，重點不再是請觀眾直接掏腰包，

而是邀請觀眾認知，政治力正確介入公視的財政給付，才是正道。建立這個觀念的長遠意義及效能，必定更大。因此，在英國，他們的演藝及各種文化人才是要「匯集共識，捍衛BBC」，直接要求政府給予這艘英國文化航空母艦充分的經費。

《燦爛時光》最後一集播出後次日，彷彿是遙相呼應，早在1964年已聯合謝聰敏及魏廷朝，發表〈台灣人民自救運動宣言〉的前輩彭明敏，適巧撰文，再對「轉型正義」發言。

在台灣，相較於其他國家，轉型正義的歷史根源若不是更見複雜，至少是同等糾葛，涉及資本帝國、殖民體制、國共內戰，以及三者連環捲動的二二八、白色恐怖與戒嚴體制，如果欠缺規模充分的公共媒介，誰能有效並穩定供應足夠的資源，出以紀實的理性與戲劇的感性，表述歷史、撫慰傷痛，昇華文化？

落實文化政策　打造「華人BBC」[*]

「華人BBC」這個概念借自周奕成。雖然還有不少缺點，但舉世最早創建的公共廣電機構BBC，如今不只是廣播與電視，並且經由網絡與手機，已經成為最知名、最具公信力、經營效率最高的公共「媒介」。經由無線電波、有線與衛星、電信與網絡等等傳輸平台，BBC的視聽訊號，以及各類異常豐富的文字資訊，不但在類比與數位收音機、電視機、各種電腦裸露身影，這些影音圖文內容也結合各種APPs，在行動電話、iPod等等各種終端接收設備花枝招展。

這樣的BBC藉由轉播與製作，提供了養分，長期地穩定培育各種藝文形式的接觸、使用及參與人口。這樣的BBC也提供資源，讓各色文化創作人才得到尚稱合理的經費挹注，無論是導演、編劇、製作人、表演藝術工作者、舞台與燈光設計、策展人、工程人員⋯⋯，

---

* 《自由時報》2012/2/6 D8版。

大致都能在此安身立命。兩萬有餘的BBC員工，勞動力的規模小可，是以還有能力拉拔整體文化的工作條件，僅以電影為例，就很可觀：英國電影製片業最蕭條的1989年，49%電影製片資金竟然來自BBC與另一公營電視（「第四頻道」）。劇作家、小說家、文化評論人紀蔚然教授說：「救贖國片的起點，別無他處，即在沒救的台灣電視。」道理與此相通。

我國的「公共廣播電視集團」（TBS）已經是台灣傳媒人才最大的僱用機構，但多年來因上自總統下自新聞局（與文建會），關注嚴重不足，想像力與抱負匱乏，導致TBS雖仍有表現，距離應有水平還是遙遠，畢竟，TBS在國內不算迷你，放諸海外卻很瘦弱。人口不到台灣1/3的香港，規模都比公視大，BBC、近鄰南韓KBS與日本NHK，是公視的數十至一百多倍。

1990年政府籌畫公共電視之初，原定一年預算60億，是當時所有商業電視收入的1/3。二十多年已逝，現在擴充TBS為100億，並不為過，這個規模不需要立刻速成，只宜分階段步步為營，假使政府能夠整合散落各部會的經費，一年添加4、50億的預算，也就足夠。

「華人BBC」並不是有錢就成，沒那麼簡單，BBC奮鬥八十多年，歷經數代的政治人與文化人之悉心規畫、經營與捍衛，才有今日的成績。但三尺童子皆知，沒有錢萬萬不能。這筆財源儘管必須取自公務預算，政府卻也可以仿效海外許多國家的成例，立法讓各種影音傳媒機構與硬體廠商對於「華人BBC」的擘建，亦能知所貢獻。

「行動勝於言詞」，透過修法逐步提供TBS這個規模的經費，就是決心的展現，就能產生號召作用，與此同時，政府自宜提出文化願景與藍圖，藉此讓「事實與雄辯」相得益彰。TBS挺進「華人BBC」之際，國人文化公民權茁壯之時，所有認同傳媒的民主、自由及多樣價值的人，無不備受鼓舞。

文化部滿月　期許建構華人BBC*

文化部已經滿月，在此借用周奕成的創意，建請文化部以建構「華人BBC」作為願景，一箭三鵰。一是響應龍應台「下鄉　拚文化公民權」；雖然有人說，龍的「七八三五計畫」，是口號不可能實現。再則蓄積潛力，拉近龍部長所說，距「離國際仍很遠」的「台灣文創」。三則結合龍部長在作家年代所積累的聲望，為華人的影音傳媒體制，豎立興革的目標。

BBC舉世知名，文化與經濟表現秀異，我們不能照抄，但台灣有機會也有責任，用心建構，使適合本地需要，並對華人與國際社會能有貢獻。前文建會主委陳其南在2004年提出《文化公民權運動宣言》，兩年後漢寶德說，他還沒摸清這個概念，陳已離職。龍部長就職滿月當天，返回中、大學住居地高雄市茄萣漁村，表示要在7835村落落實平等文化權利。這個宣示很好，但電視呢？電視早就村村通，是彰顯文化公民權虛實的良好工具。歷任文建會主委因電視不是其執掌範圍，對於電視不見聞問，龍部長是在教育部文化局（1967-1973）之後，首度同時肩負藝文與大傳文化的第一人，正可善用現代科技。英國在2015年將有新的地方電視，保守黨政府要求BBC要戮力協助，玉成其事，我們當然也能見賢思齊。

「文化創意產業」作為國策起於民進黨政府，但其實龍部長早在2001年任職台北市文化局長的時候，就有此說，雖然內涵與日後的文創仍有差距，其中最嚴重的是，從當初到現在，影音而特別是電視居間作為領頭羊產業的事實，因電視歸新聞局主管而未受文建會正視。然而，英國文創若說竟有成就，缺BBC不可想像，反商者對BBC商業部門迄今的經濟成績，仍得承認，如BBC去年海外商業電視頻道的業績就有16億英鎊收入，毛利約合47億台幣。

我們在2006、2007年起就有公共廣電集團，員工1,500餘人，相較於BBC（員工20,000多）雖是小巫，但已經是本地最大規模的電視

---

* 《聯合報》2012/6/22 A21版。

機構，卻苦於政治力不僅不肯規畫，並且還漫不經心隨隨便便，致使
國人不能更有效領受其成果。往事已矣，文化部可以有新氣象，創造
或選擇合適時機，盛大並持續宣告建構華人BBC將是未來施政重點
之一，有了政策明示，對於近年來低迷的士氣就會產生鼓舞，繼之，
修法及適度挹注經費，就是實際行動的支持，甚至，文化部是否能夠
查詢相關法規與合約，檢視是否尚有空間，可以將取之國發基金的文
創資源，轉（部分）投資於公廣集團的成員（如華視）。苟能如此，
振衰起弊的曙光，如同日月，眾皆仰焉。

香港特首曾蔭權在2009年提出擴大香港公廣機構之意，但沒有
兌現；2005年，中國大陸將建設公共文化體系列為施政重點，其
後，呼籲這個「文化」不能只是博物館美術館免費入內觀賞，而是要
投入於電視軟體內容改善的建言。台灣已經有了公廣集團，我們的表
意自由水平亦在尚可之間，若能更進一步，以建設華人BBC為目
標，真有所成，則在華人交流密切之際，受益者又豈止是台人？

公視從沒想過要當BBC[*]

鄭自隆教授昨日在民意論壇說，我們的公視「一開始」就想成為
BBC，造成公視現在有「叫好不叫座的窘境。」

但是，這個說法剛好與歷史相反。1997年4月16日，執政黨中
央政策會論公視，外界認為這是要放棄建設公視。隔了兩天，可能是
外界期期以為不可，執政黨有了反應。因此，新聞局長蘇起提出公視
「小而美」的說法，得到「行政院高層支持」。

所以，世界潮流是歐加澳日韓的大規模公共廣播電視，但我們不
放在眼裡，執意要「小」，這就使得不少挺「美」的節目，由於公視
太小，也就無法為國人認識。甚至，很多時候，觀眾被迫重複收看公

---

[*] 《聯合報》2016/9/13 A15版。

視因為預算苗條，節目只能一再重播，致使即便再美，也使得觀眾在短期間看得太多次之後，覺得節目單調了。《一把青》預算不少，惟不但公視無法獨立承擔，並且我們也失去了再看「二把青」、「三把青」……的機會。

無法由公視獨立支撐的節目還有更多，即便合拍，也難免杯水車薪之嘆。《16個夏天》很不錯，即將外銷拉丁美洲，但隨著觀眾年歲老大，若能來個「66個秋天與春天」迷你劇，正好可以是人生重晚晴的寫照。《滾石愛情故事》單元劇很不錯，如果預算充分，誰又說滾石不會來個「學生故事」、「中年失業故事」乃至「登山故事」？

還有，鄭教授說公視不必一定「自製」，但可多委製。如今的麻煩是，節目不分採購還是自製或委製，都得花錢，只是所需預算高低不同。但只要是沒錢，又怎麼能夠委製足量的好節目？

前年的國家文藝獎得主王小棣，大家都很尊敬。她製作《植劇場》，希望讓我們的「編劇、演員、導演」有合理的工作並有積累才情的空間。假使其他政府機關的影視補助（如科普預算等）都能由文化部協調，這些預算加上文化部本身的預算，不要老是天女散花，而是全部或更大部分都能委託公視執行，並使公視享有優先或同步使用的權利。公視與華視董事應當努力向有司說明與遊說，透過這個方式，雖然政府總預算沒有增加，卻等於實質增加對公視投資，讓公視有更多委製資源與空間。這個作法也可能刺激商業部門，使在電視劇製播方面與公視有競爭關係的商業台，必須增加電視劇的相應投資。這樣一來，公部門的投資就是帶頭，引進商業部門的新投資。

除了遊說官員集中投資，鄭教授既是董事，不妨競選即將展開的台灣公共服務媒介龍頭，也就是公廣集團董事長，政見之一可是「還我歷史」：當年執政黨建台之初，確實是心存世界，因此當年是要讓公視有60億元，其後卻減為9億，那麼，四分之一世紀過了，如加計歷年差額以及利息與通膨，應該變成100億以上吧。

天問：政府為何不造「文化航空母艦」？ [*]

去（2016）年9月，文化部長鄭麗君在「行政院文化會報」提報，宣告要整合資源，綢繆「公共廣播電視集團」（TBS）的未來。這個週末，「2017年全國文化會議」的分區論壇即將登場，就從屏東開始。那麼，預定9月要召開的大會，政府是不是會隆重宣布要由TBS克服艱難，執行使命、推動「文化航空母艦」的雄圖大業？如果沒有宣布，原因何在？

若是沒有合理進境，必有緣故，信手列舉四端。

一是「文化航空母艦」能夠活絡與振興母語的使用，但政府未能注意到。

文化部重視語言多樣性，提出《國家語言發展法》草案。活化語言的最重要機制是回歸家庭與日常生活，但電視仍有角色可以扮演，作法不是設置新的台灣化的閩南語頻道，而是要在經費能夠支持的前提下，要使各個頻道的節目，都由不等比例的國語、台灣化閩南語及客家語，原住民語言（乃至於新移民語言）的內容聯合組成。

除了要有「主要」的語言，所有現場新聞之外，不妨另外錄製第二種語言（以上的）「配音」。同時，選取這些節目當中，適合作為推廣語言學習之用的特定內容，加配多種語言，除透過網路流通，也結合各縣市文化中心、圖書館或學校，舉辦活動並提供音像成品，方便國民及學童藉由接觸這些音像製品，學習或深化地方語言能力。

二是「文化航空母艦」能夠略微平衡台灣巨大的南北與東西之城鄉差距，政府同樣也未能正視。

糾正台北幾乎獨占所有影音製播資源的現況，台灣至少可以分作若干區域（如北、中、南、東），並由「文化航空母艦」提供合適的資源，讓各區自行製作並播放新聞及非新聞節目若干時間（每天短至半小時，長至若干小時，依據資源多寡而定）。台灣的地理幅員是不大，但也不是太小，幅員相當或小於台灣的荷蘭、比利時、蘇格蘭與

---

[*] 《人間福報》2017/3/22 第5版。

威爾斯等等地方，其電視影音製播資源的分配，並沒有台灣這麼集中，若再看台灣的人口與經濟力量，各自製作合適質量的節目，合組頻道所需的內容，並沒有實際的困難，欠缺的是政治認知與意志。

三是公廣集團是否能夠承擔打造「文化航空母艦」的使命，政府沒有信心。

TBS是台灣最有規模的電視集團之一，運用八個以上的頻道。TBS必定有人對此任務有所認知，也有意願擔當、也在努力克服困難與阻礙，惟是否這樣的人數還不夠多，致使TBS擔當重責大任的使命意識並不成為TBS組織文化的一部分，致使更多的成員只有「小確幸」意識，未能念及小確幸與大確幸理當並存，而如果沒有大確幸，「覆巢之下無完卵」的壓力，會讓小確幸朝不保夕。

四是政府預算不足，無法支持「文化航空母艦」的打造。

我國政府支出占國民生產毛額不到20%，距離日韓歐有10-20%以上的差距，相當於一年政府少了1兆多至3兆多台幣可以運用。若能合理增加稅收調整稅目，問題可解。或者，政府近日提出的兆元「前瞻」計畫，亦可增列「文化航母」。若都不成，那麼台灣藝術大學校長陳志誠博士建議的法國模式，也就是向各種涉及傳播的收入課捐，如同課徵菸捐作為健保與長照的部分經費，值得認真考慮，媒體改造學社完成的〈2016年文化與媒體政策倡議書〉(http：//ccp.twmedia.org/第三期全本下載/)，曾經就此詳細計算，可以參考。

落實大公廣　應該回收中廣2頻道[*]

中廣音樂網與寶島網頻道的使用權議題，2007年就已浮現，現在隨著NCC收回頻譜，重新核發給客家與原住民委員會運用而落幕。電波使用權的十年波折，與「政治追殺」無關，但至少凸顯兩個

* 《聯合報》2017/4/17 A15版。原標題〈中廣2頻道收回　能否落實大公廣〉。

問題。

　　一是行政院對攸關國人文化涵育及認同的傳播權利，並沒有整體想法。如客委會主委李永得回覆外界的憂慮，指這個新的客家收音機頻道不會變成「政府媒介」，因為客委會未來要將其放入公廣集團，由其負責製播而文化部編列預算，不是客委會。但原民會則說，是否納入公廣集團，「還要討論」，這讓人懷疑，難道原民會可以由政治人物指揮，不需遵守公共服務的制度與精神？

　　假使行政一體，去年行政院首創的「文化會報」，早就應該將這個議題列入報告與討論，也理當早就由行政院長裁定，客委會的意見符合民主國家的常態作法。NCC雖然不一定需要聽命行政院，亦可跟進表明，它將本於職責，研究是否仍有空間，可將NCC對業者收取的電波使用費，撥付部分作為兩個新興電台之用。至於文化部，兩、三年前已經完成新的公廣法要納入收音機廣播，何以新政府上台將近一年，還沒有對外公布這部法律草案？

　　公共電視基金會的表現，似乎也很消極。按理，已經肩負八個以上電視頻道經營、實質影響千餘工作人力的公視基金會，有機會就應伸張本身的意志與再次說明公視的宗旨，對更多國人提供較多樣的影音，乃至於透過新媒介而近身的服務。這個時候，公視唯一專職有給的陳郁秀董事長，應該足以勝任這個重要的工作，完成使命。

　　本身是演奏家、對民主有其貢獻的陳教授在競選董事長期間，對外以大公廣號召，此其一；她在出任現在專職之前，已經擔任過公視董事，對公廣議題不陌生；再者，出身文化界而孚眾望，並且擔任過文建會主委，她也有一定的政治善緣可以為公益出力。具備這些資歷與能力的公廣領導人，若能積極，綜合連橫以邁向大公廣理念的落實，誰曰不宜？

公視50億領頭衝　變化「中國因素」[*]

　　中國大陸在（2018年）2月最後一天公布「三十一條惠台措施」。其後，認為這是黃鼠狼拜年的人說，這哪裡是「惠台」，根本就是「毀台、吸台、窮台、笨台」。行政院使用中性用詞「對台」，並說「壯大台灣」才是辦法，另在公布八大策略時，出現「中國大陸」一詞。

　　這些策略是否能夠「強台」？現階段，三十一條惠台措施所涉及的產業，台灣體質最稱羸弱的就屬電視與電影。假使「加強發展影視產業」成功，其他策略也就沒有失敗的道理；如果成功，近年來完全遭到負面看待的「中國（大陸）因素」，這時反而搖身一變，成為刺激我們進步的動力之一。

　　相關的報導語焉不詳，但該策略似乎有兩個重點。一是「文化部將以公共媒介來扮演台灣文化國際傳播的主要角色」。其次，除了執行將近三十年的電影輔導金，文化部4月底公布辦法後，可望作為補助，或者民間影視投資融資之用的資金規模，少則會有42億、多則超過100億的經費，至於這是一年、兩年或十年的額度，並不清楚。

　　既然策略的內涵尚不明朗，談成功說失敗，言之過早，僅作三點討論。一是經費是否充分、能否落實。監察院上週發布調查，指文化部推行的「廣播電視內容產業發展旗艦計畫」，第一期民國99年至103年，原擬編列50.24億、實編17.68億，執行僅13.07億。至108才屆滿的第二期，其104至106年原編13.10億，實編9.46億，執行率低於八成。據此資料，過去十年，每年區區3至4億而已。如今若能亡羊補牢，在新的「中國因素」刺激之下，一年（五、十）倍增，也不算多。

　　二是融資問題。電影、電視劇製作原本風險高，特別是大片，加上我們的影視產業沉痾宿疾一、二十年，以及視聽門戶洞開太久（雖從2016年起，規定無線與境內衛星電視頻道的黃金時段節目，必須

---

[*]《人間福報》2018/3/19 第5版。

五成與二成五本國自製；但南韓及對岸等國早就有此規範，並且自製比例更高），與影音串流等新技術條件的衝擊，致使願意長期且穩定投資影視劇的財團付之闕如。這個時候即便融資，拍戲虧錢的機會大是不會改變的事實。呂清夫引文化部的統計，發現八十個申請案，只有兩個取得融資，顯見金融單位心知肚明，對於風險承擔裹足不前。

政府率先投資的規模太小，散彈式的影視融資，注定無法成功，也不能發揮規模效益，若用馮賢賢的主張，這些缺失可以一次解決。她是2012年蔡英文競選總統的傳播白皮書重要撰稿人之一；2016年參與相關文稿的研擬，對於台灣影視生態也有長年的接觸與了解，並且曾經擔任公視總經理。日前，她再撰述長文，呼籲政府應該「用50億當子彈」，責成「公視領頭衝……學OTT平台優質突圍」，至於「商業台該倒就讓它倒」；「如果民進黨政府不在乎公共媒介對台灣民主的重要性……那就可惜了這次新的機會」。

這個意見相當正確，它突出公視這個「機構」理當扮演領頭羊的角色，完全符合人力、資本、土地之外，同樣重要的第四大生產要素「組織能力」，政府再怎麼強調與培育都不為過。事實上，惟有正視這個組織的改善，才能落實「文化部將以公共媒介來扮演台灣文化國際傳播的主要角色」的說法。賴清德院長說要「壯大台灣」的影視產業，至此也才能找到一個穩定的立足點。

國際影音平台的經費與人事問題……*

文化部長李永得答詢立委，表示「希望公視提案」，整合中央社與央廣，共同經營年預算10億元的國際影音平台。超過半年多的折騰，現在回到正軌，理當肯定。

不過，另有兩個問題，需要提早解決．

---

* 《卓越新聞電子報》2021/3/22。原題是〈關於國際影音平台，還有兩個問題……〉。

全世界沒有的董監事高同意門檻應該考慮下修

第一、公視現任（第六屆）董監事任期已經超過一年多，新團隊遲遲沒能產生，勢必影響公視形象與能力，從而對公視領銜的國際傳播會有不良的牽制。

無法如期產生，是現在的《公視法》不符合權責要求，需要四分之三審查人同意董監事人選。輿論及朝野對此不合理的設計，非議既久，文化部在第一階段修法時，除將客家、台（閩南）語頻道及國際影音平台的預算，直接編預算捐贈，而不是現行的招標，何不也將這個全世界沒有的董監事高同意門檻一併下修？

現在修法，不溯及既往，不會適用於公視第七屆董監事的選任，外界不會說文化部另有居心，而是必然肯定這是勇於任事。此時，文化部亦可透過更好的溝通，並且可讓在野黨參與部分名單的推薦，求能在最短時間內補齊候選人，早日讓新的領導團隊產生。

台灣公視的預算不符合國際通例

第二、即便文化部順利將客家與台（閩南）語雙語頻道的預算（約8億），直接捐贈公視（約9億），政府代人民固定編列的預算也僅約17億，假使再加上獨力經營的原民台，也僅20億左右。

李部長說，海外有八成國家都是由其公視負責國際傳播，這很正確；另一個也要注意的是，所有國家公視的國內傳播之預算，都是其國際傳播的好幾十倍。我們卻僅不到兩倍，顯然無法符合國際通例。

怎麼辦？台北市政府對華視進入52頻道有不同意見，認為「華視財務與製播能力」讓人不放心。

這涉及兩個問題。一是政府有無權責，對平台的頻道位置，也就是頻道數百個的當下，愈來愈多人依賴的「電子節目表」的放置區位與順序，可以有著力的地方？政府有無權責，勢必爭論，理當討論。

其次，更重要的是，回應北市府對財務疑慮，文化部可以表示，依現行法律，已經可以每年編列10億以上預算給華視，使其新聞編

採更能多樣與深入，走向合理與進步。既然給了華視10億，當然就可再給公視20億，使公視的國內外傳播經費至少成為大約5:1，稍稍向國際標準靠攏。

最後，內外一體，如同BBC節目含廣播，在其境內都能看到，也如同美國從2013年起，讓美國之音的節目都能在其國內流通，我們應該也要往這個方向移動，讓「中央廣播電台」也能在國內取得播放頻道（周天瑞任職央廣董事長期間，曾提該議，但沒有成功）。

公視僅需有較低比例的內容，專門為海外傳播製作，而使較高比例的節目，不但加配外語對國際流通，也要使其恢復本國語言在本地流通。

其中，節目（特別是影視劇）完成並首播一段期間後，開放版權讓國內外影音平台自由使用，價格趨零自然有利流通，僅需設定兩項條件：

一是其他業者不能竄改內容，若需修改，必須事先得到公視書面同意；

二是國內影音付費平台業者在公視首播之後，比如，一個月後就能在其平台播放，海外影音如網飛或愛奇藝等等，則不能將公視內容放入其國內的影視片庫。

上述問題所涉及的制度需要盡快建置處理，方能實踐國際影音平台之精神，使台灣的公視有較好的能量，對外發聲。

華視是公共電視的資產

華視公共化　為品質留希望[*]

　　這個耶誕夜不太平安，因為是否要以華視公共化作為黨政軍三退的方式之一，還有很多雜音。造成這種懸疑情勢，行政部門的責任最大，但五年來力主公共化的人，尚未說服反對的人，也是事實。

　　昨天〈華視真的該公共化嗎？〉一文，雖然贊成「集中資源讓公視有更好的表現」，卻主張將華視私有化，以其得款挹注公視。然而，除了這只是一次性給付，不能長久之外，也另有副作用。

　　近日新聞頻傳，指親近某政黨勢力的人，可能在台視私有化後，繼續把持台視；另有平面傳媒出面，集資要購買中視，這些都顯示，我們的問題在於，財團利益與黨政盤算的結合壓過一切。華視若私有化，無法擺脫這個局面，在野黨先前反對，現在則贊成華視公共化，部分原因在此。我們都清楚看到台、華視之為特定人蹂躪，但這個後果非關公共化，並且在私有化後，會更惡劣。

　　公視必須取得合宜的資源規模，使其整合華視及廣電基金會，是一個途徑，另一個同時必須採行的作法是政府出資，償還政府虧欠國人四十多年的收視權益。〈華〉文說政府沒有預算並不正確，因為新聞局與教育部編列了特別預算，明後兩年合計要給公視92億（不是92萬），我們反對這種特別編列，但顯然政府並不是沒有預算。

　　假使華視公共化，卻得全部或局部從廣告取得營運經費，是否違反了公共精神？

* 《聯合報》2005/12/24 A15版。

　　就最理想層次來說，確實違反。但既然公共化不是非黑即白，我們就得容許灰色地帶。我們不能要求最高理想，又不肯由政府投入足額經費。公共化之後的華視，在相當一段時間裡，只能遊走在百分之百理想化與播放廣告之間。

　　華視公共化無法迅速提升台灣觀眾的收視權益，但這是正確的方向，假以時日，仍有可為。爭一時，才能為看齊歐加日韓澳等國的電視千秋大業，保留丁點希望。

「華視的問題不是華視的問題」[*]

　　華視的問題不是華視的問題，同理，公視的問題、原民台或客家台或宏觀台的問題，也不是公視基金會、原民會、客委會或僑委會的問題。簡言之，公共廣電集團作為一個由政治力量授權，但又不是充分與完整規畫後的授權，其實若要對華視或其下各頻道的經營成效負責，也只能負責一部分，另一部分則是行政院的責任；並且，這兩種責任未必是何者大何者小的數量比重之問題，而是性質的分別。行政院不曾進行政治的仔細規畫在先，公視基金會的經營良窳在後，前者失誤愈多，後者追補的功夫就會大些。我們可以要求公視自助人助，但假使政府是壞竹，我們就不好期待好筍。

　　當前我們在討論華視前景及其任務的時候，這些事實必須正視。這是我的基本想法。

　　亡羊可以補牢嗎？取決於很多因素，解鈴還需繫鈴人，最大的因素是政治人物，也就是擁有決策權能的人（或一群人）究竟怎麼想、怎麼看。此外，還取決於一個認知，我們對於台灣電視問題的本質在哪裡，有沒有共識？

---

[*]　本文為2009/3/7卓新論壇：「商業廣電生態下支持公廣集團之必要──華視加入公廣的坎坷路」發言稿（卓越新聞獎基金會、中央通訊社主辦，行政院新聞局贊助）。

　　我認為，這個本質是台灣的電視市場欠缺一個主導者，比較精確地說，欠缺一個相對（不是絕對）不會受到黨政不當影響（注意，只是「不當」而不是完全不受影響），也相對（不是絕對）不會受到收視率要求的電視市場主導者。

　　這個「精確」的但書很重要，在1996或甚至1998、2000年以前，台灣是有三台作為電視的市場主導者，但它們受到「不當的」黨政影響以致其競爭力被黨政剝奪，它們又受「利潤」要求以致不肯將廣告所得完全回流節目製作，從而不能穩定其收視群眾。

　　在美國，同樣在1990年代中期以前，其三台也是主導者，但早在1960年代，美國聯邦通訊傳播委員會的主席米諾（Newton Minow）就對他們的三台說，我對你們的獲利很有信心，但對你們的表現不能恭維。事實上，在1961年對業者發表的「荒原講演」（wasteland speech），他明白地說：「電視若好，再沒有更好的電影、雜誌或報紙。但是，電視若壞，傳播環境再也不能更壞了……您應該會同意，眼前是貧乏不毛的荒原大漠……」但，不要怪業者，私人不能人人是慈善家、慈善家的善意也未必完全符合公眾福祉，私人傳媒的營運者多少是人在江湖，江湖不改，就會是醬缸。

　　回到我們的主題，在欠缺主導者的情況下，任何對於單一電視機構（含目前這個規模的公共廣電集團，也包括三立、東森或TVBS這些比較大的頻道家族）之要求，請他們或所有機構都恪遵自律的原則；任何對於廣開門路與言路，要讓社會參與及監督，都不會明顯地對於台灣電視的整體環境或表現，產生明顯的、有積累效果的改變。於是久而久之，除非精挑細選，電視對於觀眾再次擺盪回原點：毫無期待、就是這樣、不看沒損失、看了最佳是打發時間、糟些則是心神渙散。

　　我們需要一個強大的電視市場主導者。市場主導者當然也可能是私部門，但一來這部分不是今日所能談；二來這個情況在台灣並非不曾存在過，如前所述；三則若是私部門作為主導，但沒有宏觀調節，或是沒有公部門電視加以牽制，也會是另一個大問題。於是，這裡只能談，如何建立公部門的電視市場主導者，這才是正本清源的努力方

向。其他事項，無論是公視基金會的效能、市民參與或社會監督，可以一起談，或說必須一起談，但還是得先由政治系統規畫以後，才能真正產生實效。

人的時間是固定的，用在接觸或收看流通形式五花八門的電視（從無線、衛星加上有線、直播衛星、IPTV、影音網站、手機或隨選視訊）之內容，在增加至一高原後，大致不再變化。投入於斯的財源，無論是直接訂、廣告或政府支出，也會有其上限。作此說明後，我們將以當前還是主流的無線與衛星及有線電視作為市場規模的計算基準，只需日後在電視的規模變化以後，依此原則調整公部門應該投入的預算即可。

以2008年為準，假使有線收視費不計，廣告及政府投入的電視總額是250億，那麼，如果我們期待公共廣電集團發揮主導的力量，則其收入應該是250億的4至6成，也就是100至150億之間。這個假設不是妄想，是如同《中國時報》本月（2009年3月）4日的社論，要〈為下一輪的盛世做好準備〉。金融核爆會發生、天文數字紓困從而形同國有化金融機構會發生[1]、8百多億消費券會奉送[2]，何事不會發生？作此假設與計算後，包括這裡列出的三個問題，就比較好回答。

一、華視已在《無線電視公股釋出條例》架構下轉為公視控股的子公司，但既要履行公共化義務，卻又遲遲無法獲得《無線電視公股釋出條例》中所允諾的附負擔捐贈，形成進退兩難的局面，對於此一現況可能的解決方案有哪些？

　　1.1　有人認為，政府不給錢的原因之一是認定華視資產仍然大於負債，不急著給錢。這當然是很糟糕的思維，這也是政治規

1　2023/11/29按：美國聯邦政府為挽救房地產引爆的金融危機，在2008年通過7千億美元紓困法案，形同暫時將金融機構（局部）國有化。若計算其後為防止經濟衰退，聯邦政府前後總計投入3兆美元，而2008年美國聯邦政府總支出是2.983兆美元，占GDP的20.2%（我國同年的該項比例是17.8%）。

2　2023/11/29按：我國政府因應2008年金融核爆，2009年初舉債858億，核發每位國民3,600元消費券。

畫不到位，必然使得經營團隊與基層員工的人心不穩，焦慮之餘也就影響工作效能，遑論對未來有任何可喜的抱負，於是觀眾的影視文化福祉無從得到滋潤。

1.2　政府如果真有這個居心，華視管理階層與工會應該商議，如何面對？是一起勸誡當局收回這個心思？還是對外說明，邀請社會大眾關注電視與文化生態的人，共商大計？這是可以開放的選擇方案。

1.3　按理政府應該不至於有此居心，假使沒有，那麼就不應當聽任生死而其實是眼睜睜見其覆亡，焉有為政之人，不為民好生管理資產而坐視資產流失？

二、華視若繼續以公司型態存在，與公視財團法人型態在適用法規與實際治理上都將出現許多扞格，未來應如何解決此一問題？

2.1　華視尚有兩成多私人股份，應當有人出面，敦請民股基於股本已經回本數倍，是以考慮主動無償捐贈給公視基金會；民股回捐的前提條件，是政府必須修法，使公視基金會與華視的關係簡單化，也就是所有華視資產全部由公視承受，而公司型態在公司清算資產後解散，華視目前使用的頻譜資源先予繳回，然後由NCC另行配給公視基金會使用。

2.2　民股若沒有意願回捐，主要持股單位可以在符合公司法的前提下，做出對政府最有利的安排與決策，政府應該承受並化解其相應的政治壓力；若不此之圖，政府也可以編列預算購買民股，但股價不能高於市場水平。民股全數退出後，其餘安排同「2.1」後段所述。

三、華視轉型為公廣集團一部分後，其在頻道屬性與內容上，與內湖公視應進行怎樣的分工，以強化其公共服務標的，獲取集團化後的最大綜效？

3.1　華視與公視基金會的關係單純化如「2.1」後段所述的狀態以後，這個問題同樣也就單純化，外人如果沒有比較全面的

研究與經驗，也就無須多作發言，而可以在經過合適的階段與過程，找定經營團隊後，由其就兩個（或六個數位，再加上客家、原民與僑委會頻道，那就將近十個）頻道的最適合分工與節目形態，另作定位與調整。

華視轉型社企　要文化部、國會支持[*]

2001年底，美國能源公司安隆（Enron）股價從前一年的90多美元，跌至不到1美元，資產達634億美元的安隆破產。其後，企業社會責任這個亙古課題，再次熱門。2008年金融核子爆炸後，更是顯示人心的無情與貪婪，在不良制度的縱容、引誘與蠱惑下，可以招惹何等禍端。

於是，「社會企業」的呼聲與要求實踐的動能，此起彼落。上週（2015年4月），「台灣公共廣播電視集團」（TBS）的華視，表示有意跟進。

TBS說，要讓「華視活化資產」，正是「為了轉型社會企業」。構想公布後，文化部長洪孟啟提出「四大疑慮」，看過構想報告書的立法委員陳亭妃說「太恐怖」。疑慮與恐怖可以是好事，表示部長與立委都在關注。當然，文化部若先行表述宏圖，提出電視的政務看法，並進而據此責成TBS提出執行構想，那就更好。

現在，就事論事。TBS要將華視轉為社會企業，究竟是什麼意思？是不是能夠成功？

報端先披露，TBS董事會的想法是，要新建「華視新媒體中心」，但「不賣地」、「不出資」、「不合建」，每年可獲利3.5億新台幣。次日TBS另有補充，指公視要保留對華視的20%持股，「長期」要讓華視80%股份私有化，「如有盈餘」，私人只能分盈餘1/3，其餘

---

[*] 《人間福報》2015/4/7。

仍投入內容產製等。

　　前後相去一日，報端所載的 TBS 說法，並不相同。先出場的新聞，絲毫沒有讓人察覺，華視產權會有任何變動。次日的說法，變成是短期內不變，而短期可能很短，過了之後，就要號召心懷社會企業的個人或財團，進場購買華視股份，也就是用私有產權的主體，執行回饋社會的工作。

　　兩次說法的差異，除了是短期與長期之別，也可能只是報端篇幅有限，報導剪裁後，無法完整說明 TBS 董事會的構想與推演。

　　但是，如果短期內在 TBS 的「三不」之下，猶能年獲利 3.5 億，除了好得讓人一時不知如何消受之外，國人可能也會責怪文化部，為何沒有更早敦促 TBS 提出這個方案。同理，華視股份八成私有化之後，若能說服持股者，只能得到應有盈餘的 41%，那麼，讓人好奇的是，至今還有一成多的私人股份不肯出清，是因為渠等之所圖，就在「磨刀霍霍」多時，等著 TBS 的規畫，配合默默行善嗎？最好是這樣。但萬一並非如此，是要納稅人提出更高股價，收購他們在華視獲利豐厚的年代，早就賺回數倍股本的特權股份，那麼 TBS 的社會企業構想就要落空。

　　不過，TBS 構想的更大挑戰在於，華視獨自奮鬥，而無納稅人透過政府的協助，就足以達成這個目標嗎？

　　抱負很好，但攤開數字一看，令人心慌。2013 與 2014 年，華視收視率大約各是 0.4 與 0.2。台灣前六個電視集團，三立是 1.23 與 1.76，民視是 1.25 與 1.61，分居冠亞軍。季軍是東森的 0.92 與 1.61。「後段班」是旺旺中時、TVBS 與年代，三者在 2014 年的收視率，依序是 0.92、0.8 與 0.64。TBS 應該是要「取法乎上」，讓華視模仿三立與民視，以便「能得其中」，至少倍增收視率為 0.4，坐穩台灣第七大電視集團的位置，上看五六，進軍三與四。

　　不過，根據楊琇晶的研究，三立新聞台在 2009 年，報導了「六四新聞」19 則，2014 年僅存 2 則。民視從 15 減到 8 則。但 TBS 不可能讓華視作此模仿，怎麼辦？問題回到原點，「華視轉型社企不是換招牌就好」。提醒得好，華視轉型社企，首要之務不是招牌，是確認文

化部洪孟啟部長，支持前部長龍應台倍增TBS預算的計畫，並要遊說國會，取得支持。

華視若作社會企業　要走台灣道路 *

　　最近，「台灣公共廣播電視集團」（TBS）的華視表示想要轉型，化身為社會企業。對內，社企員工與管理者的薪資高低，仍然因績效與年資而有差等，但不會懸殊，會趨向合理。對外，生產過程對環境的汙染，低於一般企業，企業效率的果實分潤消費者的比例，則高於一般企業。

　　大致說來，社會企業是私人產業，但電視很不同。環顧世界，幾乎沒有例外，電視作為社會企業，都是公共產權，其全部收入取自廣告，最大的體現就在歐洲英國的「第四頻道」（Channel4, C4），其產權公有，但收入完全依靠廣告；以及，南韓的「文化電視公司」（MBC），也是。

　　但要知道，英韓無線電視占有收視份額七成左右，台灣不到兩成，華視又敬陪末座，焉能成功複製。其次，英國與南韓的兩家電視台完全依靠廣告，依舊可以是社會企業，是因為得到國家的加持，有其歷史背景，當前疲態已經顯現。

　　2014年MBC的廣告進帳，比前一年少8.2%，高於所有無線的跌幅（3.5%）。這就使得MBC雖有戲劇節目叫好叫座，新聞力求專業，但近作《南韓的傳媒與民主轉型》說，「許多政府附委的報告，不約而同再三指稱，MBC……完全依靠廣告……成為多年來最受批判之處……」南韓記者工會的調查也說，新聞自由所受侵害的最大來源，是廣告，不是政府壓力或其法規。還有，很殘暴的是，MBC至今仍可名列南韓二大影音集團之一，與1980年光州事件的血腥鎮壓

* 香港東網2015/4/10。

或有關係。我們不可能願意複製這類軍事流血事件。

英國的C4與MBC相同，名列該國收視率前三大集團，但它與MBC的差異在於，在其創台的前十年（1982-1992），C4雖播廣告，但節目與廣告招商分離，百分之百由唯一私有的無線商業電視ITV代為銷售廣告時段。其後，仍有七年，C4的節目與廣告還是處於半分離狀態。這就是說，C4創辦至今33年，超過一半時間，C4想作啥節目大致就作啥節目，專業斷定觀眾所需的成分挺高，不是任由廣告宰割，C4沒有淪落至澈底遷就廣告的地步，它也沒有僅能迎合最低公約數的欲望。出於這段歷史，C4觀眾的性質逐漸獲得鍛鍊，有其特色，並且維持相當影響力，放在台灣，它的收視份額約略次於東森，領先旺旺中時集團。

C4雖然支付代價，惟似乎尚可忍受。1993年，C4作節目仍然無憂無慮，其時事、新聞與紀錄片的製播時數達938小時，至2013年，減少了158小時，猜謎遊戲等娛樂節目是2,451與2,378小時，也是略減。但C4曾有不光彩的紀錄：1999年以後，C4必須與商業電視完全競爭廣告，曾因廣告收入不足，要求英國政府提撥部分BBC的執照費給自己。雖然沒有成功，但顯示完全依靠廣告的後果，有時損人不利己，違反公共服務的創台宗旨。

我們的電視歷史剛好相反，台、中與華視寡占的年代，因政治高壓與激烈商業競爭並舉，使得早在1970年代，台視副總經理何貽謀就在立法院說：「娛樂時間超過50%了，同時為了拉廣告，三家電視台演一樣的節目，別人都在批評，我們明明知道不對，但還是這樣做，所以本人覺得有點罪惡感，今天希望諸位委員罵一罵我們，也叫我們罪惡感減輕一點。不過我要問究竟我們的電視事業的政策是什麼？為了生存，廣告商變成了我們的衣食父母，我們的電視事業究竟何去何從？」

現在，表面上，台灣的新聞頻道及其時論節目的數量與密度，舉世第一，顯得不娛樂而泛政治。但是，我們的新聞與時論，由於同質化、零散瑣碎，以致流於娛樂化的數量與比例，同樣全球稱霸。

千萬別說全球電視都在娛樂化，我們是四十多年不變，接近「娛

樂致死」。歐日韓澳仍有公共服務媒介（PSM）挺住半壁江山，即便其PSM當中，仍有兩個例外C4與MBC完全依靠廣告，但這兩個例外卻因政府的規畫，或是由於殘暴的意外，在很長一段時間，都能壓低廣告對傳媒專業的負面影響，至今也都占領市場重要位置。反觀華視，少有政府之助，倒有廣告嚴重侵犯50年，現在即將滑落市場邊緣，不可能完全仿效C4或MBC，理由至明。

雖然C4與MBC的歷史，一個無法複製，一個絕對不應該重新來過。但是，創造的轉化仍有可能。

西歐的PSM，完全排除廣告的有英國BBC及德國法國合營的Arte。德國ARD與義大利RAI則有部分廣告（2003年分別占其總收入6.3%與38.8%）。這些模式至今沒有改變，但法國與西班牙的PSM在2009年以前，財政來源介於義大利與德國之間。其後，兩國的PSM依法經過數個階段逐出廣告，政府則規定私人電視廣告收入的部分，以及電信與網路公司的局部收入，必須要撥付該國PSM，彌補PSM不播廣告的損失。

TBS何不學習這個精神？無須照搬法國與西班牙的轉型模式，可以從台灣自己的情境出發。

首先TBS要清楚表述，TBS當然要努力奮鬥，但TBS及旗下華視等頻道的問題，不止是TBS的問題。文化部長洪孟啟應該重申，前部長龍應台倍增TBS預算的承諾繼續有效。TBS董事長邵玉銘應該卯足全力，聯合文化部，加緊說明，爭取社會支持，同時遊說國會，並戮力爭取主計處配合與行政院支持預算倍增的構想。何況，這個倍增也只是30來億，距離1990年政府規畫TBS時，要編列一年60億的預算，僅是其半。

台灣稅收世界最低是事實，僅及歐洲1/3，但我們的公廣集團，若以人均所能享用的金額比較，並沒有西歐的1/3，是其1/20至1/60。顯然，納稅人透過政府而貢獻公廣集團的空間，還很寬廣。邵玉銘領導的公廣經營團隊，理當端正認知，改革公廣問題，同時敦請行政院，提出活絡華視與TBS的願景與方案。

拍賣華視還不夠 *

　　藍祖蔚先生關切台灣的影視文化，建議〈拍賣華視救公視〉。行政院應該重視這個意見，現作補充。

　　八、九年來，公視董事會實質已經肩負華視的經營，也曾試圖讓兩台新聞等部門的資源相互運用，但成效不彰，這個部分涉及組織調整與人事磨合，新的公視董事會已經組成，董事長也即將產生，確實應該檢討前塵，再推新的資源整合方案。

　　其次，華視拍賣土地若可得500億，是否能夠全部轉作未來的公視基金，還得考量三件事的成本。一是華視假使還有大約15%股份是私人持有，那麼，土地所得應該分潤私股嗎？或是，由於1971至2001年的寡占利益，華視私股已經不正義取得二十多年，現在不宜要求分配土地所得？二是為了強化競爭力，華視可能需要重組，將會涉及部分或全部員工優退或年資結算重新聘用，屆時花費不會太少。三則土地出售後，假使華視必須添購或承租營運空間，而公視的內湖大樓又無法完全接納，那麼這筆新建或承租成本還得列入。

　　最後，政府不但要對華視獲配的頻譜（電波）資源負責，也要對台視、中視與民視獲配的電波負責。無線電波的特高頻譜如同黃金店面，全國人都能收看，相比於有線系統的六成，高出許多。但是，目前五家無線台總計二十個頻道，因為投資太少，致使國人收視習慣背離國際，孤鳥一隻：歐日韓加澳等擁有龐大公廣集團的國家，無線收視仍占有五到七或八成，台灣是兩成或更低。

　　怎麼辦？既然台、中、華與民視不肯足額投資，政府應該收回其電波的一半，使四台各有兩個頻道，另兩個頻道釋出，四台總計八個特高頻頻道，每次依照現制，以九年為期，對外拍賣，所得款項併入「公廣基金」，使其源源不斷。

華視變小民視？董事長該說清楚[*]

　　華視董事長陳郁秀似乎蓄意已久，近日舉事而撤換總經理郭建宏。假使新聞屬實，這件事情固然不可思議，卻又顯示執政黨用人不當，過度論資排輩，不夠尊重專業能力。

　　根據報導，早在去年底，蔡英文總統先請文化部長鄭麗君，後讓行政院長賴清德傳話，希望陳不要換郭。此說蹊蹺，必須有更多調查，才能釐清是否真實及其來龍去脈，並要追究責任，包括同時也是公視基金會董事長的陳郁秀與民視董事長郭倍宏的私人情誼，是否對攸關公共利益的公廣集團動向，產生非分且負面的影響；也應包括未來的華視，究竟是要小修，還是大改。

　　過去的小修是產權不動，員工構成與組織及其文化不變。唯一的調整就是董事長、總經理與其他管理人才，業已數回。過去十多年來，類似的小修已經反覆輪迴，沒有脫離原地跑馬的困境。尚未執行，但也是小修的是，文化部如果依法給予華視若干補助。

　　大改有不同的作法，至少已經提出三次。最早是徐璐，她是第一個進入中國大陸採訪的記者。徐璐也曾參與《新新聞》與「台北之音」等媒介的創辦與管理。本世紀初，她在兩年華視總經理任內，曾經評估華視自行籌款，全部員工優退與部分重新聘用的作法，似乎未完全執行。

　　其後蹉跎了十多年，第二案在兩年半前通過，當時華視董事會主張「活化華視資產200億」。不過，該作法在最好的評估下，是增加華視一年四、五億的租金收入，與政府的直接補助效果相近，卻對最重要的華視願景，以及肩負落實願景的組織及員工改造，沒有多說。前年7月，支持活化的董事未能續任，關注影視政策的資深記者藍祖蔚提了第三案〈拍賣華視救公視〉。藍主張拍賣華視的所得「以廿年為期」，每年派分公視，若能如此，他認為即便公視仍不比歐日韓澳加的規模，但「足夠『小而美』」。

---

[*]　《聯合報》2018/1/14 A11版。

　　頻道林立、隨選視訊普及、影音串流發達，觀看傳統電視外，（平板）電腦與手機收視當道。在此環境下，國人收看最多頻道的前六名，依舊包括華視在內的四家無線台。本世紀以來每下愈況的華視，竟然還可維持這個「成績」，若能大改，無論是徐版、藍版，或是兩種版本的整合與調整，再加上公廣集團的新願景與推進，那麼，國人影音文化的同步改善，理當更有希望。前總經理郭建宏抨擊華視變成「小民視」，這是很嚴重的指控，陳郁秀董事長不能托大，不可顧左右而言他，必須提出足以取信於人的回應。

華視、中華電信與世界盃足球賽*

　　透過華視的規畫，上週日（2018年7月15日）的凱達格蘭大道，一片綠色的足球模擬場地很有歡樂氣象，先是歌舞活動，繼之，克羅埃西亞與法國的冠亞軍賽登場，現場裝置的450吋巨大螢幕將人流帶回時光隧道，重溫露天電影院的古老體驗。

　　華視睽違三屆12年，這次轉播16場世界盃足球賽，算是重返江湖。世足賽在台灣的轉播有人說起步於1982年，但另一個舉證比較詳細的說法是1990年。時程雖然不確定，華視是最早從事轉播的電視機構，倒是沒有爭議。當時解嚴才三年多，由於「政府宣導節目無法暫停」，致使為了轉播球賽，華視只好擠下兒童節目。對此，報紙不見責怪，只是體諒地表示「華視……相當為難」。該次52場的轉播權利金及他項費用是3千萬台幣，招來25家廠商購買廣告，報紙肯定這是「電視經營的創舉」。

　　四年後，為了配合凌晨的冠亞軍轉播，華視安排了先發節目，輿論稱讚這是「煞費苦心」。到了1998年，雖說插播廣告引發「觀眾不滿」，記者沒有責難，標題的中性描述反而夾帶一絲快意：華視收入

---

* 《人間福報》2018/7/18第5版。

1億多，扣除權利金等支出後，「3千餘萬元落袋」。2002年，剛好也是華視開始虧損的第一年，「年代」以1.5億元搶得64場轉播權，華視取其28場，年代得款2億多，扣除成本有淨利「數千萬元」。奇特的是，記者照引業者之言，指賺錢不是「本意」，年代是要「刺激（同業）爾後爭取國際性比賽轉播積極度」；這個說法相當蹊蹺，同業若競相轉播，權利金、也就是年代的轉播成本必須水漲船高，做生意不想壟斷反而鼓勵競爭？

　　2006年仍然由年代MUCH台取得轉播權，支出3千萬美元，據說收視率高於期待，但「世足廣告量不如預期」。到了2010年，出現兩個似有矛盾的現象。一是前屆的廣告收入偏低或許讓年代以此為由，爭取到了較低的轉播權成本（250萬美元，年代另補稅800多萬台幣），既然減少，按理是本地足球觀眾的數量不足。不過，2010年的世足賽宛若鯉魚躍龍門，它搖身一變成為影音圖文輸送平台的競爭利器。這個跡象顯現於「中華電信推出OD+HD電視優惠方案」，正是要用四年一次的足球盛事招徠訂戶；不但平台藉此爭奪地盤，硬體製造廠也想趁機宣傳，表現在與中華電信協作、由台達電董事長鄭崇華轉投資的愛爾達電視，該年以3D大螢幕轉播5場世足賽，打算投石問路，「搶攻」兩岸3D投影機的教育與家用市場。

　　影音平台業者以世足賽作為競爭利器的嘗試，在2014年更見明顯。到了這個階段，獨攬轉播權的愛爾達與其他業者已有法律訴訟，並且，據說「中華電信轉播創1,800萬人次」，而其MOD依靠轉播世足賽，申裝率激增「五倍，威脅有線電視」。今年更見誇張，眼見愛爾達出了2億元取得獨家轉播權，無論是無心之作、不滿有線電視之故，或輕信業者的宣傳，新聞已有這些標題：「愛爾達踢飛台灣僵化收視結構」；「世足效應＋有線電視不再王道！中華電MOD訂戶今年破兩百萬」。但也另有記者示警，雖然短期內衝高訂戶而得到面子，賽後可能因停訂及交叉補助成本太高，致使中華電信「還缺裡子」。確實，四年前MOD因世足賽，裝機率剎時之間暴增5倍，但2016年的MOD虧損仍達16億元，四年後的今天，中華電信的命運會有所不同嗎？

活化華視　何不拍賣資產[*]

公視第六屆董事前（2019）年9月任滿，至今屆滿兩年多，仍在位無法交接，因為文化部提名董事人選，沒辦法在審查委員會取得法定3/4的同意票。

公視董事是無給職，即便是有給職，這個職位也不應該要到修憲高門檻，但文化部不能以此推諉卸責。不合理的法規需調整，但法律草案沒有送進立法院，即便排入且降低門檻至合理水平獲通過，也無法用於新董事之任命。因此，文化部仍必須在既有3/4同意程序，儘快完成第七屆董事會組成。

現在，文化部放著眉毛燒得精光的董事改選事宜，選擇先以約500萬招標，徵求活化華視資產建議案。然後，公視、華視聯席董事會通過自己活化案之一，要讓華視借貸17億蓋樓，三年為期完成華廈，收取租金。

蓋樓作為活化方案之一，早在第五屆董事會就通過，次年元月也得到文化部支持，卻在半年多第六屆董事改選後，傳出「原董事力挺的華視兩百億資產活化案　恐再生變數」新聞。現在放著這個原有方案，第六屆董事任期屆滿兩年多後，再次提出再次通過！幸有新聞界監督，否則外界哪知這種怪事？

放任資產不予活化，當然不對。但是不是一定要招標找方案，可能未必。華視在2000年，如同台視，都有約6億元盈餘，兩年之後華視開始虧損，累計至今「虧18億」，另有一說，則是30億以上。虧損多少是一回事，另一回事是華視資產少則200億，多則500億。這些厚實資產是將近廿年來，歷屆政府散漫、對華視幾乎不聞不問的原因之一，有司或許存在一種下意識，認為華視既然大有資產，華視虧損是傷害華視人的工作士氣與文化，「與己無關」，銀行反正會融資。

真要活化華視資產，一舉解決華視乃至公視組織文化難題，不妨參考一個實例。英國BBC在1997年為完成數位轉型，透過招標拍

* 《聯合報》2021/12/18 A12版。

賣，將自己的傳輸平台賣了2.5億英鎊，得標者另得負責傳輸所有BBC收音機與電視頻道的內容10年，同時必須簽約聘僱500位符合資歷的員工。

假使拍賣華視資產，應該是最簡單的活化方案；國家電影及視聽文化中心董事長藍祖蔚多年前建議政府「大破大立」，就是指拍賣。

若賣得500億，華視還有15%民股，是不是可以分潤？早在2000年的《新聞局無線電視台總體政策及結構改造專案小組結案報告》也有意見如後，依舊可以參考：「私人股東應該正視過去三、四十年來，他們所持有的股份，基於政治因素而取得的成分相當濃厚」，現在，「捐贈或是依面值減成售予政府，再轉捐贈給……華視……很恰當的。」若此，500億扣除必要成本與稅捐，投入改善新聞及影視事業，不是很好嗎？

從BBC看華視　消失的中道 *

近日英國文化部長提前三年表示，她要「廢止BBC訂閱費」；立委費鴻泰則「爆料」，傳出華視總經理威脅國民黨的疑雲。

很多約翰牛不喜歡BBC，新聞網路流量僅次於BBC的《每日郵報》總編輯達克雷（P. Dacre）「痛恨……都會政治圈的菁英」，指他們「勢利、虛偽、裝模作樣又不愛國」，而BBC「是主要象徵」。在他任內，從1992至2018年，該報有4,000多則通常是負面的新聞以BBC入標，其中約500則放在頭版。

高齡90、擁有英國最大跨媒介集團的梅鐸，三年前資助BBC前編輯、後任教大學的人做研究，指BBC收音機頻道的新聞與時事內容僅45%，不符合政府規定的75%，輿論譁然，《金融時報》說梅鐸是「亂槍打DDC」，

---

* 《聯合報》2022/1/20 A13版。

　　現在，文化部長違反2025年才研擬BBC未來財政的協議，也許不無移轉視聽的用心。因為「英媒預測」她的上司，也就是首相強生「恐於兩週內下台」。強生在疫情期間參加酒會，群情激憤，溫和的《經濟學人》都已動怒，指「人民在死，領導人在狂歡」。

　　BBC即將百歲，政府要斷其銀根，未必能夠如願。BBC含其網站，至今仍是英國人最信任與使用的公共服務媒介，英國政府上一次（2015年）研擬BBC財政的諮詢，總計得到19萬份民眾的書面意見，在各種政策的意見徵詢，這是次高的紀錄。

　　反觀華視，比較讓人擔心。

　　華視與BBC都是黨政協議後，通過法案創設的非私人媒介，報導與評論新聞，理當遵守中道。針對BBC三萬多個新聞節目的研究，顯示雖有三成BBC內容，引述更多保守黨而不是工黨的意見，但將近七成確實平衡居中。

　　華視呢？我們欠缺相關報告，無法確知，但讓人擔心。一是華視總經理在否認「教訓」國民黨之說之後，卻又「反控」國民黨團以預算要脅。這個應對並不恰當，更合適的作法，應該是溝通以誠，卸除誤會後，希望雙方就此釋懷。

　　二是擁有華視總經理任命權的公（華）視董事會，似乎與記者等員工的互動並不理想，表現在一個多月前，「公視獨立特派員談共機擾台惹議　影片下架並檢討」；下架自己的節目，這很嚴重。何以觀眾抗議七位受訪者有兩位講了有些觀眾不認同的說法，就下架「息事寧人」？公視沒有善用機會，解釋中道的內涵，讓不同意見也能出頭，可能與公視董事會延任已兩年多，董事長無心經營有關吧！

公共電視的人事與法規

新年新政府要有新公視法*

除夕前兩日，延任已超過一年的公共電視基金會董事們，向新聞局長提出辭呈。董事們選擇在春節時分掛冠求去，究竟純屬湊巧，肇因於有人[1]在公視前靜坐所產生的最後一根稻草之壓力；或是壓抑已久，只是順勢運用外界呼籲，無從得知。但靜坐與辭職不在選前，而在選後百官百業即將休憩之際，客觀上可以降低朝野大作文章的機會，應予肯定。

董事們辭呈已出，行政院與立法院不再有推諉責任的藉口，必須立刻行動，先治標後治本，還原「公共」傳媒該有的最低人事尊嚴。依照現制，行政院提名的公視董監事，必須經由立法院推舉的「審查委員會」3/4以上之多數同意後，才能「送請行政院院長聘任」。

「3/4」是高標準，賦予在野黨更多的節制權力，如果執政黨不當提名，不妨說這是一個良好的設計。另一方面，在野黨如同執政黨，不是聖賢，也會濫權，也會不負責任地行使杯葛權力。第四屆董事的延任問題，就在朝野兩黨均不肯各退一步，雙方都執意認定，對方比自己更濫權，都認定以公視（集團）形象及前景為念的聲音，是無力者的氣若游絲，是弱者的和稀泥。情境既是這般，公視（集團）的擴大與強化經營效能，平衡商業傳媒的大業，於是蹉跎至今，無法進入

---

* 《人間福報》2012/2/3。

1　2023/11/30按：中正大學傳播系副教授羅世宏在2012年1月18日在公視大樓靜坐抗議，要求公視董事會主動請辭。

政治議程，遑論啟動辯論與細部規畫。

　　若要治標，減少公視傷痕的作法是，朝野各退一步，或者一方多退一步。假使藍綠不改變惰性與認知，那麼董事的辭職就需要更多外力聲援，包括不能排除法律訴訟，才能完成第五屆董監事的選任與同意，但如此一來，或許更曠日廢時，也是在傷口再次灑鹽。朝野真能忍心？

　　治本之道就在剷除病根。有低標與高標兩種作法。實踐不一定是檢驗實效的唯一標準，「3/4」的作法在公視前三屆運作順利，卻在第四屆受挫，以後誰能保證不再出現？若不能，低標就是減少同意門檻至1/2或其他設計，如立法院過半逕自同意，不再選任審查委員代勞。

　　若採高標，則可「復古」乍現一時，最終消失的作法。1993年7月12日，立法院聯席委員會曾經通過舉世罕見，甚至最先進的公視董監事產生方式，但若實行不必然稱善。行政院推舉11人組成提名審查會，提審會公開徵求董事人選一個月，自候選名單選出法定所需人數的兩倍，公告周知至少一個月，藉此以求公評。經此程序，提審會再從候選名單推薦定額人數，由行政院提交立法院逐一同意後，提請總統聘任。又為了避免立法院未能同意足額董事，條文同時明定，提審會應從原兩倍候選名單再行薦舉，直至立法院逐一同意至足額。

　　十八年前的董監事條文草案，曇花一現，是因為它超越台灣政治傳統與世界水平太遠，揠苗助長有以致之嗎？值得討論，更值得列入議論的是，《公視法》在2006年以後已經不敷使用，必須通體翻修，不證自明。那麼，除了董監事提審與同意標準及其程序，董事長是否理當直接指派而不是董事互選、是否需要增設有給職董事（現制只有董事長全職）、員工董事是否需要增加人數，並且將現在由員工推薦的作法明文化，以及如何提高公廣集團各頻道的合作分工效能，而其規模當以哪些標準給予擴充，行政院若能優先列入評估，誰曰不宜？

董事長誤會　公廣集團必有商業競爭力 *

公視、華視董事長趙雅麗為「賢者」諱，因此對立了「媒介產業基礎建設」與「強大電視市場主導者」兩項功能，但就海外公廣與商業集團而言，兩者是結合的。

台灣與海外的差別是，歐亞加澳等國因有政策，公商合作成效不差，我們則是「賢者」毫無作為，錯解傳媒市場的性質，致使攸關國人文化生活的大小眾傳媒，表現並不理想，特別是電視。

數位化是「基礎建設」，在台不普及，重要原因之一，就在沒有任何機構能夠主導電視市場。歐日韓快速，正因為這些國家的電視領頭羊，就是各自的公廣業者。

歐洲歷來有「從事商業行為的、播放廣告的公共服務廣電」（commercial public service broadcasting）之稱，最早是公有廣電機構除執照費與政府預算，兼取部分廣告收入。不僅歐洲，加拿大、澳洲、日本而特別是南韓，也是這樣。後來，私人電台進入，市場競爭強化，致使要求公營與私人機構都要符合公服的空間，漸被壓縮。英國傳播署大前年竟有報告，指執照費或公務預算若未能合理增加，那麼觀眾之外，公共與私人兩種組織也都要受害。在此背景下，法國與西班牙遂從2009年起，立法責成公營電台不播廣告，亦即將廣告全數奉送私人，為此得利的商家，另返還部分廣告所得，挹注公廣。

公廣與商業結合的第二個方式，就在前者從節目幾乎100%製作，移轉到了有25%以上委外製作，我們的公廣可能與這個數字顛倒，委外或外購應該超過75%。但是，我們的結合方式表面上有利，事實上卻不利於商家，若要在更大範圍提攜私營節目公司，方法有二。一是擴大公廣規模，總量增加就能給予外界更多資源；其次是模仿英國2003年後的作法，規定無分公私業者，其委外節目的版權，奉送業者。我國業者肯嗎，政府願作此規定嗎？

截至目前為止，賢者為公廣所做之事，就在買回部分華視民股，

* 《聯合報》2012/3/15 A15版。原標題是〈公廣突圍　賢者當為未為〉。

雖然還有15%左右股份因部分人士作祟而不能竟功。但賢者當為而不為之事，更多，董監事會延期改選超過一年多，傷害法律尊嚴；宣告公廣集團願景的力道不足，相應的組織整頓、法律翻修及資源提供，賢者也都當為而未為。

評議公視董監事審查＊

　　文化部月中提名公視第五屆董監事人選時，各界肯定。不料審查前夕，有人不實放話，指前文建會主委可能入主公視董事長，致使前日僅通過三位董事。

　　目前立法院分黨派推選代表，董監事獲提名人需得3/4的同意，始能當選這個無給的職務，然後當選人再互選一人出任董事長。十四年來，這個作法的實踐結果不佳，本屆只是不佳之最。

　　當年高門檻的設計，政黨尚未輪替，如今世局變異巨大，變更陳年舊法，時機已到。若要仿效國際通例，那麼就可以直接依據權責政治，由行政院逕自提名董事長及董監事人選，立法院審議，如同美國公廣基金主席直接由總統提名，參議院決議同意與否。

　　權責若能相輔相成，日後有關公共傳媒的人事爭議，轉移重點的機會就能比較大些。原因是，一方面，人選的狹義黨派傾向之論爭，也許還是無法排除，如同其他公共傳媒的歷史比我們悠久的國家，但類似現象人們將可習以為常。

　　另一方面，所謂習以為常，是因為已經見諸這些國家，但在台灣還沒有真正審視的人選條件，才會在本國開始受到重視。這個時候，出掌公傳媒方向的人，其眼界與聲望、人品與用人、行事紀錄、專業能力與成績，才能得到公正合理的周知與評估，我們也才更能確認，或是在各方監督下，確認其人在經營公傳媒時，心中有社會、有公

＊《自由時報》2012/8/22 A13版。

益、少徇私，會在最大、至少會在合理層次與範圍，不受其個人的投票傾向所左右。

公視董事想破僵局　快找董事長人選[*]

行政院、立法院及其委任的審查人，再次不記名、不敘理由，封殺公視董事候選人十位，致使天怒人怨。第四屆董監事會已經被迫延任兩年多，究竟怎麼終結這種再次發生的不可思議之事，並讓第五屆董監事會盡快產生，可以有五種辦法。

一是修法，將同意董監事的門檻，從3/4減至1/2或2/3，並考慮由立法院直接行使同意權，不再委任審查人。二是行政院應責成文化部，盡速三度提名人選，補足所需董事餘額。三是所有延任董事辭職，給予政治系統更大壓力，限期完成選任工作。四則目標相同，方式是群聚相關單位，以更費事的方式表達意見。

這些考量或行動，不妨並行。任何方法，只要有助於公視盡快回歸正常，能夠促成公共廣播電視集團擔當領頭羊，改革台灣傳媒的第一步早日跨出，無不應該認真考慮，因此提出第五個辦法，如後。

公視只有董事長是專任有給職，其餘董事無給。錢權不但相扣，更是對職務是否重要、對任職者給予尊重、肯定並課以責任與願景的指標。任何執政黨，本於權責一體，都不會希望自己不屬意的人選出任董事長。前日，受執政黨委託的審查委員，眼見行政院意定、卻廣遭清議抨擊不適任的人，注定無法出任董事，致使董事長可能旁落，也就不惜破局，怪異地封殺了「自家人」，也就是已經通過的其他人選，原因在此。這種要享權力重於擔當責任的惡習，固然必須譴責，但在野黨若要加入譴責行列，就得捫心自問，以前或未來，都未曾或不會有此作法嗎？

---

[*]　《聯合報》2013/1/20 A17版。

　　關鍵既然是董事長，那麼，第五個作法可以就此著力，頭過身就過；愈早確認董事長的可能人選，其後的同意權行使，水到渠成的機會，比較大些。第一至第四屆，都在董事會成立後，才有董事長職務的角逐，其結果亦都符合執政黨的初衷。第五屆是非常時期，情非得已，即便新董事會還沒組成，但十三位准董事當中，若有人肯為台灣傳媒與文化再多些擔當，願意提出具體願景，表明競選董事長職位的意願與承諾，且其專業符合、生涯規畫容許、執政黨不反對、在野黨亦不杯葛而外界早就多所肯定，則除非另得補齊的董事人選，屆時更為合適，否則這個作為不但不違法，並且不妨理解為，除了符合國際通例，這也是藉由溫和的創新行動，矯正現法之失，日後《公視法》正可據此而相應調整相關規定。

　　假使已有準董事願意創新，作此嘗試，文化部、行政院或執政黨就可跟進，玉成其事而配合作為。或者，即便準董事有意，但仍不好主動創新，朝野政黨亦可彼此協調，主動徵詢。[1]

不待修法　文化部可以活化公視[*]

　　文化部長龍應台就任一年，為產生第五屆公視董事會，三度提名，是否積極勇於任事，見仁見智，但《公視法》不符所需，使其鎩羽，是不爭的事實。為此，前日龍在立法院報告時，未曾深思，戲言竟脫口而出：「贊成廢除公視」。

　　話語既出，各方物議，無人稱善，部分原因是公視作為龍頭的「台灣公共廣電集團」（TBS），表現不俗，不乏觀眾支持。1999 至

1　2023/11/30按：媒改社、傳學鬥、記協在2013年1月21日前往台北市內湖公視大樓集結，發表共同聲明，呼籲行政院與朝野兩黨立即解決第四屆公視董事延任700日的問題，並研擬整體傳播政策。接著，包括北中南大學傳播科系師生等數十人，從公視步行至行政院，續行靜坐抗議，前後六天。

＊　《中國時報》2013/5/24 A26版。原標題〈文化部可以讓公視否極泰來〉。

2009年間，TBS獲得金鐘獎135個，其他17家私有電視台是180個。若看品質，TBS一台抵十七台，量方面僅居收視份額4-5%；不過，TBS規模太小，不及南韓KBS的1/10，考量KBS收視份額少於50%，則TBS每分錢所服務的人數，似乎尚可說是差強人意。

　　品質已有基礎的TBS，未來能否得到充裕經費的支持，擴大收視份額，進而成為領頭羊，改進台灣電視的工作環境與影視文化，必須是文化部盡心規畫並端出可行的變革藍圖，向前勸服行政院及立法院的首要職掌。

　　文化部的這個重責大任，分作三個成分，先行政措施，法律修訂繼之，若有所成，就可創新組織。

　　不待修法，文化部可以考慮執行三件事情。日前，龍應台說明年起，連續五年要以5億支持紀錄片及其相關活動。由於其細部作法並未公布，外界無從知悉這筆為數不多的經費，究竟支用在哪些項目及由誰支用。既然如此，未來五年逕自讓TBS執行紀錄片計畫，就是行動勝於言詞、無聲勝有聲，傳達了文化部的政策。其次，國家發展基金會大前年（2010）以所謂的文化創意產業計畫為名，匡列100億投資經費。先前，文化部繞過TBS，6、70億已經散盡。現在，據稱還有3、40億尚未決定投資對象，那麼，即便不能將餘額全部委由TBS執行，文化部亦當以其七、八成，再以五年為期，等同是一年5億以上投資TBS。若能如此，新聞局時期散亂無章，只知影視補助但無政策，偏偏掛牌已經一年的文化部，又是蕭規曹隨全不思考改進的僵化局面，就要得到改善的機會。第三，文化部不妨要求，TBS補助之外，其他所有影視作品，只要得到文化部特定比例以上的補助，該作品就應在其首映一段時間後，給予TBS最少一次的無償播放權利。

　　法律當然就是指《公視法》。1998年該法完成時，公視只有一個頻道，目前其基金會則依法經營八個頻道。加入TBS的華視、客家台、原民台與宏觀台，其關係需要在《公視法》予以補強，特別是外界頗有人說，原民台性質特殊，應該走出TBS而獨立。修法正好可以考慮，在TBS內部是否才是維持原民台獨立及主體性，兼且可與他台相互支援的更佳設計？獨立出走，是不是適得其反，正會給予不

肖之徒對原民台上下其手？其次，外界頗有意見，認為《公視法》要求3/4審查委員過關才能出任董監事的規定，造成了第五屆董事會遲遲無法誕生。這個說法雖有道理，但無法說明，何以相同法律未在前兩屆造成窘境。當然，3/4是全世界沒有的高標準，究竟這是有制衡之功，還是聽任少數暴力，致使妨礙權責政治的常理，應該廓清。TBS職掌已多，間接由立院委託他人審查的實踐成績，負面多於正面，那麼立院公開與翔實審查，並無不可。董事長既然是專任有給職，不再由董事互選而逕自由行政院長提名，立院2/3通過而其餘董事1/2過關，亦應合理。董事長專任之外，法律是否也應該設計機制，讓新進入TBS的其他台之部分台長，輪流兼任執行董事，同樣在修法時也可斟酌。最後，最能表徵傳播政策虛實的是資源多寡及其分配；究竟TBS規模當有多大，如何透過法律給予充分及穩定的支持，更是必須加重處理。

　　行政措施及《公視法》修訂有了成績之後，難度更大的組織再造及資源的擴大整合使用，就可以考慮登場。同樣，若參考南韓（日本及歐洲的例子），其KBS經營電視之外，另經營許多收音機頻道，它甚至是南韓最大通訊社「韓國聯合社」的最大股東，那麼，不要忘了，行政院及北高兩市共有八個電台，假使如同原民台般加入TBS，既可以維持其原有職能，又能資源相互流用及提攜，豈不妙哉？

　　「公視廢台」的戲說，必須是否極泰來的開始，壯大TBS的起點。他日兩岸電視若有相互落地之日，我們才會有稱職的「代表隊」，為促進彼此了解，共同為華人影視文化的健康，貢獻心力。

牽一髮動全身　談公視董事長的薪資[*]

　　文化部千呼萬喚始出來，近日總算開始攪動秋水，提出《公視

---

* 《人間福報》2013/9/13。

法》修正案。假使日前公布的草案就是文化部的最後版本，並可得到行政院支持，未來也在近日亂成一團的立法院過關，那麼，現任董事長可能從專任有給職，搖身一變，如同其餘董事，都會成為無給職。

　　台灣絕大多數的民間社團，包括歷來注重傳播權的台灣人權促進會、台灣媒體觀察教育基金會、卓越新聞獎基金會或媒體改造學社，其法律代表人無論名稱是會長、董事長或理事長，都是無給職。

　　但公視不宜比照，原因至少有二。首先，這是兩種組織，屬性不同。前述社團是人民的志願組合及意志表達，公視是政府對人民的文化給付之責任表示。

　　近二十餘年來，台灣社會的各種自主活動固然相當頻繁，但願意以捐款方式參與相關志業的人數及金額，依舊不多。特別是在本世紀以來，國人的實質薪資少見增加反而走低的背景下，除了若干宗教性質的訴求可能尚可得到較多的挹注，其餘社團所能獲得之捐輸依舊偏低。因此，前述社團的年度經費最高可能僅在千萬之間，它們推廣相關工作所需的資源已屬杯水車薪，分工也就不可能細緻，包括董監事無法給予經濟報酬。

　　其次，公視的規模與海外各國相比，確實苗條，但與這些社團相較，仍然不可同日而語，還是「壯碩」。何況，公視董事會在2007年以後，已經實質負責統合公視之外，還有華視、客家、原民與宏觀等總計十個頻道的運作，雖然囿於新聞局、文化部與行政院的消極，迄今這十個納入「公共廣播電視集團」（TBS）的頻道，依舊無法穩定且更大規模地培育我國的影音人才，從而也就還沒有給予國人更豐富的文化服務，對於我們的影音經濟之幫助，停留在杯水車薪的水平。

　　現在已經肩負TBS將近30餘億（含華視的廣告收入）所必須要有的分工與治理需要，不可能與年經費不滿千萬的台權會、媒觀、卓新或媒改社相提並論，道理明顯。但是，文化部若是要作小TBS，就可能將董事長從專任全職，變成志工無給職。公視董事長是否專任、是否有給，怎麼變化，不只涉及公視，也會是文化部及行政院對於台灣電視問題的看法，足以產生牽一髮動全身的效應，不宜小覷。

　　日前，公視新任董事長表示要調降自己的薪水，這很可取，文化

部若以此作為起點，就可參考海外成例，為TBS治理模式設定合適的經營成本。澳洲的ABC董事（長）是兼職，每週工作二至四日。澳洲人口去年少於台灣一百多萬，ABC設七位兼職董事（不含執行董事），其年薪合計是43.8萬澳幣，依照今日匯兌，大約是1,183萬台幣（不含健保等福利給付，也不包括董事會所設置的其他秘書等行政支出）。我們的TBS規模小些，無法等比縮小，但可比照ABC略予減少，其董事會年度經營成本可以訂為500至1,000萬，據此另定董事（長）之間的兼職日數與分工項目。

文化人、音樂人，也是前中視新聞部經理張繼高生前說：「台灣自有電視三十二年來，從來沒有一位行政院長……以一種深入問題，企圖解決問題的態度來面對電視。」二十年過了，我們還沒有走出這個困局，媒改社因此鍥而不捨，再次呼籲政治系統負責，要有「決心」提出「政策」進行「修法」，請從文化部開始。

請勿妨礙公視自律[*]

據中央社報導，立法委員高金素梅臨時提案，要求公視一個月內召開公聽會。這就是說，可能在520之後，立委就要敲鑼打鼓，大聲檢討「公視連續劇企畫案受理程序與工作流程辦法」。立委並批評公視資訊的製作與公開不夠詳細。

高金立委作了不好的示範，看來，電視的問題不是「黨政軍」，反而是立委的詭異行為。

首先，除了喪失行為能力，任何人都要有自由行動的空間，自己負責。外力若是用錯了心，會有兩種後果。一是當事人反感，致使其刻意反其道而行，要以對抗顯示主體不受不當干擾；再就是當事人逆來順受，身心受壓制與屈從之餘，對其人的性格養成造成傷痛，有所

* 《人間福報》2017/5/18第5版。

扭曲。

爾來，威權的家長作風對於青少年的管教，若是出現前述的情況，那麼，扣除家庭的社會經濟條件不論，往往演變成「沒有緣由的反叛」，輕則逃家避課，重會違法亂紀。

相同的道理也能用在組織。任何組織，包括公視，必須要有自律自主的空間，其理至明。立委的提案是侵犯公視的自主，或是正當的監督，應該辨明。如果正當，則今日戲劇、明日紀錄片，此番綜藝、下次新聞，先查自製委製，後詢採購；現在針對通則，未來逐一檢視個別節目的製播程序，又有何不可？最後，所有公視或納稅人透過政府而創設的法人內規，統統變成要有立委的同意，還能算是自律嗎？

假使公視輕從，「曲意承歡」而以為立委是高高在上，誤解了為民喉舌的義理。那麼，高金可以，又有哪位立委乃至於行政部門的相關主管不能援例辦理，大剌剌地頤指氣使，指東道西，這會兒舉辦公聽，下一刻列隊說明，輕使公視疲於奔命，重讓公視人員無法勇於任事，甚至聽命而不是與不當的外力有不卑不亢的對話，那還真能代替社會，踐履與拿捏公共原則的分寸嗎？

高金出身演藝界，關心傳媒、關注國人透過戲劇表述我們對於生活的經驗與看法及憧憬，自然也就關心演藝人員的工作機會與條件，因此她曾經在立法院表示，「非常多的資深藝人要的不是補助，而是尊重與尊敬……請公共電視……讓他（們）能夠重新找回自己的價值」。高金是客氣話，現在的資深藝人要關心，未來的資深藝人、也就是現在的年輕藝人自然也得關心，補助如果是「嗟來之食」，那就不尊重，不能要；但尊重也不能夠流於口惠，合理的工作機會與條件就是最好的補助，不能不要。

公視應該與高金立委懇談，說明幾件事。一是公視的年度報告確實應該如同海外公共媒介，要更詳細，但即便只是滿足這個條件（從各種節目的成本到人事薪資福利等級次與人事等等），都要增加製作資訊的成本。二則支持藝人本來就是公視日思夜想、全力以赴的目標，目前公視戲劇品質固然無法完全如同《通靈少女》，但也口碑不俗，差勁就在重播比例太高，戲迷不滿，比例高則眾所周知是預算太

低、製作量不足,只好播了,再播。

　　高金若能結合其他立委,恢復1/4世紀以前,政府許諾的年度60億預算,加計通貨膨脹,編列給公視作為主帥的公共廣電媒介集團,那麼公廣集團日日有新戲,資深與年輕藝人一起得到尊重與工作,台灣的影音文化更見豐富,觀眾天天開心,不是很好嗎?沒有錢嗎?不要開玩笑了。一是政府一說「前瞻」計畫,八年立刻就有9,000億;不必比照稅收較高的歐美,只照日韓的稅收水平,政府一年就會增加9,000億的進帳,看齊我們的1990年代,政府一年會多6,000億左右的銀兩可以運用!

修正《公視法》五條文　文化部善哉善哉 *

　　就任第一天,文化部長李永得5月20日在交接典禮致詞,「首度表態:大方向支持《公媒法》」。

　　《公共媒體法》草案沒有動靜,快要兩年了。2018年9月20日,文化部研商一、兩年後,首次公布大規模修訂,因此形同是新制訂的法案。2019年元月10日,行政院通過《文化基本法》時,《公媒法》似乎已經進入行政院審查。不過,再過四個月,《文基法》在5月10日於立法院三讀通過時,《公媒法》草案都還沒有走出行政院。再過了一年多、也就是李永得上任一個多月時,草案還是文風不動,仍然躺在行政院。

　　這就難怪,李永得的說法固然天經地義(「資源必須相互統合,不要各自為政……要有國家隊概念」),但他知道,有理無法自動行遍天下,傳播與溝通也很重要。因此,既然《公媒法》涉及巨大變動,就得「要很大的耐心溝通」。

　　現在的問題是,要溝通多久呢?鄭麗君部長除了有人望,應該也

---

*　媒改社《媒體有事嗎》週評 2020/6/29。

是很有耐心，但將近兩年已逝，草案並無進度。再過兩年，會好一些嗎？如果兩年完成立法，會不會又嫌拖得太久呢？萬一再要更久，變成曠日廢時，原地跑馬，那就不好。

因此，畢其功於一役，雖然是所有支持《公媒法》的人心之所望。但是，一鳥在手，勝過百鳥、二鳥在手，也是務實的願望。完善的修法，可以由點滴工程來完成。

文化部若能快刀斬亂麻，對準五個條文，先行修改，將可大快人心，為後續的前進鋪平路途。

第一個條文是定位，現行《公共電視法》第1條說：「為健全公共電視之發展，建立為公眾服務之大眾傳播制度，彌補商業電視之不足；以多元之設計，維護國民表達自由及知之權利，提高文化及教育水準，促進民主社會發展，增進公共福祉，特制定本法。」

這個四平八穩的說法，狀似無奇，其實已經坐小公視，因有「彌補商業電視之不足」一詞。早在1993年，新聞局提最早版本的《公視法》草案至行政院時，已見該詞。當時，民間公視籌備會認為，商業電視是主流，這是事實，但自我定位是「彌補」，不期待與惕勵公視壯大於來日，未必允當，特別是政府的存在，總是要改善民眾的各種權益，包括文化權與傳播權在內。現在，公視有效運用的頻道已有八個，就數量來說，已經不少，尚待補實者，就是經費，政府代表人民提供愈多的經費，就愈能製作質量較多較優的節目，減少公視各頻道的重播比例，長期以降，觀眾必然增加，社會習氣一定改善。

由於政府最早的想像，就是要讓公視聊備一格、也就是「彌補商業電視之不足」，因此就有了現行的第2條第2項條文，明白書寫：「公視基金會由政府依本法編列預算捐贈部分之金額應逐年遞減，第一年金額百分之十，至第三個會計年度為止。」

由於政府編列給公視的預算，第一年是12億，至第三年就是9億。其後年度若要超過9億，就得另立名目，致使行政院的好惡，將可左右年度預算以外的經費，有或無，以及多跟少，從而就是公視經營團隊，因為經費無法穩定預期，致使其努力方向與製播等規畫，無法長期為之，多少對其績效的積累，產生不好的影響。

　　因此，文化部擴大公視的作法，第二步就是刪除現行《公視法》第2條第2項的前述文字。然後，假使文化部判斷當行，也能說服他人，自然就可以更上層樓，「買珠還櫝」。刪除逐年遞減的文字後，文化部可以代之以「政府提供之公視年度預算，不低於前一年度台灣私有電視廣告及訂閱費總收入的三分之一」。假使決定增加這個規定，錢怎麼來？一是取自公務預算，二是課徵特別捐，來源可以考慮從下列四種，提撥若干比例：電信業者已經提交的電波競標費與使用費、3C消費產品的「硬體」業者、影視與網路廣告收入，以及影視訂戶收入。

　　何以是三分之一？兩個考慮。首先是，三十年前，行政院最早編列給公視的預算，一年是60億台幣，是當時電視廣告收入大約180億的1/3。當時有線電視的訂閱費沒有計入，現在已有新的技術，影視訂費還在增加，予以列入是合理的，但怎麼計算才能避免重複課徵，不妨再作計議。其次是，產業經濟學者曾經以英國為例，論稱若BBC要維持對英國影視文化及民主政治的貢獻與市場影響力，至少得維持25%的市場占有率。若要擁有該占有率，必須有同等比例的收入，則BBC應該要有英國影視收入的1/4。假使台灣的公視服務也要扮演類似作用，那麼，使其收入等於是其他影視收入的1/3，則公視占所有小螢幕收入，也就是1/4。

　　定位重新釐清、錢的關卡有了解方，再來就是「人」。《公視法》第13條第2項第2款說：「由行政院提名董、監事候選人，提交審查委員會以四分之三以上之多數同意後，送請行政院院長聘任之。」第17條又說：「董事會置董事長一人，由董事互選之。」全世界僅有台灣的公視董事會，是這種組成過程。其一，董監事的同意權，形同要有3/4以上的國會議員（立法委員）同意，其他國家是1/2，或2/3。第一屆與第二屆固然順利產生，但其後多有波折，特別是第四屆任滿後，隔了兩年多才產生第五屆董監事，第六屆則在去（2019）年9月25日屆滿，但至今也還沒產生第七屆。不說理論，我們的實務經驗顯示，這個四分之三條款不是尊重少數，是對公視形象與公信力的傷害，也干擾了公視的正常經營，同時破壞了權責相扣的常態政治要

求。同理，董事互選董事長，輕是多此一舉，重則是方便行政院在必要時，推諉卸責，不是對董事的尊重。

真要尊重董事，同時在合理增加公視經費，使公視不僅是彌補商業電視之不足之後，就是要修改第20條，它說：「董事長為專任有給職。董事為無給職，開會時支給出席費。」假使在僅有一個頻道的年代，僅有董事長是全職領薪資，仍然是勉強承認這是合理之事，那麼，在電視進入串流與5G年代，頻道也大舉增加、經費也要穩定調高的時候，如果再要堅持僅有董事長有給，應該就不合理了。因此，要讓十餘位董事中，除董事長，另當加入數位是有給董，但不必全職，可以是週作一日至四日不等；假使短期間難以斷定人數與全職天數，條文不妨給予調整空間，僅寫「董事長為專任有給職之外，最多四分之一董事為局部有給職，週作一至四日，其餘董事為無給職，開會時支給出席費」。兼差有給董事的設計是否符合台灣制度或習慣，固然重要，但若並不符合，以此作為創新試驗，不但並無不可，其實正可示範求新求變的時代需要。

以上五個條文（其實亦可說，僅涉及人與錢兩大組條文）若能完成修訂，文化部就是以行動鼓舞人心與士氣，有益於後續相關興革的推進，包括鄭麗君版本的《公媒法》之通過。

行文至此，已算完成建言，不待另作言語；不過，尚有非關法律的兩點想法，一併提出，應該不算多餘。一是頻道名稱，目前我們有客語、原住民與台語頻道，能否改成「台客、台原、台閩」頻道？大家都是台。二是，容再次突出李永得部長所說：「資源必須相互統合，不要各自為政……要有國家隊概念。」誰說不是？但不各自為政，未必是央廣與中央社及公視的合併，或說，合併前最好有磨合階段，需要多久，如同先友後婚，長短本無定期，端視當事人（機構）交流後的判斷。接著，若中央單位合作或結合了，中央應該也要在合適時候，提供資源也讓還沒有地方新聞及其他傳媒服務的直轄市或縣市，同樣也相互合作或結盟。

公視修法　民進黨要認錯別亂拗[*]

　　公共電視在1998年開播,當時是一個頻道。現在,公視董事會已經統合八個頻道,是公共廣播電視集團之首,但有兩個重要條文廿二年沒有修訂。

　　兩項條文,先是《公視法》第13條第2項第2款:「由行政院提名董、監事候選人,提交審查委員會以四分之三以上之多數同意後,送請行政院院長聘任之。」後是第17條:「董事會置董事長一人,由董事互選之。」

　　全世界僅有我們的公視董事會,是這種組成過程。

　　其一,董監事的同意權,形同要有3/4以上的立法委員同意,其他國家是1/2,或2/3。第一屆與第二屆固然順利產生,但其後多有波折,特別是第四屆任滿後,隔了兩年多才產生第五屆董監事,第六屆則在去(2019)年9月25日屆滿,至今也還沒產生第七屆。

　　不說理論,我們的實務經驗顯示,這個四分之三條款不是尊重少數,是對公視形象與公信力的傷害,也干擾了公視的正常經營,同時破壞了權責相扣的常態政治要求;新董事會無法如期產生,政府最多是失了面子,但也可能讓政府因循苟且,怠惰遲延作為,甚至諉過,藉此指責在野黨。

　　同理,董事互選董事長,若有差池,反而是行政院在必要時,推諉卸責的藉口,不是對董事的尊重。畢竟,過去經驗已經顯示,政府在提名董事時,若是佐以必要的安排,往往可以讓董事們選出特定的人出掌。此時,若所提名的諸位董事當中,有一位專業能力與實務經驗突出,同時操守無虞且較無黨派傾向的人,自然是正面之舉;但這也提醒我們,與其讓董事互選董事長,致使政府有卸責的空間,何不將注意力,放在要求政府清楚明白地負責,必須提名具備這些資歷的人出任董事長。

---

[*]　《聯合報》2020/9/26 A12版。另以〈修兩條文　重視公廣集團〉為題,刊登在媒改社《媒體有事嗎》週評,2020/9/27。

　　近日，執政黨立委提議降低公視董監事的同意門檻，致使四分之三條款再起爭議。記者林河名提醒，當年蘇貞昌以「避免正中國民黨下懷」，未能同意降低門檻。但就事論事，記者也同時表示，四分之三的門檻比大法官、監委都高，「確有修法改進必要」。既然降門檻的道理存在，執政黨更當體會輿論的善意，不要亂拗，而是要坦承以前的錯誤，「知過能改，善莫大焉」。

公視修法　藍營應返初衷因勢利導[*]

　　《聯合報》昨天獨家的頭版新聞，「政府可指定公廣董座」，以及三版的報導與評論，說明三件事情。依序是，執政黨不受信任在前，誘發負責任的報紙以人（黨）廢言，以及，最大在野黨再次沒有掌握可爭取人心的機會。

　　民進黨完全執政之後，整治假新聞夾雜對異端的威嚇、運用科技更以網軍製造風向及耳語謠言、對中天衛星新聞頻道執照屆滿不換發理由不充分，加上國際影音平台的「突襲」，致使文化部修訂《公視法》，引發外界狐疑。於是，文化部已經遲到且修改幅度嫌小的《公視法》草案，遭到池魚之殃。

　　《公視法》草案讓公視董監事及董事長由行政首長提名，立院直接以2/3票決行使同意權，這是各國常態。現制由董事互選董事長，並由立院推派代表間接行使同意權，還要3/4才能通過，都是他國沒有的作法。

　　這個制度使得公視第五屆與第六屆董監事，延宕968天與58天，現在第七屆已經延宕720天。這個紀錄讓前後任政府蒙羞，但兩大黨不以為意，修法不力，嚴重挫損公共電視的士氣與形象。董事互選董事長，無礙執政者女排屬意人選掌舵，卻可迴避責任，不在直接提名

* 《聯合報》2021/9/18 A13版。

時詳細說明提名理由，對社會傳達公視將以哪些條件與方式為台灣文化與傳播願景善盡心力。

董事人數多寡與組織經營好壞，可能沒有必然關係，但以現制，僅董事長專職有給，其他都是兼任，應不是長久之計。另外，不要忘了，最早在民國98年將董事人數由11-15位增加至17-21位的修法動機，可能並不良善，遂有後來公視董事會延宕近千日之難堪。

《公視法》另一個修正最重要，刪除政府補助公視的9億上限，這個金額太低，等於是拍四部多的《斯卡羅》就沒了。至今，行政院的善意有無及多寡，每年影響公視的運作及經驗的累積，真要增加公視的專業自主與權責空間，得從法律著手，給予明確的經費保障。

作為創辦公共電視的國民黨，何不重回初心，表示民進黨修法太慢、格局可以更大，如同公視前兩屆董事長吳豐山在2004年卸任前的呼籲，「擴大公共廣電：扭轉台灣閱聽的主流動力」。國民黨創台，「當初以年經費60億作為規模」，稍後自毀前程，現在文化部要修法，國民黨不應該「大力杯葛」，而是要設法因勢利導，以今日之是悔昨日之失，提出更大的傳播願景，承擔百年政黨當有的責任。[1]

1　2023/11/30按：立法院在2023年5月26日修正《公共電視法》，總統6月21日公布施行，主要修正是，刪除第1條「彌補商業電視之不足」；政府捐贈公視的年度經費不再有9億元上限；董監事人選同意門檻從3/4降低至他國常例的2/3；但不是立法院行使同意權，仍然是立法院依據黨派比例推薦審查委員；董事人數減少至11-15人，但董事長仍由他國所無之董事互選產生。

第八章

主管機關：
新聞局、NCC與文化部

主管機關進場之前

傳播權 *

　　台灣的年度資訊月已經在本週一（2002年12月9日）開鑼。明年1月，聯合國「資訊社會高峰會議」的會前會之一，也是亞洲部分的唯一場次，亦將在東京登台。台灣雖然不是會員國，但積極知悉聯合國事務，從而為日後的可能入會預作準備，顯然很有必要。

　　將要分作兩階段（2003年底於日內瓦、2005年於突尼斯）舉行的正式高峰會議與台灣資訊月相同的部分是，二者的主要推手都是產業界，外帶政府。但雙方亦見差別，此即在台灣界定什麼是資訊社會內涵的力量，欠缺市民聲音。

　　比如，亞洲估計會有數十個國家、近千人參加東京會議。除了產官界的代表，另有十多個亞洲國家（包括台灣）的市民社會非政府組織（NGO）也會派人前往。他們已經緊鑼密鼓地熱身，透過了親身會面及電子信件的頻繁往還（筆者甫從曼谷的工作會議返國），即將把來自草根的意見，化零為整地提出整套說詞，向大會提交，他們並已設計策略，試圖溝通與遊說各大會代表接受這些想法。

　　這些NGO擔心的是，當前乍然跳入資訊社會的動力，大多來自於企業集團控制力的無止無境延伸，而政府只落得承擔裁判的角色，只能在不同巨獸爭奪擄掠之間，吹哨子瞪眼睛。因此，他們早在

---

* 《今周刊》2002/12/12，頁106。原標題是〈讓傳播權在聯合國發聲〉。1948年12月10日，聯合國大會在巴黎召開，通過《世界人權宣言》，它的第19條是「傳播權」的最精要表述：「人人有權享有主張和發表意見的自由；此項權利包括持有主張而不受干涉的自由，和透過任何媒介和不論國界尋求、接受和傳遞消息和思想的自由。」

1996年就開始串連，組織了「傳播權平台」，生猛地推進世人對於「傳播權」的認識。到了2001年，眼見聯合國有此高峰會議，傳播權平台就展開了積極的構思，啟動了「資訊社會的傳播權」之推動，它很用心，希望以聯合國高峰會為手段，試圖促使世人認知傳播權的重要並加以伸張。

　　他們認為，傳播權是普世人權，為所有其他人權奠定基礎也為其提供服務。資訊社會的浮現必須確保這個權利的延伸，也必須強化這個權利以謀求所有人的福祉。比較具體的努力方向，包括強化「公共範疇」，確保人們發展所需要的資訊與知識，隨時可用，不是深鎖於私人手中；以具有創意的及健康有勁的規範及公共投資，確保為求發展的環境脈絡中，各種電子網絡都能讓人「用得起，也能有效使用」；取得並延伸廣電及電信的「全球共有地」，確保這塊公共資源不賣給私人；小至地方大至全球層次，設立制度性「民主的及透明的」資訊社會管理手段；處置來自政府或商業的資訊「監理及檢查」；支持傳統的及新的「社區及以人為中心的」媒介。

　　世界人權日（12月10日）即將到臨，本地的主要人權及媒介社團都在籌辦相關活動，希望從中提高認知與喚起意識，也透過教育等刺激，讓符應於諸人權及發展的需要，生生不息地向前滾動。從現在起的兩、三年期間，既然有聯合國的這兩次高峰會議，則產官為主的資訊月，本地這些社團應該要發揮更大的能量，組織市民的介入，使台灣關於資訊社會的討論得與國際接軌。

誰來規畫與管制，如何規畫與管制？ [*]

　　「如何管制遠比誰來管制重要得多」（引自本專輯魏玓文），這句

* 　原標題是〈如何管制，誰來管制？〉，《中華傳播學刊》第10期2006/12，頁xiv-xix。該期專題是「國家通訊傳播委員會與傳播政策」，本文是專輯編輯說明文。

話言簡易賅，讓人憶起當年在英國看電視的光景。或許是1986年前後？筆者在英格蘭中部的城市萊斯特（Leicester），看電視，用晚餐，一如往常。保守黨內政部長米勒（David Mellor）凸顯在螢光幕前，向外微飆的牙齒挺可愛，難怪社會形象不錯。記者問他，監獄鬧事，怎麼可好？米勒兄怎麼回答，忘了。但接下來那一幕，立刻與前一幕呈現強烈對比，讓人印象深刻，至今鮮明。談完監獄之後，米勒兄還在鏡頭，但記者換了，詢以「英國廣電協會」（BBC）財源等等事情。

原來，在英國，主管廣電事務的政府單位變化多端。1960年代是郵電司，1974年以後是內政部，1990年換傳統部門上陣，到了1997年才是「文化媒體暨體育部」（Department of Culture, Media and Sport, DCMS），至2003年底又創設了傳播管理署（Office of Communication, Ofcom），統編了先前的電波分配單位電信管理署（Office of Telecommunication），以及財團法人性質、與DCMS維持一臂之隔的其他廣播與電視監理機構。不過，領有大片英國廣電版圖的BBC，仍然依據皇家特許狀而存在，現狀至少還可以持續多年。

美國在這方面與英國呈現強烈對照，雖然在語言、外交等其他方面，美英相當接近（想想小布希與布萊爾）。美國從1934年創設《傳播法》，就有委員由總統直接任命（但須經過參議院同意）的聯邦通訊傳播委員會（FCC），電信與廣電市場的管理權，很早就已經集中於FCC之手，迥異於英國的四分五裂、翻來覆去。

然而，就廣播與電視來說，英美的表現孰優孰劣，世人大致是有共識的。在很長一段時間，英國的廣播與電視處於雙元壟斷，公私平衡，不僅公營的BBC必須「公共服務」，私營電視機構也得服膺這個管理哲學，因此有了「播放廣告的公共廣電服務」（public commercial broadcasting）這個概念。美國的公視聊備一格，美國是私有廣電主宰、利潤歸私的體制；結果，儘管美國要求使用電波者必須滿足「公共利益」，但無線福斯（Fox）電視頻道仍公然以共和黨所表彰的意識作為市場區隔的手段。相比之下，英國人所得到的影音娛樂、資訊或教育內容，顯得比較多樣；英國廣電機構的市場結構，使其客觀中

立的公正立場，得到最低限度的落實基礎。

英美是最好的例子，鮮明地解釋了「如何管制遠比誰來管制重要得多」這個命題。回首台灣，從新聞局與電信總局分立，到了「國家通訊傳播委員會」（NCC）的創建，「誰」是改變了，但「如何管制」的思維與具體細部作法（不要忘了「魔鬼與天使，雙雙隱藏在細節中」），會有改變嗎？

有鑑於此，本專輯因此以這個提問作為導引，準備了一份資料、三篇專題論壇論文。第一份是具有文獻性質的資料，由卓沅蓁整理與打字，記錄了NCC九位委員就任之前的部分管理哲學，雖然仍不具體，但在很多方面，還是比NCC運作三個月後（2006年5月底）提出的「95年度施政計畫」，來得清晰。

NCC雖然是監理機構，卻又肩負分配電波的重責大任，而「電波」不是非常重要的公產、公共資源嗎？從這個角度思考，監理與補助的分立，又不是那麼絕對了。監察院曾在2005年1月底提出報告書《我國影音媒體政策及其執行績效總體檢》，指出行政部門投入影音媒介的大缺失之一，在於投入少，並且零散，致使數量已經很少的資源，因為無法統整運用，以致收效更微，相當可惜。假使NCC同意這個觀點（依卓沅蓁整飭的資料，多數委員應該是同意的），那麼，如何透過電波資源的配發，協調行政部門向這個方向前進，就是對於NCC創意的一項考驗。魏玓主張，即便在數位化之後，NCC應該優先核配公共與非營利頻道所需的電波資源，並且責成有線電視系統「必載」與定頻。延伸其意，相同考量也會建議NCC，如果該會要設置電波二級市場的交易機制等等辦法，也不妨將公部門與商業部門分開考量，從而在制定無線電視第二單頻網的回收政策時，同樣公私有別，給予不等待遇。

洪貞玲與劉昌德從「傳播權」切入，對於NCC掌握的電波資源執照，應該怎麼配發，才能彰顯《世界人權宣言》第19條的宗旨，提出了深入的分析。兩位作者的鋪陳相當廣泛，其中，可以呼應魏文題旨的是，在核給執照時，NCC是否應該衡量，如何要求業者肩負特定的影音文化任務？比如，仿效個人所得稅的累進原則，同樣依據

影音市場集中度的變化，調整不同傳媒業者，以不同的營業收入比例，提撥作為特種基金之用；又如，對於衛星、無線頻道，以及有線傳輸系統支持本國作品的設計，做些創新的構想，無論是提供一定比例的一般與黃金時段，或是提撥一定的營業收入，作為播放與製作本地影音節目之用，均不妨考慮。甚至，南韓的創意作法也可以評估，是否可能轉用於本國：委外經營衛星電視平台。筆者8月底前往曼谷，參加南韓與台灣傳媒改造座談會，得知由南韓電信等公司組成的「藍天生活」（Skylife）集團承諾了特定條件，取得了平台經營權，包括提供一個市民近用的衛星頻道，由有線系統必載，節目製作與管理費也另有一年約8,000萬台幣補助。NCC的施政報告說，要「善用有限行政資源，用最小干預手段達成最大管制效益之行政準則」。這是指要讓衛星電視「原則上均予換發」，還是要乾脆移植南韓的作法，委外管理衛星平台，或者，要再創設第三種管理衛星電視的辦法？

　　NCC「監理」電信與電子傳媒，但誰來「監督」NCC的運作？特別是監督通傳會與業界及市民社團的互動過程。在前述施政報告，NCC有個附錄，標題是「本會施政願景諮詢會議，業界所提建議事項辦理情形說明」。這就讓人好奇，業界為了自身利益而勇於參與，固然可以理解，但消費者、市民、國民、公民呢？只是因為後者人數眾多，難以如同業界為了自家利益而參與及遊說，以至於沒有提出建議事項；只是因為後者均屬業餘，實在無暇有效參與NCC的各種公聽會，以至於無從建議，因此NCC無法回覆於其施政報告嗎？NCC能夠「取諸業者用諸業者」，提供部分業者繳納的罰款，甚至也自掏一些腰包，協助社會團體，使其更有效地參與監督NCC的運作嗎？在施政報告中，NCC雖然明白表示要活絡公民的參與，但積極參與這個過程的人，不乏以下表述：NCC「的通知方式至今九個會有十個模式，有時有電話沒書面，有時沒電話有E-mail，有時有書面沒電話也沒E-mail」、「NCC常搞這招，來個業者與監督團體大集合，反正意見就被稀釋掉了，然後再賭個監督團體來不及指派出席，NCC又賺到了」。假使類似現象無法有效改善，那麼公民參與之說，竟有徒然為NCC化妝之虞了。稍往正面發想，也許有人會說，NCC畢竟方

當成立，不妨給予成長的時間。確實如此，否則本專輯也就無須製作了。事實上，羅世宏等人則從今（2006）年8月起展開，預計為期三年的NCC監督工作，假使不是有此良善存心，也就不可能投入寶貴的學術光陰與人力，戮力於斯了。惟兩相加總損益，我們還是得坦承心憂之所在：假使市民參與不能聯繫於傳播環境的結構改善，那麼，市民參與流於事多出數倍，而功收之甚微的境遇，恐怕不能避免；雖然在此過程，參與的市民也許仍有培力（empowerment）的感覺、也許仍然感受已經略盡公民的責任了。

最後，台大新聞所去年底曾主辦一場座談，邀請陳世敏教授等人對NCC在內的傳播政策等議題發表意見。陳教授提出一個發人深省的洞察：大學以外，台灣的經濟課題、公共衛生都有政府出資為主的智庫或研究單位，以及若干民間機構，都生產與流通了很多專業知識，從而這兩方面的發展，台灣都還有些成績。但是，至今，有關傳媒知識的生產，大致仍然僅局限在大學系統。雖然前舉監察院的報告說得很好，傳媒有如「陽光、空氣」，較諸公衛等等，顯然別有其重要意義，畢竟，無論人們是否理睬，卻已經生活在傳媒所構築的環境中。傳媒的這個性質，比起傳媒的經濟角色，其實更加重要。然而，執政者對此並無認知，以致新聞局、文建會以及新成立的NCC，並沒有看到相應的研究人員之編制。這樣看來，假使知識就是力量，假使知識是因革損益社會機構的重要動力，在國家有重大缺席的情況下，單獨依靠大學的傳媒知識之生產系統，不足以支應傳媒正向變革之所需，也就事出有因了。

新聞局

促進積極自由，新聞局宜慢工出細活[*]

　　最近兩個多星期，新聞局動了起來，幅度之大，讓人無法不矚目。一是新聞局打算制定大眾傳播法，二是新聞局有意整併《廣電法》、《有線電視法》、《衛星電視法》與《公視法》。

　　消息傳出，多方議論，可見新聞局的行政權，設定議題的能量非同小可。《聯合報》負面看待，以社論轉述立委但也是自己的質疑，此舉是否將搞「媒體的二度戒嚴」？《中國時報》不落人後，次日也說「新聞局迫不及待重操舊業……令人寒心」。

　　兩報社論的反應，應屬過度。歷史雖然不無倒退的前例，但以台灣當前的政黨分化狀態，加上台灣的公民社會亦有一定力量可相制衡，則二度戒嚴、重操舊業之說，是有失當。惟輿論若真正要發揮監督或預警的功能，那麼報紙以「杞人憂天」的態度訾評政商權勢，甚至偶爾要以「逾越」分寸作為防微杜漸的代價，亦屬尚可接受之理。

　　何況，回顧新聞局超過半世紀的運作，推行或僅僅是提出進步法案的時候，能夠數得出幾次？如果答案讓人不敢恭維，或者，如果進步的跡象也只有從最近一、兩年才開始有了算是載浮載沉的身影。那麼，與其責怪輿論的不友善和苛責，新聞局不如勤懇謀事，提出可行而漸進的方案，秉持事實是最好的雄辯之認知與抱負，通過時間的考驗以爭取社會的認可與尊敬。

　　《自由時報》引李雪津副局長的話，指大傳法旨在「保障新聞自

---

* 《今周刊》2002/6/20，頁106，原標題是〈促進積極自由！〉。

由」。壯哉斯言。新聞自由有兩種，消極與積極。消極就是在最大範圍內不受外力的限制，包括不受政府的強制。既然大傳法之議，起於新聞自由的侵犯隱私、妨害偵查等等濫用行為，則新聞局所要保障的，應該不可能是已被指控為濫用的消極面向的自由，而理當是在於側重積極自由的伸張，也就是要讓媒介盡量擁有充分的資源，滿足閱聽眾的娛樂與資訊需要，既讓媒介收監督制衡政商之效，也敦促媒介如實反映並帶動社會的前進。

如果新聞局確實願意師法海外成例，強化媒介執行積極新聞自由的能力，大方向有二。第一是公權力編列預算，讓政府行政趨向透明，如《資訊自由法》的制定與推行，又如地中海沿岸及北歐等國對另類媒介的津貼。第二則無須納稅人出金，但須透過政策營造較佳的媒介生態，使媒介雖然互有競爭，卻仍然能夠得到較裕如的資源，完成積極新聞自由的職能。

採取第二個方向以增強積極新聞自由的國家，比較有效的例子是英國的廣電媒介。BBC舉世知名，但不僅於此，英國的「獨立電視」及「第四頻道」是歐洲人稱之為播放廣告的公共服務電視台。雖有來自衛星電視的競爭，英國政府又在5月另提新廣電法，但這三家機構所擁有的四家無線電視頻道，仍然可望是英倫的主流。反觀英國的報業，政府反其道而行，用於廣電的規範，完全消失於平面媒介，於是利潤的歸私競爭使得許多小報無所不用其極，其記者也為此疲於奔命、惹人生厭。這個情形顯現在英國民眾有85%的人認為電視報導符合真實，而報紙卻只得48%。兩相對比，不難發現，強化積極新聞自由的同時，往往能夠一箭雙雕，減少了媒介濫用消極自由的誘惑與壓力。

新聞局願意怎麼做呢？也許再不久就能知曉，但也許民眾寧願新聞局參考中研院院士林毓生的「比慢」哲學，或是參考東海大學教授趙剛的「慢社會學」。台灣媒介（特別是電視）讓人難堪的局面，成形既久，無法朝夕去除，比慢，說不定不只是避免原地跑馬，還會是比較快的方法。

記者節，業界「砲轟」新聞局[*]

「新聞局擺陣仗　電視台長官不爽」。時代真的變了。以前是商怕官，文工會、新聞局只消示意，最多來通電話，哪裡有電視新聞主管的回話餘地？現在果然進步了，並且形勢逆轉了。上星期，新聞局邀約十多家有線與無線電視台新聞主管參加座談。會後，各主管認為，新聞局讓學者、專家、媒介觀察社團「圍剿」業者，他們很不爽，因此多位主管「發飆、砲轟」新聞局。

惟業者的不爽，恐怕很難得到輿論的正面迴響，因為台灣的電視新聞確實有很多異象，必須改進。在新聞局看來，最大異象的屬性是怪力亂神、詳述犯罪過程，或變態射精男等等「戲劇式的新聞」。但真是如此嗎？老實說，新聞局的「蒐證」及隨此而來的規範目標與項目，顯示新聞局沒有進步，仍然不肯脫離從盤古開天至今，從來未曾改變的內容管制，也執意以為只有內容管制手段可用，認為惟有這個手段可以奏效。

主管既然使用老掉牙的招式，又怎麼能夠「降伏」耳聰目明、身經百戰的業界呢？新聞局忘了，如同德諺「通往地獄的道路是由良心鋪成的」，通往無效之路也是由執迷於內容管制鋪成的。新聞局也忘了，通往有效內容規範之捷徑，竟然可能是繞道盤旋，經由結構調整而來的。

因此，記者節到了。新聞局得調整認知與策略了。新聞局理當針對台灣電視新聞最大的異象，也就是高達六至八個新聞頻道，提出作法，周知造勢並分段分年實施。

然而，為什麼說六至八個全天候新聞頻道是最大異象呢？最少有三個原因。第一，這是全世界任何國家所沒有的現象。富裕如美國，至今在CNN之外，頂多再加上1996年後衝進全日新聞戰的FOX及MSNBC兩個頻道。台灣個人所得不及美國的四成，人口少於美國1/10，居然有兩倍（以上的）全天候新聞頻道，不是異象又是什麼？

* 《今周刊》2002/8/29，頁104。

　　第二，若產品可供外銷，自己用不完，賣給別人，則大量生產正符合了規模經濟的要求，不是很好嗎？可惜，不同於代工後可大舉向海外銷售的晶圓等資訊硬體產品，新聞具有地方色彩及時間限制（壽命只有一、兩天，比農產品都要短），除了北美有些鄉親及對岸台胞想看看之外，我們的新聞能外銷嗎？退一萬步，即便有人要買，我們忍心讓我們的新聞外銷嗎？我們既然將晶圓等製程所產生的汙染留給自己，則本於己所不欲勿施於人的風範，最好也將新聞局乃至社會都引為不妥的新聞汙染，留給自己默默承受即可。

　　第三，這些「堆積如山的（新聞）商品」，如果題材有別、多元同質並陳而深淺各異，則所謂的異象是富裕豐饒，台灣的觀眾有福了，媚俗悅性、粗魯雅致、迷信新知……的新聞應有盡有，自由取用、唾手可得，顯然沒有什麼不好。但實情並非如此，以（2002年）8月25日民進黨「黨政大溪度假會議」這一天為例，所有全天候新聞台的消息，若沒有百分之百，則九成以上是精神疾病男子抱瓦斯自殺、火警、水上摩拖車一死一重傷、鄉間惡煞砍人、飆車族衝撞警察。然後，看了近十分鐘這些讓人鬱卒的新聞之後，播報員說，請觀眾轉換心情，輕鬆一下。於是，我們有了花蓮越野賽車、宜蘭搖控賽車、台中市人造雪、小朋友穿襪子綁鞋帶比賽、外國時尚流行、台灣秋冬流行軍裝上台、美加州樂透一夜致富。接著是謝霆鋒告別演唱、周杰倫台中登場、經發會一年陳水扁肯定及現場連線落幕及相關轉播、高雄市長選情。最後，又不好了，父親及朋友性侵害兩女兒、北市陰陽人遭線民要求口交、馬英九震怒等等。接著下一小時，這些新聞再各自減料加料、調前排後、最新插播與「舊」聞抽換……便周而復始地在一天之內跑馬，直至第二個今天的來臨。

　　以新聞局統理中華民國50年傳播業務的經驗，必能針對電視新聞的異象，設計策略，使對記者有利、於觀眾有益，既能服務社會，並能提升本身形象。有了對記者、觀眾、社會與新聞局都好的四好手段，若業界主管與老闆再要反彈，則他們的正當性不但要大大降低，而且要招惹記者、觀眾與社會的抵制，新聞局只消因勢利導，則規範目標之達成，不但水到渠成，最後並可讓從中亦可望得到好處的業

主，領受道理，頓悟自由果實的降臨，有時必須依賴強制。

新聞局可以做的事*

新聞局（2004年）8月10日將宣布無線廣電頻譜政策。稍前，聯播、地下電台的議論，先已滿城風雨。

上任未滿三個月的林佳龍局長可說是近一甲子以來，企圖心最強的傳播首長。為政積極，應該肯定。惟我國廣電表現積弱已久，要靠一人一季之力，勾勒遠景，並不實際，假使積極背後，另生狹隘私利的考量，將有危害，朝野互不信任的漩渦，很快就會滅頂民眾的傳播權益。

新聞局的規模固然不大，但不妨盡其本務，發揮溝通、協調之功，以「最小甚至零花費，符應最明顯的廣播需求」。行政院每年撥款給中央廣播電台，以及各部會行政電台的預算，應超過10億，但至今各電台各行其是。新聞局何不向行政院提案，表示將師法各國，整合這些電台的資源，然後以地為名，設台灣一台、二台……，使其分別負責流行與古典音樂、新聞、路況、文教等。於是，透過內部調配，就能以國際常例，提供六個以上品牌可望比現制優越的全國頻道，讓國民無分城鄉，共享廣播服務。

其次，今年起，原民會一年將提撥3億多，製作原住民電視頻道。不過，十多個原住民族，語言各有差異，有限資源若轉作廣播之用，似乎更能提供原住民的就業機會，也更能滿足其存續語言文化的需求。同樣是3億多，大概可以維持30個以上電台，如此，從海濱的蘭嶼達悟族、花蓮阿美族、山區部落到都會原住民，也就統統可以自擁電台。

新聞局若能讓行政院接受這個利己利民的政策，等於是無須花費

---

* 《聯合晚報》2004/8/4第2版。

就能取得政績，誰曰不宜？然後，刮了自己的鬍子，他人要再說三道四，也就少人附和了。

公共資源配用　自喪公信力！[*]

新聞局即將轉型，卻展現創局近六十年來，前所未見的積極精神，先是（2004年）6月示意，支持公共電視集團的籌建。到了7月，又說要藉數位科技之便與公共管制的手段，「驅動有線電視的跟進」。現在則針對廣播，指要嚴格管理聯播，並回收警廣等電台的大功率頻道，使其部分轉為公共電台，然後，新聞局還要透過「限時限區播音」的方式，讓地下電台合法化。

這種精勤任事的態度，讓人擊掌。但是，新聞局並不總是名實相副。比如，建立公共廣電集團至少需要兩種法案，新聞局卻只提出一種，並且方向不明確、模稜兩可，以致社會議論，在財政短缺的現在，這是不是一種「錢坑」，是不是要「滿足黨政的宣傳需要」？或者，這是否只是新聞局的權宜門面之計，執政黨最後仍要順水推舟，窒息社會團體推動已有數年的公共集團之議？

電台方面，6月9日數廣播團體抗議後，新聞局曾說：「地下電台若就地合法，天地不容。」事才一個多月，新聞局卻提出了變相的就地合法之說，這很可能讓指控地下電台親近執政黨的人，更加振振有辭，再次不祥地讓公共資源的配用政策，因遭致質疑而失去公信力，遂爾使其執行效能減弱。

同理，對於聯播問題，新聞局若沒有合理規畫，不免讓人質疑，是否針對特定黨派立場的電台而來？新聞局或許應當考慮，聯播愈多則經濟效益愈高，因此應該繳納更多的合理金額，作為新聞局所說的地方公益電台之用？目前，新聞局只說局部合法化之後，地下電台必

---

[*]　《聯合報》2004/8/4 A15版。

須限時限區播音,但若範圍更廣、時間更長的現今地下電台,都得依靠販賣不一定合法的食品、藥品才能存活,經此兩限的電台還能活命嗎?經濟上難以存活,卻使其局部合法,必然招來物議,謂此舉純為年底選舉而來。

最後,行政院每年提撥10多億作為中央電台、警廣、教育、漢聲、復興等電台之用。與其說要部分行政電台繳回部分電波,不如邀請相關部會提出整體的廣播政策,使其不再各行其是,而是開始彼此協調分工,為民眾提供更好更多樣的新聞、音樂、路況、文教等等有聲服務。

新聞局過去兩個多月來的精進動作,究竟只是另有居心與敷衍門面的修辭,還是確有落實的時日,也許很快就會顯露端倪。國民黨何不與其競賽?割捨販售中廣的金錢收入,宣布黨工全部退出,然後以員工為主,將中廣以播放廣告但非營利的方式,逕行信託管理,轉型為準公共電台?若能如此,這也是一種兩黨的良性競爭,也就是國人之福。

新聞局長是否只能花拳繡腿?*

(2005年)元旦當天,英國四年前完成立法的《資訊自由法》開始實施。

這部在工黨上台7年後才落實的法案,仍有不少缺失。如,在西方,相對封閉的英國政治文化(《資訊自由法》已在50個國家實施)顯然不會因有了法律案就立刻改變。又如,假使申請人索求的資訊需要超過三天半(地方政府是兩天半)的處理,公務機構可以拒絕提供,並且,假使部會首長判定所提資訊不符公共利益,申請人若堅持索取,就得行政訴訟。

---

* 《台灣日報》2005/1/4第7版。

即使如此，對於政府及學術報告的流通都已相對完善的英國來說，遲到的《資訊自由法》還是具有里程碑的意義。從此之後，小至學校家長會大至政府最大部會等十萬個公務單位，都必須回應媒介等個人或社團提出的資訊要求，英國人的傳媒環境又改進了一步。

相比之下，我們從元旦搬動數十個電視頻道位置的「新氣象」，雖然還是有值得肯定的地方，但不單可能會有些負面作用，也另外暴露了主管傳播政策的政府機關狀似積極，卻仍有力不從心的無奈，或也僅只能夠秀一下花拳繡腿？

還記得公共電視台在1998年開播的時候，新聞局躲得老遠，好像公視不是無線電視頻道，好像公視還比不上老三台，不是全民共有的資源。當年，公視得自己挨家挨戶，逐次請託業者把它的棲身地方定頻在53。今非昔比，林佳龍局長作了一些溝通與說服功夫，也動用了為政所具有的優勢，不但定頻公視為13頻道，也把數十個頻道一起定區位。

但是，這些動作好比是把家具重新搬動，好比是街道商家左搬右遷，也可以比作撲克牌的重新洗牌，它們又怎麼能夠增加電視的價值？過沒幾天，居家之人還是發現，位置重組以後，短暫給人新鮮感覺的家具，其實破舊如前。商家兜售的產品價格與品質還是讓人搖頭，嘆息再三。不堪再用的紙牌還是紙牌，沒有變成塑膠牌。新聞局說頻道搬動之後，前25個頻道是公益與闔家觀賞，但這不僅不太會增加闔家觀賞公益頻道的時間，並且實際上是貶值與限縮了公益與適合闔家觀賞的內涵。

真正要在更大程度裡滿足公益，要讓男女老幼都能看到更多更合宜的節目，新聞局還是得與朝野立委與行政內閣多溝通，說服財政與主計單位，每年投入更多的年度電視經費，也應該遊說原民會與客委會，尊重多元文化不一定要自擁電視頻道，特別是預算若僅有3億，不如製作真正優秀的節目，加配不同語言在擴大規模後的公視播放，更能發揮作用。新聞局也應該問文建會，何以「文化公民權」的倡導，並沒有把重點之一放在媒介？難道大眾傳播媒介不是當前極為重要的文化載具嗎？難道接觸廣播電視不是人們最重要的一種休閒、娛

樂、資訊與文化涵養的來源嗎？新聞局假使不此之圖，或說不表白不此之圖的困難，並為日後作此圖謀預作準備，那麼，一甲子以來最積極的新聞局長，擔待花拳繡腿、捕風捉影而於事無補之譏諷名聲，也將事有必然。

讓廣基合併於公視 *

　　福兮禍所倚？廣電基金（廣基）的未來，近日因抵制衛星電視台的風波，再度引起注意，立委日昨更要求裁撤。老三台如何轉型，因新聞局不負責任、信口雌黃的發言，以及下個月初即將展開的兩年一次換照聽證等程序，讓外界另得議論空間。

　　廣基成立的最大初衷之一，在於製作公共電視節目在當時的三台播放。1998年公視開播後，本可合併大部分廣基，惟新聞局未作此規畫。2001年起，新聞局長首度放棄慣例，不再擔任廣基董事長，但廣基仍無起色。去年初廣基開始有了新業務，也就是解讀媒介內容，提出紀錄與批評。這番作法雖創新，但仍可接受。至今則引發疑慮日多，以致有立委呼籲裁撤。但裁撤必先修法，也得議決其後的廣基財產與人事移轉。

　　這裡，公視提供了一個出路，使廣基合併於公視，既符合廣基的創立宗旨，也能小小增加規模太小的公視。香港人口不到台灣的1/3，政府一年投入電視10億，每天只製作數小時節目，並且不負責傳送，傳送另由香港的私人無線與有線台負責。台灣公視一年只有9億，且若非前年修法，至今連9億都不到！南韓有五家無線電視台，三台公營、一台70%公營，僅有一家私營。

　　新聞局憑什麼說數位化之後，台灣不再需要更多的公部門投資？憑什麼故意混淆視聽，說台、華視若有一台公共化，一年還得花60

* 《聯合報》2004/5/1 A15版。

億？數位讓頻道更多，但大家都知道，我們的問題不在頻道不夠，數位最多是增加頻道數量，與改善台灣的收視環境何干？

　　新聞局自己過去三年委託的研究，再三指出，僅需一次買回台、華視股份（買回兩台都不需要60億！）使產權而不是節目立刻公共化，這可以使兩台對外負責，接受公評，不再因私有化而必然財團化、且是黨政關係良好的財團之禁臠，何以新聞局置若罔聞？難道委託研究只為了合新聞局高層的心就用，不合則裝聾作啞？甚至是為了討好親特定政黨的財團？

廢廣電基金，如麥子落地 *

　　立法院教育與文化委員會於（2008年6月）16日聯席審查，決定刪除「廣播電視法第十四條之一條文」，從而廢止「廣播電視事業發展基金條例」，最後則可能清算廣播電視基金。對於本案，大多數國民很可能不痛不癢。不過，立法院跨出了正確的第一步，廣電基金的未來理當作個決斷，行政部門雖然尚未主動處理與規畫，立法院倡議，並無不可。

　　接下來，還得第二步，並且，這是更重要的一步，這與廢除條例的理由之一有關。立法院說廣電基金「完成歷史任務，喪失既有功能，背離立法目的」。但事實上，基金創立二十餘年來，從來沒有能夠完成任務，這正是我們籲請立法院再更進一步的原因。

　　1980年代的老三台及中廣幾乎寡占所有廣電資源，只消政府把獨占的利潤釋放一點，製作各種優質的節目，就能確保其播放管道，原本無須立法。惟彼時不但立法，並且後來在播放廣電基金製作的節目時，太多的不專業考量，再加上強制各台聯播，等於迫使大量觀眾轉往第四台；於是二台受害，衛星電視得利。如TVBS選擇晚間9點

---

* 《中國時報》2008/6/18 A15版。

開播政論節目，趁虛而入，因為，就在這個時段，老三台聽命行事，該時段聯播品味及尺度脫離社會胎動的音像內容。

所以，肇始於廣電基金無法負責的原因，廣電基金從來沒有能夠完成當年立法者賦予的任務，相比於港人最為信任、至今還是在香港電視台播放其節目，而且收視人口眾多、廣受好評的香港電台，我們的模式雖然相同，成績是很讓人汗顏的。香港電台以大約10億台幣的預算，一週只製作15小時節目，播放則由目前仍然占有八成收視市場的無線電視負責；另外，香港電台還有年度預算10多億台幣，製播7個收音機頻道的節目。

面對這段歷史，我們至少必須亡羊補牢，完成從來未曾完成的任務，也就是至少如同香港，每一天都應該提供國人能夠信任、也能喝采，同時也有大量觀眾的音像節目。與此同時，我們現在還得面對一個機會，或說挑戰：假設兩岸的談判也會納入電視，那麼，如果中國的中央第四、第九或其他頻道的整套節目，可以定頻且必載地進入台灣，我們會選擇創設或組合哪一個或幾個頻道的電視節目，必載且定頻在神州的傳輸平台？

無論是補償國人二十餘年來的音像節目之權益損失，還是迎接新的兩岸影視文化交流的前景，我們都需要有一個規模更大的音像製作中心，同時要確保中心所製作的節目得到有效的播放管道。從這個角度觀察，立法院廢除廣電基金的法源，可以是如同一粒麥子落地，我們希望這是結出更多麥子的契機，麥子落地後是新生茁壯（更大規模的影視製作基金）的開始。

確立麥子落地，但要擴大新生之後，接下來的問題是，誰有權利與責任、誰又最為合適接納與養育這個新生兒，是有線電視公會？是商業無線電視？是公共電視集團？是衛星電視公會？或是這些單位調整之後的某種聯合形式？這個技術問題不難解決，無論是立法院主動研究後提出，或是敦促行政院完成，都是國人之幸，兩岸影視文化交流之福。

政府若失靈，廣電市場注定失靈：評衛星換照事件 *

　　（2005年）7月31日，新聞局衛星廣播電視審查委員議決，6年期滿而申請換照的69家頻道當中，有7家低於過關所需的70分門檻，因此必須從8月3日起停播。

　　過去，審議電子媒介執照的委員大多是行禮如儀，這次可能是違反慣例的第一次，以至於消息傳出，外界震動，物議蜂起。這些反應正理與歪理都有，以下略作對話。

　　有人想要斧底抽薪，一舉剝奪政府吊銷執照的正當性。他們說衛星頻道不使用特高頻電波，並不稀有，而是如同書報雜誌般豐盛，政府不能用執照限制其傳播或牟利的自由。

　　然而，所謂頻道稀有因此才需要規範其使用，不完全正確。頻道稀有是比較便宜的說法，讓懶惰的政府找到干預廣電市場的理由。但是，即便我們使用主流經濟學的語言，暫時承認市場經濟應該主宰資源的分配，我們亦應注意，主流經濟學也心知肚明，市場是有失靈的時候，此時，政府應該介入。

　　以廣電在內的傳媒來說，由於透過該渠道所提供的內容，具有導致市場失靈的兩種屬性，政府若不干預，市場就無法有效運作。這裡是說，傳媒內容既是一種公共財（所有人可以共用該內容，但不減少彼此使用該內容的權利，這與相同一塊牛肉在甲食用後，乙的食用量就得減少，並不相同），也具有外部性（我們都知道，廣電內容若能多提供廣泛且深入的新聞報導與分析，就能有利於社會的民主運作，但偏偏這樣的正外部性，是台灣這類廣電的稀有產出；反之，侵犯人權乃至於使社會傻樂的、具有負外部性的廣電內容，超過了應有的比例太多。注意，這裡說的是「比例」，負外部性若要盡除，除極其困難外，其實很可能另生不豫的效應），若以為廣電的市場機制可以不依靠有效的政府規範而運作，除了有違事實，也將使得這樣的市場機制，無法提供較優的廣電節目之供給水平。

---

* 《台灣本土法學雜誌》2005/9，頁38-40。

　　1920 年代率先進入廣電時代的歐美，面對廣電市場失靈時，代表了兩種政府介入的方式。美國的歷史背景，使得其社運團體要求廣電傳媒公有的主張無法實現，只能變成「公共信託」，也就是由政府評估後，決定哪些私人（公司）可以承擔被委託人的角色；歐洲則在社運等等力量支持下，由政府直接扮演或委託代理人承擔公共信託的角色。兩者都是公然的政府介入，差別是美國模式所主張的公共利益，最後仍得滿足私人利潤積累的需要，歐洲模式則打著所謂的民族文化的存續與發揚，以及兼顧閱聽人之資訊、娛樂與教育需要的旗幟。傳媒頻道增加後，是降低了單一傳媒機構的政經社文影響力，從而減少了政府規範單一傳媒內容的正當與必要程度，但政府仍然得好好規範所有傳媒形成的「市場」。

　　當然，不但市場失靈，政府也經常失靈，事實上，主流經濟學在最好的情況下，故意淡化市場失靈的程度，但同時凸顯政府失靈是更為嚴重的問題。等而下之者，則是主流經濟學的盲從者，他們經常提出了讓人啼笑皆非，甚至於悲哀的修辭，如某報竟有社論下此標題：〈媒體生態是自由市場或政府屠場在決定？〉。

　　這次審議結果出乎新聞局，也就是政府的預料之外（至於事後政府是否反倒見獵心喜，打算從中漁利，或者，執政黨內部是否藉此展開鬥爭，那是另一回事）。所以說，與其說政府一開始就打算藉此壓制新聞自由，不如說審議委員的集體決議，剛好暴露了從以前到現在，政府根本一直失靈，從來沒有善盡職責而好好規範傳媒市場。

　　審議委員在無意間，再次揭發了政府從來不穿衣服（有效規範傳媒市場）的事實，外界的質疑卻環繞委員是否公正、是否有黨派之見、是否被黨派利用為壓制新聞自由的工具、是否造成了寒蟬效應、是否可能影響基層員工的生計、是否不能容許非主流的美學、是否能改變台灣廣電傳媒的表現，是否決策過程太過粗糙等等。這些問題都不妨提出，但假使僅這麼提問，不免讓人產生「明察秋毫而不見輿薪」的遺憾，質疑者何不更大聲地吶喊：政府怎麼可以不穿衣服？

　　當然，審議委員及部分評論人同樣也沒有指出政府裸露的難堪與失責，他們只是說，他們所要求者，就在於公民參與對傳媒的監督，

以及審議執照之過程的透明公開。這裡不能苛責審議委員，畢竟，礙於身分、也礙於這段時間輿論氛圍的限制，他們能夠作此主張已算是難能可貴了。

不過，若看美國的例子，我們對於私有商營為主的傳媒市場，是否能夠因為市民團體的公共監督而長遠改善，可能會另有思維。從1950年代至今，美國的女性、同性戀者、殘障、少數民族及老年人等團體，以及反性、反暴力等訴求，可說「絡繹於途」，紛紛對其電視內容表達強烈的不滿；2003年，這些力量更形擴大，累積至今年，在保守聲音的教唆與壓力下，有線電視業者不得不承諾，要投入2.5億美元（是，是折合台幣80億左右，超過台灣無線四台一年的總收入！），作啥呢？用來提醒美國成人，他們可用現存科技，過濾他們不願意其幼年子女收看的不雅節目！美國公民社團監督並責成其廣電業者改善表現，不能說沒有成績，聯邦政府也大力回應，如2004年罰款額近800萬美元，是過去十年總和的五倍！但是，這種結構與市場條件不變，卻已經消耗保守與進步社團眾多能量的小改善，顯然距離傳媒的民主表現還是相當遙遠。有鑑於此，美國在2002年成立的「自由傳媒學社」（Free Press）也就不能不更加強調，其努力目標必須讓更多傳媒改革的動力，看出傳媒內容與整體傳媒市場的關聯。

最後，值得注意的是，反對吊銷執照的人與執政黨好像有個共通的看法：要是有個國家通訊傳播委員會（NCC），那就好了。確實，1995年起，廢置新聞局這個既利用傳媒宣傳，又從事傳媒規範的不合時宜機關，早就是朝野政黨與社會的共識。但美國FCC運作70餘年，遠比歐洲各國悠久（英國的類同規範機關在2003年才成立），可是美國廣電表現比歐洲更不符合民主要求，眾所周知。所以，NCC是比新聞局妥當，也許比較能夠減少政府的失靈程度，從而更能調節市場的失靈。然而，我們需要哪一種廣電傳媒的市場呢？是歐洲還是美國模式？這仍然是一個必須深思明辨的問題。特別是，我們經常看到一種說法，指新科技發達後，兩種模式都趨向接近，都走私了。只不過，這種認知不符合事實。舉個例子，許多財團數度聯合，圍攻歐洲公傳媒（其中BBC承受最多），要求政府阻止其自由地擴張服務項

目（如，增加免費的數位電視頻道），惟這種因規模大效率高而遭忌的情況，並沒有在美國出現，顯見歐美兩地廣電傳媒的差異，至今還是巨大。

市場機制無法憑空存在，假使政府無能或無意有效地介入廣電等等傳媒市場的創建及運作，市場注定失靈。美國政府介入廣電市場失靈的效能，明顯低於歐洲，表現為傳媒內容的良窳有別。台灣呢？市場與政府同時失靈的程度，遙遙領先歐美（及日韓……），社會力量假使再不奮起集結，再不弄對改造的方向，那就會增加社會力量的失靈水平，將要坐視台灣的傳媒繼續被糟蹋了。

新聞局荒唐　三立卸責 *

承蒙有心人將節目擺放在某個網路空間，我得以下載後，快速看過了《二二八走過一甲子》。看了之後，我想，三立電視台應該如實地說，這部紀錄片是有缺陷與誤導，對於國人所認知的二二八，其實也沒有增加更深刻的或新的資訊與觀點。也許三立並無造假之意，但引發造假的認知與指控，事出有因。

新聞局在（2007年）2月9日以限制招標方式，確認由三立以96萬元製作這部13個單元分作5集播出的紀錄片。這種作業方式應該創了紀錄，讓人難以置信，有兩點感想。

第一，60週年紀念與反省的影像，竟然是在週年紀念前三週不到，才完成委託程序，而且竟然是要求製作大約兩小時的長度。即便是急就章的任何宣導片，長達120分鐘的影像，從主題判定、腳本、影像材料選取、剪接、配音到播出，也得有比一個月長的製作功夫吧？何況是二二八這麼敏感與如此具有政治與歷史認同的事件、何況是一甲子這麼具有里程意義的時刻？如果民進黨政府真正尊重也願意

* 《聯合報》2007/5/9 A19版。

帶領國人從學習與凝視二二八之中，提煉超越與進步的動力，豈不應該更早幾年，就得成立團隊與提撥充分的經費，從事於斯嗎？如今這種超時超少經費就完成製作的表現，只能以荒唐相稱，號稱本土的政權有此作為，只能玷汙了本土。

其次，既然9日簽約，26日就得首播，經費不多因此不可能完全以新聘僱的人力從事拍攝工作。於是影像的來源就分作三大塊。一是三立自己也請教與拍攝了相關專家與家屬，再就是大量從劇情片抽調相關場景與畫面充數，第三就是《聯合報》這次指認的情況，三立放映了類似的鏡頭，偏偏這些鏡頭與二二八無關。三立在昨晚8點舉行記者會，再三陳述該台已經交代，這些鏡頭取自十多年前已經公開發行的影帶《幽暗角落的泣聲》。但這麼說除了可能對影帶製作人阮美姝女士不公平之外，並不能卸除三立理應核對與如實轉載畫面的責任，如同記者得查對消息來源的真偽，及至確認為真，則得據實以報（也就是阮女士說了，該畫面是國軍在上海處決共產黨，不是二二八當時的紀錄）。假使三立在這些鏡頭上標示這是「模擬畫面」，那麼造假的批評就不會產生。

最後，既然三立用了國軍處決共黨的畫面，那麼，不禁讓人假想，如果三立藉此而作提示或演繹有關二二八的另一個視角，說不定反倒能夠讓我們看到不新，但國人較少接觸的看法。這是說，當年這個悲劇應該放在國共內戰的背景，求得理解，而不只是台灣與大陸經過五十多年的發展，因為政經文化的差異已經很大、彼此業已成了不同的社會，所以一接觸就注定發生慘案。特別是，1945年12月來台的四川人黃榮燦，曾經留下了〈恐怖的檢查──台灣二二八事件〉這幅咸認是當時「留存下來的最重要一幅木刻版畫」，卻在幾年後的白色恐怖時期，也遭槍決。這個畫面若能反覆出現於紀錄片，三立再旁白黃的遭遇，則有關二二八的理解內涵，會更豐富。然而，這種需要專業才能錘鍊出來的表現，求之於最近屢屢招致批評的三立，可能嚴苛了些。

國家通訊傳播委員會

有了 NCC，媒體也未必變好 *

　　「電視若好，再沒有更好的電影、雜誌或報紙。但是，電視若壞，傳播環境再也不能更壞了⋯⋯請跟我來，在您的電視開始播送節目時，靜靜坐在螢光幕前直至收播，您應該會同意，眼前是貧乏不毛的荒原大漠⋯⋯」美國聯邦通訊傳播委員會（FCC）創設以來最知名、最受尊敬的主席米諾，在1961年對業者發表了這場「荒原講演」，不但是電視批評與願景的里程碑，也是美國20世紀百大講演之一。

　　四十多年已然過去，美國電視更是不堪。許多美國人忍無可忍，於是在去（2004）年夏天對「福斯新聞頻道」提起了訴訟，要求司法單位取消該頻道使用「公正與平衡」作為商標的權利，因為它的新聞內容實在是「誤導視聽、欺騙大眾」。娛樂節目充斥著主持人「自豪地」表示，看的人夠多，他就可以大談特談「我和我太太所有姊妹上過床」、「我男朋友在拉皮條」，然後台上台下互相叫囂，至於誘使來賓在電視暴露隱私，事後造成當事人自殺，只好是牟利過程的「附帶殺人」。

　　但FCC對於美國這樣的電視結構與內容表現，能夠怎麼樣呢？FCC主席的上焉者不多，即便賢能如米諾，最後還是落得欲振乏力的結局。下焉者如丹尼（C. Denny），離職後六個月就去擔任他的規範對象NBC的總裁，薪水是原職的三倍。現任的鮑威爾（Michael Powell）在第一任期間，也就是1997年底至2002年，接受了媒介集

---

* 《新新聞》970期2005/10/9，頁56-7。

團84,921美元、共44次的旅行招待。鮑威爾在2003年6月放寬單一財團所能持有的媒介資源上限，但社運團體群起反對，幾經訴訟，這才迫使FCC不得不接受法院的裁決，並在年初宣布將研擬新規定後，另再召開公聽會。

這裡不是說，因為FCC失敗，因此「管制」機構注定沒有用，當然更不是說，既然FCC的管制效果不彰，所以我們與其花力氣弄個台灣的「國家通訊傳播委員會」（National Communication Commission, NCC），多一事不如少一事，保留新聞局，讓它繼續執行既得利用傳媒宣傳，又能夠堂而皇之地享有規範傳媒的權力。

但是，與此同時，我們也不能不指出一件事實：從1995年朝野都說要廢置新聞局至今，而特別是（2005年）9月27日新聞局刊登廣告，為執政黨版本的NCC說項以來，我們花了太多功夫在NCC，就是沒有問，有了NCC，無論是朝或野的版本，究竟對於通訊與傳播的環境，能夠有些什麼作用與意義？特別是對於國人最為不滿意的電視，NCC能夠有哪些積極的改進？

按理應當衡情說理的報紙社論，其下焉者忙於玩弄行文技巧，迴避其誹謗言論可能召來的法律責任：「媒改團體，早已是領政府津貼的狗腿……有如當年希特勒的黑衫軍……」、「當局……御用的所謂媒改團體」。其言之有物者最多也只能檢討，藍軍執意要明定條文，讓政黨可以依據立院席次，比例提名NCC委員，固然不符合他國法規常例，惟是否這是近幾年來，朝野互無信任的程度持續加深而不是減輕之下，必然的結局？所有話語都是在NCC必須盡快成立的框架下進行，消失的是，我們想要，或者，比較精確地說，在傳媒環境加速惡劣而朝野政黨無能的情況下，我們還敢於要什麼樣的傳播環境？消失的是，即便是最有效能的NCC，能夠為催生或營造這樣的環境而作準備嗎？

諷刺或有趣的是，《國家通訊傳播委員會組織法》唯一的微薄「價值」提示，反倒在藍綠共識卜消失了。該法第1條的藍軍版本，原本說要促進「公平」競爭，要「尊重弱勢權益，促進多元文化均衡發展」，但朝野協商後，卻取下了這些文字，大體僅留存行政院版本

的措辭。[1]

　　雖然立法旨意有了「公平競爭」、有了「尊重弱勢」，有了「多元文化均衡發展」之後，並不能直接產生實質的傳播環境之變化，它們也無法提供太多空間，讓日後據此而作主張的論述，立即產生催化制度變化的物質力量。然而，我們不妨說，這些價值與字眼的懸掛，還是存在著潛能，比起沒有懸掛，總是多了一些積極素質或召喚。藍軍原先作此提示，說不定不是純屬偶然，而是不無想藉此順便收取名聲的意思；綠軍不忘取消這些字眼，興許不是只有行政尊嚴的作祟，可能也看到了言詞文化轉成物質壓力的「危險」。

　　假使要「公平競爭」，就不能容許私人業者的規模太大，至而阻礙其他業者與其競爭；假使競爭不能只是為了利潤歸私而作競爭，那就要有其他標的之競爭，比如，要有觀點的競爭，且不是僅限於藍綠觀點的競爭（除非我們認為台灣只存在或只需要藍綠的言論）。假使要「尊重弱勢」，那麼，相對於大企業，中小企業是弱勢；相對於男性，女性是弱勢；相對於都會，鄉村是弱勢；相對於異性戀，同性或雙性戀是弱勢；相對於資方，勞動者是弱勢；相對於有工會組織者，無工會組織者是弱勢；相對於健康人，殘障者是弱勢；相對於人、相對於漢人，動物、大自然與原住民是弱勢。假使要「多元文化均衡發展」，我們不能只知道美國的主流文化，還要知道美國的邊緣文化，還要知道其他國家的文化；我們不能讓爭強致勝的文化如同癌細胞的增長，卻聽任互助合作的文化缺氧而持續萎縮；我們不能只是鼓勵或培植消費第一的文化，也必須以同等力量與資源，投入在激生與養育「只求簡單再生產」的工作與消費倫理。

　　這些不同的競爭標的、弱勢與多元文化的清單，還可以往下繼續羅列。我們沒有人是野蠻人，我們都能認知這些字眼的價值；認知而不肯努力使傳播實務表裡如一，那我們就是虛偽了；要能如一，我們就不能不理解國家的雙重性：國家是傳媒「秩序的管制者」，國家也必須是傳媒「資源的提供者」。即將通過的《國家通訊傳播委員會組

1　2023/11/30按：最後通過的版本，這些文字仍放回。

織法》，截至目前為止，反映的是「管制者」意識，國家作為傳媒「資源提供者」的歷史，在台灣還沒有正式開始。

很困難的任務：NCC的立法宗旨[*]

NCC以「監理」為主要業務，本身創設特定機構，編列預算，責成其滿足國人之傳播或通訊之需求的能力，比較不足。

但是，《國家通訊傳播委員會組織法》的立法旨意（第1條），仍有「保障……言論自由」、「維護媒體專業自主」、「確保通訊傳播市場公平有效競爭，保障消費者及尊重弱勢權益，促進多元文化均衡發展」等要求；並且，該法第3條相關項目，也給予了「通訊傳播事業營運之……證照核發」，以及「通訊傳播管理資源之管理」等職掌。

在這個情況下，NCC並不是完全沒有能力，主動或與相關機關（如日後可能成立的文化部）合作，一起為滿足國人的傳播與通訊之需求，共同努力營造與執行。

這裡，我們立刻面臨了三組大問題。

第一組，什麼是「國人的『傳播』與『通訊』之需求」？稍進一步言之，我們或許將這兩類需求，作以下解釋。

第一，「傳播」需求指涉的是，國人需要多元、均衡、在地且國際化的廣播（收音機及電視）節目，無論該節目透過特高頻或超高頻傳輸、無論經由無線或有線傳輸，無論是類比或數位訊號傳輸，無論其接收端是傳統的電視機或是手機。對於閱聽人來說，這些不同傳輸管道及形式之意義，顯然遠不如其內容是否能夠滿足他們的娛樂、資訊乃至於教育需求的重要，也就是音像「內容」成分對於人們的重要性，應該遠超出技術「形式」。

第二，「通訊」需求指涉的是，國人需要得到最低層次的「普及

---

[*]　寫於2005/11/25，未發表。

近用」之電信設施的服務。在技術不發達的年代，只要傳統電話線的普及達到將近百分之百、且家家戶戶裝設了電話機，基本上我們就認可這已經達到了普及服務之目標。在網際網路年代，普及服務就沒有那麼簡單了。我們面臨了一個思考，如果不是家家戶戶都有電腦，如果不是家家戶戶都有機會使用網際網路，那麼，這算不算普及服務？其次，既然電腦日新月異、既然網路傳輸的速度與容量有別，那麼，在這個技術動態發展更加快速的年代，應該要達到什麼水平的電腦等終端配備、什麼水平的傳輸品質與速度，才能算是家家戶戶都能得到了普及服務，如果他們願意擁有這些服務的話？如果不能以家家戶戶作為計算普及服務的標準、如果不能以 state of the art 之電腦設備及傳輸品質與速度作為普及服務的標準，那麼，我們準備以何種水平的普及率及電腦及傳輸品質與速度，作為普及近用的判準？

　　第二組問題，我們怎麼理解、分析「言論自由」、「媒體專業自主」、「傳播通訊市場公平有效競爭」、「弱勢權益」、「多元文化均衡發展」這些價值的內涵？除了自行理會及鑽研推敲，我們當然還得環視其他國家的例子，從中借鏡切磋；然後，我們才能構思或討論，究竟我們怎麼做，才能對這些價值，有所「保障、維護、確保、尊重與促進」？

　　第三組問題，假使我們能夠在比較具體、比較可操作的層次（這就是說，比如，我們無須對於什麼是國人的傳播需求等定義，有百分之百相同的操作定義），對於第一組與第二組問題有大致的共識（而不是完全相同），接下來就要思考，在滿足這些需求、在「保障、維護、確保、尊重與促進」這些價值的過程，國家應該分作哪些階段，扮演什麼角色？至此，自然就有了 NCC 及其委員的角色，而依據《國家通訊傳播委員會組織法》賦予的職掌，特別是「證照核發」及「通訊傳播管理資源之管理」的職掌，NCC 可以執行哪些事情？

　　在思考這些事項的過程，NCC 委員在內的任何人，不難經由比較與歸納，至少在滿足廣播與電視需求這組問題，得到啟示。

　　比較什麼？以「國家」作為比較單位，哪些國家的人民之廣電需求，得到比較充分的滿足？或說，比較沒有那麼有辦法得到滿足？是

美國、是日本、是德國、是法國……我們還可以一直往下列舉。

　　礙於資訊及能力，也因為並無必要，我們無須逐次比較所有的國家，但是可以將世界各國之「國家與廣電需求之滿足」的關係，分作兩類。

　　第一類以美國作為代表，至今國家「提供很少的資源」來滿足美國人的廣電需求，並且對於廣電市場的規範也比較無能為力（表現為，基本上不對私人廣電業者收取營運特許費或電波費）。

　　第二類以英國作為代表，至今國家「提供相對豐富的資源」來滿足英國人的廣電需求，並且對於廣電市場的規範相對有效（表現為，對私人無線廣電業者收取營運特許費）。

　　一般認為，在滿足廣電需求方面，第二類國家（英國）的成績比較突出，這類國家對於「言論自由」等等價值的認知，也與第一類國家（美國）有些差異。這就是說，第二類國家固然也重視「消極」的言論自由，卻也沒有疏忽「積極」言論自由的完成，需要國家提供合理的資源、需要國家有效管制廣電市場，在國家提供了合理資源並相對有效執行其運用的過程，弱勢的傳播權益也就得到了比較多的尊重、文化也就得到了比較多的均衡發展空間，而競爭之目標也就有比較大的範圍，可以不被化約為貨幣的多寡，而是也有更多的機會是觀點、意見、表現手法、創新能力等等的競爭。

　　NCC不是資源提供單位，因此似乎無法「直接」扮演第二類國家的這個角色，但是，「間接」為之如何？有沒有這樣的空間？又有多大？

　　應該有。這個「間接」的空間來自於兩方面，一方面是作為行政權力的一環，NCC能夠與有權力提供資源的、同樣是行政權力之一部分的行政院部會，展開比較有效的互動過程，促成該行政部會做此資源的編列與提供。

　　其次，《國家通訊傳播委員會組織法》第3條賦予NCC「證照核發」的權力，也要求NCC管理「通訊傳播資源」；也來自於第13條所設置的「通訊傳播監督管理基金」，指定了「通訊傳播產業相關制度之研究及發展」之用途。

　　NCC可以透過證照核發，提出合適的條件，要求得到執照者遵照（比如，要求取得執照者以特定收入製作兒童與老人節目，在合適時段播出；過去，相關規定流於空泛，也就不能產生實際作用），業者為了取得執照，自然會以合法手段（從聯合採購至合併）配合，使市場更能有效運作，從而也就是有效地管理了傳播資源。

　　最後，透過對「通訊傳播產業相關制度之研究及發展」，以上這些在英國等第二類國家已經施行多年，但國人比較陌生的觀念與實際作法，可以得到比較多的機會，為國人（傳播從業人員、政府官員、立法委員等等）認知，從而使其逐漸落實，得到比較豐實的社會基礎。

NCC模式不可取 *

　　馬宋建議以NCC模式，依據立法院的政黨席次，提名監委的審查人選。但NCC提名模式，也許是朝野對峙、朝野嚴重失去最低限度的互信，所不得不出現的辦法，但「不得不」並不等於「可取」。不妨看看NCC十三位準委員的見解，委員們來自不同政黨的提名，他們的看法應該很有意義。

　　這次的NCC審查，除口頭答詢，我們另提了十八個題目，其中第九題是，「請問，在您看來，《國家通訊傳播委員會組織法》有沒有缺失？如果有，哪些條文應該優先修改？」這些問題及委員們的見解依據審查辦法，業已在NCC籌備處透過電信總局公開上網，任何人均可下載。

　　十三位委員當中，有六位並未針對依立院席次推舉審查人的規定，表達看法。其餘七位則分別很有針對性地，或比較間接婉轉地，說明了他們對這個作法其實是反對的，或至少只是階段性地贊成，或設定了贊成條件，如NCC「這個前所未見的機關組織模式」能不能發

---

* 《自由時報》2005/12/24 A19版。

揮功能，「需要時間和實踐來證明」。

　　這個數字本身已經有了意義。因為關注NCC的人大抵知道，我國第一屆NCC準委員的構成，由在野提名而當選者九人，在朝提名而當選者四人。現在，並不怎麼贊成由政黨提審查人選的人，至少有七位。這就表示，我們的NCC準委員就這個問題，是比較能夠超越黨派層次，公正衡平地考量。假使我們敦請六位沒有表示意見的準委員務必就此表達意見，可能也會看到，將有更多委員對於現在的審查方式有所保留。

　　假使真是如此，馬宋還願意提出NCC審查模式嗎？有請三思。

評述國家通訊傳播委員會的成立[*]

　　1995年前後，行政官員、立委及學界，開始提及設置國家通訊傳播委員會（NCC）這件事情，但輿論談論不多。其後，政治系統似乎言談多於行動，比較常見的是，遇有傳媒糾紛時，才再次反應，如1997年6月13日，有線電視斷訊，朝野立委9人，又提設置之事。1999年，立法院附帶決議也曾作此要求。次年總統大選時，陳水扁競選藍圖，未用該名稱，但明確肯定新聞局改制及設置新電信監理單位。到了2001年底，台灣進入世界貿易組織，電信及傳播監理機關的改制，增添動力，但究竟是如同研考會的傾向，使納入運輸通訊部（含廣電），還是中央一級單位的獨立機關，也就是通訊傳播委員會，猶然爭執不定。一直要到2003年2月，行政院才宣告，由電信總局合併新聞局廣播電視事業處，組成該會。

　　方向明確後，速度加快。2004年1月完成了《通訊傳播基本法》，重要的是第3條，規定「政府應設通訊傳播委員會」，並且，它將只是監理機關，至於（比如改善廣播與電視等資源使用效率的）

---

[*] 《2005年台灣人權報告》（吳豪人編2006，台北：前衛出版），頁217-23。

「規畫及產業之輔導」，還是應「由行政院所屬機關依法辦理」。

然後是2005年11月，《國家通訊傳播委員會組織法》公布施行，其中可注意者有二。一在檯下，即委員人數擴張達一倍，從7人至13人。二在檯面，又有兩項。一是第4條第2項說，負責審查、也就是形同決定委員的人，「由各政黨（團）依其在立法院所占席次比例推薦」。這個規定其實是說，如果審查人聽從提名他們的黨（團）之意見，那麼，能夠掌握半數審查人選的黨團（依本次來說，也就是國民黨與親民黨），不但能夠決定己方的委員當選人（所以，前述兩黨提名者當中，有一位產業經濟學家在詢答過程，顯現出不怎麼想出任，卻當選了），這個黨團其實也能決定，他方（民進黨與台聯）提名的候選人，誰能當選（因此，有位國內最有專業能力處理電信業務的產業經濟學家，落選了；但國、親卻「打破意識形態」，支持台聯提名的候選人，雖然這位當選人也有很好的專業，但出線的原因不在此，而可能是財團已向國親請託）。相比於前者，第16條的覆審規定，雖然也引起不滿，但小多了。

筆者從1995年至2005年10月，遇有機會就傳播主管機關改制問題發言時，全部持保留意見。不是說新聞局不需要改制，而是說，主管機關的良窳固然重要，但比起通訊與傳播哲學與價值的釐清，以及探索主管機關應該執行什麼內容的政策，才能落實這些價值，我總是認為，後者才是重點。打個比方，體育競賽的裁判執法是否公正，當然重要；但是，裁判執法所依據的競賽規則，是否合理，若非更重要，起碼同等重要。

若是以前舉的《通訊傳播基本法》，或是《國家通訊傳播委員會組織法》的條文，那麼，重要的是，前者的第5條，指稱「通訊傳播應維護人性尊嚴、尊重弱勢權益、促進多元文化均衡發展」，以及後者的第1條，指稱「為落實憲法保障之言論自由，謹守黨政軍退出媒體之精神，促進通訊傳播健全發展，維護媒體專業自主，確保通訊傳播市場公平有效競爭，保障消費者及尊重弱勢權益，促進多元文化均衡發展，提升國家競爭力」等等抽象語言，如何才能透過政策內涵，使之實踐，而不是空話？

　　假使無法討論這些實質問題，普及這類認知，筆者擔心的是，美國聯邦通訊傳播委員會不良的紀錄很多，台灣的相類機構會更好嗎？因此，假使我們再繼續把不成比例的注意力，放在以新機關取代新聞局及電信局的部分業務，卻沒有同時闡述傳播與通訊哲學，那麼，這個新機關的較大意義在於打造國家管理傳媒（及通信）機器的正當性，卻不一定有利於傳媒改善。

　　但尷尬事情發生了。11月下旬，我接受立委趙永清的邀請，擔任NCC委員候選人的審查工作。

　　人得面對現實，人隨時要自圓其說。NCC擋不了，《國家通訊傳播委員會組織法》一出，已經可以預知審查的大致結果（法案通過後次日，已有多報的評論說了）；NCC審查人一出，大致可以知道國親審查人會執行黨團的意見。那麼，擔任審查，重點應該在哪裡？

　　這是問題。我得為自己說話，既然骰子已經被人擲出，後續進場的人，重點應該也就不同，而我對審查的定位就是，盡量讓審查過程不僅透明，最好也留下候選人對於NCC相關事務的看法。在最低限度，這些看法的留存與公開本身已經可以是刻畫社會進程的一道痕跡，它也能作為社會學習之用（包括澄清NCC的能與不能），並且多少也讓社會大眾得到機會，認識我們的委員及其意見傾向，從而作為日後預測或檢視NCC作為的依據。

　　有趣或說可以預期的是，在NCC委員迅速在12月11日出爐後，12日起至17日，外顯於報端者，似乎是對於選舉的結果很訝異。比如，《中國時報》12日在四版以戲劇化筆調，描述了投票的過程，也引述了這樣的一句話「團結的藍營，擊敗分裂的綠營」。言下之意，彷彿八位國民黨及親民黨提名的NCC候選人之當選，出於意外。黃長玲則在13日於《自由時報》談及，NCC候選人及審查委員的性別結構不成比例；14日，陳儀深也親身記下對國親審查委員的不滿；NII執行長吳國雄則在16日《中國時報》談NCC目前的結構，不符合電信—網路社會之需要；17日，《自由時報》在社論中再談NCC有違憲之虞。

　　這些批評與檢討當然都很對，但也沒有哪一種情況不能在審查結

果揭曉前，就已經得知。這些批評借題發揮也是對的，不借題，怎麼發揮？但既然如此，有些輿論就更有道理對於國親的「團結」表達不滿了，同時，行政院以呂忠津教授的辭謝，委員少一人為由，未在選後七日內（也就是19日前）送出名單至立法院，也就好像有了一絲絲的著力點。

　　看來，人確實是理性的。批評者是理性的，與其在NCC委員選出前批評，不如在選後批評，以此更能取得輿論的曝光機會。國親認定自己推薦的NCC候選人，素質與他黨推舉者不相上下，這樣一來，是否在投票時有黨派考量，變成不重要，因為這個時候，根據所有候選人素質相當的認定，則專業與黨派的標準變成不衝突了。依據相同的邏輯，國親的理性當然也能與台聯同步，共同薦舉由某大企業所推舉的候選人。其次，民進黨對於它所推薦的審查委員，除了以一個多小時說明候選人資料，另建議哪些人黨政色彩濃厚因此不投為宜之外，別無要求也不作任何沙盤推演，其實這才是真正理性：它推薦的候選人再怎麼合作，也無法決定誰當選，這樣，不積極介入，不正是尊重專業，也增加了稍後在輿論上略微扳回一城或少招惹抨擊的機會嗎？

　　就NCC個別審查委員來說，同樣有各自的理性。我自然無法知道另十位委員的理性考量之內容，但我自己的考量就是前面所說的，要記錄並公開候選人對於一些傳播與通訊問題的看法，藉此收取社會學習的效果。我得承認，這部分我（們）並沒有做得盡善盡美，缺失不少。比如，假使堅持審查時間長些，也就是依法我們可以在12月20日完成審查即可，假使我們堅持無須在11日就完成審查並票選，也就能夠給所有審查委員多些時間提出更好更多的問題，而NCC候選人也就有較長的時間發表自己的看法。再比如，假使審查委員會堅持在選前一天，也就是所有候選人都已經提出了書面意見時，就做成決議，將這些意見在審查的相同一天，同步就公開於網路，而不是在選後當週才公布，那麼，對於傳媒的報導，以及藉此報導而可以期待社會有更好的學習，應該是比較妥當的。但是，雖然這不是再回頭已經百年身，NCC委員及其第一次審查終究已經產生、已經完成了，

除了寄望NCC在台灣困難的傳媒環境與詭譎的通訊結構中，能夠勉力前進外，我（們）的共同理性也就大致表現在這裡了：http：//www.dgt.gov.tw/chinese/ncc/news/ncc-news-941214.shtml（首屆國家通訊傳播委員會委員候選人專業問題詢答資料，本應有18位，但其中1人在詢答前已經謙辭，因此是17人。該檔案至2006年5月20日前，仍然掛在前述網址，也就是交通部電信總局的網址，但似乎無法在NCC自己的網址找到？若還沒有移置，那顯然不是好徵兆，表示我們的NCC委員對於自己的發言紀錄，願意主動積極告知外界的幅度，似乎還是比較有限的。）[1]

獨自善選NCC委員　行政院行嗎？[*]

依據大法官會議613號解釋文，行政院日前修正《國家通訊傳播委員會（NCC）組織法》及《中央行政機關組織基準法》，主張NCC在內的獨立機關委員，由行政院提名，總統任命，不必經過立法院同意。

行政院是否有能力，肩負善選獨立機關人選的能力，以及這個主張是否能夠得到立法院支持，可待觀察。但是，虞戡平日前請辭原民台準台長一事，正在考驗行政院的能力，亡羊補牢而稍稍推進國人電視權益的能力。

虞戡平請辭，孰令致之？孰令為之？有人說，肇因於虞是漢人，再加上虞的影視美學與社會意識，讓有些原住民不以為然。另有說法，指原民會刻意想要安置自己所中意的原住民台長人選，才是主因。還有人指責公視基金會，指其成立的台長甄選委員會，雖然9人

1　按：2023/4/19再次查詢前引網址，資料已經無存。但其簡述可參見卓沉叢（2006）〈首屆國家通訊傳播委員會委員詢答紀要〉《中華傳播學刊》第十期，12月，頁87-105。

*　《聯合報》2006/10/20 A19版。

當中有5人是原住民，但甄選過程仍有不盡完善處。

第一種說法讓人遺憾，雖然不能怪原住民。有此堅持的原住民可能只是學了漢人的壞毛病，又以本省外省、台灣人中國人作為審度善惡的依據（雖然原民台台長最好是原住民）。第二種說法是大問題，果真如此，請行政院務必制止。第三種說法對公視並不公平，甄選的相關材料與過程紀錄，以及外界的要求，公視是提供或回應了，是否不夠，即便不說見仁見智，但較諸去年，不能說沒有明顯的改進。

但是，以上三種檢討多少有「見秋毫不見輿薪」之憾。行政院並未肩負應承擔的責任，這是原住民台長風波的最重要原因。行政院引用的613號釋憲文說：「傳播自由……非僅止於消極防止國家公權力之侵害，尚進一步積極……立法義務，經由各種組織、程序與實體規範之設計……形成公共討論之自由領域。」行政院的積極性在哪？行政院提出的相關法案在哪？鄭文燦局長上任後不但未積極行動，反倒無為不治，甚至逆向而行。

年初，《無線電視公股釋出條例》規定，明（2007）年元旦起，由公視整合華視、原民會、客委會與僑委會的電視預算，同時收取規模經濟的效益，以及因資源有效運用後，比起先前單獨運作，更能凸顯多元的主體性。

完成這個工作所需的公視修法、責成或協調三個部會，以及透過行政措施，協助公視完成整合的工作，行政院盡心盡力了嗎？不僅未必，行政院還撤回了前任已經移送的相關法案，致使所謂的公共廣電集團變成一種懸疑，不知何時才有走向落實的跡象。

修訂《國家通訊傳播委員會組織法》是一回事，國人的廣播電視權益是否因此改進，又是另一回事。但假使舉手之勞猶遲疑，不多花費國庫分文，就能在原已編定預算的基礎上，由行政院明白宣告而統整的三部會資源，行政院都吝於從事，那麼，還要讓人信任行政院有能力獨自善選NCC委員嗎？

有好政策　才能自律[*]

TVBS「代表」九家電視頻道，惹了禍，但可能衍生當事人未曾料到的好結果。關鍵就在於，劉瑞華與李靖雅教授的文章，能否帶動深刻的討論。李說「媒介自律是開玩笑」，劉說「媒介管制更好笑」。

這篇短文想要呼應，表明「媒介政策」可以「鼓勵媒介自律」；或者，更精確地說，沒有合宜的媒介政策，媒介就無法穩定地積累最佳的自律行為，消極而言，作姦犯科要少些，積極來說，要能揚善發惡。

李、劉談美國，這裡談歐洲的德法英，透過三國的比較，希望道理會清楚一些。有項跨國的調查顯示，德國人認為，其報紙與電視的報導，「完全或大致吻合」真相的比例，分別是70%與74%；法國是47%與49%；英國是48%與85%。

這些數字有什麼意義？德國人最信任媒介，法國人最不信任，英國人對報紙與電視的信賴，落差將近40%。怎麼解釋？一是人的因素。德國人輕信，法國人寡信，英國人有時輕信、有時寡信。這個解釋也許討好也有趣，說不定也有一點真實，但假使要更科學，就得追問，英國人的「有時」，能否客觀決定？

可以，答案出在英國的報紙市場與電視市場，結構差異巨大。英國報紙的階級色彩、保守性格，以及狗仔隊挖人隱私等作風，舉世知名，這個現象對應於英國欠缺積極的報紙政策，至少沒有南歐與北歐公費介入報紙的作法。英國廣電協會（BBC）是全球第一個公共廣電機構，缺點雖在，但營運績效秀異，監督私權力生猛，對於政府失責同樣不假辭色。英國的電視政策不只創設BBC，英國雖然在歐洲最早引進私人電視（ITV），卻對其廣告收益有最嚴格的規範，除了課徵公司稅，還加收特許稅捐，1982年底第二家播放廣告的電視台第四頻道（C4）升空後，C4只提預算，廣告由ITV統包。這個設計在1999年被打破，但ITV的稅捐要到2010年才取消，2003年交了100

[*]《中國時報》2007/4/7 A19版。

多億台幣。

英國的電視政策，台灣無法照搬，但德法英的比較，明確讓我們看出，創設自律空間，必須創設合適的電視政策。我們的困難是，行政與立法權的怠惰、媒介人與傳播教育很少觸及這些課題、閱聽人集體覺醒的力量不夠強，於是社會受害、民主蒙塵。這些難處環環相扣，請行政院率先以國人的電視權為念，請新聞局與國家通訊傳播委員會好好合作，端正視聽，無須快速，只可步步為營，以政策導電視入正軌。

呼喚台灣電視結構改革[*]

（2007年）4月3日，台灣「國家通訊傳播委員會」（通傳會）寄發裁決書，處罰港資TVBS衛星電視公司200萬元，同時要求TVBS限期撤換總經理。稍後，行政院長蘇貞昌批准新聞局長鄭文燦辭職。

兩起事件的進展迅速，前後簇擁。

3月22日，李登輝女婿賴國洲遭拔除，他是台灣第一家電視公司台視的董事長。23日，賴召開記者會，表示新聞局長鄭文燦宴請相關公司，想讓支持民進黨政府的《自由時報》等單位，購買台視。反對黨立刻要求鄭辭職。沒有想到，TVBS移轉了輿情，它在26日播放刑事「嫌犯周政保擁槍自拍影帶恐嚇」的影片，但警方旋即查出，這個所謂「獨家報導」，根本是TVBS記者所拍攝，獨家是假的，新聞製造是真的。

真相傳出，輿情譁然。難能可貴的是，黨政言論色彩分明的多家報紙，首度不再重立場輕專業，各報紛紛為文，支持嚴懲電視台。可惜，不過兩日，原本可以化新聞事業之危機為轉機的造假事件，再次陷入漩渦，眼見新聞自我求進與他造改革的契機，又將沒頂。

---

* 《亞洲週刊》2007/4/8，頁10。

　　先是通傳會認定罰金（除TVBS外，播放該新聞畫面的另8家頻道，分別罰款15至40萬）不足以警惕、很難防患未然，也不能期待TVBS自動要求李濤辭職，因此它在30日表示，電視台開除記者遠不足夠。通傳會明言，李濤不能兼任主持人，他得放棄一手打造13年的現場時論口水節目，或辭去總經理職務。另一方面，政治人忙著喊話。總統陳水扁表示，若通傳會不「關掉TVBS」，難道「要台灣人民關掉」通傳會嗎？蘇貞昌認為，「處罰過輕，不符社會期待」。介於兩者的聲音則說，何不停播數日，以儆效尤？

　　但是TVBS的造假與荒唐，既然不是個別電視台的問題，也不是短時間所形成的現象，那麼無論是罰款、換人、停播，或是撤銷執照，可能連治標都不容易，遑論走向治本？有效改變台灣的電視宿疾沉痾，還得先看問題的性質與成因，再求藥方。

　　台灣電視的寒冬表現，已有十載，遠非冰凍三尺。1993年TVBS開播時，電視的商業競爭仍有限度。到了1996年，全天候新聞台上達四家（目前是六家，不含財經新聞台）。1998年有家報紙，整版彩色，它憤怒地說，「最近簡直不敢看電視新聞，每天都有青少年犯罪事件……愈來愈殘酷……呼籲大家……拒看電視」。次年，電視公司董事長自己也受不了，她說「國內電視上充斥辛辣、重鹹與刺激的暴力與色情節目，就連電視新聞也經常以聳動、煽情、擴大矛盾的方式報導，攝影及文字記者穿梭於災難、犯罪現場……所有的電視人變成……笨蛋……白癡……神經質」。

　　雖然仍有不足，輿論與新聞界畢竟是反省了，奇怪的是政府。直接負責廣電政策成敗的新聞局長，在國民黨下台的前三年裡，經歷了三位。民進黨執政後六年多，前後的新面孔，居然是七位，包括鄭文燦。雪上加霜的是，通傳會承繼了各種廣播電視的電波資源分配與監理業務，卻早從成立前，就成為朝野政黨的惡質對峙焦點。起初，掌握立法院多數席次的藍軍勝出，因此通傳會過半委員均由藍軍提名與通過。民進黨於是杯葛，造成去年3月開始運作的通傳會運作諸多不順。到了7月，大法官釋憲文出爐，認定藍軍的立法權侵犯綠營的行政權，違背《憲法》的分權設計，必須在明年底前改正。此後，兩造

更是繼續冷言冷語，唇槍舌劍你來我往。及至本週，竟見報端批露，行政院歷經調查，羅列了「通傳會十大罪狀」；通傳會不甘雌伏，遂以「行政院十大無理罪狀」反擊。

眼見行政權力相互掣肘到了這種地步，媒體改造學社發言了。三年多前，成立於五四文藝節當日的媒改社說，通傳會的懲處「既太過又不足」。干涉私人機構的人事權，是為太過；未能善用時機，藉此大案凝聚目光，促請各界構思「有效的結構改革方案」，是為不足。

但什麼是「結構改革」？不同的改革階段與細目，可待研商。但有些是人們有共識的，顯然值得優先採取。比如，台灣的收視率公布方式太過頻繁，致使廣告廠商得以購買「每分鐘收視率」，等同於記者每天每小時，都在廣告鞭子的揮舞陰影之下疲於奔命，若能不出亂子，那是奇蹟。通傳會假使敢於、也能要電視台撤換主管，顯然就能協調乃至於勒令業界，改變業界也深受其苦的收視率公布頻率。再如，新聞台數量一多，原已貧瘠的資源在瓜分之下，必然致使記者所得的編採乳汁質量稀少，焉能不飢餓從事，於是隨便畫卯、應差了事？行政院能夠推動第二次金融改革，合併銀行，若要依樣畫葫蘆，盤整電視新聞的資源，又有什麼不能。何況，有了金改的教訓，行政院必能後出轉精，想方設法，無需裁員而有了更優秀的方式，運用現有的記者資源，供應深入淺出、既深且廣的資訊，於是輿情通達，圓滿營造監督權勢的傳播環境，裨益民主社會。最後是電波的分配，行政院已經創設了公共電視集團，通傳會作為配發電視頻道的機關，必須考量台灣的公共電視規模太小（南韓的二十幾分之一、日本的百分之一），因此可以規定所有電視通路（平台），必須承載其數位化之後的各個頻道，並且必須使其在固定的頻道播放。

完成這些改革工作，無需額外經費。有了這些本小利大的點子作為前導，各色結構改革方案，想來就能源源不斷，推陳出新。

NCC憑什麼分配電波？*

　　根據NCC的作業時程，台灣有史以來最大規模的電視資源（相當於六至十八家無線電視台）分配，即將在週三舉行第一次（也是唯一？）聽證會。

　　怪異的是，對於這個公共議題，理當反映輿情的大眾傳媒幾乎毫無感應。原因何在？也許是傳媒不重視公共議題，但更可能是NCC不負責任，有以致之。NCC只是就科技談科技，卻無法明確讓人知道或產生憧憬，究竟透過這次電波分配，人人都不滿意的電視環境，是不是就能夠因此而得到改善的契機，或剛好相反，即將每下愈況。

　　閱讀NCC的公告與有限的報端文字，這次大手筆分配電波，是既定政策的延伸，目標似乎有二。

　　一是短線的、容易上口但其實沒有必要的。NCC說，技術業已成熟，數位高畫質電視（HDTV）箭在弦上，而「明年北京奧運以HDTV播出，NCC與業者期望能盡快完成釋照，開播HDTV，掌握奧運商機」。假借重大事件推銷商品，時而有之。1959年，為觀看皇室迎娶平民皇太妃美智子的婚禮轉播，當年日本的「電視機銷路格外好」。1969至1970年間，台灣的電視由黑白進入彩色，在台視大力宣傳下，轉播紅葉少棒赴日比賽催促了好「幾萬」家庭購買彩電。但是，不是所有奧運項目都用HDTV轉播，即便是HDTV轉播，沒有HDTV機座也照樣能夠收看。既然如此，有多少人會為了看北京奧運轉播，就購買昂貴的電視機？

　　NCC的第二個目標打著數位匯流、影音互動、國際趨勢、觀眾收視權益的口號，似乎是要打造無線（數位）電視傳輸平台，以此作為手段，使無線電視系統與主導視訊傳輸市場的有線電視系統，形成有效競爭的關係。

　　這個目標比較遠大，但還是有好幾個疑問。第一，究竟台灣電視（包括數位電視的普及率低）的缺陷，問題出在利潤的競爭過度還是

---

* 《中國時報》2007/5/8 A15版。

不足？假使是過度，則NCC大慷公有電波之慨而作分配，不正好是使病情加劇嗎？

其次，NCC好像沒有分析，究竟現有十五個無線數位頻道，何以運作三年還不能與有線電視有效競爭，而這次重作分配後，為什麼竟能翻轉無線數位電視的命運？要有哪些條件的配合才能改變無線數位平台的劣勢局面？

私人的有線傳輸系統既然獨大，則無線傳輸平台應該公有或私有才是最合適的競爭格局，這些公或私有的無線頻道是否應該必載與定頻於有線系統，配用無線電波與核發有線系統執照的條件，理當如何配套才能相得益彰而不是相互掣肘，而捨此就彼的政策方案，又基於哪些考量或市場營運的分析而來？

按理，NCC應有詳盡周延的電視市場調查與評估，判別電視市場的可能發展前景及政策的因應模式。然而，NCC似乎無暇顧及，NCC沒有充分的政策研究與分析，自然也就無法周知研究成果於社會。在這個背景下，NCC邀請業者與社團參加聽證會，並不是最有擔當的作法。沒有調查就沒有發言權，對於沒有公權力、資源寡少的社會團體，做此要求也許太過；但NCC手握權柄、人力物力總是相對優渥，即便輿論不要求，基於責任政治的認知與驅使，我們總還覺得應該對NCC作此呼籲。

論《通訊傳播管理法》、NCC與文化部 *

NCC在今（2007）年9月10日提出《通訊傳播管理法》草案（以下簡稱「草案」），並在9月底前舉辦了三場公聽會。

有人說，論理，這部法案是《電信法》、《廣播電視法》、《有線廣播電視法》與《衛星廣播電視法》的綜合，也是我國有關傳播立法

---

* 《目擊者》雙月刊2007/11，頁32-4。

以來，涉及層面與規模最大的一個法案，應該得到輿論與相關人暨社團的注意。也有人認為，沒有這部綜合法案，太陽照樣運轉、所有通信與傳播活動照樣進行，所以，有沒有新法並沒有那麼重要或急迫。

但無論是哪一種看法，都認知一個事實：現在不是談論法案的最佳時候，道理明顯，如後。

假使NCC汲取公聽意見，修訂（或不修訂）草案，可以在10月底送至行政院。接著，由於行政院修訂與調整草案需要時間，加上NCC委員請辭、立法委員改選、總統大選等事件接踵而來，最後匯聚於新民意、新立法院、新總統與新行政團隊（包括新NCC委員）的重新誕生。歷經這些發展之後，重大法案如草案，可能遭遇兩種情況：一是純粹依照權力運作的慣例，即便新人沒有太多相左的見解，草案還是得重新走過NCC、行政院至立法院的程序；二是新的執政者與立法者的新思維與新作法，幅度比較大，於是前述程序的完成，又將更加耗時。無論是哪一種情況，新的行政院草案再次進入立院時，最快應該在2008年9月。有了這層理解，我們也許應該說，這部草案大致只是NCC依法從事，遵守職權而必須在辭職前提出，既不是外界的千呼萬喚，也不是內部研擬成熟而水到渠成。通信業者不知禮遇，略作搭理而似乎未見積極回應NCC的優待，很可能是因為他們心知肚明，來日方長，真正需要用力的時刻，至少還有一年。

一年易逝，明年此時我們是否能夠提出合理的綜合草案，改進缺失，真正服膺、落實通傳願景，也就是《國家通訊傳播委員會組織法》第1條所揭示的「確保通訊傳播市場公平有效競爭，保障消費者及尊重弱勢權益，促進多元文化均衡發展」，顯係對於台灣社會的巨大挑戰。市民團體、政治人物（包括NCC委員及其文官）、傳媒人，乃至於業界的有心人，理當互通聲氣與串連、澄清與結合，闡述與辯詰這些抽象理念的內涵及其物質基礎。

本文拋磚引玉，先期扼要檢討三個互有關聯的議題：（1）「草案」本身；（2）NCC的組織定位再思考；（3）與傳播內容相關的其他法案及行政院文化部的設置。

NCC雖未上網，但據中央社報導，有關外資，有關公共服務、

教育與新聞、政令宣導等PEG公共服務節目播出比例，有關新聞自主權與勞動權、組織財務透明和外部監察人等，都已經有社團提出不同於草案的建言。這裡則呼籲NCC認知並全面落實「不對稱管制」（草案第55條）的應有內涵。NCC的「不對稱管制」對象，僅指稱通訊市場的市場主導者。但NCC實不必限縮解釋，不宜拘泥於狹隘的不對稱之定義，NCC應該正視明顯背離全球趨勢的台灣事實，也就是我國電視市場的最大不對稱現象，在於公部門所投入的電視資源，落後私部門總體投入過鉅，二者比例懸殊，違反世界現況。監察委員黃煌雄與黃勤鎮的《我國影音媒體政策及其執行績效總體檢》（電子檔可至監察院全文下載）既然已有詳細資料可佐證，NCC無須不加善用。雖然電視資源的貨幣投入並非通傳會職掌，但透過電波資源及對於有線特種基金，以及規範電視節目本國產製比例、時段與金額，使其作為取得營運許可的條件，仍然可以對於前述電視不對稱現象，略起補正作用。因此，NCC至少應該修改草案第85、92與153等三個相關條文，並在合適章節，增列電視內容的產製規範，使其成為取得營運執照的條件。

因此，第85條的文字，應該表達類如下列說明的意思：「利用有線基礎網路之廣播電視服務事業，應每年提撥當年營業額百分之一至十金額，提繳主管機關成立特種基金。主管機關應參酌市場占有率，制訂前述金額之徵定比例。前項特種基金之成立、保管、運用及管理辦法，由中央主管機關定之，提撥公共廣播電視基金會比例不得低於基金總額百分之四十。」92條：「主管機關指配公共廣播電視基金會頻率總量，不應低於所有頻道事業所需頻率總量之三分之一。公共廣播電視基金會獲配頻率總量未全數使用，得經由主管機關同意，設定期限，出租未使用頻率。」153條：「頻道事業提供節目中之本國自製節目時段及比例，由主管機關參酌頻道事業總營收、節目總收視率與黃金時段收視率定之。本國節目製作經費、總收視率與黃金時段收視率不得低於頻道事業總營收二分之一、節目總收視率三分之一與黃金時段收視率二分之一。」

NCC可能認為，前述條文太顯陌生，難以理解，並且，有關傳

播內容的管理而特別是補助，並非NCC職掌，也就不好置喙。果真如此，NCC的組織權責是否允當的問題，也就再次曝露。確實，這是極大難題，畢竟，NCC成立的前幾年，幾乎主要的論說都宣稱，數位匯流之後，電信通路與內容傳輸必定合一，再要劃分彼此，並不恰當。但從兩年前NCC委員提名、任命、就職至大法官會議就《國家通訊傳播委員會組織法》的釋憲，其爭議所在，關乎手機、無線通信等電信業務者，非常之少，或根本就沒有電信方面的藍綠衝突。但是，關於衛星電視的執照是否續約、TVBS是否外資，藍綠雖無本質的差異，卻也假借輿論而鬧翻了天。這些都已顯示，傳統的廣播電視所重視的「內容」，確實與電信傳輸的監理並不相同。既然不同，則草案號稱三層管制，固然是NCC人員的用心可嘉，卻還是從技術面的、資本獨尊的切入與關照，顯然沒有顧及接受面，也就是人接受音像內容的感官能力與時間，無法隨數位匯流而提高或增加。但根據《國家通訊傳播委員會組織法》，必然繼續引發爭議的內容問題，還是與相對沒有意識形態爭執的通訊現象，同屬一個主管機關，因此，若不修法，也就無解；若要修法，則涉及有關（影音）傳媒內容的主管機關，是否應該、能夠使之納入文化部會的問題。

在NCC草案推出前五日，也就是9月5日，主管機關是經濟部的《數位內容產業發展條例》已經由行政院通過；再早一些的8月，行政院也通過主管機關同樣是經濟部的《文化創意產業發展法》。這兩個行政院法案淵源自2002年的「挑戰2008：國家發展重點計畫」。由於「挑戰」本身已經有其認知與分析的失誤，據此而來的兩部法律案，也就很難超越傷殘的框架。如今，掌管攸關視聽內容產業的通路平台乃至於內容本身的NCC，又因獨自立法，行政院顯然未曾意識到二法與NCC所提草案相關，在NCC草案未送達行政院之前，就先後通過了內容法與文創法。事態既已至此，眼前出現野馬各自奔騰，不知伊於胡底的前景，還能避免嗎？

我們目前看到的現狀是，行政院號稱經濟掛帥，即便如此，政院祭出的文化經濟或視聽文化經濟之大旗，不可能振興影音經濟。真誠認為，文化事關人的認同，文化也兼具政治、美學、經濟、社會參與

等面向的人，必然要面對一個問題，也就是當前談文化，或說行政院肯花錢（雖然不見得正確）的項目，多指向傳媒視聽以外的文化（如兩廳院或各地文化中心等），但難道透過傳媒而日夜與國人接觸的視聽內容，不是文化、不是更能符合民主要求的文化，不是更可以經由與前述表演藝術等的文化交相補貼而彼此成就的文化嗎？這些原本是常識，但顯然要讓常識真正落實為政策認知，還得努力許久。

諷刺的是，我們的文化事權管理單位，當前居然還沒有到達1960年代的水平。當時，從1967至1973年，台灣曾經在教育部下設文化局，雖然層級低，但與1959年法國設置的文化部相同，其業務範圍涵蓋了目前的文建會、新聞局廣電處與電影處，以及NCC的部分業務。文化局裁撤之後，雖有1980年代的文建會成立，但有關電子傳媒內容的業務，至今不在文建會，有關文建會應更易為文化部，並將事權返回當年文化局範疇的討論，乃至於行政院討論與立法研議，也在文建會成立、特別是2002年之後，仍然有人不斷提出。假使政治人真以文化為意，無論是為美學、認同的涵育，或是基於經濟的考量，這個課題仍然無法迴避，它會反覆現身，直至取得合理的安身位置。

一年後提出合理草案，或是重新檢討NCC職掌、重新活絡文化部的創設議題，都很艱鉅，只要任何一項能夠在幾年內完成，就是社會的重大成就。眼前，迫在眉梢的雖然是一年後的《通訊傳播管理法》草案，但假使能夠將三項相關的工作置放在完整的框架，給予觀照，則市民社團在研擬研究與行動方案時，允當會有更扎實與足以積累的點滴成績。

發動傳媒轟 NCC　壞的示範[*]

（2009年）5月9日、28日、6月1與2日，《中國時報》及其關係

---

[*] 《聯合報》2009/6/3 A15版。

媒介大幅報導與評論該報、《工商時報》、中視及中天衛星電視頻道由台商旺旺集團董事長蔡衍明先生購併的新聞。傳媒願意報導自家事務涉及公共政策的部分，原本這是好事，可以肯定，但《中時》及中天衛星電視頻道把好事變成壞的示範，必須嚴正記錄，予以譴責。

NCC在5月8日召開聽證會、27日附帶七項條件，核可兩中的「董事長、董監事及總經理」變更案。這個決定是否「嚴苛、違法、不依法行政」並不是不能討論，但中時集團發動旗下傳媒以一面倒的評論以及夾敘夾議的新聞，外加頭版半版的粗魯廣告，讓人不忍卒睹。

NCC的決定不足以改善台灣的大眾傳播環境，國人亦無此期待。但政府從來沒有在傳媒的「結構規範」用心，今日卻有NCC願意在無可如何中，有些雖小而不可能改變格局的思考與行動，應該給予肯定。

這次變更案的特殊之處，還在一項眾所矚目的現象，就是蔡先生的身分所彰顯的疑問，是否以旺旺的經濟利益之背景，將使台灣傳媒在報導與評論兩岸事務時，違背專業與公器之要求，大至難以接受的程度？雖然這不是聽證會的重點，但從中引發的兩岸傳媒理當根據哪些理念往來，會是日後持續浮現的課題。

海外廣電兩個小前進，國內影音徘徊 *

最近一週，傳媒的事情太多，吸引最大目光的一樁，環繞在世界維吾爾代表大會主席熱比婭的紀錄片在高雄市播映與否，以及順此延伸，熱比婭是否來台訪問的新聞及評論。

這件新聞涉及兩岸及國內政治，其內涵可以很重大，甚至如同蔣渭水在1924年的豪邁認知，經過某種轉換，至今還是可以參考：「我台灣人有媒介……策進……招來……世界平和的全人類之最大幸福的

使命。」

　　不過，本週媒改社評論的眼界要自我限縮，從台灣、香港與西班牙（2009年9月）23日見報的三件廣電新聞談起。

　　一是NCC通過《廣播電視法》修正案，有報紙強調這是要在2012年影音數位傳輸完成轉換後，要創設「30無線台　反制有線台」。二是香港政府表示，現有七個收音機電台、一週製作15小時電視節目，而在TVB等主流頻道播放的「香港電台」，不轉型但要擴大，港府將以折合約70億台幣的土地與興建經費蓋廣電大廈，香港電台約在五年後將擁有自己的頻道，除維持自製，也將轉播中國央視與人民廣電的部分節目。另外，港府可能會設立數億港幣的「社區廣播參與基金」，鼓勵社區組織製作電視及電台節目在香港電台頻道播放。三是西班牙政府年初的政策，加快進行，10月起其兩家公營電視將減少廣告播放量，明（2010）年起將撤除所有廣告，不足之數，理當就是政府必須回填的份額。

　　很明顯，香港與西班牙都在擴大非商業資源的規模，即便不能完全平衡目前港、西的商業廣電環境，至少是在往這個方向移動，大政策正確，在這沉悶的時刻，略能振奮人心。

　　相比之下，台灣處於比較困難的境地。第二屆NCC委員雖試圖表現，成績還不明朗。一因私資本的力量不弱，特別是有部分立委作為其意識形態乃至於利益的結盟對象，展現在立法院讓人咋舌地提出法律修正案，可以在符合特定條件下，由立院發動撤換NCC委員的作業，顯然不無蔑視與威嚇NCC乃至於行政權之處。二是台灣的政府傳播政策制訂與執行視野及能力，歷來不彰，在此格局下，我們實在可以理解，何以前稱本屆NCC的力圖表現即便為真，似乎主觀上也還不到大動作的意圖，客觀上也並沒有大方向的指引。三是有關傳媒內容與資源的配置與權限，分散在NCC、新聞局及文建會（若順利，明年會是文化部）。

　　在這些歷史條件所限制的當前情境下，NCC這次修法的重點還是在「開放電波」給私人投資，雖然方式與先前不同，可能會同時採用審議及拍賣方式。但是，這些私人電視能夠出多少錢「購買」電波

使用權？這筆所得進入國庫，還是如同香港成立新廣電基金、貼補華視使其較少受到廣告的負面牽制？或者，給予公共廣電集團使用？假使是成立新基金、貼補華視，或給公廣集團，國庫是不是就不再編列新經費給予基金或公廣集團？顯然，法案本身沒有提供這些答案。

　　《中國時報》說，NCC的用意在於創設「30無線台　反制有線台」，多少是不明就理的一廂情願，或者，甚至是刻意散播的意識形態迷霧。目下無線平台已有15個頻道，它不能制衡有線，是頻道不到三十之故嗎？分明是它的節目不比有線系統高明。何以不夠高明？一是它的節目有線幾乎統統有，二則更重要的癥結在於，老話，如果兩個平台所有頻道的加總，顯現為廣告作為財政，以及非廣告收入作為財政的比例，前者太高而後者太低，那麼兩個平台其實還等於是一個平台，意義不會太大。

　　以上說法是有道理的。未來，改善影視環境的努力，方向應該有兩個。

　　一是堅持政治人物對攸關流行文化之內涵，也就是對文化民主影響至為巨大的影音廣播電視等等政策，必須要有更為符合本地需要的、持久的，以及更為去意識形態的認知，進而願意徐圖緩進及快謀疾行並重，提出政策方向與內涵，擴大非廣告財源於廣電傳媒，並且要能集中使用，在注重規模效益的前提下，才有靈活運作的空間。

　　二是在進行有關這項議題的相關評論（從報章雜誌及學術論文）及教育工作（從傳媒政策至媒介素養或識讀）的時候，理當推進前述認知，不能分神錯置，切莫將改革的重點只是放在建立不同的傳輸平台。假使無線平台的內容製作，財政來源依舊是廣告，那麼，它與有線平台的差別不會明顯，無法說服民眾捨有線，取無線。

救失靈政策　NCC善用籌碼[*]

　　跨國傳媒巨亨梅鐸在倫敦，就竊聽與行賄警方事件前往國會作證的次日，台北的黎智英親履NCC說明後，得到經營新聞台的執照。雖然東西兩事並發，純屬時間的巧合，惟若貼近觀察，倒是還能察覺兩者另有共通之處，就在兩地政府的傳播政策，失靈再告暴露。

　　梅鐸案事發，英倫的菁英報紙與廣電傳媒固然多見報導與評論，但性質與《世界新聞報》（News of the World）相同的其他許多報紙不見喧囂，「安靜得讓人困擾」。何以如此？就在該報在梅鐸經營風格下，最富攻擊性，表現為竊聽範圍天羅地網，終至出事。其他報紙窺私成癮的強度也許稍遜，卻對此事不無同病相憐之痛，不敢聲張反映了自己的虛心理虧。2003與2007年間的調查顯示，信任BBC記者的比例，維持在61-80%，但竊聽成風的這些報紙是7-14%。原因不是報紙記者素質低，是相比於廣電，英國欠缺報業政策，其政治人與媒介人不肯師法北歐經驗，這些國家數十年來只差沒有公營報紙，卻能積極規畫報紙的經濟與財政，因此瑞典、挪威、芬蘭與丹麥的報業與廣電傳媒不但專業無虞，歷年的國際新聞自由評比指標更是名列前茅，遙遙領先約翰牛。

　　NCC核可新的新聞台，無論是否另附七個或更多的條件，現在與未來，都不可能改變事實：1997年以來，只能生產低質量電視新聞的環境，無法因為新競爭者進入而改善；如同近十多年來，報紙生態並沒有因為兩家新報崛起而脫胎換骨，我們平面傳媒的新聞供輸沒有更見高明，相較從前，有人可能認為還要低落一些。

　　怎麼辦？政府有責，方向有二：停止花拳繡腿，善用手中籌碼。除了處罰違規的影音內容、核可或換發衛星電視執照，NCC未來一年的重要政策是調整有線經營區，增加業者競爭，以及加快數位化（包括送機上盒），以便2012年中葉起，導引有線電視開始分級付費。

　　但有線電視的「系統」平台是「水管」。NCC讓更多的企業競相

* 《聯合報》2011/7/21 A19。

鋪設水管，但人們需要的是品質良好的「水」（圖文及影音「節目」）。人要喝水，不是水管，如同人要看的是節目，不是線纜。準確地說，不只看節目，觀眾要看的是好節目，言不及義、插科打諢、名嘴之類的節目，即便換成NCC念茲在茲的高畫質或數位技術，內涵還是不變，對於觀眾，全無好處，節目不佳，分級付費後還是不佳，其理至明。

想方設法，確保好節目源源不斷製播，才是政府必須彈精竭智的核心重點。這是艱鉅的工作，難以速成，但起步與方向正確，就會啟動良性循環，逐步接近與實現願景。第一步就是行政院必須要求各部會摒棄本位思維，統合目前分散在不同單位的政府影音補助資源，集中交由合適的組織使用，藉此收取規模經濟之效。若是不此之圖，國人影音環境必無改善的機會。

影音基金＋全國一家　與NCC談電視問題[*]

NCC三位委員首次接受專訪，在《自由時報》「嚴厲批判」無線與有線電視，並表示將「分頻道換照」，建構良性競爭環境。政務官有擔當，社會之幸，研究電視經濟的人，理當貢獻意見，如後。

專訪文未曾提及，除了換照與頻道分類，攸關節目品質與類型的資源，從何而來？有線電視平台是「水管」，節目才是「水」，人要喝水不是喝水管，觀眾要看「節目」不是線纜，其理至明。

委員要求無線業者提高節目自製率、減少重播率，這都很好，但不夠。壓低節目製作費就可提高自製率、冷門時段播放這類節目就能減少重播率。另外，五家無線台只占總收視份額兩成，只求無線，效益有限，何況不一定奏效。占有八成收視份額的衛星頻道，委員們希望透過分級方式，淘汰劣者，但數位化後，頻道容量大增，無所謂淘

---

[*] 《自由時報》2011/9/3 A17版。

汰與否。增加投入節目的資源，真能增加？讓人懷疑，分級如同家具重新組合，有辦法增加新價值嗎？

所以，NCC可以考慮兩個努力方向。一是師法南韓等國，向業界課徵特定金額，成立影音基金。1981年起，南韓就有廣電基金，年度總收入比台灣五家無線電視台還多，再加上南韓公視與準公視（MBC台），那就是台灣所有電視製作經費的好幾倍，這樣，能有韓流的成績並不意外。

二是導引有線電視如同中華電信，全國一家，現有業者以資產值折價，取得新系統的董事席次。既然是政府導引，就可設定條件，讓有線員工、消費者、社會專業公正人士及政府各在新系統取得若干（外部）董事席次。全國一家有兩個好處：滿足業界擴大規模的要求，就可要求業者提撥充分資源製作節目，目前有線業者利潤平均25%（最高40%），提撥並無困難。其次，旺旺中時集團大規模入主有線系統（9月6日NCC就要審議了）的影響力，藉此才能降低，否則，旺旺在中國大陸有這麼大的企業，在台灣又有跨越報紙、無線有線與衛星電視的實力，讓人十分擔心。

亞洲最大傳媒併購　NCC一人夠嗎[*]

台灣最大、亞洲最大的傳媒併購案在（2011年9月）6日舉行聽證會，擁有數家報章雜誌、無線電視與衛星電視的旺旺集團，準備斥資760億台幣，進軍有線電視平台，但NCC七位委員只有一位出席，消費者代表缺席，業者發言以2、3小時計，學者10分鐘、媒介監督與改革社團3分鐘。這是怎麼一回事？

若說NCC不重視，那麼「藍委兩度施壓」，甚至行政院部關切本案等「謠言」，又怎麼會外傳？若說NCC重視，何以三位委員「迴

---

* 《聯合報》2011/9/8 A23版。

避」，三位不出席？這是象徵，或實質表示，決定可否購併之權，將要委由出席委員乾綱獨斷嗎？假使聽證是要持平聽取各方意見與蒐集資訊，何以業者與其他利害相關人的發言分量與合理比例，差距懸殊巨大？

何以經濟學者的見解南轅北轍？有人說旺旺併購後只是領有10%言論市場，卻有專業相同的人認為，旺旺若得核准，跨傳媒壟斷言論市場的數值超過可容忍的30%甚多，甚至達140。哪一種理解更接近真實？旺旺宣稱這項投資是「鮭魚返鄉」；立刻有人擔心，在大陸擁有龐大企業利益的旺旺會不會是「大恐龍」，是不是無法抵擋夾傳媒公器而私用的誘惑，致使兩岸資訊與觀點有了高度不平衡的滲透？旺旺說，蔡氏兄弟控制全台33%有線用戶，本案即便通過，旺中寬頻也只有23%；但馬上有人注意到，旺中加計東森後，不但垂直整合的力量超越甚多，包括它擁有的數個新聞台及平面傳媒，再無人可以望其影響力的項背。

聽證會唯一確定的是，旺中表示要分年投資75億，將其有線系統在2017年的數位（機上盒）普及率拉至八成。只是這個承諾如果達成，也不能改善觀眾的影視品質，品質堪虞的節目，數位化之後還是堪虞，名嘴數位化後，就不是名嘴了嗎？

有請NCC以更長時間深入調查，再次充裕準備後，另行聽證，同時對於「節目」，也就是「水質」的改善，結合文化部，提出改善方案，不能只是打轉於「水管」，也就是有線電視「傳輸」系統。人要喝水，不喝水管，道理人盡皆知。

NCC作為　符合發表自由精神[*]

NCC昨天決議，依據國際公約精神，停止適用《廣播電視法》

---

[*] 《人間福報》2014/11/27第五版。

中的節目審查規定，未來除了中國大陸的節目仍然必須先由文化部審議之外，所有海外的節目進入台灣播放，台灣節目輸出，都不再需要主管機關許可。

對於這則宣告，報載法界譁然，指NCC委員儼然大法官。立法院法制局長高百祥則說，NCC依照什麼法律授權，居然可以自由心證，停止執行現行法令。

這兩種批評，是否成理，不日之內就會揭曉。現行《廣播電視法》的第28與29條規定，業者無論輸出或輸入節目，「均應經主管機關許可」。

假使NCC設計機制，讓業者以極其簡化的方式，在申請許可時，立刻等於通過，那麼是否就能算是執行了前兩條規定？

就好比入山證申請，一般審核兩或三日就通過。現在，如果NCC設計填表機制，相關機構申請要對外播出節目，或引入海外節目，填資料並按「讚」送出後，立刻算是NCC完成審查，那麼，外界的兩個擔心，是否就屬多慮？

當然，任何節目播出，是否違反現行法律，另有相關規章相繩，但這是播出以後的事情。

為什麼NCC要作此解釋，甘冒兩種批評呢？不得而知，也許是立法院怠惰，修法緩慢。不論如何，NCC自反而縮的精神，還是可以肯定。

NCC說，我國雖然不是聯合國會員國，但既然2009年業已通過《公民與政治權利國際公約和經濟社會文化權利國際公約施行法》，那麼，《公民與政治權利國際公約》第19條說：「人人有發表自由之權利，這種權利包括以語言、文字或出版物、藝術或自己選擇之其他方式，不分國界，尋求、接受及傳播各種消息及思想之自由。」台灣也就必須遵守，於是，減少落實前引條文的人為干擾，就很有道理；NCC想要依照其精神與法律條文，推行前述政策，原因應該在此。

NCC能有這番體認，國人之幸。不過，應該還要加一把勁。不再審理節目，或以電子化方式讓申請與審查同步完成，這些終究還是比較消極的作法。若要更為積極，前引第19條條文，同樣提供重要

依據。

　　三年前，兩公約的權威闡述者諾瓦克教授曾經應邀來台。諾瓦克明明白白地說，《公民與政治權利國際公約》第19條具有「橫向效力」，亦即表意自由不再只是不侵犯媒介，而是「要對新聞事業資助。就電子媒介而言，國家首先應該提供充足的公共渠道」。

　　NCC既然引述了兩公約，那麼，是否應該更進一步，透過設定條件與核發各種執照的權力與責任，取得更多經費與資源，與文化部合作，協力改善國人的廣電新聞與其他內容，響應諾瓦克教授的見解。

「要你好看」是重點　NCC別走歪路[*]

　　有線電視系統（影音圖文平台之一）是否「必」須轉「載」無線電視頻道，爭論至少五年多，近日再起勃豀。

　　但是，載或不載，跟電視觀眾的最大福祉，能有什麼關係？

　　若複雜一點說，觀眾要的是，無非就在告知（新聞）、娛樂與教育（評論等）的內容要能均衡；無非是美學讓人接受進而擊掌，無非是樣式多、價值觀多種、老人兒童都照顧、鰥寡孤獨都從中找到慰藉、有產中產無產在電視都能找到身分認同的電視「節目」，要有足夠的質量。

　　若簡單一點說，就是觀眾要「好看」的節目，並且不能是滄海一粟，是要數量充分。

　　但是，當前的台灣電視，無論是無線，還是衛星頻道，加總起來，滿足了這個「好看」的要求嗎？士農工商、販夫走卒、達官顯要、三尺童子，搖頭嘆息的頻次，必然遠多於頷首稱是。我們看了不少電視，但不能說我們看了，就是滿意，如同，我們活著，但不能說

---

[*]　媒改社《媒體有事嗎》週評2015/11/17。原標題是〈「要你好看」政府要有電視「節目」政策〉。

一定很快樂、很健康。

我們要看好電視，政府必須滿足我們看好電視「節目」的權利。

但是，有線系統就算是全部轉播了無線電視頻道，我們發現的「好看」節目，是否增加？萬一完全不轉播，我們損失的「好看」節目，是否「減少」？在美國，四家無線電視台向有線與衛星系統收取轉播費，多少錢呢？2013年是33億美元。我們的無線電視有這個能力，願意作此競爭嗎？雖然，美國無線電視與台灣無線電視相同的地方是，市占率遭衛星頻道侵蝕而大舉減少。不過，美國無線電視市場的力量，還是不能小覷，它們還是有大的投資。因此，2011年美國最受歡迎的100個節目，89個仍然來自無線。無線電視新聞，在美國也是仍然具有主導地位，2010年的觀眾人數是2,160萬，有線系統負載的衛星新聞頻道前三名，依序是Fox的213萬、CNN的89萬，以及MSNBC的79萬。

但看的人多，就一定是平台系統業者，付錢給節目供應者嗎？未必，英國提供了一個奇怪的例子。世界傳媒大亨，很會結交權貴的梅鐸擁有英國最多的傳媒資源，收入在英國是BBC的好幾倍。他的發跡，除了個人的冒險性格與經營長才，也是「朝中有人」，雖然無道，貴人相助依舊。1990年代初，他的衛星電視與敵手合併之後，梅鐸成為BSkyB直播衛星系統的主要股東，拜他的朋友、英國首相紫契爾夫人之賜，搞成所有無線電視頻道必須付上架費給梅鐸，即便大多英國人收看的電視節目來自無線台。不說當年，直到現在，英國無線的主頻道與其他副頻道，還是供應了英國觀眾的收視時間70%左右，新聞也主要是看BBC，結果呢？照樣是無線業者要送錢給BSkyB，不是後者要給前者版權費！

英國無線業者當然覺得這很不正義。但是，如今BSkyB已很龐大，它擁有訂戶上千萬，即便無線擁有BBC建構完成的傳輸平台，好用並且僅需花一次錢，購入不貴的機上盒，就能收看數十個視訊頻道與聆聽更多的音訊頻道。英國這些無線電視面對一個局面，如果不進入BSkyB平台，自己是否吃虧？可能不易斷定。因此，業者幾經協商與爭取，近年待遇稍有「改善」。2011年（含）以前，BBC得支

付一年1,000萬英鎊，2014年以後，可能受惠於自己畢竟屬於全民所有，加上收看的人很多，不再支付BSkyB。其他無線台也得到減收的對待，但還是得繳費。以2012及2013年來說，另三家無線台，公營但播廣告的C4及私有的ITV與C5，總計仍然要交550萬英鎊左右，2014年以後則在五家無線的合作下，BBC如前所說不再支付，ITV等三台還是得上繳，但所節省額度不等，ITV省最多，是200萬英鎊。

　　回到台灣。無線進入有線系統（以及進入中華電信的MOD，或者，來日可能出現，但不一定會出現，且出現不一定是好事的，進入衛星直播系統）之後，究竟兩者的權利義務關係要怎麼拿捏，是讓立法委員們還是NCC委員們決定，還是聽任雙方協商而定生死？我們只能說，這沒有一定的道理，我們會有自己的特色。但是，我們應該，也有必要藉著這次機會，呼籲行政一體，政府包括行政與立法，要能滿足觀眾要「好看」的需要，品質好的節目要有足夠的數量，這才是重點，必載與否在台灣不是解決這個問題的有效途徑。NCC若能藉這個機會把這個道理講清楚，就可以彌補多年以來，NCC沒有改善電視「節目」的行政赤字：NCC犯了兩個錯誤，或說誤導了視聽兩次。

　　一次是，NCC三、四年前開始宣導，民進黨及國民黨也都跟著唱和，這就造成新聞媒介往往只能在設定的框架下跟進報導，導致觀眾要的，其實是「好看」的電視節目這個問題，就此消失，代之而起的是有線電視要「分級付費」。但是，難道200個不好看的電視頻道，不分級之前並不好看，分級之後就好看了嗎？另一次是，NCC到處要讓系統業者將傳輸系統數位化，以此作為政績。數位化無妨，或說也有必要，如同水管必須要弄成沒有含鉛的水管，並無不可。但是，假使水繼續是那種颱風之後，濁度超過標準的那種水，那要怎麼辦？得不到正面評價的電視節目，無論是過去的類比傳輸，還是現在的數位傳輸，會讓我們有不同的評價嗎？觀眾對這些節目會有不同的感受嗎？若有，也許就是到處可以看到，不限於客廳了，讓你不會高興、不會印象深刻的節目更能如影隨形，上身了。

　　NCC可能會說，有了數位化，有了跨區競爭，「好看」問題就能

解決。這是神話，早就為理論與經驗否定。如果不信，即便通則無法由例子證成，但我們還是可以容許NCC以舉例作為論證的依據，看是不是有哪個國家，在投資節目不足、公共服務媒介規模狹小的地方，單靠著市場競爭就能讓觀眾「好看」。業者說，他們為了數位化，完成平均87%數位化，投資至今已經500億。假使NCC的用心是讓業者將這500億投資在「好看」的節目，用來增加收視戶與收視費，就會比較高明。

　　針對這次廣電三法關於「必載」的爭論，公民參與媒體改造聯盟的「台灣少年權益與福利促進聯盟」祕書長葉大華的意見很重要。她說，無線頻譜是國家公共資源，NCC應該重新分配，「讓公廣集團壯大，規畫族群、教育文化、兒少頻道」。這是重要的醍醐灌頂，將問題重心拉回「好看」的電視節目，這是要處。我們願意跟進，加上兩項意見。一是向傳播硬體製造商以及各種傳輸平台取財，作為「好看」節目的經費來源，海外有成例，台灣要跟進。二是除了電波資源，NCC也負責核發「特許」有線電視經營執照，究竟怎麼善用從「電波資源」，一直到「特許經營」等等政策工具，結合文化部的執掌，共同為國人電視節目的「好看」盡力盡心，是行政院與立法院責無旁貸的共同承擔。

通傳會與文化部的功課──創新傳媒改革*

新的變局

　　2012年以後的世局，即將進入另一番氣象。台灣、中國、美

* 《時代評論》第2期2011/7，頁35-48；並同步刊登在《共誌》第2期，頁30-7；亦刊登在媒改社《媒體有事嗎》週評2011/8/27。

國、南韓、德法義西等國都要大選或換屆領導。在台灣，傳媒改革已經陸續登場，無論是6月13日完成立法的《文化部組織法》，或是部分條文修正過關的《無線廣播電視法》，以及16日司法院首度為「新聞自由」議題召開憲法法庭的釋憲辯論，其後續效應應要逐年浮現。

　　這篇文章另有重點，聚焦於評述行政院三個獨立機關之一[1]，「國家通訊傳播委員會」（通傳會）。通傳會領銜的傳媒改革，有兩個大的方向，都與電視有關。

　　一是通傳會從「地理」切入，進行興革。去年五都選舉之後，通傳會表示，有線電視的經營範圍同樣必須調整，亦即未來有線電視的經營區將以縣市為單位，將目前的51個減為22個。如此，眼前59家業者倒有39家並無競爭、觀眾無從選擇的格局，不能不有變革，加上可以跨區經營，則未來捉對廝殺的熱鬧場面就會出現。通傳會認為這種競爭可以帶來進步。

　　其次是寄希望於「科技」的變革。通傳會在今（2012）年元月宣布，將提撥3億公務預算，致贈12萬低收入戶「電視機上盒」。到了6月，隨著大選日期漸近，通傳會向行政院簡報，後由馬英九總統宣布，宣稱2012年將是「高畫質電視」元年。無線電視數位化將在7月倫敦奧運開幕典禮前完成轉換，比原訂時程提早半年。配合數位化的推進，通傳會還要提撥1,200萬，評鑑所有衛星電視頻道，使之作為區分「基本頻道」與其他頻道的依據，目標是希望2012年中葉起，導引有線電視進入分級付費的階段。

　　通傳會雖然因為狹義的新聞自由爭論，經常與大眾傳媒有所衝突，如2009年的旺旺案，劍拔弩張，駭人聽聞。但通傳會提出的「地理」與「科技」改革路徑，卻很符合大眾傳媒平日所散發的意見氣氛：擴大經營區就是增加競爭，就是有線系統的進步動力。藉助數位科技，引入分級付費，有線系統就得提供套餐，觀眾更有選擇，付費更少。

1　另兩個是中央選舉委員會及公平交易委員會。獨立機關任期有保障，行政院長及其閣員則無。

地理與科技的改革路徑相當動聽，表面上言之成理，仔細分析，讓人憂心忡忡。先看有線電視地理經營區的調整。

調整有線電視經營區　畫餅充飢

第一，調整經營區之初，業者不得不競爭，但用不了多久就是兼併，就是更大的資本吞食規模較沒有那麼大的資本，22個經營區勢必回歸一家獨占。通傳會最想看到的情況，也就是22區都有2家以上經營，不會出現。畢竟，有線電視如同電力瓦斯與自來水公司的管線事業，具有自然壟斷的趨勢，屆時，就是通傳會所說的業者跨區競爭，直至全台剩下3家。然後，資本的成長動力不會停止，資本不能不遊說或施壓通傳會、民意代表或行政院，撤除用戶數量不能超過全國訂戶1/3的限制，這個時候，就是全台一家了。

第二，更有趣而通傳會不肯明白表述的是，即便經營區還沒有調整，現在仍有12個經營區是有兩個系統業者，然而，這些區域的觀眾所能看到的節目有什麼差異嗎？若有，也是微不足道。觀眾並不需要不同的線纜，觀眾需要更好、更多樣、更有國際眼光更能提攜本地、更能宜家宜室、更多言之有物而不是不知所云的節目。現在12區有兩家以上的有線業者彼此競爭；加上網路電視、無線數位電視，以及直播衛星電視，三個傳輸平台與有線系統，可說是四方競爭。但是，即便存在這些競爭，國人無法從中感受到觀看電視的幸福，何以通傳會即將盡力推銷，要以擴大經營區促進有線系統之間的競爭，居然與目前已經存在的競爭，會有差別呢？

事實上，通傳會並沒有新招數，擴大經營區只是順應過去三十多年來有線系統的演變趨勢，也就是隨著法規制訂與行政措施的強化，有線系統愈來愈不可親，但大多數家庭不能不使用，也就是觀眾被綁架的情勢，已然形成多時，毛病不少，試舉四端。

一是有線系統家數愈來愈少。通傳會說現在有59家，但別忘了，1980年代初是6百多，1990年代中期合法化後，也還有156家。換句話說，系統數隨政府介入而減少，由來已久，通傳會即將擴大經

營區，說是要增加競爭，其實仍然是減少與消滅更多系統經營數的招數。二是資本愈來愈大。去年涉及120萬用戶的交易金額達650億台幣！雖然牟取厚利者，是海外私募基金。三是利潤愈來愈可觀。專研有線產業的經濟學家王國樑教授5月底在政大座談會指出，業者目前利潤最高近五成，平均當在25%左右。四是對照於業者規模隨家數少而擴大，隨著利潤愈來愈高，觀眾得到的電視福利愈來愈少（假使「福利」是合適的用詞）。

比如，數位化速度遲緩，新聞局與通傳會政策欠缺有效導引，固然必須肩負最大責任，業者壟斷獨占而無意回饋，同樣不能無責。又如地方新聞，眼前的59家有線業者少有例外，絕大多數轉播衛星頻道，少見地方或區域報導，反而是六、七家新聞頻道過度競爭，浪費資源而重複製播，造成同質化，不是市場區隔，不是各有特色。《天下》雜誌2002年指為「誤國」的「弱智媒體」現象，迄今並無改善。反觀1995年，全國至少有48家業者設有147個地方新聞採訪單位，記者人數約達3百多人，超過當時幾乎囊括所有電視廣告收入（約150-200億台幣）的台、中與華視等老三台的新聞編採人數。

通傳會想要畫經營區而充飢，但觀眾之飢，不在於沒有第二家有線系統可以選擇，不在於沒有電信、網際網路或衛星電視平台可作選擇。觀眾之飢，在於沒有穩定、多量與多樣的好節目可以選擇。

通傳會的A方案（重新劃分經營區）不能奏效，B方案，也就是有線電視的新模式「分級付費」，是不是改善國人收視環境的良方？在哪些範圍內能夠產生哪些作用？能夠回應觀眾之飢嗎？

分級付費　作用有限

美國早從1960年代末，在社區傳輸轉播系統與有線電視合併後，就有了「按片」與「按頻道」付費的電視。到了衛星傳輸階段，特別是在1980年代以後，經濟組織效率與成本使然，按片計價的作

法很快低迷不振，迄今也並不發達[2]，有線系統大多提供三或四種頻道組合。一種是基本套餐，包括無線台、「公共、教育與政府近用頻道群」，大致有20個。一種是「標準或擴充的基本頻道」，最多有70個。這些基本頻道之外，所有系統都提供少數「付費頻道」（premium channel），可能是單賣，也可能是套餐，有些也提供按片付費節目。

2004年起，套餐為主、單賣為輔的付費模式面臨挑戰。原因有二：一是隨美國《1996年電信法》的重新管制風潮，有線電視費率的管制在1999年遭廢除，訂戶費率的漲幅是通貨膨脹的2.5倍，許多消費者組織大表不滿。二是當年超級杯中場休息的節目上演時，大賈斯汀（Justin Timberlake）扯下女星珍娜傑克森（Janet Jackson）外裝，使其右胸裸露，此舉讓保守社團再次集結，攻擊電視節目的尺度。雙方很快結盟，匯流為政治壓力，先有眾議院的回應，後是美國聯邦通訊傳播委員會（FCC）的政策方案。2006年，FCC試圖要求業者提供宜家宜室，也就是沒有不入流（indecency）的頻道作為基本套餐，此外，所有頻道都要「單頻單賣」（a la carte）。當年6月國會否決FCC的政策後，2007年共和與民主黨眾議院議員聯手繞道，想要通過在《家庭與消費者法》（*the Family and Consumer Choice Act*）增列條款，再次企圖引入單頻單賣，澈底改變美國有線電視的付費結構，但迄今（2011年）仍然無法過關。

那麼，究竟「單頻單賣」對誰有利，對誰不利？對哪些類型的節目與頻道有利，對哪些又不利？

FCC的報告說，主流頻道與觀眾會得到更多效益與收視率，利基（niche）頻道的收視人不多，因此這類頻道的數量就會減少。美國的國會圖書館曾就此提出獨立報告，主要結論是，「建立單頻單賣的經濟模式，存在相當的不確定性」，原因是消費者、節目供應商與有線與衛星系統業者的潛在互動與反應方式太多。並且，由於經驗材料欠

2　透過網際網路、電信網或有線傳輸系統提供隨選視訊（video on demand）的按片付費，規模仍然遠小於（店面或郵寄）租售DVD這種更為傳統的按片付費。以2002與2009年為例，美國電影DVD的零售額（不含出租）約100與87億美元，隨選視訊約10與13億，付費下載是0與2.5億（*The Economist*, 2010.1.9: 56）。

缺，特別是對於不同的單頻單賣計費模式，消費者究竟怎麼看，難以預料。

業界則說，單頻單賣將使各頻道收視觀眾減少，於是廣告收入（約占系統收入的四成）減少，系統也為單頻單賣而得支出更高行銷成本，一減一增，業者於是必須增加收視費作為彌補。業界還宣稱，假使單頻單賣，消費者收看20頻道所需支付的收視費，與150個頻道相同，頻道多元組合還會減少，對於服務少數群體旨趣的節目也是不利，因為統賣方式有利於業者對少數品味的頻道提供交叉補貼。這個意見得到非洲裔與拉丁裔社團的支持，雖然「自由傳媒學社」（Free Press）等組織提醒，這些社團並非支持電視多樣性，只是被迫接受大型影視財團對少數族裔頻道的贊助。另一方面，贊成單頻單賣的進步社團，其修辭「複製了……強化了新自由主義市場的結構安排」，它「並沒有引述文化權利……並沒有正視我們必然需要與文化差異廣泛互動，我們不能自築牆圍，蝸居在澈底個人化的頻道組合」。

美國是世界最大的影音生產國，最自給自足，因此也最為封閉的影音消費國，海外影視節目占美國觀眾的影視消費比例，僅在3-5%徘徊。不論當前美國已經實行40多年的付費模式，是否改為單頻單賣，美國影視收益都在其境內流通，沒有外流。美國以外，英國是電視節目輸出大國，但隨付費電視增加，1990年起入超，至1996年電視節目出口2.34億、進口5.16億；2006年起略有好轉，出口9.95億而進口8.84億英鎊。若以英國最大規模的付費電視（直播衛星BSkyB平台，1,000多萬訂戶）為準，或許還能發現，假使未曾良善規畫市場，付費電視在美國以外的實踐經驗，經常就是好萊塢經濟效益的延伸。BSkyB至2009年9月底前一年，營業額達53.59億英鎊，投資節目20.86億，組成30個頻道（電影13個，體育6個），總收視份額7.4%。與此對比，英國5家無線公共服務頻道收入（執照費加上廣告）雖然低些（48.91億），節目投資卻達30億多，共有22個頻道，收視份額合計71.6%。換句話說，法律未曾要求其公共服務的BSkyB，樂得順水推舟，銀兩集中花費在最能吸引、迎合與鼓勵中上階層觀眾的休閒與消費嗜好（因此採製節目的經費，有6成以上用在

體育賽事以及好萊塢為主的電影），用於製作或採購英國的原創內容、用於挑戰或變化觀眾品味的投入，相對地乏善可陳。

參照美英兩國付費電視的經驗，至少可以得到五點推論。

首先，美國不能，英國不能，台灣也不可能「單頻單賣」。其次，引入分級付費後，因為幅員、經濟力與台灣影視體制與結構的約制，台灣套裝組合數量將少於美國，業者透過交叉補貼，服務少數品味的空間，勢必遠小於美國。第三，通傳會要推動分級付費，涉及哪些頻道能夠進入基本組合。這個新措施事關巨大的上架或授權利益，衝突必定出現，如果沒有合適的公共政策，傳輸系統與（衛星）節目供應商的整合程度及其規模大，則衝突小；反之則大，最終大型廠商就是得利者。第四，分級付費對於消費者的荷包是福是禍，並不明朗，通傳會認定利大於弊的修辭頗有疑問。訂費高低之外，核心關鍵的問題不變，假使沒有長期且穩定地投資於節目「製作」，分級付費就是把所有通傳會核可，業已分散在不同有線系統的2百多家衛星頻道，重新排列組合。搬風洗牌居然就能神奇地產生過去沒有的新價值嗎？第五，如果台灣出現大型資本，一如BSkyB完成製播與傳輸系統的大規模垂直整合，此時，景觀有三。一是台灣觀眾的口味可能遭致馴化，比同於英美人士，這樣一來，就是以中上階層的荷包，貼補原已口袋豐厚、供應籃足球等等賽事及好萊塢電影的美商影音集團，並且逆向倒貼的比例可能還要大過英國。二是台灣廠商總算在體育及電影之外，發現其他足以獲利的、本地特有的節目類型。三是這兩種情況都沒有出現，此時，如果欠缺公共政策的有效調節，分級付費在寡斷或獨占廠商的支使下，就可能致使觀眾給付更多訂費，但影音質量不會明顯改觀，甚至可能更不理想。

要有新穎的對策

通傳會擴大有線電視系統的經營區不是好政策，但這不是說經營區不要擴大，也不是說有線、直播衛星、網際網路與無線數位影音平台不要競爭，事實上四大系統一經存在，彼此就在競爭，只是實力並

不對等。

通傳會導引　全台一家有線系統

　　有線經營區要擴大，但與其被動接受業者跨區競爭，再縱容其走向兼併，通傳會不如修法，並且可以提供誘因，鼓勵全台業者聯手組成一家系統（比如，現有將近60家業者經過調查核實後，依據其資產，取得新公司的相應股份），藉此節省業者先競爭而後「自然」整併為一家（如英國）的巨大金錢與時間成本，若是執意不作此導引，那麼，這筆海量的「交易成本」最後終究要轉嫁給消費者。

　　通傳會主動成就業者的壟斷，既然節約成本在前，就可據此進而立法與規畫，一來避免業者濫用壟斷地位，二來要求壟斷所得的效率，要有合理部分由觀眾與員工分享，不能任由業者獨吞。可能的作法至少包括，這個單一的有線系統之董事，由業者控制有效決策所需票數的董事席次，其餘席次可以考慮四類背景的人。一是仿效公視，設置員工董事，強化組織營運的效率，並服膺民主化精神。二是選拔社會公正人士擔任外部獨立董事，許多企業早就有這類設計。三是政府及消費者也應該得有權力，各自推派合理的董事員額。

　　依照現制，政府及消費者加入私有企業的董事會，似乎因為太過新穎，業者可能不願意接受。但不要忘了，政府透過政策主動導引業者成為一家，有功在先，授予區區一席董事，其實可以是政府願意同意全台一家的條件；有線電視的月訂費乃至於廣告費收入，最終都可核算為消費者的貢獻，加上消費者購買電視機（假設10年換機一次、電視機單價一萬元）與電費，那麼在訂費與廣告費之外，一戶一年投入的金額當在3,000元左右（假設一戶兩台電視），一年700萬戶不就又從口袋掏出了210億，還不夠折算董事一員嗎？更不要說，對於觀眾更為在意的多樣性與優質節目，數位與高畫質技術毫無助益，卻大大是硬體廠商的利多。據稱，機上盒、數位電視「機」等購買或更新，一年金額將達200億。

創造新的節目製作動力

　　員工之外，政府、消費者與社會公正人士（同樣具有消費者的身分）還要因為下列設計，更有道理有權選任董事，參與有線系統的管理及經營。這個設計剛好又是為了提供另一種競爭，一種通傳會至今不肯提及的一個競爭項目：不完全是收視率競爭，而是必須另有兼顧收視質節目的足量製作，使之能夠源源不斷地進入競爭場域；亦即行政院應該創造環境，容許更多並不縱容聲光刺激的節目，使其平衡只知，或被迫只能追求短線操作的節目。

　　這就是說，通傳會不可只是構築不同的硬體「傳輸系統」。無論是有線、網際網路、無線數位或直播衛星平台，可以說都是某種「水管」。通傳會更是必須想方設法，力求這些水管能夠得到品質良好的「水」（圖文及影音「節目、內容」），居間流通。人要喝的是水，不是水管，如同人要看的是節目，不是線纜或電波。不只是要看節目，更準確的說法應該是，觀眾不要看太多言不及義、只合用來插科打諢、作為打發時間之用的節目，高畫質或數位技術改變不了節目的內涵。觀眾要看「好節目」，不是隨隨便便的節目、不是過目即忘、看後不無懊惱，反覺浪費時間的節目。讓人駐足垂神、專注觀賞而印象深刻的節目，觀眾更是需要。一經收看，就能動念，想向友朋推薦，促進情誼，充實分享的經驗與話題的節目，多多益善。此時，節目是類比或數位，是透過無線、直播衛星、有線或網際網路平台而送進家門或手機，在所不問。

　　誰來出資製作這類節目？資源要有多大？商業傳媒基於第一線從業人員的爭取，或是為了增取社會形象，也會投入，通常卻只能偶一為之，但假使滄海一粟，只是點綴，就與現況相去無幾，不是改革。經營區與付費方式之外，核心的傳媒改革必須思考，「誰」有權力與責任，研擬並遊說立法機關透過公共政策，責成「特定身分的人」提撥「多少資源」，製作公共服務為主，收視率導向為輔的節目，平衡影音製作幾乎全面倒向收視率的歷史積習，讓台灣影音生態走向公商並行，比例適稱、均勻發展。

通傳會沒有直接補助特定傳媒單位的權力，但依法已經設置「有線廣播電視事業發展基金」，並從2002年執行至今。通傳會若提案請立法院同意，調整業者的提撥額度，並在數位匯流的年代，仿效海外成例（特別是歐陸國家）對其他傳播硬體與通路，同樣課徵稅捐，此時就不再需要拘泥於有線或其他名稱，而可以分階段或一次到位，擴充其名稱與內涵，比如，逕自命名為「傳播內容」、「數位傳播內容」或「數位內容」基金，然後善用各種行政工具，循循善誘業者遵守配合，乃至於積極參與基金的建構與管理。

假使通傳會難以擁有前述涉及「政策」的權力，那麼，即將掛牌的「文化部」無疑擁有通傳會所沒有的政策權力、責任與正當性，理當妥善認知文化的內涵與價值，相應推進文化得以實踐的物質建設，合理的步驟，應當就是文化部擔綱主導，協同通傳會，戮力溝通與遊說行政院其他部會（如經濟部、財政部）共襄盛舉。

三種資金來源

文化部與通傳會的內容基金，究竟是要分散、是集中，或是局部分散而部分集中；無論基金是要一次到位，還是要分階段落實，內容基金的來源不出三種。

首先是政府。依照現行制度，納稅人透過政府之手，已經是重要的傳媒內容生產資源之提供者，包括公廣集團的公視、客家台、原民台與宏觀台，加上中央社、電影輔導金、所謂文化創意項目的多種經費，以及北高兩市與行政院出資的七家廣播電台，應有40、50多億。相比於南韓，單是廣電基金就在50億以上（2005年），這是小數字，因此未來可以考慮對公廣集團本身，及其另一成員華視，增加補助。其次，政府挹注資金的傳媒機構，是要如同現在的分散經營，還是政府應該創新組織形式，使這些政府支持的傳媒相處更為融洽，進而資源相互支援、分享及流通，達到擴大規模經濟的效果，必須是行政院認真評估之事。

政府編列之外，第二種基金來源就是業界。早在1970年，影響

法律與經濟學界甚深的產權專家德姆塞茨（Harold Demsetz）就說：
「節目一旦廣播……至少有兩組私人群體，願意支付廣播的成本……
一是廣告廠商，他們的利益在於將自己的訊息傳送至家家戶戶……二
是收音機與電視機接收器的生產商，即便沒有廣告廠商支付，他們也
能知道，廣播受人歡迎的流行節目，於他們有利，因為這樣他們就可
以販售機座。」四十多年過去了，影音傳播的技術進展已經進入數位
年代，道理沒有改變。由於影音內容一經製作完成，就可以經由不同
平台在大小有別的各種載具，無窮無盡地顯現，永遠不虞耗竭。因
此，許多國家在廣告之外，將內容製作經費的來源，延伸到了更多的
終端接收設備廠商（不只是收音機），電視、錄放影機、電腦、手
機……統統納入，也對當年還不存在或不普及的儲存設備如空白影碟
片、硬碟、隨身碟等課徵內容捐。2009年起，法國與西班牙甚至在
原有課徵額度下，立法要求公共電視不再播放廣告，為此而短缺的經
費，再由商營電視公司與電信業者提撥；法國總統宣稱這是要「解放
法國公共電視，使其不再依靠廣告，成為法國風格的BBC」。

　　最後一種基金來源就是消費者。前一段所說的終端設備及其使用
所需耗用的電力，已經是消費者的直接支出，額度不比廣告低。那
麼，在這些必有的開銷之外，我們責成消費者再對基金貢獻孔方兄，
是否合乎道理？可考慮兩點。一方面，政府預算來自於國民在生產與
消費兩端所繳納的稅款，因此政府支出其實可以計入消費者的投入。
另一方面，對於「業界」課徵的硬體設施稅捐，假使業界不肯減其利
潤以作支付，就會以增加營業稅的方式，轉前述稅捐嫁給消費者。一
經衡量這兩個情況，再要消費者提撥，可能不一定公允。

基金規模與內容流通

　　基金來源解決後，接下來，基金要有多大？假使取台灣標準，
1990年代初政府創設公視時，將公視規模與老三台相比，也就是政
府擬一年提撥60億，大約是當年電視市場規模的25%。如果依照牛
津大學產業經濟學家葛瑞罕（Andrew Graham）與高盛投資銀行首席

經濟學家戴維斯（Gavyn Davies）的看法，若要充分平衡商業傳媒系統的缺陷，就有必要使非商業的投入量占有45-59%的市場份額。若以單一機構的市場份額為依據（比如BBC在英國），至少得25-30%。以上這些估算，僅指單一傳媒（經常是「廣電」）市場，未曾以全部傳媒（從現在的報章雜誌、廣電、有線衛星電信網路等各種平台與手機）作為計算基準，假使列入，是不是會因傳媒倍增，致使基金所需要額度也跟隨比例上升呢？

　　會增加，但可能相當有限，不會躍升，這是因為數位化以後，相同內容如果沒有人為法律的限制，就可以運用科技，將其特性發揮得淋漓盡致：（一個節目）使用（收看）的人再多、流通的平台或管道再多，同時或分階段流通，都不會增加這個節目的製作成本。智慧財產權法專家費雪（William Fisher）教授以美國2000年的例子說明，指出在商業束縛、層層綑綁與試圖從中牟利的算計中，美國人每戶為了使用影音內容，平均支出470美元。他說，假使所有內容都變成公共財而所有人都能自由使用，那麼直接徵稅一戶只需27美元，影音創作者也藉此可以得到更好的保障，繁瑣地稽查所謂非法下載，以及檢查與訴訟官司所連帶產生的鉅額開銷，統統就不會存在。這麼看來，假使基金出資所製作的內容仿效這個原則辦理，不但是非常有效率地運用資源，更可以因為有了這個實踐的經驗，進一步另生突破的效果。先前，桎梏人心、迫使人「犯罪」卻又對於許多創作人員不能提供最佳保障的智慧財產權，至此已經成為意識形態，不再具有任何道德優越性。改變節目（內容）製作的財政基礎以後，不只是經濟效率大幅改善，更是對於政治與文化認知，帶來深遠的良性啟發。

　　費雪的設計是美國情境，其影音製作基金取自稅收，我們在台灣，基金也不完全來自稅金，不妨略作調整，可能的作法如後。這些節目優先折讓台灣公共廣播電視集團，使其有若干時間的優先使用權，但沒有其後販售這些內容的權利。其次是（私人）業界可以在公廣使用期間的同時或其後，擁有不排他的使用權，其後，業界也有權將這些節目再做編輯與組合，另行銷售；至於業界當中無線、有線、衛星、IPTV及其他各類出資入基金者，是不是還要依據某些原則，

規範各自權利行使的分別與先後，自然有待更詳細的規畫。最後，業界享有前述權利一段期間之後，一般人（消費者）也可以透過任何方式，參考「創意公有」（Creative Commons）的原則，自由使用這些內容（此時，業界仍可在市場中銷售）。

　　文化部即將成軍運作，通傳會開張六年多，依然是新的機構。要求雙方新人新氣象，攜手合作與共進，能積極又創新，規畫與制訂攸關傳播與文化的政策與措施，長期推動而終止於成，不免強人所難、昧於歷史，背離現實。惟理性申論之餘，僥倖之心似可容忍，跬步千里與水到渠成的認知，無須排除社會進步尚有倘來之物，因有本文之作，以伺來日。[3]

3　一年後，本文篇幅擴大三倍而成為〈匯流年代的通傳會權責：廣電節目的傳輸、生產與使用〉，收於《豐盛中的匱乏：傳播政策的反思與重構》，媒改社、劉昌德編（2012），頁253-99，台北市：巨流。

文化部

文化創意[*]

　　「文化創意」是迷人的字眼，但是其後的「產業」，危機四伏。週二（2003年8月5日）行政院召開跨部諮詢會議，與會人士無分業界與學界，都不贊成「文化創意產業發展計畫」的廣電影音方案。

　　今後五年，行政院編列了8億，說要補助優質節目。雖然金額太低（英國威爾斯與西班牙巴斯卡僅2、3百萬人，去年獲公款相當於40與20餘億台幣用於廣電服務），但這不是招致反對的原因。畢竟，若不公正的稅制不改、公司與個人所得之稅率不提高、政府支出項目不調整（如少買武器），或廣電產業的規範方式不調整，即便補助增加，額度也不會太高。

　　反對的原因是，若依現制，行政院等於是把原本就杯水車薪的預算，再次分散使用。有人會說，這很符合扁平化的彈性生產原則，也有人會比附，指創意在於個人，無需大的組織作為依靠。

　　但實情並非如此。從港韓日到歐美，沒有一個國家的影視生產不是依靠雙元協作。一方面，這些地方都有龐大的私人（港美）或公部門（歐韓日澳紐）的廣電準製播合一之公司。另一方面，為了克服影音節目的生產與消費之超高不確定性（如每二十張CD可能只有一張有厚利），資本的競爭邏輯就促使它們發展出特定機制，讓所謂的獨立部門承擔若干「創意」的開發，以及隨之而來的風險。

　　好萊塢深諳此道，運用純熟。它的各大製片公司均有大批編制內

---

[*] 《中國時報》2003/8/7 A4版。原標題是〈文化創意與拜占庭〉。

作家，薪資豐厚。他們供應公司每年所需30至40部新劇本的大部分，惟僅有4至5部得到試拍的機會，又只有一部為電視網拍攝成為完整的連續劇。假使該影集上映後幾週內收視不佳，很可能就被拉下馬了。另外，獨立製片人源源不絕，使好萊塢得以如同封建帝王，選妃寵幸，《厄夜叢林》只用3萬多美元拍攝，票房卻達1.4億多美元。新力投資《臥虎藏龍》僅以千萬計，卻意外回收上億美金。

台灣卻完全不是這樣。早在後福特、彈性生產體制還沒有成為西方學界琅琅上口的1980年代初期，我們的電視節目之生產，除了新聞之外，幾乎早就完全統統委由外製，我們的電視實踐遠遠把西方的理論與現實拋在後頭。

當然，這種領先並無光彩可言，它反而是遠因，造成了如今影視勞動的平均條件低疲，社會文化也跟著受害的電視生態。業者在此格局底下，不見得有好處。《台灣霹靂火》的最高收視份額也不過是百分之十幾。但過去三個月，南韓的電視劇收視排名，超過25%者，至少六個，且公營的韓國廣電協會、半公營的文化電視台及私人的漢城電視台，統統都有節目名列其中。香港今年前六個月，收視份額超過30%者，至少十個，特別節目《永遠愛慕──張國榮》也僅能吊車尾。

我國電視頻道已經超過一百多個，數位電視時代降臨之日，頻道數量還要更多，業已四分五裂的節目製作資源，必然加劇，未來也就沒有光明的遠景。結束台灣電視的資源分散狀態，政府要拿出辦法。一是整合分散程度不亞於私部門的公有影視資源，並且應該適度擴充。二是實踐陳水扁總統競選期間推出的傳播政策之主張：「切實執行無線電波公有的原則，管制有線與電信的壟斷趨勢。」若是因應國際競爭的壓力，以致必須鼓勵私部門影視寡占程度的增加，則政府須設計機制，積極地確保規模經濟之果實，部分由業者擁有，部分回饋社會。若能公私兩部齊頭並進，則週二與會者提出的影音圖書館、影視產銷的資訊與新知的提供及流通，乃至於人才培育，就有了落實的機會。

文化創意，不一定產業化 *

　　《中時》連續兩日推出長文，談台灣率世界之先，最早二詞連用而有的「文化創意產業」詞彙，這裡續貂一短篇。在西方，文化「產業」實為法蘭克福學派最早使用的 culture industries（文化「工業」）的另一個翻譯，英國則率先使用 creative industries，是為「創意」產業。台灣在2002年開始「挑戰2008」，其中十項國家發展重點計畫的第二項就是「文化創意產業」，次（2003）年並開始有《台灣文化創意產業發展年報》的出版。

　　若就推出政策的效率，以及相關材料編纂的速度來說，台灣政府的成就非凡。問題在於，普遍存在於各種（經濟）活動的文化及創意成分，不必然需要、不必然應該或不必然能夠「產業化」，如果產業化是指該項活動的產品，能夠吸引足夠數量的人自掏腰包使用或消費，並且滿足兩項條件：取之於使用者的這筆總費用（可以再加上廣告收入等等），能夠支撐足夠數量的人從事專職工作；同時，雇主可以從中獲取合理收益乃至暴利。

　　但是，政府認定的文化創意「產業」，能夠符合這個標準嗎？放眼天下，文化「產品」（或「服務」）的認定，可能以我國最寬鬆，有十三項，南韓是四項。認定既寬，就不能精準，等於衍生兩類負面效應。

　　一是界定模糊，總加起來不等於整體，有些項目重疊，或許會嚴重膨脹產業規模？如十三項文創產業當中最大兩項，「廣播電視」在2006年的產值是1,009億，廣告是1,416億，但廣電收入不有很大部分來自廣告？第四大項出版業的656億，不也包含報紙與雜誌的收入大宗，也就是廣告嗎？

　　缺失之二是不能產業化的產品，被迫必須套在相同架構的法規或政策，以產業的標準相繩。根據我官方的文創產業，視覺藝術、音樂與表演藝術、文化展演業設施等三項服務或產品，根本無法 ⌐ 產業

---

* 《中國時報》2009/2/2 A14版。

化」。反之，所有國家都必然由政府支出給予藝文表演相當部分的補助，惟即便補助，其從事人員的工作條件（包括「平均」所得）都不能說良好，而使用者的支出也高低懸殊，有些是完全由政府或非營利社團直接提供。如英國博物館至今仍以使用者不直接付費為原則，中國博物館去年開始逐步施行免門票等，另有些則使用者還是得支付不能算少的費用，如我國兩廳院的票價。

　　與此有關，能夠產業化的項目，「剛好」都與傳媒有關，如南韓文化產業只有四種，無一不需透過傳媒展現：出版、廣播電視、電影（含動畫等）、電腦及線上遊戲。雖然這些項目不一定需要，也不一定應該產業化，特別是廣播電視。但以台灣來說，很尷尬，卻是雙重失落。

　　我們希望這些產業茁壯，卻因廣電、出版與電影產業十多年來體質不良，加上政府似乎未曾根據深入調查研究，提出短中長程的政策規畫。於是，負負未曾得正，而是虛位以待，聽任國人對於傳媒內容的需求，有超過國際水平甚多的比例由海外來源供應（特別是電影與電視劇），究竟這是消費的無我與國際化，或是消費的多重殖民化？

　　這個提問的答案因人而異，我們所能確定的有二：一是我們的政府豪邁有政策，在研究不足、昧於實力的背景下，立馬有了文創政策；二是政府不計前嫌而蕭規曹隨，六年文創無成，卻似乎沒有翻轉政策的影跡。

影音文創　曙光乍現？[*]

　　行政院提出方案，要在四年內投入213億，發展六種文創產業。相較於前，這個規畫相當不同，具有提攜產業的潛能，值得一談。

　　最突出的是，它回歸正途，重視而不是置若罔聞文創當中，具有

* 《聯合報》2009/5/16 A21版。

綜合效果的影音產業。扣除50億用於改善文創環境，163億當中，用在電視、電影與流行音樂超過一半。比起歐澳港韓日等遠芳近鄰，額度不能說大，但與過去相比，明顯增加。

這些經費能夠發揮什麼作用？行政院希望第一階段的計畫執行後，三者的平均投資報酬率可達6.4倍。至2014年，要使電影及音樂產品在對岸的銷售額三倍多於目前，亦即達到43與50億。電視方面，寄望在政府協助之下，業者能以時裝劇與偶像劇進占中國大陸的黃金時段，五年後從對岸電視版權取得25億收益。

政府的構想是否合理，見仁見智；畢竟，變數不少。其中，對岸對於傳媒的特殊定位，我方很難置喙。知名製片人葉如芬「提醒政府」，兩岸即使合製影視作品，會不會因為對岸限制，「只能在台灣上映」？

真正能夠操之在我的部分，也就是影音預算怎麼使用？一是誰來執行，多少經費要由「特定機構」肩負，以收規模經濟效益與經驗積累之功？又有多少可「天女散花」，開放給所有合格的廠商申請，以取靈活調度與彈性變化之效？截至目前為止，政府把太高比例的補助，透過競標而提供，造成的效果可能是影音員工的朝不保夕及疲於奔命，不是無所羈絆與自由流動。未來若不調整二者的輕重，前景也許不容易樂觀。

其次是電影、電視與流行音樂三者，如何結合？國際本上導演侯孝賢的建議，理當正視。他說：「電視電影是可努力的方向。」侯導提及對岸中央電視台第六頻道的成績，努力十年，累積1,200部電視電影，頗受其觀眾歡迎。確實如此，電影與電視的結合在美歐港日韓的發展更早，並且都是常態為之。我們真正不能欠缺的是，要從政策面，規畫影音產品的垂直整合作業，必須讓相當一部分的電影與流行音樂，能夠透過影視機構而取得資金，並且，製作之後，要能同時在特定頻道取得「首播」的映演及流通機會。

「文化創意產業」的說法與修辭在台灣已經流行八年。現在，政府總算提出遲到的政策方向，雖然能否落實及延續仍待檢驗，惟這是亡羊補牢的開始，若能竟功，應該可以穩定國內的影音工作條件與市

場，進而台人的視聽作品平順進入對岸與世界，促進彼此了解而互蒙其利的機會，就會增加。

師法中英韓　未必文創研究院[*]

文建會主委盛治仁昨天在〈文創育成，才能與市場接軌〉一文中說，任何文化產品都需要「育成」。很對，但主委所舉的「英國、中國、韓國」的文化產業若說成績不俗，卻剛好都與「文化創意研究院」沒有必然關係。

韓國對文化產業的定義與我國差別很大，只有出版（含報紙、印刷、漫畫）、廣播電視（動畫、音樂、放送影帶、錄影帶、偶像）、電影（動畫、偶像）與電腦及線上遊戲四大類，盛主委提及「竹藝及陶藝」，明顯未能入列，雖然政府支持這些傳統技藝，應該是好事一樁。南韓近年來文創產品暢旺的根源，在於產業體質良好，表現在文化、廣電、電影與動畫各有基金，額度一年約在65、70、40與25億台幣左右，至其廣電產業，迄今仍由公營體制領銜。

中國是國有廣電體制，嚴格限縮進口影視產品質量，並擁有收視份額占約1/3的央視集團作為樞紐，所以還能宏觀調節市場競爭；英國的影視環境比較開放，卻有產值2,000多億台幣的BBC作為中流砥柱。這三個國家的文化產業有此體質，自然在其機構內部就有相應的研究單位。

是否要創設文創研究院，要有多大規模，是單獨成立，還是放在更合適的相關機構使其更能有機成長而適應市場競爭，顯然不宜倉促決定。盛主委或許應該建議行政院，就文創、有線、無線與衛星與數位電視，以及電影與動畫及平面傳媒，一併提出短中長期的規畫，襄助文化市場的運行，真正師法中英韓，期許後出轉精。

---

* 《聯合報》2009/12/29 A15版。

文創院的第一件差事[*]

　　台灣即將有一個「文化創意產業發展研究院」，三八婦女節當天，行政院會已經通過設置條例。若無意外，這個最早在2009年底由當時文建會主委盛治仁提出的名詞，很快就要變成擁有實質研究資源及人力的機構。

　　但研究什麼呢？萬事起頭難，文創院假使無法一鳴驚人，後勢不容樂觀。振興文化、豐富文化人人有責，援在此未雨綢繆，獻策如左。文創院的第一道研究題目是：「文化真的是好生意嗎？」

　　剛好十年前，還是民進黨執政的年代，文創就已旱地拔蔥，變成一國的重點「產業」，一股樂觀洋溢之情顯現在書籍的名稱，《文化是好生意》。不過，「文化」這詞太滑溜，無所不包，這本書撿些大賺其錢的例子來說項，難不成看官真以為所有文化都能是好生意？邏輯不對。實際是，更多文化現象與產品，賺不了錢的。比方說，各地的民俗戲曲地方文物活動、即將現身高雄的衛武營藝術文化中心、故宮博物院與各縣市鄉鎮的博物館或美術館，以及台北市兩廳院小劇場等等。這些類型的文化活動，不但台灣無法讓它們變成點石成金的產業，世界各國也是只會編列公務預算予以支持，沒有那個國家能夠據以牟利。

　　行政院編列3,000萬，以後每年還要提供研究案，就是要研究這些活動能不能賺錢嗎？文創院一開始就得不假詞色，正眼回覆如後：賺不得、無法賺，至於文化人好生珍惜，心中有自己，更要有社會與人民，因此理當不卑不亢，表明納稅人提供的錢，文化人自會珍惜、不會浪費，而各種藝文活動與表演都能涵育民眾，使日常生活生動有色，如同詩之可以興、可以觀、可以群、可以怨。力能至此，不就很好了嗎？民眾若能悠游其中，神清氣爽，幸福指數升高，說不准工作更有勁，如是，也就有益於經濟，何必一開始就要阿堵物長、孔方兄短，壞了胃口事小，弄錯了文化與經濟的方向，事大。立委與政院說

---

[*] 《人間福報》2012/4/13 第5版。

文創院要仿效工業研究院，這不玩笑開大了嗎？文創院應該坦白以告，要不，就是放縱兩院誤國。

文創院還可提醒兩院，「文化是好生意」的地方，如英國、如美國，經濟一團糟。英國政府舉債太高，2010年入夏起，五年內要裁減政府規模及各種大小支出25%，號稱「最膽大妄為的政府」。但眾所周知，文創產業之說就是約翰牛1998年弄出來的！美國民間貿易入超三十年，累計已是天文數字；聯邦與地方政府相同，負債累累。假使不是軍事力量耀武揚威、如果沒有農產品透過國家的大量補助與強制行銷於世，若說沒有跨國菁英與其結盟（或說狼狽為奸！）借錢給山姆大叔，即便好萊塢等流行文化賺大錢，外加廣告與公關支出龐大，又能怎麼有益於經濟增長呢？

文創院至此業已聲嘶力竭，善盡諍友的責任。負面陳述後，還可正面建言。啥？無他，向兩院表明，《海角七號》、《賽德克·巴萊》的導演魏德勝之深刻體驗，正是糾正當前影視政策的最佳方案。

魏導演說，台灣的影視產業人才「什麼都會……但韓國和日本……都是一個固定團隊……全部包在一家公司……反觀我們都是跑單幫……沒有組織」。民間自己沒有能力，或是無意弄這樣的「公司」，政府握有籌碼，卻也袖手旁觀，那就不對了。所謂的文創產業旗艦計畫，主角正是電視劇、電影與流行音樂，一年幾十億，行政院不用來壯大公共廣播電視集團，也就是不用來強化魏導所說的「公司」、「組織」，卻用來委託倉促成軍、無法持久的文創公司，先讓其扣除一成以上的利潤，再將餘額轉包給許多單幫的臨時組合，不是很不聰明嗎？

儘管合法　文創政策大有問題[*]

　　文建會日前表示，「推動文創創投，各項作業於法有據，絕無圖利」。原來，《自由時報》以整版調查報導了去（2011）年7月決標、金額累積最高可達100億的文創投資案。這則新聞讓人想起，大選前夕爆發、審檢單位正偵查的「夢想家」疑雲，是不是還有「遠親近鄰」有待釐清呢？

　　《自由》示範了輿論監督，很好；文建會發新聞稿澄清，應該不是搬演此地無銀三百兩。不過，公務員是事務官，他們奉公行事，依法推動落實政策所需的各項後續工作。癥結不在是否依法執行，是在文創政策。

　　台灣的文創產業政策起自2002年，參考英國1998年啟動的創意產業。兩個島國的差異在於，英國說多練少，原因之一或許是約翰牛撥付藝文的「補助」（不是「投資」，亦即不強求藝文「現世報」：立刻產生貨幣增值），原本不低。

　　台灣剛好相反，同意反覆、編列八本年鑑堆砌材料與數字之外，並未提出具有說服力的事實與論述。所謂文創產業必須擔當重任，成為台灣經濟的重要支柱之一，徒然只是囈語、神話，注定無法成為自我實現的預言。特別是，台灣媒介的經濟與文化表現，從官員、業界、學界到讀者、聽眾、觀眾，皺眉者多，頷首者少，偏偏媒介又是重鎮，營業額占了所謂文創業的55%！

　　說不出道理，撒錢倒很大方。行政院在2009年5月，宣布將由國家發展基金匡列200億投資文創五年，其中，文創六大旗艦的「電視內容、電影與流行音樂」占151.12億，亦即年約30.22億。雖然次年起，這筆經費是否開始投資，狀況並不明朗。新聞局是前三項目的主管單位，但2010與2011年投入的預算總和，不會超過12.01與15.48億，較諸行政院宣告的額度少了一半以上。何況，《行政院國發基金九十九年年報》並未顯示200億的匡列。反而另在2010年5月說，

* 《人間福報》2012/5/4第5版。

「匡列新台幣100億元委由行政院文化建設委員會投資於國內文化創意事業。」

　　一年之差，是2009年宣告的200億，縮水一半嗎？好像不是，因為《遠見》雜誌在2010年11月報導，文建會副主委李仁芳在10月〈投資台灣‧投資文創〉的簡報中，同時列有國發基金200億投資，以及文創專款136億投資，並且還有來自經濟部的融資與信保等等優惠措施；國發基金也在10月修改相關辦法，納入文創業務作為投資項目，增列文建會主委作為基金管理委員。

　　那麼，國發基金或許是先行匡列100億，其餘的236億往後數年仍將陸續提供？果真如此，不是讓人寬心，是更讓人憂心忡忡，理由有二。

　　一是近年來，國發基金另編列240億給生物科技產業；200億「因應貿易自由化產業調整優惠貸款」。文創經濟低是100億，高則336億，顯然得到行政院更大青睞。但是，文化「產業」能有這麼重要的經濟蘊涵嗎？這不是滋潤，是淹沒文化，虛耗了經濟資源。

　　其次，文建會在2010年12月公布投資文創要點後，不到8個月就圈定了十二家入選公司；這是百億投資案的超高效率，還是倉促？決標後，輿論專注總統大選，直到今年4月立委林世嘉質詢「夢想家不只一家」，社會這才藉由《自由時報》的專版，注意到了文創的投資問題。

　　個中啟人疑竇的地方確實很多。比如，廠商與政府出資比例可以達30%對100%，名為「投資」，事後其實無從檢核成效，因此等同於「補助」，卻難以吸引廠商，致使還得「李仁芳遊說邀請」，這是怎麼一回事？又如，許多得標廠商與特定政治力量關係密切，投資項目至今仍以影視娛樂為大宗，何以當初文建會不曾告知，何以沒有行文各大電視公司，他們不是本來就在製作影視內容，因此應該邀請他們前來競標嗎？至於名為投資實則補助的百億，未能逕自以政治規畫，委託政府創設的公共廣播電視集團，那就更不明智。政府輕視自己，難怪人民不尊重政府。

研究文化創意　已經變成產業[*]

　　台灣的「文化創意產業」「政策」，如果沒有翻修，注定賠了夫人又折兵，損害而不能彰顯文化，無助於經濟成長而是浪費資源。這不是說文化不可親，不是創意不讓人愛。

　　相反，正是因為文化人人有，創意人人重，「文化創意」這個二詞連用的語彙，這才得以在十多年前雀屏中選，成為心懷本土的文化工作者的修辭武器，用來爭取政府的重視，藉以爭取更多公務預算的投入。

　　傳統的意象認為，文化與商業無關，或者，緩和一點說，文化不一定需要與商業有關，文化是在「運用、消費、耗用」而不必然能夠「生產」相應的、對等的經濟價值。既然如此，給予文化補助是為了文化本身的價值，是為了文化而文化。補助之後，必然能夠另生其他人生的參與、表述、美學、祥和、啟發、滌淨心靈、宣洩躁鬱等等價值，至於是不是因為促進了這些價值之後，會讓人們更為健康更有活力，從而嘉惠生產活動，使經濟事務更能通暢進行，對於關注文化的人來說，是人們樂觀其成之事，不是其詢問的主題。

　　文化創意產業的說法剛好倒了過來。這個時候，說法變成，文創值得補助的原因，首先不在文化、也不在創意本身，文化究竟是具有豐富人生、品味人生的況味，或是重複反覆、重鹹重辣，在所不問，重點在於，文化必須是很好的工具，要有兩種工具價值。一種間接，指文化現象、活動與服務，可以活絡經濟活動，提高生產效能。另一種工具價值更直接，指文化服務或產品本身，也會是很多人願意直接、逐次付費使用的商品，因此具有產業化的潛能，若是投資於文化，會有賺錢的潛能；這個思維鮮活又具體地展現在「文化是好生意」六字箴言。

　　前（2010）年元月施行的《文化創意產業發展法》，列有15項文創產業，全部都可以產業化，都能賺錢嗎？如果有些一定可以，有些

---

[*] 《人間福報》2012/6/12 第5版。

一定不成，為什麼放在相同的法律架構呢？「文化」真的是好生意嗎？必有爭論。不過，毫無爭議的是，「研究文化與創意」確實是好生意，「研究」文創，業已是「產值」龐大的產業。

　　根據「國家實驗研究院」辛勤彙整的資料，行政院各機關（經濟部與國科會占了將近93%）的文創研究經費，在2004年是27.7億，有472案。其後，金額略減，但最少也超過15億，到了2010年，研究案首次破千（1,016），經費達26億808萬。相形之下，15種官定文創產業，有3種的經濟產值不敵「研究」活動。「文化資產應用及展演設施」產值在2010年是17.6億，「視覺傳達設計」居16.3億，「設計品牌時尚」則有1.87億。此外，文創產值季軍的電視業（1,098億），其最大規模的頻道，前年收入仍低於15億（民視），另3家無線台之外，所有衛星頻道都少於10億。

　　文創研究經費用於所有產業，對比個別產業或公司，或有比較基準不同的偏失。不過，《文創法》並無「環境整備」項目，但2010年的研究金額6.6億高居第一。這不免讓人懷疑政府有錢要用，再找名目，先射箭後畫靶，焉能不中？畢竟，文創的環境整備說法，早在2002或2003年就已出現。如果這是誤會，那麼，流行（時尚）設計業營業額是1.87億，政府提供的研究經費是6,655萬，研發值與產值比例是35.6%，而我國研發經費占國民生產毛額比值，僅有2.3%，二者相去16倍。內容軟體產值高達1,673億，來自政府的研發經費，只有區區268.2萬。產業化的性質相去天壤，政府卻不分青紅皂白，一體列入文創，顯不合適。

　　文化部日前答覆立委，指「文化創意產業發展研究院」基金只列3千萬，但未來每年將另編列3億。對於財政困窘的政府、預算不足的文化部，這個數字真是大手筆，理當從中勻撥部分，研究怎麼拆解文創產業的意識形態，補救其負面效應，首先就是研擬辦法，糾正很多文創無法是產業，但其研究變成了產業的本末倒置。

不是騙局　文化創意產業扶金直上[*]

　　天候濕冷，（2013年）12月中旬陽光初現。在冬陽乍暖的時刻，我來到文化座談會場，轉進但還不及就位，在座諸君高談闊論的話語此起彼落，第一句傳進耳膜的話語就是，「文化創意產業是世紀最大騙局」。

　　十二年前民進黨執政時期，「文化創意產業」成為「挑戰2008：國家發展重點計畫」之一。2008年5月二次政黨輪替後，國民黨政府不但延續，次年5月起並「發揚光大」。當時，行政院因應歐美金融危機，陸續提出六種產業振興方案，包括文創，該方案說，行政院即將責成國家發展基金匡列200億台幣，滿足2009至2013年的文創融資需求。

　　2010年底，國發基金匡列作為融資的額度增加至330億元。其中，申請項目低於1億元的文創投資，匡列了100億予以支持；超過1億元以上者，匡列230億元。2011年7月，總統大選前夕選情緊繃，該筆基金過半發包。不久，對於文創投資盈虧必須保密七年的作法，外界指為「黑洞」，不是正當的行政作為。2013年4月，立法委員及輿論（特別是《自由時報》）密集「質疑文建會」。

　　今（2014）年的總統元旦文告顯示，文創「政策」已在進行。前年，新年祝詞通篇不見「創意」詞彙，去年現身四次，卻無非是不痛不養的「台灣人用創意……年輕人發揮創意……年輕世代創意……這些活力、創意……」等等空洞修辭。今年迥然不同，馬英九說，「我們將推動『金融挺創意』計畫……預計三年後本國銀行對創意產業的融資……由新台幣1,800億元增加為3,600億元……」緊接其後，上行下效，6日，證券櫃台買賣中心制訂「文化創意產業指數」，指今年是其「文創元年」。

　　7日，金融監督管理委員會舉辦「金融相挺，創意起飛」論壇，「拜託銀行力挺文創業」，「優惠」措施是，若貸款文創業成績優異，

---

* 《人間福報》2014/2/11第5版。

可以增設分行。其他配套作法包括金融研訓院將就文創業務開設授信與鑑定價值課程，預定3月之前，建構第一批鑑價資料庫（電影、電視與音樂）。其後，銀行因為「看不懂創意」或「不會鑑價」，致使拒絕貸款的情況，或會減少。

行政院副院長毛治國參加7日的論壇，用了「創意產業化」這個名詞，但指涉不明，若是依據新聞所說，無非就是期望金融產業承擔「社會責任」，吸收文創產品或服務的「部分風險」。稍後，國家文化藝術基金會董事長施振榮更進一步說，文創重點不再限於文創產業，文創現在變成觸媒，祈使所有生產活動或服務都有文創的味道，這就是「產業文創化」的意思：「各行各業透過文創來加值；讓台灣所有的服務與產業，都能讓使用者感受到感性與美等文創元素……科技業、傳統產業……（形象）機械化、冰冷……若能將感性與美的元素注入，將大幅提升產業競爭力；『文化藝術雖不是產業核心，但絕對能為產業加值！』。」文化部長龍應台7日以〈不總動員行嗎？台灣影視音產業發展策略〉為題（22日在執政黨中常會則略改為〈以台灣影視音政策〉）發表講演。龍部長說，發展文創必須「國家總動員……單一部會……注定失敗」。總統府與行政院業已認定，文創的得失是台灣經濟的重要構成。

麻煩在於，比起總統、各部會首長及金管會主委，文化人（或說文創人）浸淫相關活動更久更熟稔，文創是其本業，假使真能興國立民，他們何以會有「世紀最大騙局」的評價？難道又是資源分配不合理，致使文人酸氣再次展現？

文化多樣性公約的誕生 *

就在新聞局與NCC口水交加，內耗或甚至淹沒政府公權力的形

---

* 《中國時報》2007/7/1 A19版。原標題是〈文建會的職掌與遠見〉。

象與作用之際，幸虧還有文建會，略微讓台灣沒有脫離世界潮流，稍能跟緊近六十或十多年來，國際間最為重要的文化議題與動向。

　　誠如漢麥可（Michael Hahn）教授說，聯合國教科文組織（UNESCO）對於文化多樣性價值肯認，最早起於1946年，在其成立憲章時已揭櫫。往後，就是剛生效三個多月的《保護和促進文化表現形式多樣性公約》（2007年3月18日生效）。

　　公約之起，是因應1995年世界貿易組織（WTO）的成立與運作。眾所周知，WTO以自由貿易作為最重要的原則或意識形態，但視聽等傳媒文化禁得起自由貿易嗎？才怪。因此，在自由貿易儼然假借WTO，狀似席捲天下之時，加拿大及法國等許多國家期期以為不可，於是從1998年左右起，兵分兩路，一方面有三十餘國文化部會首長兩年齊聚一回，商討具體方案，設法讓文化議題的管轄與仲裁機關，由WTO移向UNESCO。這些國家他方面鼓勵市民遊說運動社團，默許乃至欣喜這些社團的非政府立場，推出更為進步的多元文化構想與措施。

　　到了2001年，已見成績，此即UNESCO審議也通過了「文化多樣性宣言」。退出教科文組織將近二十年的美國，眼見情況不妙，趕緊在2003年回歸該組織。然而，即便重返，美國興風作浪的能力遜色許多。雖然她與以色列反對，但在148個國家支持下，具有法律地位的「公約」仍在2005年過關，並在今（2007）年3月正式生效。6月中旬先有三十多個國家、五百多位知識分子在哈瓦那討論文化與發展的課題。接下來是上週，更多國家的文化首長依據公約所定，聚首巴黎，就公約賦予文化多樣性理念與實踐的可能推進空間，再做意見交流。

　　我們的文建會應該是預見或抓緊了機會，早有因應。雖然台灣不是UNESCO的會員國，卻不妨礙文建會依其職掌與識見，早就預先邀妥相關有識之士，群集首都，正巧就在新聞局與NCC再起口角的時候，經由台大法學院的籌畫，召開兩日的「國際貿易之卜的文化多樣性」。

　　公約本身是有很多局限，是如同所有法律，不足以自行，多樣文

化的踐履，也必須有相應的長期準備與經濟財務基礎。但是，對於有心營造環境，讓世界各地文化得以自由且多樣交流的人，妄自菲薄也是不必的。畢竟，公約是一種世界觀、價值、道德與看法的彰顯，這麼短的時程能夠讓公約生效，意義十分重大，是邁向正確目標的第一步，雖不充分，卻顯然必要。

國際公約的執行有待相應國內法制的調整，那麼，這不啻是從另一個層面說明，在全球化或國際化年代，「國家」的自主與管理空間，仍然與國際機構同等重要，甚至更加重要。這也是漢麥可所說，公約是有可能發揮長遠作用，可能賦予各國在從事國際文化談判時，新的動能。爭一時，更爭千秋，假使新聞局與NCC總是如此內鬥，請立法院正本清源，即時完成修法，將兩單位的視聽相關職掌，早日移轉至文建會。

文化多樣性公約對台灣的啟示 *

對於台灣，聯合國《保護和促進文化表現形式多樣性公約》（以下簡稱「公約」）至少有三重意義。

一是提醒我們，最受國際重視的「文化」，其實是指音像視聽文化，也就是廣電及電影文化。台灣在1973年教育部文化局裁撤後，原本統整於文化局的藝文、廣電、電影業務，分家至今。藝文等歸文建會，電影與廣電先歸新聞局，2006年後廣電再轉而歸由「國家通訊傳播委員會」肩負部分職掌。但這個分野顯然不必要也不應該，無線電「老三台」在過去相當長的一段時間內，曾擁有稍見規模的樂團及劇團，可見電視台並非不能發展「藝文」方面的文化業務。國外知名廣電機構也多不乏涵育藝文團體成為國家文化標竿的先例。

廣電與電影文化是透過「傳媒」而進行的文化表現形式，可以訴

---

* 《卓越新聞電子報》2009/2/27。

求更多的人；藝文等形式，假使不經由媒介而在現場演出，則接觸人數有限。出於這個分野，假使說有兩種文化，那麼這不是說兩者不能產生有機的連帶。孤立看待，則傳媒文化訴諸大眾，因此能夠由更多人直接或由政府代表眾人，分攤其生產成本。至於非媒傳文化直接面對消費者或使用者，人數無法太多，市場規模小，[1]若要存在，除了直接使用的人逐次付費，大多還必須由政府代表眾人給予補助。

可惜的是，我們目前在談傳媒或傳播政策時，很多時候只從新聞角度看待。許多人一直將政府排除在外，認定政府介入傳媒就是干涉新聞自由，卻沒有顧及這樣的觀點可能排除了另一種更為合理、也是更符合實況的思維：政府介入傳媒不但不必然干涉新聞自由，更可能是滋潤文化養分的重要（不是不二）法門。

在談及文化政策的時候，目前比較好的情況（如龍應台的長篇文章，在2008年5月中旬在《中時》連載三天）是在談文化「政策」何以正當之餘，仍有小幅度談及廣電等傳媒；而比較常見的情況則是在希望「文化預算四年五千億」（許博允，《聯合報》2008年5月19日），卻沒有傳媒的任何影跡。當然，分立傳媒與文化的慣性，總算在2002年以後，得到了表面的彌平，至少這幾年表現在「文化創意產業」的相關政策及說法時，沒有忘記提到當代文化的要角──傳媒。值得注意的是，「文化創意產業」這種文化為表，經濟為裡的論說，其實正是聯合國「公約」所要糾正的思維。

因此，「公約」讓國人正面知悉，從而思考的第二個意義是，國際間還有相當龐大且明顯的力量，主張各國應該有權利制訂自己的（廣電）文化政策，而且希望世界貿易組織（WTO）或各國之間，盡量不再透過雙邊或多邊自由貿易協定或投資協定作為壓迫或誘餌，硬

1　理當補充的是，流行而特別是知名藝人或團體的現場演唱會，常有獲利豐厚的例子，不是這裡指涉，必然需要藝文工作者與消費者／使用者之外的第三者（如政府）給予補助。在人工智能年代，藝人如瑞典七十來歲的ABBA樂團，人不必前往，僅需授權讓相關公司在倫敦以其虛擬頭像就可製造現場演唱的氣氛，估計在2022年吸引了100萬人前往付費觀賞！（*The Economist*, 2023/11/11: 18-20 'Celebrity and AI: AI did it my way'）

要將文化產品等同於其他製造業產品或一般服務業。這就是說,各國應該可以根據自己的需要,決定要有多大規模的非商業文化內容之生產規模,以及其補助是否要同等給予外國人、其市場是否要對外國開放等等。

公約之所以制訂,肇因於法國、加拿大為首對於國際間文化交流的失衡表示關切,而後南韓社運團體大力參與,並說服大多數國家(只有美國與以色列反對公約)簽約。

聯合國教科文組織,比起WTO,更適合作為跨國文化流通的機構。因此,很多國家不希望WTO所強調的國民待遇、市場開放、最惠國待遇、自由貿易成為主宰視聽文化交流的主軸。於是,從1986年起,WTO賴以建立的「關稅暨貿易總協定」開展烏拉圭回合的談判以來,就從歐盟開始,有了對應策略的研擬。到了1997年,美國藉由WTO機制,對加拿大的文化自主權有所干預之後,更加強了各國的協作,除了政府組織,也扶助非政府組織提出更激進主張,藉以羽翼政府較溫和對策的過關。

這可能是公約給予台灣的第三點啟發,即政府固然很多時候對立於非政府組織,但雙方並非沒有策略聯盟的可能。事實上1998年以後,文化多樣性部長的政策會議之外,另有接受政府若干補助的文化多樣性聯盟之社運推進,文化多樣性公約從「宣言」(2001)到通過(2005年10月20日),並正式生效(2007年3月18日),僅6年就完成,相比於《世界人權從宣言》(1948)至公約(1967)耗了20年,不可不謂疑慮文化自由貿易的人,確實在相對短暫期間取得尚稱可觀的成績,而其部分原因,或許是因為政府能與社運團體略棄嫌隙,終有小成。

往者已矣,來者可追。文化多樣性公約通過後不到兩個月,2005年12月文建會就邀來法國人士講述其經驗,其後也有多次研究案及研討會的舉辦,惟輿論、學界、非政府組織及國人,所知仍舊有限,政府相關政策也仍有待相應修正後整合,來推廣及深化我們的文化與經濟聯繫性之認知,為豐潤本地(影音)文化以參與互惠的跨境交流,做好準備。

紀錄片與文化政策[*]

　　入秋以來，紀錄片《廣場》從北到南再返北，巡迴放映。故事起自三年前（2008年）的11月，中國大陸「海峽兩岸關係協會」會長陳雲林訪台，物議紛起。當時，許多大學生（及市民）在台北市中正紀念堂的「自由廣場」安營紮寨將近三個月，其間，新竹、台中、嘉義、台南與高雄亦見學子參與及迴響，是為「野草莓運動」。

　　導演江偉華畢業自台南藝術大學音像研究所，據說原先對於公共事務不怎麼關心，卻在偶然機緣下，對參與運動的年輕人起了好奇心。動念之後，江偉華投入一年多的時間，糾集資源完成了《廣場》，去年底獲得第十屆南方影展最佳紀錄影片。今（2011）年入春不久，江偉華零星地在不同場合提供影片，人們遂得機會，在事件頻仍、記憶留存短暫的走馬燈的生活中，駐足回眸與反省。10至12月，《廣場》更見積極，江導演穿梭「野草莓運動」的各個城市，假借校園等空間，透過放映及座談，提供20個場次的影音接觸與人際互動。

　　野草莓運動有意義嗎？水過無痕嗎？五年多前的凱達格蘭大道反貪腐示威遊行，預告了政黨的二度更替嗎？兩個多月前開始，如今還在許多國家接力的「占領華爾街」運動，包括香港業已持續一個多月、宣稱要「推翻資本主義」的「占領中環」行動，只是無政府主義的散漫、不可能的訴求嗎？這些都是無法回答的提問。所有社會運動或活動，是不是產生了影響，以哪些直接、間接或迂迴而進進退退，以立即或點滴穿石的方式影響、牽制或只是干擾社會，並非不重要。不過，這既是大哉問，又是最好不要問，而是只適合選擇關注或參與方式的命題。江偉華似乎正是做此選擇，他以另一種方式，也就是製作紀錄片《廣場》，藉此回應並進而主張，野草莓運動必然「在這些年輕人心中留下痕跡與改變」。

　　假使江導演的信念為真，接卜來值得追問的就是，如果紀錄片透

---

* 《人間福報》2011/11/22第5版。

過紀錄、解釋與流通重要事件的圖文影音，保存了、活絡了社會的記憶，促進了以史為鑑的借鏡之功，誰又來提供資源給予影音工作者，使其安身立命，為社會立傳？或者，更為精確地說，具有牟利空間的影音作品，通常不乏吸引商業公司的投入，並使其化為商業映演的頻繁機會。但是，類似《廣場》的作品，固然具有當下及長遠的社會作用與價值，卻不見得具備眼前與未來實現利潤的機會，既然如此，任何出於商業的考量，或者，即便是非營利機構的善念，也無法以長期且穩定的方式，提供合理的資源，不僅認可，並且還能鼓勵類如江導演這個取向的製作信念，使其運轉不墜。

上個週四（2011年11月17日），藝文界發布聲明「終結百年煙火，開啟文化元年」，他們對政治人物、朝野政黨提出「文化政策」的九大要求。次日，在《夢想家》事件喧騰一個多月之後，文建會主委盛治仁辭職。確實，兩場露天活動耗用2億，難怪藝文人士群起激憤，這次連署行動也就成為壓倒政務官的最後一根稻草。九大要求之一是，「求文化預算提升至政府總預算4%」，藝文人士提醒馬英九總統，這是2008年大選的承諾，至今未能兌現。

明年5月文化部就要開始運作，前事不忘後事之師。1月大選之後，無論由誰入主總統府與文化部，應該都會逐年提高文化預算，即便比例不及4%，至少不能相去太遠吧?!若能如此，額外撥出2億製作紀錄片，簡直就是輕而易舉。若有2億，約可製播《廣場》規模的紀錄片200部，每週委製一部，就是連續拍攝與播放四年，先在公共廣播電視集團，其後亦可無償提供若干商業電視頻道輪流播放。這些新作，加上公視每週已經有的成品，國人每七天至少就有兩部品質與主題應有保證的紀錄片可以觀看，見證了社會緩慢但穩健的改進。

制訂《保護和促進文化表現形式多樣性公約施行法》，看齊國際 *

　　「麻雀雖小，五臟俱全」說的就是這本書《國際傳播——全球視野與地方策略》。近百年的重要國際傳播理論、概念與爭議，盡數在作者提綱挈領的勾勒下，逐次進場與讀者見面，尤其難能可貴的是，入門者固然從中得以有效拾級而上，進階者也能領略持平介紹背後的作者見解。

　　若要理解當前的國際傳播秩序（或者，失序），從新聞到各種影音圖文的跨國擴散與流通，究竟是要透過文化帝國主義這個視野，還是要採取全球化的框架？帝國與全球之外，是不是還有讓人更能滿意的紀錄、分析與詮釋角度？

　　援引的修辭是帝國、全球……或其他用詞，不單單是不同語言的使用，同樣也是對於閱聽人在接觸傳播內容時，必然有其主動選擇的曝光、理解與記憶的現象之意義，提出了互異的考察；更是對於國家與（本國及國際之）文化或傳媒市場的關係，會有涇渭分明的認知與倡導。

　　是以，本書的重要創作意圖，呼之欲出。鋪陳了七章的理論與經驗材料之後，作者以最後一章介紹「國家介入傳播領域的政策形態」四個類型，據此遂有「兼融全球與在地視野的傳播治理」之五大方向。這個撰述意圖，格外值得背書。

　　在公權力介入之下，韓日澳加的傳媒表現都有可觀，只說歐洲聯盟（EU）。1993年底，在法國堅持之下，「文化例外」使得各國得以依據自身的考量，決斷（影音）文化政策的內涵，不一定需要套用自由貿易的原則。因此，1995年世貿組織WTO掛牌運作之後，西班牙電視播放美國節目的時數，從1996至2002年減少26%，德國與義大利減少17%與9%。歐盟的《電視無疆界指令》（2008年更名為《影

＊　推薦序文：唐士哲、魏玓（2014，二版2022）《國際傳播——全球視野與地方策略》，頁1-4。台北市：三民。

音傳媒服務指令》）希望各成員國的電視，均能製播本國節目至少50%以上，實際上20多個成員國的平均成績是62%，並且，外來（美國）節目大多不在黃金時段播放，20多年前《朱門恩怨》引領的風潮不再。CNN的國際頻道在1996年有70%美國內容，到了2001年是8%，維康（Viacom）公司的MTV內容以就地取材為主。

不過，美國眼見無法在WTO所有成員國之間推進，便又繞道，試圖透過雙（多）邊、區域投資協定或自由貿易協定，尋求突破。美國的陽謀雖然成功迫使「第三世界」國家南韓降低銀幕配額比例，面對「第一世界」歐洲時，卻又再次鎩羽而歸，在法國堅持、美國導演史匹柏（Steven Spielberg）及德國導演溫德斯（Win Wenders）等人聲援之下，美歐自由貿易協定已在去年先行排除影音談判。

美國既有圖謀，有心國家自然不能放心，他們知道「文化例外」只是消極反應，如何積極作為才是關鍵。

法國、加拿大與南韓等國為首的數十個國家，是以組成跨國文化聯盟（文盟）。這些國家的「政府」從1998年起，結合了文化及傳媒「社運團體」，希望更為名正言順，不但不再希望推動與仲裁自由貿易的WTO插手文化與傳媒事務，他們更是想要將國際文化交流與傳播的治理權限，直接委由聯合國教科文組織（UNESCO）肩負。山姆大叔不是省油的燈，除了以觀察員身分參與文盟的雙年會，更在2003年重返已經退出將近20年的UNESCO。文盟最後促使2005年通過、2007年生效的《保護和促進文化表現形式多樣性公約》，雖然實效無法高估，但若說該約已經製造了UNESCO與WTO管轄權的潛在衝突，並不為過。該約的存在已是美國的挫敗，反對傳媒內容（跨境）依據商業原則而自由貿易的精神，得到伸張。2009年，西班牙商業廣電業者指控該國政府將其5%收入用於支持歐洲電影違反了歐洲法規，但「歐洲法庭」據以裁定西政府並未違法的長篇大論，有相當部分就是引述《文多公約》作為論證的奧援。

相通於《文多公約》的精神，歐洲21個國家在2008年金融核子爆炸之後，2009至2011年間用以補助文化活動的金額，有9個國家減少，但亦有9國增加，另3個不變。在公共服務傳媒（廣電）方

面，歐洲廣電聯盟及其他加盟國總共56國有85家公營廣電機構，其執照費或公務預算在2005年是195億歐元，至2010年仍有小幅成長至209億，兩個年度的非商業收入占了總經費的比例，也從56.4%增加至59.3%。

相較於南韓以及其他《文多公約》簽約國，過去許多年來，台灣因為政府認知錯誤而未曾積極作為，未曾提出有效的傳播政策，加上學界及輿論主流當中，對於積極的傳播（新聞）自由的認知同樣不足，致使國內傳媒生態與工作條件日趨惡化，連帶使得我們進口愈來愈多的海外節目，等於是我們的影音工作者就業機會減少，難以穩定生產內涵與質量可喜的作品讓國人觀賞，進入國際交流與傳播的機會自然也就減少。

1980年台灣本地電影（不含港片）還能占有17.62%票房，1990年代至《海角七號》崛起於2008年之前，僅剩1-3%，近三年稍「好」（且不一定能持續），平均13%左右，南韓與香港電影占有各自電影票房的最低值則在16-20%之間，但南韓近十多年都超過50%，香港在本世紀以前，最多甚至高達80%。

電視方面，李金銓教授出版於1979年的成名作《媒介帝國主義的再思考》有言：「雖然身陷重重的政治與經濟的依附情境，台灣抗拒『媒介帝國主義』現象的成效，頗有可觀之處。（在台灣政府主控下）美國媒介（對於台灣）的影響能力，刻意地被約制壓低了，而日本媒介的影響力則是微不足道。」現在呢？除了新聞頻道如同腫瘤般的惡性存在而國內外新聞的質量乏善可陳，本地電視劇所占份額低於50%，黃金時段違反國際慣例，外劇長驅直入，換來經濟自由派學者的「黑色幽默」，指「台灣的電視產業絕對是典範……美歐日韓中港等的戲劇節目……各式各樣的節目供各種消費者各取所需，極大化其享受」。

《國際傳播——全球視野與地方策略》是多年來最值得推薦的類書之一，立足在地且觀點原生，卻有普世的訴求與價值，熟讀本書，既能掌握國際傳播的歷史與沿革，必然也對如何改善國人的傳媒環境、豐富我們的國際認知，會有領悟。政府有司若能捧閱，也會幡然

醒悟《文化創意產業發展法》的不足，並將進而起身行動，仿效《公
民與政治權利國際公約及經濟社會文化權利國際公約施行法》的制
訂，同樣將UNESCO的《文多公約》化作國內法，輔正文創法的執
行偏差。

文化多樣性　台北市可以推動立法[*]

　　今年的台北電影節有一盛事，評審執事肯定了台南藝術大學井迎
瑞教授及其工作團隊二十多年的努力投入，包括對於散落海內外的台
灣之故舊影音檔案，搜尋之勤，直比上窮碧落下黃泉，所受信任之
重，有如託孤，維修之殷，勝過對家小的呵護。

　　去（2013）年6月，這個團隊竟然再創傳奇，消失將近一甲子，
電影人、文化人僅能憑藉想像猜測，惟有在口耳相傳中揣摩，台灣第
一部35毫米台語電影、何基明執導的《薛平貴與王寶釧》確實存
在，被找到了，是南藝大音像所師生一頭栽入苗栗老戲院保留、想要
出售的眾多膠卷當中，耗費了好幾個月，予以清潔與修復後的「赫然
發現」，並且是三集！「師生直說真的撿到寶貝了！從此研究台灣電
影不用再憑空摸索了。」

　　上週六（2014年7月19日），在頒發「卓越貢獻獎」給井教授
時，台北市長郝龍斌表示，南藝大找到的《薛》片，原音雖是台語，
但出土的膠卷卻是客家語配音，顯示當時已經有重視「多元文化」的
表現。

　　郝市長只是一語帶過，頒獎時機不是深究往事的場合。當年的實
況是，《薛》片能以客語配音出場，很有可能是商業動力在彼時的環
境，扮演了多元文化（多樣語言）的催生，而不是壓抑的角色。眾所
周知，多數苗栗住民的母語是客家話，《薛》片若以台語原音重現，

---

* 《人間福報》2014/7/23 第5版。

可能少了一份文化親近感覺，也可能因識字率尚低，字幕無法招來最多觀眾。在這個背景之下，當然相關人可能出以服務鄉親的自然召喚，加入了客語配音。

無論哪一種考量的成分多些，史實是「文化多樣」的價值不是當年政府的執政目標。剛好相反，政府非但沒有因勢利導，結合人民的娛樂與文化需要於影音政策，反而以公權力橫加排擠。根據邱坤良的研究，1959年，也就是《薛》片問世三、四年之時，曾有地方戲劇協進會議決成立私立台灣地方戲劇學校，但未獲許可。眾多歌仔戲曲影藝圈當中，最有現代化觀念與能力、也是1948年獨資頂下麥寮拱樂社、投資拍攝《薛》片的陳澄三，也在1966年投入大筆資金，想要創設正式學校來提升演戲行業的地位及表演水平。但是，教育部依舊沒有核可，陳澄三的構想只能落空。與此對照，政府在這段期間創辦了大鵬劇校、陸光國劇訓練班與復興劇校。

回首前塵，不是算帳，是前事不忘，後事之師。假使商業曾經是多樣文化的助力，如今業已翻轉，逐利並私人占有的惡習已在禁錮文化。當年的商業與多樣語言共同遭受政治力的壓抑，現在，假使政治力不能協調商業與非商業，假使無法從商業所得抽取充分經費挹注非商業，就是重蹈覆轍，就是歷史重演，就是政治力再次縱容了、蠱惑了文化多樣表現空間的萎縮。

井迎瑞與南藝大默默耕耘經年所得到的肯定，固然也得力於政治力的直接與間接協助，但另有相當成分是自立為之，己立立影，個別人士與群體的關注，成就了社會所需。台北市若能在辦理十六屆影展的基礎，再次拔高，更進一步，同樣仿效《公民與政治權利及經濟社會文化權利國際公約》的國內法化，將2007年起，已在全球一百多個國家施行的《保護和促進文化表現形式多樣性公約》，訴請行政院納為國策與法律，必能增添首善之區的禮讚。

「文化例外」 對台灣的特殊意義*

日前，針對「文化例外」，文化部召開諮詢會議。立法院（2015年）5月下旬通過《電影法》修正案，文化部的動向，或許是回應修法期間，外界對影音文化的期許。

「文化例外」有「安內」與「攘外」兩個面向。先安內，才能攘外。或者說，「文化例外」必須內外兼修，不會獨尊內，或僅拒斥外。「文化例外」就是說，文化勞務與內容表現，可以藉助市場，也不可能完全排除商品化。「可以市場」與「不能完全排除商品」，也就意味商品與非商品，市場與非市場，兩者要能均衡，最好是各安其位、平分秋色。在商業力量太大的地方，就得用商之盈餘，貼補非商的部分，使其盡量往均衡點回歸。

歐洲聯盟至今仍有強大的公共媒介（包括廣播電視，如英國的BBC、德國的ARD都有2萬多員工，年預算在新台幣2,500億元之譜），這是「文化例外」，不能完全委任商業經營媒介的明證，電影也是。歐洲31國電影的直接補助在2002年約合新台幣500億元，其中來自納稅人透過政府提撥的預算，僅占四成，其餘來自電影票房、電視廣告收入等。

因此，「文化例外」也是歐盟「攘外」的利器。歐盟在1993年高舉「文化例外」，使世貿談判不能包括影音產品。到了兩年前春天，美國與歐盟談判自由貿易協定，但法國堅持、美國導演史匹柏及德國導演溫德斯等人聲援，堅持大西洋兩岸的歐美若是真要自由貿易，項目不能包括影音文化。這就是說，歐盟28個國家，如果要優先照顧歐盟作品，並對他國設限，並無不可。

對於台灣，「文化例外」現階段的優先施用方向在於「安內」，不安內，攘外難度會增加。

這是因為，我們的影視產業，特別是電影業積弱太久，虛弱到主張自己應該要有工作權的聲音都相當微弱。很多人誤會，或說未能看

---

* 《人間福報》2015/6/5 第5版。

到根源，而是看到現象的一個側面，並且不必然是關鍵的一個面向，自然也就未及於全豹。比如，當日參加文化部「文化例外」會談，曾經旅法多年的顧問說，由於法國人格外重視自己的文化，不但自豪，應該說是驕傲，因此對於美國文化敬謝不敏，於是表現為「排外」。他接著說，在台灣，能這樣嗎？言下之意，國人對文化認同隨便、不重視，說啥以「文化例外」對外設限呢？

不過，巴黎麥當勞速食店也很多，巴黎搞了歐洲「創舉」，早在1992年就張開雙手，迎來迪士尼主題樂園。與美國「同文同種」的倫敦，最快明年才會動工，真要開幕，最快都要2020年。今年初，憂心忡忡的麥當勞總店察覺，從去年7月以來，它在世界各地銷售額都在下降，十多年來僅見，但巴黎呢？「法國是麥當勞銷售量還在上升的少數地方之一」。

所以，與其說法國人或歐洲人特別重視文化，不如說他們的（視聽）文化有就業的、工作的、經濟的與物質的基礎，他們因為擁有相對足夠的視聽全職與兼差工作者，又有集體的工會或專業協會組織的運作，是以在爭取自己的工作聲浪中，捍衛了本地的文化表現空間，真正結合了自己的利益與社會的福祉。

近日以《聶隱娘》再次得到坎城影展肯定的導演侯孝賢，不但成就讓人快意，他也多次強調，台灣不能老是以為對岸市場自動有利於台灣，他的建議正好符合安內攘外、內外兼修的道理。侯導說，先要有視聽政策以法韓為師，再談海外商機。

再接再厲　文化政策接軌國際[*]

就在街角，看板聳立，黃底白字，「政策」兩字在上，占滿左翼的四分之一畫面。左下方，另四分一版位，寫著「藝文」。右下方，

***

* 　香港東網2015/12/27。

是一個大問號「？」。

　　不言而喻，總統及立委選舉至今，候選人的「文化政策」若非蜻蜓點水，沒有實質內容，就是不言不語，裝聾作啞。

　　文化政策研究學會不答應，決定再接再厲。2012年，三位總統候選人都到世新大學，接受文化人的提問。今年，不必再問，早就預作準備，現在透過諮詢，對外結盟，《典藏‧今藝術》協作，稍後就要公布學會的政策想像。

　　想像不必遠離現實。想像可以借力使力。在台灣，還有哪位從政人物不琅琅上口「國際化」？距離文化政策最近的國際規範，如果不是十年前通過，2007年開始執行的《保護和促進文化表現形式多樣性公約》（英文簡稱CCD），會是哪一個？因此，很簡單，不但想像，現在就應該從善如流、見賢思齊，將國際間折衝十多年才成就的這部公約，立刻引進，轉為國內法。

　　不但現成，過去六年，我們跟進國際公約的成績，還算不錯。2009年底，《公民與政治權利國際公約及經濟社會文化權利國際公約施行法》生效了。

　　接著，直至去年底，《消除對婦女一切形式歧視公約》、《兒童權利公約》與《身心障礙者權利公約》，這些在聯合國許多會員國之間，生效7至34年不等的國際規範，也都在台灣有了施行法，成為我國法制的一部分。

　　CCD是什麼？一言以蔽之：「文化」體現的是「特性、價值觀和觀念」，不是「一般的商品或消費品」。進一步說，從博物館到各種藝文展演及表演的注目、凝視、觀賞與聆聽，再到透過複製過程，人們才得以接觸的各種影音圖文，無法完全絕緣於市場，同時，也不能澈底向市場投降，因此，文化的消費或使用，同時是商品，但也不是商品。

　　為何既是商品，又不是商品？為何需要市場，又不能向市場投降？說穿了一文不值。答案就在「國際通則」。

　　不但歐洲各國、加拿大、澳洲這些西方文化為主的國度，日本與南韓也是，其政府提供給各種文化的生產與使用之額度，不論是傳統

的藝文形式，或是科技居間使力的視聽媒介（電影、電視劇、新聞、紀錄片、綜藝節目等等），都比台灣高了許多，甚至沒有簽署CCD的美國都略高於台灣。

舉個例子，我們投資公共廣播電視的金錢，以2010年為例，等於是一個人平均投入一天所得之0.048%，低於美國人的0.065%，南韓有0.43%，日本是2.05%。我們的人均投入低，加上人口比這些國家少，難怪我們的公共媒介一年區區10多億台幣，距離美國（折合）的100多億與南韓的3、400億，太渺小了，比起英日德法的上千億，那就算是侏儒。

怎麼辦，還是回到CCD。它的第6條第2項第8款特別強調，「旨在加強媒介多樣性的措施，**包括運用公共廣播服務**」。這麼簡單的一句「包括」，似乎突兀，因為整部公約（含附件）略多於一萬中文字，僅在這裡出現一個具體的機構指涉。但是，也在突兀中，讓人們看到了文化的整體性。

套用周奕成的形容，這就是「文化航空母艦」的概念。

若有強大的公共服務廣播電視，而在數位年代，其影音圖文很快就能同時現身在從手機到平板電腦的載具，因此就是公共「媒介」。那麼，不但視聽等大眾傳媒所表徵的大眾與流行文化，得以在市場上發揮更為積極的作用，其他比較小眾而更重視、需要親身參與的文化形式，雖然不求機械中介，卻也必然也能同時得到滋潤。畢竟，這些親身文化的各種元素，完全能夠另外產生有機的組合與融入，成就視聽媒介所需要的「節目」。

或者，反過來說，如果我們擁有充分的資源挹注傳統藝文形式，那麼，在科技如許發達的年代，必定會有文化人進而取用，善用影音視聽科技，並要求創設合適的組織形式，建立非商業考量之公共媒介，進入市場平衡商業媒介。

2009年來，我們已經將五個國際公約化為國內法，表示我們儘管不是聯合國會員國，卻一點都不妨害我們認同與弘揚聯合國多數國家所奉行的價值。現在，就是將CCD轉化為國內施行法的時候。

徒法不能自行，法所揭示的世界觀與價值歸向，也必須再以更大

更新的努力給予落實的空間。但以CCD國內法化，作為文化政策的
重要一環，無疑是接軌國際優良規範的必經之路。朝聞道，不是夕死
可矣，是要朝夕引進，汲取精神，開始學習，假以時日，付諸實行。

文化部好　NCC也可以很讚*

　　我國有史以來的第一次「行政院文化會報」已經登場。文化部提
出願景，即將分階段整合公視、央廣與中央社。

　　這是好消息。事實上，不僅政府有這個計畫，「會報」舉行的前
後一週，報端也因為公視董事會第六屆已經產生，遂有多篇文字討論
我們的公共服務媒介，應不應該、以及台灣是不是能夠「有自己的
BBC」、「文化航空母艦」。

　　事在人為，一定可以。文化部整合現有資源，是一個方式。國家
通訊傳播委員會（NCC）若能妥善分配電波資源，落實其組織法的
承諾：「促進多元文化均衡發展」，那麼NCC就是以另一個方式，與
文化部共襄盛舉，示範行政一體的面貌。

　　NCC即將有第十一梯次的收音機電波分配，包括三家通行全國
的調頻（FM）波段，除了一家給客語、一家原民，另一家據說舉棋
不定：是要商業，還是非商業使用？這不是問題。台灣的廣電活動高
度不均衡，傾向商業，背離世界格局，眾所周知。很明顯，NCC應
該與文化部合作，將第三家全台調頻收音機頻道（以下簡稱R3）定
為非商業使用。

　　非商業使用之後，是不是自動符合公共利益？不一定，還得看後
續措施。假使NCC指定R3不能商業營運，對於現有商業頻道是好消
息，因為不會有強大有力者與其競爭廣告收入。於是，NCC不妨表
明，現有業者的利多也要挪出部分，充實R3。缺錢不能製作質佳樣

多的播音內容，NCC對業者作此要求，使錢進入國庫後，文化部就可爭取行政院支持，將這部分款項專款專用，加上政府提撥的預算，移撥作為充實R3之用。

R3屆時與全國客家台、原民台、央廣，乃至於早就獨立運作而分屬不同機關的北高兩市、漢聲、復興、教育，以及收聽人數最多的交通等收音機電台，在組織運作還沒有整合以前，仍然可以依據彼此的定位與需要，相互流通內容。如果行政院的支持更多一些，那麼R3與新的客家與原民FM頻道，雖然定位全國，但內容最好由北中南東分區（原民因語言更多，應該另作規畫），各自提供合適的比例，組合而成。

收音機後，就是電視。今（2016）年7月，我們的所有無線數位電視轉作高畫質後，對於硬體廠商固然好處多多，比如，不少人必須另買電視機及機上盒，但節目「內容」卻還相同，軟體品質沒有跟著改善。五家無線台總計二十個頻道（加上客家電視台就是二十一個），在世界各地都足以變成有力的平台，與有線、直播衛星及電信電視平台乃至於所謂OTT，分庭抗禮，特別是無線平台，業者依法有義務要讓全國人都能使用，比起有線等平台最多僅有六成的人收看，具有莫大優勢。

但台灣的無線業者投資製作節目的規模太小，以致淪為弱勢，造成惡性循環，等於是暴殄天物。怎麼辦，NCC可以要求，要在好店面（無線頻道）做生意，不但門面要好（高畫質），貨品（節目）也要有一定水平，要有最低限額的節目投資，否則目前業者享用的四個頻道，只能折半給予，另兩個要收回，且不排除將其拍賣，取其款項，同樣專款專用，投入作為節目內容的改善並委託公視執行，讓公視帶動良性競爭。這個作法早就是國際主流，歐加日韓澳等國莫不如此。甚至，希臘9月初在27年來首度拍賣無線電視電波，差別是希臘將得款作為社會福利政策使用，不是改善電視內容。

台灣媒介一百年：國家、政黨、社會運動

作　　　者	馮建三
封 面 設 計	林宜賢
協 力 編 輯	曾淑芳
責 任 編 輯	巫維珍

國 際 版 權	吳玲緯　楊　靜
行　　　銷	闕志勳　余一霞　吳宇軒
業　　　務	李再星　李振東　陳美燕
編 輯 總 監	劉麗真
事業群總經理	謝至平
發 行 人	何飛鵬
出　　　版	麥田出版
	台北市南港區昆陽街16號4樓
	電話：886-2-2500-0888　傳真：886-2-2500-1951
發　　　行	英屬蓋曼群島商家庭傳媒股份有限公司城邦分公司
	台北市南港區昆陽街16號8樓
	客服專線：02-25007718；02-25007719
	24小時傳真專線：02-25001990；02-25001991
	服務時間：週一至週五上午09:30-12:00；下午13:30-17:00
	劃撥帳號：19863813　戶名：書虫股份有限公司
	讀者服務信箱：service@readingclub.com.tw
	城邦網址：http://www.cite.com.tw
香港發行所	城邦（香港）出版集團有限公司
	香港九龍土瓜灣土瓜灣道86號順聯工業大廈6樓A室
	電話：852-25086231　傳真：852-25789337
	電子信箱：hkcite@biznetvigator.com
馬新發行所	城邦（馬新）出版集團
	Cite（M）Sdn. Bhd.（458372U）
	41, Jalan Radin Anum, Bandar Baru Seri Petaling,
	57000 Kuala Lumpur, Malaysia.
	電話：+6(03)-90563833　傳真：+6(03)-90576622
	電子信箱：services@cite.my
麥田部落格	http://ryefield.pixnet.net
印　　　刷	漾格科技股份有限公司
初　　　版	2024年6月
售　　　價	799元
I S B N	978-626-310-648-2
E I S B N	9786263106475（EPUB）

國家圖書館出版品預行編目（CIP）資料

台灣媒介一百年：國家、政黨、社會運動／馮建三著. -- 初
版. -- 臺北市：麥田出版：英屬蓋曼群島商家庭傳媒股份有限
公司城邦分公司發行, 2024.06
　　面；　公分
ISBN 978-626-310-648-2（平裝）

1. CST: 媒體　2. CST: 傳播產業　3. CST: 傳播史　4. CST: 臺灣

541.839
113002231

城邦讀書花園
www.cite.com.tw